ENRIQUE BACIGALUPO

DIREITO PENAL
PARTE GERAL

Tradução de
ANDRÉ ESTEFAM

Revisão, prólogo e notas de
EDILSON MOUGENOT BONFIM

MALHEIROS EDITORES

DIREITO PENAL – PARTE GERAL
© ENRIQUE BACIGALUPO

Tradução do espanhol, da 2ª edição do
Derecho Penal – Parte General,
Buenos Aires, Editorial Hammurabi, 1999.

ISBN: 85-7420-676-8

Direitos reservados desta edição por
MALHEIROS EDITORES LTDA.
Rua Paes de Araújo, 29, conjunto 171
CEP 04531-940 — São Paulo — SP
Tel.: (0xx11) 3078-7205
Fax: (0xx11) 3168-5495
URL: www.malheiroseditores.com.br
e-mail: malheiroseditores@terra.com.br

Composição
Acqua Estúdio Gráfico Ltda.

Capa
Criação: Vânia Lúcia Amato
Arte: PC Editorial Ltda.

Impresso no Brasil
Printed in Brazil
09-2005

APRESENTAÇÃO

Don ENRIQUE BACIGALUPO, autor da obra que ora se apresenta é considerado um dos maiores juristas do mundo contemporâneo. Em sua homenagem se escrevem livros – como alguns se fizeram no ano de 2003-2004, nos dois lados do Atlântico, para comemoração de seus 65 anos – e, diariamente, em todo o mundo ocidental, é citado reverentemente em aulas, conferências, sentenças e acórdãos. É, pois, uma referência obrigatória no pensamento científico penal. Não é sem razão. Nascido em 1938, em Buenos Aires, Argentina, filho de uma família de classe média, o destino marcaria sua futura vida acadêmica quando, ao ingressar em 1957 na Faculdade de Direito de Buenos Aires, vem a conhecer Don LUÍS JIMÉNEZ DE ASÚA – considerado o "pai do direito penal ibero-americano" – que se exilara na Argentina, oriundo da Espanha. Dele, o legado da metodologia científica e do estudo aprofundado, criterioso e sério do direito penal. Por seu talento, JIMÉNEZ DE ASÚA, escreveria, já no ano de 1965, ser ENRIQUE BACIGALUPO "o mais brilhante de seus discípulos". Claro vaticínio. O destino, porém, jogaria mais alguns de seus dados com remarcada ironia: se da Espanha para Argentina viria exilado JIMÉNEZ DE ASÚA, da Argentina para a Espanha partiria em exílio ENRIQUE BACIGALUPO. Caminhos diversos a entrecruzar duas biografias excelsas. Assim, por longos onze anos (1974-1985), viveu Don ENRIQUE e sua família, principalmente na Alemanha e Espanha. Antes disso, registre-se a impedir o olvido, o professor BACIGALUPO já estudara, no final da década de 1960, na mesma Alemanha, nos famosos seminários de HANS WELZEL e ARMIN KAUFMANN, onde hoje se tornaria professor de reconhecida notoriedade.

Sem dúvida, a formação com JIMÉNEZ DE ASÚA – que fora discípulo de VON LISZT, entre outros grandes –, ARMIN KAUFMANN e HANS WELZEL, o faria legatário da mais apurada tradição científica, como testemunha sua prodigiosa produção bibliográfica e sua carreira meritória.

Deixemos o passado mais longínquo. Em meados dos anos 1980 Don ENRIQUE radica-se definitivamente na Espanha, onde, desde então, logra alçar uma carreira internacional no concorrido mundo acadêmico, que o levaria, não só a Catedrático de Direito Penal naquelas terras, como ainda confirmaria o talento, que já se evidenciara anos antes na Alemanha, como professor nas Universidades de Bohn, Berlim e no Instituto Max-Plank (Freiburg, i.B.). Da Alemanha, levou ainda seus conhecimentos a muitas outras Universidades estrangeiras: Catania (Itália), México, Venezuela, Nações Unidas (em seu Instituto para a Prevenção do Delito e Tratamento do Delinqüente, em San José, na Costa Rica), entre dezenas de outros países, em vários Continentes.

Suas publicações científicas, em número quase inabarcável entre livros e artigos, foram publicadas em praticamente todo o mundo ocidental. Não obstante, faltava ao Brasil, para enriquecer a discussão da dogmática pátria, a tradução de seu principal trabalho – *Direito Penal – Parte Geral* –, que há anos houvera brindado o público de língua hispânica, com o original publicado primeiramente na Espanha, depois na Argentina.

No ano de 2001, quando de uma visita ao amigo em Madri, estando em seu gabinete – Don ENRIQUE BACIGALUPO, por sua biografia esmerada e por sua cultura jurídica e humanística, é Ministro do Supremo Tribunal Espanhol –, recebi com muita honra o convite para coordenar a tradução, revisão e notas à sua obra, com fins de ser a mesma publicada no Brasil. Para a tarefa de tradução, convidei o professor de direito penal e Promotor de Justiça ANDRÉ ESTEFAM, que se desincumbiu brilhantemente do *munus*, facilitando meu trabalho de revisão e notas.*

Eis, portanto, em mãos do leitor e em breves linhas, uma síntese da biografia do autor e da história da publicação de sua obra no Brasil.

O Professor ENRIQUE BACIGALUPO representa uma linha de renovação dogmática do finalismo, próxima ao funcionalismo, "claramen-

---

* As notas de referência à legislação brasileira são numeradas com números romanos.

te partidário da idéia da prevenção geral positiva", representando não só o mais atualizado pensamento jurídico-penal, como a vanguarda do que seja a importante doutrina teuto-hispânica, agora ajustável à legislação e ao direito penal brasileiro com as notas de rodapé que ofertamos a seu pedido. No momento em que se discute no moderno direito penal europeu sua dificuldade de integração frente a "crise do Estado Nacional", que enseja a União Européia, sua contribuição às letras jurídicas brasileiras é manifesta, como vem fazendo ao impulsionar com suas profícuas discussões o direito penal de ultramar.

EDILSON MOUGENOT BONFIM

SUMÁRIO

1ª PARTE – INTRODUÇÃO E TEORIA DA LEI PENAL

Capítulo I – QUESTÕES FUNDAMENTAIS
A – O DIREITO PENAL. FUNÇÃO E LEGITIMAÇÃO

§ 1º. A FUNÇÃO DO DIREITO PENAL E AS TEORIAS DA PENA 21
    a) Teorias absolutas 23
    b) Teorias relativas 24
    c) Teorias da união 28
    d) Teoria da prevenção geral positiva 30
§ 2º. ESTABILIZAÇÃO DE EXPECTATIVAS NORMATIVAS, PROTEÇÃO
    DE VALORES ÉTICO-SOCIAIS DE AÇÃO OU DE PROTEÇÃO DE
    BENS JURÍDICOS? 34
§ 3º. A EXTENSÃO DAS FUNÇÕES DO DIREITO PENAL: O SISTEMA DO
    "DUPLO BINÁRIO" 37
§ 4º. O DIREITO PENAL NO SISTEMA SANCIONADOR DO DIREITO
    PÚBLICO 43

B – DOGMÁTICA PENAL, CRIMINOLOGIA E POLÍTICA CRIMINAL 45

§ 5º. A DOGMÁTICA PENAL 45
§ 6º. O MÉTODO DA DOGMÁTICA PENAL 46
§ 7º. OS CONHECIMENTOS EMPÍRICOS SOBRE A CRIMINALIDADE
    E A CRIMINALIZAÇÃO 60
    a) O direito penal e a criminologia orientada ao autor
       do delito 60
    b) O direito penal e a moderna sociologia criminal 62
§ 8º. A REFORMA DO DIREITO PENAL E A POLÍTICA CRIMINAL 63
    a) Política criminal e dogmática penal no marco do
       positivismo 64
    b) Pontos de vista superados do marco positivista 65

C – ESQUEMA HISTÓRICO DOS FUNDAMENTOS
DAS LEGISLAÇÕES PENAIS MODERNAS... 66
§ 9º. A TRADIÇÃO DO ILUMINISMO: AS IDÉIAS DE SEGURANÇA
E HUMANIDADE 67
§ 10. A INFLUÊNCIA DO IDEALISMO ALEMÃO: MORALIDADE E TALIÃO ... 69
§ 11. A INFLUÊNCIA DO POSITIVISMO: UTILIDADE SOCIAL
E PENALIDADE 71
§ 12. OS RECENTES MOVIMENTOS DE REFORMA: RESSOCIALIZAÇÃO
E DIGNIDADE DA PESSOA 73
§ 13. A REFORMA DA REFORMA: O TEMOR DA LIBERALIZAÇÃO DO
DIREITO PENAL 75
§ 14. O DIREITO PENAL NA UNIÃO EUROPÉIA 76
§ 15. OS CÓDIGOS PENAIS ESPANHÓIS 76
    a) O Código Penal de 1822 77
    b) O Código Penal de 1848 78
    c) O Código Penal de 1870 80
    d) O Código Penal de 1928 80
    e) O Código Penal de 1932 81
    f) O Código Penal de 1944 82
    g) O texto refundido de 1973 e a reforma de 1983 83
§ 16. OS DIVERSOS PROJETOS DE CÓDIGO PENAL
    a) O Projeto de 1980 83
    b) A proposta de Anteprojeto de 1983 84
    c) Os projetos posteriores (1992 e 1994) 85
§ 17. O CÓDIGO PENAL DE 1995 85

Capítulo II – OS PRINCÍPIOS BÁSICOS
A – O PRINCÍPIO DA LEGALIDADE
§ 18. FUNDAMENTOS DO PRINCÍPIO DA LEGALIDADE 87
§ 19. PRINCÍPIO DA LEGALIDADE E "RIGOROSA APLICAÇÃO DA LEI"
NO SENTIDO DO ART. 4.3 DO CP ESPANHOL 91
§ 20. AS CONSEQÜÊNCIAS PRÁTICAS DO PRINCÍPIO DA LEGALIDADE
    a) "Lex certa" 109
    b) "Lex stricta" 111
    c) "Lex scripta": a lei como única fonte do direito penal 115
    d) "Lex praevia" 117
    *e) Questões especialmente debatidas sobre o alcance do
       princípio da legalidade* 118
§ 21. A JURISPRUDÊNCIA DO TRIBUNAL CONSTITUCIONAL ESPANHOL ... 122
§ 22. A PROBLEMÁTICA CONSTITUCIONAL DAS LEIS PENAIS EM BRANCO

SUMÁRIO

a) Alcance e conceito	139
b) Importância constitucional	140
c) Efeitos da declaração de inconstitucionalidade do complemento normativo	143
d) Causas de justificação em branco?	146

B – O PRINCÍPIO DA CULPABILIDADE

§ 23. FUNDAMENTO, CONTEÚDO E FUNÇÃO DO PRINCÍPIO DA CULPABILIDADE	149
§ 24. PRINCÍPIO DA CULPABILIDADE E CONCEITO JURÍDICO-PENAL DE CULPABILIDADE	151
§ 25. CRÍTICAS AO PRINCÍPIO DA CULPABILIDADE	152

Capítulo III – A EFICÁCIA DA LEI PENAL
A – EFICÁCIA ESPACIAL DA LEI PENAL ... 154

§ 26. APLICAÇÃO DA LEI PENAL NO TERRITÓRIO DO ESTADO	155
a) Conceito de "território"	155
b) Conceito de "lugar do crime"	156
§ 27. PRINCÍPIOS QUE JUSTIFICAM A APLICAÇÃO DA LEI PENAL A FATOS COMETIDOS FORA DO TERRITÓRIO DO ESTADO	159
a) Princípio real ou da defesa	160
b) Princípio da nacionalidade ou da personalidade	161
c) Princípio universal ou do direito mundial	161
d) Princípio do direito penal por representação	163
§ 28. A FUNDAMENTAÇÃO DOS PRINCÍPIOS DO DIREITO PENAL INTERNACIONAL	164

B – EFICÁCIA TEMPORAL DA LEI PENAL

§ 29. O PRINCÍPIO FUNDAMENTAL: APLICAÇÃO DA LEI VIGENTE NO MOMENTO DA PRÁTICA DO CRIME	165
a) O momento da prática do crime	165
b) O fundamento da exigência de lei prévia	166
§ 30. EXCEÇÕES AO PRINCÍPIO FUNDAMENTAL	
a) Retroatividade da lei penal mais favorável	167
1. Determinação da lei mais favorável	167
2. Leis intermediárias mais favoráveis	168
3. Vigência da lei mais favorável	169
b) Exceções à retroatividade da lei mais favorável: ultratividade de leis penais temporárias ou excepcionais	170

C – EFICÁCIA PESSOAL DA LEI PENAL ... 172

§ 31. EXCEÇÕES PARA O CHEFE DE ESTADO	172
§ 32. INVIOLABILIDADE E IMUNIDADE DE DEPUTADOS E SENADORES	173

§ 33. Privilégios acordados em regras de direito internacional
(diplomatas e tropas estrangeiras) 174

2ª Parte – Teoria do Fato Punível como Teoria da Imputação

Capítulo IV – INTRODUÇÃO

§ 34. A teoria do delito ou do fato punível como teoria da
imputação. Evolução do conceito de imputação 177
  a) Origens do conceito de imputação 177
  b) O conceito de imputação na dogmática atual 179
  c) Críticas à teoria da imputação objetiva 180

§ 35. A teoria do delito ou do fato punível como uma teoria
da aplicação da lei penal
  a) Função da teoria do delito 180
  b) Os elementos do delito 181
  c) A fundamentação dos elementos do crime 182
  d) Os modelos funcionalistas 183
  e) Relatividade dos sistemas dogmáticos do delito 185

§ 36. Os pontos de partida para a elaboração de uma teoria
do fato punível (conceitos prévios hermenêuticos da
teoria do fato punível) 187
  a) O delito como fato consistente na violação de deveres
     ético-sociais 188
  b) O delito como fato socialmente danoso 188
  c) O delito como expressão de um sentimento jurídico
     depravado (direito penal do autor) 190

§ 37. Os níveis de imputação 192
  a) O ilícito 193
  b) A culpabilidade 194

Capítulo V – O TIPO E A TIPICIDADE EM GERAL 195

§ 38. O tipo penal (hipótese do fato típico do delito) em geral
  a) O tipo penal 196
  b) Conceitos de tipo penal 196

§ 39. O tipo do delito doloso e o tipo do delito culposo
  ou imprudente 199

§ 40. O conteúdo genérico do tipo penal
  a) Elementos do tipo penal 200
  b) Elementos descritivos e normativos 201
  c) Referências aos meios, ao momento e ao lugar da ação 205

SUMÁRIO 11

§ 41. AS DIFERENTES ESPÉCIES DE TIPOS PENAIS 205
   a) Delitos de resultado (de lesão ou de perigo) e delitos
   de atividade 206
   b) Delitos comuns ou gerais e delitos especiais 213
§ 42. A SUBSUNÇÃO TÍPICA E AS AGRAVANTES E ATENUANTES GENÉRICAS .. 215

Capítulo VI – A IMPUTAÇÃO NOS CRIMES COMISSIVOS
§ 43. OS ELEMENTOS DO TIPO DE CRIME COMISSIVO DOLOSO:
   TIPO OBJETIVO E SUBJETIVO 218
§ 44. O TIPO OBJETIVO
   a) O autor da ação. A posição de garante 218
   b) A ação
      1. Desenvolvimento histórico-dogmático 220
      2. Os conceitos negativos de ação 221
      3. A crítica aos conceitos negativos de ação 223
      4. A ação como comportamento exterior evitável 223
      5. O conceito de ação na dogmática espanhola 227
   c) A realização do tipo objetivo nos crimes de resultado
   lesivo
      1. Resultado, causalidade e imputação objetiva 228
      2. As teorias da causalidade 230
         I – A teoria da equivalência dos antecedentes ... 230
         II – A teoria da causalidade adequada 244
         III – A teoria da relevância típica 246
      3. A teoria da imputação objetiva 246
         I – O risco permitido 248
         II – O princípio da confiança 250
         III – A proibição do regresso e a posição de
         garante 251
         IV – A realização do risco 254
§ 45. A REALIZAÇÃO DO TIPO NOS CRIMES DE PERIGO 288
   a) Delitos de perigo concreto e abstrato 288
   b) O juízo sobre o perigo 288
§ 46. A REALIZAÇÃO DO TIPO OBJETIVO NOS CRIMES DE MERA
   CONDUTA 289
§ 47. O TIPO SUBJETIVO DO DELITO DOLOSO 290
   a) O dolo
      1. A discussão em torno da essência do dolo 291
      2. A noção do dolo 292
      3. Momento e modo do conhecimento exigido pelo dolo .. 296

4. As "formas de dolo" e sua superação 298
5. A exclusão do dolo: o erro sobre os elementos do
   tipo objetivo 300
   I – O erro sobre as circunstâncias que agravam
   ou atenuam a pena 308
   II – As conseqüências jurídicas do erro de tipo . 310
   b) Os elementos subjetivos da autoria 311
   c) Elementos do ânimo 312
§ 48. O TIPO SUBJETIVO DO CRIME CULPOSO 312
   a) O direito vigente 313
   b) Evolução da dogmática da culpa 314
   c) A moderna concepção de culpa 316
   d) Superação da distinção entre culpa consciente
      e inconsciente 318
   e) A noção de culpa na jurisprudência 318
   f) Equiparação de culpa e dolo eventual? 319
   g) Graus de culpa 320
   h) A chamada culpa "profissional" 321
   i) Tentativa de crime culposo? 321
   j) Redefinição das relações entre dolo e culpa? 322

Capítulo VII – A ANTIJURIDICIDADE E A JUSTIFICAÇÃO .. 323
§ 49. OS PRINCÍPIOS JUSTIFICANTES E A TEORIA CLÁSSICA DA
   JUSTIFICAÇÃO 324
§ 50. A MODERNA PROBLEMÁTICA DAS CAUSAS DE JUSTIFICAÇÃO
   a) Exclusão da antijuridicidade somente no âmbito penal? 327
   b) Autorizações de ação e autorizações de intervenção 330
   c) Justificação e redução da ilicitude 330
§ 51. A DEFESA NECESSÁRIA 331
   a) A agressão 332
   b) A atualidade e ilegitimidade da agressão 335
   c) Necessidade da defesa 340
   d) Falta de provocação suficiente 340
   e) Limitações do direito de defesa necessária 341
   f) O elemento subjetivo da defesa 342
   g) Defesa própria e defesa de terceiros 342
§ 52. O ESTADO DE NECESSIDADE 342
   a) Estado de necessidade por colisão de bens ou interesses 348
   b) Estado de necessidade por colisão de deveres.
      Cumprimento do dever e exercício de um direito 350

SUMÁRIO 13

c) *O estado de necessidade por colisão de bens da mesma hierarquia* 352

§ 53. O ERRO SOBRE AS CIRCUNSTÂNCIAS DE UMA CAUSA DE JUSTIFICAÇÃO 353

Capítulo VIII – **A EXCLUSÃO DA PUNIBILIDADE PELA REDUZIDA ILICITUDE (REPROVABILIDADE) DO FATO TÍPICO (AUSÊNCIA DE RESPONSABILIDADE PELO FATO)**

§ 54. A RESPONSABILIDADE PELO FATO COMO CATEGORIA DOGMÁTICA ... 356
   a) *O problema dogmático* 357
   b) *A posição sistemática da "exigibilidade de outra conduta"* 359
   c) *Delimitação diante de outras propostas teóricas* 364

§ 55. OS EFEITOS PRÁTICOS DA EXCLUSÃO DA RESPONSABILIDADE PELO FATO 367

§ 56. OS CASOS INDIVIDUAIS DA RESPONSABILIDADE PELO FATO
   a) *O estado de necessidade por colisão de interesses da mesma hierarquia* 368
      1. A relação do estado de necessidade excludente da responsabilidade pelo fato com o excludente da antijuridicidade 369
      2. Requisitos do estado de necessidade excludente da responsabilidade pelo fato 369
   b) *O medo insuperável* 369
   c) *As hipóteses de não punibilidade do aborto* 372
   d) *As hipóteses de colisão de direito à liberdade de informação verídica e o direito à honra* 373
   e) *Os conflitos entre a liberdade de consciência e o direito penal* 374
   f) *A imunidade parlamentar* 375
   g) *A exclusão da responsabilidade penal do art. 268 do CP espanhol* 376

§ 57. ERRO SOBRE AS CIRCUNSTÂNCIAS OBJETIVAS DAS CAUSAS QUE EXCLUEM A RESPONSABILIDADE PELO FATO 376

§ 58. REJEIÇÃO DAS CRÍTICAS CONTRA A TEORIA DA RESPONSABILIDADE PELO FATO 377

Capítulo IX – **A CULPABILIDADE**

§ 59. INTRODUÇÃO 379
§ 60. CULPABILIDADE PELO FATO E CULPABILIDADE DO AUTOR 379

14 DIREITO PENAL – PARTE GERAL

§ 61. A EVOLUÇÃO DO CONCEITO MATERIAL DE CULPABILIDADE 381
    a) Teorias absolutas da pena e culpabilidade de vontade 381
    b) Teorias da prevenção especial e culpabilidade como
       atividade anti-social do autor 382
    c) As teorias da união e a função da culpabilidade 382
    d) A teoria da prevenção geral positiva e a função do
       conceito de culpabilidade 383
§ 62. EVOLUÇÃO DO CONCEITO DE CULPABILIDADE 385
§ 63. A ESTRUTURA DO CONCEITO DE CULPABILIDADE 388
§ 64. OS ELEMENTOS DA CULPABILIDADE EM ESPÉCIE 389
    a) A possibilidade de conhecer a desaprovação
       jurídico-penal do fato
       1. A consciência da desaprovação jurídico-penal 389
       2. A dúvida sobre a desaprovação jurídico-penal 390
       3. A consciência da desaprovação jurídico-penal é
          divisível e potencial 392
       4. As hipóteses de erro sobre a desaprovação
          jurídico-penal (teoria do dolo e teoria da
          culpabilidade) 393
       5. As formas de erro sobre a desaprovação
          jurídico-penal 393
       6. Erro e excludentes incompletas 396
       7. A evitabilidade do erro de proibição sobre
          a ilicitude 397
       8. As conseqüências jurídicas do erro sobre a
          desaprovação jurídico-penal 407
    b) A capacidade de culpabilidade em sentido estrito 409
       1. A menoridade 410
       2. As anomalias ou alterações psíquicas
          I – A exclusão da capacidade de motivação por
              doença mental 411
          II – A exclusão da capacidade de motivação
              por insuficiência do desenvolvimento
              mental 414
          III – A exclusão da capacidade de motivação
              por grave perturbação da consciência 414
       3. A conseqüência normativa das anomalias ou
          alterações psíquicas 415
       4. As alterações na percepção 416
       5. A capacidade de culpabilidade diminuída 417

6. *Casos de discrepância entre o momento da execução do fato punível e o da capacidade de culpabilidade: "actio libera in causa" (arts. 20.1.II e 20.2 do CP)* 418

Capítulo X – A EXTENSÃO DA TIPICIDADE ÀS FORMAS IMPERFEITAS DE REALIZAÇÃO DO TIPO 421

§ 65. AS ETAPAS DE REALIZAÇÃO DO FATO PUNÍVEL DOLOSO ("ITER CRIMINIS") 421
§ 66. LIMITES ENTRE A PUNIBILIDADE E A NÃO PUNIBILIDADE 422
§ 67. CONCEITOS E FUNDAMENTOS DA PUNIBILIDADE DA TENTATIVA
  a) Conceito 423
  b) O fundamento da punibilidade da tentativa 423
  c) Tentativa e crime putativo 430
§ 68. OS ELEMENTOS DA TENTATIVA 431
  a) O dolo e os elementos exigidos pelo tipo subjetivo na tentativa (tipo subjetivo do crime tentado) 431
  b) O começo de execução 432
§ 69. A DESISTÊNCIA DO CRIME TENTADO 434
§ 70. A DISTINÇÃO ENTRE TENTATIVA ACABADA E INACABADA 436
§ 71. REQUISITOS DA DESISTÊNCIA SEGUNDO O GRAU DE REALIZAÇÃO DA TENTATIVA 438
  a) Requisitos da desistência na tentativa inacabada 438
  b) Requisitos da desistência na tentativa acabada 439
§ 72. TENTATIVA FRACASSADA 439
§ 73. TENTATIVA DE AUTOR INIDÔNEO 440

Capítulo XI – A EXTENSÃO DA TIPICIDADE À PARTICIPAÇÃO NO CRIME

§ 74. INTRODUÇÃO: DIFERENCIAÇÃO DAS FORMAS DE PARTICIPAÇÃO OU CONCEITO UNITÁRIO DE AUTOR; CONCEITO EXTENSIVO E CONCEITO RESTRITIVO DE AUTOR 442
§ 75. A AUTORIA 445
  a) A teoria formal-objetiva 446
  b) A teoria subjetiva 449
  c) Teorias material-objetivas 451
  d) Limites explicativos da teoria do domínio do fato: a distinção entre delitos de domínio e delitos de infração de dever 452

16 DIREITO PENAL – PARTE GERAL

  e) A teoria da consideração total 454
  f) A teoria dominante na Espanha 455
§ 76. A AUTORIA NOS CRIMES DE DOMÍNIO
  a) A autoria individual 455
  b) A co-autoria 456
    1. *Elementos e particularidades* 456
    2. *Co-autoria sucessiva* 459
  c) A autoria mediata
    1. *Conceito de autor mediato* 459
    2. *Hipóteses de autoria mediata*
      I – Instrumento que age sem dolo 462
      II – Instrumento que age sob coação 462
      III – Instrumento que carece de capacidade
        para se motivar de acordo com a norma 463
      IV – Instrumento que não age tipicamente 464
      V – Instrumento que age de acordo com o
        direito 464
      VI – Instrumento que age dentro de um aparato
        de poder 464
§ 77. A AUTORIA NOS CRIMES DE INFRAÇÃO DE DEVER 465
§ 78. PROBLEMAS PARTICULARES
  a) A problemática dos crimes de mão própria 466
  b) Casos de utilização de um instrumento não qualificado 468
  *c) Casos de utilização de um instrumento que age
    dolosamente, mas sem o elemento subjetivo de autoria* 470
§ 79. PARTICIPAÇÃO EM SENTIDO ESTRITO
  a) Fundamento da punibilidade do partícipe 471
    1. *Teoria da culpabilidade da participação* 472
    2. *Teoria da causação* 472
    3. *Teoria da participação no ilícito* 473
  b) Acessoriedade da participação 473
    1. *Dependência do grau de realização* 473
    2. *Dependência dos elementos do fato punível* 474
    3. *A questão da dependência do dolo do fato do autor
      principal* 474
    4. *A acessoriedade da participação e a
      responsabilidade pelo fato* 475
    5. *As exceções à acessoriedade limitada (influência
      das "relações, circunstâncias e qualidades
      pessoais" ou das circunstâncias agravantes ou*

atenuantes que consistem na "disposição moral
do delinqüente") 476
§ 80. A INDUÇÃO 479
§ 81. A COOPERAÇÃO E A CUMPLICIDADE 482
  a) Conceitos comuns 483
  b) O cooperador necessário 483
  c) O cúmplice (art. 29 do CP espanhol) 484

Capítulo XII – A IMPUTAÇÃO NOS CRIMES OMISSIVOS
§ 82. INTRODUÇÃO 485
§ 83. A DISTINÇÃO ENTRE AÇÃO E OMISSÃO 486
§ 84. AS ESPÉCIES DE OMISSÃO: CRIMES OMISSIVOS PRÓPRIOS
  E IMPRÓPRIOS 488
§ 85. A TIPICIDADE OBJETIVA DOS CRIMES OMISSIVOS PUROS .. 489
  a) A situação geradora do dever 490
  b) A não realização da ação que é objeto do dever 490
  c) Capacidade ou poder de fato de executar a ação ... 491
§ 86. A TIPICIDADE OBJETIVA NOS CRIMES OMISSIVOS IMPRÓPRIOS
  a) A regulamentação legal 491
  b) O problema dogmático 492
  c) Crítica da teoria formal das fontes do dever 495
  d) A teoria funcional das fontes do dever 496
  e) As condições da equivalência entre omissão e ação .. 497
  f) Novos desenvolvimentos dogmáticos 498
  g) A interpretação do art. 11 do CP espanhol 499
  h) As posições de garante 503
    1. Posição de garante derivada dos perigos que
    decorrem da própria organização da atividade
    do omitente 504
    2. Posição de garante derivada da posição institucional
    do omitente 507
  i) Segundo critério de equivalência 510
§ 87. O TIPO SUBJETIVO NOS CRIMES OMISSIVOS 511
§ 88. ANTIJURIDICIDADE, RESPONSABILIDADE PELO FATO
  E CULPABILIDADE NOS CRIMES OMISSIVOS 512
§ 89. AUTORIA, PARTICIPAÇÃO E TENTATIVA
  a) Autoria e participação 513
    1. A participação mediante um comportamento
    omissivo em um crime comissivo 513
    2. A participação ativa em um crime omissivo 515

b) A tentativa de um crime omissivo 515
§ 90. A CHAMADA "OMISSÃO POR COMISSÃO" 516

Capítulo XIII – CONFLITO APARENTE DE NORMAS E CONCURSO DE CRIMES

§ 91. INTRODUÇÃO 518
§ 92. O CONFLITO APARENTE DE NORMAS 519
    a) Especialidade: "lex specialis derogat legi generali"
       (art. 8.1 do CP espanhol) 521
    b) Subsidiariedade: "lex primaria derogat legi subsidiariae"
       (art. 8.2 do CP espanhol) 521
    c) Consunção: "lex consumens derogat legi consumptae"
       (art. 8.3 CP espanhol) 522
§ 93. O CONCURSO DE CRIMES 524
    a) Unidade de conduta
       1. Unidade de conduta em sentido natural 531
       2. A unidade de conduta na pluralidade de atos 531
       3. A unidade de conduta no "crime continuado" 533
          I – Requisitos objetivos da unidade de conduta
             em continuidade delitiva 534
          II – Requisitos subjetivos da unidade de conduta
             em continuidade delitiva 536
          III – As conseqüências jurídicas do crime
             continuado 537
       4. A unidade de conduta do chamado "crime
          de massa" 537
    b) O concurso formal
       1. Unidade de conduta e pluralidade
          de enquadramentos típicos 539
       2. A conseqüência jurídica do concurso formal 539
    c) O concurso material 540

3ª PARTE – A QUALIFICAÇÃO DO CRIME

Capítulo XIV – TEORIA DAS AGRAVANTES E ATENUANTES

§ 94. CIRCUNSTÂNCIAS MODIFICATIVAS DA RESPONSABILIDADE PENAL –
    CONSIDERAÇÕES GERAIS 541
§ 95. CIRCUNSTÂNCIAS ATENUANTES
    a) Fundamento 543
    b) Circunstâncias que reduzem a reprovabilidade do fato

1. A imputabilidade diminuída 545
2. "Arrebato", "obcecación" ou outro estado
   passional 546
3. A menoridade 546
c) Circunstâncias que compensam a reprovabilidade
   do fato 547
   1. A confissão 549
   2. Reparação do dano causado à vítima ou redução
      de seus efeitos 549
d) As atenuantes de análoga significação 551
e) As eximentes excludentes incompletas 555
§ 96. CIRCUNSTÂNCIAS AGRAVANTES 556
a) Circunstâncias que se fundamentam no aproveitamento
   ou na criação de situações que facilitam a prática
   do crime
   1. A aleivosia (art. 22.1 do CP espanhol) 557
      – A questão dos elementos objetivos da aleivosia . 562
   2. A utilização de disfarce, o abuso da condição de
      superioridade, o aproveitamento das
      circunstâncias e a participação de outras
      pessoas (art. 22.2 do CP espanhol) 564
   3. Agir com abuso da relação de confiança (art. 22.6
      do CP espanhol) 565
   4. Prevalecer-se o agente de sua função pública
      (art. 22.7 do CP espanhol) 566
b) Circunstâncias que se fundamentam na especial
   reprovabilidade dos motivos 566
c) Circunstâncias baseadas nas necessidades de prevenção
   especial (a reincidência) 568
§ 97. CIRCUNSTÂNCIA MISTA DE PARENTESCO 571
§ 98. O PROBLEMA DA COMUNICABILIDADE DAS CIRCUNSTÂNCIAS.
   ESTUDO ESPECIAL DO ART. 65 DO CP ESPANHOL 573

PRIMEIRA PARTE
INTRODUÇÃO
E TEORIA DA LEI PENAL

Capítulo I
QUESTÕES FUNDAMENTAIS

A – O DIREITO PENAL. FUNÇÃO E LEGITIMAÇÃO

§ 1º. *A função do direito penal e as teorias da pena*

1. A primeira questão que deve abordar o estudo do direito penal *vigente*, ou seja, do que surge basicamente do Código Penal espanhol (Ley Orgánica-LO 10/95, de 23 de novembro), é a concernente à *função* das normas que o integram. Trata-se de responder à pergunta: por que a sociedade organizada estabelece no Estado um conjunto de normas, que ameaçam com a aplicação de uma pena, a execução de determinadas condutas? Neste sentido, *função do direito penal e teorias da pena* têm uma estreita relação: *toda teoria da pena é uma teoria da função que deve cumprir o direito penal*. De uma maneira simplificada, no pensamento clássico existem duas linhas de pensamento que procuram uma resposta a estas questões; por um lado, sustenta-se que o direito penal tem uma *função metafísica*, consistente na realização de um ideal de justiça; por outro, que o direito penal tem uma *função social*, caracterizada pela prevenção do delito com vistas a proteger certos interesses sociais reconhecidos pelo direito positivo (bens jurídicos).

2. A função do direito penal está, por seu turno, vinculada de uma maneira muito estreita com as concepções sobre sua legitimidade. Se se entende apenas que é uma função (legítima) do Estado realizar certos ideais de justiça, o direito penal será entendido como um instrumento a serviço do valor justiça. De outra parte, se se entende que a justiça, neste sentido, não dá lugar a uma função do Estado, recorrer-se-á a outras concepções do direito penal, em que este será entendido de uma maneira diferente. De um modo geral, neste caso, justificar-se-á o direito penal como um instrumento *socialmente útil*. O valor que se atribua a essas funções será o fundamento da legitimidade do direito penal.

3. O enfrentamento radical destes pontos de vista deu lugar, a partir do último quarto do século XIX, à "luta de escolas", que não é outra coisa senão uma disputa em torno dos princípios legitimadores do direito penal. Enquanto a Escola Clássica manteve o critério legitimador da justiça por meio de suas "teorias" absolutas da pena, a Escola Positiva propunha como único critério o da utilidade, expressando-o por intermédio das modernas "teorias relativas" da pena.

4. Esta posição de fundamentos legitimadores vincula a questão da pena com a concepção do Estado e com seus poderes penais. Em geral, pode-se dizer que a Escola Clássica concebia os poderes do Estado de uma maneira mais estreita que a Escola Positiva. A idéia de "defesa social" permitia a esta última justificar a intervenção do Estado com o poder penal onde os clássicos careciam da possibilidade de fazê-lo.

5. A tensão entre as idéias vinculadas com a justiça e as referidas à utilidade social deu-se em distintos modelos de Estado. Não existe, portanto, uma correspondência que permita associar as teorias fundadas na justiça com o Estado liberal e as teorias utilitárias com o Estado social.[1] Histórica e teoricamente, as teorias utilitárias foram defendidas inclusive no marco do chamado Estado liberal e não precisam de uma concepção intervencionista do Estado. Prova disso é que as teorias de Kant, de Feuerbach e de Grolman formaram-se praticamente ao mesmo tempo – fins do século XVIII – e todas elas foram justificadas numa concepção liberal de Estado.

6. Nos dias de hoje, e ao largo do século XX, a história do direito penal se expressa no intento de sintetizar pontos de vistas opostos. O critério utilitário é aceito no que mitiga o rigor do princípio da justiça (por exemplo, enquanto se admite com diferente intensidade – segundo os ordenamentos jurídicos – o agravamento das penas para o reincidente e habitual, não se admite a sentença indeterminada).

---

1. Nesse sentido, contudo, Mir Puig, *Derecho penal. Parte general*, 4ª ed., 1996, pp. 53 e ss.

"Há mais de dois mil anos se tem tentado responder à pergunta acerca da natureza da pena com um grande número de pontos de vistas, razão pela qual apenas torna-se imaginável que possam existir novas respostas".[2] Estas respostas foram formuladas como teorias da pena. Cabe assinalar, no entanto, que as "teorias" da pena somente o serão tais na medida em que a expressão "teoria" seja tomada em sentido amplo. Na realidade, não se tratam de teorias, senão de princípios ou axiomas legitimadores, cuja função na ciência do direito penal é, em último caso, a de fundamentá-lo. Portanto, as "teorias" da pena não respondem à pergunta: o que é a pena? Pois o "ser (existir)" da pena depende da natureza que se atribua a outra pergunta: sobre que condições é legítima a aplicação de uma pena?

a) Teorias absolutas

7. Uma primeira resposta a esta questão corresponde às chamadas "teorias absolutas". A pena será legítima, segundo elas, se for uma retribuição a uma lesão cometida culpavelmente. A lesão da ordem jurídica cometida livremente pressupõe um abuso da liberdade que é reprovável, e, portanto, culpável. O fundamento da pena será exclusivamente a justiça ou a necessidade moral.[3] As teorias absolutas, em conseqüência, legitimam a pena se esta for justa. A pena necessária, para estas teorias, será aquela que produza ao autor um mal (uma diminuição de seus direitos), que compense o mal que ele causou livremente.

8. A utilidade da pena fica totalmente fora do seu fundamento jurídico. Só é legítima a pena justa, ainda que não seja útil. Da mesma maneira, uma pena útil, mas injusta, careceria de legitimidade. Os representantes mais característicos desta representação foram Kant e Hegel.[4]

9. Contra as teorias absolutas – ou da retribuição – argumenta-se basicamente que:

a) carecem de um fundamento empírico e são, portanto, irracionais;

---

2. Mayer, *Strafrecht, Allgemeiner Teil*, 1967, p. 24.
3. Mayer, *Strafrecht, Allgemeiner Teil*, 1967, p. 26.
4. Kant, *Die Methaphysik der Sitten*, 1797, parte II, I, E; Hegel, *Grundlinien der Philosophie des Rechts*, 1821, § 90.

b) a supressão do mal causado pelo delito mediante a aplicação de uma pena é puramente fictícia, porque, na realidade, o mal da pena se soma ao mal do delito.

10. A favor das teorias absolutas pode-se sustentar, contudo, que impedem a utilização do condenado para fins preventivos gerais, é dizer, para intimidar a coletividade mediante a aplicação de penas exemplares a quem tenha cometido um delito (finalidade para cuja realização a pena não precisaria guardar relação de proporcionalidade com a gravidade do mesmo) e que, portanto, não devem estar condicionadas pela tendência geral de delinqüir a que o autor do delito é alheio. Em outras palavras, impedem o sacrifício do indivíduo em favor da coletividade.

11. Na atualidade, as teorias absolutas só podem ser defendidas sobre estas bases, isto é, por seu sentido *limitador* da gravidade da pena aplicável. A necessidade de execução da pena sem nenhuma consideração acerca de suas conseqüências sociais, pelo contrário, choca-se com o sentimento jurídico moderno.

b) Teorias relativas

12. As "teorias relativas" procuram legitimar a pena por meio da consecução de um determinado fim, ou da propensão para obtê-lo. Seu critério legitimador é a utilidade da pena. Se este fim consiste na intimidação da coletividade, é dizer, em inibir os impulsos delitivos dos autores potenciais indeterminados, tratar-se-á de uma "teoria" preventivo-geral da pena. Se, pelo contrário, o fim consiste em trabalhar sobre o autor do delito cometido para que não reitere seu feito, estaremos diante de uma "teoria" preventivo-especial ou individual da pena.

13. A prevenção geral não é questionada, dentro de certas circunstâncias, no *momento da ameaça da pena*: por exemplo, quando o Código Penal espanhol, em seu art. 138, ameaça com privação de liberdade àquele que mata outrem. O problema é diferente no *momento da individualização da pena*, quando se deve fixar a pena merecida pelo autor entre o máximo e mínimo; neste caso, as considerações preventivo-gerais que conduzam a uma pena superior à que corresponda à gravidade do feito carecem de legitimidade, segundo a opinião de maior conformidade com os princípios constitucionais.⁵ De outra parte, a existência empírica de um efeito preventivo-geral das penas executadas não tem sido, até então, comprovada convincentemente e, ademais, é difícil que possa sê-lo em algum momento.

14. O representante mais característico das "teorias" preventivo-gerais é Feuerbach, que sustentava que era "uma preocupação do Estado, que se fez necessária pelo fim (bem) da sociedade, que aquele que tenha tendências antijurídicas se veja impedido psicologicamente de se motivar segundo tais tendências".⁶ A ameaça da pena teria precisamente esta função de persuadir. Ela permite, porém, como se tem objetado, elevar as penas indefinidamente, pois, quanto mais grave for o mal ameaçado, mais forte será o efeito intimidativo. Por isso, a prevenção geral requer, em todo caso, limites que não se podem extrair de sua própria lógica e que devem ser, por assim dizer, externos (por exemplo, a culpabilidade do autor).

15. A *prevenção especial* tem sido defendida em diferentes momentos da história do direito penal. Seu fundamento é sempre o mesmo: a prática de um delito revela em seu autor uma ameaça de futuras lesões ao ordenamento jurídico; a pena há de servir para evitar esses futuros delitos, pois não se pode apagar do mundo aquele que já se cometeu. Os autores mais antigos⁷ sustentavam que o mal da pena devia atuar sobre o autor para que seu impulso delitivo se convertesse no impulso contrário, vale dizer, na inibição do impulso criminal.⁸

A fisionomia desta "teoria" modificou-se quando o positivismo fez dela sua teoria da pena. Com suas novas características, a "teoria" preventivo-especial converteu-se, no século XX, no ponto de partida do chamado direito penal moderno, pois sobre sua base se orientaram as reformas legislativas dos Códigos Penais do século XX.

16. A moderna "teoria" da prevenção especial caracteriza-se pelo deslocamento do centro do direito penal do fato praticado ao seu

---

5. Cf. Hassemer, in Hassemer – Lüderssen – Naucke, *Hauptprobleme der Generalprävention*, 1979, pp. 29 e ss.
6. Feuerbach, *Revision der Grundsätze und Grundbegriffe des positiven peinlichen Rechts*, 1799, t. I, p. 43.
7. Por exemplo, von Grolmann, *Gründsätze der Criminalrechtswissenschaft*.
8. Grolmann, *Gründsätze der Criminalrechtswissenschaft*, 1798, § 15.

autor: "O ponto de vista dominante" – dizia von Liszt em seu célebre *Programa de Marburgo* em 1882 – "determina a pena em relação a um fato que parece não ter sido cometido por ninguém. (...). Não é o conceito, mas seu autor que se deve sancionar". Esta, acrescentava o mesmo autor, era a maneira de conceber corretamente a pena retributiva, pois "repressão e prevenção não constituem oposição alguma".[9]

17. A pena, em conseqüência, "é prevenção mediante repressão".[10] O modo de se levar a cabo esse programa, contudo, exige que a finalidade preventivo-especial da pena seja analisada em função das distintas categorias de delinqüentes, e não, como até então, de maneira uniforme para qualquer autor. Para von Liszt, a ciência do direito penal deveria atender aos resultados das investigações antropológicas e sociológicas referentes aos delinqüentes. Se se parte da premissa de que a proteção de bens jurídicos mediante a pena requer três finalidades diversas: correção, intimidação e neutralização,[11] seria possível pôr em relação estes fins com as três diferentes categorias de delinqüentes que proporcionava a antropologia criminal, sobretudo por meio das pesquisas de Lombroso e Ferri.[12]

O resultado desta combinação dos fins da pena com a classificação dos delinqüentes em diversas categorias empiricamente formuladas foi que a pena deveria servir para:

a) Correção do delinqüente capaz de corrigir-se e carente de correção.

b) Intimidação do delinqüente que não precisa de correção.

c) Neutralização do criminoso que não dispõe de capacidade de correção.[13]

18. Por delinqüentes que carecem de capacidade de correção dever-se-ia entender, segundo von Liszt, os habituais.[14] Os criminosos que requerem correção e que a ela são suscetíveis são os "princi-

---

9. Von Liszt, *Strafrechtliche Vorträge und Aufsätze*, 1905, t. I, p. 175.
10. Von Liszt, *Strafrechtliche Vorträge und Aufsätze*, 1905, t. I, pp. 176 e ss.
11. Von Liszt, *Strafrechtliche Vorträge und Aufsätze*, 1905, t. I, pp. 164 e ss.
12. Lombro, *L'uomo delinquente*, 1876; Ferri, "Studi critici sull'Uomo delinquente di Lombroso", in *Revista Europea* (*De Gubernatis*), 1878, pp. 283 e ss.
13. Von Liszt, *Strafrechtliche Vorträge und Aufsätze*, 1905, t. I, p. 166.
14. Von Liszt, *Strafrechtliche Vorträge und Aufsätze*, 1905, t. I, p. 166.

piantes na carreira delitiva". Os que não precisam de correção são os delinqüentes ocasionais.[15]

19. Sob a influência do positivismo, as classificações dos delinqüentes, a respeito dos quais se fazia necessário determinar as diversas finalidades preventivo-individuais da pena, não foi uniforme. Ferri – sem dúvida aquele que vislumbrou antes que ninguém a possibilidade, teorizada posteriormente por von Liszt – propunha em 1878 uma classificação diversa da defendida por este. Para Ferri, a classificação de von Liszt havia se baseado somente num critério descritivo (basicamente a "corrigibilidade" do delinqüente),[16] ao passo que o verdadeiramente importante seria uma classificação apoiada num critério genético.

Partindo deste ponto de vista, os delinqüentes deveriam ser classificados em:

a) delinqüentes natos ou instintivos ou por tendência congênita;

b) delinqüentes loucos;

c) delinqüentes habituais;

d) delinqüentes ocasionais;

e) delinqüentes passionais.

Não é possível afirmar que entre a classificação de Ferri e a de von Liszt existam diferenças substanciais, nem que estas sejam decorrências da aplicação do "critério genético" proposto pelo primeiro. Em geral, há uma ampla coincidência.

20. A partir da década de 1960, a prevenção especial experimentou uma nova transformação de sua fisionomia. As classificações de criminosos que haviam guiado a definição dos fins preventivo-individuais da pena foram abandonadas e deram lugar a conhecimentos pedagógicos-sociais mais evoluídos. Em primeiro lugar, o fim da pena foi definido de maneira uniforme por meio do conceito de *ressocialização*. Procurou-se dar espaço, em segundo lugar, a considerações que deixam patente a *co-responsabilidade* da sociedade no crime, abandonando o causalismo antropológico e biológico anterior, cujo déficit de verificação empírica o fazia cientificamente insustentável.

15. Von Liszt, *Strafrechtliche Vorträge und Aufsätze*, 1905, t. I, pp. 171 e 172.
16. Ferri, *Principii di diritto criminale*, 1928, p. 264.

Em terceiro lugar, sublinhou-se a importância da execução penal basear-se na *noção de tratamento*.

21. Os três critérios orientadores da moderna concepção de prevenção especial submetem-se a intensas discussões, que provêem tanto do pensamento conservador como do mais radical:

a) Os que partem da co-responsabilidade social no fenônemo na delinqüência, negam o direito da sociedade de "ressocializar" o autor e propõem a "ressocialização da sociedade".

b) Os que, pelo contrário, representam pontos de vista conservadores, acentuam o fracasso da noção de tratamento e postulam – geralmente com uma retórica profundamente individualista – um retorno a idéias penais clássicas das teorias absolutas da pena.

De todo modo, deve-se salientar a freqüência com que o argumento do fracasso do tratamento é utilizado também para atacar a idéia de ressocialização.

c) Teorias da união[17]

22. Um terceiro grupo de teorias compõe-se das chamadas "teorias da união". Estas buscam combinar os princípios legitimadores das teorias absolutas e das relativas em uma teoria unificadora. Trata-se de teorias, portanto, que procuram justificar a pena na sua capacidade de reprimir (retribuição) e prevenir (proteção) ao mesmo tempo. Em outras palavras, a pena será legítima, para estas teorias, na medida em que seja, de uma só vez, justa e útil. Os valores de justiça e utilidade, que nas teorias absolutas aparecem como conflitantes e nas teorias relativas são contemplados somente por meio da preponderância da utilidade (social), resultam unidos nas "teorias" que estamos tratando.

23. As "teorias" da união devem admitir que os fins repressivo e preventivo da pena podem não coincidir e, inclusive, serem antinômicos. A pena justa relativamente ao fato cometido pode ser insuficiente relativamente ao seu autor e às necessidades preventivas que este suscita para a sociedade. Este conflito de fins e de critérios legitimadores deve ser resolvido, por óbvio, optando por um deles (àquele que se der preponderância sobre o outro).

17. V. o art. 59, *caput*, parte final, do CP espanhol.

Isto permite configurar duas orientações diferentes das "teorias" da união em sua versão moderna. A primeira delas é a da preponderância da justiça sobre a utilidade, é dizer, da repressão sobre a prevenção. De acordo com ela, a utilidade da pena pode ser legitimamente contemplada sempre e quando não seja necessário agravar ou atenuar a pena justa.[18]

24. A segunda orientação das "teorias" da união distribui, em momentos distintos, a incidência legitimadora da utilidade e da justiça. A utilidade é fundamento da pena e, portanto, só será legítima a pena que agir preventivamente. A utilidade, entretanto, está sujeita a um limite: só será legítima enquanto não superar o limite da pena justa.

Na prática, isto significa que a pena legítima será sempre a pena necessária segundo um critério de utilidade; mas a utilidade deixará de ser legitimadora quando a pena necessária para a prevenção superar o limite da pena justa. Ademais, uma pena inútil não poderá legitimar-se somente pelo fato de ser acobertada pela culpabilidade do autor, ou seja, uma pena socialmente inútil não pode ser legitimada, ainda que seja proporcional à culpabilidade.[19]

A segunda orientação tem melhores perspectivas do ponto de vista da política social e, portanto, mostra-se preferível.

25. Uma decisão em favor de uma das teorias ou de uma de suas variantes que apresentamos não é possível, pois (como faz notar Naucke)[20] os argumentos contraditórios "provêm de campos que não permitem comparação". Na atualidade, os penalistas, tanto na teoria como na prática, só podem trabalhar com uma série de critérios justificantes ou legitimadores da pena em momentos distintos de sua dinâmica: o momento da ameaça, da aplicação e da execução.

Neste sentido, Roxin propôs uma concepção "dialética" da pena, "na medida em que acentua a oposição dos diferentes pontos de vista e trata de encontrar uma síntese"[21] que consiste, segundo ele, em que, no momento da ameaça, o fim da pena é preventivo geral; no da aplicação da pena, os fins preventivos são limitados pela medida da gra-

18. Maurach, *Deutsches Strafrecht, Allgemeiner Teil*, 4ª ed., 1971, p. 63.
19. Roxin, *Strafrechtliche Grundlangenprobleme*, 1973, pp. 1 e ss.
20. Naucke, *Strafrechts, eine Einführung*, 3ª ed., 1980, p. 55.
21. Roxin, *Strafrechtliche Grundlangenprobleme*, 1973, p. 28 e também p. 16; Zugaldía Espinar, in *Revista del Poder Judicial*, n. 13, 1989, pp. 83 e ss.

vidade da culpabilidade; e, no momento da execução, adquirem preponderância os fins ressocializadores (prevenção especial).

d) Teoria da prevenção geral positiva

26. O panorama das teorias da pena viu-se consideravelmente modificado, nos dias de hoje, por pontos de vista novos.

As teorias preventivas tradicionais haviam se apoiado em considerações empíricas que não puderam ser demonstradas. A prevenção por meio da coação psicológica tanto como a ressocialização são fins que não se podem verificar como verdadeiramente alcançáveis e isso leva a que "suas afirmações sobre situações e desenvolvimentos empíricos sejam metodologicamente atacáveis".[22] "As fundamentações relativas a intervenções na liberdade e no patrimônio, como as provocadas pela pena, perdem, no caso de falta de base, não apenas sua dignidade científica, como também sua legitimidade prático-normativa".[23]

27. As teorias da prevenção especial fundadas na ressocialização, por outro lado, geram também – como se viu – críticas sobre a legitimidade ética de tal finalidade e sobre a possibilidade de um tratamento verdadeiramente ressocializador no âmbito dos estabelecimentos carcerários.[24]

28. Partindo destes pontos de vista, postula-se atualmente que a função da pena é a prevenção geral positiva, isto é, "a reação estatal a fatos puníveis, que ao mesmo tempo importa num apoio e num auxílio para a consciência normativa social", ou seja, "a afirmação e asseguração das normas fundamentais".[25] O mesmo sustenta-se dizendo que a "tarefa do direito penal é a manutenção da norma, como mode-

---

22. Hassemer, in Hassemer – Lüderssen – Naucke, *Fortschritte im Strafrecht durch die Sozialwissenschaften*, 1983, pp. 39 e ss. e 50.
23. Hassemer, in Hassemer – Lüderssen – Naucke, *Fortschritte im Strafrecht durch die Sozialwissenschaften*, 1983, p. 56.
24. Assim, por exemplo, considera-se totalmente utópica a possibilidade de uma "terapia social emancipadora" na execução penal, como propõe Haffke, in Lüderssen – Sack, *Seminar Abweichendes Verhalten*, t. III, 2, pp. 291 e ss.
25. Hassemer, in Hassemer – Lüderssen – Naucke, *Fortschritte im Strafrecht durch die Sozialwissenschaften*, 1983, p. 64; idem, *Einführung in die Grundlagen des Strafrechts*, 1981, p. 296.

lo orientador do convívio social" e que "o conteúdo da pena, portanto, é o repúdio à desautorização da norma, levado a cabo à custa de quem a infringiu".[26] A pena tem, neste sentido, a função de confirmar as normas que tenham sido violadas, e, desta maneira, reforçar a confiança geral nelas mesmas. Tal confiança, entretanto, não consiste na crença de que nunca mais se cometerão fatos semelhantes, pois os "destinatários da pena, num primeiro plano, não são um grupo de pessoas consideradas como autores potenciais, senão todas as pessoas que devem saber o que esperar em tais situações".[27] A função da pena é, em resumo, a "prevenção geral por meio de um exercício de reconhecimento da norma".[28]

Com esta formulação do problema evitam-se, de certo, as objeções que, em geral, têm invalidado outras teorias da pena, na medida em que estas faziam referência a certas conseqüências que exigiam uma verificação empírica.

29. A teoria da prevenção geral positiva, no entanto, tem sido criticada por se considerar que ela nega a ideologia da ressocialização sem acompanhar sua crítica "da criação de instrumentos alternativos aos do direito penal que ataquem os conflitos da separação em suas origens e que sejam compatíveis com a reintegração social do autor, da vítima e do ambiente".[29]

Esta crítica, de qualquer maneira, não leva em conta que a teoria da prevenção geral positiva não impede, ainda, que não exija um desenvolvimento na fase de execução penal. De outra parte, a teoria da prevenção geral positiva tem o mérito de não gerar falsos otimismos em relação às possibilidades da execução da pena privativa de liberdade e, desse modo, origina, necessariamente, uma discussão sobre as alternativas reais a esta pena.

30. A teoria da prevenção geral positiva tem muito a seu favor. Deve-se pôr em evidência, contudo, que a questão da finalidade da pena e de sua legitimação é realmente uma questão crucial, na qual se torna praticamente impossível uma resposta que possa resolver todos

26. Jakobs, *Strafrecht, Allgemeiner Teil*, 1983, pp. 7 e ss.
27. Jakobs, *Strafrecht, Allgemeiner Teil*, 1983, p. 9.
28. Jakobs, *Strafrecht, Allgemeiner Teil*, 1983, p. 9.
29. Baratta, in *Dei delitti e delle pena*, 1/84, p. 21.

os problemas de uma vez. Como em todos os problemas fundamentais, necessita-se de uma decisão a favor de algum dos pontos de vista que apareçam como suficientemente consistentes. Tal decisão não poderá ser admitida se com ela não se pretender encerrar a discussão a seu respeito e de seu conteúdo, ou melhor, se não se dogmatizar a decisão e dela se subtrair definitivamente os conteúdos discutíveis. A decisão a favor da prevenção geral positiva requer, portanto, que, ao mesmo tempo, não se feche a discussão acerca do progresso da idéia de um direito penal mais humano.

31. O direito penal, visto a partir desta perspectiva, cumpre (juntamente com outros ordenamentos normativos) uma função reparadora do equilíbrio de um sistema social perturbado pelo delito, algo do que nos ocuparemos mais adiante.

32. Delito, portanto, tomado no sentido mais genérico da expressão, será uma forma de comportamento desviado que se considera grave dentro de um sistema social e que é qualificado como tal por órgãos legislativos com competência para tanto. O que caracteriza todo comportamento desviado e, por via de conseqüência, também o delito, é sua divergência a respeito dos modelos aceitos de conduta, vale dizer, dos comportamentos que cumprem com as expectativas sociais institucionalizadas. Estas perspectivas expressam-se por meio de normas, ou seja, por intermédio de desejos na forma de ordens ou proibições.

33. Uma norma, neste sentido, pode caracterizar-se como uma ordem que deixa patente um comportamento que não se deve realizar, ou reclamar a realização de um comportamento necessário para a conservação de um certo estado social. Exemplo da primeira variante seria a norma que diz: "não deves matar"; da segunda, a que impõe o pagamento de impostos: "paga-se ao Estado determinada quantia de dinheiro na forma de impostos".

34. Desta forma, pode-se afirmar que o direito penal procura manter um determinado equilíbrio do sistema social, ameaçando e castigando. O castigo entra em consideração a cada vez que a ameaça fracassa em sua intenção de motivar. Na realidade, é preciso distinguir entre delitos cometidos e delitos sancionados. A soma dos delitos cometidos e a dos sancionados não coincidem. A diferença é conhecida como cifra negra da delinqüência, expressão com a qual se quer designar os casos não desvendados, mas que se sabe, contudo, com um grau plausível de segurança, que tenham sido praticados. O problema da cifra negra varia consideravelmente de delito para delito. A cifra negra do furto e a do aborto são geralmente muito altas, enquanto as de outros delitos não chegam a tanto.

O tema vincula-se, nos dias de hoje, com o problema sociológico-criminal dos mecanismos de seleção. A interpretação do significado do fenômeno da cifra negra oferece inúmeras alternativas distintas na atualidade, na medida em que se parte da premissa que a cifra negra não é resultante causal do fenômeno criminal, mas que tem um significado mais profundo e, inclusive, uma função social específica.

35. Em suma, cabe enfatizar que o direito penal forma parte do "aparato de imposição" (Parsons) necessário para a manutenção da estabilidade de uma sociedade. Trata-se da última instância do referido aparato: a que "consiste na utilização da força física para impedir ações perturbadoras".[30]

36. As seguintes palavras de Jakobs permitem resumir o ponto de vista da teoria da prevenção geral positiva de maneira adequada: "o ilícito é um mal e o dever de suportar o custo deste mal que incumbe ao autor é também um mal. Contudo, não é possível definir a pena como a aplicação de um mal pelo mal cometido: seria irracional 'pretender causar um mal simplesmente porque já existe outro mal'; esta seqüência dos males somente os considera seu 'caráter superficial'. A pena deve ser definida positivamente: é demonstração da validade da norma a cargo de quem era competente (para seu cumprimento). Desta maneira, salta a vista um mal, mas a pena cumpre sua função por meio deste efeito, mas somente com a estabilização da norma lesionada".

37. Naturalmente, uma teoria como esta permite superar a crítica das outras teorias absolutas baseada em sua irracionalidade, vale dizer, na ausência de uma finalidade social que justifique a aplicação das penas. Com efeito, conquanto a pena tenha a finalidade de estabilizar a vigência da norma violada pelo autor, adquire uma função social *utilitária*, consistente na *comunicação* de uma determinada mensagem destinada a fortalecer a confiança na vigência da norma infrin-

---

30. Parsons, "Recht und soziale Kontrolle", in *Studien und Materialien zur Rechtssoziologie*, comp. por Hans Joachim Hirsch e Manfred Rehbinder, 1967, n. 28, pp. 121 e ss.

gida. Por isso, constitui um meio para lograr um fim socialmente positivo. Tudo isso não exclui, como fica claro, a possibilidade de uma articulação da teoria da prevenção geral positiva com teorias absolutas na forma própria das teorias da união.[31] Deste modo, desapareceriam as razões para sustentar que a teoria da prevenção geral positiva "carece de um critério para a limitação da duração da pena".[32]

§ 2º. Estabilização de expectativas normativas, proteção de valores ético-sociais de ação ou de proteção de bens jurídicos?

(a)

38. O direito penal moderno (a partir de Binding) desenvolveu-se em torno da *idéia de proteção de bens jurídicos*. De acordo com ela, o legislador ameaça com pena as ações que violam (ou põe em perigo) determinados interesses de uma dada sociedade. A vida, a liberdade, a propriedade etc., são interesses ou finalidades da sociedade que o legislador quer proteger, ameaçando a quem os ataque com a aplicação de uma pena; desta forma, tais interesses convertem-se, por meio de seu reconhecimento no ordenamento jurídico, em *bens jurídicos*. Da noção de proteção de bens jurídicos extraem-se da teoria limites para o *ius puniendi*, isto é, para o direito de editar leis penais que o art. 149.1.6 da Constituição Espanhola (CE) confere ao Estado.

Em particular sustenta-se que *não protegem bem jurídico algum* as ameaças penais arbitrárias, as normas que estabelecem finalidades puramente ideológicas ou morais, criam desigualdades injustificadas entre as pessoas ou impõe penas à manifestação do pensamento.[33] Ao mesmo tempo que se admite que não tenha sido totalmente aclarado se "por meio da concreção do conceito material do delito alcançado por intermédio da limitação e da proteção de bens jurídicos somente tem implicações político-criminais ou também possui efeito jurídico vinculante, com a conseqüência de que uma norma jurídico-penal que choque com ela careça de validade".[34]

---

31. Neste sentido, Neumann, *Zurechnung und "Vorveschulden"*, 1985; sobre as "teorias da união" ver supra § 1, c).
32. Roxin, *Strafrechtliche Grundlangenprobleme*, 1973, pp. 3 a 31.
33. Cf. Roxin, *Strafrechtliche Grundlangenprobleme*, 1973, § 2, IV.
34. Roxin, *Strafrechtliche Grundlangenprobleme*, 1973, § 2, IX.

39. A teoria do bem jurídico, entretanto, não tem em si mesma a posibilidade de limitar o uso do direito penal somente à proteção de bens jurídicos.

Em todo caso, na medida em que praticamente todo interesse, toda finalidade ou qualquer função do sistema social pode considerar-se um bem jurídico, a capacidade limitadora do conceito de bem jurídico é, na verdade, nula. Mais ainda, as limitações do *ius puniendi* não surgem da redução do conceito de delito à proteção de bens jurídicos no sentido da teoria exposta, senão dos *valores superiores do ordenamento jurídico* que estabelece o art. 1 da Constituição Espanhola (CE): a dignidade da pessoa, os direitos individuais invioláveis que são inerentes e o livre desenvolvimento da personalidade.

(b)

40. Diante deste ponto de vista (dominante na doutrina atual) sustenta-se que "a tarefa do direito penal consiste na proteção de bens jurídicos por meio da proteção de valores ético-sociais relativos à ação".[35] Na sua limitação aos deveres elementares (afirma Welzel)[36] "o direito penal cumpre uma significativa função, formadora dos costumes" (*sittenbildende Funktion*). A mudança sugerida por Welzel é conseqüência de uma concepção do direito penal que pode oferecer reparos no âmbito de uma Constituição que garanta o pluralismo e a liberdade ideológica e religiosa, assim como o livre desenvolvimento da personalidade.

(c)

41. A partir da perspectiva do *funcionalismo sistêmico*, a função do direito penal não é a consolidação de um estado de coisas, mas, sim, a configuração da identidade da sociedade; o importante são as regras que estabelecem esta identidade, e não os bens ou situações. Por isso, o direito penal tem a missão de garantir normas. As normas, por sua vez, autorizam a lesão a bens ou a modificação de situações quando isso se torna necessário para o desenvolvimento da sociedade: permi-

---

35. Welzel, *Das deutsche Strafrecht*, 11ª ed., 1969, p. 5.
36. Welzel, *Das deutsche Strafrecht*, 11ª ed., 1969, p. 5.

te-se a produção de certos perigos com o tráfico automotor e a conversão de tais perigos em danos não se imputa ao autor que se manteve dentro dos limites do risco permitido. "Sociedade é a construção de um nexo comunicativo, que, em todo caso, sempre pode ser configurado de uma maneira diferente de como se havia configurado concretamente (do contrário não seria uma construção). Posto que se trata de uma configuração e não de uma consolidação de um estado de coisas, a identidade da sociedade determina-se pelas regras que as configuram, é dizer, pelas normas e não pelos estados de coisas ou pelos bens".[37]

42. Em suma: *as normas são o objeto de proteção das normas penais.* Os valores superiores do ordenamento jurídico (liberdade, justiça, igualdade e pluralismo político), assim como os chamados fundamentos da ordem política e a paz social e os direitos fundamentais deles decorrentes, marcam os limites do legislador para a criação de normas penais (arts. 1, 10, 14 e ss. e 53 da CE).

43. Um problema de difícil solução, vinculado ao acima exposto, diz respeito aos limites até os quais o direito penal se estende para punir ações que podem produzir um perigo de infração de normas que protegem certos interesses importantes. Por exemplo: o crime de porte de arma (arts. 563 e ss. do CP espanhol) implica numa antecipação da proteção a normas que resguardam, por sua vez, a vida, a integridade física e, em alguns casos, a liberdade de terceiros; os delitos de falsidade documental (arts. 390 e ss. do CP espanhol) também são uma antecipação da proteção das normas que proíbem a fraude (*la estafa*) (art. 248 do CP espanhol), entre outros crimes. Com razão tem-se assinalado que "um aumento na proteção de bens particulares sempre acarreta, ao mesmo tempo, uma diminuição da liberdade e da privacidade".[38]

Neste sentido, os *crimes de perigo abstrato* podem dar lugar a uma limitação incompatível constitucionalmente com a garantia de direitos fundamentais, quando impliquem uma limitação, por exemplo, da liberdade, que afete o "conteúdo essencial" (art. 53.1, CE) deste direito.[39] Nesse ponto, fica evidente a importância do modelo de

---

[37] Jakobs, *Gesellschaft – Norm – Person in einer Theorie funktionalen Strafrechts*, p. 4.
[38] Jakobs, *Strafrecht, Allgemeiner Teil*, 1983, n. 2/55, *b*.
[39] Sobre os *critérios materiais* para resolver esta questão ver Jakobs (*Strafrecht, Allgemeiner Teil*, 1983, n. 2/55, *c*).

uma sociedade livre do qual se parta: o conteúdo essencial da liberdade de ação está historicamente condicionado pelo sentimento jurídico de uma sociedade em determinado momento.

§ 3º. A extensão das funções do direito penal: o sistema do "duplo binário"[i]

44. O direito penal do século XX caracterizou-se por uma ampliação de suas funções.

O direito antigo, nascido sob a influência das teorias absolutas (ver *supra*, § 1º, *a*) não tinha a seu cargo a prevenção de comportamentos delitivos futuros de quem cometera um delito. Sua função era a repressão dos fatos puníveis passados, ou seja, a retribuição da culpabilidade exteriorizada pelo autor no delito cometido. A *periculosidade* futura do autor era alheia a suas preocupações. A partir do fim do século XIX, o direito penal estendeu seu âmbito de atuação à periculosidade, incorporando ao sistema de conseqüências do delito as *medidas de segurança*. O sistema resultante (penas-medidas de segurança) chamou-se de "duplo binário".

(a)

45. O direito espanhol, contudo, permaneceu – do mesmo modo que o francês – em certo sentido alheio a esta discussão, pois manteve um tratamento distinto dos problemas da periculosidade, conforme provenham de um incapaz de culpabilidade ou de um sujeito culpável (no caso do reincidente). O art. 8 do CP espanhol de 1848 previa certamente a internação de *inimputáveis* ou *incapazes de culpabilidade*, mas a reincidência, de que tratava o art. 10.16 e 17, consistia numa circunstância agravante da pena. É claro que tanto os inimputáveis perigosos como os reincidentes, que exteriorizam uma tendência à prática de delitos, representavam um problema único: a recaída no crime no *futuro*, como conseqüência de um impulso delitivo já exteriorizado. A dualidade de tratamento de ambas as situações revelava,

---

i. No Brasil, após a reforma de 1984, restou abolido o "duplo binário", não cabendo mais a aplicação da pena e medida de segurança, devendo o juiz optar por uma ou por outra. Vide artigos 26, 96 e 97 do CP brasileiro.

por um lado, uma certa incompreensão do fenômeno, e, por outro, uma concepção da pena duvidosamente compatível com o *princípio da culpabilidade do fato*. Com efeito, se a pena é empregada – ainda que somente em caso de reincidência – para prevenir a prática de fatos futuros no caso de autores perigosos, dá-se lugar a um *sistema monista de sanções penais*, que desconhece as conexões entre a pena e a culpabilidade, e que, ademais, não se realiza coerentemente, em face da solução adotada para os incapazes de culpabilidade. Estas inconseqüências do direito penal de 1848 com o princípio da culpabilidade, de outra parte, não eram as únicas. Também colidia com este princípio o art. 1 do CP espanhol de 1848 que estabelecia que "as ações ou omissões punidas pela lei se reputam sempre voluntárias, a não ser que se demonstre o contrário", é dizer, continha uma *presunção de culpabilidade*.

46. O legislador propôs-se em 1983 (LO 8/83) a recompor as relações entre o direito vigente e o princípio da culpabilidade, mas a reforma só resolveu um aspecto da questão, sem dúvida importante, porém parcial. A LO 8/83 eliminou a presunção de voluntariedade e introduziu no art. 6 *bis, a,* do CP espanhol (atual art. 14), que regulava o erro de tipo e o erro de proibição. Com relação à reincidência, contudo, apenas mitigou o rigor da pena aplicável, excluindo o agravamento previsto no art. 61.6 (com redação da Lei 81/78) para os casos de multirreincidência, que permitia aplicar a pena superior em grau em toda a sua extensão (o agravamento podia alcançar aos dois graus a partir da segunda reincidência no Código de 1944).

47. As tentativas da jurisprudência em interpretar a agravante da reincidência de uma maneira adequada ao princípio da culpabilidade (*Sentenças do Tribunal Supremo-SSTS* de 6.4.1990; 15.10.1990; 22.4.1991) e outorgar, desse modo, uma base para um sistema do duplo binário não foram aceitas de maneira unânime.[40] A *STC* (*Sentença do Tribunal Constitucional*) 150/91 também não esclareceu convincentemente o problema da compatibilidade do tratamento da reincidência com o direito vigente, de acordo com o entendimento clássico e o princípio da culpabilidade.

---

40. Cf. Zugaldía Espinar, in *Revista del Poder Judicial*, n. 13, 1989, pp. 85 e ss.; Mir Puig, in *Anuario de Derecho Penal y Ciencias Penales*, t. XLVI, 1993, p. 1.139 e ss.; Díez Ripollés, in *Llespañola*, exemplar de 30.4.1993, pp. 1 e ss.

48. Como conseqüência, a evolução para um autêntico direito penal da culpabilidade viu-se freada por uma férrea resistência oposta por uma *concepção monista do sistema das sanções*, que não havia colocado em dúvida a utilização da pena para resolver o problema da periculosidade. Isso impediu também que a reforma do Código Penal espanhol de 1995 estruturasse um autêntico sistema de "duplo binário", tal como vinham postulando as reformas penais européias (por exemplo, Código Penal alemão de 1969; Código Penal italiano de 1930; Código Penal suíço de 1937).

(b)

49. No direito penal moderno, pelo contrário, sustenta-se que "toda pena pressupõe a culpabilidade do autor no cometimento de um fato que pertence ao passado; toda medida de segurança – pelo contrário – pressupõe uma periculosidade duradoura do autor em relação ao futuro".[41] A partir de tais considerações, explica-se que as medidas de segurança *não constituem necessariamente uma alternativa à pena*, mas, sim, que "freqüentemente devam ser aplicadas em conjunto com elas".[42] *Isso põe em evidência que um sistema de duplo binário não se caracteriza porque o ordenamento prevê penas para capazes de culpabilidade e medidas de segurança para incapazes de culpabilidade, mas, sim, porque o sistema de reações penais prevê penas para os culpáveis e medidas para os perigosos (capazes ou não de culpabilidade).*

(c)

50. A fundamentação de um sistema dualista não é, muito menos, óbvia. Uma estrita separação entre penas e medidas somente é possível conquanto se entenda a pena a partir do ponto de vista das teorias absolutas. Por outro lado, a fundamentação torna-se especialmente discutível quando a pena se concebe segundo as "teorias da união".

51. Com efeito, as "teorias" relativas da prevenção especial, a partir de von Liszt, careciam da possibilidade conceitual de distinção,

---

41. Roxin, *Strafrechtliche Grundlagenprobleme*, 1973, § 3; em idêntico sentido Mir Puig, *Derecho penal. Parte general*, 4ª ed., 1996, pp. 8 e ss.
42. Roxin, *Strafrechtliche Grundlagenprobleme*, 1973, § 3.

porque pena e medida tinham o mesmo fim: incidir sobre o autor para evitar a reincidência. A partir deste ponto de vista, torna-se compreensível o fato de von Liszt afirmar que "se a medida de segurança se liga ao cometimento de uma ação punível, é possível que ela assuma a essência da pena (um mal vinculado a um juízo de desvalor), e isto, inclusive, a partir do ponto de vista da teoria da retribuição. Conquanto admita esta teoria, ainda que apenas secundariamente, a busca da correção e da segurança, cabe afirmar que a pena penetra no terreno da medida de segurança".[43] Esta mesma passagem de von Liszt explica por qual motivo as "teorias da união" encontram dificuldades conceituais em fundamentar a distinção entre penas e medidas. Na teoria moderna, as "teorias da união" só podem distinguir os conceitos mediante o critério limitador a que correspondem a pena e a medida de segurança: "Chamamos de pena a sanção que reprime comportamentos socialmente indesejáveis, e que está, portanto, limitada pelo princípio da culpabilidade, e medida de segurança, a que está limitada pelo princípio da proporcionalidade."[44]

52. O critério limitador da gravidade da intervenção do Estado na forma de pena ou medida deixa de cumprir sua função assaz precária se esta limitação se concebe de uma maneira unitária com base no princípio da proporcionalidade.[45] Se não há diferença na limitação ou no fundamento, é evidente que não cabem formas possíveis de distinção.

53. A partir de outro ponto de vista, a distinção apresenta-se altamente difícil de ser percebida, se se sustentar, como Welzel,[46] que o critério utilitarista não é suficiente para fundamentar as medidas de segurança e que "sempre haverá que se investigar sua admissibilidade moral frente ao indivíduo". Não obstante, Welzel pretende que este fundamento moral seja o que legitima o Estado na aplicação da medida sem que implique, como pressuposto, a reprovabilidade do autor: "Toda liberdade externa ou social se justifica, em última análise, a partir da liberdade interior ou moralmente imposta. Aquele que não é

---

43. Von Liszt, *Lehrbuch des deutschen Strafrechts*, 23ª ed., 1921, p. 247.
44. Roxin, *Strafrechtliche Grundlagenprobleme*, 1973, p. 57.
45. Hassemer – Ellscheid, in *Seminar Abweichendes Verhalten*, 1975, t. II, pp. 266 e ss.
46. Welzel, *Das deutsche Strafrecht*, 11ª ed., 1969, p. 245.

capaz de se autodeterminar, por carecer de liberdade (como o enfermo mental) ou não é suficientemente capaz por força de suas más atitudes, taras ou hábitos, não pode pretender uma total liberdade social".[47] A argumentação de Welzel deixa, de qualquer modo, muito pouca margem para uma distinção satisfatória, pois as medidas também operariam repressivamente.[48]

54. A distinção entre penas e medidas e, portanto, a base do sistema dualista, tende a perder sustentação legal nas legislações modernas, em função da aceitação, cada vez mais difundida, do chamado princípio vicariante, segundo o qual o tempo de cumprimento de uma medida de segurança detentiva é considerado como cumprimento da pena privativa de liberdade.[49]

55. Em razão das dificuldades teóricas e das tendências legislativas apontadas, afigura-se muito problemático, na atualidade, o futuro do sistema dualista ou "duplo binário". Não obstante, não parece que o sistema monista preponderará de forma imediata.

56. Na teoria espanhola, cabe destacar o intento de Antón Oneca, que propôs a criação de uma "terceira via". "Entre a pena retributiva e orientada principalmente para a prevenção geral e a medida de prevenção individual para os inimputáveis, restaria uma zona acobertada pelas sanções destinadas àqueles imputáveis em que se descobriu uma periculosidade grave, desproporcional em relação à brandura do delito, e que não seria eficazmente combatida com a pena a este proporcionada."[50] O ponto de vista de Antón Oneca não permite, na realidade, superar os problemas teóricos já assinalados, mas foi o prenúncio, há quase meio século, da configuração que hoje apresenta o direito penal e que é, precisamente, aquela que minou a consistência do princípio do "duplo binário".

57. Praticamente nesta direção se orientam, hoje, *mutatis mutandis*, os partidários da teoria da prevenção geral positiva. Jakobs

---

47. Welzel, *Das deutsche Strafrecht*, 11ª ed., 1969, p. 245.
48. Marquardt, *Dogmatische und Krimilologische Aspekte des Vikarierens von Strafe und Massregel*, 1972, p. 31.
49. Bacigalupo, in *Cuadernos de Política Criminal*, 1977, n. 2, pp. 18 e ss.; cf. Quintero Olivares, *Introducción al derecho penal. Parte general*, 1981, pp. 28 e ss.
50. Antón Oneca, *La prevención general y la prevención especial en la teoría de la pena*, 1944, p. 115.

tem formulado critérios distintos, diferenciando sob a ótica da relação entre a medida e a finalidade da manutenção da validade da norma.[51] Nesse sentido, distingue entre medidas complementadoras da pena (pois se aplicam a pessoas que não tenham agido culpavelmente) e medidas impostas em substituição à pena (que se executam em seu lugar). Esta classificação das medidas atende a um direito positivo muito mais complexo que o espanhol vigente nesta matéria, como é o caso do direito alemão a partir de 1975. De qualquer maneira, o ponto de vista de Jakobs permite formular princípios plausíveis de legitimação, que, de outra parte, mostram até que ponto uma separação total de pena e medidas talvez somente seja possível na hipótese de medidas de segurança que substituam uma pena.

58. Como se verá, a partir desta perspectiva, a teoria da prevenção geral positiva parece fazer mais uma descrição da situação legal vigente que uma legitimação de si mesma. Não obstante, uma correta caracterização desta problemática porá em evidência que se trata de uma legitimação por meio da vinculação das medidas com a estabilização das normas.

59. No caso das medidas complementadoras da pena (sobretudo as que se aplicam aos reincidentes), elas têm também uma função vinculada com a manutenção da validade da norma; a medida tem uma função auxiliar semelhante à da pena.[52]

60. Esta conexão entre medida e validade da norma já não ocorreria no caso das medidas aplicadas em substituição a uma pena (art. 20.1, do CP espanhol), em cujo caso "a meta (diversamente do que ocorre com as complementadoras) não é a validade da norma, mas, sim, a eliminação do perigo".[53] Aqui, a medida assume uma função independente, dando uma solução própria ao conflito.

61. Por último, no caso de medidas impostas em substituição a uma pena (caso da aplicação do princípio vicariante: art. 19 do CP espanhol) trata-se de estabilizar a norma violada, "conquanto se ele-

---

51. Jakobs, *Strafrecht, Allgemeiner Teil*, 1983, pp. 24 e ss.
52. Aqui não é possível adentrar na natureza do efeito agravante da pena prevista no direito espanhol, art. 22.8, CP espanhol, não obstante seja esta uma discussão que não se deve tardar. Ver STS de 6.4.1990, Rec. 3/17.
53. Jakobs, *Strafrecht, Allgemeiner Teil*, 1983, p. 26.

vam as possibilidades fáticas de sua observância".[54] Procura-se, por meio destas medidas, assegurar a validade da norma atuando sobre a tendência lesiva do autor.

§ 4º. *O direito penal no sistema sancionador do direito público*

62. O direito penal é somente uma parte do sistema de sanções estatais. Além das penas e medidas, o Estado dispõe de *sanções administrativas*, estabelecidas em leis especiais, cuja aplicação se regula no Título IX da Lei 30/1992, do Regime Jurídico das AAPP e do Procedimento Administrativo Comum. Uma diferença material entre os atos ilícitos sancionados administrativamente e os ilícitos penais não tem sido, até o presente momento, convincentemente formulada. Os esforços realizados neste sentido têm se baseado em distinções carentes de operatividade. Assim, as distinções entre "autorização da vontade" (*Wollendürfen*) e "bem-estar" (*Wohlfahrt*), propostas por Goldschmidt,[55] ou a diferenciação entre "valores de justiça" e "valores de bem-estar", sugerida por Erik Wolf,[56] não puderam determinar claramente o âmbito correspondente às sanções administrativas e o que é próprio do direito penal.

63. Os autores modernos limitam-se a estabelecer critérios de distinção menos rígidos que os já comentados. Por um lado, sustenta-se que a diferença reside em critérios referentes ao merecimento da pena, que requerem "um grau considerável de periculosidade" e um "alto grau de reprovabilidade da atitude do autor".[57] Por outro, reconduz-se a distinção à diferença entre a infração de normas que "definem a identidade da sociedade, de um Estado, de pessoas", e a de outras que não pertencem a este núcleo de normas.[58]

64. O ponto de apoio constitucional da distinção, de qualquer maneira, encontra-se no art. 25.3 da CE que autoriza a Administração

---

54. Jakobs, *Strafrecht, Allgemeiner Teil*, 1983, p. 26.
55. Goldschmidt, *Das Verwaltungsstrafrecht*, 1902, pp. 529 e ss.
56. Wolf, *Festgabe für Frank*, 1930, t. II, pp. 516 e ss.
57. Jescheck, *Lehrbuch des Strafrechts, Allgemeiner Teil*, 3ª ed., 1978, pp. 58 e ss.
58. Jakobs, *Strafrecht, Allgemeiner Teil*, 1983, pp. 50 e ss.

a impor sanções, sempre que estas não impliquem, direta ou subsidiariamente, privação da liberdade. Assim, desaparecem as dúvidas sobre a legitimidade das sanções administrativas no ordenamento jurídico espanhol.[59]

O preceito, cujo conteúdo é correto, não deve favorecer a errônea crença de que a pena privativa de liberdade é a que *verdadeiramente* deve caracterizar o direito penal. Tal ponto de vista é alheio aos postulados político-criminais hoje comumente aceitos, pelos quais se tende a reduzir a aplicação da privação da liberdade ao mínimo imprescindível.

65. De qualquer modo, fica claro que o direito penal e o administrativo sancionatório formam parte do *sistema jurídico das sanções estatais* e que toda política criminal deve desenhar um programa que estabeleça com precisão quais condutas se pretende punir criminalmente e quais, por outro lado, consideram-se menos graves e somente merecem sanções administrativas. No Código Penal espanhol vigente existem preceitos que, muito provavelmente, deveriam ser trasladados para o direito administrativo sancionatório, por exemplo: os arts. 293[60] e 294[61] do CP espanhol.

66. A matéria típica das sanções administrativas não se deve confundir com a correspondente ao Livro III do Código Penal espanhol, ou seja, as contravenções *(las faltas)*. De regra, estas não passam de supostos delitos nos quais – em geral por razões quantitativas – a ilicitude é de menor gravidade e requer somente uma pena (criminal) atenuada especialmente.

---

59. Bacigalupo, *Sanciones administrativas*, 1991, com uma exposição da discussão a respeito.
60. Art. 293: "Los administradores de hecho o de derecho de cualquier sociedad constituida o en formación, que sin causa legal negaren o impidieren a un socio el ejercicio de los derechos de información, participación en la gestión o control de la actividad social, o suscripción preferente de acciones reconocidos por las Leyes, serán castigados con la pena de multa de seis a doce meses."
61. Art. 294: "Los que, como administradores de hecho o de derecho de cualquier sociedad constituida o en formación, sometida o que actúe en mercados sujetos a supervisión administrativa, negaren o impidieren la actuación de las personas, órganos o entidades inspectoras o supervisoras, serán castigados con la pena de prisión de seis meses a tres años o multa de doce a veinticuatro meses. Además de las penas previstas en el párrafo anterior, la autoridad judicial podrá decretar algunas de las medidas previstas en el artículo 129 de este Código."

B – DOGMÁTICA PENAL, CRIMINOLOGIA E POLÍTICA CRIMINAL

67. Em princípio, pode-se afirmar que o delito e as instituições ligadas ao seu controle são objeto de consideração por parte do direito, da criminologia e da política criminal. As relações dos diversos modos de tratamento têm dado lugar a entendimentos que nem sempre coincidem. Faz-se conveniente uma análise em separado das questões que aludem à criminologia e à política criminal em sua relação com a dogmática penal.

§ 5º. A dogmática penal

68. A presente exposição do direito penal é uma exposição dogmática. Com isso se quer dizer, antes de mais nada, que se tratará dos conceitos e dos respectivos sistemas, por meio dos quais os juristas do direito penal os aplicam aos casos concretos. Os conceitos da dogmática têm, portanto, uma finalidade prática.

69. A dogmática procura uma aplicação altamente objetiva do direito vigente. Não obstante, não pode alcançar uma objetividade total: a exclusão absoluta de pontos de vista do intérprete não é possível. Toda aplicação do direito requer a fixação de pontos de partida que condicionam todo o processo interpretativo posterior. Exemplo disso é a primeira questão que deve resolver um dogmático: deve-se investigar a vontade do legislador ou a vontade da lei? Deve-se preferir uma interpretação ampla ou restrita?[62]

70. O objeto de interesse do conhecimento dogmático vincula-se à tarefa de aplicação do direito penal aos casos que julgam ou devem julgar os tribunais. Por isso, com a ajuda dos instrumentos conceituais da dogmática, o jurista do direito penal deve poder responder de uma maneira tecnicamente aceitável (1) se o autor de um fato *pode* e (2) *como deve* ser punido?[63]

---

62. Larenz, *Methodenlehre der Rechtswissenschaft*, 1960, pp. 237 e ss. e 259 e ss.; Adomeit, *Rechtstheorie für Studenten*, 2ª ed., 1981, p. 16; Bacigalupo, "I dogmi della dogmatica penale", in *Dei delitti e delle pene*, t. II, 1983.
63. Naucke, *Strafrechts, eine Einführung*, 3ª ed., 1980, pp. 18 e ss.; Adomeit, *Rechstheorie für Stundenten*, 2ª ed., 1981, pp. 80 e ss.

71. Uma vez que a dogmática penal deve permitir responder à pergunta referente a se um fato é ou não delito, é preciso analisar suas relações com outros ramos do conhecimento que se ocupam do direito penal. Assim, devem-se buscar os limites da dogmática em dois sentidos: a respeito da criminologia e da política criminal. Tais limites não têm sido constantes na história científica do direito penal, como se verá a seguir. A questão dos limites, porém, tem importância, pois determina quais são os conhecimentos ou considerações legítimos para se utilizar na resposta a perguntas sobre se deve haver e como deve ser a punibilidade. Por exemplo: a comprovação de que o autor de um fato reúne características pessoais que corresponderiam ao tipo genérico de "homem delinqüente" teve, em outra época, caráter de conhecimento científico; não obstante, trata-se de conhecimento que carece de legitimidade para tais fins.

§ 6º. O método da dogmática penal

72. Em torno da questão relativa ao objeto da dogmática penal e de seu método, vêm sendo discutidos problemas muito mais amplos da dogmática jurídica em geral. As características desta discussão têm sido qualificadas recentemente de caóticas, não sem razão,[64] e tal afirmação torna perfeitamente aplicável à dogmática penal em particular. Provavelmente por este motivo, possa ser útil tratar dos problemas fundamentais da dogmática penal em relação aos ideais científicos que têm dominado o desenvolvimento da discussão.

73. Três são os problemas fundamentais da dogmática penal que nos permitem desenvolver o tema proposto:

a) os referentes à determinação do objeto da dogmática penal (o que se quer estudar?);

b) os que dizem respeito ao conhecimento (estudo) deste objeto (como se pode estudar o direito penal?);

c) os que se relacionam com a sistematização dos estudos sobre o objeto (como se constrói o sistema científico do direito penal?).

---

64. Bydlynsky, *Juristische Methodenlehre und Rechtsbegriff*, 1982, p. 4.

(a)

74. Comecemos com o problema do objeto. Na atualidade, o problema da determinação do objeto de estudo da dogmática penal deve ser abordado de uma maneira histórico-científica. As discussões atuais perderão praticamente toda a perspectiva se não forem explicadas de uma forma dinâmica. A questão do objeto da ciência do direito penal não pode ser analisada senão dentro de um marco teórico determinado e possui diferentes características segundo o contorno dentro do qual se encontra.

75. A questão do objeto do direito penal como ciência dos juristas surgiu como problema explícito no marco teórico da filosofia científica do positivismo e não foi somente uma discussão referente ao objeto dos conhecimentos dos juristas, senão, antes de tudo, uma discussão relativa à cientificidade dos mesmos.

Como se sabe, para o positivismo, afora a lógica e a matemática, somente existem conhecimentos científicos relativos a fatos sensivelmente perceptíveis. As normas de direito penal, como tais, e da maneira que até então haviam se ocupado os dogmáticos, não eram nem formas lógicas, nem conhecimentos matemáticos, nem fatos perceptíveis pelos sentidos: a ciência jurídica tradicional, portanto, não era ciência ou não o podia ser, dentro deste marco teórico.

76. De acordo com o ideal científico do positivismo, a cientificidade da dogmática penal dependeria do fato de seu objeto de estudo corresponder a fatos da experiência sensível (empíricos).

Esta questão não teve resposta uniforme dentro do campo do positivismo. A cientificidade da dogmática penal ou da ciência do direito tradicional (já que os positivistas prefeririam não utilizar a expressão "dogmática") foi defendida, pelo menos, com dois tipos de argumentações que podem ser qualificadas de "integradoras" (von Liszt e Ferri) e de "desintegradoras". A diferença reside no tipo de reducionismo utilizado: as argumentações "integradoras" procuram reduzir a ciência jurídico-penal tradicional em uma ciência empírica das causas do fenômeno criminal; as "desintegradoras", ao contrário, tratam de restringir as explicações jurídico-penais ao esquema das relações de causa-efeito.

77. Na Espanha, esta é a problemática metodológica dentro da qual se desenvolveu aquilo que José Antón Oneca chamou, com acerto, de "geração espanhola da política criminal",[65] Saldaña, Jiménez de Asúa e Cuello Calón. Não obstante, a questão propriamente metodológica não teve um reflexo visível na obra desta geração.

A meu juízo, uma prova de peso em favor dessa afirmação encontra-se já na forma como se produziu sua ruptura com o positivismo italiano orientado por Ferri. No centro desta disputa não se encontram afirmações referentes ao método, e as argumentações centrais de Jiménez de Asúa, que foi quem levou o maior peso a ela, orientam-se por aspectos político-institucionais do programa político-criminal do positivismo de Ferri e seu "retorno" à dogmática (postulado na abertura do curso de 1931-1932 da Universidade de Madri), que se baseia na capacidade a ela atribuída para uma melhor defesa da liberdade.

78. Vista a partir da moderna teoria da história da ciência de Kunh,[66] cabe postular aqui a possibilidade de que a moderna geração espanhola da política criminal não tenha sido protagonista de uma revolução científica, mas, sim, que tenha se desenvolvido dentro daquilo que o estudioso alemão denomina "ciência normal", isto é, dentro do paradigma estabilizado e reconhecido pela comunidade científica da ciência de sua época. Os discípulos espanhóis de von Liszt, com a exceção provavelmente de Saldaña, evoluíram a posições neokantianas sem uma discussão metodológica expressa, como a que Radbruch e Grünhut deram na Alemanha.

79. A partir da perspectiva do que se convencionou chamar de "luta de escolas", o problema do objeto da ciência do direito penal não foi senão uma questão vinculada à adaptação daquela ao ideal científico do positivismo. Analisemos agora três modelos fundamentais desta adaptação.

80. O modelo da sociologia criminal procura, na realidade, uma alternativa não-normativa à ciência clássica jurídico-penal. Nela, parecem inegáveis seus contatos e seu paralelismo com a ética de Schopenhauer, que visava a fundamentar uma alternativa não-normativa (não-imperativa) à ética kantiana. Assim, o deslocamento do direito vigente a um segundo plano justifica-se porque as conclusões jurídi-

65. Antón Oneca, *Homenaje a Jiménez de Asúa*, 1970, pp. 337 e ss.
66. Kuhn, *Die Struktur wissenschaftlicher Revolutionem*, 1ª ed. norte-americana, 1962, citada segundo a ed. alemã de 1967, p. 25.

cas devem orientar-se – segundo Ferri – primeiramente para a observação do fenômeno social da delinqüência. A obra com a que o mesmo disse terminar sua vida científica, os *Principii di diritto criminale* (1928), responde a esta concepção científica.

81. Os fundamentos metodológicos da "ciência total do direito penal" propugnada por von Liszt não afetaram, ao contrário, as concepções da ciência penal clássica, pois, dentro deste marco, a tarefa primária da ciência jurídico-penal não é senão o "estudo das normas de acordo com um método lógico-jurídico".[67] Não obstante, isso não constituiria nem "a única nem a mais alta tarefa da ciência do direito penal", já que, acima do estudo das normas, está o "conhecimento científico independente dos fenômenos que constituem seu próprio objeto: o delito e a pena". Tal conhecimento é aquele do fenômeno e de suas causas determinantes. Por tal razão, von Liszt somente considerava o estudo normativo do direito penal como uma ciência, expressão tomada no "seu mais amplo sentido".[68] Em mais de uma oportunidade e com muitas imagens literárias distintas, o jurista não deixou de ocultar suas dúvidas a respeito do caráter científico do conhecimento das normas de direito penal, e deve ser enfatizado que, em momento algum, postulou um reducionismo à sociologia.

82. A terceira e última das respostas que procura adequar a ciência jurídico-penal ao ideal científico do positivismo é a de Arturo Rocco. Dela, temos dito que é "desintegradora", porque é – num sentido inverso ao da teoria de Ferri – reducionista, já que afirma que o pensamento jurídico-penal tradicional poderia expressar-se em relações de causa e efeito. Desta maneira, cumprir-se-ia com a principal exigência do positivismo. Rocco acreditava num estudo do direito penal alheio a todos seus pressupostos. O objeto não poderia ser senão o direito positivo carente de toda contaminação antropológica, sociológica e política. Ele acreditava encontrar o caráter causal explicativo deste estudo na relação que une o delito, como causa, à pena, como efeito.[69] Desta maneira, o "fato" do direito penal positivo era explicado como uma sucessão de causas (delitos) e efeitos (penas).

---

67. Von Liszt, *Strafrechtliche Vorträge und Aufsätze*, 1905, t. II, p. 286.
68. Von Liszt, *Strafrechtliche Vorträge und Aufsätze*, 1905, t. II, p. 289.
69. Rocco, *Opere guiridiche. Scritti giuridici varri*, Roma, 1933, t. III, pp. 263 e ss. e 289.

Globalmente consideradas, estas soluções geram reparos que dificilmente podem ser superados no marco do próprio positivismo.

83. A sociologia criminal de Ferri modifica substancialmente o objeto de interesse do conhecimento científico jurídico-penal: o jurista tem um interesse primário na aplicação do direito vigente, ainda que não se desinteresse pela sua reforma. A sociologia criminal pressupõe – ao reverso – um deslocamento do interesse do jurista à reforma e um considerável descuido da aplicação do direito. A realização da tarefa de reforma torna-se, inclusive, pouco factível sem o conhecimento técnico da aplicação do direito penal. A sociologia criminal não salvaguarda o caráter científico do direito penal, mas modifica a função do jurista, e de uma maneira teoricamente reprovável.

84. A "ciência total do direito penal" estende o campo de interesse do jurista – talvez aí resida o seu mérito –, mas não logra, contudo, salvaguardar o caráter científico do estudo das normas de direito penal.

85. A "Escola Técnico-Jurídica" de Rocco nasceu praticamente morta. Uns anos depois de ter sido pronunciada a famosa aula inaugural da Universidade de Sassari, Hans Kelsen pôs em evidência que a relação entre o delito e a pena, entre o pressuposto e a conseqüência jurídica, não era uma relação causal, mas, sim, de imputação, ou seja, "uma conexão que tem lugar na base de uma norma que não é causal nem teleológica".[70] Ainda excluindo a reforma do direito penal positivo do interesse básico do jurista, Rocco não pode salvar tampouco a cientificidade da ciência jurídico-penal no âmbito do positivismo. O golpe fatal para esta concepção não tardou a chegar. Em 1919 Max Weber demonstrava que um conhecimento científico carente absolutamente de pressupostos não existe em ciência alguma: todo conhecimento científico pressupõe, ao menos, a lógica e o método.

86. A questão da determinação do objeto da ciência do direito penal adquire outras dimensões totalmente diversas ao se abandonar o âmbito teórico do positivismo. Isso tem lugar quando a questão é suscitada dentro das ciências humanas. Nelas, o critério de cientificidade não se reduz à possibilidade de explicações causais de fenômenos sensíveis. O ideal científico das ciências humanas é o de "com-

---

70. Kelsen, *Hauptprobleme der Staatsrechtslehre*, 2ª ed., 1923, pp. 27 e ss.; idem, *Über die Grenzen zwischen juristischer und soziologischer Methode*, 1911, p. 49.

preender o fenômeno mesmo em sua concreção única e histórica".[71] O caso individual não interessa como constatação de uma lei geral, mas, sim, este homem, esta sociedade, este Estado etc.[72] A referência comum que reúne tais ciências é a que, dito nas palavras de Dilthey:[73] "determinar o humano e diferenciá-lo do que corresponde às ciências naturais".

87. A possibilidade teórica do tratamento dos problemas do objeto do direito penal dentro do paradigma das ciências humanas converteu-se em um tema claramente metodológico, no qual poderíamos chamar de relevo da geração da política-criminal.

Aqui, poder-se-ia mencionar dois autores que se pronunciaram abertamente sobre o tema.

88. No primeiro caso, Juan del Rosal postulou uma ciência penal "personalista e culturalista", apoiando-se na base de pontos de vista de Erik Wolf, inicialmente em 1942, em seu livro *Nuevo sentido del derecho penal* e mais tarde em seus *Principios de derecho penal* (1948), em que enfatizou a idéia da pessoa e sua importância nos problemas metodológicos do direito penal.

89. Em segundo lugar, Stampa Braun, que em 1953 publicou seu *Introducción a la ciencia del derecho penal*. Esta obra foi considerada – inclusive por seus discípulos – como uma exposição do pensamento de Rocco. Não obstante, guarda com ela uma diferença fundamental: Rocco era um positivista (ainda que não um seguidor de Ferri: não houve apenas positivistas empiristas, mas também houve os lógicos, e Rocco esteve, possivelmente, mais próximo destes últimos) e Stampa, no entanto, não o era. A obra de Stampa Braun pertence, portanto, a este período, dado seu esforço em distinguir interpretação e crítica do objeto da interpretação: um ponto aproveitável de Rocco, apesar de seu fracasso no outro aspecto.

90. Qual significado a respeito do problema da determinação do objeto da ciência do direito penal tem o paradigma das ciências humanas?

---

71. Gadamer, *Wahrheit und Methode*, 4ª ed., 1975, p. 2.
72. Gadamer, *Wahrheit und Methode*, 4ª ed., 1975, p. 2.
73. Dilthey, *Der Aufbau der geschichtlichen Welt in der Geisteswissenschaften*, 1911, p. 91.

Deve-se afirmar, de início, que as normas de direito penal são um objeto legítimo da ciência do direito penal. A ciência do direito penal é uma ciência hermenêutica, porque seu objeto é a compreensão do direito penal: a dogmática penal esclarece e explica por meio da interpretação dos textos de direito penal positivo, com vistas à sua aplicação a casos concretos e, por esta razão, faz parte dos caracteres de todas as ciências que têm por finalidade a compreensão de textos.

Não obstante, a afirmação de que as normas de direito penal positivo são um objeto legítimo do conhecimento hermenêutico parece trazer reminiscências positivistas e naturalistas. Na dimensão das ciências humanas – ao menos, posto que este não é o lugar para se indagar o que ocorre com outras ciências – o problema do objeto tem características diferentes daquelas que o tratamento clássico as tem dado. Fundamentalmente, os objetos de conhecimento do jurista, como cientista do direito penal, não se apresentam com a separação mais ou menos clara com que se diferenciam os objetos da experiência sensível acerca do sujeito cognoscente.

91. Quando se afirma que a finalidade da dogmática é a de compreender o direito penal positivo já se depara com uma primeira questão obscura. "A dificuldade principal de uma teoria da dogmática jurídica" – disse Ralf Dreier[74] – "reside no fato de que não há uma uniformidade de opiniões acerca do conceito de direito vigente e, portanto, a respeito do objeto de conhecimento da dogmática jurídica". No campo da dogmática penal, este problema tem, nos dias de hoje, grande atualidade, pois a discussão em torno do fato de o direito consuetudinário penal dever ou não integrar o objeto de estudo da dogmática penal está longe de ser pacífica.

A isso deve somar-se o fato de que não há, tampouco, unidade de opiniões relativamente ao que seja uma norma. A definição da norma forma parte dos conceitos por meio dos quais se determina o sentido que esta expressão deve ter na linguagem da dogmática penal (dentro, portanto, de uma linguagem científica). Estas definições têm objetivos práticos e sua veracidade ou falsidade não podem ser comprovadas como a de uma afirmação referente a um objeto da experiência sensível.[75]

---
74. Dreier, *Recht, Moral, Ideologie*, 1981, p. 88.
75. A respeito cf. Eike v. Savigny, *Grundkurs im wissenschaftlichen Definieren*, 5ª ed., 1980, pp. 22 e ss.

92. Diante de tais definições somente resta indagar se alcançam ou não a finalidade para as quais foram formuladas.

Hodiernamente, na dogmática penal a expressão "norma" tem mais de um significado: alguns designam – com pequenas variações – simplesmente os imperativos, enquanto outros se referem a um conceito no qual se devem distinguir dois momentos diferentes: a norma objetiva de valoração e a norma subjetiva de determinação ou motivação. As conseqüências que se encadeiam no sistema dogmático a cada uma de tais definições são, como se sabe, muito diferentes: ao lugar sistemático do conhecimento da proibição, ao conhecimento que pressupõe o dolo como forma mais grave da responsabilidade penal etc.

De outra parte, e como prolongação dos problemas da definição que acabam de ser expostos, ainda que se tenha alcançado um entendimento total a respeito do conceito da norma, a moderna teoria dos sistemas normativos pôs em evidência certos limites das definições possíveis da norma e deduziu daí que todos os enunciados de um sistema normativo (como são os da dogmática penal) constituem normas: também há outras classes de enunciados que forma parte do sistema sem reunir as características de uma norma.

Estas reflexões nos servem para formular uma tese que tem ganhado espaço na moderna teoria do método jurídico.

93. O verdadeiro objeto da dogmática penal – como das demais dogmáticas jurídicas em geral – são as questões jurídicas do direito penal e não precipuamente as normas; esta é uma das questões que o jurista deve enfrentar.[76] Na realidade, mesmo não tendo sido formulado desta maneira entre os juristas espanhóis do direito penal, parece possível detectar uma atmosfera propícia a esta concepção na ciência jurídico-penal espanhola. Por exemplo, Gimbernat apóia toda a justificação da dogmática penal na segurança que contemplam as teorias dogmáticas na aplicação do direito,[77] e Mir Puig postula uma dogmática "criadora", que seria conceitualmente impossível se as normas fossem conceitos fixos e alheios às definições dos intérpretes. Ou, por derradeiro, Rodriguez Ramos, que considera que o método não deve apenas adequar-se ao objeto, mas também importa "um ele-

---

76. Cf. Adomeit, *Retchstheorie für Studenten*, 2ª ed., 1981, p. 15.
77. Gimbernat Ordeig, *Estudios de derecho penal*, 1976, p. 79.

mento a mais na hora de julgar sua idoneidade: ele teleologicamente orientado renuncia *ab initio*, com razão, à existência de um conceito imutável de norma".[78]

94. Uma conseqüência, a meu juízo inevitável, do quanto se expôs acima é que, no marco de uma ciência hermenêutica, o problema do método é necessariamente prévio ao do objeto, pois as questões referentes ao que é e a como se formula corretamente uma definição do que está na base da dogmática penal são tipicamente metodológicas.

(b)

95. Se quisermos nos ocupar agora das questões referentes ao conhecimento do objeto no marco teórico da hermenêutica, deveríamos começar por uma caracterização desta.

Em geral, no direito penal, são poucos os trabalhos relativos à hermenêutica. A conhecida obra de Josef Esser tem como enfoque o direito civil e não o penal.[79]

Na ciência espanhola, Cobo del Rosal e Vives Antón qualificam a ciência jurídico-penal expressamente como uma ciência hermenêutica, apoiando-se explicitamente no conjunto da obra de Gadamer e definindo a hermenêutica como o enfrentamento do jurista com um texto legal cujo sentido deve estabelecer.[80]

96. Afirmar que a ciência do direito penal é uma ciência hermenêutica implica, antes de tudo, como sustenta Gadamer, que seu caráter se "compreende mais pela tradição humanista do que pela idéia de método da ciência moderna".[81]

97. Do ponto de vista da tarefa típica da dogmática penal, a hermenêutica não se presta a fundamentar ontologicamente os valores ou sua veracidade, "mas, sim, procura a compreensão do sentido, dos limites e das condições de nossas afirmações, de nosso pensamento e linguagem e que se fazem presentes em sua compreensão e aplicação".[82]

---

78. Rodríguez Ramos, *Apuntes de derecho penal. Parte general*, 1978-1979, t. I, p. 45.
79. Esser, *Methodenwahl und Vorverständnis in der Rechtsfindung*, 1972.
80. Cobo del Rosal – Vives Anton, *Derecho penal. Parte general*, t. I, p. 101.
81. Gadamer, *Wahrheit und Methode*, 4ª ed., 1975, p. 15.
82. Esser, *Methodenwahl und Vorverständnis in der Rechtsfindung*, 1972, p. 8.

98. O estudo do direito penal deve ser levado a cabo dentro daquilo que se denomina "experiência hermenêutica" e em função da estrutura própria deste processo de compreensão, estudada por Heidegger e Gadamer. Isso significa, então, uma transformação considerável do problema da interpretação de textos de direito penal.

Tradicionalmente, e sob a influência da metodologia das ciências naturais, a dogmática penal clássica vinculou a idéia de segurança jurídica com a distinção entre conhecimento e decisão, de acordo com a qual somente poderia considerar-se legítima uma interpretação que se reduzisse ao conhecimento (cognição) da lei e, ao mesmo tempo, excluísse totalmente as decisões (injunções) do intérprete.

99. Este esquema teórico do problema já não se mostra válido dentro da experiência hermenêutica. Em primeiro lugar, porque tal esquema pressupõe uma concepção falsa de linguagem e assinala às palavras significados unívocos e precisos, ao passo que a característica da linguagem é precisamente sua "abertura de significado": "não há duas pessoas que atribuam à mesma palavra precisamente o mesmo significado", pondera Arthur Kaufmann.[83] Em segundo lugar, as posições superadas acerca das concepções tradicionais da racionalidade (Popper, Hans Albert, ou Norberto Bobbio inclusive) não estimam possível uma diferenciação absoluta entre conhecimento e decisão (ou valoração). Uma dogmática penal, portanto, que pretenda levar a sério o estado da problemática hermenêutica deverá dar espaço à questão das decisões prévias em sua temática científica.

100. Apenas a título de exemplo, cabe ressaltar que os cientistas do direito penal carecem totalmente de princípios elaborados para orientar suas escolhas metodológicas. Desde Savigny, os dogmáticos utilizam na interpretação das leis penais o método gramatical, o histórico e o teleológico. Não se tratam, somente, de métodos de estrutura muito diferentes, mas também, com freqüência, conduzem a soluções diversas a respeito do texto. Não obstante, as razões que determinam a aplicação de um ou de outro meio são totalmente obscuras. Não há critério algum para se decidir entre tais métodos. Como não há, tam-

---

83. Arthur Kaufmann, *Die Parallelwertung in der Laiensphäre*, 1982, p. 82.

pouco, método para se decidir entre as teorias da pena. Como explicou Bobbio: não há critérios para resolver antinomias últimas.[84]

101. Um exemplo tomado da jurisprudência do Tribunal Supremo da Espanha põe em evidência o argumento:

O Tribunal Supremo entende que o "roubo"[ii] com emprego de força sobre a coisa,[iii] descrito no precedente art. 500 do CP espanhol somente se configura se presentes algumas das hipóteses do art. 504 do CP espanhol (*STS* 13.1.1975). De tal maneira, não ocorre a realização do tipo de roubo em muitos casos em que a execução do apoderamento vem acompanhada de alguma outra manifestação de força (que não sobre a coisa). Neste caso, o Supremo Tribunal opera com um método estritamente gramatical. Quando interpreta o n. 1 do precedente art. 504, ou seja, o conceito de "escalada", o Tribunal (provavelmente apoiando-se no método teleológico), inclui outras formas típicas que não representam, de maneira alguma, manifestações de força sobre coisas, pois aprecia a concorrência de escalada quando o autor se vale de "habilidade ou destreza".

102. No atual estágio das investigações a respeito destes aspectos do problema do método da dogmática penal, não é possível avançar muito mais. Cabe simplesmente ressaltar a iminência da incorporação de uma nova problemática, até agora alheia ao conteúdo do discurso metodológico da dogmática penal: a questão das decisões prévias, suas condições e limites.

(c)

103. Estritamente vinculado com o já exposto, encontra-se o terceiro e derradeiro problema: trata-se da questão a respeito da função e da fundamentação do sistema dogmático da teoria do delito. Tornou-se praticamente lugar comum afirmar que a ciência do direito penal é eminentemente sistemática. Existe, ademais, uma difundida coincidência, que os elementos que compõe tal sistema (deixando de

---

84. Bobbio, *Contribuición a la teoría del derecho*, 1980, pp. 349 e ss.
 ii. Note bem: O Código Penal espanhol contempla o *nomen juris* "roubo" para algumas das figuras tratadas como "furto qualificado" no Código Penal brasileiro.
 iii. O chamado "furto qualificado" pela Lei Penal brasileira.

lado disputas em torno do conteúdo em particular de tais conceitos e teorias) são a tipicidade, a antijuridicidade (ilicitude) e a culpabilidade.[85]

A questão das relações deste sistema com a lei penal converteu-se recentemente num problema cuja discussão não alcançou resultados que permitam esperar certa estabilidade mais ou menos imediata nas respostas. Os pontos em que as opiniões são divergentes vão desde a data do nascimento do sistema até a função que realmente cumpre, passando pela paternidade do mesmo.

104. O problema hermenêutico do sistema pode ser resumido da seguinte maneira:

Como explicar o fato de que dele se extraiam conclusões não escritas na legislação? Por exemplo: como explicar que (diante do silêncio do CP espanhol) nem todas as causas que, de acordo com o art. 20 do CP espanhol, excluem a punibilidade tenham distintos efeitos no âmbito da participação, do erro e da responsabilidade civil, conforme a categoria em que forem classificadas?

Uma primeira resposta possível é dada pelo positivismo, segundo entendimento de von Liszt. A legitimação científica do sistema orgânico seria conseqüência da indução do direito positivo.

105. A partir desta idéia, a construção do sistema dogmático requeria duas operações prévias: a organização do material normativo e a exata análise das proposições. A construção do sistema era – de acordo com von Liszt – a coroação da tarefa do cientista do direito penal, pois "somente uma ordenação sistemática garante o total domínio acerca do particular".[86] O sistema não seria, conseqüentemente, outra coisa senão a culminação de uma série de abstrações iniciadas no nível da base real do fenômeno do delito.[87]

Esta resposta, que poderíamos designar de indutiva, tem uma evidente desvantagem: se o sistema pressupõe o conhecimento exato das proposições e das respectivas definições, faltar-lhe-á função cognitiva, não lhe sendo permitido conhecer melhor o particular, pois este,

---

85. Cf. não obstante, Viehweg, *Topik und Jurisprudenz*, 5ª ed., 1974; criticamente Núñez-Barbero, in *Homenaje a Antón Oneca*, 1982, p. 401.
86. Von Liszt, *Strafrechtliche Vorträge und Aufsätze*, 1905, t. II, p. 215.
87. Von Liszt, *Strafrechtliche Vorträge und Aufsätze*, 1905, t. II, p. 215.

conhecido com exatidão, é anterior à construção do sistema. O sistema, em todo caso, somente se prestaria a objetivos expositivos e não cognitivos. Ademais, uma observação detida dos sistemas que se apresentam como obtidos de tal maneira, demonstra uma considerável falta de fidelidade ao método indutivo.[88]

106. A alternativa a tal posição parte do reconhecimento de que "as questões do sistema jurídico penal não podem se desenvolver, como acredita o 'puro' positivista, exclusivamente a partir da lei".[89] Implicitamente se reconhece que o sistema possui funções cognitivas do direito positivo, no entanto, por intermédio dele é possível desenvolver o conteúdo dos textos legais e estabelecer sua correta interpretação. Neste contexto, uma suposta fundamentação no método indutivo carece completamente de capacidade para legitimar a função do sistema na aplicação da lei.

107. No atual estágio das pesquisas sobre o tema, é possível apresentar, pelo menos, três vias para a legitimação hermenêutica desta concepção de sistema.

Em primeiro lugar, podemos recorrer à fundamentação "ontologicista" representada por Welzel.

Não é possível, aqui, desenvolver o problema do ciclo hermenêutico que está implícito no ponto de vista de Welzel.[90] Pode-se afirmar, contudo, que dele se deduz que o sistema da lei interpretada não pode ser senão o sistema das estruturas prévias da própria lei, é dizer, o do objeto regulado. Em outras palavras: teoria da ação e teoria do delito não se diferenciam. Assim já o dizia Welzel em 1939: "A teoria da ação é a própria teoria do delito".[91] A compreensão das estruturas ônticas prévias à lei seria, precisamente, aquilo que resguardaria a aplicação do direito da casualidade e da arbitrariedade.[92]

---

88. Bacigalupo, *Delito y punibilidad*, 1983, p. 27.
89. Welzel, in *ZStW* 58(1939), pp. 491 e ss. (recolhido em *Abhandlungen zum Strafrecht und zur Rechtsphilosopie*, 1975, p. 122).
90. Heidegger, *Sein und Zeit*, 11ª ed., 1967, pp. 148 e ss.; Gadamer, *Wahrheit und Methode*, 4ª ed., 1975, pp. 250 e ss.
91. Welzel, in *ZStW* 58(1939), p. 125.
92. Welzel, *Das deutsche Strafrecht*, 11ª ed., 1969, p. 1; cf., também, Gadamer, *Wahrheit und Methode*, 4ª ed., 1975, pp. 250 e ss.

108. O ponto de vista "ontologiscista", na atualidade, é questionado inclusive pelos próprios discípulos de Welzel.[93]

A mais significativa das objeções contra o ontologiscismo de Welzel partiu de Roxin na década de 1970. A disputa metodológica entre ambos não evidencia, em absoluto, a estrutura da compreensão hermenêutica. O que diferencia o pensamento de Roxin do de Welzel é que este considera que não são as estruturas prévias do objeto de regulação das normas o que legitima o sistema na aplicação da lei, mas, sim, a coincidência de suas soluções com determinados fins político-criminais, ou seja, com a finalidade da pena: na medida em que o sistema garanta resultados conformes à finalidade da pena, será o sistema da lei. A pré-estrutura das normas não seria fornecida pela ação, mas pelos fins da pena.[94]

109. A outra alternativa de fundamentação hermenêutica do sistema dogmático do delito parte da tradição do direito natural racionalista. De acordo com ele, Naucke sustenta que o sistema da teoria do delito não é uma teoria do conteúdo de um direito vigente, mas, sim, de um direito que deve ser.[95] Esse ponto de vista afirma que o sistema dogmático do direito não é composto por "conhecimentos científicos", mas por "regras razoáveis para a discussão dos conflitos".[96] A função deste sistema, portanto, será a de dar ao processo prático da aplicação da lei uma ordem racional. "A teoria geral do delito prescreve à lei, cuja aplicação está em jogo, um programa ao qual esta deve se adaptar. A teoria geral do delito tem a pretensão de atingir um grau mais elevado de razoabilidade mediante a adaptação do conteúdo da lei a ela."[97] A legitimação científica desta concepção do sistema seria proveniente de sua maior racionalidade diante da lei.

93. Cf. Stratenwerth, *Strafrecht, Allgemeiner Teil*, 3ª ed, 1981; Zielinski, *Handlungs- und Erfolgsunwert im Unrechtsbegriff*, 1973, pp. 80 e ss.; Jakobs, *Strafrecht, Allgemeiner Teil*, 1983, prólogo V.
94. Welzel, *Das deutsche Strafrecht*, 11ª ed., 1969, p. 1; cf. Gadamer, *Wahrheit und Methode*, 4ª ed., 1975, p. 250.
95. Naucke, *Grundlilien enier rechstsstaatlich-praktischen allgemeiner*, 1979, p. 14, nota 6.
96. Naucke, *Grundlilien enier rechstsstaatlich-praktischen allgemeiner*, 1979, p. 21.
97. Naucke, *Grundlilien enier rechstsstaatlich-praktischen allgemeiner*, 1979, p. 14, nota 6.

110. Por fim, no mais moderno pensamento penal tende-se a impor um ponto de funcionalismo que parte da "função do direito penal e não da essência (ou da estrutura) dos objetos da dogmática jurídico penal e que conduz a uma renormatização dos conceitos. (...) Estes conceitos não dão ao direito penal um modelo de regras, mas emergem no contexto das regulamentações jurídico-penais".[98]

A partir desta idéia, "a suposição de que o conceito deve se referir a um substrato pré-jurídico homogêneo (causação, querer, conhecimento etc.) aparece como um mal-entendido (naturalista)". Esta orientação decorre da crise da dogmática penal baseada na filosofia do sujeito como unidade autoconsciente e sua substituição, por outra, que parte dos processos comunicativos como base da explicação da sociedade.[99]

É difícil, hoje, estabelecer previsões em torno de qual será o ponto em que se alcançará uma certa estabilização.

§ 7º. Os conhecimentos empíricos sobre a criminalidade e a criminalização

111. A problemática das relações entre o direito penal e a criminologia requer um tratamento diverso, conforme o ponto de vista criminológico de que se parta.

a) O direito penal e a criminologia orientada ao autor do delito

112. A criminologia tradicional é uma ciência que procura uma explicação causal do delito como obra de um autor determinado. Existem, então, diferentes matizes no tratamento e nas soluções propostas, mas todas elas têm em comum o ponto de vista que se acaba de resenhar.[100]

113. A crença na possibilidade empírica de explicar as causas do delito, seja pela configuração antropológica ou biológica do autor ou pelo meio social em que vive, gerou uma mudança na concepção teórica fundamental do direito penal no final do século XIX: a pena não

---
98. Jakobs, *Strafrecht, Allgemeiner Teil*, 1983, VII.
99. Lauder, *Postmoderne Rechtstheorie*, 2ª ed., 1995, pp. 9 e ss.
100. Cf. Mannheim, *Pioneers in criminology*, 1960.

devia se voltar à repressão específica de um fato, mas a impedir que seu autor reincidisse no delito. Assim, o direito penal poderia aproveitar os resultados das investigações criminológicas para, mediante seus instrumentos (pena e medida de segurança), remover as causas que levaram o delinqüente ao delito, operando sobre sua personalidade característica para que não reincida.

114. A coincidência de interesse do direito penal, orientado à prevenção especial, com o da criminologia, preocupada com a explicação causal do delito, resultava evidente. Que conclusões deviam se extrair desta situação, referentemente à relação entre ambas as ciências? Na época do positivismo, deram-se duas respostas a esta pergunta.

115. Para alguns autores, a articulação do direito penal e a criminologia, no que se chamou de *gesamte Strafrechtswissenschaft* (ciência total do direito penal), conforme denominação dada por von Liszt, não devia modificar a tradicional separação da explicação jurídica e normativa do direito e a empírico-causal da criminologia.[101] A justificativa de uma ciência total do direito penal residiria na considerável modificação da função do cientista do direito penal, que não se esgotaria na dogmática clássica, ou seja, na elaboração sistemática dos conceitos que servem à aplicação do direito, mas deveria, também, assumir o papel de impulsionador e projetista da reforma do direito penal.

Não se trata, portanto, de uma integração metodológica, mas de uma simples reunião funcional vinculada com o papel social assinalado ao cientista do direito penal.

Isso não significa que os conceitos jurídico-penais não tenham sofrido consideráveis modificações. Tais mudanças, no entanto, não são produto das investigações criminológicas, mas da vinculação dos conceitos com os pontos de vista da teoria da prevenção especial.[102]

116. Diante desta forma de "integração", Enrico Ferri propôs uma concepção totalmente oposta.[103] Neste sentido, ele sustentava que "quando se admite, e não pode ser de outra maneira, que os fenômenos jurídicos não passam de fenômenos sociais, porque direito e sociedade são pólos inseparáveis e equivalentes, se faz evidente, de ime-

---

101. Von Liszt, *Strafrechtliche Vorträge und Aufsätze*, 1905, t. II, p. 78.
102. Bacigalupo, in *Nuevo Foro Penal* (Colômbia), 1982, p. 396.
103. Ferri, *Sociologia criminale*, 1892, p. 771.

diato, a artificialidade daquela separação entre uma ciência que estuda o delito como fenômeno jurídico e outra que o estuda como fenômeno social", razão pela qual "é absurdo a pretensão de separar o estudo do aspecto material e social do aspecto jurídico".

Por isso, o jurista entendeu que o direito penal pode ser estudado "com o método indutivo, de observação dos fatos".[104] Uma verificação desta idéia metodológica em seus trabalhos jurídicos dá azo a fundadas suspeitas de que este utilizou falsamente a noção de método indutivo.[105] Os princípios da construção dos conceitos jurídicos de Ferri são, como já se viu na referência a von Liszt, conseqüência de sua orientação preventivo-especial, que não se pode obter unicamente a partir da observação dos fatos e da comprovação de sua repetição.

b) *O direito penal e a moderna sociologia criminal*[106]

117. Na atualidade, a criminologia atravessa uma transformação significativa. A criminologia "nova" ou "crítica" abandonou o ponto de partida causal-explicativo e pôs no centro de sua atenção a reação social e jurídico-penal contra o fato. O objeto primário da investigação criminológica não é, portanto, o comportamento do autor, mas, sim, o dos órgãos de controle social. Suas teorias não são teorias da criminalidade, mas da criminalização.[107] No marco do positivismo de von Liszt e Ferri, direito penal e criminologia eram disciplinas que possuíam um mesmo interesse. Na atualidade, os conceitos da dogmática penal são parte do objeto de estudo, consistente na reação social ao delito. Uma concepção da integração em nível metodológico carece, dessa maneira, de sentido: uma dogmática penal orientada à prevenção especial e que, via de conseqüência, dá maior relevância ao autor do que ao fato, poderia aproveitar-se da absorção dos conhecimentos de uma criminologia cujo objeto de estudo é o autor. Isso não é possível, contudo, quando este deixa de ser objeto da criminologia no sentido da criminologia clássica.

104. Ferri, *Principii di diritto criminale*, 1928, p. 75.
105. Bacigalupo, in *Nuevo Foro Penal* (Colômbia), 1982, p. 402.
106. Ver, por todos, García-Pablos de Molina, *Criminología*, 3ª ed., 1996, pp. 182 e ss.
107. Sack, *Handbuch der empirischen Forschung*, comp. por König, René, 1969, pp. 961 e ss.; Aníyar de Castro, *Criminología de la reacción social*, 1977.

118. As relações entre direito penal e criminologia não podem mais ser compreendidas segundo os modelos que propunham von Liszt e Ferri. Se, como conseqüência, se renuncia à idéia de integração ou unidade própria do positivismo, parece necessário partir do interesse distinto que orienta ambos os conhecimentos. A dogmática penal, ou simplesmente, o direito penal, dirige seu interesse à aplicação do direito, garantindo certos princípios que lhe dão legitimidade e, para isso, elabora os conceitos que são necessários para cumprir esta função: o direito ou a dogmática penal são uma tentativa de racionalizar, em função de certos princípios, a reação social formal ao delito. As relações, portanto, entre a nova criminologia e o direito penal só podem ser fragmentárias.[108] Fundamentalmente, o estudo sociológico da aplicação do direito penal pode servir para pôr em evidência os desvios na prática da aplicação do direito penal com respeito a seus princípios legitimadores. Na realidade, mais do que incorporar à dogmática a crítica do direito vigente[109] e a projeção do direito futuro, trata-se da crítica dos conceitos dogmáticos com base nos quais se aplica o direito vigente: este seria o ponto de confluência entre a dogmática penal e a criminologia. A transformação do direito penal vigente não é objeto da dogmática penal e, conseqüentemente, não tem cabimento na discussão das relações entre direito penal e criminologia.

§ 8º. A reforma do direito penal e a política criminal

119. A importância conferida no final do século XIX aos resultados das investigações sociológicas e antropológicas pela Escola Positiva (Ferri e Garófalo na Itália), pela Escola Sociológica ou Moderna (von Liszt, na Alemanha) e, ainda que somente em parte, pela Escola Correcionalista (Dorado Montero, Jiménez de Asúa e Bernardo de Quirós) tornou a reforma do direito penal uma preocupação legítima dos penalistas. Dessa maneira, a ciência do direito penal na concepção dos positivistas assumia uma nova tarefa, o que, em linguagem metodológica, significava uma ampliação de seu objeto. A política criminal que devia inspirar a reforma adquiria, portanto, caráter de

---

108. Bacigalupo, in *Nuevo Foro Penal* (Colômbia), 1982, p. 408.
109. Baratta, in *La questione criminale*, t. 2, p. 170; idem, in *ZStW* 92, 1980, pp. 107 e ss.

ciência autônoma dentro da ciência total do direito penal: "A ciência do direito penal deve ser" – dizia von Liszt[110] – "a mestra do legislador penal, sua conselheira cuidadosa e condutora na luta contra o delito".

120. Não obstante, apesar da orientação da política criminal no sentido da reforma do direito vigente, viu-se que era possível suscitar também a questão das possibilidades de incidir na aplicação do direito penal vigente por meio de uma concepção de política criminal. Em boa parte, isso despertou temor, dentre os autores com pontos de vistas mais conservadores, de um eventual desaparecimento do direito penal.[111] "O que será do direito penal?" foi a pergunta dirigida insistentemente e com preocupação a von Liszt,[112] acompanhada por vezes de "uma advertência acerca da direção moderna do direito", como se pode ver no subtítulo do opúsculo citado de Birkemeyer.

121. A questão suscitada das relações entre a aplicação do direito penal vigente e os postulados da política criminal expressa-se, em outras palavras, no conjunto dos problemas que também se conhece sob a rubrica de "relações entre dogmática e política criminal".[113] O tema tem merecido soluções que serão analisadas a seguir.

a) Política criminal e dogmática penal no marco do positivismo

122. Para von Liszt, a política criminal era "a idéia fundamental dos princípios sobre a luta contra o delito na pessoa do delinqüente levada a cabo mediante a pena e medidas análogas".[114]

Desta forma, surgiu a problemática das relações da aplicação do direito penal vigente com os postulados político-criminais (dirigidos à sua reforma), o que deu lugar a uma questão que se procurou solucionar dentro do marco da estrita separação entre política e direito, que em seu tempo já proclamava a teoria jurídica. A política criminal devia apoiar-se necessariamente – tal como concebia von Liszt – nas

---

110. Von Liszt, *Strafrechtliche Vorträge und Aufsätze*, 1905, t. II, p. 293.
111. Cf. Birkmeyer, *Was lässt von Liszt vom Strafrecht übrig?*, 1907.
112. Cf. suas respostas em *Strafrechtliche Vorträge und Aufsätze*, 1905, t. II, pp. 25 e ss. e 75 e ss.
113. Bacigalupo, in *Révue Internacionale de Droit Pénal*, 1978-I-15 e ss.
114. Von Liszt, *Strafrechtliche Vorträge und Aufsätze*, 1905, t. II, p. 68.

ciências do ser, isto é, da "realidade"; de outra parte, a ciência do direito penal devia ocupar-se de questões do dever-ser; se a diferença básica entre tais formas de pensamento deve se resumir "ao ser e ao dever-ser como dois mundos separados",[115] uma introdução da política-criminal na ciência do direito penal era totalmente imprópria. Os que mantiveram firmemente este ponto de vista se reduziram a um formalismo cujos fundamentos são mais do que duvidosos.[116]

123. Ao contrário, von Liszt distinguiu – aos fins que aqui nos interessam, ou seja, com relação aos vínculos entre a política-criminal e aplicação do direito penal – dois momentos diferentes: conforme se trate da realização do princípio *nullum "crimem" sine lege*, ou de seu outro aspecto, *nulla "poena" sine lege*. O primeiro se referia à comprovação da prática de um fato coincidente com o pressuposto de fato de um delito descrito na lei: "um ato judicial exclusivamente resultante da aplicação dos princípios jurídicos".[117] Aqui "a política-criminal não tem nada a fazer".[118] O segundo aspecto da máxima fundamental, contudo, se referia à determinação da pena dentro de limites legais e à seleção (quando prevista na lei) da espécie de pena aplicável. Para os partidários da "pena finalista" (*Zweckstrafe*) a decisão judicial neste sentido se apoiaria em "considerações político-criminais"[119] (o que, na verdade, na linguagem de von Liszt, queria dizer "preventivos-especiais"). De tal maneira, estabelecer-se-ia uma relação, ao menos parcial, entre a aplicação do direito penal e a política criminal.

b) *Pontos de vista superados do marco positivista*

124. Na atualidade, a aplicação do direito penal, ou seja, a perspectiva na qual opera a dogmática penal tende a romper o isolamento da ciência jurídica com relação ao político e ao social.[120] Isso é pos-

---

115. Kelsen, *Über die Grenzen zwischen juristischer und soziologischer Methode*, 1911, p. 6.
116. Rocco, *Opere guiridiche. Scritti giuridici varri*, Roma, 1933, t. III, pp. 263 e ss., especialmente pp. 273-274.
117. Rocco, *Opere guiridiche. Scritti giuridici varri*, Roma, 1933, t. III, p. 69.
118. Rocco, *Opere guiridiche. Scritti giuridici varri*, Roma, 1933, t. III, p. 69.
119. Rocco, *Opere guiridiche. Scritti giuridici varri*, Roma, 1933, t. III, p. 70.
120. Roxin, *Kriminalpolitik und Strafrechtssystem*, 1970, pp. 7 e ss.; Mir Puig, *Introducción a las bases del derecho penal*, 1976, pp. 299 e ss.

sível na medida em que se reconhece que os pontos de partida para o estudo do direito penal vigente exigem decisões e se procura racionalizá-los na medida do possível.[121]

125. Os postulados da política criminal servem, então, como critérios de decisão a respeito dos sistemas dogmáticos para aplicação do direito penal. Os problemas teóricos implicados na nova delimitação do jurídico não foram ainda esgotados. De qualquer modo, é possível afirmar que os pontos de vista político-criminais impregnam fortemente a construção do sistema de concepções da dogmática penal e que, portanto, cada programa de política criminal tem seu sistema dogmático que funciona como instrumento adequado para sua realização. A idéia de von Liszt, segundo a qual o sistema de conceitos da dogmática não devia ser influenciado pela política criminal, parte da falsa premissa de que os sistemas tradicionais não continham implicitamente decisões político-criminais.[122]

C – ESQUEMA HISTÓRICO DOS FUNDAMENTOS DAS LEGISLAÇÕES PENAIS MODERNAS

126. O estudo da história do direito penal espanhol não deve limitar-se, como é habitual, a expor uma mera descrição externa da sucessão das leis que o têm regulado na chamada época moderna. A evolução de nosso direito penal codificado desenvolve-se num contexto histórico europeu do qual se originou e faz parte, e não pode ser entendida como um fenômeno cultural isolado dos movimentos intelectuais europeus que estão na base das reformas penais dos últimos séculos. Os pontos de vista da ciência que têm sido elaborados a respeito dos direitos positivos devem também ser considerados, porque foram configuradores da prática social do direito penal vigente. Com isso, não se quer dizer que a história do direito penal deva se reduzir a uma "história das idéias penais"; isso seria um enfoque igualmente falso e unilateral da questão em estudo. O que aqui se propõe é uma história que considere de uma só vez a história das leis e das idéias que serviram para sua criação e aplicação. As idéias que foram a base da criação da

---

121. Bacigalupo, "I dogmi della dogmatica penale", in *Dei delitti e delle pene*, n. 2, 1983; idem, *Delito y punibilidad*, 1983, p. 13-86.
122. Bacigalupo, in *Révue Internationale de Droit Pénal*, 1978-I-15.

lei penal e aquelas que serviram de base para a aplicação da mesma costumam não ser idênticas, sobretudo, quando se trata de leis que tiveram uma larga duração; por exemplo: o Código Penal espanhol de 1848-1850, o Código Penal austríaco de 1803 ou o Código Penal alemão de 1871, na Europa; o Código Penal boliviano de 1834 e o argentino de 1921, na América Latina. Tais Códigos foram substituídos por outros que, por sua vez, constituíram uma prática de direito penal de características diversas em suas distintas épocas de vigência.

127. Tampouco se pretende apresentar a situação atual do direito penal como um momento dominado por uma "luta de escolas". Esta situação não existe desde o término da Primeira Guerra, e a chamada "luta de escolas" não foi mais que uma polêmica acerca dos princípios legitimadores da pena. Sua exposição, via de conseqüência, confunde-se com a explicação das "teorias" da pena.[123]

128. A legislação penal de nossos dias corresponde à idéia legislativa que inspirou a codificação do direito penal posteriormente à Revolução Francesa de 1789. Concretamente, pode-se dizer que o direito penal moderno está edificado sobre a herança do Iluminismo ou da Ilustração e se apresenta na atualidade como a condensação de diferentes correntes intelectuais de tendências opostas que se sobrepuseram ao longo de seu desenvolvimento.

§ 9º. *A tradição do Iluminismo:*
as idéias de segurança e humanidade

129. As codificações penais do século XIX seguiram basicamente o modelo do *Code Penal* francês de 1810, que marca (simbolicamente) o momento de superação da tradição penal medieval, representada na Espanha pela *Novíssima Recopilación*, pelos *Fueros* e pelas *Partidas*.

130. As bases ideológicas do direito penal codificado desde princípios do século XIX constituem uma redefinição das relações entre indivíduos e Estado. Pode-se afirmar que a base do sistema é fornecida:

1. pelo princípio *nullum crimem, nulla poena sine lege*;

---

123. Cf. *supra*, Cap. I, § 1º.

2. pela fundamentação racional da pena, donde se deduz a necessidade da sua proporcionalidade com a gravidade do fato cometido; 3. pela concepção do delito como algo diferente do pecado e, conseqüentemente, um tratamento diverso dos delitos contra a religião, contra a moral e contra os bons costumes; 4. pela humanização das penas sob a preponderância da pena privativa de liberdade.[124]

131. Os autores que formularam os princípios fundamentais do direito penal moderno[125] têm uma preocupação comum com a superação da arbitrariedade reinante na prática penal e com a crueldade das penas que se aplicavam (ainda que muitas penas cruéis já houvessem caído em desuso). Na legislação espanhola, a idéia de segurança manifesta-se, sobretudo, na minuciosa regulamentação da individualização da pena com vistas a uma redução do arbítrio judicial ao mínimo possível, que pode ser verificado tanto no Código de 1822, como no de 1848 e que chegou aos nossos dias.

132. A realização técnico-científica da idéia de segurança concretizou-se mediante a preponderância dos aspectos exteriores do fato (por exemplo, condicionar as penas ao tempo de duração das lesões ou ao valor em dinheiro das coisas furtadas ou roubadas, na legislação espanhola) e a máxima redução do arbítrio judicial nas penas como, no caso extremo, o Código Penal francês de 1791, que continha penas fixas (estas penas se mantêm, às vezes, até os dias de hoje, ao menos para alguns delitos, como, por exemplo, o art. 80 do CP argentino de 1921, a respeito do homicídio). A idéia de humanização não pode impedir, de qualquer modo, a manutenção da pena de morte, previsto freqüentemente pelo Código Penal francês de 1810. No mais, porém, a pena privativa de liberdade, configurada como reclusão ou prisão, foi o núcleo central do sistema penal daqueles tempos. Os efeitos infamantes da reclusão e o grau extremo de isolamento que costumava implicar deixavam também muito a desejar com relação à humanização do direito penal, ainda que constituíssem um progresso em comparação com o direito penal anterior.

---

124. Hippel, *Deutsches Strafrecht*, 1925, t. I, pp. 286 e ss.
125. Beccaria, *Dei delitti e delle pene*, 1764, t. III; Feuerbach, *Revision der Grudsätze und Grundbergriffe des positiven Rechts*, 1799, t. I; na Espanha, Lardizabal, *Discurso sobre las penas*, 1782.

§ 10. A influência do idealismo alemão: moralidade e talião

133. Sobre as bases da tradição iluminista assenta-se, em meados do século XIX, a influência do idealismo alemão. O ponto de vista central dessa corrente é a teoria retributiva da pena, que (apoiada na idéia do talião) procura estabelecer a medida justa da pena e, com isso, o limite da sua legitimidade.[126] A pena devia despojar-se, portanto, de toda finalidade preventiva ou correcional.[127] Moralidade e penalidade limitada pela idéia de talião constituem os elementos fundamentais da influência do idealismo alemão.

134. A circunstância de que a lei penal, segundo Kant,[128] seja um imperativo categórico e que esta seja a forma correspondente à moral[129] pressupunha uma fundamentação igualmente moral do direito penal. Também Hegel tratou o delito dentro do "sistema da moral".[130]

Não obstante, nem todos os idealistas alemães professaram uma concepção retributiva ou absoluta da pena. J. G. Fichte, por exemplo, tendia a uma prevenção geral.[131] Esta linha de pensamento se percebeu mais tarde em Krause, Ahrens e Röder, cuja influência na Espanha, através dos krausistas, foi de singular importância.[132] Karl Christian Friedrich Krause[133] concebeu a pena como um meio educativo e, por isso, sustentou que não havia direito a aplicar um mal somente para produzir uma dor; o valor do indivíduo era o ponto de partida desta concepção. Também Ahrens[134] seguiu este ponto de vista, que Röder[135] desenvolveu naquilo que se denominou "função tutelar da pena". Daqui surgem os princípios que mais tarde configuraram, na

---

126. Kant, *Die Methaphysik der Sitten*, 1797, parte II, I, E.
127. Hegel, *Grundlinien der Philosophie des Rechts*, § 82 e ss.
128. Kant, *Die Methaphysik der Sitten*, 1797, parte II, I, E.
129. Kant, *Grundlegung zur Methaphysik der Sitten*, 1785, citado segundo Reclam-Universal-Bibliothek, n. 4.507 (2), p. 62.
130. Hegel, *System der Sittichkeit*, ed. por Georg Lasson, pp. 38 e ss.
131. Fichte, *Das System der Rechtslehre*, 1812, publicado em 1834 (citado segundo *Ausgewählte politische Schriften*, ed. Batscha y Saage, 1977, p. 320).
132. Bacigalupo, *Strafrechtsreform und Rechtsvergleichung*, ed. por Lütger, 1978, pp. 115 e ss.
133. Krause, *Das System der Rechtsphilosophie*, ed. por Karl Röder, 1874.
134. Ahrens, *Naturrecht oder Rechtsphilosophie*, 6ª ed., 1871, t. II, p. 448.
135. Cf. Röder, *Zur Rechtsbegründung der Besserungstrafe*, 1846.

Espanha, a Escola Correcionalista, cujo principal representante foi Pedro Dorado Montero.[136] De qualquer modo, a base ética do direito penal e o significado correspondente da liberdade de vontade (livre-arbítrio) foram tão sublinhados pelo Idealismo alemão que a idéia de culpabilidade – pouco grata aos iluministas – adquiriu um papel relevante entre os pressupostos da pena e a sua determinação judicial, que até hoje não se perdeu.

Ainda que esta evolução tenha sido obra dos juristas que aplicavam o direito penal e encontrasse poucos pontos de apoio positivos, sua força não pode ser desconhecida, pois se fez tão patente como se pertencesse ao direito escrito.

135. O significado prático da idéia de culpabilidade manifestou-se, sobretudo, na importância que adquiriu, na imputação de um fato punível, o elemento interno do comportamento. O Código Penal espanhol de 1848 o presumia (art. 1) até a Reforma de 1983, invertendo o ônus da prova em desfavor do acusado. Outros Códigos (por exemplo, o alemão de 1871, § 59) o regularam indiretamente por meio de dispositivos referentes ao erro sobre os elementos do tipo[iv] ou hipóteses de fato. Este elemento interno se estendeu na teoria, ainda que nem sempre, do mero conhecimento dos fatos à exigência do conhecimento do direito.[137] Na prática dos tribunais houve, não obstante, uma considerável resistência em aceitar que o conhecimento do direito (ao que as leis penais não se referiam expressamente) pudesse condicionar a imputação (subjetiva) do fato cometido.

136. No que concerne à determinação da pena (dosimetria da pena), a correspondência desta com a gravidade da culpabilidade dentro do limite penal estabelecido pela lei ficou relegada ao arbítrio judicial (discricionariedade do juiz). Os códigos estabeleceram poucas (por exemplo, o Código Penal austríaco, 1803-1852, § 32) ou nenhuma pauta (por exemplo, o Código Penal alemão de 1871) a esse respeito. A questão da medida da pena adequada à culpabilidade não sofria, em princípio, limitações de importância quando se exigia – como o fazia o Código Penal austríaco – uma consideração da perso-

---

136. Jiménez de Asúa, *Tratado de derecho penal. Parte general*, 3ª ed., 1964, t. I, n. 542.
iv. V. sobre o erro de tipo – art. 20 do CP.
137. Binding, *Die Normen und ihre Übertretung*, t. III, p. 147.

nalidade do autor, dado que o fundamento ético do direito penal podia ser concebido em relação com a reprovabilidade do fato praticado – como pensava Kant –, ou em relação com o caráter reprovável do autor (como entendia a ética de Schopenhauer).[138] Em todo caso, ao se compreender a determinação da pena (da dosimetria da pena) como um ato de intuição judicial,[139] acreditou-se que a decisão sobre a pena não continha uma "infração da lei" (arts. 849, 1, LEC)[v] que pudesse fundamentar um recurso de cassação.

§ *11. A influência do positivismo: utilidade social e penalidade*

137. Desde meados do século XIX, as concepções do Idealismo alemão, conhecidas como o conjunto de idéias penais da Escola Clássica, foram questionadas por uma das mais influentes correntes do pensamento moderno: o positivismo. Os positivistas puseram em dúvida, antes de mais nada, o ponto de partida do Idealismo: a liberdade de vontade (o livre-arbítrio). A conseqüência de tal questionamento foi uma nova fundamentação da pena sobre bases deterministas e a proposta de reforma do direito penal vigente.

138. O programa de reforma do direito penal vigente foi concebido como um programa internacional sob os auspícios da Associação Internacional de Criminalistas (IKV), que elaborou um catálogo de reformas que dava conteúdo às reformas nacionais. Estas modificações não tiveram a pretensão de modificar a função da lei penal do direito penal vigente, mas, pelo contrário, reforçaram o significado desta como "carta magna do delinqüente", é dizer, enfatizaram a importância do princípio da legalidade.

139. As transformações que se impulsionavam deram à pena uma finalidade (von Liszt), ou seja, um caráter "utilitário", em oposição à concepção dominante dos "clássicos". Com isso se pretendia assinalar que a pena deveria ser proporcional, não unicamente à gravidade do delito (do fato), mas, também, à *periculosidade do autor*. Assim, podiam fundamentar-se pelo menos três institutos que eram conheci-

---

138. Cf. Schopenhauer, *Über die Grundlagen der Moral*, 1840.
139. Arbítrio judicial/discricionariedade judicial.
v. A *Ley de Enjuiciamiento Criminal da Espanha* corresponde ao Código de Processo Penal do Brasil.

dos no século XIX: a *condenação condicional*, para as penas privativas de liberdade curtas, de delinqüentes primários; a *liberdade condicional*, que autorizava a suspensão do cumprimento da pena privativa de liberdade quando, após a execução de um mínimo, em geral dois terços, o autor demonstrava que havia alcançado o fim perseguido pela execução; a *reclusão indeterminada para os multirreincidentes* e (quando isso não estava previsto no direito vigente) o aumento da pena ao reincidente. Como se viu,[140] todos estes institutos referiam-se a espécies distintas de delinqüentes.

140. A condenação condicional e a liberdade condicional foram absorvidas pelos direitos positivos praticamente de modo unânime ao longo da primeira metade do século XX, na Espanha, desde a Lei de 17.3.1908 sobre condenação condicional (ainda como antecedente da liberdade condicional costuma invocar-se o CP espanhol de 1822).[141] O mesmo ocorreu em algumas legislações com a reclusão indeterminada para os multirreincidentes (art. 52 do CP argentino) e com o agravamento da pena para os reincidentes, que na Espanha teve especial acolhida no Código Penal de 1928 (arts. 70, 71, 90.7 e 157), que previu para estes casos o internamento por tempo indeterminado como medida de segurança.

De notar-se que, afora a liberdade condicional e a condenação condicional, o direito penal espanhol não possuía grandes dificuldades teóricas para admitir o resto do programa de reformas, já que muitas foram aceitas nos Códigos mais antigos – internação de inimputáveis; aumento de pena pela reincidência –, como o de 1822 (conforme arts. 24, 116 e ss.).

141. Do programa de reformas não teve aceitação a instituição da pena indeterminada,[142] que foi considerada, em geral, contrária ao princípio da legalidade.

Em sua realização prática, o programa de reformas do positivismo seguiu um caminho intermediário introduzindo, por meio de um *sistema dualista ou de "duplo binário"*,[143] juntamente com as penas, as medidas de segurança (sobretudo as destinadas aos inimputáveis).

---

140. Cf. *supra*, Cap. I, § 1, *b*.
141. Jiménez de Asúa, *Códigos penales iberoamericanos*, t. I, p. 387.
142. Jiménez de Asúa, *La sentencia indeterminada*, 1913, 2ª ed., 1947.
143. Cf. *supra*, Cap. I, § 3, *b* e *c*.

142. Na Espanha o sistema do "duplo binário" foi interpretado em um sentido muito amplo. Em conjunto com o Código Penal espanhol, dirigido à periculosidade revelada pelo delito, sancionou-se também um Código preventivo,[144] com a finalidade de prevenir a prática de delitos por sujeitos considerados perigosos ("Lei de Vadios e Meliantes",[145] de 4.8.1933, substituída pela Lei 16, de 4.8.1970, sobre "Periculosidade e Reabilitação Social"). A constitucionalidade deste puro direito penal de autor merecia sérios reparos[146] e foi revogada pela LO 10/1995.

143. As concepções penais do positivismo não só se concretizaram em reformas do direito penal vigente, como também influenciaram consideravelmente a prática. A legislação vigente pode ser interpretada a partir do ponto de vista das concepções preventivo-especiais. Isso introduziu os problemas do tipo de autor e de sua periculosidade dentro do conceito de culpabilidade e, correlativamente, na individualização judicial da pena. Expressão desta tendência foi a regra 4 do art. 61 introduzida no Código de 1944, segundo a qual, quando não concorressem circunstâncias agravantes nem atenuantes, a pena devia ser graduada de acordo com a gravidade do fato e com a *personalidade do autor*.

§ 12. Os recentes movimentos de reforma: ressocialização e dignidade da pessoa

144. Os movimentos de reforma modernos começam na década de 60, no século XX, e nela se desenvolvem. Seu ponto de partida é uma crítica à política criminal do positivismo, muitas de cujas propostas se julgaram contrárias à dignidade humana. Este valor permitiu dar novamente significação à idéia de culpabilidade, que passou a se constituir no limite da intervenção penal do Estado (seja considerando a culpabilidade como o fundamento ou somente como um limite exterior da prevenção). Os habituais e reincidentes deveriam ser submetidos a medidas de segurança consistentes em um verdadeiro tratamento. A idéia dos institutos de terapia social concretizou a con-

---

144. Cf. Jiménez de Asúa, *Tratado de derecho penal*. *Parte general*, t. II, ns. 565 e 566.
145. "Ley de Vagos y Maleantes".
146. Cf. *supra*, Cap. I, § 3, *b* e *c*.

cepção de uma idéia preventivo-especial na qual a base da execução penal deve ser basicamente terapêutica. A ênfase da reforma penal foi posta no *fim ressocializador da pena*, que, em 1978, foi incorporado à Constituição espanhola em seu art. 252, ainda que sem maiores conseqüências práticas.

145. Este programa de reformas converteu-se no Projeto Alternativo de Código Penal alemão de 1966 e foi inspirador da reforma alemã de 1969, que entrou em vigor em 1º.1.1975. Na mesma data entrou em vigor o novo Código Penal austríaco. Ambos os Códigos são, sem dúvida, mais conservadores do que o Projeto Alternativo.

146. Na América Latina, o Projeto de Código Penal Tipo constitui, ao contrário, um modelo antiquado. Começou a ser redigido em 1963 com boas intenções que se expressam na Declaração de Princípios Fundamentais e teve publicada sua Parte Geral em 1971. Não se trata de um modelo de reformas, pois, na verdade, deixa inalterado o sistema penal. Em todo caso, pretende ter uma melhor qualidade técnica nos conceitos jurídicos que define, coisa que quase nunca consegue.

147. As novas legislações latino-americanas (Colômbia, Costa Rica, Bolívia e El Salvador) não introduziram uma verdadeira reforma penal, mas, sim, como o Código Penal Tipo, codificaram uma série de conceitos elaborados sobre as leis anteriores e que, nem sempre, são teoricamente corretos.

148. As reformas legislativas dos anos 60, no século XX, e começo dos anos 70, têm se caracterizado por uma considerável liberalização, que se manifestou no âmbito dos delitos sexuais (por exemplo, com a descriminalização do homossexualismo na Alemanha e a reforma do direito vigente na Espanha, a partir de 1978) e nas diversas tendências a flexibilizar a legislação penal sobre o aborto.

149. Ainda assim, pôs-se em evidência uma forte tendência racionalizadora do fenômeno penal, que, em primeiro lugar, reserva o direito penal a casos em que o conflito social não tenha possibilidade de ser resolvido por outro meio de política social (o direito penal como *ultima ratio* da política social). Dentro desta perspectiva, insere-se também a *despenalização* de fatos de pouca transcendência social (como furtos em supermercados) para substituir a repressão penal por formas mais eficazes, menos custosas e de menos conseqüências dessocializadoras que o direito penal.

150. Paralelamente, observa-se um processo de *penalização* de certas formas de comportamento socialmente muito danosas que até então haviam permanecido ao largo do direito penal, como a delinqüência econômica. De tal maneira, a legislação penal tende – ainda que nem sempre com sucesso – a uma melhor realização da garantia constitucional da igualdade diante da lei.

151. Em matéria de penas, cabe assinalar, nesta época, a unificação das penas privativas de liberdade em uma única espécie, despojada dos elementos dessocializadores da pena de reclusão (sobretudo a inabilitação subseqüente à execução da pena privativa de liberdade). Ao mesmo tempo, nota-se uma tendência a incrementar os substitutivos da pena privativa de liberdade, por meio de uma extensão da "condenação condicional" (*sursis*) e novas formas de impedir a execução, como a "advertência com reserva de pena", a "limitações de fim de semana" ou o "serviço comunitário" (*community service*). Tudo isso é complementado com uma redução do tempo de execução necessário para a obtenção do livramento condicional. A tendência de substituir a pena privativa de liberdade tem sido compensada com um significativo aumento da pena de multa,[147] que em grande número de delitos se apresenta como uma pena alternativa à pena privativa de liberdade.

§ 13. A reforma da reforma:
o temor da liberalização do direito penal

152. Desde a segunda metade dos anos 70 do século XX, percebeu-se uma tendência a limitar os efeitos da liberalização do direito penal, proposta em meados da década anterior. O temor do crime e o sentimento de insegurança converteram-se num tema político geral, explorado, sobretudo, pelos movimentos conservadores e pelo chamado "movimento da lei e da ordem". Certas circunstâncias objetivas, como o desemprego e o terrorismo, servem de base para o desenvolvimento desta tendência. Trata-se de uma situação que se manifesta não apenas por meio de uma reforma do direito penal material, mas também no campo do processo penal.

---

147. Para seu incremento na prática alemã, por exemplo, Jescheck, *Lehrbuch des Strafrechts, Allgemeiner Teil*, 3ª ed., 1978, p. 26.

153. Convém frisar, ainda, que a corrente de reformas fundada na ideologia da ressocialização tem sido atacada a partir de outros pontos de vista por aqueles que sustentam não ser legítima a ressocialização, ou ser esta impossível mediante a execução penal. Este ataque tem um caráter político totalmente diverso do anterior. Sua debilidade reside em que subestima as possibilidades de uma reforma social e superestima as perspectivas das revoluções sociais.

154. A reforma do Código Penal francês (1992) e do Código Penal espanhol (1995) não ofereceram orientações político-criminais, apesar de incorporarem novidades relativas ao desenvolvimento que haviam alcançado as legislações penais desses Estados.

§ 14. O Direito Penal na União Européia

155. A Comunidade Econômica Européia (CEE), fundada em 1957, teve em seus primórdios a pretensão de não incidir no âmbito legislativo penal. O direito penal, portanto, estava reservado aos Estados membros. Não obstante, em meados dos anos 70, no século XX, começou a se comprovar a existência de bens jurídicos comunitários, por conseguinte, supranacionais, raramente protegidos pela grande diversidade dos direitos penais dos Estados membros. Neste sentido, enfatiza-se a proteção do pressuposto comunitário, a livre circulação de capitais, o meio ambiente, a função pública comunitária etc. A partir de 1989, formularam-se várias propostas por grupos de *experts* convocados pela Comissão da CEE em matéria de sanções administrativas (Bacigalupo, Grasso, Tiedmann), de comportamentos fraudulentos contra o pressuposto comunitário (Bacigalupo, Grasso, Delmas-Marty, Smith, Tiedmann, Van den Wyngaerts) e sobre o espaço judicial europeu, em matéria penal (Bacigalupo, Grasso, Delmas-Marty, Spencer, Spinellis, Tiedmann, Van den Wyngaerts). Nesta última proposta, procura-se elaborar um *corpus iuris* para a proteção penal dos interesses financeiros da União Européia. Por ora, não há como se prever o futuro dessa matéria.

§ 15. Os Códigos Penais espanhóis

156. A Espanha incorporou-se prematuramente ao movimento codificador europeu. Mas não o fez de forma global. O direito civil e o processual incorporaram-se à codificação moderna muito depois do Código Penal. O primeiro Código Penal foi conseqüência de um momento político muito particular entre liberais e absolutistas, firmado basicamente pelo pronunciamento de Riego (1.1.1820), que impulsionou Fernando VII à promulgação da Constituição de 1812 em razão da "vontade geral do povo" (Decreto de 7.3.1820). Dentro desse "triênio liberal", foi sancionado pelas Cortes o primeiro Código Penal em 8 de julho de 1822, que o Rei mandou promulgar em 9 de julho do mesmo ano.

a) O Código Penal de 1822

157. O Código Penal de 1822, redigido por uma Comissão designada pelas Cortes e presidida por José M. Calatrava, estruturou-se em um *Título Preliminar*, que continha a Parte Geral, e *duas partes*, a primeira dedicada aos delitos contra a sociedade e a segunda, contra os particulares.

A estrutura da Parte Geral mostrou certos resquícios das concepções anteriores, pois incluiu matérias nitidamente processuais (obrigação de denunciar, direito de acusar, ausência e contumácia) e próprias de direito de graça (indulto), que na tradição intelectual do liberalismo eram totalmente impróprias no novo direito. Ao mesmo tempo, manteve institutos bastante questionáveis, como a absolvição de instância (art. 179) e a obrigação de o acusador particular indenizar aquele que fosse declarado "absolutamente inocente do delito de culpa".

158. O Código Penal de 1822 mostrou uma *forte influência da prevenção geral* (negativa), no sentido de *prevenção-intimidação*, como, por um lado, o ritual prolixamente regulado da execução pública das penas, sobretudo a pena de morte (arts. 40 e ss.): as execuções celebravam-se "entre as onze e as doze da manhã" (art. 39), realizavam-se com garrote (art. 38) e deviam ser anunciadas publicamente por cartazes destacando dia e hora da execução (art. 37). De outro lado, a influência da prevenção geral pôs-se em evidência notadamente no art. 106, que continha as circunstâncias agravantes, entre as quais na segunda se previa "a maior necessidade que tenha a sociedade de punições, pela maior freqüência dos delitos". Os arts. 2, 108 e 110 estabeleciam as conseqüências do princípio da legalidade (*nulla poena sine lege* e proibição da analogia *in malam partem*).

159. A influência da prevenção geral não exclui completamente a da *prevenção especial*, que inspirou o Capítulo V do Título Preliminar, dedicado à *reincidência*, para a qual o Código Penal previa consideráveis aumentos de pena, até o ponto em que a de trabalhos perpétuos se transformasse em pena de morte pela primeira reincidência.

160. No que concerne aos fundamentos da responsabilidade penal, o Código Penal de 1822 baseou-se na idéia do delito como vontade individual contrária à vontade geral, o que também se percebe no Código Penal francês de 1810 e no Projeto bávaro de Feuerbach de 1813. Neste sentido distingue o "delito" da "culpa" (art. 1), considerando *delito* a ação "livre e voluntária e com malícia" (art. 1) e *culpa* a ação executada "livremente, mas sem malícia". O capítulo dedicado aos autores e partícipes surpreende pela inclusão da figura do *autor mediato* (art. 13), que não foi incluída nos códigos posteriores até o Código Penal de 1995.

Também surpreende o fato de que a única circunstância que exclui a pena prevista por este Código Penal seja a coação irresistível (art. 21).

161. O Código Penal de 1822 distinguiu as penas em *corporais* (morte, trabalhos perpétuos, deportação, presídio, reclusão em uma casa de trabalho, assistir à execução de uma sentença de morte, prisão em uma fortaleza etc.), e *não corporais* (declaração de infâmia, inabilitação, privação de emprego, honras, profissão ou cargo público, etc.) e penas *pecuniárias* (multa e "perda de alguns efeitos"). Ainda assim o art. 27 disciplinou a responsabilidade civil.

162. A crítica geral que mereceu o Código Penal de 1822 não foi positiva. Pacheco o definiu como "algo de Fuero Juzgo e das Partidas, envolto no Código de Napoleão". O Código caiu em 1º de outubro de 1823 com o estabelecimento do antigo regime.

b) O Código Penal de 1848

163. Este Código Penal foi produto da ascensão ao poder dos progressistas moderados. Joaquín M. López formou em 1843 uma comissão presidida pelo advogado Manuel Seijas Lozano que redigiu o anteprojeto que, após debate parlamentar, foi aprovado em 1848 e entrou em vigor no ano seguinte. Não parece correto atribuir a autoria deste Código a José Francisco Pacheco.

164. Em 1850 o Código Penal sofreu uma reforma que endureceu o regime penal, mas que não alterou suas idéias nem sua estrutura.

165. O Código Penal de 1848 é tecnicamente muito mais avançado que o de 1822, do qual não se distingue nos pressupostos ideológico-penais básicos. Mantém a presunção de dolo e a punibilidade das chamadas "resoluções manifestadas" (arts. 1 e 4). Estabelece o princípio da legalidade e introduz a retroatividade da lei mais favorável (arts. 2.19 e 20).

166. De outra parte, contém um catálogo moderno de excludentes (inimputabilidade, legítima defesa, estado de necessidade etc.) no art. 8, que, salvo algumas modificações, permanecem até hoje. Nesse diploma, as infrações classificam-se em *graves, menos graves* e *contravenções* (art. 6). Ele também prevê um extenso rol de circunstâncias atenuantes (art. 9) e agravantes (art. 10), no que chama a atenção para as *agravantes de significado análogo*, que foi mantida até o Código Penal de 1870.

167. As *pessoas responsáveis* classificam-se em autores, cúmplices e acobertadores, de uma maneira singular, ainda que não idêntica, à que perdurou até 1995.

168. Previam-se *penas aflitivas* (morte, cadeia, reclusão, exílio e desterro perpétuos e temporais), *penas correcionais* (presídio correcional, prisão correcional, desterro, e suspensão) e *penas leves* (arresto maior). O art. 74 introduziu o sistema de regras de *individualização da pena* baseado nas agravantes e atenuantes que se manteve como característica do direito penal espanhol até a atualidade. Também foi este Código que considerou compreendidas na *responsabilidade civil* a restituição, a reparação do dano e a indenização de prejuízos (art. 115), da mesma maneira que o art. 110 do Código Penal vigente.

169. A Parte Especial colocou no centro dos bens jurídicos protegidos a religião e a segurança do Estado, prevendo para os delitos respectivos penas de notória severidade.

c) O Código Penal de 1870

170. Com razão disse José Antonio Escudero que o Código Penal espanhol de 1870 foi na realidade uma profunda reforma do de 1848, do qual conservou, como os de 1932 e 1944, as idéias básicas e sua estrutura técnico-legislativa. A reforma era necessária para a adaptação do Código Penal à Constituição de 1869. Sempre se destacou a importância de Groizard em sua redação, especialmente para aqueles que pensam que esta fora obra do então Ministro da Justiça (*Ministro de Gracia y Justicia*) Eugenio Montero Ríos. O Código Penal foi convertido em Lei em 17 de junho de 1870 e promulgado pelo Regente do Reino, Francisco Serrano. No dia seguinte, Francisco Silvela o chamou de "Código de Verano". Provavelmente a maior profundidade da reforma foi alcançada na Parte Especial. O reconhecimento da liberdade de cultos fez desaparecer os delitos contra a religião, que foram substituídos pelos "delitos relativos ao livre exercício dos cultos" (arts. 236 e ss.) dentro do título dedicado aos novos "delitos contra a Constituição" (arts. 157 e ss.).

171. A nova Parte Especial começa com os delitos contra a segurança exterior do Estado (arts. 136 a 155) e nela foram incorporados os delitos contra as Cortes e seus indivíduos (arts. 165 e ss.), contra a forma de governo (arts. 181 e ss.), os delitos cometidos com supressão do exercício dos direitos individuais garantidos pela Constituição (arts. 189 e ss., tais como reuniões e associações ilícitas e publicações proibidas), assim como os delitos cometidos pelos funcionários públicos contra o exercício dos direitos individuais previstos pela Constituição (arts. 204 e ss.).

d) O Código Penal de 1928

172. A ditadura de Primo de Rivera, instaurada no ano de 1924, encomendou em março de 1926 à Comissão Codificadora uma "nova edição" do Código Penal de 1870. Concluídos os trabalhos em junho de 1927 com um Projeto de Código Penal, o Ministro da Justiça Galo Ponte deu retoques no texto, introduzindo-lhe modificações que basicamente atenuaram as penas projetadas. O Código, que Jiménez de Asúa chamou de "O Código Faccioso", foi promulgado pela Ordem Real de 8.9.1928 e entrou em vigor em 1º.1.1929.

O Código de 1928 foi objeto das mais ásperas críticas, tanto que o Colégio de Advogados de Madri solicitou em 1930 sua revogação, petição a que aderiram outros Colégios de Advogados.

173. Jiménez de Asúa caracterizou as bases teóricas do Código Penal de 1929 da seguinte maneira: "O engendro da ditadura, que se confessa eclético na Exposição de Motivos, se define no Ditame da Comissão da Assembléia de um modo mais preciso. Pertence ao 'novo ecleticismo', a saber: duplo critério da perversidade do delinqüente e do perigo social; mas quando se trata do livro segundo, esses ingredientes perdem equilíbrio e aparece uma 'resoluta primazia' da defesa social (...). O certo é que o Projeto" – continua – "cuja Parte Geral parece composta com o deliberado desígnio de fazê-la inaplicável, não sabe em que direção se conduz. Ao menos" – conclui – "o Código de 1870 foi mais consciente em seus princípios básicos."[148]

e) O Código Penal de 1932

174. A instauração da Segunda República determinou a revogação do Código Penal de 1928 em 15 de abril de 1931 e a entrada em vigor daquele de 1870 nessa mesma data. A Subcomissão Penal da Comissão Jurídica Assessora designada pelo Governo provisional, presidida primeiro por Luis Jiménez de Asúa e mais tarde por José Antón Oneca, foi encarregada pelo Ministro Fernando de los Ríos da reforma penal. A Subcomissão programou sua tarefa em duas fases: a primeira limitava-se a uma reforma dos aspectos mais urgentes do Código de 1870; na segunda, projetar-se-ia um novo Código Penal.

175. O Código Penal de 1932 foi publicado na *Gazeta* de 5.11.1932 e começou a ter aplicação em 1º de dezembro desse mesmo ano. A reforma não afetou as estruturas básicas do Código de 1870. Limitou-se às necessárias para harmonizar a Constituição republicana com o ordenamento penal e corrigir erros materiais de técnica, assim como à incorporação de leis complementares (suprimiu-se a divisão tripartida de infrações penais; introduziu-se a circunstância mista de parentesco, art. 11; extraiu-se grande parte das disposições penitenciárias; modificou-se o título de "delitos contra a pessoa" para

---

148. Jiménez de Asúa, *Tratado de derecho penal. Parte general*, t. I, n. 250.

"delitos contra a vida e a integridade corporal" etc.). Em relação às penas, Jiménez de Asúa sintetiza a reforma de 1932 seguindo a Exposição de Motivos da seguinte maneira: "se suprimem a pena de morte, os castigos perpétuos e a degradação; se reformam as acessórias e a privação subsidiária de liberdade por falta de pagamento da multa não se mede em razão da quantia desta".[149] No que concerne à individualização da pena, cabe acrescentar, "resta notavelmente ampliado o arbítrio judicial ao rebaixar ou aumentar a pena caso concorram atenuantes".

Na Parte Especial destacam-se a introdução do delito de usura, a redução das penas dos delitos de falsidade documental, do aborto e dos matrimônios ilegais.

f) O Código Penal de 1944

176. Este Código, por óbvio, responde à nova situação política originada pela instauração do regime do General Franco. Não foram postas em discussão nesta reforma as idéias básicas dos Códigos de 1848 e 1870. Mais do que um novo Código, tratava-se de um *texto refundido* do Código Penal reformado, publicado no *Boletim Oficial do Estado* (*BOE*),[vi] de 3.2.1944. No Preâmbulo no novo texto esclarece-se que "não é uma reforma total, nem uma obra nova, mas uma única edição renovada ou atualizada do nosso velho Corpo de leis penais que, em seu sistema fundamental e em muitas de suas definições e regras, data do Código promulgado em 19 de março de 1948". Cuello Calón enumerou as reformas da Parte Geral, entre as quais somente algumas tiveram verdadeira transcendência, como a introdução da regra 4 do art. 61, que permite graduar a pena de acordo com a gravidade do fato e a personalidade do delinqüente, que quando não concorrem circunstâncias agravantes e atenuantes, cuja transcendência a respeito das idéias penais dos Códigos anteriores é inegável, pois dá guarida decididamente à idéia de prevenção especial, reforçada pela severidade na sanção prevista para a reincidência. Ainda assim tem importância o art. 52, que introduziu a punibilidade do crime impossível. De outra perspectiva, o rigor das penas (especialmente gra-

---

149. Jiménez de Asúa, *Tratado de derecho penal. Parte general*, t. I, n. 256.
vi. O *Boletim Oficial do Estado* (*BOE*) corresponde ao nosso *Diário Oficial*.

ves nos delitos contra a propriedade) atenuou-se mediante a redução das penas pelo trabalho (art. 100).[vii]

177. Na Parte Especial incorporaram-se delitos políticos severamente sancionados que provinham da "Lei de Segurança", assim como novos tipos penais referentes à infração de leis trabalhistas que cause grave dano à saúde dos trabalhadores, o abandono da família etc. Juan Del Rosal sublinhou o caráter político do Código, em particular nos tipos que se referem à proteção das idéias políticas, religiosas e sociais.

g) O texto refundido de 1973 e a reforma de 1983

178. A Lei 44/1971 dispôs que o Governo publicaria no prazo de um ano um texto de Código Penal que devia incluir um número limitado e reduzido de modificações. Em cumprimento a esta lei, publicou-se um texto refundido aprovado pelo Decreto 3.096/1973, que, em 1983, sofreu uma reforma urgente e parcial introduzida pela LO 3/1983, na qual se procurou ajustar o Código Penal à Constituição de 1978.

179. A LO 3/1983 pôs especial ênfase no *princípio da culpabilidade*, derrogando a presunção de voluntariedade, regulando o erro de tipo e o erro de proibição, incluindo a atuação em nome de outrem e o delito continuado, reduzindo o catálogo de atenuantes e agravantes, entre estas últimas, eliminando a multirreincidência. Na Parte Especial merecem destaque as reformas que atenuaram as penas dos crimes contra a propriedade e em especial a nova redação do art. 528, que abandonou o antigo modelo francês de estelionato para dar passo ao modelo ítalo-germânico que se mantém no direito vigente.

§ 16. Os diversos projetos de Código Penal

a) O Projeto de 1980

180. O ponto de partida deste projeto foi a constatação de que o "sistema fundamental (do Código Penal de 1848) não respondia às

---

vii. Sobre o nosso instituto da remição da pena (direito brasileiro), v. o art. 126 da LEP.

exigências sociais, políticas e técnico-jurídicas de hoje". Por isso, o Projeto "se inspira nos postulados da moderna política criminal", o disse a Exposição de Motivos, e reitera como base desta idéia o princípio da intervenção mínima. Ao mesmo tempo, assinala-se que "a moderação das penas que se tem levado a efeito não supõe nenhum abrandamento do sistema punitivo".

181. A Exposição de Motivos contém também uma clara definição em favor da concepção do delito como "lesão ou efetivo perigo a bens jurídicos", o que, não obstante, não conduziu à eliminação dos delitos de perigo abstrato. No que se refere à pena, o Projeto mostrou sua preferência pelas teorias da união ao sustentar que a entende "como um castigo que deve guardar proporção com a gravidade do fato cometido e que deverá orientar-se, sempre que possível, a fins preventivos". E acrescenta: "pressuposto da pena, assim entendida, é a culpabilidade; o Código, conclui-se, consagra a precisa declaração de que 'não há pena sem culpabilidade'". Daí surgiu a eliminação dos delitos qualificados (objetivamente) pelo resultado mais grave, a responsabilidade objetiva e o reconhecimento da relevância do erro.

182. Na sistemática da Parte Geral, a matéria correspondente estruturou-se sobre o tríplice critério da "infração penal", das "pessoas responsáveis" e das "penas" e "medidas de segurança", que reproduzem os projetos anteriores e foi adotada pelo Código Penal vigente.

183. Em matéria de conseqüências jurídicas, foi introduzida a suspensão da sentença e as medidas substitutivas da pena de prisão, que constituíam verdadeiras inovações político-criminais na Espanha. Ainda assim, incluiu-se um título expresso dedicado às *medidas de segurança.*

184. Na Parte Especial destaca-se a criação dos *delitos financeiros*, que deram lugar ao Título VIII, dos "Delitos contra a ordem sócio-econômica", e as modificações dos delitos sexuais, nos quais "a proteção se deslocou da honestidade à liberdade sexual".

b) A proposta de Anteprojeto de 1983

185. A Comissão designada pelo Ministro da Justiça Fernando Ledesma formulou uma Proposta de Anteprojeto cujos principais objetivos foram dar relevância ao erro sobre os elementos do tipo e sobre a proibição, a instauração do regime de *crimina culposa* em substituição ao tradicional *crimem culpae*, a punição excepcional da conspiração, proposição e provocação, a introdução do sistema de "diasmulta", a supressão das medidas de segurança anteriores ao delito e a criação de um catálogo de medidas posteriores ao delito, assim como a introdução da autoria mediata e a supressão da distinção terminológica entre tentativa e delito frustrado, já excluída pelo Projeto 1980 (art. 25).

186. Na Parte Especial, perseguia-se, entre outros, o propósito de uma adaptação do Código à Constituição, incrementou-se o rigor repressivo dos delitos de rebeldia e terrorismo, introduziram-se os delitos contra a intimidade e a difamação e reiterou-se um título para os delitos socioeconômicos.

c) Os projetos posteriores (1992 e 1994)

187. O Projeto de 1992 já reconhecia que o de 1980 e a Proposta de Anteprojeto de 1983 haviam produzido uma perceptível influência em seus próprios textos e reconheceu um "visível parentesco" com os textos de 1980 e, especialmente, de 1983.

O Projeto de 1992 incluiu a primeira regulamentação do delito comissivo por omissão (art. 10) e, no mais, teve o propósito de simplificar os textos anteriores, ainda que mantendo sua orientação político-criminal.

188. O mesmo pode-se dizer do Projeto de 1994, que, em termos gerais, limitou-se a correções mais estilísticas do que profundas do Projeto de 1992, ainda que nelas tenham sido cometidos alguns equívocos notórios, como, por exemplo, na redação da fórmula do erro (art. 14). Este Projeto foi remetido às Cortes e foi aprovado como Projeto de Lei de LO de Código Penal pelo Pleno do Congresso em 5.7.1995.

§ *17. O Código Penal de 1995*

189. O novo Código Penal vigente foi aprovado pelo Plenário do Congresso, depois das reformas introduzidas pelo Senado, em 8.11.1995 e entrou em vigor seis meses depois de sua publicação no *BOE* de 24.5.1996. O Código representa uma síntese das idéias político-criminais que orientaram o movimento de reforma desde o Projeto de 1980 e a Proposta de Anteprojeto de 1983. Em geral, trata-se de um instrumento que pôs em dia a legislação penal com as concepções penais atuais.

As reformas da Parte Geral no sistema de conseqüências jurídicas do delito são consideráveis no que se refere às medidas de segurança, e, no que concerne às penas, materializou-se grande parte do programa da Proposta de 1983 (limitação de fim de semana, substitutivos da pena de prisão, "dias-multa" etc.). Flexibilizou-se, em parte, o sistema de individualização da pena e reduziu-se sua complexidade, ainda que nesta matéria o legislador tenha mantido seu apego às idéias tradicionais do Código de 1848.

190. Na *parte dogmática*, concretizou-se a eliminação terminológica do crime frustrado, a regulamentação do delito comissivo por omissão, mediante uma norma muito criticada pela doutrina e que na forma atual carecia de precedentes nos projetos, modernizou-se, em parte, a autoria e a participação, ainda que sem abandonar os antigos conceitos, adotou-se o sistema de *numerus clausus* nos crimes culposos e na punibilidade da conspiração, a provocação e a proposição.

191. A nova Parte Especial apresenta novos bens jurídicos que criaram novas figuras penais, como a manipulação genética e as lesões no feto (art. 157 e 159), o estelionato informático (art. 248.2), os crimes societários (arts. 290 e ss.), os crimes contra a ordenação do território (arts. 319 e ss.) e os crimes contra os recursos naturais e o meio ambiente (arts. 325 e ss.).

192. Outros delitos como os sexuais, os crimes contra a honra e os de falsidade documental sofreram notórias reformas, bem como, no caso dos crimes contra a vida, eliminou-se o parricídio e reduziram-se as hipóteses de homicídio. Também desapareceu a redução das penas pelo trabalho, o que tem importante incidência no rigor das penas.

Capítulo II
OS PRINCÍPIOS BÁSICOS

A – O PRINCÍPIO DA LEGALIDADE

§ 18. Fundamentos do princípio da legalidade

193. A lei penal tem uma função decisiva na garantia da liberdade. Essa função costuma expressar-se na máxima *nullum crimem, nulla poena sine praevia lege*.

Isso quer dizer que, sem uma lei que o tenha declarado previamente punível, nenhum fato pode merecer uma pena do direito penal. A hierarquia constitucional deste preceito é hoje em dia indiscutível (art. 25.1 da CE).[i] Não só rege as sanções propriamente penais, como, também, toda sanção (inclusive as administrativas e disciplinares) que possa ser aplicada em virtude de uma lesão ao ordenamento jurídico (art. 9.3 da CE).

194. Em suas primeiras formulações, este princípio esteve vinculado à teoria da pena como coação psicológica (prevenção geral) representada por Feuerbach: a lei penal devia preceder a uma ação delitiva porque desta maneira podia a pena cumprir sua função preventiva, é dizer, inibidora do impulso delitivo. "Portanto" – dizia Feuerbach[150] – "as transgressões serão impedidas se cada cidadão souber com certeza que a transgressão será seguida de um mal maior que aquele que corresponderia à não satisfação da necessidade mediante a ação" (delitiva). Daí deduz-se que "a conexão do mal com

---
i. Na CF/88, art. 5º, inc. XXXIX.
150. Feuerbach, *Revision der Grundsätze und Grundbegriffe des positiven peinlichen Rechts*, 1799, pp. 45 e ss.

o delito tem que ser ameaçada pela lei".¹⁵¹ "A finalidade da lei e da ameaça nela contida é, portanto, a intimidação dirigida ao fato condicionado pela pena."¹⁵²

195. Anteriormente, não obstante, Beccaria havia fundamentado o direito de sancionar no contrato social e deduzia: "La prima consequenza di questi principii, è che le sole leggi possono decretare la pena su i deliti, e questa autorità non può risiedere che presso il ligislatore che rappresenta tutta la società unita per un contratto sociale".¹⁵³

196. Desta maneira, o princípio *nulla poena sine praevia lege* ou princípio da legalidade adquiriu caráter fundamental no direito penal como princípio constitucional e como princípio propriamente penal, independente de qualquer teoria da pena.

A conseqüência prática deste princípio é a seguinte: nenhuma sentença condenatória pode ser elaborada aplicando uma pena que não está fundada em lei prévia, ou seja, uma lei na qual o fato imputado ao autor seja ameaçado com pena. Em outras palavras, o arrazoado judicial deve começar com a lei, pois somente desta maneira a condenação poderá se fundar em uma lei penal.

197. O princípio possui, então, duas partes, como vimos: *nullum "crimem" sine lege* e *nulla "poena" praevia sine lege*. Tanto o crime como a pena devem estar determinados na lei prévia.

198. O Código Penal espanhol refere-se a ambas as fases do princípio da legalidade no art. 1 (*nullum "crimem" sine lege*) e no art. 2 (*nulla "poena" sine lege*).¹⁵⁴ O art. 1 limita o poder penal do Estado em face de uma ação ou omissão que "não esteja prevista como delito ou contravenção pela lei". O art. 2 proíbe castigar crimes ou contravenções "com pena que não se encontre prevista por lei anterior à sua prática".

199. O que se deve compreender por fundar uma condenação e uma pena em uma lei prévia não é, em absoluto, um problema solu-

---

151. Feuerbach, *Revision der Grundsätze und Grundbegriffe des positiven peinlichen Rechts*, 1799, t. I, p. 49.
152. Idem, ibidem.
153. Beccaria, *Dei delitti e delle pene*, 1764, t. III, p. 15, citado segundo a edição de 1973, aos cuidados de Gian Domenico Pisapia.
154. Córdoba Roda – Rodríguez Mourullo, *Comentarios al Código Penal*, 1972, t. I, pp. 56 e ss.

cionado. Em primeiro lugar, o nível de vinculação de um fundamento da condenação e da pena com a lei prévia pode ter as mais diversas graduações: pode ser mais ou menos estreita. Assim, por exemplo, quando no início do século XX começou-se a utilizar a energia elétrica, registraram-se casos de utilização fraudulenta do fluído elétrico modificando os contadores instalados em cada casa para determinar o consumo do usuário. Houve países – por exemplo, a Alemanha[155] – em que os tribunais entenderam que a eletricidade não era "coisa móvel" e que se apoderar dela, portanto, não constituía furto.

200. Enquanto na Espanha preferiu-se incorporar disposições especiais (art. 255 do CP espanhol) para tal caso, e outras similares, na Alemanha a opinião hoje dominante não compartilha com o critério jurisprudencial absolutório do Tribunal do Império[156] e se considera que, em verdade, o parágrafo referente ao furto permitiria alcançar uma condenação sem infringir o princípio da legalidade.[157] Cabe distinguir, via de conseqüência, por aplicações mais ou menos restritas da lei. Estabelecer qual o grau que constitui o limite mínimo de vinculação com o texto da lei em sua aplicação se trata de questão valorativa. Isso somente será possível na consideração de cada caso individualmente.

201. O princípio da legalidade expressa-se em exigências dirigidas ao legislador e aos tribunais. Uma sanção penal terá sido aplicada com observância do princípio da legalidade se estiver sido estabelecida em uma *lex praevia* (exclusão de aplicação retroativa das leis penais) e em uma *lex scripta* (exclusão do direito consuetudinário), que reúna condições de uma *lex certa* (exclusão de cláusulas genéricas), interpretada como uma *lex stricta* – exclusão da extensão analógica da lei penal (cf. STC 133/87).[ii]

202. O conteúdo correto destas proibições, às quais o princípio da legalidade submete ao legislador e aos tribunais, depende do fundamento que se outorgue a este princípio, pois vulnerar o princípio da legalidade significa, precisamente, contradizer seu fundamento.

155. Naucke, *Strafrechts, eine Einführung*, 3ª ed., 1980, pp. 74 e ss.
156. Cf. *RGSt* 29, p. 111.
157. Naucke, *Strafrechts, eine Einführung*, 3ª ed., 1980, pp. 74 e ss.
ii. Trata-se de acórdão do Tribunal Constitucional da Espanha.

As fundamentações intentadas na teoria são diversas. Aqui somente se deve fazer menção às mais importantes.

a) Em primeiro lugar, se tem entendido que o princípio da legalidade é um derivado do princípio da culpabilidade.[158] Se a culpabilidade requer que o autor tenha conhecido (ou ao menos podido conhecer) a norma violada, isso só será possível, afirma-se, se o fato punível está contido em uma lei. Este critério, não obstante, tem sido criticado por aqueles que seguem o ponto de vista dominante no que se refere ao alcance do princípio da culpabilidade, pois se estima que enquanto este não requer o conhecimento das conseqüências jurídicas, o princípio da legalidade se estende a estas inclusive.[159] O conhecimento (potencial) da punibilidade, pelo contrário, deve ser considerado como exigência do princípio da culpabilidade e isso priva de conteúdo à crítica esboçada.

b) Também se tem sustentado que o princípio da legalidade é conseqüência do princípio democrático (art. 1 do CE).[iii] A lei prévia é, segundo este princípio, pressuposto necessário de toda intervenção em direitos fundamentais dos cidadãos por parte dos funcionários que carecem de legitimidade democrática direta (como é o caso da Administração e da Justiça).[160] Contra essa fundamentação, se objeta, com razão, que ela não consegue explicar o porquê da proibição da aplicação retroativa do direito penal ou a aplicação de leis com conteúdo indeterminado.[161]

c) Na Espanha, o Tribunal Constitucional (*STC* 133/87) entendeu que "o princípio da legalidade penal é essencialmente uma concreção de diversos aspectos do Estado de direito (...). Neste sentido" – disse a decisão mencionada – "vincula-se, antes de mais nada, com o império da lei como pressuposto de atuação do Estado sobre bens jurídicos dos cidadãos, mas também com o direito dos cidadãos à seguran-

---

158. Sax, in Bettermann – Nipperdey – Scheuner, *Die Grundrechte*, 2ª ed., 1972, t. III, pp. 998 e ss.
159. Jakobs, *Strafrecht, Allgemeiner Teil*, 1983, p. 53; Schünemann, *Nulla poena sine lege?*, 1978, p. 15; Schreiber, *Gesetz und Richter*, 1976, pp. 209 e ss.; Grünwald, in ZStW 76, 1964, p. 12.
iii. No Brasil, art. 1º da CF/88.
160. Grünwald, in ZStW 76, 1964, pp. 1 e ss.; Schünemann, *Nulla poena sine lege?*, 1978, p. 15.
161. Jakobs, *Strafrecht, Allgemeiner Teil*, 1983, p. 53.

ça (STC 62/82) (...), assim como com a proibição da arbitrariedade e o direito à objetividade e imparcialidade do julgamento dos tribunais, que garantem os arts. 24.2 e 117.1 da CE, especialmente quando este declara que os juízes e magistrados estão submetidos unicamente ao império da lei".

203. A partir desta perspectiva, o princípio da legalidade aparece basicamente como uma conseqüência do princípio da culpabilidade, que, ademais, garante a objetividade do julgamento dos tribunais, pois somente com a distância que decorre de uma lei prévia torna-se possível um julgamento objetivo (uma valoração objetiva) dos fatos.[162] Isso permite explicar a razão pela qual a proteção se estenda tanto às conseqüências jurídicas como aos prazos de prescrição, assim como à exclusão da extensão analógica e à aplicação retroativa da lei penal.

204. Afora o fundamento, discute-se também a quem se estende o princípio da legalidade. Afirmou von Liszt[163] que o princípio da legalidade é a "magna carta do delinqüente". Na atualidade, esta concepção não goza, com razão, da adesão da maior parte da doutrina.[164] Em um Estado Democrático de Direito o juiz nunca tem diante de si um delinqüente, senão um cidadão que está amparado pelo direito à presunção de inocência e que é o destinatário da proteção do princípio da legalidade; em conseqüência, este princípio deve se entender como a magna carta do cidadão e toda restrição de seu conteúdo afetará essencialmente direitos fundamentais. O princípio da legalidade, entendido como garantia da objetividade do julgamento sobre o fato e como magna carta do cidadão, requer uma análise particularizada de seus diversos aspectos.

§ 19. Princípio da legalidade e "rigorosa aplicação da lei" no sentido do art. 4.3 do CP espanhol

205. O art. 4 do CP espanhol estabelece em seu § 3 que os tribunais devem aplicar a lei de forma rigorosa.

---

162. Grünwald, in ZStW 76, 1964, p. 14; Jakobs, Strafrecht, Allgemeiner Teil, 1983, p. 55; Schreiber, Gesetz und Richter, 1976, pp. 213 e ss.
163. Von Liszt, Strafrechtliche Vorträge und Aufsätze, 1905, t. II, p. 75.
164. Naucke, Strafrechts, eine Einführung, 3ª ed., 1980, p. 80; Schünemann, Nulla poena sine lege?, 1978, p. 1.

Em uma primeira leitura isso parece indicar que o tribunal deve aplicar a lei penal, ainda que a seu juízo o fato não seja merecedor de pena, e que, ademais, deve sancionar o autor da maneira estabelecida na lei, mesmo que a pena resulte desproporcional com o "intensidade do dolo e as conseqüências provocadas pelo crime".[iv] O parágrafo foi introduzido na reforma de 1850 e ao que parece não se soube, ao seu tempo, por que razão. Pacheco disse a respeito que "quiçá o inspiraram naquela ocasião os acúmulos de penas a que deu lugar o art. 76, ora sem motivo, ora com motivo".[165] O art. 76 do CP espanhol de 1848 continha uma norma praticamente idêntica à do atual art. 73 do CP espanhol, é dizer, uma norma que estabelecia o princípio da acumulação ilimitada de penas para o caso do concurso material, princípio que não foi modificado até que, no Código de 1870, introduziu-se o limite do triplo da pena mais grave (art. 89.2), mantido no vigente art. 76.2 do CP espanhol.

206. As razões que inspiraram a introdução desta disposição tampouco ficam claras a partir de uma perspectiva político-criminal, mas não há dúvida de que expressam uma idéia de qual seja a vinculação do juiz à lei penal.

Por um lado, estabelece-se que os juízes não podem decidir sem um fundamento legal sobre a punibilidade ou não de uma conduta (algo que já decorre do princípio da legalidade); por outro, determina-se que devem aplicar a lei sem levar em conta o resultado (justo ou injusto, útil ou não) desta aplicação. A primeira questão é, em princípio, clara, se compreendida a partir do ponto de vista das competências legislativas e judiciais, pois para os juízes a aplicação do direito é obrigatória. A disposição é menos clara, contudo, se o que se pretende afirmar é que os juízes devem aplicar a lei de uma maneira literal, ou, dito com outras palavras, se o juiz está vinculado por um texto legal que não pode interpretar ou que somente pode interpretar de modo limitado.

207. De outra parte, o art. 4.3 do CP espanhol estabelece que, em princípio, os juízes não deveriam considerar em suas decisões se o resultado é justo em relação ao caso concreto e, mais especificamente, se a pena é ou não proporcional à "malícia" ou ao dano causado.

---

iv. V. art. 59 do CP brasileiro.
165. Pacheco, *El Código Penal*, 2ª ed., 1956, p. 87.

Isso quer dizer que as penas devem ser aplicadas sem considerar a gravidade do delito em concreto, algo que se choca com a exigência de justiça e proporcionalidade das penas já requerida por Montesquieu e Beccaria.

208. Uma vinculação do juiz à lei como esta é, antes de mais nada, compreensível no contexto das concepções constitucionais em que surgiu o § 2 do art. 2 do CP espanhol em 1850 (atual art. 4.3). A este respeito parecem ter tido menos importância os acontecimentos políticos concretos que rodearam aquela reforma do que as idéias jurídicas que, com certa independência de tais sucessos, estavam na base da estruturação do Estado. Dito de outra forma, não importa tanto que a reforma de 1850 tenha sido conseqüência de impulsos políticos conservadores posteriores ao "biênio liberal" que o precedeu, como o fato de que o pensamento da época sobre a divisão de poderes apoiava-se ainda nos conceitos teóricos que foram patrimônio da ciência jurídica de princípios do século XIX.

209. A expressão mais precisa dessas idéias é, provavelmente, a que se encontra na Constituição de Cadiz de 1812, que distinguiu entre a aplicação das leis e a interpretação, assinalando que a primeira tarefa era dos tribunais (art. 242) e a segunda das Cortes (art. 131.1). Desta maneira, a "aplicação" e a "interpretação" da lei converteram-se no pressuposto objetivo da divisão de poderes. Nesse contexto explica-se que o Tribunal Supremo tinha que: "ouvir as dúvidas dos demais tribunais sobre a inteligência de alguma lei e consultar a respeito o Rei com os fundamentos que havia para que promova a conveniente declaração nas Cortes" (art. 261.10).

210. As Constituições de 1837 (art. 63), de 1845 (art. 66), de 1869 (art. 91) e de 1876 (art. 76) não voltaram a mencionar expressamente a distinção entre aplicação e interpretação das leis, mas, em todo caso, somente outorgaram aos tribunais a possibilidade de aplicar as leis. Este foi um sintoma claro de que em todas elas o constituinte não deixou de lado a contraposição entre aplicação e interpretação da lei e de que, quando foi introduzido o texto atual do art. 4.3 do CP espanhol, pensava-se que os tribunais só poderiam aplicar as leis, ainda que sem interpretá-la. Levando-se em conta a transformação das idéias políticas que orientaram a Constituição de 1845, compreende-se facilmente que o constituinte não cuidou de incrementar os poderes dos tribunais, senão de reduzir os das Cortes em favor da Coroa, e, portanto, mal poderia entender-se que o horizonte constitucional de 1850 permitia supor uma ampliação das funções do Poder Judiciário em face da Constituição de Cadiz. Ainda que a Constituição de 1845 tenha temperado a tradicional idéia de uma monarquia que concentrava o poder sem dividi-lo,[166] somente manifestou seu propósito na definição das relações entre o Rei e as Cortes. O Poder Judiciário, como tal, não parece ter sido levado em consideração.

211. Como conseqüência, o art. 4.3 do CP espanhol deve ser entendido, em primeiro lugar, a partir de seu contexto histórico-constitucional, como a expressão da ideologia jurídica dominante a respeito da função do juiz no século XVIII e princípios do século XIX. Se esta concepção dos poderes do Estado exemplifica-se por meio de um de seus teóricos maiores, Montesquieu, comprova-se que, em realidade, o Poder Judiciário não é um poder do Estado, em sentido autêntico. Certamente, dizia Montesquieu que "não haverá liberdade se o poder de julgar não estiver separado do Legislativo e do Executivo" e que, "caso se encontre próximo ao Legislativo, o poder sobre a vida e a liberdade dos cidadãos será arbitrário: o juiz seria o legislador. Se está junto ao Poder Executivo" – acrescentava – "o juiz poderia ter a força de um opressor".[167] Mas também afirmava poucas linhas adiante que "o poder de julgar, tão terrível entre os homens, não estando ligado nem a um certo Estado (se refere à nobreza, aos cidadãos, etc.) nem a uma determinada profissão, se converte, por assim dizer, em invisível e nulo".[168] Esta nada mais é do que a conseqüência de que "os tribunais não devem ser constituídos de forma permanente" e de que "suas decisões jamais devem ser outra coisa senão um texto preciso da lei; se forem uma opinião particular do juiz, viveríamos em sociedade sem saber precisamente quais são as obrigações contraídas".[169]

212. Esse ponto de vista teve uma singular transcendência no âmbito do direito penal europeu daquele tempo, como se observa nesta afirmação de Beccaria: "Nem sequer nos juízos penais pode residir a autoridade de interpretar as leis penais, pela mesma razão que estes

---

166. Jorge de Esteban (ed.), *Las constituciones de España*, 2ª ed., 1980, p. 12.
167. Montesquieu, *De l'esprit des lois*, Librarie Garnier Fréres, 1748, t. I, p. 152.
168. Montesquieu, *De l'esprit des lois*, Librarie Garnier Fréres, 1748, t. I, p. 153.
169. Montesquieu, *De l'esprit des lois*, Librarie Garnier Fréres, 1748, t. I, p. 154.

não são legisladores."[170] E completava seu pensamento com palavras contundentes: "Nada é mais perigoso que o axioma comum que indica que é necessário consultar o espírito da lei (...). O espírito da lei seria o resultado de uma boa ou má lógica de um juiz, de uma digestão fácil ou difícil; dependeria da violência de suas paixões, da debilidade de que sofre, das relações do juiz com a vítima, e de todas aquelas pequenas forças que transformam as aparências de todo objeto no ânimo flutuante do homem."[171]

213. Por sua vez Feuerbach reiterou estes conceitos em 1804 ao sustentar: "O juiz está vinculado à palavra estrita e desnuda da lei (...). Sua tarefa não deve ser outra senão a de comparar o caso dado com suas palavras e, condenar sem consideração do sentido ou espírito da lei, quando o som das palavras condena, e absolver, quando esta absolve."[172] A conseqüência deste ponto de vista era a proibição da interpretação defendida por Feuerbach.

214. Anteriormente à Constituição de Cádiz na Espanha, esta visão do problema não ficou isenta de discussão.[173] Substancialmente, porém, a proibição da interpretação foi admitida com todas as suas conseqüências. Prova disso é que o antecedente mais claro da concepção da Constituição de Cádiz de 1812 neste ponto, a obra de Lardizabal, apenas se distinguia aparentemente da de Beccaria. Lardizabal afirmava: "Não creio, pois, que seja tão perigoso, como pretende o Marquês de Beccaria, o axioma comum, que propõe ser necessário consultar o espírito da lei",[174] mais adiante, contudo, agregava um matiz nesta discrepância: "quando a lei é obscura, quando examinadas as palavras, se chega a uma dúvida prudente (...) então não deve ou pode o juiz valer-se de sua prudência para determinar o conteúdo,

---

170. Beccaria, *Dei delitti e delle pene*, 1764, t. III, p. 17, citado segundo a edição de 1973, aos cuidados de Gian Domenico Pisapia.
171. Beccaria, *Dei delitti e delle pene*, 1764, t. III, p. 18, citado segundo a edição de 1973, aos cuidados de Gian Domenico Pisapia.
172. Feuerbach, *Kritik des Kleinschrodischen Entwurf zu einen peinlichen Gesetzbuch für die Chur-Pfalz-Bayerischen Staaten*, 1804, cap. II/20. Similar era o ponto de vista de Filangeri, *La scienza della legislazione. Opusculi scelti*, 1822, t. VI, p. 314: "conhecimento do fato, aplicação literal da lei: eis aí, a que se reduzem os poderes de um juiz".
173. Lardizabal, *Discurso sobre las penas*, 1872, cap. II, ns. 38-45, especialmente, n. 39.
174. Lardizabal, *Discurso sobre las penas*, 1872, cap. II, n. 39.

ainda que pareça justo; deve recorrer ao Príncipe, para que declare sua intenção, como prevêem nossas leis".[175] Portanto: "Se a lei é clara e terminante, se suas palavras manifestam que o ânimo do legislador foi incluir ou excluir o caso particular, então, ainda que seja ou pareça dura e contra a eqüidade, deve ser seguida literalmente."[176] Caso contrário, conclui a argumentação, o juiz "usurparia os direitos da soberania".[177]

215. O conceito histórico, constitucional e teórico-jurídico que circunda a introdução da disposição que hoje se encontra no art. 4.3 do CP espanhol traduz, pois, uma postura judicial de faculdades limitadas, como conseqüências de uma concepção de divisão de poderes baseada na distinção entre interpretação e aplicação da lei, na qual a interpretação do direito se identificava claramente com sua criação.

216. O caráter limitador da função judicial, esta "escravidão do juiz"[178] com relação ao texto legal e suas palavras, traduz-se praticamente no sistema do art. 4.3 do CP espanhol em uma verdadeira supervisão da justiça penal pelo Executivo por meio do indulto. Ou seja, o Poder Judiciário aplica a lei, mas o Executivo "julga" sobre a eqüidade e a utilidade da aplicação concreta da lei. Dito de outro modo: o indulto surge como uma espécie de "recurso" de eqüidade, que pode ser promovido inclusive pelo tribunal da causa, perante o Executivo.

Com efeito, excluída das faculdades judiciais a possibilidade de introduzir na aplicação da lei considerações de justiça e proporcionalidade da pena, esta matéria fica nas mãos do Executivo, e não do Parlamento. O art. 11 da Lei de 18 de junho de 1870 mostra com toda clareza que o Executivo pode exercer o direito da graça quando existam razões de justiça, eqüidade ou utilidade pública, a juízo do tribunal sentenciador.[179]

217. Um sistema de relações entre o Poder Judiciário e o Executivo com tais características é duvidosamente compatível com a idéia

---

175. Lardizabal, *Discurso sobre las penas*, 1872, cap. II, n. 40.
176. Lardizabal, *Discurso sobre las penas*, 1872, cap. II, n. 41.
177. Lardizabal, *Discurso sobre las penas*, 1872, cap. II, n. 42.
178. Arthur Kaufmann, *Beitraege zur juristischen Hermeneutik*, 1984, p. 134.
179. Entretanto, as constituições desde 1812 não submeteram o direito de graça a nenhuma condição.

central de divisão de Poderes em um Estado Democrático. No Estado moderno, o indulto, por outro lado, não é uma instituição que goze de especial prestígio. De início, se tem questionado qual poder do Estado deve ser competente para exercer o direito de graça. Nesse sentido, afirmava Beccaria que "a clemência é a virtude do legislador e não do executor das leis, deve resplandecer no Código, não em juízos particulares",[180] com o que implicitamente se afirmava que a questão da justiça e da utilidade pública das penas era problema exclusivo do Parlamento. Sem prejuízo, na época do Iluminismo o direito de graça era visto com uma contrapartida das leis penais bárbaras, que carecia de justificação no Estado moderno e que tinha efeitos disfuncionais para a prevenção geral.[181]

218. Em resumo, o art. 4.3 do CP espanhol é a expressão de um sistema judiciário limitado, que vincula ao juiz as palavras do texto da lei, impedindo-lhe de levar em consideração a justiça ou a proporcionalidade da pena que resulte de sua aplicação. Tais questões ficam reservadas ao Governo, que mediante o direito de graça pode promover perante o Rei um indulto total ou parcial da pena.

219. Esta concepção é alheia ao sistema constitucional vigente por várias razões. Em primeiro lugar, porque a Constituição definiu em seu art. 1 a ordem jurídica como algo mais do que um mero ordenamento legal. A ordem jurídica espanhola não é composta apenas de leis, mas também de valores superiores (a justiça, a igualdade e o pluralismo político do art. 1; a dignidade da pessoa e o livre desenvolvimento da personalidade, do art. 10.1 da CE). Na medida em que aos juízes corresponde "a poder jurisdicional", julgando e fazendo cumprir o julgado (art. 117.3 da CE) e na qual os poderes públicos estão sujeitos à Constituição e ao resto do ordenamento – não apenas da lei – (art. 9.1 da CE), é evidente que sua missão consiste em realizar em seus juízos não apenas o sentido literal das leis, mas também um sentido capaz de materializar as finalidades e os valores do ordenamen-

---

180. Beccaria, *Dei delitti e delle pene*, 1764, cap. IV, citado segundo a edição de Gian Domenico Pisapia, 1973, p. 74.
181. Beccaria, *Dei delitti e delle pene*, 1764, cap. XX, citado segundo a edição de Gian Domenico Pisapia, 1973; Feuerbach, *Kririk des Kleinschrodischen Entwurf zu einen peinlichen Gesetzbuch für die Chur-Pfalz-Bayerischen Staaten*, 1804, cap. II/20, pp. 242 e ss.; Montesquieu, *De l'esprit des lois*, ed. da Librarie Garnier Fréres, 1748, t. I, p. 91.

to jurídico. Careceria de apoio na Constituição uma distribuição das competências de tal natureza que os juízes somente pudessem aplicar a ordem legal, enquanto que os valores superiores estivessem fora dos objetivos que a Constituição atribui ao Poder Judiciário. Basicamente não haveria correspondência com a visão atual acerca do tema: "A justiça da decisão do caso" – disse Larenz[182] – "é certamente um fim desejável da atividade jurisdicional".

220. O Tribunal Constitucional estabeleceu claramente que o ordenamento jurídico não é composto apenas das leis na *STC* 89/83, na qual disse, a respeito da figura do crime continuado, então inexistente, que: "nem a garantia criminal nem a penal podem ser entendidas, não obstante, de forma tão mecânica que anulem a liberdade do juiz para resolver, contanto que não crie novas figuras delitivas nem aplique penas não previstas no ordenamento jurídico, graduadas de acordo com regras que também se extraem da lei".[v]

---

182. Larenz, *Methodenlehre der Rechtswissenschaft (Studienausgabe)*, 1983, p. 223.

v. A respeito da permissão no ordenamento jurídico brasileiro do controle difuso da constitucionalidade das leis e da jurisprudência do STF: STF, RE 173.252-SP, Pleno, rel. Ministro Moreira Alves, *DJU* 18.5.2001, p. 87: "(...) Contra lei que viola o princípio da isonomia é cabível, no âmbito do controle concentrado, ação direta de inconstitucionalidade por omissão, que, se procedente, dará margem a que dessa declaração seja dada ciência ao Poder Legislativo para que aplique, por lei, o referido princípio constitucional; já na esfera do controle difuso, vício dessa natureza só pode conduzir à declaração de inconstitucionalidade da norma que infringiu esse princípio (...)". STF, MS 23.809-DF, *DJU* 11.12.2000, rel. Ministro Celso de Mello: "A reflexão doutrinária em torno dessa questão tem ensejado diversas abordagens teóricas do tema, que visam a propiciar – em virtude do desprezo estatal ao postulado da isonomia – a formulação de soluções que dispensem à matéria um adequado tratamento jurídico (J. J. Gomes Canotilho, *Direito Constitucional*, pp. 736-737 e 831, 4ª ed., 1987, Coimbra, Almedina; Jorge Miranda, *Manual de Direito Constitucional*, 2ª ed., tomo II/407, 1988, Coimbra Editora, Limitada, v.g.). (...) As discussões em torno das possíveis soluções jurídicas, estimuladas pela questão da exclusão de benefício, com ofensa ao princípio da isonomia, permitem vislumbrar três mecanismos destinados a viabilizar a resolução da controvérsia: (a) a extensão dos benefícios ou vantagens às categorias ou grupos inconstitucionalmente deles excluídos; ou (b) a supressão dos benefícios ou vantagens que foram indevidamente concedidos a terceiros; ou (c) o reconhecimento da existência de uma situação ainda constitucional (situação constitucional imperfeita), ensejando-se, ao Poder Público, em tempo razoável, a edição de lei restabelecedora do dever de integral obediência ao princípio da igualdade, sob pena de progressiva inconstitucionalização do ato estatal, que, embora existente, revela-se insuficiente e incompleto (*RTJ* 136/439-440, rel. Min. Celso de Mello). (...) O que não se revela possível, contu-

221. O Tribunal Constitucional esclareceu ainda que: "a faculdade de interpretar e aplicar a lei penal (...) corresponde aos tribunais nessa ordem (art. 117.3 da CE)". Desse modo, fica claro que a distinção entre aplicação e interpretação da lei que caracterizou as Constituições de 1812, 1837, 1845, 1869 e 1876 foi entendida como alheia à Constituição vigente.

O Tribunal Constitucional expressou conceitos similares na *STC* 75/84, sustentando expressamente que o objeto de seu controle constitucional no caso era "a interpretação e aplicação que o juiz ordinário fez da lei penal".[183] Em particular, o Tribunal Constitucional considerou nesta decisão a correção da interpretação teleológica realizada por juízes *a quibus*.

222. Ambas as decisões são importantes no que concerne às questões aqui tratadas, pois o Tribunal Constitucional reconheceu em todas elas que os juízes não apenas devem interpretar e aplicar um texto legal, mas, também – ainda que não o tenha dito expressamente –, devem aplicar o direito. Isso decorre destas decisões de maneira induvidosa, pois na *STC* 289/83 admitiu-se que uma figura, proveniente de uma construção que somente poderia se justificar a partir de princípios muito gerais de direito penal, era compatível com a aplicação de uma lei que silenciava a seu respeito. Ao reverso, na *STC* 75/84 considerou-se violado o princípio da legalidade a despeito do fato de que, na decisão anulada, haviam sido aplicados literalmente os arts. 339, LOPJ[vi] (então vigentes) e 6.4 do CC espanhol. Em suma: uma aplicação de princípios não expressos na lei é compatível com o princípio da legalidade, ao passo que não o é uma aplicação literal da lei que contradiga os princípios gerais nela implícitos.

A doutrina de tais decisões foi reconhecida mais tarde no art. 5 da LOPJ que impõe aos juízes e tribunais "interpretar e aplicar" as

do, em face de nosso sistema de direito positivo, é admitir-se, em sede mandamental, a possibilidade de verdadeira argüição em tese da inconstitucionalidade, por omissão parcial, de ato normativo, para, a partir do reconhecimento do caráter eventualmente discriminatório da norma estatal, postular-se a extensão, por via jurisdicional, do benefício pecuniário não outorgado à parte impetrante."
183. Sobre as *SSTC* 89/83 e 75/84, no que concerne aos casos ali resolvidos, ver, criticamente: Bacigalupo, in *Revista del Foro Canário*, n. 87, pp. 11 e ss. e 20 e ss., 1993.
vi. Lei Orgânica do Poder Judiciário.

leis e os regulamentos, de acordo com os preceitos e princípios constitucionais.

223. A conseqüência lógica de tudo o quanto se disse acima seria a revogação do art. 4.3 do CP espanhol, pois, na verdade, contradiz com o sistema constitucional de divisão de poderes e reduz o ordenamento jurídico-penal aos textos legais, contrariando o que estabelece o art. 1 da CE. O juiz não está vinculado somente à lei e à Constituição, mas, também, aos valores fundamentais que fazem parte da ordem jurídica e que a Constituição apenas enuncia. Nesse âmbito institucional o que pode significar ainda o art. 4.3 do CP espanhol? E em particular: quando é legítimo que um tribunal se dirija ao Governo nos termos do art. 4.3 do CP espanhol?

(a)

224. O primeiro item a ser esclarecido é que o art. 4.3 do CP espanhol não pode ser entendido como uma norma que impeça a aplicação de excludentes de responsabilidade não previstas expressamente na lei. Trata-se de uma questão já debatida antes da entrada em vigor da Constituição vigente[184] e que se desenvolveu no âmbito da analogia *in bonam partem*. As opiniões dividiram-se em favor e contra tal possibilidade, ainda que a discussão tenha sido levada a cabo somente acerca das possíveis interpretações gramaticais do art. 4.3 do CP espanhol e do argumento *a contrario sensu*. No mencionado contexto, a questão não tem uma resposta única totalmente satisfatória. Por isso, a pergunta deve ser respondida a partir do significado dogmático do direito fundamental à legalidade penal (art. 25.1 da CE). Por esta perspectiva torna-se indubitável que os direitos fundamentais são direitos dos cidadãos, seja se concebidos como direitos prévios ao Estado ou como direitos garantidos por este. Em todo caso, os direitos fundamentais são sempre um limite para o poder estatal, cujo exercício o cidadão não deve justificar; é o Estado, pelo contrá-

---

184. Antón Oneca, *Derecho Penal*, 2ª ed., editado por Hernández de Guijarro e Beneytez Merino, 1986, p. 123; Córdoba Roda – Rodríguez Mourullo, *Comentarios al Código Penal*, 1976, t. I, pp. 58 e ss.; Cerezi Mir, *Curso de derecho penal español*, *Parte general*, 1984, t. I, p. 206, com uma completa informação bibliográfica.

rio, quem deve justificar sua limitação.[185] A analogia *in bonam partem*, assim como a criação de causas supralegais de exclusão da punibilidade, baseadas em princípios gerais do ordenamento jurídico, por conseguinte, não pode violar nunca o princípio da legalidade.

(b)

225. Resolvido este primeiro problema, uma segunda pergunta se apresenta. O que significa "rigorosa aplicação das disposições da lei"?

Se o juiz está vinculado ao ordenamento jurídico, e não apenas à ordem legal, a aplicação da lei não pode se afastar da significação que ela possua a respeito dos valores fundamentais do ordenamento jurídico, particularmente da justiça. Esta afirmação, contudo, necessita ser esclarecida. O juiz não pode fazer justiça com total independência da lei nem tampouco apenas segundo sua particular percepção a esse respeito. Por exemplo: um juiz que entenda que a reincidência (art. 22.8 do CP espanhol),[vii] tal como está descrita no texto da lei, não é compatível com sua percepção de justiça está, de qualquer modo, obrigado à aplicação da agravante, ainda que não deva interpretar a agravante da reincidência estabelecida na lei sem ter em conta a maior ou menor justiça dos resultados de sua interpretação. Trata-se, portanto, de saber como podem coexistir a obrigação de aplicar a lei e a de levar em consideração os valores fundamentais do ordenamento jurídico.

226. A chave para a resposta é proporcionada pela teoria da interpretação da lei. Há um ponto na atualidade no qual existe uma coincidência generalizada: toda aplicação da lei requer um entendimento a seu respeito e um entendimento único do texto legal está praticamente excluído na maioria dos casos decisivos. Autores da mais diversa orientação, como Kelsen e Larenz, permitem documentar esta afirmação. O primeiro sustenta categoricamente que: "a questão acerca de qual é a possibilidade correta dentro do âmbito do direito aplicável, não é em absoluto uma questão de conhecimento do direito positivo (...). Se se deve caracterizar não apenas a interpretação, mas, em geral, a interpretação do direito pelos órgãos de aplicação, é preciso assinalar que na aplicação do direito por um órgão jurídico se

---

185. Pieroth-Schlink, *Grundrechte-Staatsrecht*, 3ª ed., 1987, t. II, pp. 14 e ss.
vii. V. art. 63 do CP brasileiro.

entrelaçam a interpretação, como conhecimento do direito aplicável e com um ato de vontade, no qual o órgão de aplicação do direito deve eleger uma dentre as distintas possibilidades postas em evidência pela interpretação cognitiva".[186]

227. Larenz, por sua vez, destacou idéias similares: "Aquele que exige dos métodos da jurisprudência que conduzam a resultados absolutamente seguros em todos os casos, similares à prova e ao cálculo dos matemáticos, confunde a essência do direito e, ao mesmo tempo, os limites que surgem para toda ciência jurídica da natureza de seu objeto: certeza matemática não existe em questões jurídicas",[187] o que quer dizer que, de regra, não há um entendimento único acerca do texto legal.

228. Daqui surge sem dúvida alguma que a ambigüidade da linguagem legal gera a possibilidade de diversos entendimentos, e que estes, por sua vez, são conseqüências da diversidade de métodos com os quais é possível interpretar uma lei. Conseqüentemente, a "aplicação rigorosa da lei" no sentido do art. 4.3 do CP espanhol é antes de mais nada um problema de interpretação, pois esse artigo, assim como tantos outros, admite diversos entendimentos: se o art. 4 do CP espanhol é uma lei, seu sentido dependerá de sua interpretação e não poderá ser identificado com o sentido de uma interpretação literal, enquanto outros métodos interpretativos também tenham aplicação metodológica. A "aplicação rigorosa da lei", portanto, não pode ser hoje mais do que a interpretação da lei baseada em um método interpretativo reconhecido. Isso é consubstancial em um sistema no qual "a eleição das alternativas interpretativas é uma parte da teoria prática do direito".[188] Em suma: interpretar o art. 4.3 do CP espanhol com o método gramatical, eliminando sua significação no sistema jurídico vigente, não é mais que uma possibilidade. Toda lei, conseqüentemente, entendida e aplicada segundo um método interpretativo reconhecido terá sido aplicada rigorosamente. O art. 4.3 do CP espanhol não pode fugir da interpretação de seu próprio texto.

---

186. Kelsen, *Reine Rechtslehre*, 2ª ed., 1960 (reimpressão de 1983), pp. 350 e 351 (os grifos no texto são nossos).
187. Larenz, *Über die Unentbehrlichkeit der Jurisprudenz als Wissenschaft*, 1966, p. 15.
188. Aarnio, *Denkweisen der Rechtswissenschaft*, 1979, p. 96.

229. Poderia pensar-se que, ao exigir que o método interpretativo seja reconhecido, impede-se que surjam novos modos de interpretar as leis. Aqui não é possível desenvolver esta questão, mas é factível esclarecer que não é este o sentido que se quer dar à tese sustentada. Que o método seja reconhecido não quer dizer que seja dominante, mas que tenha a possibilidade de ser objeto de consenso científico e que não seja uma criação *ad hoc* para o caso que o juiz tem que resolver.

Admitindo-se que o art. 4.3 do CP espanhol não é uma norma excluída de interpretação, mas carecida de tanto, como todas, e que os juízes estão sujeitos à Constituição e ao resto do ordenamento jurídico (art. 9.1 da CE), delineia-se uma nova questão. O que significa dizer que o juiz não está vinculado somente à lei, mas aos valores superiores do ordenamento jurídico? Partindo o modelo de um juiz cuja função o impede (aparentemente) de valorar, esta tarefa parece diretamente inatingível. Uma concepção formalista da função de julgar, moldada, sobretudo, pela influência do positivismo jurídico menos evoluído, não permite admitir que a aplicação das leis indique alguma classe de valoração, pois se pretende que esta tarefa se esgote em uma mera subsunção formal. Não obstante, este modelo de aplicação da lei não responde às concepções atuais da metodologia do direito e oculta uma boa parte da realidade.

230. A necessidade de valoração por parte do juiz no momento da aplicação da lei foi reconhecida, antes de mais nada, como uma operação imposta pelas próprias leis. Como poderia o juiz determinar, sem valorar, a capacidade de culpabilidade, ou a evitabilidade do erro, ou uma alegada brutalidade das lesões ou a quantidade de notória importância prevista no art. 369.3 do CP espanhol?[189] Em todos esses casos, como em muitos outros, a dificuldade consiste em que nenhum desses elementos legais se dão "no mesmo modo direto que os objetos de uma percepção sensorial".[190] Nesses casos é legítimo indagar-

---

189. Assim se redigiu o citado artigo: "Art. 369. Aplicar-se-ão as penas privativas de liberdade superiores em grau às respectivamente assinaladas no artigo anterior e multa do mesmo em quádruplo quando (...) 3 – For de notória importância a quantidade de drogas tóxicas, narcóticas ou substâncias psicotrópicas, objeto das condutas a que se refere o artigo anterior".

190. Larenz, *Methodenlehre der Rechtswissenschaft*, 1960, p. 217; idem, *Methodenlehre der Rechtswissenschaft (Studienausgabe)*, 1983, pp. 166 e ss.

se: "como pode o juiz fundamentar seu juízo de valor?".[191] A resposta não enseja dúvidas: "Aqui só terá importância que o juiz não dependa apenas de sua própria visão valorativa, mas que aplique os critérios valorativos elaborados e considerados vinculantes pela comunidade, cujo direito o juiz aplica como órgão".[192]

O desenvolvimento moderno da hermenêutica, contudo, vai ainda mais longe, pois permite comprovar que os cânones interpretativos tradicionais não podem garantir uma completa exclusão de preconceitos (idéias preconcebidas) que, em princípio, também deveriam ser excluídos da aplicação da lei segundo o ponto de vista recém-exposto de Larenz. A ciência moderna do direito, pelo contrário, não logrou permanecer à margem de um desenvolvimento filosófico baseado na "metáfora do texto",[193] precisamente porque a ciência jurídica é, em seu ponto de partida, uma ciência estritamente vinculada à compreensão de textos, na medida em que a compreensão do texto legal pelo intérprete se dá não apenas como um comportamento do sujeito que interpreta, mas tem lugar em todo o contexto existencial do mesmo, é inseparável de sua experiência do mundo e, assim, pode se colocar em dúvida que algum método possa modificar esta situação.[194]

231. Os métodos clássicos de interpretação, portanto, sofreram nos últimos tempos uma importante transformação. Josef Esser põe em evidência a nova problemática quando afirma que "os esforços em limitar o entendimento do direito (*Rechtsgewinnung*), também no direito constitucional, à interpretação lógica, histórica ou sistemática da lei e de discipliná-lo mediante estes métodos, se chocam com as questões justificadas de, por um lado, se isto não é outra coisa senão um deslocamento até o inconsciente ou o irreflexivo das considerações excluídas, e, por outro, se não é preferível a contraproposta racional de disciplinar as considerações valorativas em si mesmas".[195]

---

191. Larenz, *Methodenlehre der Rechtswissenschaft*, 1960, p. 218. No mesmo sentido, Vallet de Goytisolo, *Metodologia jurídica*, 1988, pp. 398 e ss.
192. Larenz, *Methodenlehre der Rechtswissenschaft*, 1960, p. 218.
193. Albert, *Kritik der reinen Hermeneutik*, 1994, p. 36: "Trata-se de um passo no sentido de se lograr uma filosofia, cujo objeto não seja o texto, mas uma na qual a metáfora do texto se estenda a todos."
194. Gadamer, *Wahrheit und Methode*, 4ª ed., 1975, pp. 250 e ss.
195. Esser, *Vorverständnis und Methodenwahl in der Rechtsfindung*, 1972, p. 36; também, Larenz, *Methodenlehre der Rechtswissenschaft (Studienausgabe)*, 1983, pp. 302 e ss.

232. Esser admite que o reconhecimento desta situação costuma provocar reservas, pois se pensa que dessa maneira se abre a cada intérprete a possibilidade de presentear suas próprias concepções como uma racionalização de determinadas idéias político-jurídicas: "Não obstante" – replica –, "a transparência e, com ela, a possibilidade de crítica de tais atos valorativos é maior quando eles são expostos honestamente que quando se substitui sua exposição por sua ocultação ou por giros dogmáticos de caráter formal."[196] E conclui: "o *monitum* da atitude conservadora-normativa, segundo o qual o juiz, que introduz suas próprias valorações, necessariamente trai sua função de aplicador do direito, apóia-se na idéia desprovida de realidade de que as normas podem ser aplicadas sem valoração adicional".[197]

233. Essas conclusões são aceitas inclusive por críticos da filosofia hermenêutica pura como Hans Albert,[198] que concebe a ciência do direito, antes de uma ciência normativa, como uma disciplina "tecnológico-social".[199]

Esta tecnologia social, contudo, não elimina o elemento hermenêutico[200] nem tampouco "exclui os pontos de vista finalistas ou valorativos que podem ser introduzidos na discussão de problemas jurídicos (...), mas estes pontos de vista (por exemplo, as "exigências de justiça" mencionadas por Neumann) têm que ser explicitados e transpostos em elementos normativos (*Leistungsmerkmale*) para o sistema tecnológico correspondente".[201] Dessa maneira explica-se, conforme Albert, que a interpretação seja "produtiva", no sentido de pôr em jogo novas normas, "sem expor-se à reprovação de superar os limites impostos, dado que suas afirmações neste sentido têm caráter cognitivo e hipotético e estão ao mesmo tempo submetidas às habituais comprovações críticas da idéia reguladora da verdade".[202]

234. Tudo isso demonstra que um conceito realista da "aplicação rigorosa da lei" nunca poderá excluir as considerações previstas do juiz referentes à justiça, à ordem, ao dever, ao sentido da lei etc., pois

---

196. Esser, *Vorverständnis und Methodenwahl in der Rechtsfindung*, 1972, p. 36.
197. Esser, *Vorverständnis und Methodenwahl in der Rechtsfindung*, 1972, p. 36.
198. Albert, *Kritik der reinen Hermeneutik*, 1994, p. 36.
199. Albert, *Kritik der reinen Hermeneutik*, 1994, pp. 185 e ss.
200. Albert, *Kritik der reinen Hermeneutik*, 1994, p. 191.
201. Albert, *Kritik der reinen Hermeneutik*, 1994, p. 191.
202. Albert, *Kritik der reinen Hermeneutik*, 1994, p. 189.

inclusive o juiz que quiser limitar-se a um entendimento literal dos textos legais faz uma opção interpretativa que tem implicações com relação aos conceitos e que não tem seu apoio na própria lei: "Sem uma idéia preconcebida sobre a necessidade de ordem e a possibilidade da solução, a linguagem da norma não pode expressar o que se pergunta, é dizer, a solução correta".[203] Mais ainda, a própria interpretação gramatical ou literal tem uma técnica expressada em diversos cânones interpretativos que, indubitavelmente, operam também como idéias preconcebidas da interpretação e que demonstram que "não existe nenhum método interpretativo que permita escapar às idéias preconcebidas que orientam e definem a interpretação de um texto legal".[204]

235. Portanto, o conceito de "aplicação rigorosa da lei" não apenas não exclui a interpretação da lei, mas requer uma consideração referente aos valores fundamentais do ordenamento jurídico, sem a qual a interpretação não seria possível.[205]

Essa conclusão demonstra que a questão com relação a se saber se o juiz, no caso concreto, se deve limitar a uma interpretação que deixe nas mãos do Executivo uma espécie de correção pela eqüidade de sua sentença ou se, pelo contrário, deve extremar as possibilidades interpretativas para alcançar uma solução justa – depende basicamente de uma determinada idéia preconcebida sobre a divisão de poderes. Isto é, depende dos limites e das faculdades do Poder Judiciário dentro do âmbito constitucional específico, o que, por sua vez, constitui um outro problema, agora hermenêutico, que também se apoiará em outras idéias preconcebidas, necessárias para a interpretação da Constituição.

Tudo o quanto se disse tem conseqüências práticas relevantes para a função do juiz penal.

---

203. Esser, *Vorverständnis und Methodenwahl in der Rechtsfindung*, 1972, p. 137.
204. Schleiermacher, *Hermeneutik und Kritik*, 1938, ed. de N. Frank, 1977, pp. 101 e ss., donde se extraem os diferentes cânones clássicos da interpretação gramatical.
205. Cf. na doutrina espanhola: Vallet de Goytisolo, *Metodologia jurídica*, 1988; Bacigalupo, "I dogmi della dogmática penale", in *Dei delitti e delle pene*, n. 2, 1983, pp. 145 e ss.; idem, *Delito y punibilidad*, 1983, pp. 13 e ss.; Atienza, in *Revista Española de Derecho Administrativo*, n. 85, 1995, pp. 5 e ss.

(a)

236. Ao art. 4.3 do CP espanhol falta, à luz de nossas conclusões, uma margem mínima de aplicação, pois o juiz somente deve fazer uso dessas faculdades quando nenhum método interpretativo da lei o permita chegar a uma solução compatível com os valores superiores do ordenamento jurídico.[206] Diante disso, o tribunal ou o juiz poderão dirigir-se ao Poder Executivo (em realidade deveriam se dirigir ao Legislativo) para promover a descriminalização de uma conduta. Nesses casos, tratar-se-á sempre de uma discrepância em face da idéia básica de política criminal legal, uma vez que, não divergindo a respeito da proteção penal do bem jurídico, o tribunal praticamente disporá dos poderes interpretativos para reduzir teleologicamente o alcance da lei aos casos em que se evidencie o conteúdo criminal e que se justifique a aplicação da lei penal. Exemplo dessa situação será o caso de um tribunal que entendia que o tráfico de certas drogas não deveria ser punido. Em tal hipótese, caberia promover uma reforma da lei. Mas, ao contrário, se o tribunal está de acordo com a punibilidade do fato, mas crê que, no caso concreto, este não tem o conteúdo de ilicitude necessário para justificar a aplicação de uma pena, deve elaborar os critérios interpretativos que permitam excluir a tipicidade, generalizando-os a todos os casos similares e análogos. Nessa interpretação do conteúdo da ilicitude exigido pela lei, o tribunal deve levar em conta a gravidade da pena cominada: uma pena muito severa requer sempre um ilícito muito grave, pois a lei está sujeita internamente ao princípio da proporcionalidade, que é a conseqüência mínima surgida do valor superior da justiça.

(b)

237. Em segundo lugar, do texto do art. 4.3 do CP espanhol, o tribunal deve se dirigir ao Executivo quando a pena for excessivamente severa, atendendo à intensidade do dolo (à culpabilidade) e ao dano

---

206. Cf. *STS* 2 de 21.4.1992 (Rec. 1.514/1988). Contuso, nos precedentes atuais do Tribunal Supremo continua o predomínio do antigo entendimento do art. 2.2 do CP espanhol, sobretudo em relação à questão da aplicação da agravante de reincidência (art. 22.8 do CP espanhol) e aos efeitos da vulnerabilidade do direito a um juízo sem dilações indevidas.

causado pelo delito. Nessa hipótese, cabe pensar nos casos em que o autor agiu de maneira pouco reprovável e a pena aplicável devesse superar a proporcionalidade devida a respeito da culpabilidade pelo fato. Em tais situações, não obstante, o tribunal não deve renunciar a suas faculdades para determinar a pena adequada à culpabilidade, pois isso é um pressuposto necessário da vinculação do juiz ao ordenamento jurídico e ao seu valor superior de justiça. Dito com outras palavras: um tribunal apenas julgará de acordo com o sentido do art. 117 da CE se aplicar uma pena justa (ou seja, adequada à culpabilidade do fato); pelo contrário, não o fará quando se limite e submeta a questão da justiça a uma decisão discricionária do Executivo, como se não existisse o art. 9.1 da CE que o vincula ao ordenamento jurídico e aos seus valores superiores. Se o tribunal entende que o sistema do art. 66 do CP espanhol o impede, esgotadas todas as possibilidades interpretativas, de aplicar uma pena justa, no sentido acima exposto, deve suscitar a questão da inconstitucionalidade do artigo e de todos os quantos o impediram, mas em nenhum caso deve remeter a questão à discricionariedade do Executivo.[207]

238. Conseqüentemente, a hipótese de "pena excessivamente severa" por inadequação à reprovabilidade (dolo e dano causado) ficou, na verdade, revogada tacitamente pela Constituição e por seu sistema de divisão de poderes. Fora desses casos, apenas caberia considerar hipóteses em que o legislador, em abstrato, não respeitou a proporcionalidade entre a gravidade do fato e a pena cominada. Por exemplo: uma lei que estabeleceu uma pena idêntica para a realização dolosa de um tipo de lesão e para a culposa que somente produziu um perigo abstrato para o bem jurídico protegido. Mas também nesse caso, antes de aplicar a lei, o tribunal deverá suscitar a questão da inconstitucionalidade (arts. 35 e ss. da LOTC),[viii] pois também o legislador está vinculado aos valores superiores do ordenamento jurídico (art. 9.1 da CE).[208]

---

207. Ver *STC* 65/86, em que se estabelece que: "as questões relacionadas com a medida da pena e a culpabilidade só podiam suscitar (...) quando a gravidade da pena atribuída ao condenado fosse superior à legalmente imponível em relação à gravidade da culpabilidade". No mesmo sentido: *STC* 150/91.
    viii. Lei Orgânica do Tribunal Constitucional.
    208. Ver *STC* 65/86 referente à diversidade das penas cominadas pelo Código Penal depois da reforma de 1983 (LO 3/1983).

239. O resultado da investigação pode se resumir da seguinte maneira: os conflitos entre a lei penal e os valores superiores do ordenamento jurídico estabelecem uma questão de constitucionalidade da lei e não um problema que o Executivo possa resolver discricionariamente mediante o uso de um decreto de graça. Em tal contexto, o art. 4.3 é indubitavelmente uma peça estranha ao sistema constitucional vigente e sua persistência no Código Penal espanhol pode por efeito, segundo seja ele interpretado, a uma inexplicável limitação de funções judiciais em favor de poderes do Executivo em matérias que não lhe são próprias. Aos juízes corresponde interpretar o art. 4.3 do CP espanhol de tal maneira que, se persiste no direito vigente, seu conteúdo adapte-se ao sistema constitucional. Para isso existe a técnica da interpretação "conforme a Constituição", que impõe o art. 5 da LOPJ.

§ *20. As conseqüências práticas do princípio da legalidade*

a) *"Lex certa"*

240. O princípio da legalidade impõe suas exigências não apenas ao juiz que aplica a lei, mas, também, ao Parlamento que a dita. Em outras palavras: do princípio da legalidade surgem conseqüências para a criação da lei e para sua aplicação. As exigências referentes ao Parlamento têm por objetivo reduzir ao mínimo razoável a possibilidade de decisão pessoal (subjetivismo) dos tribunais na configuração concreta do fato que se proíbe. O cumprimento dessas exigências por parte da lei ditada pelo Parlamento é pressuposto da eficácia da função garantidora da lei penal. Nesse sentido, a lei criada pelo Parlamento somente estará de acordo com o princípio da legalidade se contiver uma descrição das proibições e das sanções previstas para sua violação que possa ser considerada exaustiva. Em princípio, serão exaustivas aquelas disposições que contenham todos os pressupostos que condicionam a pena e determinem a conseqüência jurídica.

241. A questão acerca de quando um preceito contém todos os pressupostos que condicionam a pena poder ser analisada a partir de dois pontos de vista distintos, segundo se considere tratar-se de uma enumeração expressa dos elementos ou caso se admita que esta possa ser implícita. Nesse último caso, estaria cumprida a exigência do princípio da legalidade sempre que a lei contemplasse os critérios que permitissem deduzir o elemento da infração de que se trate. Assim exemplificativamente, estão implícitos nas leis penais quais são os elementos do dolo e quais os conhecimentos que o autor deve ter tido. Sob tais condições, a opinião dominante tem por cumpridas as exigências do princípio da legalidade quando alguns elementos da descrição da infração se mostram apenas implicitamente no texto.

Não obstante, têm-se por cumpridas as exigências de exaustividade do princípio da legalidade ainda que o legislador utilize elementos normativos, é dizer, elementos que requerem valorações judiciais. Por exemplo: "obscenidade" no art. 185 do CP espanhol.

242. Pensa-se que estes elementos, a contrário dos descritivos,[209] outorgam uma maior liberdade ao juiz, "pois exigem uma valoração para dispor a respeito do conteúdo aplicável",[210] o legislador, no entanto, espera que o magistrado não aplique seus valores pessoais, mas os gerais da sociedade. A questão é discutível. Na realidade, a diferença entre elementos normativos e descritivos deveria ser substituída por outra na qual se reconhecesse que também os elementos descritivos requerem valorações para sua compreensão e que, portanto, a distinção não é tão considerável como se pensou.

243. A teoria admite também como compatível com o princípio da legalidade certo grau de generalização do texto legal; não é necessário, para dar cumprimento à exigência de determinação legal, que a lei se mantenha em um casuísmo estrito. O grau de generalização admissível, contudo, reconhece limites a partir do momento em que a disposição legal se converte em uma cláusula geral. A generalização torna-se, portanto, inadmissível quando não permite ao cidadão saber o que é proibido e o que é permitido. Tal é o caso de uma disposição que dissesse: "Aquele que culpavelmente infringir os princípios da ordem social democrática ou socialista ou comunista será punido."[211] Desta maneira, "nem o cidadão pode saber o que fazer ou deixar de fazer, nem o juiz pode reconhecer o que deve punir".[212]

209. Cf. infra, Cap. V, § 40.
210. Jescheck, *Lehrbuch des Strafrechts, Allgemeiner Teil*, 3ª ed., 1978, p. 102.
211. Welzel, *Das neue Bild des Strafrechtssystems*, 4ª ed., Göttigen, 1961, p. 15 (existe tradução em espanhol: *El nuevo sistema del derecho penal*, tradução de Cerezo Mir, 1964).
212. Welzel, *Das neue Bild des Strafrechtssystems*, 4ª ed., Göttigen, 1961, p. 15.

244. O Tribunal Constitucional tratou o problema das cláusulas genéricas, em relação ao princípio da legalidade penal, com referência ao art. 391.2 do Código de Justiça Militar (hoje revogado), que sancionava penalmente o "descumprimento de deveres militares" sem maiores especificações. O Tribunal sustentou a respeito (*STC* 133/87) que não havia como reconhecer nesta disposição uma ofensa ao princípio da legalidade por duas razões: em primeiro lugar, porque o artigo referido podia ser aplicado determinando seu conteúdo no "contexto legal e jurisprudencial"; em segundo lugar, porque não impedia ao cidadão a programação de seus comportamentos sem temor a ingerências imprevisíveis do ordenamento punitivo do "Estado", dado que o dever infringido, no caso concreto, estava entre "os deveres mais evidentes".

Esta argumentação necessita de múltiplos reparos, pois toda cláusula geral pode ser aplicada mediante um processo de concreção, mas isso não garante a concreção anterior ao fato que é a essência do princípio da legalidade. De outra parte, a categoria "deveres militares" não fica tão evidente, como o afirma o Tribunal Constitucional; tanto assim que, no caso concreto julgado na *STC* 133/87, o dever infringido (dever de não cometer contrabando) é um dever geral que nada tem de especificamente militar.

245. Com maior acerto esta questão foi abordada pelo Tribunal Constitucional em relação ao anterior art. 509 do CP espanhol (*STC* 105/88). Nela se afirmou que "o cumprimento da ordem do art. 25 da CE exige uma descrição de condutas, ações ou omissões constitutivas do delito, que cumpra as exigências do princípio da segurança jurídica, o que impede considerar compreendidos dentro do citado preceito constitucional os tipos formulados de forma tão aberta que sua aplicação ou não aplicação dependa de uma decisão praticamente livre e arbitrária, no estrito sentido da palavra, pelos juízes e tribunais".

b) "Lex stricta"

246. A teoria e a prática admitem de forma geralmente unânime que uma conseqüência fundamental do princípio da legalidade é a proibição da analogia.

A analogia costuma ser distinguida da interpretação extensiva; enquanto esta importa a aplicação mais ampla da lei até onde permita seu sentido literal, entende-se por analogia a aplicação da lei a um caso similar ao legislado, mas não compreendido em seu texto (art. 4.1 do CP espanhol).[ix]

247. Um amplo consenso científico sustenta que a proibição da analogia somente vigora quando se trata da chamada analogia *in malam partem*, ou seja, a que resulte numa extensão do âmbito da punibilidade. A analogia *in bonam partem*, pelo contrário, legitimar-se-ia na interpretação da lei penal. Isso é conseqüência do fato de que o direito fundamental à legalidade (art. 25.1 da CE) nunca poderá ser violado quando favorecer o réu. Uma interpretação que estendesse analogicamente as circunstâncias atenuantes, portanto, ou excludentes de responsabilidade seria inquestionável. A teoria que considera que o erro sobre os pressupostos de uma causa de justificação é uma espécie de erro que contém elementos do erro de tipo e do erro de proibição, sem possuir clara e totalmente as características de um ou de outro, propõe atualmente a aplicação analógica a estes casos das regras do erro de tipo (que são mais benignas), o que é compatível com a proibição da analogia somente *in malam partem*.[213] Não obstante, a questão é discutida na doutrina espanhola, em que alguns autores não reconhecem a analogia *in bonam partem*.[214]

Discute-se, por outro lado, o verdadeiro sentido que se deve dar à proibição da analogia. Poder-se-ia entender que, na realidade, ela impede um tratamento igualitário a casos que apresentam idêntico merecimento de pena.[215] A isso se tem respondido que o legislador somente espera tratamento igualitário às ações que ele considera punível.[216] Esta última opinião tem sido predominante.

248. Ainda que se mantenha, contudo, o princípio da proibição da analogia, há diversidade de opiniões a respeito da distinção entre interpretação admitida e analogia proibida. Dando-se primazia à interpretação teleológica, tem-se afirmado que a analogia pode ter sig-

---

ix. V., no Brasil, o art. 4º da LICC, que prevê a analogia.

213. Stratenwerth, *Strafrechts*, *Allgemeiner Teil*, 1971, t. I, n. 496 e ss.

214. Córdoba Roda – Rodríguez Mourullo, *Comentarios al Código Penal*, 1976, t. I, pp. 56 e ss.

215. Exner, *Gerechtigkeit und Richteramt*, 1922, pp. 39 e ss.; Sax, *Die strafrechtliche Analogieverbot*, 1953.

216. Nesse sentido, Schimidt, in von Liszt, *Lehrbuch des deutschen Strafrechts*, 1932, 26ª ed., p. 110.

nificação de forma indireta na fundamentação da punibilidade.[217] Esta interpretação analógica tolerada, no entanto, teria seus limites no "sentido literal possível do texto".

249. A fórmula do "sentido literal possível do texto" não resolve o problema da forma totalmente satisfatória. Assim, partindo-se do princípio de que toda interpretação requer analogia, sustenta-se que "a analogia não passa de um procedimento habitual de discussão da lógica jurídica, que é utilizado no direito penal da mesma maneira que em todo o direito e não apenas *in bonam partem*".[218]

Conclui-se que a proibição da analogia deveria ser entendida como a exclusão da analogia "com o fim de criação de novo direito",[219] com o que a redução do significado da proibição da analogia é indubitável.

250. Outros autores assinalam a impotência da fórmula para limitar a discricionariedade judicial[220] e acreditam que a proibição da analogia não é uma garantia segura para os jurisdicionados.[221] A questão da analogia, portanto, dependeria da opinião do intérprete sobre o texto: "Quando o intérprete pensa que não se trata da interpretação da lei, mas de analogia, terá que admitir a existência de uma lacuna na lei e, em conseqüência, opina, segundo sua consciente convicção, que a vinculação à lei faz necessária esta interpretação, então a proposição jurídica assim compreendida terá a conseqüência de que ele (como juiz) deverá sancionar o autor".[222]

251. Os pontos de vista de Jescheck e Schmidhäuser são evidentemente realistas, no tocante às dificuldades que a proibição da analogia tem para sua realização prática. São criticáveis, contudo, quando eliminam toda possibilidade de controle da interpretação da lei por parte dos tribunais. É preferível, por conseguinte, o ponto de vista de Stratenwerth,[223] segundo o qual "apenas uma precisa descrição da

---

217. Mezger, *Strafrecht, ein Lehrbuch*, 3ª ed., 1949, p. 84.
218. Jescheck, *Lehrbuch des Strafrechts, Allgemeiner Teil*, 3ª ed., 1978, p. 106.
219. Jescheck, *Lehrbuch des Strafrechts, Allgemeiner Teil*, 3ª ed., 1978, p. 106.
220. "Os exemplos nos mostram que a jurisprudência, também aqui, faz possível o impossível" (Schmidhäuser, *Strafrechts, Allgemeiner Teil*, 2ª ed., 1975, p. 112).
221. Schmidhäuser, *Strafrechts, Allgemeiner Teil*, 2ª ed., 1975, p. 112.
222. Schmidhäuser, *Strafrechts, Allgemeiner Teil*, 2ª ed., 1975, p. 112.
223. Stratenwerth, *Strafrechts, Allgemeiner Teil*, 1971, t. I, n. 100. Cf. também Jakobs, *Strafrechts, Allgemeiner Teil*, 1983, p. 73; Schünemann, *Nulla poena sine lege?*, 1978, p. 17; Bacigalupo, *Anuario de Derechos Humanos*, n. 2, 1982, pp. 11 e ss.

idéia fundamental da lei, orientada ao correspondente fato tipificado em sua ilicitude e culpabilidade, pode definir os limites da interpretação admissível".

252. O Código Penal espanhol contém em seu art. 4.1 uma disposição cuja aplicação poderia se vincular à proibição da analogia. Em sua primeira parte diz que as leis penais não se aplicarão a casos distintos daqueles que estão compreendidos expressamente nelas. No art. 4.2 acrescenta, nesse sentido, que "no caso de algum Tribunal tomar conhecimento de algum fato que considere digno de repressão e que não esteja apenado na lei, se absterá de todo procedimento sobre ele". O Tribunal Supremo entendeu em algumas ocasiões que este dispositivo determina que "em matéria de direito penal, por seu caráter repressivo, toda interpretação extensiva é arbitrária".[224]

253. Em nosso ponto de vista, o Código não se refere em seu art. 4.1 e 2 à interpretação extensiva, mas somente à analogia. Deve se reconhecer, não obstante, que esta disposição não é suficientemente clara e, ao não se referir à analogia dos "fatos dignos de repressão" com os contidos no Código, poder-se-ia entender que estaríamos diante de uma situação alheia ao problema da proibição da analogia. De qualquer maneira, ainda que se refira à proibição da analogia, não aportaria nada à solução do problema teórico de base, é dizer, a uma caracterização segura dos limites da interpretação aceitável no direito penal.

254. O Tribunal Supremo fez menção a esta discussão na *STS* de 7.11.1987 em que sustentou que a expressão "manter conjunção carnal" do antigo art. 429 do CP espanhol não alcançava o acesso carnal violento com mulher realizado *contra natura*. Aplicá-lo a tais casos não resultaria, em conseqüência, acobertado pelo texto legal do art. 429 do CP espanhol de 1973. Esse ponto de vista era sumamente discutível. Não havia em realidade razão gramatical alguma para limitar o significado da expressão "manter conjunção carnal", que em princípio não estava utilizado em sentido estrito no texto legal, a uma forma determinada de conjunção carnal, excluindo outras que a partir do ponto de vista da proteção do bem jurídico eram igualmente merecedoras de pena.

---

224. *SSTS* de 5.4.1946; 22.6.1934; 6.3.1995; 15.3.1965; 22.2.1966. Cf. Córdoba Roda, "Córdoba Roda – Rodríguez Mourullo", *Comentários al Código Penal*, 1972, t. I, art. 2.

255. O Tribunal Supremo, por outro lado, não era tão estrito na limitação do sentido do texto em outros delitos. Assim, por exemplo, na interpretação do conceito de "violência" no delito de constrangimento ilegal (art. 172 do CP espanhol).[225] Desse modo, o Tribunal Supremo estende o termo "violência" à *vis compulsiva* exercida contra o sujeito passivo de modo direto ou indireto por meio das coisas e, inclusive, de terceiras pessoas (*SSTS* 2 de 2.2.191981; 25.5.1982; 3.7.1982 e 25.3.1985). Provavelmente também se apóia em uma generalização que excede os limites do princípio da legalidade a interpretação que o Tribunal Supremo faz do "escalamiento" (escalada) (art. 238.1 do CP espanhol) no delito de roubo[x] (cf. *SSTS* 2 de 15.2.58 e 29.1.76, nas quais se considera a ocorrência de tal circunstância em casos de simples uso de "habilidade ou destreza").[xi]

256. Há autores que consideram que se viola a proibição da analogia quando o legislador recorre a uma tipificação casuística acompanhada da fórmula "e casos análogos" ou "e casos similares".[226-xii] Em tais casos, não obstante, trata-se de uma questão que não se refere tecnicamente à aplicação da lei, mas, sim, ao cumprimento por parte do legislador do mandato de descrição precisa e exaustiva do fato punível, é dizer, de determinação da punibilidade (ver *supra* § 18).

c) *"Lex scripta": a lei como única fonte do direito penal*

257. Outro aspecto do princípio da legalidade é a proibição de se fundamentar a punibilidade no direito consuetudinário. Isso pode ser expresso de outra maneira, sustentando-se que a lei formal é a única

---

225. Art. 172: "Aquele que, sem estar legitimamente autorizado, impedir outro, com violência, a fazer o que a lei não proíbe, ou compeli-lo a efetuar o que não quiser, seja justo ou injusto, será punido com a pena de prisão de seis meses a três anos ou com multa de seis a vinte e quatro meses, segundo a gravidade da coação ou dos meios empregados. Quando a coação exercida tiver como objeto impedir o exercício de um direito fundamental impor-se-ão as penas em sua metade superior, salvo se o o fato tivesse cominada pena superior em outro preceito deste Código".

x. No Brasil leia-se "furto qualificado".

xi. No Brasil, tanto a escalada quanto a destreza estão previstas expressamente no texto de lei (art. 155, § 4, II, do CP).

226. Fiandaca – Musco, *Diritto penale*, 2ª ed., pp. 89 e 90.

xii. V., por exemplo, sobre a "interpretação analógica" feita em alguns tipos penais no Brasil – como o art. 121, 2º, III, do CP brasileiro: "ou qualquer outro meio

fonte do direito penal. Assim se compreende o sentido dos arts. 9.3 e 25.1 da CE. As ambigüidades que poderiam surgir do texto dos dispositivos citados desaparecem no art. 53.1, que estabelece que os direitos e liberdades consagrados no Capítulo Segundo do Título I (Direitos Fundamentais) somente poderão ser regulados por lei, e no art. 82.1, que determina a indelegabilidade da competência legislativa sobre direitos fundamentais e liberdades públicas.[227]

258. A exclusão do direito consuetudinário restringe-se (como a proibição da analogia) à fundamentação da punibilidade. Sua aplicação *in bonam partem* é reconhecida, em princípio, como legítima.[228] A questão do direito consuetudinário é discutida, entretanto, no tocante à sua extensão. Há uma tendência a limitar essa exclusão somente aos tipos da Parte Especial, mas a admitir o direito consuetudinário em toda a sua extensão (inclusive *in malam partem!*) na Parte Geral.[229] Nesse sentido, a extensão de uma excludente legal (sua caracterização como causa de justificação, como causa de exculpação ou como escusa absolutória) poderia fundamentar-se suficientemente no uso reiterado e constante que dela tenha feito a jurisprudência.

259. Realmente, a Parte Geral do Código Penal, tal como atualmente é conhecida, desenvolveu-se como uma criação do direito judicial,[230] e isso permite afirmar que as "contribuições da jurisprudência ao estado de validade fática do direito têm pouca legitimidade, uma vez que podem ser abandonadas a qualquer momento".[231] Com relação à Parte Especial, ou seja, à criação de tipos penais não contidos na lei formal não há como se valer do direito consuetudinário por meio da analogia. Com referência à Parte Geral, não se pode admitir

insidioso ou cruel" – e sua admissibilidade do ponto de vista doutrinário e jurisprudencial.
227. Cobo del Rosal – Boix Reig, *Comentarios a la legislación penal*, Cobo del Rosal (dir.), 1982, t. I, pp. 151 e ss; Rodriguez Ramos, *Comentarios a la legislación penal*, Cobo del Rosal (dir.), t. I, pp. 299 e ss.
228. Hirsch, *Leipziger Kommentar*, 9ª ed., § 51, nota prévia n. 28.
229. Welzel, *Das deutsche Strafrecht*, 11ª ed., 1969, p. 23; Ese, in Schönke – Schröder, *Strafgesetzbuch, Kommentar*, (18ª ed., por Theodor Lenckner, P. Cramer, A. Eser e W. Stree), 1976, n. 26.
230. Stratenwerth, *Strafrechts, Allgemeiner Teil*, 3ª ed., 1981, t. I, n. 95 e ss.
231. Schreiber, *Systematischer Kommentar zum Strafgesetzbuch*, 2ª ed., 1977, § 1, n. 20.

o direito consuetudinário *in malam partem*,[232] mas, sim, em princípio, *in bonam partem*.

260. Vinculado à questão da lei como única fonte do direito penal encontra-se o problema da hierarquia normativa que se exige para as leis penais na Constituição espanhola. Com a *STC* 140/86 ficou decidido que as leis penais que imponham penas privativas de liberdades devem ter caráter de leis orgânicas (art. 81.1 da CE), pois esta matéria constitui um desenvolvimento de direitos fundamentais, concretamente do direito à liberdade (art. 17.1 da CE). A tese deveria ser estendida a todas as penas criminais, dado que, conquanto menos, todas afetam o direito à honra.[233] O Tribunal Constitucional, na verdade, ao referir a questão aos direitos afetados pelas penas abordou o problema de maneira errônea, de modo que se pode chegar a limitações inadequadas do princípio da legalidade. O aconselhável seria reconhecer que o art. 25.1 da CE contém um direito fundamental de não ser punido senão por fatos previamente sancionados em uma lei e que toda lei que imponha penas afeta tal direito.

d) *"Lex praevia"*

261. A terceira proibição contida no princípio da legalidade relaciona-se com a retroatividade da lei penal. O princípio da legalidade proíbe uma aplicação retroativa. Na prática, esta conseqüência do princípio da legalidade conduz ao problema dos limites da lei penal. Concretamente discute-se se as disposições referentes à prescrição estão amparadas pela proibição de aplicação retroativa ou se ficam fora desta. O fato de as regras referentes à prescrição estarem incorporadas ao Código Penal espanhol não fornece um critério adequado de distinção. A inclusão de uma disposição no seu texto não determina sua natureza nem é suficiente indício para estabelecer a vontade do legislador.

262. Em princípio, a proibição da irretroatividade da lei somente exige a existência de uma lei prévia (art. 1 do CP espanhol). Daí não

---

232. Schreiber, *Systematischer Kommentar zum Strafgesetzbuch*, 2ª ed., 1977, § 1, n. 20.
233. Cobo del Rosal – Boix Reig, *Comentarios a la legislación penal*, Cobo del Rosal (dir.), 1982, t. I, pp. 217 e ss.; sobre a *STC* 140/86 ver também Rodriguez Mourullo, in *Llespañola*, 1987-1-68 e ss.

se deduz, fora de dúvida, se a garantia se refere à punibilidade ou engloba também a perseguibilidade. A resposta depende da natureza jurídica que se outorgue à prescrição. Os que a concebem como uma instituição de direito penal material,[234] inclinar-se-ão necessariamente pela vigência da garantia com relação à prescrição e, por conseguinte, considerarão ofensiva ao princípio da legalidade a aplicação a um fato da extensão dos prazos de prescrição previstos em uma lei posterior. Diferente será o parecer daqueles que consideram as regras relativas à prescrição como alheias ao direito penal material e, por isso, admitem a aplicação retroativa de novos prazos prescricionais. A questão é muito debatida no campo da teoria.

263. A proibição da aplicação retroativa da lei penal alcança não apenas as penas, mas, também, as medidas de segurança (art. 1.2 do CP espanhol). A questão parece clara na Constituição espanhola, que em seu art. 25.1 estabelece que "ninguém pode ser condenado ou sancionado por ações ou omissões que no momento de sua produção não constituam delito". Ao distinguir "condenar" e "sancionar" nesse artigo e reiterar no art. 9.3 que "a Constituição garante a irretroatividade das disposições sancionadoras não favoráveis ou restritivas de direitos individuais", fica afastada toda dúvida em torno da lei que deve ser aplicável em matéria de medidas de segurança. No direito alemão, pelo contrário, o § 2 do StGB estabelece que as medidas de segurança se aplicam segundo a lei vigente no momento da prolação da sentença.

e) Questões especialmente debatidas sobre o alcance do princípio da legalidade

264. Assim compreendido o fundamento do princípio da legalidade cabe abordar algumas questões que dividem as opiniões quanto ao seu alcance nas zonas limítrofes do direito penal.

(a)

265. Em primeiro lugar, a questão referente ao significado dos prazos de prescrição, a respeito dos quais se tem questionado a apli-

---

234. Von Liszt – Schimidt, *Lehrbuch des deutschen Strafrechts*, 1932, pp. 451 e 452.

cação da proibição da aplicação retroativa.[235] A pertinência de tais prazos à lei penal ou à processual penal esteve condicionada pela ambigüidade de sua natureza jurídica. Como se sabe, a prescrição foi entendida, por um lado, como instituto de direito penal material, por outro, como própria do direito processual ou, por derradeiro, foi caracterizada também como mista (penal-processual). Não obstante, a validade do princípio da legalidade e, portanto, da proibição da aplicação retroativa da lei penal não deve depender dessas classificações, mas de sua relação com os fundamentos e os fins do princípio da legalidade. A partir dessa perspectiva, é indiscutível que uma ampliação dos prazos prescricionais vigentes no momento do fato por uma lei posterior a este não deve ser aplicada retroativamente, pois isso afetaria de maneira decisiva a garantia de objetividade na medida em que implica, na prática, uma lei destinada a julgar fatos já ocorridos, ampliando para ele o poder penal do Estado.[236]

266. O ponto de vista contrário apóia-se em outro entendimento do princípio da legalidade, que põe em primeiro plano a proteção da confiança do autor potencial e exclui sua significação como limitação objetiva do poder do Estado.[237] A partir de tais premissas, justifica-se uma aplicação retroativa da lei penal precisamente porque a confiança nos limites da perseguibilidade de um fato punível não seria merecedora de proteção constitucional. Esse ponto de vista, sustentado pelo Tribunal Constitucional Federal alemão,[238] impõe uma relativização dificilmente tolerável dos princípios do Estado de Direito em função de uma aplicação preponderante de razões de justiça material, que poderiam substituir a segurança jurídica ou até anulá-la. Isso se percebe no trecho da sentença do Tribunal alemão citada em que se sustenta que "o Estado de Direito não apenas corresponde à segurança jurídica, mas também à justiça material (...). Se a segurança jurídica se choca com a justiça, é tarefa do legislador decidir-se por uma ou

---

235. Jakobs, *Strafrecht, Allgemeiner Teil*, 2ª ed., 1991, pp. 67 e ss; Roxin, *Strafrecht, Allgemeiner Teil*, 1992, t. I, pp. 85 e ss; Schreiber, *Gesetz und Richter*, 1975, p. 213; Schünemann, *Nulla poena sine lege?*, 1978, p. 25; Tiedemann, *Verfassungsrecht und Strafrecht*, 1991, pp. 38 e ss.; Troendle, in *Leipziger Kommentar zum Strafgesetzbuch*, 10ª ed., § 2, 14.
236. Jakobs, *Strafrecht, Allgemeiner Teil*, 2ª ed., 1991, p. 68; similar Roxin, *Strafrecht, Allgemeiner Teil*, 1992, t. I, p. 86. Nos resultados coincide a teoria dominante.
237. Cf. a respeito: Tiedemann, *Verfassungsrecht und Strafrecht*, 1991, p. 39.
238. Cf. *BverfGE* 25, p. 169.

outra (...). Se isso tem lugar sem arbitrariedade, sua decisão não pode ser objetada constitucionalmente".

267. Esta interpretação não se torna aceitável no âmbito da Constituição espanhola, posto ser a justiça um dos valores superiores do ordenamento jurídico (art. 1.1 da CE), o é também a liberdade. Isso significa que o valor "justiça" não pode reduzir o valor "liberdade" de uma maneira tão considerável que este resulte anulado. Por esse motivo, o art. 9.3 da CE estabelece de modo geral que as disposições restritivas de direitos individuais não serão retroativas, ainda que, como é evidente, como regra geral tais restrições possam ser justas. O caráter limitador de direitos fundamentais das normas referentes à prescrição, ademais, não deveria ser colocado em dúvida a partir do art. 9.3 da CE, uma vez que afetam no mínimo a liberdade.

(b)

268. A garantia de origem democrática (parlamentar) do direito penal e de objetividade do mesmo no sentido antes exposto manifesta-se na solução das questões referentes ao funcionamento da proibição da analogia ou de generalização no âmbito das causas de justificação. Na doutrina, tem-se assentado que o reconhecimento de causas de justificação não escritas amplia a punibilidade para aquele que se opõe ao seu exercício; paralelamente, a interpretação restrita mais além do texto de uma causa de justificação reconhecida estende a punibilidade daquele que pretenda valer-se dela.

269. Essa matéria forma parte de uma questão mais ampla: se a proibição da analogia se aplica também para a parte geral.[239] Trata-se, como se sabe, de uma problemática não definitivamente esclarecida e, por isso, os diferentes pontos de vista distinguem-se consideravelmente. Assim, enquanto Jakobs pensa que, dada a imprecisão inerente às causas de justificação, é admissível completá-las mediante causas não escritas ou limitá-las mediante a interpretação, sempre e quando

---

239. Cf. Jakobs, *Strafrecht, Allgemeiner Teil*, 2ª ed., 1991, pp. 82-88, que admite uma vigência debilitada da proibição da analogia; Jescheck, *Lehrbuch des Strafrechts, Allgemeiner Teil*, 4ª ed., 1988, p. 121; Roxin, *Strafrecht, Allgemeiner Teil*, 1992, t. I, p. 81, que reconhece a aplicação da mesma no tópico da Parte Geral em que se estabelecem disposições que ampliam a punibilidade, de modo similar a Jescheck.

isso seja possível por meio de uma dedução sistemática,[240] Roxin afirma que "é vedado limitar encima do texto que estabelece as causas de exclusão da culpabilidade, as de exclusão ou renúncia da pena, assim como as condições objetivas de punibilidade", mas dá um tratamento diferente às causas de justificação. Estas não constituem, segundo Roxin, uma matéria especial do direito penal, mas provém de todo o ordenamento jurídico e, portanto, podem ser desenvolvidas independentemente do texto, de acordo com seus próprios princípios ordenadores.[241] Pelo contrário, não faltam autores que negam toda possibilidade de uma redução teleológica do alcance do texto de uma causa de justificação escrita, porém não excluem a aplicação da proibição da analogia na criação de causas de justificação supralegais.[242]

270. A questão abordada, em primeiro lugar, não pode ser resolvida sem se levar em conta que a objetividade da lei penal não fica prejudicada quando ocorre o reconhecimento de uma excludente não prevista formalmente para afastar a punibilidade em determinada circunstância; assim como não há por que se utilizar da analogia para justificar a punição de quem tenha procurado impedir o exercício do direito que surgiu dessa situação. Dito de outra maneira: o efeito expansivo sobre a punibilidade não impede necessariamente o exercício de uma excludente não prevista, a despeito de se continuar a proibir a utilização da analogia para fundamentar a punibilidade em direito não escrito.

271. Pelo contrário, uma redução teleológica do alcance de uma causa de justificação expressamente reconhecida pelo ordenamento jurídico somente será compatível com a proibição de generalização se tal restrição do alcance fundamentar-se – como propõe Jakobs – em uma "cultura interpretativa usual", que recolhe uma tradição suficientemente estabilizada para garantir uma aplicação objetiva do direito penal.

(c)

272. A doutrina dominante rejeita a possibilidade de que a proibição da retroatividade possa ser estendida às modificações da jurisprudência do Tribunal Supremo. Por exemplo: as modificações refe-

---

240. Jakobs, *Strafrecht, Allgemeiner Teil*, 2ª ed. 1991, p. 89.
241. Roxin, *Strafrecht, Allgemeiner Teil*, 1992, t. I, pp. 81 e ss.
242. Hirsch, in *Gedächtnisschrift für Tjong*, 1985, pp. 50 e ss.

rentes ao entendimento que se deve dar às expressões "quantidade de notória importância" do art. 369.3 ou "especial gravidade" dos arts. 250.6; 235.3 e 241.1, todos do CP espanhol.[243] Em favor da tese, sustenta-se que uma nova jurisprudência tem indubitavelmente um efeito similar ao de uma nova lei, ainda que não se possa daí deduzir uma idêntica função.[244] Com efeito, a jurisprudência não vincula da mesma maneira que a legislação, pois, do contrário, os tribunais teriam praticamente o poder de legislar.[245-xiii] Na verdade, as mudanças de entendimento jurisprudencial apenas acarretam uma correção na interpretação de uma vontade legislativa preexistente ao momento do fato.[246]

273. O ponto de vista contrário[247] apóia-se na idéia de que a "proteção da confiança" poderia se ver afetada por uma mudança jurisprudencial. Isso não exige, contudo, o reconhecimento da proibição do efeito retroativo da jurisprudência toda vez que for possível levar a cabo a "proteção da confiança", precisamente nos casos em que esta tenha existido. É dizer, nos casos em que o autor venha a agir em conformidade com o que até então vinha sendo decidido pelos tribunais, será cabível a aplicação das regras relativas ao erro de proibição. Portanto, não tem cabimento supor que a modificação de uma interpretação jurisprudencial afete a objetividade do direito penal, nem o princípio da confiança.

§ 21. A jurisprudência do Tribunal Constitucional espanhol

274. A prática desses princípios teóricos na jurisprudência do Tribunal Constitucional tem sido, até agora, tímida. Essa Corte se notabi-

---

243. Cf. Cobos de Linares, *Presupuestos del error sobre la prohibición*, 1987, pp. 269 e ss. Que propõe o contrário. Na mesma linha recentemente a *STC* de 29.9.1997 (Rª 3.302/94), que atribui efeito da lei retroativa às decisões do Tribunal Constitucional sobre a interpretação do direito penal.
244. Jakobs, *Strafrecht, Allgemeiner Teil*, 2ª ed. 1991, p. 105.
245. Jakobs, *Strafrecht, Allgemeiner Teil*, 2ª ed. 1991.
    xiii. O mesmo ocorre no Brasil – v. a EC 45/2004 que institui a súmula vinculante e discussão a respeito.
246. Schünemann, *Nulla poena sine lege?*, 1978, p. 28; Roxin, Claus, *Strafrecht, Allgemeiner Teil*, 1992, t. I, pp. 86 e ss.; Troendle, *Leipziger Kommentar zum Strafgesetzbuch*, 10ª ed., § 2, pp. 16-24.
247. Cf., por exemplo, Cobos de Linares, *Presupuestos del error sobre la prohibición*, 1987, pp. 269 e ss.; Schönke – Schönder, *Strafgesetzbuch, Kommentar*, 24ª ed., 1991, § 2, 9.

lizou nessa matéria por um alto grau de pragmatismo na adoção de suas decisões mais importantes. Isso se percebe na extensão conferida pelo Tribunal ao princípio da legalidade com vistas à proibição do *bis in idem* e à "personalidade das conseqüências penais".[248] Essas decisões, inquestionavelmente plausíveis e merecedoras de aprovação, somente foram possíveis de ser adotadas mediante uma certa dissolução dos fundamentos do princípio da legalidade aceitos na ciência do direito. É provável que o Tribunal Constitucional tenha se orientado, nessas decisões, por uma estratégia apegada ao texto constitucional e não tenha encontrado uma outra maneira melhor de fundamentar a procedência do amparo[xiv] (nesse caso, o art. 25.1 da CE) nestas hipóteses, do que encontrando o fundamento no texto de um artigo. Se o caminho eleito para resolver tal questão foi o melhor ainda não se sabe.

275. Sem prejuízo, é certo que a renúncia em estabelecer de uma maneira mais precisa fundamentos claros do princípio da legalidade também conduziu a soluções que são debatidas na doutrina. Assim, por exemplo, nos autos de n. 27/83 e 135/83, o Tribunal Constitucional excluiu as questões referentes à prescrição da abrangência do princípio da legalidade com argumentos dogmáticos de difícil aceitação. Diante disso, sustentou-se que a questão acerca da extinção da responsabilidade pela prescrição não seria alcançada pelo art. 25.1 da CE, pois se trataria de um elemento alheio ao tipo penal que "constitui uma questão de mera legalidade própria da apreciação judicial ordinária" (ATC[xv] 27/83, fundamento jurídico 4º). A confusão entre o "tipo garantia" e o "tipo de erro" ou o "tipo sistemático" fica evidente nessa decisão e isso demonstra o seu ponto discutível.

276. De qualquer modo, o Tribunal Constitucional não abriu mão de fazer declarações referentes aos fundamentos do princípio da legalidade penal. Na *STC* 133/87, por exemplo, condensando pontos de vista expostos em outros precedentes jurisprudenciais, o Tribunal sustentou que "o princípio da legalidade penal é essencialmente uma concreção de diversos aspectos do Estado de Direito no âmbito do direito estatal punitivo. Neste sentido" – acrescenta a decisão – "se

---

248. Cf. *SSTC* 2/81 e 131/87, respectivamente.
    xiv. Recurso cabível ao Tribunal Constitucional Espanhol assemelhado aos nossos "recurso especial" e "extraordinário".
    xv. Autos do Tribunal Constitucional.

vincula, antes de mais nada, com o império da lei como pressuposto da intervenção do Estado sobre os bens jurídicos dos cidadãos, mas também com o direito dos cidadãos, à segurança assim como a proibição da arbitrariedade e o direito à objetividade e imparcialidade do julgamento dos tribunais, que garantem os arts. 26.2 e 117.1 da CE, especialmente quando se declara que os juízes estão submetidos unicamente ao império da lei".[249] Na mesma sentença, o Tribunal Constitucional manifestou que, em particular, o princípio da legalidade importava condicionar a legitimidade do direito penal à existência de uma *lex scripta, praevia e certa* (inexplicavelmente se omite nessa clássica enumeração a exigência de *lex stricta*), mas estas exigências não foram claramente estabelecidas em todos os casos.

(a)

277. Na *STC* 89/83 (caso de crime continuado), o Tribunal Constitucional considerou um problema claramente relacionado à exigência de *lex scripta*, isto é, a um caso em que os tribunais podiam ter solucionado a agravação de uma pena sem apoio em um texto legal, fundamentando-se, para isso, somente em seus próprios precedentes. Trata-se da questão do incremento da pena que se produzia em delitos como o furto, nos casos de concurso material nos quais o prejuízo causado por cada um dos fatos não determinava a existência de várias faltas de furto. Não obstante, conjuntamente, era suficiente para aplicar a pena correspondente a um delito de furto, o que o Tribunal Supremo fundamentava, antes da reforma do CP espanhol pela LO 8/1983, na figura do "crime continuado". Os tribunais, desta maneira, podiam também burlar o limite previsto no art. 70.2 do CP espanhol (atual art. 76.1 do CP).[250] O Tribunal Supremo chegou a sustentar que a doutrina

---

249. Cf. *SSTC* 62/82; 53/85; 89/83; 75/84 e 159/86.
250. O art. 76, I, do CP espanhol assim estabelece: "No obstante lo dispuesto en el artículo anterior, el máximo de cumplimiento efectivo de la condena del culpable no podrá exceder del triple del tiempo por el que se le imponga la más grave de las penas en que haya incurrido, declarando extinguidas las que procedan desde que las ya impuestas cubran dicho máximo, que no podrá exceder de veinte anos. Excepcionalmente, este limite máximo será:
"a) De veinticinco anos, cuando el sujeto haya sido condenado por dos o más delitos y alguno de ellos este castigado por la Ley con pena de prisión de hasta veinte anos.

do crime continuado poderia ser aplicada "ainda que faltasse algum requisito com finalidades de justiça ou defesa social".[251]

278. O Tribunal Constitucional conclui na decisão n. 89/83 que o Tribunal Supremo, ao aplicar a doutrina do crime continuado nesse sentido,[252] não violava o princípio da legalidade, pois se tratava de uma interpretação dentro dos limites de liberdade correspondente aos tribunais, "pois o juiz não cria novas figuras delitivas, nem aplica penas não previstas no ordenamento, graduadas de acordo com regras que também se extraem da lei" (sic). Garcia de Enterría elogiou, com razão, o fato de que nessa sentença foi reconhecido que a interpretação da lei não equivale a uma transgressão da mesma.[253] Não se pode ignorar, contudo, que o Tribunal Supremo nunca havia explicado como era possível, a partir do silêncio legal e de um texto que dispõe o contrário, deduzir uma autorização para acumular vários fatos leves em um mais grave com a conseqüente agravação da pena. A STC 89/83, verdadeiramente, tampouco explicou como isso era possível. Em particular, se as decisões do Tribunal Supremo em matéria de crime continuado fossem submetidas às exigências que estabelece o mesmo Garcia de Enterría,[254] não seria possível concordar com a decisão do Tribunal Constitucional. Com efeito, se a criação jurídica não é livre, mas vinculada "aos valores jurídicos perfeitamente objetivizados que o juiz deve manejar no labor interpretativo, começando pela obediência e pela fidelidade ao texto",[255] fica claro, no meu modo de ver, que a jurisprudência do Tribunal Supremo sobre o crime continuado, ante-

---

"b) De treinta anos, cuando el sujeto haya sido condenado por dos o más delitos y alguno de ellos este castigado por la Ley con pena de prisión superior a veinte anos."
251. Cf. *SSTS* 2 de 22.3.1966; 5.4.1967; 16.7.1970; 11.11.1971; 17.3.1972; 1.2.1973.
252. Um entendimento certamente incompatível com a teoria do delito continuado elaborada na doutrina.
253. García de Enterria, *Reflexiones sobre la ley y los principios generales del derecho*, 1984, pp. 85 e ss.; também, *Revista Española de Derecho Constitucional*, n. 10, 1984.
254. García de Enterria, *Reflexiones sobre la ley y los principios generales del derecho*, 1984, pp. 132 e ss.
255. García de Enterria, *Reflexiones sobre la ley y los principios generales del derecho*, 1984. Cf., também, a crítica à *STC* 89/83 de Cobo del Rosal – Vives Antón, *Comentarios a la legislación penal*, Cobo del Rosal (dir.), 1984, t. III, p. 233, onde se assinala que a figura do "delito continuado", tal como se utilizava pela Segunda Turma do Tribunal Supremo antes de 1983, constituía uma "pura criação jurisprudencial", p. 233.

rior a 1983, era incompatível com a exigência de *lex scripta*. Nela, mais do que uma obediência ao texto, havia a clara neutralização de uma disposição legal expressa sem nenhum apoio legal e, em lugar de ajustar-se a valores perfeitamente objetivizados, o Tribunal apartava-se deles, pois o legislador nunca havia expressado que valorava a reiteração de fatos leves como um grave, com o conseqüente aumento da pena em prejuízo do acusado.

(b)

279. A problemática da proibição da analogia, é dizer, da *lex stricta*, foi motivo de diferentes resoluções do Tribunal Constitucional.[256] Ao contrário do que ocorre no caso da decisão sem apoio na lei, nesses casos trata-se de decisões fundadas em uma lei que, sem embargo, é estendida além do sentido literal do seu texto. Tal foi o caso decidido na *STC* 75/84 (caso do aborto no estrangeiro), que é especialmente interessante nesse contexto, pois com ela se faz referência também à inaplicabilidade do art. 6.4 do Código Civil espanhol ao direito penal. O Tribunal Supremo tinha decidido em sua *STS* de 20.12.1981 que a lei penal espanhola era aplicável a um crime de aborto cometido no estrangeiro por espanhóis, apoiando-se, para tanto, no art. 6.4 do Código Civil, ou seja, considerando que em tais casos existisse uma fraude à lei, consistente em trasladar-se de um Estado a outro, em que o aborto não era punível, para cometer um fato que o direito espanhol punia como delito. Dessa maneira era possível aplicar ao caso o art. 339 da LOPJ de 1870, então vigente, sustentando que o nascituro gozava de proteção da lei espanhola no estrangeiro, pois tinha nacionalidade espanhola.

280. O Tribunal Constitucional reiterou o acima exposto na *STC* 89/83, sustentando novamente que "o princípio da legalidade não pode ser entendido de maneira tão mecânica a ponto de anular a liberdade do juiz, quando, em seu uso, se criam novas figuras delitivas, nem em aplicar-se penas não previstas no ordenamento". Esclareceu, contudo, que, "caso se produza uma lacuna, esta não pode ser suprida recorrendo-se à analogia *in malam partem*". Assim mesmo deixou

---

256. ATC 29.10.1986 (Rec. 358/86); ATC 8.10.1986 (Rec. 266/86); *SSTC* 105/83 (embora só implicitamente); 75/84; 159/86, entre outras.

claro, com razão, que o princípio da legalidade estende seus efeitos também a normas que determinam o âmbito da validade das leis penais, isto é, em particular o art. 339 da antiga LOPJ.[257]

281. A partir dessa perspectiva o Tribunal Constitucional veio a sustentar que as resoluções impugnadas "se apóiam em uma construção jurídica defeituosa que vicia a correção de seus resultados". Os fundamentos práticos da sentença (especialmente arts. 5 e 6) não são suficientemente claros, mas, em definitivo, estabelecem que o princípio da territorialidade não pode ser substituído pelo da personalidade (passiva), ainda que sob a justificativa de fraude à lei, se esta não o autoriza expressamente para o âmbito penal. Dito de outro modo, o Tribunal decidiu que o art. 6.4 do CC espanhol não tem aplicação geral no direito penal, pois isso viola a proibição da analogia *in malam partem*.

282. A solução pode ser plausível do ponto de vista da política-criminal. Sua fundamentação, contudo, como se afirmou, é pouco convincente. Com efeito, os temas centrais que envolvem a questão da aplicação da fraude à lei no âmbito do direito penal não foram tratados na *STC* 75/84.[258] Na verdade, o Tribunal Supremo havia decidido sobre a base de uma lei que estabelece que "os atos realizados com amparo do texto de uma norma que persigam um resultado proibido pelo ordenamento jurídico, ou contrário a ele (...) não impedirão a devida aplicação da norma que se procurou burlar". Era indiscutível que tais elementos foram utilizados no caso que motivou a decisão do Tribunal Supremo, tanto que a sentença nem sequer teve que recorrer à analogia para fundamentar o decreto condenatório: não é fácil afirmar, em conseqüência, que alguns dos elementos estabelecidos na lei como condição de aplicação da norma do art. 6.4 do Código Civil, ou a norma penal que se quis iludir, foram interpretados estendendo seu alcance a fatos meramente análogos. Não obstante, a *ratio decisione* da sentença parece ter sido a de que, no entendimento do Tribunal

---

257. Dessa maneira a *STC* 75/84 desautorizou, implicitamente, a criticável tese dos citados AATC 27/83 e 135/83, que excluem a prescrição do âmbito de proteção do princípio da legalidade, porque estas normas tampouco formam parte do tipo no sentido restrito em que o consideraram os AATC mencionados.
258. Tampouco nos votos particulares que se formaram se abordaram tais questões. Cf. a respeito: Tiedmann, in *NJW*, 1990, pp. 2.226 e ss. e 2.230 e ss.

Constitucional, o feto não era passível de proteção fora do território espanhol, pois o antigo art. 339 da LOPJ somente seria aplicável a pessoas (no sentido dos arts. 29 e 30 do CC espanhol) e não a outros bens jurídicos que não pertenciam a uma pessoa. Daí se deduziria, de acordo com a sentença, "a natureza analógica do raciocínio que leva a atribuir nacionalidade espanhola ao feto" (fundamento jurídico 6). É evidente, no entanto, que se nesse caso houvessem aplicado os mesmos critérios que serviram de fundamento à comentada *STC* 89/83 (cf. *supra* n. 277), não pareceria possível sustentar que aqui o entendimento dado pelo Tribunal Supremo às expressões "outro espanhol", contidas no art. 339 da anterior LOPJ, tenha superado "o âmbito de liberdade permitida aos tribunais" (cf. fundamento jurídico 5º da *STC* 75/84).

283. Na *STC* 75/84, por outra parte, juntamente com o tema da analogia, teve uma especial importância a tese da inaplicabilidade da figura da fraude à lei no direito penal. O Tribunal Constitucional sustentou, nesse sentido, que em geral não "se pode fazer uso desta figura (de fraude à lei) na aplicação da lei penal". De tal sorte, sua tese pode ser formulada da seguinte maneira: a figura jurídica da fraude à lei não é aplicável em matéria penal e, portanto, não exclui a validade da extensão analógica da lei penal se os tribunais recorrem a ela. Nesse ponto, a argumentação da sentença é particularmente obscura. A exclusão do art. 6.4 do Código Civil do âmbito da lei penal se deduz do princípio da territorialidade que se aplica a esta, "pois" – disse a sentença – "a sua territorialidade (art. 8.1 do Código Civil) e a inexistência nela de normas disponíveis a cujo amparo possam produzir-se conseqüências jurídicas favoráveis, fazem decididamente impossível estender a este setor do ordenamento a figura da fraude à lei".

284. É claro que, se este era o ponto de partida, de nada importava se a interpretação do art. 339 da LOPJ de 1870 implicava uma extensão analógica ou não, pois, de qualquer modo, o recurso à fraude à lei não havia tornado aplicável a lei espanhola ao fato cometido no estrangeiro para burlar as sanções previstas em leis nacionais. Sem prejuízo, não é certo que a lei penal espanhola, sob a LOPJ de 1870, foi aplicável – exclusivamente – de acordo com o princípio da territorialidade. Precisamente o art. 339 de dita lei demonstra o contrário: também era cabível a aplicação segundo o princípio da nacionalidade.

285. De outra parte, é errôneo supor que o aborto não havia sido praticado "com o amparo do texto de uma norma", como exige o art. 6.4 do CC espanhol, e que disso deriva a inaplicabilidade ao caso das conseqüências que este artigo prevê. Os autores do aborto, pelo contrário, pretenderam atuar amparados pela norma de direito inglês que autoriza, sob certas circunstâncias, a prática do aborto no território inglês.[259]

286. Conseqüentemente, os três pontos de apoio da *STC* 75/84 são duvidosos: a) é difícil afirmar que a interpretação do art. 339 da LOPJ estendeu analogicamente o texto dessa disposição; b) não é certo que a LOPJ apenas justificou a aplicação da lei penal exclusivamente segundo o princípio da territorialidade; c) tampouco é correto afirmar que os acusados não pretenderam atuar com o amparo de uma norma mais favorável para burlar a aplicação do direito espanhol e deduzir disso que não ocorreram no caso os pressupostos do art. 6.4 do Código Civil.

287. Em suma: a aplicação do art. 6.4 do Código Civil no âmbito do direito penal não parece excluída em geral pelo princípio da legalidade, nem tampouco faz-se inaplicável no caso ao qual se refere a *STC* 75/84, pois ocorriam os pressupostos que a justificavam.[260]

288. A questão da proibição da analogia foi tratada com maior êxito na *STC* 159/86, em relação à redução do alcance de uma causa de justificação constitucional, no caso o direito à liberdade de informação previsto no art. 20.1.d da CE. Nesse caso, o Tribunal Constitucional entendeu – corretamente – que, afirmando a aplicação da lei penal sempre e sem exceções como um limite de direito fundamental, limitava-se o alcance desse direito como causa de justificação, o que implicava estender a punibilidade infringindo a proibição da analogia *in malam partem*. Nesse sentido, disse a sentença que "ao aplicar automaticamente as normas sobre autoria do Código Penal espanhol,

---

259. Por isso, é claramente errado que a sentença comentada considere que a "norma de cobertura" é o art. 399 da LOPJ, pois é evidente que esta não cobre a legitimidade do direito (Cf. fundamento jurídico 5º, 2º § da *STC* 75/84).

260. Não se pode considerar suficientemente estudada a questão a partir de outra perspectiva distinta daquela do princípio da legalidade, pode excluir-se a aplicação do art. 6.4 do CC espanhol em relação às leis penais. Na *STC* 2.756/92, de 28.1.1993, se afirma, embora *obter dictum*, a aplicação da fraude à lei em matéria penal.

sem levar em conta a específica natureza constitucional do fato informativo, produziu-se uma extensão da lei penal mediante uma interpretação analógica contra o acusado".

289. Em relação a esta sentença é possível discutir se era necessário que o Tribunal Constitucional recorresse ao argumento que se fundamenta na proibição da analogia, dado que consistia motivo suficiente para anular a sentença o incorreto entendimento com o qual se havia aplicado o art. 20.1.d, da CE. Não obstante, conforme surge dos antecedentes do relatório da decisão, o recorrente também havia alegado violação do art. 25.1 da CE.

290. Mais importante que as anteriores, uma vez que representa uma modificação argumentativa considerável, é a *STC* 137/97, na qual se sustentou que "a partir do ponto de vista constitucional pode-se falar em aplicação analógica ou extensiva *in malam partem*, violadora do princípio da legalidade, quando a aplicação careça de tal modo de razoabilidade que resulte imprevisível para seus destinatários, seja por um distanciamento do teor literal do preceito, seja por utilização das pautas interpretativas e valorativas extravagantes em relação ao ordenamento constitucional vigente". Neste sentido assinala-se (recordando a *STC* 133/87, fundamento jurídico 5º) que o controle constitucional tem a finalidade de assegurar que os cidadãos possam "programar seus comportamentos sem temor de possíveis punições por fatos não previamente tipificados". A decisão estabelece também que a razoabilidade da interpretação "deverá ser analisada a partir de pautas axiológicas que informam nosso texto constitucional (*SSTC* 159/86, 59/90 e 111/93) e a partir de modelos de argumentação aceitos pela própria comunidade jurídica". Como conseqüência disso, conclui o Tribunal Constitucional que "são também reprováveis aquelas aplicações que por seu suporte metodológico (uma argumentação ilógica ou indiscutivelmente extravagante) ou axiológico (uma base valorativa alheias aos critérios que informam nosso ordenamento constitucional) conduzam a soluções essencialmente opostas à orientação material da norma e, por isso, imprevisível para seus destinatários". Sobre essas bases e afirmando que o direito de greve não opera como causa de justificação a respeito do delito de coação (art. 585.4 do CP espanhol de 1973), o Tribunal Constitucional denegou a proteção a um Secretário do Comitê de Empresa que havia sido condenado por tal fato punível durante uma greve na qual um piquete composto por umas duzentas pessoas impedia a entrada e saída de veículos da fábrica (fundamento jurídico 4º).

Na realidade, a questão abordada se referia mais do que aquela acerca da extensão analógica *in malam partem* do tipo das coações, à da limitação teleológica *in malam partem* de uma causa de justificação, questão que o Tribunal Constitucional deixou fora de sua argumentação, sustentando simplesmente que "o direito de greve não inclui a possibilidade de exercer coações sobre terceiros porque isso afeta a outros bens ou direitos constitucionalmente protegidos, como a liberdade de trabalhar ou a dignidade da pessoa e seu direito à integridade moral".

(c)

291. A exigência de *lex certa* também foi motivo de decisões do Tribunal Constitucional. O tema é especialmente delicado, pois se entende que a legislação moderna se caracteriza por uma "fuga do legislador nas cláusulas genéricas"[261] ou pela resignação, tanto do legislador, como dos cientistas do direito e da prática frente às dificuldades que corroem a realização deste aspecto do princípio da legalidade.[262] Prova disso poderia ser a jurisprudência constitucional alemã e espanhola. Tiedmann comprovou que o Tribunal Constitucional Federal alemão (*BVerfG*) não declarou nenhum tipo penal como insuficientemente determinado e preciso conforme as exigências do princípio da legalidade.[263] O mesmo ocorreu na jurisprudência constitucional espanhola.

292. O Tribunal Constitucional espanhol formulou declarações abstratas a respeito do assunto que são notadamente positivas. Assim, por exemplo, a *STC* 159/86 (fundamento jurídico 4º), na qual se sustentou que "o princípio da legalidade impõe ao legislador o dever de conformar os preceitos legais que condicionam a aplicação de sanções, sobretudo quando se tratam de sanções criminais, de tal modo que deles se depreenda com a máxima clareza possível qual é a con-

---

261. Naucke, *Über Generalklauseln und Rechtsanwendung im Strafrecht*, 1973, p. 21.
262. Schünemann, *Nulla poena sine lege?*, 1978, p. 29; mais pessimista ainda Schmidhäuser, *Form und Gestalt der Strafgesetze*, 1988, p. 49.
263. Tiedmann, in *NJW*, 1990, p. 44.

duta proibida ou a ação determinada". Também na *STC* 133/87 afirmou-se que o princípio da legalidade concretiza aspectos do Estado de Direito, porquanto transmite ao cidadão "a programação de seus comportamentos sem temor de interferências imprevisíveis do ordenamento punitivo do Estado". Conceitos similares foram reiterados na *STC* 127/90. Nos casos concretos, contudo, essas premissas tiveram uma reduzida influência nas decisões. O Tribunal Constitucional tratou a questão pela primeira vez na *STC* 62/82 (caso de escândalo público), na qual se discutiu se o antigo art. 431 do CP espanhol (atual art. 185), na redação então vigente,[264] se ajustava às exigências de determinação legal provenientes do princípio da legalidade. A resposta foi positiva. Na sentença referida, o Tribunal disse que "o legislador deve fazer o maior esforço possível para que a segurança jurídica fique a salvo na definição dos tipos. Dito isto, contudo, não significa que o princípio da legalidade seja infringido nas hipóteses em que a definição do tipo incorpore conceitos cuja delimitação permita uma margem de apreciação – máxime naquelas hipóteses em que eles correspondam à proteção de bens jurídicos reconhecidos no contexto internacional no qual se insira a Constituição espanhola com seu art. 10.2 e em hipóteses em que a concretização de tais bens seja dinâmica e evolutiva, e que possa ser distinguida segundo o tempo e o país de que se trate – sem prejuízo de que a incidência sobre a segurança jurídica, nos casos em que se verifique, deva levar-se em conta ao valorar a culpabilidade e na determinação da pena pelo Tribunal".

293. Como se vê, a *STC* 62/82 tem aspectos distintos. Por um lado o Tribunal Constitucional admite uma grande amplitude na configuração dos tipos penais. O Tribunal praticamente não estabeleceu limite algum para a "margem de apreciação" tolerável no âmbito da obrigação do legislador de determinar precisamente a hipótese do fato punível. A tarefa era na verdade impossível, pois, como já o havia assinalado a doutrina, a contrariedade aos bons costumes é "impossível de se verificar".[265] A referência ao reconhecimento do bem jurídi-

---

264. O texto do art. 431 do CP espanhol, estabelecia: "Aquele que, de qualquer modo, ofender ao pudor ou aos bons costumes com fatos de grave escândalo ou transcendência incorrerá (...)".
265. Engisch, in *Festchrift für Hellmuth Mayer*, 1965, pp. 400 e ss.

co protegido no contexto internacional e ao caráter dinâmico e evolutivo que este pode ter não constitui, na verdade, limite de espécie alguma, uma vez que se refere claramente a um problema alheio à configuração formal da hipótese do fato punível. Com efeito, a questão submetida ao Tribunal Constitucional não consistia em saber se um texto legal como o do art. 431 do CP espanhol revogado (atual art. 185) protegia ou não um bem jurídico determinado, mas, sim, de saber se por meio de seu texto era possível determinar com segurança, antes de agir, qual comportamento estava proibido sob a ameaça de uma pena. Da imprecisão do objeto protegido, que a sentença qualifica de "dinâmico e evolutivo", o único aspecto que surgia nesse caso era a indeterminação do comportamento que podia ser lesionado, o que ao não estar caracterizado mais que pelo resultado lesivo sobre o bem jurídico, também devia ser "dinâmico e evolutivo". De outro lado, a referência ao contexto internacional resultava totalmente inútil, dado que poucas linhas mais adiante se reconhece que a dinâmica e a evolução pode ser "distinta conforme o tempo e o país de que se trate".[266] Em suma: é evidente que o texto do antigo art. 431 do CP espanhol (atual art. 185) não cumpria a exigência de permitir ao cidadão programar seus comportamentos sem temor de interferências imprevisíveis do ordenamento punitivo do Estado (*SSTC* 133/87 e 127/90),[267] pois a conduta proibida era descrita exclusivamente sobre a base de sua referência a um conceito impossível de ser verificado.

294. A *STC* 62/82, no entanto, procurou assinalar um novo caminho para compensar a amplitude reconhecida ao legislador para a configuração de tipos penais, remetendo à valoração da culpabilidade e à determinação da pena. De qualquer modo, não se explicou na decisão de que maneira isso podia ser posto em prática. Tendo em vista, contudo, que a solução coincide com a sugestão de Naucke,[268] torna-se sumamente apropriado analisar sua proposta. Nesse sentido, Naucke sustenta que nas hipóteses de cláusulas genéricas deve-se, em primeiro lugar, ampliar o âmbito de erro excludente da culpabilidade e,

---

266. O grifo é nosso.
267. À mesma solução chegar-se-ia aplicando-se o critério de 50% de determinação proposto por Schünemann, *Nulla poena sine lege?*, 1978, pp. 35 e ss.
268. Naucke, *Über Generalklauseln und Rechtsanwendung im Strafrecht*, 1973, pp. 21 e ss.; Cf. a respeito: Schünemann, *Nulla poena sine lege?*, 1978, p. 34.

ademais, privilegiar o autor, nos casos merecedores de punição, no momento da individualização da pena ou, por último, interpretar a cláusula genérica de uma maneira objetivamente restrita.

295. Schünemann[269] mostrou-se céptico quanto às possibilidades de realização desse ponto de vista, apesar de haver reconhecido que, dessa maneira, tornava-se possível limitar os efeitos perniciosos das cláusulas genéricas, pois entende ele que a determinação judicial da interpretação suficientemente restritiva daria lugar a várias concepções diversas, que as regras do erro de proibição conduziriam em certos casos a resultados pouco satisfatórios e, finalmente, porque na *praxis* da individualização da pena a sua determinação depende de um modo decisivo do arbítrio judicial.

296. Não se pode negar que essas objeções relativizam a eficácia de uma solução compensatória oferecida no plano da culpabilidade e da individualização da pena. É altamente positivo, contudo, que se reconheça que quanto mais ampla seja uma disposição e menor sua possibilidade de comunicar quais são as condutas proibidas (ou, conforme o caso, exigidas), maior deve ser a tolerância a respeito do erro de proibição e que, em todo caso, deve ser cabível uma atenuação da pena.[270]

(d)

297. A fragilidade das exigências da jurisprudência do Tribunal Constitucional em matéria de princípio da legalidade manifesta-se também no tocante às sanções do direito administrativo e, via de conseqüência, nos casos das leis penais em branco e na aceitação de limites a direitos fundamentais sem reserva de lei nos casos das chamadas "relações especiais de sujeição".

Em relação às leis penais em branco o problema da segurança jurídica adquire especial importância, toda vez que o cidadão não tem uma clara referência sobre a norma complementar da lei penal. No direito espanhol tal situação é freqüente.

---

269. Schünemann, *Nulla poena sine lege?*, 1978, pp. 34 e ss.
270. Na *STC* 133/87 fez-se uma nova aplicação dos princípios referentes à exclusão de cláusulas gerais de uma maneira extremamente flexível ao declarar como inobjetável constitucionalmente o art. 391.1 do revogado Código de Justiça Militar.

298. O Tribunal Constitucional manifestou-se nessa matéria de modo pouco exigente em relação à determinação estrita do comportamento proibido. Na *STC* 122/87, sustentou que uma lei penal em branco (LO 40/79, de "Controle de Câmbios" – "Control de Cambios") – que remete de modo genérico a "disposições disseminadas numa multiplicidade de disposições regulamentares e inclusive de simples instruções administrativas, algumas sequer publicadas" –, pode cumprir com as exigências do princípio da legalidade. Não é de se estranhar o fato de que em matéria de infrações administrativas a exigência de certeza, que o Tribunal Constitucional considerou sempre menos intensa que no âmbito penal,[271] tenha desaparecido praticamente nessa decisão.

299. No campo das leis sancionadoras em branco, de outra parte, a questão da insegurança derivada das cláusulas genéricas acentua-se, porque a jurisprudência não exige uma "cláusula de remissão inversa", como faz o Tribunal Constitucional Federal alemão. Com efeito, na jurisprudência – e isso se fez evidente na *STC* 122/87 recém-aludida – considera-se suficientemente determinada uma remissão que seja tácita ou o produto da abertura da disposição punitiva (chamadas na teoria autênticas leis penais em branco).[272]

300. Até agora, como se disse, o Tribunal Constitucional e o Tribunal Supremo não tiveram oportunidade de se pronunciar sobre o fato de a norma complementar conter uma "cláusula de remissão inversa", que permita a seus destinatários saber se a infração é ameaçada com uma sanção, é dizer, sobre as chamadas leis penais em branco impróprias.

301. Baseando-se em textos e princípios constitucionais análogos aos espanhóis, o Tribunal Constitucional Federal alemão decidiu que "nos preceitos em branco sua aplicação deve depender do fato de o preceito complementar na norma administrativa remeter à lei que estabelece a multa administrativa por sua infringência (chamada cláusula de remissão inversa)". O caso retratava uma norma que fazia referência às faculdades conferidas por uma uma norma municipal

---

271. Cf. *STC* 2/87, fundamento jurídico 2º.
272. Cf. Rogall, in *OwiG, Karlruher Kommentar*, 1989, vol. 1, n. 16. Cf. *STC* 122/8, fundamento jurídico 3º, no qual se fala, a propósito da Lei de *Control de Cambios*, de "normas penais em branco ou abertas".

que fazia referência às faculdades conferidas por uma lei de *Land*, mas que, no entanto, não remetia à norma em branco que continha a sanção, o que foi considerado insuficiente. Na teoria, sustenta-se que a exigência de uma cláusula de remissão inversa representa uma "técnica para garantir uma melhor percepção das normas em branco e excluir da lei em branco as normas complementares insuficientemente determinadas".[273]

302. A necessidade de exigir do legislador, na Espanha, a inclusão dos preceitos complementares de uma cláusula de remissão inversa deve ser deduzida da vinculação do princípio da legalidade com o da segurança jurídica que – com razão – estabeleceu o Tribunal Constitucional[274] para garantir que o cidadão possa programar seu comportamento "sem temor de ingerências imprevisíveis do ordenamento sancionador do Estado". Se essa afirmação for levada verdadeiramente a sério, não restará dúvida de que tal programação não ficará livre de temores enquanto se admitam remissões genéricas a preceitos que se ignora onde estão e se não for exigido que os preceitos complementares, por sua vez, sejam claramente determinados.

303. Também operam a flexibilização do princípio da legalidade a significação geral que o Tribunal Constitucional confere às relações de sujeição especiais como base da limitação de direitos fundamentais. Na *STC* 2/87, afirmou-se que "a reserva de lei nas sanções administrativas (...) tem um alcance diferente, ao menos no que se refere à tipificação do ilícito quando se trata da determinação de contravenções, no seio de uma relação de sujeição especial". Posteriormente, na *STC* 219/89, o Tribunal acentuou seu ponto de vista dizendo que "dita reserva de lei perde parte de sua fundamentação no seio das relações especiais de sujeição".[275] Na primeira das decisões, assim como na *STC* de 2.7.1990, tratava-se de sanções impostas a indivíduos detidos em estabelecimentos penitenciários, enquanto, na *STC* 219/89, de "delegação de poderes públicos nos entes corporativos dotados de ampla autonomia para a ordenação e controle do exercício

---

273. Cf. BverfG in *NStZ* 1990, p. 394, e *NStZ* 1991, p. 73. Cf. Rogall, *OwiG, Karlruher Kommentar*, 1989, vol. 1, n. 17; no mesmo sentido Tiedemann, *Tatbestandsfunktionem im Nebenstrafrecht*, 1969, p. 267; Gohler, *Gesetz über OwiG, Kommentar*, 8ª ed., 1987, vol. 1, n. 18.
274. Cf. *STC* 133/87, fundamento jurídico 7º.
275. Cf., também, *STC* 69/89; assim com *STC* de 2.7.1990.

de atividades profissionais". Nesse último caso, destacou-se a amplitude excepcional que lhe conferiu o conceito na jurisprudência constitucional.

304. As relações especiais de sujeição constituem um limite a direitos fundamentais elaborado pela teoria do direito público de fins do século XIX, que faz referência a relações estreitas entre o Estado e o cidadão e se refere particularmente às que se dão na escola pública, nos estabelecimentos penitenciários e, em geral, às relações geradas dentro de estabelecimentos públicos, assim como as que existem entre o Estado e os funcionários ou pessoas submetidas à prestação do serviço militar. Decorre dessa teoria que "o cidadão, que está numa relação especial de sujeição, é incluído no âmbito administrativo com a conseqüência de que os direitos fundamentais e a reserva da lei – que somente determinam a relação genérica do Estado com o cidadão – não terem validade; a administração tem em suas mãos a regulamentação, mediante prescrições administrativas (regulamentos internos do estabelecimento), das relações dentro de tais situações. Esta teoria" – acrescenta Maurer, no mesmo lugar – "não apenas se manteve durante a República de Weimar, mas ainda por um bom tempo depois da sanção da *Grundgesetz* [Constituição], mesmo que a crítica crescesse constantemente".[276] O Tribunal Constitucional Federal alemão, entretanto, negou legitimidade à teoria das especiais relações de poder com sentenças que afetavam a dois dos âmbitos básicos nos quais se lhe conferia validade: os estabelecimentos carcerários e a escola.

305. Na sentença de 14.3.72[277] o *BVerfG* sustentou que "os direitos fundamentais dos internos de um estabelecimento penitenciário apenas podem ser limitados mediante ou com base numa lei".[278] Esta lei, admitiu o Tribunal, se não puder renunciar a cláusulas gerais, deverá limitá-las da maneira mais estreita possível. Na fundamentação de sua decisão, referido Tribunal fez afirmações que são aplicáveis ao direito espanhol: "a lei fundamental" – disse – "constitui uma ordem vinculada a valores, que reconhece a proteção da liberdade e da dignidade humana como o mais alto fim de todo

---

276. Maurer, *Allegemeines Verwaltungsrecht*, 5ª ed., 1986, p. 87.
277. *BverfGE* 33, pp. 1 e ss.
278. *BverfGE* 33, p. 11.

direito; sua imagem do homem não é a do indivíduo com autodomínio, mas de uma personalidade que está na comunidade e a ela se vincula por diversos deveres". Daí se deduz que a limitação dos direitos fundamentais dentro de um estabelecimento penitenciário somente entrará em consideração quando "seja imprescindível para alcançar um dos fins acobertados pelo ordenamento valorativo da Constituição e relativos à comunidade e na forma constitucionalmente prevista para tanto".[279]

306. A comparação das pautas estabelecidas pelos Tribunais Constitucionais espanhol e alemão revela que na Espanha se dá uma reduzida proteção ao princípio da legalidade e à exigência de reserva legal, dado que o primeiro admite uma delimitação nas chamadas "relações especiais de sujeição", na qual aqueles princípios praticamente não operam. Ademais, as "relações especiais de sujeição" têm na jurisprudência espanhola uma extensão inusitada, que vai muito além dos limites que lhes reconheceu a teoria.

307. Em resumo: da mesma maneira que ocorre nos Estados de Direito europeus, na Espanha o princípio da legalidade constitui uma garantia fundamental, mas também acaba sendo uma meta difícil de se atingir. Na sua realização têm papel decisivo as necessidades pragmáticas da aplicação cotidiana das leis e a convicção de que a justiça material deve prevalecer sobre a segurança jurídica nos casos extremos. A convicção social de que certas ações devem ser punidas ainda que a técnica legislativa seja defeituosa é freqüentemente o fundamento de reprovação da opinião pública aos tribunais quando estes adotam pontos de vista estritos em relação às exigências do princípio da legalidade. Por esse motivo, o verdadeiro controle dessas exigências, na medida em que isso seja possível, deve ter lugar por meio do controle abstrato da constitucionalidade, já que dessa maneira será possível decidir sem estar sob a influência de casos concretos. Aqui se percebe o inestimável labor que cumpre desempenhar as minorias parlamentares e o Defensor do Povo mediante as ações de inconstitucionalidade (art. 31 da LOTC).

308. Por essa via, como é lógico, não poderão ser solucionadas as questões que decorrem das proibições da analogia e da aplicação

---

279. *BverfGE* 33, p. 11.

retroativa da lei, dado que essas pressupõem, necessariamente, a aplicação da lei a um caso concreto. Nessa matéria, contudo, serão os próprios tribunais que deverão exercer um estrito autocontrole que impeça um desbordamento interpretativo das leis penais. Diante disso, sem dúvida, terá valor inestimável o trabalho da teoria do direito penal marcando os limites dos textos legais.

§ 22. A problemática constitucional das leis penais em branco

a) Alcance e conceito

309. A teoria e a jurisprudência espanholas utilizam o conceito de lei penal em branco, entendendo como tais os casos em que a proibição ou o mandamento da ação encontram-se em disposições distintas da lei que contém a ameaça penal. O Tribunal Supremo[280] afirmou que "são leis penais em branco aquelas cuja descrição típica deve ser completada por outra norma produzida por uma fonte jurídica legítima". Por sua vez, o Tribunal Constitucional disse[281] que é compatível com a Constituição "a utilização e aplicação judicial de leis penais em branco, sempre que se dê a suficiente concreção para que a conduta qualificada de delitiva fique suficientemente delimitada no complemento indispensável da norma a que a lei penal remete, resultando assim assegurada a função de garantia do tipo com a possibilidade de conhecimento da atuação penalmente cominada na lei".

310. A discussão em torno dessa matéria, entretanto, não havia ocupado até então nem a teoria nem a jurisprudência de uma maneira especial. Em geral, as opiniões dividem-se acerca do fato de se saber se o conceito de lei penal em branco pode alcançar também as hipóteses em que a norma complementar está contida na mesma lei ou em outra lei da mesma hierarquia. Dito de outra maneira: somente se discute se é ou não correto ampliar o conceito de lei penal em branco alcançando com ele todos os casos em que o legislador recorre à técnica da remissão. A extensão do conceito de lei penal em branco, não obstante, não parece ter a menor transcendência prática, pois

280. *STS* de 20.9.1990.
281. *STC* 127/90.

nenhum dos autores que tomam parte na discussão extrai da ampliação do conceito de lei penal em branco conseqüência alguma que esteja relacionada com a discussão. A disputa é, portanto, puramente nominalista e de reduzido interesse dogmático. Na Alemanha Mezger assinalou[282] que: "jurídico-penalmente a forma especial da legislação mediante leis penais em branco carece de significação. (...) a complementação necessária é sempre parte essencial do tipo. O tipo complementado, não obstante, cumpre necessariamente a mesma função que qualquer outro tipo".[283] Se isso é assim, as leis penais em branco não devem suscitar problemas especiais a respeito do erro nem acerca da exigência de determinação estrita do comportamento proibido. Querer saber se, nas leis penais em branco, a existência da norma complementar deva ser objeto de conhecimento do dolo não é produto da técnica da remissão, mas da estrutura do tipo resultante. Se este se esgota na mera desobediência de um dever imposto pela norma complementar, seu conhecimento será seguramente necessário para o dolo.[284] Em outras palavras: as limitações que se pretenderam introduzir a respeito da teoria limitada da culpabilidade em matéria de erro de proibição não devem ser deduzidas a partir da técnica da remissão, mas, em qualquer caso, de outras considerações (por exemplo, a "indiferença ética" das regras de direito penal administrativo que, em geral, complementam a lei penal em branco, ou as dificuldades que a técnica da remissão pode ocasionar ao cidadão em relação a sua informação sobre o direito vigente).

b) Importância constitucional

311. As leis penais em branco podem adquirir, contudo, importância constitucional quando a norma complementar provier de uma instância que careça de competência penal. Essa situação prática é a que provavelmente deu origem às leis penais em branco.[285] Se, por outro lado, a autoridade que pune a ação ou omissão complementar tivesse competência penal, as leis penais em branco não deveriam ofe-

---

282. Mezger, *Strafrecht, ein Lehrbuch*, 3ª ed., 1949, pp. 196 e ss.
283. Cf., também, Rengier, *KK OwiG*, § 11, p. 24.
284. Jakobs, *Strafrecht, Allgemeiner Teil*, 2ª ed., 1991, p. 234.
285. Binding, *Die Normen und ihre Übertretung*, 4ª ed., 1922, t. I, p. 164.

recer maiores problemas do que aqueles próprios da remissão (por exemplo, dificuldades para o conhecimento das leis penais por parte dos cidadãos).[xvi]

Essa situação pode se dar atualmente na Espanha, onde a Administração, as comunidades autônomas e os municípios carecem de competência em matéria penal (art. 149.6 da CE), mas o Código Civil espanhol utiliza a técnica da remissão em diversas disposições que se referem a normas de distinta hierarquia normativa. Assim, por exemplo, o art. 363 remete-se a "leis ou regulamentos sobre caducidade ou composição (de produtos alimentícios)"; o art. 325, a "leis ou outras disposições de caráter geral protetoras do meio ambiente"; o art. 305, aos deveres fiscais estabelecidos em relação com a Fazenda Pública estatal, autônoma, foral e local; o art. 305.3, à infração de deveres fiscais "contra a Fazenda das Comunidades"; o art. 310, à "lei tributária"; e o art. 348, às "regras de segurança estabelecidas", que, como parece claro, podem provir de decisões sobre regras técnicas de segurança correspondentes a entidades privadas sem poder estatal. Na jurisprudência, tem-se considerado ocasionalmente que o delito de tráfico de drogas (art. 368 do CP espanhol) contém uma lei penal em branco que remete à Convenção Única das Nações Unidas de 30.3.1961, dando a entender que a remissão pode ser tácita. Dessas remissões parece surgir a conclusão de que a categoria normativa do preceito complementar é irrelevante. No entanto, cabe levantar uma questão: sob quais condições uma norma sem hierarquia legal (leis de comunidades autônomas, regulamentos, posturas municipais)[xvii] pode complementar uma lei penal em branco? A resposta que se dá à questão depende de quais são os direitos afetados pela ordem ou proibição.

312. Quando se trata de leis das comunidades autônomas, regulamentos etc., que contém normas que afetam direitos fundamentais, tais ordens e proibições deverão possuir seu fundamento em uma lei orgânica.[xviii] O Tribunal Constitucional estabeleceu em sua

---

xvi. O caso, por exemplo, do art. 236 do CP brasileiro, pois se trata de lei penal em branco cujo complemento se encontra em outra lei ordinária, o Código Civil (art. 1.557, que traz o conceito de "erro essencial"), que provém de instância legislativa com competência diversa da penal.
xvii. O autor refere-se a normas provenientes de entes políticos não-nacionais.
xviii. Espécie normativa de nível nacional, como é o caso da lei que institui o Código Penal espanhol.

STC 140/86 que as penas que afetam direitos fundamentais têm reserva de lei orgânica (art. 81 da CE), ainda que não se tenha pronunciado a respeito das exigências que devem ser cumpridas pelo preceito complementador. De qualquer modo, é evidente que se o preceito impõe uma limitação de direitos fundamentais, serão de aplicação as mesmas regras e a limitação deverá ser autorizada por lei orgânica. A única diferença que pode existir entre a pena e o preceito cuja transgressão se pune é dada pelo art. 149.1.6 da CE, que declara o caráter exclusivo da competência do Estado[xix] para estabelecer as penas, deixando aberta a possibilidade de que sejam as comunidades autônomas as que estabeleçam os preceitos.

313. Quando se trata de outros direitos constitucionais somente se exige uma lei (art. 53.1 da CE), que o Tribunal Constitucional entendeu que pode ser a lei de uma comunidade autônoma, mas sempre e quando não afetar "as condições básicas que garantam a igualdade de todos os espanhóis no exercício dos direitos e no cumprimento dos deveres constitucionais".[286] Nesse caso, os regulamentos, disposições municipais etc. deverão ter seu respaldo em uma lei que poderá ser do Estado[xx] ou de uma comunidade autônoma.

314. As condições que por sua vez devem respaldar o regulamento ou as outras disposições sem hierarquia legal não foram até agora estabelecidas nem pelo Tribunal Constitucional nem pelo Tribunal Supremo de uma maneira estrita. O Tribunal Constitucional se ateve em saber qual deve ser o grau de concreção da norma legal (orgânica) que autoriza a legislação autônoma em matéria fiscal. Essa questão tem singular importância com respeito ao crime tributário (art. 305 do CP espanhol). Na *STC* de 4.10.1990 entendeu-se que uma autorização genérica contida no art. 12 da LOFCA[xxi] a respeito da faculdade das comunidades autônomas de estabelecer aumentos sobre impostos estatais (similar ao que estabelece o art. 157 da CE) é fundamento suficiente para que uma comunidade autônoma imponha um aumento impositivo equivalente a 3% sobre o IRPF.[xxii] O Tribunal Constitucional estimou que não é necessário que a autorização con-

---

xix. Ente nacional.
286. *STC* 37/81.
xx. A expressão "Estado" refere-se ao ente nacional.
xxi. Lei Orgânica Fiscal das Comunidades Autônomas.
xxii. Imposto de Renda da Pessoa Física.

cedida pela Lei Orgânica deva conter uma autorização pormenorizada e, portanto, quando a Lei Orgânica não assinala limites às faculdades fiscais, se o legislador autônomo estará ou não limitado no exercício das mesmas. Três magistrados, contudo, sustentaram em votos vencidos a necessidade de uma autorização pormenorizada contida na lei reguladora de cada imposto. A tese da minoria do Tribunal Constitucional na *STC* de 4.10.199 tem uma notória aproximação com a "teoria da essencialidade" exposta pelo *BVerfG* (61/260), que exige uma decisão do legislador sobre todas as questões essenciais que afetem âmbitos normativos básicos sobretudo em matéria de direitos fundamentais.[287]

315. Qualquer que seja o entendimento que se queira dar à *STC* de 4.10.199 no âmbito do direito tributário, o certo é que cabe indagar se decisões normativas autônomicas ou locais baseadas em autorizações genéricas e vagas podem complementar leis penais em branco. Concretamente: se uma lei como a da CAM,[xxiii] somente fundada no art. 12 da LOFCA, pode ser complemento do art. 349 do CP espanhol, pois se a lei autônomica fiscal em questão pode ser constitucional, o certo é que o preceito que complementaria a lei penal não parece provir de uma decisão do Parlamento do Estado, toda vez que este não decidiu sobre quais impostos autorizava o aumento nem qual percentual podia alcançar.

c) *Efeitos da declaração de inconstitucionalidade do complemento normativo*

316. Tem singular interesse prático a questão dos efeitos da declaração de inconstitucionalidade das normas complementares das leis penais em branco, na medida em que modificam uma situação jurídica e podem dar lugar à aplicação do art. 24 do CP espanhol (atual art. 2), que estabelece a retroatividade de leis mais favoráveis ao acusado. Tal problemática foi abordada recentemente como conseqüência das *SSTC* 209/88 e 45/89, que declararão a inconstitucionalidade, por oposição aos arts. 14 (princípio da igualdade) e 31 (igualdade em tributação) da CE, das normas da Lei 44/1978 (reformada pela Lei

---

287. Cf. Pieroth-Schlink, *Grundrechte-Staatsrecht*, 3ª ed., 1987, t. II, p. 70.
xxiii. Comunidade Autônoma de Madri.

48/1945) que impunham aos cônjuges que tributassem o IRPF de forma conjunta, o que se fazia prejudicial com relação a pessoas solteiras. O Tribunal Constitucional entendeu nessas decisões que o matrimônio não podia constituir um fundamento admissível para o aumento das cargas fiscais.

317. Como conseqüência desses precedentes, a Audiência Provincial de Madri[288] e a Audiência Provincial de Las Palmas[289] estabeleceram que, tendo em conta que o Tribunal Constitucional havia decidido que não era possível determinar a quantia cujo pagamento havia sido elidido (sonegado) enquanto não se ditassem novas normas e uma vez que as vigentes no momento do cumprimento do dever fiscal não eram aplicáveis, não existia a possibilidade de determinar o montante da infração, e isso excluía a possibilidade de se aplicar o art. 349 (atual art. 305 do CP espanhol, acerca do crime tributário) aos casos de elisão (sonegação) de impostos cometidos por pessoas casadas antes da declaração de inconstitucionalidade, pois se deveria dar preferência à lei mais favorável ao acusado (art. 24 do CP espanhol, atual art. 2). A questão foi resolvida pelo Tribunal Supremo na *STS* de 27.12.1999, sem necessidade de decidir sobre este aspecto, pois se entendeu que a questão não tinha incidência no caso concreto.

318. O problema acerca do entendimento do efeito retroativo favorável ao acusado das normas complementadoras de leis penais em branco deu lugar na Espanha a uma jurisprudência cambiante por parte do Tribunal Supremo: enquanto na *STC* de 31.1.1871 entendia-se que o art. 24 do CP espanhol (atual art. 2 – efeito retroativo da lei mais favorável) não era aplicável para além dos casos de modificação na pena, nas *SSTC* de 8.11.63, 25.9.1985 e 13.6.1990 a aplicação de referida regra foi estendida aos preceitos administrativos e à norma extrapenal complementar de uma lei penal em branco. A jurisprudência espanhola seguiu uma evolução similar à alemã, na qual até a decisão do Tribunal Constitucional Federal alemão contida na *BGHSt* 20, 178 e ss., sustentou-se que nas leis penais em branco não era possível admitir uma modificação da lei penal quando apenas haviam sido reformadas normas extrapenais.[290]

---

288. Decisão de 27.3.1989, *Llespañola*, 1989-2-326 e ss.
289. Decisão de 14.12.1989, *Llespañola*, exemplar de 7.3.1990, pp. 3 e ss.
290. Cf. *RG* 31, 225; *BGH* 7, 194 e 20, 178.

319. Na jurisprudência e na teoria espanhola – assim como na teoria alemã –, contudo, não foram suscitados até agora pontos de vista excludentes da aplicação retroativa da lei mais favorável nos casos em que o aspecto ilícito do fato permanece intacto ou nos que a norma modificadora não abale o dever de obediência.[291] Se foram admitidas tais limitações à eficácia da lei mais favorável, o Tribunal Supremo espanhol deveria decidir se a nulidade das disposições da lei sobre o IRPF afetaria a obrigação de declarar as entradas obtidas ou se, pelo contrário, somente seria alcançado um aspecto da regulamentação legal tributária que não incidisse sobre o dever de declarar, mas sobre outros aspectos da disciplina legal. Nesse contexto, o Tribunal Supremo deveria também decidir se a nulidade decretada pelo Tribunal Constitucional impede realmente de se calcular a quantidade de imposto sonegada e especialmente se os efeitos fiscais estabelecidos pela *STC* 45/89 são também vinculantes para a determinação da condição objetiva de punibilidade do art. 349 do CP espanhol (atual art. 305).

320. A *STC* de 4.10.199 reiterou uma questão que sem dúvida pode perturbar o panorama até agora estabilizado a respeito da aplicação do antigo art. 24 do CP espanhol, cujo conteúdo aparece no art. 2.2 do CP espanhol vigente. Esta decisão insistiu no fato de que, como já o havia declarado a *STC* 126/87, "não existe uma proibição constitucional da legislação tributária retroativa" (fundamento jurídico 8º). O Tribunal esclarece, de qualquer modo, que esta premissa encontra seus limites sempre que se vir afetada a segurança jurídica. Qualquer que seja o entendimento que se possa dar a essa afirmação no direito tributário, parece indiscutível, contudo, que a proibição da retroatividade de leis penais, que o Tribunal Constitucional considerou como expressão do princípio da segurança jurídica,[292] permite estender a proteção do art. 305 do CP espanhol às leis tributárias ditadas posteriormente ao fato que se pretende punir. Nessa problemática, parece claro que a proibição da retroatividade não alcança exclusivamente a norma (proibição ou determinação de agir), mas, também, as circunstâncias que permitam determinar as condições de punibilida-

---

291. Cf. Eser, in Schönke – Schröder – Eser, *Strafgesetzbuch, Kommentar*, 18ª ed., 1976, § 2, 26; Jakobs, *Strafrecht, Allgemeiner Teil*, 2ª ed., 1991, p. 84; Dreher – Trondle, *Strafgesetzbuch, Kommentar*, § 2, n. 8; outro ponto de vista Tiedemann, in *NJW* 86, p. 2.476.
292. *SSTC* 62/82 e 373/85.

de previstas no art. 305 do CP espanhol e que não fazem parte daquela (a quantidade de cinco milhões de pesetas), pois o princípio da legalidade penal exige uma mensuração exata da punibilidade e, como é óbvio, também este limite afeta a segurança jurídica individual. Com respeito às condições de punibilidade, no entanto, a solução poderá ser discutível, caso se considere que a expectativa referente a esses últimos elementos não constitui um interesse institucionalmente passível de proteção, estendendo a esta matéria, por analogia, o ponto de vista que ocasionalmente sustentou o Tribunal Constitucional Federal alemão acerca dos prazos de prescrição.

321. O problema da retroatividade também pode ser suscitado acerca das condições ou limites exteriores da perseguibilidade dos ilícitos fiscais. Por exemplo, em relação a fatos cometidos sob a vigência do sigilo bancário e descobertos uma vez quebrado tal sigilo. O merecimento de proteção desses interesses é pequeno, mas isso não afasta a possibilidade de se considerar que o sigilo bancário possa ter tido, em seu momento, certa influência sobre a intensidade da pretensão imperativa da norma e que, portanto, deveria ser objeto de um estudo especial.

d) Causas de justificação em branco?

322. O direito espanhol conhece um fenômeno inverso ao das leis penais em branco: a "causa de justificação em branco" contida no art. 20.7 do CP espanhol, pelo qual atua justificadamente aquele que age "no cumprimento de um dever ou no exercício legítimo de um direito, ofício ou cargo". Neste trabalho não é possível examinar toda a problemática em torno do assunto. Faz-se oportuno, no entanto, referir-se à significação constitucional que este artigo tem adquirido em relação ao exercício de direitos fundamentais. Sabe-se que no âmbito das causas de justificação a reserva legal não tem o mesmo sentido que tem o tipo penal.

323. O Tribunal Constitucional espanhol tem admitido a invocação de certos direitos fundamentais como causas de justificação. Em particular, tem sustentado a partir da *STC* 104/86 que o direito à liberdade de expressão e informação (art. 20 da CE) pode ser invocado como causa de justificação, com base no art. 20.7 do CP espanhol, nos crimes contra a honra, sempre que, no caso concreto, seja considerado mais importante que o direito à honra. Essa mesma posição tem sido exposta pelo Tribunal Supremo em diversas decisões.[293]

324. O mesmo ponto de vista foi sustentado, ademais, pelo Tribunal Supremo em relação ao crime de desordem pública,[294] em que se suscitou a possibilidade de invocar o direito de reunião (art. 21 da CE) como causa de justificação, quando aparecesse como preponderante em face de outros direitos constitucionais ou quando apenas afetasse de uma maneira menos importante tais direitos.[295]

325. Dessa maneira, os direitos fundamentais da liberdade de expressão, de reunião e de manifestação adquirem o caráter de causas de justificação no âmbito penal quando, como conseqüência de uma ponderação sobre bens, têm preponderância sobre outros direitos constitucionais. Até agora essa possibilidade de invocar direitos fundamentais como causas de justificação tem sido limitada aos direitos mencionados acima.

326. Na teoria alemã esse ponto de vista tem sido ocasionalmente rejeitado.[296] A questão é discutida a propósito da possibilidade de um conceito material de ilicitude. Nesse contexto, considera-se que a caracterização do princípio da ponderação dos bens e deveres "como uma causa supralegal de justificação poderia pôr em risco a segurança jurídica quando tivesse lugar mediante puras cláusulas gerais como a do 'meio justo para um fim justo' ou a de 'mais utilidade do que dano'".[297] Esta opinião se reforça com a desnecessidade atual de se ampliar o rol das causas de justificação, verificada depois da incorporação do estado de necessidade justificante no CP espanhol (§ 34, *StGB*).

327. A bem da verdade, essa crítica não se dirige tanto à possibilidade de invocar direitos fundamentais como causas de justificação,

---

293. Cf. *SSTC* 2 de 21.1.1988, 3.6.1988, 22.9.1989 e 24.7.1989. Nessas decisões, faz-se referência ao art. 8.11 do CP espanhol anterior, cujo conteúdo era idêntico ao atual art. 20.7.
294. Cf. jurisprudência selecionada do Tribunal Supremo, 2ª Turma, 2.989-I, S 60; 1989, II, SS 50 e 59.
295. Cf., também, *STC* 59/90.
296. Hirsch, in *Leipziger Kommentar*, 2ª ed., 1985, 13, vor § 32; Jescheck, *Lehrbuch des Strafrechts, Allgemeiner Teil*, 4ª ed., 1988, p. 211; outro ponto de vista Tiedmann, in *JZ*, 1969, pp. 721 e ss.
297. Cf. Jescheck, *Lehrbuch des Strafrechts, Allgemeiner Teil*, 4ª ed., 1988, p. 211; Hirsch, *Leipziger Kommentar*, 10ª ed., 1985.

mas, sim, à criação de causas de justificação supralegais. Nesse sentido, não resta dúvida que os direitos fundamentais não precisam de um apoio expresso na ordem jurídica nem são simples criações baseadas no interesse preponderante. O reconhecimento de seus efeitos justificantes, portanto, não deriva de uma livre ponderação de bens e deveres, mas de seu reconhecimento constitucional como direitos cujo conteúdo essencial deve ser respeitado pelas leis ordinárias. Isso não significa que o princípio da ponderação entre bens e deveres não tenha uma função legítima, não, porém, como fundamento da justificação, senão como instrumento para resolver os conflitos entre direitos fundamentais ou entre direitos constitucionais.[298] Ainda quando o art. 20.7 do CP espanhol não fazia parte da legislação poderiam, portanto, ser invocadas como causas de justificação.

328. De qualquer modo, é preciso enfatizar que, muito provavelmente, nem todos os direitos fundamentais tenham uma estrutura de uma proposição permissiva. Dito de outra maneira: é possível que alguns direitos fundamentais não dêem ensejo a um direito de ação. Pense-se, nesse sentido, no direito à igualdade (art. 14 da CE), no direito à "ressocialização" (art. 25 da CE) ou no direito à presunção de inocência. Esses direitos fundamentais impõem ao Estado obrigações a respeito do tratamento que se deve dar às pessoas, mas não parecem outorgar autorizações para a realização de ações que possam produzir perigo a bens jurídicos alheios. A questão exige, portanto, um aprofundamento em torno das relações entre direitos fundamentais e causas de justificação e na estrutura de ambos. O Tribunal Supremo na *STS* de 21.12.1988 sustentou que apenas podem ser invocados com o alcance do art. 20.7 do CP espanhol "os direitos subjetivos públicos cuja finalidade pretenda ser a proteção de direitos individuais". Deve-se acrescentar que tais direitos apenas poderiam ser invocados no contexto do art. 20.7 do CP espanhol quando confiram uma faculdade de ação que, ao colidir tipicamente com outro direito público subjetivo, resulte preponderante em face do bem lesionado.

329. Assim também pode adquirir especial importância o problema do alcance da proposição permissiva. Binding[299] sustentava que, apenas por meio de uma lei genérica, poder-se-iam criar as exceções

---
298. Ver *BGHSt* de 2.6.1990, *NStZ*, 1990, 12, 586.
299. Binding, *Die Normen und ihre Übertretung*, 4ª ed., 1922, t. I, p. 165.

às normas também estabelecidas por intermédio da lei; "naturalmente" – dizia – "que a fonte jurídica competente para a sanção da norma também o será para estabelecer suas exceções. Deve-se considerar inadmissível a penetração das normas de direito comum por exceções de direito particular". A questão não tem sido até o momento tratada na doutrina, provavelmente porque o princípio da legalidade não se aplica com o mesmo rigor às causas de justificação do que o faz em relação aos tipos penais. Essa problemática, contudo, não pode deixar de ser abordada, sobretudo com relação à possibilidade ou não de se invocar, com fulcro no art. 20.11 do CP espanhol, as regras deontológicas instituídas por colégios ou associações profissionais (por exemplo, médicas). Ou seja, seria admissível que certos grupos criassem suas próprias causas de neutralização do direito penal?

B – O PRINCÍPIO DA CULPABILIDADE

§ 23. Fundamento, conteúdo e função do princípio da culpabilidade

(a)

330. Os *fundamentos* do princípio da culpabilidade são o direito ao livre desenvolvimento da personalidade e a dignidade da pessoa humana (art. 10.1 da CE). Sua hierarquia constitucional deriva dessa vinculação com as bases da ordem política espanhola e foi reconhecida categoricamente na *STC* 150/91, na qual, no entanto, não se estabeleceu claramente de onde surge tal reconhecimento.

331. O princípio da culpabilidade exclui a legitimidade de toda a pena que não tenha por pressuposto a culpabilidade do autor e que exceda a sua equivalente gravidade. Dessa maneira, o princípio da culpabilidade propõe-se a evitar que uma pessoa possa ser tida como um meio para a consecução de um fim, é dizer, se propõe a evitar uma ofensa à *dignidade da pessoa humana*.

332. A *essência da culpabilidade*[300] não reside no caráter do autor, nem na sua conduta social, mas na possibilidade de ter agido de outro

---

300. Cf. Jescheck–Waigend, *Lehrbuch des Strafrechts, Allgemeiner Teil*, 5ª ed., 1996, p. 23.

modo no caso concreto (culpabilidade pelo fato). Nesse sentido, afirmou a *STC* 150/91 que "a Constituição espanhola consagra sem dúvida um princípio estrutural básico do direito penal de maneira que não seria legítimo um direito penal do autor, que determina as penas em atenção à personalidade do réu e não segundo a culpabilidade deste na prática dos fatos". Dessas considerações da *STC* 150/91, deduz-se que, se a culpabilidade tem esses efeitos em relação à determinação da pena, é porque, implicitamente, reconhece-se nela também um pressuposto da pena, ou seja, como uma condição da responsabilidade penal.[301]

(b)

333. O princípio da culpabilidade tem uma dupla incidência no sistema da responsabilidade penal: por um lado condiciona o *se* da pena; de outro, o seu *quantum*. Dito com outras palavras: apenas é punível o autor, se atuou com culpa; a gravidade da pena que se lhe aplique deve ser equivalente à culpabilidade.

334. Portanto, a partir da primeira perspectiva, isto é, daquela dos *pressupostos da pena*, o princípio da culpabilidade determina as seguintes conseqüências:

a) Não é admissível a *responsabilidade pelo mero resultado* (responsabilidade objetiva), prescindindo-se de dolo ou culpa (art. 5 do CP espanhol).

b) Deve se reconhecer o *erro sobre o fato* e, pelo menos, sobre a *antijuridicidade* (art. 14 do CP espanhol).

c) Somente pode ser responsável quem tenha as *condições psíquicas de atuar conforme o direito* (arts. 19 e 20, §§ 1, 2 e 3, do CP espanhol).

335. A partir da perspectiva da individualização da pena o princípio da culpabilidade tem duas conseqüências:

a) A pena deve ser *proporcional à gravidade da culpabilidade*.

b) As *necessidades de prevenção* – especial ou geral – não podem justificar uma pena que supere em gravidade a da culpabilidade.

301. Pronunciamentos semelhantes tem o Tribunal Constitucional Alemão (*BverfG*) em sua decisão de t. 25, pp. 269 e ss. e a Corte Constitucional Italiana na SCC 364/88.

336. O direito vigente é sumamente defeituoso na regulamentação da incidência do princípio da culpabilidade no âmbito da determinação da pena.

Em primeiro lugar, é defeituoso porque o Código de 1995 manteve em seu art. 66 o obsoleto sistema quantitativo do antigo art. 61, sem estabelecer que a culpabilidade pelo fato é a base da individualização da pena.

Em segundo lugar, porque o princípio da culpabilidade, como se viu, pode ser desconhecido no direito vigente pela aplicação automática da agravante da reincidência (art. 20.8 do CP espanhol). Por isso é necessário entendê-la de maneira conforme a Constituição (art. 5.1 da CE), é dizer, conforme o princípio da culpabilidade,[302] deixando de lado uma aplicação automática quando isso possa violar o princípio da culpabilidade.

§ 24. *Princípio da culpabilidade e conceito jurídico-penal de culpabilidade*

337. O princípio da culpabilidade não é determinante, em absoluto, do conceito da culpabilidade da teoria do delito. Naturalmente sobre ele exerce influência, mas não a ponto de determinar sua estrutura. Não obstante, de acordo com o que ficou estabelecido na *STC* 150/91, um conceito de culpabilidade baseado na culpabilidade de caráter ou na culpabilidade pelo modo de vida, ou seja, na "culpabilidade" da personalidade do autor, seria incompatível com a Constituição. Pelo contrário, questões como a de saber se o dolo e a culpa são elementos do conceito de culpabilidade ou não, se a consciência da ilicitude deve ser atual ou apenas potencial, se o estado de necessidade deve excluir a culpabilidade ou a responsabilidade pelo fato, etc., não dependem do princípio da culpabilidade. Em todo caso, a culpabilidade como pressuposto da pena e a culpabilidade como fundamento da determinação quantitativa da pena aplicável diferem em seu conteúdo de uma maneira clara. Enquanto na primeira tem a missão de *constatar* os elementos que fundamentam a reprovabilidade do autor, a segunda tem que *estabelecer os critérios de aferição* da gravidade da reprovação.

302. Assim *STS* 2 de 6.4.1990, entre outras.

§ 25. Críticas ao princípio da culpabilidade

338. Na doutrina não faltam críticas ao princípio da culpabilidade.

a) Uma boa parte das críticas tem se baseado na suposição de que a culpabilidade pressupõe livre-arbítrio e que este é impossível de se demonstrar.[303] Grande parte dessa crítica pode ser respondida com a comprovação de que tampouco é possível demonstrar-se o contrário. De qualquer modo, não se pode negar que no caso concreto a culpabilidade só pode ser demonstrada mediante a comparação do autor com nossa experiência geral sobre a livre determinação.

b) Outro setor da doutrina (Hassemer) propôs a substituição do princípio da culpabilidade pelo princípio da proporcionalidade. Esse ponto de vista não leva em consideração o fato de que o princípio da culpabilidade, mesmo quando isolado, é em parte um princípio da proporcionalidade que estabelece a relação que deve existir entre a pena e determinados elementos da conduta (os que fundamentam a reprovabilidade).

c) Sustenta-se, finalmente, que a formulação atual do princípio da culpabilidade, que limita os fins preventivos à gravidade da culpabilidade é incompatível com a idéia de que "uma pena inútil carece de legitimidade em um Estado secularizado".[304] Caso seja aceito tal ponto de vista, ficaria claro que, paradoxalmente, "a pena adequada para o fim (preventivo) sem a limitação do princípio da culpabilidade trataria a pessoa como uma coisa, enquanto que a pena limitada mais que marginalmente por meio da culpabilidade perderia sua idoneidade para alcançar o fim".[305] Dito com outras palavras: quando as necessidades preventivas superem a pena adequada a gravidade da culpabilidade, a pena aplicável não será socialmente útil em relação à finalidade da pena e não poderia ser legítima.

339. Esta crítica pressupõe que seja possível determinar de uma maneira exata a idoneidade da pena para alcançar um determinado fim. Isso exigiria – ao menos em relação à prevenção especial e à prevenção geral no sentido tradicional – uma demonstração empírica que

---
303. V., por exemplo, Gimbernat Ordeig, *Estudios de derecho penal*, 3ª ed., 1990, pp. 140 e ss.
304. Jakobs, *Das Schuldprinzip*, 1993, pp. 7 e ss.
305. Jakobs, *Das Schuldprinzip*, 1993, p. 8.

a ciência atual não pode proporcionar. Portanto, na medida em que a idoneidade da pena para alcançar os fins preventivos tradicionais é atualmente duvidosa, a limitação da pena aplicável a uma que equivalha à gravidade da culpabilidade impede a utilização de pessoas para obter fins que não se sabe se são atingíveis. Dessa maneira, o que fica claro é que as teorias relativas da pena somente constituem uma racionalização aparente do *ius puniendi*, pois sua validade depende de uma demonstração empírica que ela não possui.

340. Seria essa resposta válida também com respeito à *prevenção geral positiva*? A prevenção geral positiva, na verdade, somente pode e pretende afirmar que a estabilização da norma requer a aplicação de uma pena. A respeito da *quantidade da pena aplicável*, contudo, não pode tampouco estabelecer esta teoria critérios mais seguros que as outras teorias preventivas. Portanto, também com relação a ela vale a resposta formulada.

Capítulo III
A EFICÁCIA DA LEI PENAL

A – EFICÁCIA ESPACIAL DA LEI PENAL

341. A lei penal constitui um exercício da soberania do Estado, do mesmo modo que o restante da legislação estatal. Sua eficácia, portanto, fica condicionada no espaço pela extensão dentro da qual se reconhece na comunidade internacional o exercício da soberania.

342. As regras do direito penal do Estado que estabelecem o âmbito no qual as próprias leis penais são aplicáveis com exclusão das de outros Estados são propriamente regras de direito interno, que, entretanto, têm sido designadas com freqüência como "direito penal internacional".[306]

343. Trata-se de disposições que se referem à aplicação do direito penal do Estado em casos nos quais, em função do lugar da prática do crime, da nacionalidade, do estatuto pessoal do autor ou da vítima, torna-se possível aplicar o direito penal de outro Estado. Nesse sentido, podem ser consideradas normas para resolver a colisão de diversos direitos penais aplicáveis a um caso, ainda que ambas as caracterizações sejam qualificadas freqüentemente como excludentes: ou se trata de direito de aplicação ou de colisão.[307]

344. Como expressão da soberania, as regras que estabelecem a extensão do próprio direito penal não podem conceder ao Estado um

---

306. Conforme por exemplo, von Liszt – Shmidt, *Lehrbuch de deutshen Strafrechts*, 1932, p. 121; Mezger, *Strafrecht, ein Lehrbuch*, 3ª ed., 1949, p. 57; Quintano Ripollés, *Tratado del derecho penal internacional e internacional penal*, 1957.

307. Jescheck, in Strupp – Schlohaner, *Wörterbuch des Volkerrechts*, t. III, p. 396.

direito de intervir dentro do âmbito referente à soberania de outro Estado. Daí decorre que, quando o autor do delito se encontra fisicamente sob a autoridade de outro Estado, requer-se um procedimento especial para poder aplicar a ele a sua lei penal e julgá-lo perante os tribunais locais (extradição).

345. A eficácia espacial da lei penal é determinada de acordo com uma série de princípios que, em diferentes medidas, conformam o sistema do direito penal internacional a cada legislação. Na atualidade existe a este respeito um extenso consenso legislativo.

§ *26. Aplicação da lei penal no território do Estado*

346. A lei penal é aplicável aos fatos puníveis dentro do território do Estado, independentemente da nacionalidade do autor. O art. 23.1 da LOPJ estabelece o princípio da territorialidade como critério básico para determinar a jurisdição dos tribunais espanhóis. Como se verá, contudo, este princípio não é o único que rege o direito espanhol vigente. O art. 23.1 da LOPJ dispõe: "No ordenamento penal caberá à jurisdição espanhola o exame das causas relativas a crimes e contravenções praticados no território nacional ou a bordo de embarcações ou aeronaves espanholas, sem prejuízo do previsto nos tratados internacionais de que a Espanha faça parte."[i] O art. 303 da LECr[ii] estabelece o princípio da territorialidade para o fim de determinar o juízo competente.

347. Dois problemas devem ser solucionados para se pôr em prática o princípio da territorialidade: estabelecer o que se deve entender por território do Estado e definir o que se deve inferir por lugar do crime.

a) Conceito de "território"

348. O conceito de território ao qual nos referimos vem definido pelo direito internacional. O direito penal não traz a este conceito

---

i. No Brasil, art. 5º do CP – princípio da territorialidade temperada – trata-se de regra semelhante.

ii. *A Ley de Enjuiciamiento Criminal* corresponde ao Código de Processo Penal no Brasil.

nenhuma particularidade.[308-iii] Tal definição complementa-se no art. 23.1 da LOPJ por meio da teoria do território flutuante ou princípio da bandeira,[iv] segundo o qual a lei do Estado é aplicável também aos acontecimentos cometidos em embarcações ou aeronaves que levem sua bandeira. O fato de que normalmente as embarcações ou aeronaves levam somente uma bandeira elimina todo possível conflito (para as aeronaves assim o dispõe a Convenção de Chicago de 1944).[v] No caso de conflito entre o princípio da territorialidade e o da bandeira outorga-se primazia a este último (por exemplo, quando um delito é praticado a bordo de uma aeronave dentro do território de outro Estado, deve prevalecer a jurisdição do Estado de origem da aeronave). Esse critério está estabelecido na Convenção de Tókio de 1963 (art. 3º, III).

b) Conceito de "lugar do crime"

349. Dado que o crime possui diversos elementos que podem separar-se conceitualmente, a definição do lugar de sua prática pode, em princípio, vincular-se ao lugar no qual se tenha produzido alguns de seus elementos. Assim surgiram as teorias da atividade e do resultado.

350. Os defensores da teoria da atividade consideram que a questão se vincula com a do tempo do crime e que ambas reclamam uma resposta unitária.[309] De acordo com essa teoria o lugar do crime é o da atuação da vontade. Dessa maneira, nos chamados delitos à distância, é dizer, naqueles em que a conduta se passa num lugar e o resultado noutro, deve aplicar-se a lei penal do Estado onde teve lugar aquela. Por exemplo: alguém efetua um disparo, no solo do Estado "A", na direção de outrem que está além da fronteira, no território do Estado "B", resultando a morte deste; a lei penal aplicável seria a do Estado "A". Os fundamentos dessa teoria são os seguintes: em primeiro lugar, levar em conta o resultado não permitiria uma solução

---

308. Com detalhes sobre a Espanha, Jiménez de Asúa, *Tratado de derecho penal. Parte general*, t. II, pp. 771 e ss.
iii. No Brasil, o conceito está no art. 5º do CP.
iv. No Brasil, fala-se ainda em princípio da representação.
v. O Brasil é signatário desta convenção – vide Decreto 20.384, promulgado em 11.1.1946 (disponível em: www.mre.gov.br).
309. Frank, *Das Strafgesetzbuch für das Deutsche Reich*, 18ª ed., 1931, § 3, IV; von Liszt, *Lehrbuch de deutshen Strafrechts*, p. 137.

uniforme porque há delitos sem resultado (delitos de mera conduta); em segundo lugar, uma teoria baseada no resultado determinaria soluções insatisfatórias quando, por exemplo, o autor realizasse a ação em um estado e de incapacidade de culpabilidade (inimputabilidade) e o resultado se produzisse quando já tivesse recuperado a normalidade.[310] Outros exemplos aludem a mudanças legislativas que poderiam ocorrer desde o tempo em que se envia, v.g., uma carta injuriosa até sua recepção pelo destinatário.[311] Em terceiro lugar, se alude a dificuldades para determinar o lugar do resultado.[312] A teoria da atividade foi recomendada em 1932 pela 4ª Seção do Congresso Internacional de Direito Comparado (em Haya).[313]

351. O ponto de vista contrário foi defendido pelo próprio von Liszt nas primeiras edições de seu livro *Das Reichsstrafecht*.[314] Teoricamente, afirma-se que "as forças naturais que operam segundo a lei da causalidade são a ferramenta na mão do homem, o meio para realizar seu objetivo. O homem atua enquanto estas forças operam; atuam tão logo estas alcançaram sua meta".[315] O lugar do crime deve ser, portanto, aquele em que "a série causal em curso alcança o objeto ameaçado".[316] De outra parte, acrescenta-se, o Estado em que se produz o resultado deve poder sancionar a perturbação da ordem que sofreu.[317] Na realidade, essa teoria dificilmente pode superar as objeções feitas pelos adeptos do ponto de vista contrário.

352. Durante a vigência do art. 355 da LOPJ de 1870, cabia aos juízes espanhóis "o conhecimento dos delitos cuja execução teve início na Espanha, consumados ou frustrados em países estrangeiros. Se caso os atos praticados na Espanha constituíssem delitos por si só e somente a respeito destes". A interpretação desse preceito deu lugar a diferentes pontos de vista. A fórmula da LOPJ – art. 335 – foi adotada também no Código de Direito Internacional Privado de Bustaman-

---

310. Frank, *Das Strafgesetzbuch für das Deutsche Reich*, 18ª ed., 1931, § 3, IV.
311. Von Liszt, *Lehrbuch de deutshen Strafrechts*, p. 138.
312. Frank, *Das Strafgesetzbuch für das Deutsche Reich*, 18ª ed., 1931, § 3, IV.
313. Oheler, *Internationales Strafrecht*, 1973, p. 206; Jimenéz de Asúa, *Tratado de derecho penal. Parte general*, t. II, p. 844.
314. Von Liszt, *Das Reichsstrafrecht*, 1881, p. 74.
315. Von Liszt, *Das Reichsstrafrecht*, 1881, p. 74.
316. Von Liszt, *Das Reichsstrafrecht*, 1881, p. 74.
317. Oheler, *Internationales Strafrecht*, 1973, p. 207.

te – art. 302. Nesse sentido, James Goldsmith[318] entendeu que essa disposição consagrava a teoria do resultado, no que foi seguido pela opinião majoritária.[319] A teoria do resultado, contudo, conduz a soluções sumamente insatisfatórias na prática: se alguém fere na Espanha um outro que se trasladou à França, onde morre, os tribunais espanhóis somente poderiam julgá-lo por tentativa de homicídio, que foi até onde o fato se realizou em seu território.[320]

Excepcionalmente Jimenez de Asúa[321] pensou que tal interpretação era incorreta e que o art. 335 da LOPJ devia ser entendido segundo a teoria da atividade, corrigindo-se dessa maneira o texto mediante interpretação teleológica, reconhecendo, porém, a debilidade dessa solução. Também excepcionalmente, Rodríguez Devesa estimou aplicável a teoria da ubiqüidade.[322]

353. De outra parte, o art. 14 da LECr faz referência ao lugar onde o delito foi praticado. Esta fórmula tem sido freqüentemente interpretada como expressão da teoria do resultado. O art. 14, todavia, nada diz a respeito de onde se deve entender praticado o crime. Deixa a questão aberta com relação à teoria adotada, se a do resultado, a da atividade ou a da ubiqüidade.

354. Na atualidade pode se considerar dominante a teoria da ubiqüidade.[323-vi] De acordo com ela o crime reputa-se praticado tanto no lugar onde se produz o resultado como onde tenha sido executada a conduta. O precursor dessa teoria foi Binding.[324] Seu fundamento teórico reside na unidade que constituem, tipicamente considerados,

318. Goldschmidt, *Metodología jurídico-penal*, Madri, 1935, p. 17.
319. Rodríguez Mourullo, *Derecho penal. Parte general*, t. I, p. 159; Gimbernat Ordeig, *Introducción a la parte general del derecho penal español*, Madri, 1979, p. 27; Cerezo Mir, *Curso de derecho penal español*, pp. 229 e ss.; Cobo del Rosal – Vives Antón, *Derecho penal. Parte general*, 1980, t. I, p. 192.
320. Rodríguez Mourullo, *Derecho penal. Parte general*, t. I, p. 159.
321. Jimenéz de Asúa, *Tratado de derecho penal. Parte general*, t. II, p. 845.
322. Rodríguez Devesa, *Derecho penal espanõl. Parte general*, 5ª ed., 1976, p. 384; o mesmo Gimbernat Ordeig, *Introducción a la parte general del derecho penal español*, Madri, 1979, p. 27.
323. Oheler, *Internationales Strafrecht*, 1973, p. 208; Jimenéz de Asúa, *Tratado de derecho penal. Parte general*, t. II, p. 829.
vi. No Brasil, o art. 6º define o lugar do crime e adota a teoria da ubiqüidade.
324. Binding, *Handbuch des Strafrechts*, 1885, t. I, pp. 414-423; idem, *Grundriss des Deutschen Strafrechts, Allgemeiner Teil*, 8ª ed., 1913, p. 82.

a ação e o resultado, o que impediria sua separação e consideração isolada.

A teoria da ubiqüidade estabelece que os *crimes omissivos* devam se reputar praticados no lugar em que a ação devia ter sido executada.[vii] Essa teoria também tem aplicação aos efeitos do art. 65.1.3 da LOPJ, para determinar se um crime, cujo conhecimento seja da competência dos tribunais espanhóis, foi cometido fora do território. Nesse caso, somente se entenderão praticados *fora* do território espanhol aqueles fatos nos quais *nenhum* de seus elementos tenha ocorrido no território deste país.

355. Em certo sentido é inexplicável que o Código Penal espanhol de 1995 não possua um critério a respeito do lugar do crime. Dessa maneira, perdeu-se a oportunidade de suprir a omissão que já havia ocorrido ao se sancionar a LOPJ (LO 1/85). O vazio do direito vigente deve ser resolvido no sentido da teoria da ubiqüidade, que é absolutamente predominante no direito penal europeu (§ 9 do CP alemão; § 67 do CP austríaco; art. 693 do CP francês; art. 1.6 do CP grego; art. 6 do CP italiano).

356. Na *jurisprudência* a teoria da ubiqüidade foi acolhida na *STS* de 13.11.1992. Nos crimes omissivos, no entanto, a jurisprudência tem sem inclinado por considerar como lugar do crime o do domicílio do omitente. Esse ponto de vista é claramente equivocado, dado que quando o omitente tenha domicílio fora do território espanhol será impossível aplicar-se a lei espanhola. Imagine o espanhol que deixa de se alistar no exército (art. 604 do CP espanhol) e tenha domicílio fora do território nacional. Em algumas resoluções, de qualquer modo, o Tribunal Supremo fez constar que o critério aplicado não seria cabível quando o omitente tivesse domicílio fora do território nacional.

§ 27. Princípios que justificam a aplicação da lei penal a fatos cometidos fora do território do Estado

357. A pretensão do Estado de aplicar suas próprias leis não termina nos limites de seu território. Nas legislações vigentes e na teo-

---

vii. No Brasil, o art. 6º do CP também resolve o problema da omissão.

ria encontram-se extensões do âmbito de aplicação da lei penal a fatos praticados fora do território. Tais extensões justificam-se com base em princípios distintos do da territorialidade.[viii]

a) Princípio real ou da defesa

358. Este princípio determina a aplicação da lei do Estado a fatos praticados fora do território nacional, mas que se dirigem a bens jurídicos que nele se encontram. Basicamente considera-se que este princípio se refere à proteção de bens jurídicos do próprio Estado e que afetam sua integridade como tal (delitos de perturbação da ordem pública, traição à pátria, crimes envolvendo moeda e documentos nacionais etc.). Se, por outro lado, o fato cometido no exterior dirige-se contra bens jurídicos individuais que merecem a proteção do direito penal nacional, a extensão de sua aplicação justifica-se com base no princípio da nacionalidade (princípio da nacionalidade passiva).[ix]

359. O princípio real ou da defesa é reconhecido na Espanha no art. 23.2 da LOPJ e refere-se aos crimes de traição e contra a paz ou a independência do Estado; contra o Titular da Coroa, seu consorte, seu sucessor ou o Regente; de rebelião e sedição; de falsificação de assinatura ou selos reais, dos símbolos do Estado, das assinaturas dos ministros e dos símbolos públicos ou oficiais; de falsificação de moeda espanhola e sua expedição, assim como qualquer outra falsificação que prejudique diretamente o crédito ou interesse do Estado; de atentado contra autoridades ou funcionários públicos espanhóis; dos crimes praticados por funcionários públicos espanhóis no exercício de suas funções, se possuírem residência no exterior; os cometidos contra a Administração Pública espanhola e os relativos ao controle de câmbios.[x]

---

viii. No Brasil, vide o art. 7º do CP, que estabelece os casos em que a lei brasileira se aplica a fatos praticados fora do território nacional.

ix. A grande maioria dos autores nacionais não estabelece esta distinção entre o princípio real – ofensa a bens jurídicos do próprio Estado ou que afete sua integridade como tal – e o da nacionalidade passiva – ofensa a bens jurídicos individuais.

x. No Brasil, o princípio da proteção foi consagrado expressamente no art. 7º, I, *a* a *c*, do CP.

b) Princípio da nacionalidade ou da personalidade

360. O princípio que justifica a aplicação da lei penal a fatos cometidos fora do território do Estado em função da nacionalidade do autor (princípio da nacionalidade ativa) ou do titular do bem jurídico lesionado ou posto em perigo pelo crime (princípio da nacionalidade passiva). A idéia fundamental do princípio em seu aspecto ativo é a obediência exigida ao súdito de um Estado a respeito da legislação deste, qualquer que seja o lugar em que se encontre. Em geral, o princípio da nacionalidade ou personalidade tem na atualidade uma vigência muito reduzida.

361. Na Espanha o princípio da personalidade está consagrado no art. 23.2 da LOPJ. A aplicação da lei penal espanhola ao nacional que cometeu o fato fora do território nacional espanhol requer:

a) O fato deve ser punível no lugar da execução.

b) O ofendido ou o Ministério Fiscal devem ter formulado denúncia ou queixa perante os tribunais espanhóis.[xi]

c) O acusado não deve ter sido condenado, absolvido ou indultado no exterior. Nesse caso é cabível a aplicação da lei espanhola se o nacional, que tenha sido condenado, ainda não tenha cumprido a pena ou não a tenha cumprido totalmente.[xii]

c) Princípio universal[xiii] ou do direito mundial

362. Este princípio fundamenta a aplicação do direito de qualquer Estado independentemente do lugar de sua prática e da nacionalidade do autor. No direito internacional, contudo, não é reconhecido com essa extensão. A aplicação da própria lei a fatos praticados no estrangeiro fora do território fica condicionada ao fato de que os crimes afetem "bens culturalmente supranacionais cuja proteção interes-

---

xi. Note-se que as expressões denúncia ou queixa aqui não têm o mesmo sentido daquelas empregadas pelo Código Penal espanhol, arts. 41 e 44, mas, sim, e algumas vezes, como equivalentes à nossa "representação".

xii. No Brasil, o princípio da personalidade ativa foi adotado no art. 7º, II, letra "b", do CP e exige o preenchimento de condições semelhantes previstas no § 2 do mesmo artigo....

xiii. No Brasil, a doutrina também o denomina de princípio da justiça penal universal ou cosmopolita e consta do art. 7º, I, d, e II, a, do CP.

sa a todos os Estados em comum"[325] ou "cujos autores sejam perigosos para todos os Estados civilizados, seja pela finalidade perseguida seja pelo modo de execução".[326] Ambas caracterizações diferem, pois a primeira dá ênfase ao bem jurídico protegido, enquanto que a segunda o faz na periculosidade do autor. São concepções distintas do direito penal: uma que protege bens jurídicos ameaçando com sanção penal e outra que os protege sancionando os autores perigosos. Ambos os pontos de vista fundamentam esse princípio da solidariedade dos Estados na luta contra o crime. Este princípio encontra-se em algumas convenções internacionais nas quais os Estados que as subscrevem reconhecem a possibilidade de aplicar seu direito penal, ainda que não se tenha por costume impor obrigatoriamente aos Estados o uso desta faculdade.[327] Este princípio encontra na prática dificuldades no que se refere ao limite de não intervenção de um Estado nas questões internas de outro. A declaração unilateral de um Estado em aplicar seu direito penal com base no princípio universal é considerada "juridicamente infundada".[328]

363. O princípio universal foi reconhecido no art. 23.4 da LOPJ que atribui competência à jurisdição espanhola para conhecer dos fatos cometidos por espanhóis ou estrangeiros fora do território nacional, se constituem, de acordo com a lei espanhola, delitos de: genocídio, terrorismo, pirataria e apoderamento ilícito de aeronave; falsificação de moeda estrangeira; vinculados à prostituição; tráfico ilegal de drogas psicotrópicas, tóxicas e estupefacientes, assim como qualquer outro que, segundo os tratados ou convenções internacionais, deva ser punido na Espanha. Estima-se que o Código Penal espanhol, por sua vez, fez uso do princípio universal nos arts. 288, 488 e 452 *bis*, *a*, 1.[329]

364. Entre as convenções internacionais que adotam o princípio universal cabe mencionar a de Haya de 16.12.1970 (art. 4º.2) a res-

---

325. Jescheck, *Lehrbuch des Strafrechts, Allgemeiner Teil*, 3ª ed., 1978, p. 135.
326. Oheler, *Internationales Strafrecht*, 1973, p. 147.
327. Jimenéz de Asúa, *Tratado de derecho penal. Parte general*, t. II, p. 706.
328. Oheler, *Internationales Strafrecht*, 1973, p. 147; também, Cobo del Rosal – Vives Antón, *Derecho Penal. Parte general*, 1980, t. I, p. 196.
329. Rodríguez Mourullo, *Derecho penal. Parte general*, t. I, p. 166; Cerezo Mir, *Curso de derecho penal español*, p. 206; Cobo del Rosal – Vives Antón, *Derecho penal. Parte general*, 1980, t. I, p. 196.

peito do apoderamento ilícito de aeronaves (vigente na Espanha desde 1972) e a de Montreal de 23.11.1971 (art. 5º.2) de repressão a atos ilícitos contra a segurança da aviação civil.[330]

d) Princípio do direito penal por representação

365. Trata-se de um princípio que tem caráter subsidiário: intervém quando, qualquer que seja a razão, não tem lugar a extradição, e autoriza que o Estado que tem o autor em seu poder o julgue aplicando-lhe sua lei penal. Neste sentido, é freqüente a aplicação do princípio do direito penal por representação quando um Estado denega a extradição de um nacional reclamado por outro Estado competente em função do princípio da territorialidade.

366. Com respeito à sua fundamentação há discrepâncias, ainda que predomine o critério pelo qual o direito penal por representação se funda na solidariedade interestatal.[331] Esta solidariedade se dá por presente ainda que o Estado que deveria reclamar o autor do delito não o tenha feito por carecer de interesse em aplicar seu próprio direito penal. Ainda assim estima-se que sua realização prática deve ser reduzida aos bens jurídicos mais importantes.

367. Esse princípio vigora na Espanha.[332] A Lei 4/85, de Extradição Passiva, faz referência ao princípio no art. 3.2, que estabelece que quando se denegue a extradição de espanhóis ou estrangeiros por crimes daqueles que possa conhecer os tribunais espanhóis, "o Governo espanhol dará conta do fato que motivou a demanda ao Ministério Fiscal a fim de que se proceda judicialmente, neste caso, contra o reclamado", quando tenha sido solicitado pelo Estado requerente.[xiv]

---

330. Cerezo Mir, *Curso de derecho penal español*, p. 207.
331. Oheler, *Internationales Strafrecht*, 1973, p. 145; Jimenéz de Asúa, *Tratado de derecho penal. Parte general*, t. II, p. 761.
332. Rodríguez Mourullo, *Derecho penal. Parte general*, t. I, p. 180; Cerezo Mir, *Curso de derecho penal español*, p. 221; Jimenéz de Asúa, *Tratado de derecho penal. Parte general*, t. II, p. 969.
xiv. O princípio da representação limita-se, no Brasil, aos crimes cometidos a bordo de embarcação ou aeronave brasileira, no território estrangeiro, quando ali não sejam julgados, sujeitando-se a várias condições: §§ 2º e 3º, do art. 7º, do CP.

§ 28. A fundamentação dos princípios do direito penal internacional

368. Tradicionalmente, os princípios de direito penal internacional têm sido expostos como princípios da mesma espécie. Sua reestruturação, contudo, não deixa de oferecer dificuldades. Em princípio, reconheceu-se há muito tempo uma certa especialidade no princípio do direito penal por representação.

369. A questão apresenta-se fundamentalmente para quem parte da teoria dos imperativos, pois para ela só é legítima a aplicação de uma pena àquele que violou um dever imposto por uma norma. Isto é, a aplicação da lei penal pressupõe uma determinada relação entre o Estado e o autor. Esta relação pode ser encontrada, logicamente, como pressuposto do princípio da territorialidade, da personalidade ou da nacionalidade, e inclusive do princípio real ou da defesa. Essa relação, no entanto, não se encontra nem no princípio da nacionalidade ou personalidade passiva, nem no princípio do direito mundial ou universal e muito menos no direito penal por representação. Enquanto esses dois últimos costumam se fundamentar na solidariedade interestatal, o princípio da personalidade passiva, a seu turno, não possui também tal fundamento.[333] Por esse motivo, sustenta-se estes três princípios deveriam ser considerados "como competências para julgar. São subsidiários ao exercício da autoridade penal do Estado do lugar do fato ou da nacionalidade e, portanto, da extradição".[334] Como conseqüência, deveriam ser complementados por uma norma que estabelecesse o direito aplicável ao caso que se julga, o que aproximaria o direito penal internacional do direito internacional privado.

370. Há aqueles que, ao contrário, pensam que os princípios de direito penal internacional se fundamentam em dois fenômenos jurídicos: a autoproteção do Estado (princípio real ou da defesa e princípio da nacionalidade passiva) e a solidariedade entre os Estados (princípio da distribuição de competências, princípio da nacionalidade ou personalidade ativa, princípio do direito penal por representação, princípio da jurisdição mundial, princípio da proteção de bens

---

333. Oheler, *Internationales Strafrecht*, 1973, p. 146.
334. Schultz, *Fetschrift für Hellmuth von Weber*, 1963, pp. 305 e ss. e 312.

comunitários).³³⁵ Uma decisão relativa a estes dois diferentes posicionamentos depende em grande medida da teoria da norma que se adote como fundamento.

B – EFICÁCIA TEMPORAL DA LEI PENAL

§ 29. O princípio fundamental: aplicação da lei vigente no momento da prática do crime

371. A lei aplicável ao crime a partir do ponto de vista temporal é aquela vigente no momento de sua prática. Trata-se de uma regra que deriva do princípio da legalidade, o qual, como vimos, proíbe a aplicação retroativa da lei. Assim, as leis penais somente podem alcançar fatos cometidos depois de sua entrada em vigor. É um princípio acerca do qual há o maior consenso nas legislações modernas. Por esse motivo, as diferentes leis penais estabelecem o requisito de uma lei prévia como justificante da reação penal (arts. 9.3 e 25.1 da CE e 2 do CP espanhol). A exigência de lei prévia, portanto, tem hierarquia constitucional.[xv]

372. Tal exigência, ademais, refere-se tanto à tipificação do fato punível quanto à ameaça de pena, às medidas de segurança e às conseqüências acessórias do delito. A opinião dominante, pelo contrário, entende que as disposições de caráter processual podem ser aplicadas a fatos praticados anteriormente à sua entrada em vigor.[xvi] O Tribunal Constitucional, no entanto, reconheceu a aplicação do princípio da irretroatividade a leis processuais que regulam a prisão provisória (*SSTC* 32/87 e 33/87).[xvii]

a) O momento da prática do crime

373. Assim como o princípio da territorialidade exigia a determinação do lugar do crime, a exigência de lei prévia somente pode ter

---
335. Oheler, *Internationales Strafrecht*, 1973, p. 133.
xv. O mesmo aplica-se ao Brasil: art. 5º, XXXIX e XL, da CF/1988.
xvi. No Brasil, ver art. 2º do CP.
xvii. No Brasil, esta é a opinião de alguns doutrinadores. O STF, por sua vez, entende que a regra do art. 2º do CP brasileiro aplica-se à prisão provisória.

efeito prático estabelecendo-se o tempo da prática da execução da ação, o tempo em que deveria se realizar a ação omitida ou do resultado não impedido.[336]

A partir desse critério geral deduzem-se distintas conseqüências conforme a estrutura do crime:

a) o autor mediato realiza a ação no momento em que começa a utilização do instrumento;

b) o co-autor e o partícipe, no momento de dar sua primeira colaboração ao último fato;

c) no crime continuado a ação realiza-se desde o primeiro até o último fato;

d) nos crimes permanentes, desde o momento em que se cria o estado típico constitutivo do delito.[337]

b) O fundamento da exigência de lei prévia

374. A exigência de lei prévia à prática do fato tem um fundamento penal: a lei penal tem como objetivo prevenir a prática de fatos puníveis impondo deveres e ameaçando seu descumprimento com a aplicação de uma pena. Portanto, a lei pretende, sobretudo, motivar o autor, e isso somente poderia ser feito por uma lei preexistente à sua decisão de cometer ou não o fato.

375. O princípio da lei prévia, contudo, tem fundamento constitucional: a segurança jurídica (art. 9.3 da CE) e a liberdade (art. 17.1 da CE) requerem a possibilidade de conhecer quais ações estão proibidas e quais estão permitidas e isto só se torna possível com relação a leis vigentes no momento de decidir a ação.

---

336. Jescheck, *Lehrbuch des Strafrechts, Allgemeiner Teil*, 3ª ed., 1978, p. 109; Schmidhäuser, *Strafrechts, Allgemeiner Teil*, 2ª ed., 1975, p. 130. Outro ponto de vista, Rodríguez Mourullo, *Derecho penal. Parte general*, t. I, p. 125.

337. Cf., sobre outros aspectos, Casabó Ruiz, *Comentarios al Código Penal*, t. II, pp. 41 e ss.; Jescheck, *Lehrbuch des Strafrechts, Allgemeiner Teil*, 3ª ed., 1978, p. 109; Rodríguez Mourullo, *Derecho penal. Parte general*, t. I, pp. 126 e ss.

§ 30. Exceções ao princípio fundamental

a) Retroatividade da lei penal mais favorável

376. Uma larga tradição determina que o princípio da irretroatividade da lei penal sofra uma exceção referente a leis posteriores ao momento da conduta que sejam mais favoráveis ao acusado. Trata-se de uma exceção com fundamento político-social, dado que carece de sentido ditar ou manter a execução de penas por fatos não mais considerados crimes ou quando a gravidade daquelas pareça desproporcional. Por outro ponto de vista, considera-se uma conseqüência do fato de que as garantias constitucionais, ou seja, a proibição da retroatividade da lei penal, somente ser instituída para proteger o acusado em face do endurecimento das penas, mas não para impedir que seja beneficiado com uma nova situação legal mais favorável.

Não faltam opiniões que têm questionado a constitucionalidade[xviii] da retroatividade da lei mais favorável.[338] Essa tese faz uma simples aplicação formal das conseqüências da hierarquia normativa: a Constituição está acima do Código Penal espanhol e, portanto, toda contradição com ela seria ilegítima. Esse ponto de vista, contudo, é equivocado, pois entre a Constituição e o Código Penal espanhol essa relação somente tem lugar quando se trata de reduzir as garantias que aquela contém e não quando se pretende ampliá-las.

As garantias constitucionais do direito penal não são, nesse sentido, uma fonte de potestades do Estado senão uma limitação a estas.

377. A retroatividade da lei mais favorável encontra-se determinada no art. 2.2 do CP espanhol. Nesse ponto, o direito espanhol separa-se daquilo que estabelecem outros ordenamentos penais europeus que – em geral – somente reconhecem a aplicação da lei mais favorável até o momento da aplicação da sentença.

1. Determinação da lei mais favorável

378. Requer uma comparação concreta das duas situações legais surgidas da reforma legal posterior à prática do fato: deve-se compa-

---

xviii. No Brasil, a matéria tem previsão constitucional, no art. 5º, XL, da CF, e no Código Penal, art. 2º.

338. Sobre essa discussão, cf. Casabó Ruiz, *Comentarios al Código Penal*, t. II, p. 46, com indicações bibliográficas.

rar a aplicação ao caso da situação legal vigente no momento da prática do fato com a que resultaria como conseqüência da reforma. Essa comparação é concreta porque devem ser levadas em conta, em primeiro lugar, as penas principais[xix] e, em seguida, a lei em sua totalidade (penas e conseqüências acessórias e modificações do tipo penal e das regras da Parte Geral referentes, por exemplo, à capacidade de culpabilidade, às causas de justificação, às de inculpabilidade etc.).

379. A comparação relativa às penas principais não é problemática quando se trata de penas da mesma espécie (por exemplo, privativas de liberdade e multa ou multa e inabilitação). Essa situação apresenta-se também para as legislações que distinguem dentro de um gênero comum espécies distintas de pena: nesses casos deverá considerar-se não apenas o máximo e o mínimo, mas, também, os elementos diferenciais de ambas as penas e deduzir deles qual a mais favorável ao acusado ou condenado.

380. Em geral considera-se que a pena privativa de liberdade é mais grave que as demais. Mostra-se duvidoso, contudo, que uma determinação *in abstrato* seja correta. Por exemplo, a pena de privação da liberdade por dois meses é mais grave que a inabilitação para o exercício de cargo público por cinco anos? Parece razoável, assim, que o critério seguido pela legislação espanhola em 1928 e posteriormente em 1944 (art. 8 do CP espanhol de 1928 e art. 4 do Decreto de 23.12.1944) ao estabelecer que "quando se tratar de penas de distintas naturezas deverá ser ouvido o réu"[339] (no mesmo sentido a LO 10/1995, novo Código Penal espanhol, D.T. 2ª).

A opinião dominante recorre à comparação de penas acessórias quando não é possível obter uma determinação acerca de qual a lei mais favorável comparando as penas principais.[340]

2. Leis intermediárias mais favoráveis

381. Quando se busca encontrar a lei mais favorável deve se ter em conta também a lei intermediária. Denomina-se como tal aquela

---

xix. No Brasil, desde a reforma da Parte Geral de 1984, não se fala mais em penas principais e acessórias, mas em pena privativa de liberdade ou alternativa e em efeitos secundários da condenação.
339. Rodríguez Mourullo, *Derecho penal. Parte general*, t. I, p. 140; Cerezo Mir, *Curso de derecho penal español*, p. 183.
340. V. nota anterior.

que entra em vigor depois da prática do fato, mas é modificada novamente antes da sentença definitiva de última instância ou por outra lei mais rigorosa.

382. Se a lei intermediária se mostra mais favorável que a vigente ao momento da prática do crime deverá ser aplicada ainda que tenha perdido a vigência no momento da sentença definitiva, porque assim o determina o princípio da retroatividade da lei mais favorável (doutrina dominante).[xx] Por exemplo: no momento de um crime de furto o Código Penal espanhol prevê para o fato uma pena privativa de liberdade de até dois anos; durante o processo, uma lei "X" modifica a sanção estabelecendo a multa como pena alternativa; antes de ser proferida a sentença, a lei "X" é revogada e ao mesmo tempo restaura a vigência do Código Penal em sua redação originária, ou seja, aquela que punia o furto somente com a privação da liberdade. O Tribunal deve aplicar a lei que prevê a pena de multa alternativa. A questão pode se apresentar inclusive uma vez proferida a sentença definitiva e durante sua execução (CP espanhol, art. 2.2).

383. O texto do art. 2.2 do CP espanhol não impede que se tome em consideração a lei penal intermediária, pois não impõe que somente deva apreciada a lei vigente ao tempo do julgamento.[341] A doutrina, contudo, define a lei intermediária, por vezes,[342] de uma maneira mais restrita, somente considerando como tal aquela que está em vigor entre o momento da prática do crime e o do julgamento (não da sentença definitiva).[343-xxi]

3. Vigência da lei mais favorável

384. O art. 2.1 do CC espanhol dispõe que "as leis entram em vigor vinte dias depois de sua completa publicação no *Diário Oficial*

---

xx. O mesmo pensam os penalistas brasileiros.

341. Outra opinião, Cerezo Mir, *Curso de derecho penal español*, p. 183.

342. Cerezo Mir, *Curso de derecho penal español*, p. 184; Rodríguez Mourullo, *Derecho penal. Parte general*, t. I, p. 136; Casabó Ruiz, *Comentarios al Código Penal*, t. II, p. 53.

343. Sem embargo, Jimenéz de Asúa, *Tratado de derecho penal. Parte general*, t. II, p. 651; Tribunal Supremo, em decisões datadas de 5.7.1935, 7.10.1946, 30.10.1946 e 30.5.1970; cf., também, Casabó Ruiz, *Comentarios al Código Penal*, t. II, p. 53.

xxi. A doutrina brasileira não compartilha desse pensamento.

do Estado, se elas não dispuserem de modo contrário".[xxii] O art. 2.2 do CP espanhol, por sua vez, estabelece que as leis penais mais favoráveis têm efeito retroativo "ainda que, quando publicadas, tenha sido proferida sentença com trânsito em julgado e o condenado esteja cumprindo a pena". Do confronto de ambas as normas deduz-se que o legislador, ao introduzir a reforma do art. 2.1 do CC espanhol não pretendeu alterar o Código Penal e, portanto, nada disse a respeito do art. 24 deste último. Em conseqüência, a lei penal mais benéfica pode ser aplicada ainda que não tenha entrado em vigor conforme o art. 2.1 do CC espanhol.[344-xxiii] Essa interpretação não importa uma "intromissão do Poder Judiciário nas faculdades do Legislativo",[345] porque, na medida em que o legislador não modificou o texto do Código Penal espanhol expressamente, nada autoriza a supor que o fez tacitamente. O que importa é o fundamento da retroatividade da lei mais favorável: se o decisivo é a adequação das sentenças penais às novas valorações sociais expressadas pelo legislador, será suficiente a publicação da lei mais benéfica para que se dê a sua aplicação.

*b) Exceções à retroatividade da lei mais favorável:
ultratividade de leis penais temporárias ou excepcionais*

385. Denominam-se leis penais temporárias aquelas que tenham prefixado em seu texto o período de sua vigência.[xxiv] Por exemplo: uma lei ditada para viabilizar um racionamento de combustível proíbe, sob ameaça de pena, circular com automóveis em determinados dias da semana durante um ano, a partir de sua entrada em vigor. Essas leis também são designadas como leis temporárias em sentido estrito. A limitação temporal pode ser indicada estabelecendo o tempo-calendá-

xxii. No Brasil, v. art. 1º da LICC.
344. Outro ponto de vista, Tribunal Supremo, decisões de 20.1.1966, 4.2.1966, 17.2.1966, cf., também, Casabó Ruiz, *Comentarios al Código Penal*, t. II, pp. 7 e ss.; Rodríguez Mourullo, *Derecho penal. Parte general*, t. I, p. 139.
xxiii. No Brasil, o STF estabeleceu que, antes da entrada em vigor, a lei penal não pode ser aplicada, ainda que mais benéfica em comparação com a norma vigente.
345. Casabó Ruiz, *Comentarios al Código Penal*, t. II, p. 53.
xxiv. No Brasil, tem sido esta a definição dominante, porém, com algumas ressalvas feitas pela mais autorizada doutrina, a partir de Nelson Hungria, no sentido de que a questão não é propriamente de conflito de leis penais no tempo, mas sim de tipicidade.

rio de vigência ou assinalando o evento que determinará a perda de sua vigência.[346]

Não obstante, denominam-se leis penais excepcionais as que de forma não expressa fazem sua vigência depender de situações que por sua natureza são temporárias ou transitórias. Estas leis também são chamadas de leis penais temporárias em sentido amplo.

386. A circunstância de estas leis serem ditadas em geral para reforçar, em situações de exceção, a proteção de certos bens jurídicos e, portanto, conterem agravamentos das penas ou incriminações excepcionais, determina que se aborde a questão da aplicação do princípio da retroatividade da lei mais benéfica. E isso porque, na medida em que estas leis cederão a outras mediante um prazo fixo, em geral mais favoráveis, sua autoridade, sua capacidade intimidatória ver-se-ia anulada ou seriamente afetada. Neste sentido, aqueles que excluem a aplicação de tal princípio falam da ultratividade das leis temporárias.

387. Na teoria espanhola sustenta-se que o art. 24 do CP espanhol de 1973 não continha exceções e que, portanto, a retroatividade da lei mais favorável se aplicava também no caso das leis temporárias em sentido amplo ou estrito.[347] Afirmava-se, também, que o art. 24 se aplicava sem restrições às leis temporárias em sentido amplo, mas não às leis temporárias em sentido estrito.[348]

A interpretação que não admite exceções ao princípio do atual art. 2.2 do CP espanhol parte de uma consideração gramatical do mesmo. A outra, pelo contrário, toma como ponto de partida o método teleológico.[349] Ambos métodos interpretativos são aceitos pela ciência jurídica atual e a partir desse ponto de vista, os dois resultados da interpretação são "possíveis". A questão, portanto, será resolvida ado-

---

346. Schreiber, *Systematischer Kommentar zum Strafgesetzbuch*, 2ª ed., 1977, § 2, n. 11; Esser, Schöder, *Strafgesetzbuch, Kommentar*, 24ª ed., 1991, § 2, n. 35; Jiménéz de Asúa, *Tratado de derecho penal. Parte general*, t. II, p. 641; Casabó Ruiz, *Comentarios al Código Penal*, t. II, p. 54; Rodríguez Mourullo, *Derecho penal. Parte general*, t. I, p. 137; Cerezo Mir, *Curso de derecho penal español*, p. 226.
347. Casabó Ruiz, *Comentarios al Código Penal*, t. II, p. 55; Ferre Sama, *Comentarios al Código Penal*, t. II, pp. 169 e ss.; Jiménez de Asúa, *Tratado de derecho penal. Parte general*, t. II, pp. 646 e ss.
348. Rodríguez Mourullo, *Derecho penal. Parte general*, t. I, p. 137.
349. Rodríguez Mourullo, *Derecho penal. Parte general*, t. I, p. 137.

tando-se algum dos dois critérios em função de uma ponderação de seus resultados. Sob esta ótica, deve se dar preferência ao critério que exclui a aplicação do art. 2.2 do CP espanhol a leis temporárias, pois permite levar adiante a finalidade por elas perseguida. Por esse mesmo fundamento não é recomendável distinguir entre leis penais temporárias e leis penais excepcionais, já que ambas dão ensejo ao mesmo problema para a realização da lei penal excepcional. A ultratividade das leis penais temporárias, portanto, é uma exceção ao princípio da retroatividade da lei penal mais favorável, que, por sua vez, é uma exceção ao princípio da irretroatividade das leis penais.

C – EFICÁCIA PESSOAL DA LEI PENAL

388. A lei penal aplica-se em princípio a todos igualmente. Isso é uma conseqüência da garantia da igualdade, cujo âmbito constitucional é, em geral, expresso (art. 14 da CE).[xxv] Há exceções, contudo, de caráter pessoal que determinam um limite à vigência da lei penal com relação a certas pessoas.[350] Esses limites estão fixados pelo direito constitucional ou pelo direito internacional.[351]

§ 31. Exceções para o Chefe de Estado

389. De acordo com o art. 56.3 da CE, a pessoa do Rei, que é o Chefe de Estado, é "inviolável e não está sujeito à responsabilidade". Do ponto de vista penal, discute-se o significado desta exclusão de responsabilidade. Uma parte das opiniões considera que esta disposição somente pode significar um impedimento processual, revivendo a responsabilidade no momento em que o Monarca deixa de ostentar a Coroa.[352-xxvi] Em sentido contrário, há aqueles que estimam tratar-se

---

xxv. No Brasil, v. art. 5º, *caput*, CF/1988.

350. Outro parecer, Muñoz Conde, acréscimos relativos ao direito espanhol, em Jescheck, *Tratado de derecho penal. Parte general*, p. 252.

351. Contrário a esta distinção de origem e fundamentos, Jimenéz de Asúa, *Tratado de derecho penal. Parte general*, t. II, p. 1.294.

352. Jimenéz de Asúa, *Tratado de derecho penal. Parte general*, t. II, p. 1.300 e ss.; Jescheck, *Lehrbuch des Strafrechts, Allgemeiner Teil*, 3ª ed., 1978, p. 147.

xxvi. É assim no Brasil com relação ao Presidente da República (art. 86, § 3º, CF/1988).

de "causas de exclusão da pena", ou seja, que tem natureza material e que, portanto, excluem a punibilidade dos fatos "puníveis" que possa ter cometido o Monarca.[353] É preferível o critério que entende que tal exclusão somente significa que o Rei não pode ser julgado, deixando intacto o direito penal material, mas as diferenças práticas entre tais posições são insignificantes.[354]

§ 32. Inviolabilidade e imunidade de deputados e senadores

390. O art. 71.1 da CE declara que os "deputados e senadores gozarão de inviolabilidade pelas opiniões manifestadas no exercício de suas funções". Trata-se de exclusão de toda a responsabilidade por fatos puníveis que poderiam ser cometidos por meio de tais manifestações. Não se aplica apenas àquelas proferidas no plenário da Casa Legislativa, mas, também, as que impliquem exercício de funções (em comissões etc.). O efeito desta inviolabilidade é permanente, ou seja, mantém-se uma vez terminado o mandato.[xxvii]

391. A opinião dominante entende que os efeitos da inviolabilidade não se estendem aos partícipes, seja para os que a consideram como "causa temporal de exclusão da pena",[355] seja para os que a qualificam como "causa de justificação"[356] à qual, contudo, não se reconhecem efeitos a respeito dele.[xxviii] Sob tais condições tem muito pouca importância o rótulo com que se designa a isenção penal prevista no art. 71.1 da CE: uma causa de justificação que carece de efeitos com relação aos partícipes não se diferencia na prática de uma

---

353. Muñoz Conde, acréscimos relativos ao direito espanhol, in Jescheck, *Tratado de derecho penal. Parte general*, p. 252.
354. Cf., também, Rodríguez Ramos, *Comentarios a la legislación penal*, Cobo del Rosal (dir.), t. I, pp. 281 e ss.
xxvii. O mesmo ocorre no Brasil (art. 53, *caput*, CF/1988).
355. Jescheck, *Lehrbuch des Strafrechts, Allgemeiner Teil*, 3ª ed., 1978, p. 147.
356. Muñoz Conde, acréscimos relativos ao direito espanhol, em Jescheck, *Tratado de derecho penal. Parte general*, p. 252.
xxviii. No Brasil, a natureza jurídica da inviolabilidade material é altamente controvertida. Há aproximadamente oito posições doutrinárias a respeito: causa de exclusão da tipicidade, excludente de ilicitude, escusa absolutória, causa de exclusão da punibilidade etc. Qualquer que seja a posição, contudo, as conseqüências práticas serão as mesmas.

causa pessoal de exclusão de pena. Em todo o caso, é preferível considerar aqui o exercício de um direito.[357-xxix]

392. O art. 71.2 da CE declara que os deputados e senadores gozarão de imunidade "e somente poderão ser detidos em caso de flagrante delito". Trata-se de um impedimento processual que se completa com a declaração de que os deputados e senadores "não poderão ser declarados culpados ou processados sem prévia autorização da respectiva Casa Legislativa". As prerrogativas frente à lei penal dos membros das comunidades autônomas deverão ser reguladas nos respectivos estatutos (arts. 147 e 148.1 do CE).[xxx]

§ *33. Privilégios acordados em regras de direito internacional (diplomatas e tropas estrangeiras)*

393. Estas imunidades em face da lei penal correspondem aos chefes de Estado estrangeiros e aos embaixadores e agentes diplomáticos assim como a tropas estacionadas em território espanhol. O art. 334 da LOPJ, de 1870, estabelecia que: "Os príncipes das famílias reinantes, os presidentes ou chefes de outros Estados, quando delinqüirem, serão postos à disposição de seus respectivos governos". Idêntico critério era adotado com relação a "ministros plenipotenciários e ministros residentes, encarregados de negócios e os estrangeiros empregados de planta nas legações".

A LOPJ vigente, pelo contrário, não contém uma norma similar. O art. 21.1 da LOPJ se limita a estabelecer que se excetuem do conhecimento dos tribunais espanhóis "os casos de imunidade de juris-

357. Jimenéz de Asúa, *Tratado de derecho penal. Parte general*, t. II, p. 1.316.

xxix. No Brasil, fosse considerada como exercício regular de um direito e, portanto, excludente de ilicitude, a conduta do partícipe não seria punível, nos termos da teoria da acessoriedade limitada, adotada por nós. Caso se tratasse de causa de exclusão pessoal da pena, caberia a punição do partícipe, com base no art. 30 do CP brasileiro.

xxx. No Brasil, havia regra semelhante, estabelecendo que os parlamentares federais só poderiam ser presos em caso de flagrante de crime inafiançável e o STF somente poderia processá-los após obter autorização da respectiva Casa Legislativa, o mesmo valendo para deputados estaduais. Após a EC 35, de 21.12.2001, não é mais necessária licença prévia do Parlamento para que o STF processe deputado e senador. A respectiva Casa Legislativa, contudo, pode sustar a ação no STF pelo voto da maioria de seus membros, caso em que se suspenderá o prazo prescricional.

dição e execução estabelecidos por normas de direito internacional público".^xxxi

394. As tropas estrangeiras gozam de privilégio quando passam com consentimento do Estado, ao passo que quando estão ocupando território inimigo aplicam-se as leis de guerra.[358] Com respeito às infrações da Convenção de Genebra de 1949, referentes ao tratamento de feridos, enfermos e prisioneiros de guerra em conflitos armados em campanha e no mar e à proteção de pessoas civis, estabelece-se que "cada parte contratante terá a obrigação de investigar as pessoas advertidas pela comissão ou que ordenaram a prática de uma ou outra das infrações graves e deverá remetê-las a seus próprios tribunais, qualquer que seja sua nacionalidade" (art. 50 da Convenção Sobre Feridos e Enfermos).

---

xxxi. É o que faz o Código de Processo Penal brasileiro, no art. 1º, I.
358. Jimenéz de Asúa, *Tratado de derecho penal. Parte general*, t. II, p. 1.355; Rodríguez Devesa, *Derecho penal espanõl. Parte general*, 5ª ed., 1976, p. 630.

SEGUNDA PARTE
TEORIA DO FATO PUNÍVEL COMO TEORIA DA IMPUTAÇÃO

Capítulo IV
INTRODUÇÃO

§ 34. *A teoria do delito ou do fato punível como teoria da imputação. Evolução do conceito de imputação*

395. A teoria do delito é, em primeiro lugar, o meio técnico-jurídico para estabelecer a quem se deve imputar certos fatos e quem deve responder por eles pessoalmente. Esse ponto de vista não é novo, mas tem sido desenvolvido em diversas formas que se convém esclarecer.

a) Origens do conceito de imputação

396. "Imputar significa, pode-se dizer provisoriamente, por nas costas de um sujeito algo objetivo", afirmava Berner há mais de um século e meio.[1] Na concepção de Berner e de outros hegelianos,[2] a imputação esgotava-se na determinação de uma ação, ou seja, na comprovação de que o ocorrido era *querido* pelo sujeito: "O conceito de ação esgota toda essência da imputação. Portanto podemos dizer simplesmente: a imputação consiste em um juízo que afirma a existência de uma ação real".[3] A raiz kantiana dessas noções é inegável. Na introdução à sua *Metafísica dos costumes*,[4] disse Kant: "Imputação (*imputatio*) em sentido moral é o juízo mediante o qual alguém é visto como o autor (*causa libera*) de uma ação, que então se denomina fato (*factum*) e está sob a égide das leis."

1. Berner, *Imputationslehre*, 1843, p. 39.
2. Também Abegg, *Lehrbuch der Strafrechtswissenschaft*, pp. 123 e ss.
3. Berner, *Imputationslehre*, 1843, p. 41.
4. Kant, *Die Metaphysik der Sitten*, 1ª ed., 1797, 2ª ed., 1798, pp. 29-30, citado segundo *Werke in zwölf Bänden*, t. VIII, ed. por W. Weischedel, 1956, p. 334.

397. O conceito de imputação tomou um novo contorno quando, em 1911, Kelsen[5] afirmou: "A *imputação* é a conexão, realizada com base em uma norma, entre um fato (o objeto da norma) e uma pessoa (o sujeito da norma). É de suma importância esclarecer que essa conexão realizada com base em uma norma, a qual chamamos de imputação, não é de natureza causal nem teleológica, mas sim uma conexão específica, que podemos chamar de normativa, dado que tem lugar com fulcro em uma norma. Com efeito, pois, as normas são criadas pelos homens e a vinculação entre o sujeito de uma norma e o seu objeto é, portanto, completamente arbitrária." A partir desta perspectiva trata-se, por conseguinte, da atribuição de um fato a uma pessoa com fundamentos normativos.

398. A concepção hegeliana, no entanto, foi retomada por Larenz em 1927. Sob tal ótica sustentou Larenz que "a imputação não significava outra coisa senão o intento de diferenciar o *próprio* fato dos eventos *causais*. Quando afirmo que alguém é o autor de um evento, quero dizer que esse evento é seu próprio fato, com o que quero dizer que ele não é a obra da causalidade, mas de sua própria vontade".[6] Nesse sentido: "o fato é a auto-realização da vontade e a imputação do juízo que relaciona o fato com a vontade".[7] Como tal, trata-se de um juízo teleológico no qual: "o conceito de fim (...) tem que ser considerado objetivamente", é dizer que não somente se imputa o sabido e o querido, mas "o sabido que pode ser alcançado pela vontade".[8] Aqui é que surge a noção de imputação *objetiva*, como se vê, destinada a assinalar que a imputação do fato objetivo não se refere à vontade psicologicamente considerada de seu autor, senão à *vontade objetiva* de um autor em geral.

399. Na mesma linha de argumentação de Larenz levou-se a cabo o primeiro intento de introduzir a teoria da imputação objetiva no sistema conceitual de direito penal realizado por Honig:[9] "Dado que a intervenção final nos eventos naturais constitui a essência da conduta humana, a *finalidade objetiva* é o critério para a imputação de um

---

5. Kelsen, *Über die Grenzen zwischen juristischer und soziologischer Methode*, p. 49.
6. Larenz, *Hegels Zurechnungslehre*, 1927, p. 61.
7. Larenz, *Hegels Zurechnungslehre*, 1927, p. 68.
8. Larenz, *Hegels Zurechnungslehre*, 1927, p. 68.
9. Hoing, *Festgabe für Frank*, t. I, 1930, pp. 174 e 184.

resultado e, por vezes, para sua delimitação a respeito dos eventos causais. *Imputável, de acordo com ele, é aquele resultado que pode ser pensado como finalmente realizado.*"

400. A teoria da imputação, portanto, não abandonou seu conceito inicial, que a identificava como uma teoria da ação (salvo na formulação que dela fez Kelsen). A *objetividade*, por sua vez, é o produto de um desenvolvimento que substituiu a vinculação do fato objetivo com a vontade real por uma vinculação com uma vontade objetivada, isto é, *generalizada* a partir da experiência.

b) O conceito de imputação na dogmática atual

401. Na dogmática atual a imputação tomou um rumo diferente, mais próximo a Kelsen, ainda que sem perder sua conexão com a teoria da ação, concebida essa como "parte da teoria da imputação". Nesse sentido, afirmava Jakobs que "a missão da imputação surge da função da pena"; "a imputação estabelece qual pessoa deve ser apenada com o fim de estabilização da eficácia da norma. O resultado é o seguinte: deve-se apenar um sujeito que tenha atuado de maneira contrária à norma e de modo culpável (sempre e quando a lei não renuncia à pena, algo que pode ter diversos fundamentos). *A teoria da imputação desenvolve os conceitos utilizados: conduta do sujeito, violação da norma* e *culpabilidade*".[10]

402. Dessa teoria da imputação, que alcança toda a teoria do delito no sentido tradicional,[11] deve se distinguir a *teoria da imputação objetiva*, que "trata da determinação das propriedades objetivas de uma conduta imputável". Esse aspecto da imputação, isto é, a imputação objetiva, vincula-se fundamentalmente com a conexão entre a conduta e o resultado por ela produzido. Dito com outras palavras: relaciona-se com a limitação da *causalidade* (natural) sobre bases normativas.[12]

---

10. Jakobs, *Strafrecht, Allgemeiner Teil*, 2ª ed., 1991, n. 6, pp.1 e ss.
11. Tanto a imputação como ilícito, quer dizer, o rompimento da norma, como a imputação como culpabilidade (v. Jakobs, *Strafrecht, Allgemeiner Teil*, 2ª ed., 1991, n. 6, p. 4).
12. Em sentido similar: Jescheck – Waigend, *Lehrbuch des Strafrechts, Allgemeiner Teil*, 5ª ed., 1996, pp. 275 e ss.; Rudolphi, *Systematischer Kommentar zum Strafgesetzbuch*, 6ª ed., 1995, vor § 1, pp. 57 e ss.

c) *Críticas à teoria da imputação objetiva*

403. A teoria da *imputação objetiva* no sentido da dogmática moderna, como o juízo sobre a questão de um resultado poder ser considerado como obra de uma determinada pessoa,[13] tem sido criticada por Armim Kaufmann,[14] como sendo praticamente desnecessária. Em suma, o doutrinador Armim Kaufmann sustenta que seu conteúdo se reduz a um "conjunto de tipos, útil para a interpretação de alguns tipos, às vezes inclusive para grupos de tipos", mas sem que isso permita falar de um nexo especial distinto da causalidade. Daí se concluiria que os critérios da imputação objetiva não passariam de "princípios interpretativos" válidos na Parte Especial. Esse ponto de vista não afeta a teoria do delito como uma teoria da imputação, mas somente a teoria da imputação objetiva e, portanto, será tratado conjuntamente com ela.

§ 35. A teoria do delito ou do fato punível como uma teoria da aplicação da lei penal

a) *Função da teoria do delito*

404. O sistema da teoria do delito é um instrumento conceitual que tem a finalidade de permitir uma aplicação racional da lei a um caso. Nesse sentido, é possível afirmar que *a teoria do delito é uma teoria da aplicação da lei penal*. Com isso, pretende-se estabelecer basicamente uma ordem para a abordagem e resolução dos problemas que implica a aplicação da lei penal, valendo-se, para isso, de um método analítico, isto é, que procura separar os distintos problemas em diversos níveis ou categorias.

405. A partir desse ponto de vista, a teoria do delito cumpre com uma dupla função mediadora. Por um lado, medeia entre a lei e a solução do caso concreto, ou seja, entre a norma geral, que expressa a valoração do legislador, e a concreção desta em uma norma particular que decide sobre o caso concreto. Por outro lado, existe também uma mediação entre a lei e os fatos objeto do julgamento, pois cada

---

13. Jescheck – Waigend, *Lehrbuch des Strafrechts, Allgemeiner Teil*, 5ª ed., 1996, pp. 284 e ss.
14. Kaufmann, *Festschrift für Jescheck*, 1985, t. I, pp. 251 e ss.

uma das categorias da teoria do delito faz referência a determinados aspectos factuais que constituem o material objetivo ao qual se deve aplicar a lei. Exemplo elementar, nesse sentido, se refere aos elementos objetivos ou aos elementos subjetivos do fato que devem ser considerados para a decisão de um determinado aspecto do problema – assim, por exemplo, o início de execução da tentativa deve ser fixado atendendo-se a elementos objetivos do fato ou a aspectos subjetivos do autor, ou a ambos, e, nesse caso, deve-se saber em que medida considerar cada um.

406. Os diferentes conceitos ou categorias que compõem a teoria do delito provêm de uma seleção e generalização dos elementos que se repetem na aplicação de cada disposição legal que estabelece um delito. Em todo o caso, é preciso comprovar que alguém se comportou da maneira prevista na lei, que esse comportamento não estava autorizado nas circunstâncias em que teve lugar e que seu autor tinha as condições pessoais requeridas para ser responsabilizado pela conduta executada. Dessa tripartição problemática da aplicação da lei penal surgiram as conhecidas categorias da teoria do delito de origem alemã que hoje designamos como ação, tipicidade, antijuridicidade e culpabilidade.

b) Os elementos do delito

407. O sistema atual da teoria do delito encontra-se integrado praticamente pelas mesmas categorias que em sua origem, no último quarto do século XIX. A ação, a tipicidade, a antijuridicidade e a culpabilidade. De qualquer modo, a discussão e a polêmica em torno da teoria do crime são contínuas. Não se discute, contudo, a ordem das categorias, pois isso advém do fundamento lógico-normativo dos problemas gerados pela aplicação da lei penal, em torno do qual há uma quase-unanimidade. O que se discute é justamente a mediação entre a lei e os fatos que são objeto do julgamento. A razão que explica isto é simples: aplicar a lei a um caso significa pôr em relação um pensamento abstrato (lei) e um evento real determinado. Em conseqüência, torna-se discutível como se deve estabelecer o material de fato que é preciso considerar na comprovação de cada categoria e como ele deve ser configurado.

408. Por exemplo: para verificar se um fato constitui a hipótese proibida pela norma ou, em termos técnicos, a tipicidade, dever-se-ia levar em conta somente o aspecto formal exterior de seu comportamento, ou seja, sua vinculação causal com um determinado evento ou, pelo contrário, seria preciso considerar também o que o autor supôs e a direção de sua vontade? Essa questão esteve na base das discussões que nutriram a polêmica entre finalistas e causalistas e ocuparam o centro da atenção científica nos anos 50 e começo dos anos 60, no século XX. Mesmo se respondida essa pergunta, no entanto, em quaisquer dos sentidos possíveis, sempre restaria um segundo problema: como devem ser analisados esses elementos que serão considerados na aplicação da lei penal ao caso concreto? Deve-se trabalhar com conceitos que recebam o ser, em sentido ontológico, dos elementos do fato ou, pelo contrário, é necessário um processo de seleção dos elementos previamente dados sob algum ponto de vista normativo? Essa questão permitiu Armin Kaufmann intitular o livro em que ele reúne as obras menores de sua vida como *A dogmática penal entre o ser e o valor* e é a que na atualidade dá lugar à polêmica entre uma dogmática "ontológica" e outra "normativizante" do direito penal.

c) A fundamentação dos elementos do crime

409. A resposta a estas questões provém do que podemos chamar de referências externas do sistema da teoria do delito. O sistema não pode ser uma criação arbitrária, pois sua função é determinada por princípios do Estado de Direito e, portanto, a configuração de seus conceitos requer um fundamento objetivo. Dito com outras palavras: os conceitos do sistema devem se referir às estruturas de pensamento que permitam uma justificação racional de seu conteúdo.

410. Quais são essas referências externas ou objetivas do sistema? Na ciência penal moderna as referências do sistema têm sido, por um lado, a essência do delito e, por outro, a teoria da finalidade da pena. A eleição de um ou outro ponto de vista depende da teoria da pena que se adote.

a) Quando se parte de uma teoria absoluta da pena, na qual a sanção é um fim em si mesmo, não é possível considerar os fins da pena como um ponto de referência objetivo. O sistema da teoria do delito, portanto, deverá se apoiar na essência deste como ação humana que infringe uma norma e requer uma pena justa. Isso dá lugar aos sistemas "ontologicistas", que devem recorrer ao objeto das normas e à sua "natureza pré-jurídica" para determinar o conteúdo dos conceitos do sistema, pois "a essência do conhecimento não é a produção do objeto, mas a apreensão de um ser prévio – e independente – ao objeto conhecido".[15] Expoentes desse ponto de vista são os conhecidos sistemas do causalismo e do finalismo, que diferem, na realidade, não propriamente no método, mas na concepção da configuração de um conceito ontológico de ação: o causalismo fundamenta-se numa identificação da ação humana com seus aspectos causais naturais, enquanto o finalismo considera a ação humana num contexto social no qual a sua significação adquire uma especial relevância. Em outras palavras, a teoria final da ação não aceitou a identificação da sociedade como uma série de relações entre atos humanos e objetos ou outras pessoas como propunham os defensores da teoria causal.

b) As teorias da pena que conferem à sanção penal a função de alcançar determinados fins estabelecem certa conexão entre o sistema dogmático e o sistema social. A partir dessa perspectiva, deparamo-nos com os sistemas funcionalistas, nos quais o conteúdo das categorias do sistema dogmático é selecionado em função das necessidades do sistema social. O sistema pode se referir ao sistema social geral – como no caso da teoria da prevenção geral positiva – ou como a aspectos parciais do sistema ou subsistemas, ou seja, ao indivíduo no sentido da teoria da prevenção especial ou individual. Em qualquer caso, funcional é tudo o quanto sirva à manutenção do sistema social. Deve-se enfatizar, no entanto, que nem todo o funcional é legítimo, pois a funcionalidade e legitimidade são magnitudes diferentes, referidas, cada uma, a pontos de vista distintos.

Na atualidade propõem-se dois modelos funcionalistas diversos.

d) Os modelos funcionalistas

(a)

411. De um lado, oferece-se ao denominado sistema racional-final ou modelo funcionalista da *unidade sistemática entre política cri-*

---

15. Hartmann, *Zur Grundlegung der Ontologie*, 4ª ed., 1965, pp. 139 e ss. (1ª ed., 1934).

minal e direito penal, cujos principais representantes são Roxin e Schünemann. Trata-se de um sistema adequado à prevenção especial, é dizer, a uma teoria da pena que – sem excluir outras finalidades – privilegia a finalidade da pena de impedir a reincidência mediante sua incidência no autor do delito. Na formulação inicial desse sistema (1970), a teoria dos fins da pena repercutia basicamente na categoria da responsabilidade. Em sua versão mais recente,[16] a teoria dos fins da pena adquire uma incidência diferente nas distintas categorias da teoria do delito: a prevenção geral acompanhada do princípio da culpabilidade tem o caráter de princípio de política criminal reitor do direito penal; as necessidades da prevenção especial, de sua parte, impregnam totalmente a responsabilidade, da qual a culpabilidade é um pressuposto.

(b)

412. Como alternativa ao modelo da unidade sistemática de direito penal e política criminal, apresenta-se o modelo funcionalista da teoria dos sistemas – Jakobs –. O ponto de partida dessa visão do sistema da teoria do fato punível é a *teoria da prevenção geral positiva*, isto é, aquela que sustenta que a finalidade da pena é a manutenção estabilizada das expectativas sociais dos cidadãos. Essas expectativas são o fundamento das normas, ou seja, dos modelos de conduta orientadores do contato social. A pena, conseqüentemente, tem a função de contradizer e desautorizar a desobediência da norma. O direito penal, portanto, protege a validade das normas e essa validade é "o bem jurídico do direito penal".

413. Esse ponto vista opõe-se totalmente ao "ontologicista", pois postula um normativização total do conteúdo das categorias, isto é, a sua funcionalização, de tal maneira que "não apenas os conceitos de culpabilidade e ação, aos que a dogmática penal reconheceu de forma expressa uma essência ou uma estrutura lógico-objetiva ou pré-jurídica, sobrevêm conceitos dos quais nada é possível dizer sem tomar em consideração a função do direito penal, senão também, o conceito de sujeito, ao qual se atribui – a culpabilidade e a realização da ação. (...) Um sujeito, a partir deste ponto de vista, não é quem pode

---

16. Roxin, *Strafrecht, Allgemeiner Teil*, 1992, t. I, pp. 124 e ss.

causar ou impedir um evento, mas quem está obrigado a isto. Da mesma maneira, conceitos como causalidade, poder, capacidade, culpabilidade etc. perdem seu conteúdo pré-jurídico e se convertem em conceitos relativos a níveis de competência".[17] A distância entre os conceitos jurídicos do sistema e a "realidade ontológica", aqui, é máxima. Isso se perceberá com maior nitidez na teoria da ação, que deve se converter, na realidade, em uma teoria do sujeito responsável, o que evita que se reduza o direito penal a sujeitos individuais, e, na teoria da culpabilidade, na qual não mais se tratará de fundamentar uma reprovação ao autor, mas de "limitar-se a assegurar a ordem social", razão pela qual não se trata de comprovar se o autor teve uma alternativa de comportamento, isto é, se teve real capacidade para comportar-se de outra maneira, mas de verificar-se se na sociedade existe uma alternativa para a elaboração do conflito diferente da imputação do delito ao autor.

e) Relatividade dos sistemas dogmáticos do delito

414. No entanto, *nenhum dos sistemas tem validade absoluta*. Na medida em que nenhuma das teorias da pena a tem, tampouco poderiam ter os sistemas dogmáticos conectados com elas. O que parece certo, pelo contrário, é a dependência dos sistemas dogmáticos de uma decisão sobre a teoria da pena, ou seja, sobre a função social do direito penal e de algo que, geralmente, não se tem em conta: uma teoria da sociedade. A evolução da teoria do delito no século XX foi paralela a diversas concepções de pena – a prevenção especial do positivismo, o retorno a uma teoria absoluta do finalismo e o novo entendimento da prevenção especial e geral do funcionalismo – e a sua inserção em distintas noções da sociedade – a sociedade como um conjunto de intervenções causais dos sujeitos em objetos valiosos ou em outros sujeitos do positivismo, a sociedade entendida como intervenções de valor ético-social dos sujeitos com relação à esfera de bens de outros sujeitos do finalismo e a sociedade como um conjunto de sujeitos inter-relacionados sobre a base de expectativas estabilizadas em normas de conduta do funcionalismo.

17. Jakobs, *Strafrecht, Allgemeiner Teil*, 2ª ed., 1991, prólogo da 1ª edição.

415. Convém, finalmente, fazer referência a algumas posições que pretendem fundamentar o sistema em referências completamente inadequadas para explicá-lo.

Em primeiro lugar, deveria ficar claro que nem a estrutura do sistema nem o conteúdo de suas categorias surgem do texto da lei, como muito provavelmente acreditaram os positivistas puros. Por sua natureza, o texto é ambíguo e não permite fixar adequadamente seja a estrutura sejam as categorias do sistema. É inútil, portanto, querer deduzir a partir das palavras da lei o momento no qual devem ser tratados os problemas que suscita a comprovação do dolo ou se a autoria depende exclusivamente das representações que o partícipe tenha de sua contribuição ao fato comum. Por outra parte, a falsidade da tese que pretende demonstrar a dependência ao sistema do texto legal – geralmente expressa em argumentos que respondem, por exemplo, à forma: "o Código Penal espanhol não recepcionou a teoria finalista da ação" – pode ser demonstrada mediante duas comprovações empíricas: em primeiro lugar, ainda que os textos se modifiquem, os sistemas não mudam – por exemplo, as reformas penais alemã e austríaca que entraram em vigor em 1975 –; em segundo lugar, a internacionalidade do sistema – por exemplo, o sistema elaborado para a aplicação do Código Penal alemão de 1871 foi adotado sem dificuldade alguma nos países de língua castelhana, italiana, grega, portuguesa, japonesa etc.

416. Em segundo lugar, é preciso assinalar que as definições constitucionais do Estado tampouco trazem um fundamento objetivo adequado do sistema – por exemplo, a idéia de "Estado Social e Democrático de Direito" – que, de modo geral, são ambíguas por natureza.[18] Principalmente porque somente seria possível se o Estado Social e Democrático de Direito admitisse uma única teoria da pena. Contudo, isso não ocorre dessa maneira, podendo ser demonstrado historicamente: a teoria da prevenção especial não é conseqüência da idéia de Estado Social, pois lhe é muito anterior; as teorias absolutas da pena, por sua vez, não são incompatíveis com o Estado Social e Democrático de Direito, uma vez que se orientam

---

18. Cf., por exemplo: Hesse, *Gründzüge des Verfassungrechts der Bundsrepublik Deutschland*, 16ª ed., 1988, pp. 19 e ss.

para a idéia de justiça, e esta é consubstancial com o Estado Social de Direito.

§ 36. *Os pontos de partida para a elaboração de uma teoria do fato punível (conceitos prévios hermenêuticos da teoria do fato punível)*

417. A definição de delito em um sistema penal de fato poderia ser encarada, em princípio, a partir de dois enfoques. Se o que interessa é saber o que o direito positivo considera crime (problema característico do juiz), a definição poderia ser alcançada recorrendo à conseqüência jurídica do fato concreto; nesse sentido, será crime todo comportamento para cuja realização haja uma pena prevista em lei. Se o que interessa, ao contrário, é saber se determinado fato deve ser proibido sob ameaça de uma pena (problema característico do legislador), essa definição não servirá, pois não poderá referir-se à pena, mas, sim, ao conteúdo da conduta.[19] Em outras palavras: a definição de crime dependerá, em princípio, de saber se o que se pretende caracterizar são os comportamentos puníveis ou os que são merecedores de pena. O primeiro conceito deu lugar a um chamado conceito "formal" de delito, enquanto o segundo foi designado como conceito "material". Sobretudo sob o império do positivismo legal, ambos os conceitos mantiveram-se estritamente separados em função da particular distinção entre a aplicação do direito e a criação do direito, ou seja, a dogmática jurídica e a política.[20]

418. Na medida em que se impôs o método teleológico, contudo, a linha divisória deixou de ter a significação atribuída, e as questões do comportamento punível e do merecedor de pena relacionaram-se estritamente no campo da dogmática jurídica (ou seja, no momento da aplicação da lei).

Na dogmática orientada pelo método teleológico de interpretação da lei, portanto, uma caracterização dos fatos merecedores de pena tem como conseqüência um pressuposto inevitável para a interpretação do direito vigente, pois a lei não tem a finalidade de punir fatos que não sejam merecedores de pena.

---

19. Stratenwerth, *Strafrecht, Allgemeiner Teil*, t. I, n. 49, pp. 34 e ss.
20. Kelsen, *Hauptprobleme der Staatsrechtslehre*, 2ª ed., 1923, pp. 84 e ss.

a) O delito como fato consistente na violação de deveres ético-sociais

419. O que determina que um fato seja merecedor de pena? A resposta a essa indagação ocupa há pouco tempo a ciência penal,[21] razão pela qual é muito pouco o que hoje se pode dizer a respeito. Parece claro, no entanto, que uma primeira resposta consiste em referir o fato a uma ordem de valores diverso do jurídico, entendendo, por exemplo, que o ordenamento estatal se compõe de dois ordenamentos jurídicos: um, o social, formado de idéias morais gerais, das quais surgem as exigências fundamentais da vida social, e outro, o estatal, que é sua expressão.[22] O delito, como comportamento "merecedor de pena", consistirá na infração de certos deveres ético-sociais.

b) O delito como fato socialmente danoso

420. Para um direito penal que deva respeitar uma estrita separação entre direito e moral – como não somente o positivismo jurídico exige – o ponto de vista assinalado anteriormente (*supra*, n. 417 a 419) aparece como o mais adequado. Por esse motivo, a orientação moderna acredita que deva resolver o problema definindo o delito a partir da perspectiva da sua danosidade social. Os comportamentos merecedores de pena seriam aqueles que produziram dano social. Essa fórmula, contudo, mostra-se excessivamente ampla, tanto que nem sequer é totalmente oposta à anterior, pois sempre caberia a possibilidade de considerar como socialmente danoso aquilo que represente uma lesão a "valores ético-sociais elementares".

421. A teoria, no entanto, no seu afã de manter uma estrita separação entre direito e moral, busca referir-se fundamentalmente à lesão de bens jurídicos. A lesão de um bem jurídico seria, então, conteúdo essencial da infração do ordenamento jurídico que se caracteriza como delito. Daí se conclui que um princípio fundamental para o direito penal é a exigência de que todo delito constitua pelo menos a lesão

---

21. Schmidhäuser, *Strafrecht, Allgemeiner Teil*, 1ª ed., 1971; 2ª ed., 1975, pp. 27 e ss.
22. Assim, Schmidhäuser, *Strafrecht, Allgemeiner Teil*, p. 8; também, embora com outra formulação, Welzel, *Das deutsche Strafrecht*, 11ª ed., 1969, p. 5: o delito seria uma contradição de deveres éticos-sociais elementares.

a um bem jurídico. Tal conceito, porém, é particularmente discutido. Na medida em que os bens jurídicos sejam todas aquelas situações ou valores que o legislador quis proteger, praticamente todo delito, isto é, toda ameaça de pena relativa a um determinado comportamento, protegerá um bem jurídico que será, pura e simplesmente, a finalidade perseguida pelo legislador.[23] Sob tais condições, o princípio fundamental perde evidentemente todo o significado, uma vez que requer, da mesma forma que o conceito de delito de que estamos tratando, uma determinação do conceito de bem jurídico que não tenha sido retirada do direito positivo.[24] Em outras palavras: a teoria do bem jurídico cumpriria uma função "dogmática" (na interpretação da lei) e outra "crítica" (quando se trata de identificar o objeto da lesão constitutiva de um delito). Esse esclarecimento, contudo, não consegue resolver todos os problemas, ainda que impeça, ao menos provisoriamente, o aumento da confusão.

422. Nesse sentido, "bem jurídico" tem sido entendido como "o interesse protegido juridicamente. (...) Todos os bens jurídicos" – asseverava von Liszt – "são interesses vitais, interesses do indivíduo ou da comunidade: os interesses não são criados pelo ordenamento jurídico, mas pela vida; a proteção jurídica, porém, eleva o interesse a bem jurídico".[25] Do ponto de vista dos resultados, relacionar o dano social com a lesão do bem jurídico não alcança grandes progressos em relação ao problema da estrita separação entre o direito penal e a moral. Já que a determinação de qual interesse merece proteção provém de concepções da vida social, cujas vinculações com a ética ou com a moral são inegáveis. O próprio von Liszt o reconhecia: "A necessidade" – dizia – "cria a proteção, e com a mudança de interesses mudam também o número e a espécie de bens jurídicos. Por isso, as normas jurídicas estão enraizadas, em última instância, tanto na sabedoria como nas concepções religiosas, éticas e estéticas do povo e do Estado; elas encontram ali seu sustentáculo firme e apoiado na terra e dali recebem o impulso para seu desenvolvimento".

---

23. Assim, Hoing, *Die Einwilligung des Verletzten*, 1919, t. I.
24. Cf. Hassemer, *Theorie und Soziologie des Verbrechens*, 1973.
25. Ambas citadas in von Liszt, *Lehrbuch des deutschen Strafrechts*, 23ª ed., 1921, p. 4.

423. Toda seleção e ordenamento hierárquico de bens jurídicos, portanto, pressupõem uma concepção social e, conseqüentemente, também ética. A decisão do legislador de penalizar certos comportamentos lesivos de interesses sociais pressupõe que ele os considere positivamente, isto é, repute-os merecedores de tutela e, ademais, confira-lhes um âmbito de importância na ordem de interesses, âmbito do qual lhe deduz legitimidade de protegê-los mediante uma ameaça penal. "A resposta à pergunta referente ao que numa sociedade deva se ter por socialmente danoso não fica reservada, certamente, ao puro arbítrio, mas a danosidade social concreta de um fenômeno social somente pode ser definida de forma relativa, com referência a decisões estruturais prévias."[26]

424. A discussão relativa à teoria do bem jurídico adquiriu significação política imediata quando o ponto de vista tradicional que, desde Binding e von Liszt, concebia o crime como lesão de um bem jurídico foi considerado como "um produto característico da ideologia do Estado do liberalismo clássico".[27] A teoria do bem jurídico e a concepção de delito que nela se apoiava foram então atacadas em nome da ideologia antiindividualista do nacional-socialismo.[28] Na defesa da concepção do delito como lesão a um bem jurídico deu-se exagerada importância, sem dúvida, ao valor dessa teoria e de sua capacidade para preservar uma sociedade liberal. Isso foi, realmente, conseqüência de se ter ignorado o referente à seleção e atribuição do âmbito hierárquico de bens jurídicos, isto é, o processo de criminalização dos comportamentos lesivos a tais bens.

c) O delito como expressão de um sentimento jurídico depravado (direito penal do autor)

425. Os conceitos fundamentais de direito penal dependem basicamente do fato de esse pretender referir-se a fatos, desqualificados de alguma maneira, ou aos autores de certos fatos. Segundo essa oposição, é possível estruturar o direito penal sobre o "princípio do fato"

---

26. Amelung, *Rechtsgüterschutz und Schutz der Gesellschaft*, 1972, p. 368.
27. Schaffstein, *Das Verbrechen als Pflichtverletzung*, 1935, p. 9.
28. Cf. Schaffstein – Dahm, *Liberales oder autoritäres Strafrecht?*, 1933, pp. 24 e ss.; Gallas, "Zur Kritik der Lehre vom Verbrechen als Rechtgutsverletzung", *Fetstchrift für Gleispach*, 1936, pp. 50 e ss.; Wolf, *Vom Wesen des Täters*, 1932, pp. 34 e ss.

e sobre o "princípio do autor".²⁹ Em ambos os casos, tanto o conceito de delito como o de pena sofrerão modificações paralelas. Não se trata, contudo, de uma oposição excludente: na história do pensamento penal foram feitas diferentes tentativas de sínteses, que divergem entre si pela intensidade relativa que se atribui a cada princípio na elaboração do sistema penal.

No direito penal do fato, este é contemplado em primeiro lugar: dá-se primazia à lesão do ordenamento jurídico ou da ordem social; o autor, ou seja, suas características pessoais, somente entram em consideração de forma secundária. Isso significa que as características pessoais do autor carecem por si sós de entidade (autonomia) para dar por cumpridos os pressupostos para aplicação de um pena. De modo geral, ditas características pessoais são levadas em conta (se é que são consideradas) no momento da individualização da pena aplicável pelo fato cometido. No direito penal do autor o fato tem apenas uma função sintomática³⁰ e os tipos penais legais precisam ser complementados por um tipo judicial de autor.

426. Tanto na concepção de delito como "infração de deveres ético-sociais" como a que o considera como ação "socialmente danosa", entendendo por tais as que lesionam bens jurídicos, são pontos de vista que vinculam a definição de delito ao cometimento de um fato (e eventualmente a omissão de um comportamento). Em face delas, tem-se procurado deslocar o centro de gravidade da definição do fato para o autor ou, dito de outro modo, à atitude do autor.³¹ Para esse ponto de vista, "segundo sua essência o autor é um membro pessoal da comunidade jurídica com um sentimento jurídico depravado".³² Contudo, todo "fato legalmente tipificado não pode ser comprovado se não for complementado mediante uma tipificação judicial do autor". Esses tipos não devem ser descrições empíricas (biológicas, psicológicas ou sociológicas).³³ Tais aspectos somente deveriam ser levados em conta no momento da individualização da pena. De um lado,

---

29. Bockelmann, *Studien zum Täterstrafrecht*, t. I, 1939, 1940.
30. Tessar, *Die symptomatische Bedeutung des verbrecherischen Verhaltens*, 1904; também Kolmann, "Der symptomatische Verbrechenbegriff", *ZStW*, 28, 1908, pp. 449 e ss.
31. Wolf, *Vom Wesen des Täters*, 1932, pp. 34 e ss.
32. Wolf, *Vom Wesen des Täters*, 1932, pp. 34 e ss.
33. Wolf, *Vom Wesen des Täters*, 1932, p. 26.

a base irracional dessa ótica e, de outro, sua inegável proximidade com a ideologia nacional-socialista ou com correntes autoritárias afins, fizeram essa tendência cair em certo descrédito científico. Foi abandonada nos anos posteriores à Segunda Guerra Mundial. Certas referências à atitude do autor, no entanto, se percebem ainda na teoria da culpabilidade, mesmo que não em todos os autores.

427. Como conclusão dessa exposição cabe agora fazer menção à eleição de um dos pontos de partida do direito penal. Trata-se de pontos de vista iniciais nos quais não é possível fundamentar senão uma decisão. Para um esclarecimento desse processo de decisão, contudo, deve-se frisar que os pontos de vista do direito penal do fato não garantem, mas permitem desenvolver os princípios do direito penal liberal. Pelo contrário, o direito penal do autor, sobretudo na forma em que foi concebido por Erik Wolf e outros autores, põe seriamente em perigo tais princípios, quando não os anula.

O último resquício do direito penal do autor que restava na legislação espanhola, a Lei 16/1970, sobre Periculosidade e Reabilitação social, foi finalmente revogado pela LO 10/1995.

§ 37. Os níveis de imputação

428. Sob uma perspectiva sociológica o delito é uma *perturbação grave da ordem social*. Juridicamente um delito é uma *ação ilícita e culpável*. A imputação a um autor da realização dessa grave perturbação da ordem social tem lugar em dois níveis diferentes. Em primeiro lugar, é preciso que o fato possa ser considerado como tal, isto é, como uma perturbação grave da ordem social. Essa é a maneira própria do primeiro nível de imputação: *a imputação como ilícito*. Em segundo lugar, requer-se a imputação do fato como *culpável*. Ambos os níveis têm uma relativa independência, de tal maneira que se torna possível a imputação de um fato como ilícito, sem que seja culpável: por exemplo, o homicídio cometido por um doente mental imputa-se como ilícito, mas não pode ser imputado como culpável, pois a doença mental exclui a culpabilidade.[i]

---

[i]. De acordo com o nosso Código Penal, somente haverá exclusão da culpabilidade quando, ao lado da doença mental, somar-se a supressão da capacidade de entendimento do caráter ilícito do fato ou de autodeterminação.

429. A diferenciação da imputação em dois níveis é uma necessidade resultante do sistema "duplo binário", que prevê medidas de segurança para incapazes de culpabilidade. Conceitualmente, em um sistema "única via" (ou vicariante), nada impediria que a imputação fosse levada a cabo em um único nível no qual somente coubesse falar de ilícito quando este fosse culpável.

Esses dois níveis de imputação valem tanto para os crimes comissivos quanto para os omissivos.

a) O ilícito

430. O *nível correspondente ao ilícito*, por sua vez, desenvolve-se em dois momentos diferentes que respondem ao duplo jogo de normas penais, as proibitivas (ou mandamentos) e as autorizadoras: a comprovação de que o fato executado é proibido pela norma e, uma vez estabelecida tal proibição pela norma, a comprovação de que a execução do mesmo não está autorizada pelo ordenamento jurídico. Por exemplo: "A" dispara seu revólver contra "B". Em primeiro lugar, é preciso verificar que "A" matou "B", que é o fato proibido pelo art. 138 do CP espanhol;[ii] em segundo lugar, que a morte não ocorreu como conseqüência da resposta a uma agressão injusta (legítima defesa – art. 20.4, CP espanhol).[iii] A primeira comprovação *precede necessariamente* à segunda; não é possível abordar a questão da legítima defesa, ou seja, da autorização para realizar a ação, sem *antes* ter se estabelecido que a ação realizada estava proibida por lei.[iv]

A comprovação do caráter proibido da ação faz-se por meio da *teoria da tipicidade*. A da ausência da autorização por meio da *teoria da justificação ou da antijuridicidade*.

431. Em um terceiro momento deve-se verificar se o fato proibido e não autorizado tem a *magnitude* necessária que justifique uma pena. Por exemplo: em um naufrágio "A" mata "B" para poder se salvar. O fato é proibido e não está justificado pelo estado de necessida-

---

ii. V. art. 121 do CP brasileiro.
iii. V. arts. 23, II, e 25 do CP brasileiro.
iv. O autor claramente aborda sob a rubrica "ilicitude ou antijuridicidade" a própria tipicidade da conduta, ao lado de seu caráter ilícito, como explica em seguida.

de (excludente)[v] porque o bem jurídico salvo (a vida de "A") é da mesma hierarquia que o sacrificado (a vida de "B"); o estado de necessidade só se justifica, pelo contrário, quando o bem salvo é essencialmente mais importante que o sacrificado (art. 20.5, CP espanhol).[vi] Nesses casos, o fato constitui uma ilicitude reduzida que é insuficiente para justificar a aplicação de uma pena. A comprovação da magnitude da ilicitude tem lugar por meio da *teoria da responsabilidade do fato*.

b) A culpabilidade

432. O *nível correspondente à culpabilidade* desenvolve-se em dois momentos: a comprovação de que o autor do ilícito poderia saber se o fato estava ou não proibido jurídico-penalmente (problemática do *erro de proibição*). Se afirmativo, deve-se verificar se o autor podia compreender a ilicitude de sua ação e comportar-se de acordo com essa compreensão (problemática da *capacidade de culpabilidade*).[vii] Ambos os momentos se levam em prática por intermédio da *teoria da culpabilidade*.

433. Sobre o *conteúdo* dos distintos níveis de imputação existem divergências na teoria. Contudo, sobre os níveis em si mesmos, como se disse, a opinião geral é praticamente unânime. O sistema aqui apresentado difere daquele seguido pela opinião dominante na inclusão, dentro do ilícito, da questão da sua magnitude ou, dito de modo inverso, os efeitos excludentes da punibilidade da *dissimulação da ilicitude* (responsabilidade pelo fato).

v. No Código Penal brasileiro o estado de necessidade sempre é excludente de ilicitude; no Código Penal Militar, há o estado de necessidade justificante – excludente de ilicitude – e o exculpante – excludente de culpabilidade.
vi. No Brasil seria caso de estado de necessidade – art. 24 do CP.
vii. Leia-se "imputabilidade".

Capítulo V
O TIPO E A TIPICIDADE EM GERAL

434. A exposição da teoria do fato punível como teoria da imputação dá-se tradicionalmente em duas partes: a dos delitos caracterizados pela *execução de uma ação* e aquela dos delitos caracterizados pela *omissão de uma ação* comandada pelo ordenamento jurídico. Os primeiros implicam a infração de uma *proibição*, enquanto os segundos a desobediência de um *dever de agir*.

O presente capítulo refere-se, conseqüentemente, à imputação de crimes comissivos.

Na atualidade, deve-se frisar, existe uma considerável tendência a reduzir a importância de diferença entre a realização ativa e a omissiva do tipo penal,[34] o que traz conseqüências na estrutura do delito.

435. A afirmação de que um fato constitui um ilícito (a violação do ordenamento jurídico) requer, como vimos, a comprovação de que o fato importa, em primeiro lugar, a infração de uma norma e, em segundo lugar, a verificação de que esta não estava autorizada. A primeira comprovação é matéria própria da "tipicidade", é dizer, da coincidência entre o fato praticado e a descrição legal abstrata, que é pressuposto da pena contida em lei.

Se um comportamento é "típico" (violou a norma e coincide com a hipótese de fato do delito), surge então o problema de sua "antijuridicidade", isto é, de sua eventual *justificação*. Tratar-se-á de saber se o autor realizou o fato típico autorizado pela lei ou não. Se careceu de tal autorização (por exemplo, a legítima defesa) o fato típico será antijurídico.

---

34. Jakobs, *Die strafrechtliche Zurechnung von Tun und Unterlassen*; Otto, *Grundkurs Strafrecht. Allgemeine Strafrechtslehre*, t. I, 1976, pp. 62 e ss., entre outros.

§ 38. *O tipo penal (hipótese do fato típico do delito) em geral*

a) *O tipo penal*

436. Que uma ação é "típica" ou "adequada a um tipo penal" equivale a dizer que essa ação é aquela proibida pela norma. A teoria do tipo penal é, conseqüentemente, um instrumento conceitual para a identificação do comportamento proibido. A ação executada pelo autor é aquela proibida pela norma quando se subsume a um tipo penal.

437. O tipo penal em sentido estrito é a descrição da conduta proibida pela norma; "matar alguém" (art. 138 do CP espanhol),[i] por exemplo, é a descrição da ação que infringe a norma que prescreve "não matarás". Realizar um tipo penal significa, portanto, praticar a conduta por ele descrita como lesiva da norma.

438. Em geral, "tipo" é uma expressão que designa todo conjunto de elementos unidos por uma significação comum. O tipo penal, assim, é o conjunto de elementos que caracterizam um comportamento como contrário à norma.

b) *Conceitos de tipo penal*

439. É possível distinguir, pelo menos, dois conceitos de tipo segundo seu conteúdo:

a) Tipo de garantia: contém todos os pressupostos que condicionam a aplicação da pena e responde ao *princípio da legalidade*.

b) Tipo sistemático: é o tipo em sentido estrito, o que descreve a ação proibida pela norma. O tipo sistemático coincide com o tipo de erro: os elementos objetivos desse tipo são os que devem ter integrado a esfera de conhecimento do autor para que possa afirmar-se que atuou com dolo; o erro sobre um desses elementos exclui o dolo e, conseqüentemente, a tipicidade (do crime doloso).

440. O tipo sistemático, de que se trata aqui, é obtido mediante uma delimitação de seus elementos a respeito dos da antijuridicidade. Se uma ação é contrária à ordem jurídica sob condições – infração de uma norma (tipicidade) e não autorização da mesma pelo ordenamento (antijuridicidade) –, a delimitação dos elementos do tipo exige que

---

i. No Brasil, art. 121 do CP.

se excluam de seu conceito os elementos da antijuridicidade: *a falta de antijuridicidade não afasta a tipicidade.* A distinção entre antijuridicidade e tipicidade torna-se particularmente problemática no que concerne às circunstâncias das causas de justificação: ao tipo penal de homicídio é alheio, conforme nosso entendimento, que ação não tenha sido realizada em uma situação de legítima defesa. Nossa concepção pressupõe que a relação existente entre a tipicidade e a antijuridicidade expressa-se de modo que a primeira seja somente um indício da segunda. Em outras palavras, a conduta típica só traduz um indício de que seja antijurídica e, portanto, demanda uma comprovação expressa se está justificada ou não.[ii]

441. Contra essa opinião alçou-se a *teoria dos elementos negativos do tipo.* De acordo com ela não se deve admitir uma diferença valorativa entre a comprovação da tipicidade e da antijuridicidade: a conduta será típica se for antijurídica. O tipo penal não estaria composto somente de elementos "positivos" (que devem ocorrer), como, por exemplo, no homicídio, a ação de matar, a imputação objetiva e o resultado morte, mas, também, por elementos "negativos" (que não devem ocorrer), como, *v.g.*, que a ação de matar não tenha sido a necessária para defender-se de uma agressão injusta, atual ou iminente.

442. As duas concepções de tipo que acabamos de resenhar são logicamente possíveis. Suas diferenças práticas são percebidas no âmbito do erro: a primeira, a que reduz os elementos do tipo aos positivos, julga o erro sobre os pressupostos de uma causa de justificação (por exemplo: sobre a existência de uma agressão antijurídica ou sobre a necessidade de defesa) com regras mais estritas (as de erro de proibição ou de erro sobre a ilicitude); a teoria dos elementos negativos do tipo, pelo contrário, aplica nesses casos regras menos estritas (as do erro de tipo) e exclui, em conseqüência, a pena do delito doloso, ainda que deixe subsistente a do delito culposo. Uma decisão em favor de uma ou outra teoria depende, portanto, da teoria do erro que se adote. Nosso ponto de vista parte por considerar que o comportamento de quem "não sabe o que faz" (por exemplo, crê que dispara contra um animal e, na verdade, o faz contra um homem que dormia na floresta) deva ser tratado com regras menos estritas que o de quem

---

ii. Essa é a posição dominante no Brasil que, partindo das idéias de Mayer, acredita que a tipicidade somente constitui um indício de ilicitude.

"sabe o que faz" (por exemplo: matar outrem), mas por erro acredita que o faça justificadamente (por exemplo: em uma situação de legítima defesa). A relação entre tipo e antijuridicidade é condicionada, assim, pela teoria do erro: quando se pretende considerar o erro sobre os pressupostos de uma causa de justificação com idênticas conseqüências que o erro de tipo, a teoria do tipo adequada será a teoria dos elementos negativos do tipo; se – como nós – estima-se mais razoável aplicar-se as regras do erro sobre a ilicitude, a teoria preferível será a que somente admite elementos positivos do tipo. Em regra, existem, de qualquer modo, pontos de vista intermediários (por exemplo, a chamada teoria "limitada" da culpabilidade).[iii]

443. Na atualidade a discussão em torno da *teoria dos elementos negativos do tipo* perdeu praticamente todo seu significado. Originariamente, pensou-se que quando se incluíam no tipo, como elementos negativos, os pressupostos de uma causa de justificação, poder-se-ia dar relevância ao erro sobre tais elementos. O argumento era simples: a lei diz que o erro é relevante quando recai sobre os elementos do tipo; o conteúdo deste não está fixado na lei de forma tal que exclua toda interpretação; se os pressupostos da justificação são elementos (negativos) do tipo, o erro sobre eles será relevante. Atualmente entende-se, pelo contrário, que os pressupostos de uma causa de justificação contêm elementos que correspondem à tipicidade e à antijuridicidade e, por isso, não podem ser considerados inteiramente como elementos do tipo, nem tampouco como elementos da antijuridicidade. A solução ao problema do erro sobre os pressupostos de uma causa de justificação deve ser encontrada, conforme pensamento dominante, aplicando-se de forma analógica as regras do erro de tipo.[35] A aplicação analógica das regras do erro de proibição, no entanto, também é possível quando se demonstra que a analogia mais próxima é esta.

---

iii. No Brasil, os adeptos da teoria limitada da culpabilidade sustentam que o erro sobre os pressupostos de uma causa de justificação deva ser tratado como erro de tipo (v. item 17 da Exposição de Motivos da Parte Geral do CP brasileiro); outros, por sua vez, seguem a teoria extremada da culpabilidade, acreditando que o erro sobre os pressupostos de uma causa de justificação constitua erro de proibição; outros, ainda, concebem que o erro sobre os pressupostos de fato de uma causa de justificação, do modo como disciplinado no Código Penal, é erro *sui generis* – tem características do erro de tipo e do erro de proibição.
35. Stratenwerth, *Strafrecht, Allgemeiner Teil*, 3ª ed., 1981, n. 499 e ss.

Em tal contexto, a teoria dos elementos negativos do tipo é evidentemente desnecessária.

444. A teoria dominante faz uma distinção adicional. Não apenas separa do tipo penal os elementos da antijuridicidade, mas, também, os que pertencem à *punibilidade*, isto é, as condições objetivas de punibilidade e as escusas absolutórias. Essa distinção entre elementos do tipo e elementos da punibilidade provém da aceitação de uma regra não escrita na lei, que estabeleceria a irrelevância do erro sobre os elementos, alheios à infração da norma, que condicionam a punibilidade (o *ius puniendi*), mas não a existência do delito. Por exemplo: infringe-se a norma do crime de furto quando alguém se apodera de uma coisa móvel alheia com ânimo de lucro e sem consentimento do dono;[iv] essa infração da norma que proíbe furtar somente é punível quando o autor não seja o cônjuge, ascendente ou descendente (art. 268 do CP espanhol).[v] A qualidade pessoal de parente do prejudicado é considerada como uma condição de punibilidade alheia à infração da norma e que, portanto, não requer o conhecimento por parte do autor, nem sua suposição errônea tem relevância alguma; trata-se de uma circunstância que nada tiraria do delito de furto em si mesmo, mas que impediria sua punibilidade. *Ao não se aceitar* a regra não escrita que retira a relevância do erro sobre a punibilidade do delito, a categoria das escusas absolutórias e as condições objetivas de punibilidade deixam de ter sentido.[36-vi]

§ 39. O tipo do delito doloso e o tipo do delito culposo ou imprudente

445. O tipo penal dos crimes dolosos contém basicamente uma ação dirigida pelo autor à produção de um resultado. O tipo penal dos crimes culposos, pelo contrário, contém uma ação que não é dirigida pelo autor ao resultado. No primeiro caso, exige-se, portanto, uma

---

iv. No Brasil, quando alguém subtrai para si ou para outrem coisa alheia móvel, com ou sem ânimo de lucro (art. 155 do CP).

v. No Brasil, há regra idêntica no art. 182 do CP.

36. Bacigalupo, *Cuadernos de Política Criminal*, n. 6, 1978, pp. 3 e ss.; idem, *Delito e punibilidad*, 1983 (*passim*).

vi. No Brasil, há quem entenda que o erro sobre a escusa absolutória no crime de furto deva ser tratado como erro de proibição.

coincidência entre o aspecto objetivo e o subjetivo do fato: o ocorrido deve ter sido conhecido pelo autor. Isso permite distinguir entre um tipo objetivo, que contém os aspectos objetivos do fato, e um tipo subjetivo, que contém os aspectos subjetivos (conhecimento) do mesmo. Ambos os tipos devem ser coincidentes, como se afirmou.

446. No tipo dos crimes culposos essa coincidência entre o ocorrido e o conhecido não existe: o autor quer chegar a um lugar preestabelecido com seu automóvel antes de uma determinada hora e para tanto acelera sua marcha; não quer, pelo contrário, matar o pedestre que cruza a via cuja presença não previu, devendo ter previsto. Aqui a distinção entre o tipo objetivo e o tipo subjetivo não tem *maior* significação prática e, por isso, não se utiliza no sentido de uma *coincidência* entre o saber e o ocorrido. Excepcionalmente, contudo, afirma-se a existência de um "tipo subjetivo do crime culposo"[37] que seria composto pela "possibilidade de conhecer o perigo que a conduta cria para os bens jurídicos alheios". Pode-se falar, então, de um tipo subjetivo no crime imprudente no sentido do *conjunto de elementos individuais do tipo imprudente.*[38]

447. Os tipos penais, ademais, apresentam uma estrutura diferente conforme descrevam *fatos comissivos ou comportamentos omissivos.* Pode-se, assim, oferecer as seguintes variações:

– tipos comissivos: dolosos e culposos;

– tipos comissivos por omissão (art. 11 do CP espanhol):[vii] dolosos e culposos;

– tipos omissivos: dolosos e culposos.

§ 40. O conteúdo genérico do tipo penal

a) Elementos do tipo penal

448. O conteúdo de todas as espécies de tipos penais é dado por três elementos: a) o autor, b) a ação, e c) a situação de fato. Os tipos de direito penal hoje conhecidos e vigentes são basicamente *tipos de*

---

37. Zaffaroni, *Manual de derecho penal. Parte general*, 1977, pp. 368 e ss.
38. Jakobs, *Strafrecht. Allgemeine Teil*, 2ª ed., 1991, n. 9, p. 4.
vii. No Brasil, art. 13, § 2º, do CP brasileiro.

ação e o direito penal atual é por isso um *direito penal de ação*. O ponto de vista contrário, o de um direito penal do autor, não conseguiu se impor. Essa postura consiste em uma força de acentuação da idéia de prevenção especial; sob tais circunstâncias – como se viu – a ação fica reduzida a um elemento meramente sintomático da personalidade do autor. Um direito penal que estruture suas hipóteses de fato sobre tais bases não chegou a se desenvolver.[39]

449. A descrição da situação de fato na qual o autor realiza a ação é levada a efeito pelo legislador, mencionando-se os distintos elementos que a compõe. Esses elementos podem ser classificados conforme a repercussão que devam ter com relação ao autor: posto que ele deva conhecer as circunstâncias do pressuposto de fato e que este seja composto por elementos fáticos e outros que não o são, o conhecimento exigido pelo dolo é diverso consoante se tratem de *elementos descritivos ou normativos*.

b) Elementos descritivos e normativos

450. *Elementos descritivos*[viii] são aqueles que o autor pode *conhecer e compreender* predominantemente através de seus sentidos: pode ver, tocar, ouvir etc. Exemplo de elemento descritivo é "coisa móvel" no crime de furto (art. 234 do CP espanhol).

451. *Elementos normativos* são aqueles nos quais predomina uma valoração e que, portanto, não podem ser percebidos somente pelos sentidos. Por exemplo: conceitos jurídicos puros, como o de "documento" (art. 390 e ss. do CP espanhol). Trata-se de elementos para os quais não se exige um conhecimento técnico-jurídico: para o dolo é suficiente uma "valoração paralela com a esfera do leigo". Não obstante, pertencem à categoria de elementos normativos aqueles que dependem de uma valoração empírico-cultural por parte do autor, como o caráter "obsceno" da exibição (art. 185 do CP espanhol).[ix]

452. Tratando-se de elementos normativos, o autor deve fazer uma valoração das circunstâncias nas quais atua e essa valoração de-

---

39. Cf. *Supra*, § 36, c.
viii. No Brasil, fala-se em "elementos objetivos".
ix. V. art. 233 do CP brasileiro, que define o crime de ato obsceno.

ve se ajustar à do homem médio. As margens de erro são sumamente amplas e os problemas que daí podem derivar, extremamente complexos. A distinção não é absoluta. Não faltam casos em que o componente descritivo requer alguma referência normativa e vice-versa. O decisivo para determinar a natureza de um elemento é o seu aspecto preponderante.

453. A respeito dos elementos normativos nem sempre é possível falar de subsunção a uma definição. A motivação da sentença, portanto, no que se refere aos elementos normativos deve adotar certas particularidades que são decorrência de sua estrutura conceitual. "Ao Estado de Direito corresponde uma preferência pela construção de conceitos fáticos. Eles determinam uma atividade judicial puramente intelectual: comprovação e subsunção de fatos. Nestes casos as decisões judiciais tomam parte da calculabilidade e objetividade das conclusões lógicas." Pelo contrário, os elementos normativos não exigem "uma comprovação de fatos, mas um juízo de valor".[40]

Exemplo claro desses elementos é o caráter "obsceno" da exibição do art. 185, a quantidade de "notória importância" de droga no art. 369.3, a "especial gravidade" do dano no art. 250.6, o "instrumento perigoso" do art. 148.1, todos do CP espanhol.

454. Para a comprovação de elementos normativos, o juiz tem que valorar e expressar sua valoração. "Quando os juízos de valor forem inafastáveis para estabelecer uma ação típica, será preciso ter o valor de valorar e não de esconder-se detrás de imagens criptonormativas", afirmava Mezger.[41] De qualquer modo, nem todos os elementos normativos implicam uma idêntica valoração. Na teoria, tem-se distinguido, com razão, entre os elementos que contém uma valoração e os que requerem (do juiz) uma valoração.[42] Ambas as espécies de elementos normativos têm em comum uma característica negativa: não têm caráter empírico (não são elementos do fato que o autor ou o juiz possam conhecer mediante seus sentidos). Essa característica, no

---

40. Grühut, *Begriffsbildung und Rechtsanwendung im Strafrecht*, 1926, pp. 7 e ss.; no mesmo sentido, Wolf, *Die Typen der Tatbstandsmässigkeit*, 1931, p. 57; Engisch, *Festschrift für Mezger*, 1954, pp. 127 e ss. e 136.
41. Mezger, *Strafrecht, ein Lehrbuch*, 3ª ed., 1949, p. 191.
42. Assim, desde a obra de Wolf, *Die Typen der Tatbstandsmässigkeit*, 1931, nota 34, p. 58.

entanto, somente é relevante, em princípio, para efeitos do erro do autor, pois a partir dessa perspectiva aborda-se a questão de quando é possível aceitar que tenha atuado com erro sobre um elemento cujo conhecimento não exige apenas uma percepção sensorial. Por outro lado, a partir da ótica da motivação da sentença somente oferecem uma problemática diferenciada os elementos normativos que requerem uma valoração judicial, pois aqueles que já contêm uma valoração jurídica (por exemplo: "alheia", com relação à coisa no crime de furto) não são conceitos empíricos, mas, como regra, determinam-se mediante uma aplicação de normas em forma silogística. Nos conceitos que exigem uma valoração judicial, como assinalado por E. Wolf,[43] requer-se "uma valoração mais ou menos subjetiva". Mas a teoria, não obstante, tratou de objetivar ao máximo essa valoração judicial. Mezger sustentou nessa linha que no caso dos "elementos com valoração cultural, a valoração tem lugar igualmente com fundamento em normas e critérios vigentes, mas que não pertencem ao âmbito jurídico".[44]

455. Em idêntica direção disse Jescheck que a "vinculação do juiz à lei nestas hipóteses manifesta-se no fato de que o legislador não admite uma valoração pessoal, mas que parta da existência de valorações ético-sociais, às quais o juiz está subordinado".[45]

456. Hassemer, por fim, acentuou que quando o legislador emprega elementos normativos, como, por exemplo, "bons costumes", "não quis livrar o juiz da vinculação à lei. (...) A questão do alcance (do significado) dos conceitos que requerem uma valoração judicial (portanto) não se dirige à vontade do juiz penal, mas à vontade do legislador e da lei penal".[46]

457. O juiz, portanto, ao aplicar esses critérios deveria motivar sua valoração mediante uma expressa referência a normas sociais (não jurídicas), a critérios ético-sociais ou *standards* de comportamento reconhecidos socialmente. As opiniões citadas partem, indubitavelmente, de que tais normas, critérios e *standards* têm um reconheci-

---

43. Wolf, *Die Typen der Tatbstandsmässigkeit*, 1931, nota 34, p. 58.
44. Mezger, *Strafrecht, ein Lehrbuch*, 3ª ed., 1949, p. 192; no mesmo sentido, Tiedmann, *Die Zwischenprüfung im Strafrecht*, 1987, p. 114; Jakobs, *Strafrecht. Allgemeine Teil*, 2ª ed., 1991, pp. 52 e ss. (com diferente terminologia).
45. Jescheck, *Lehrbuch des Strafrecht, Allgemeiner Teil*, 4ª ed., 1988, p. 116.
46. Hassemer, *Einführung in die Grundlagen des Strafrechts*, 1981, p. 180.

mento social que o juiz pode apreender imediatamente por seu caráter "público e notório". Esse ponto de vista, todavia, não parece fácil de ser confirmado sociologicamente: a questão acerca de quais normas ético-sociais ou quais *standards* de conduta podem ser considerados "vigentes" em uma sociedade pluralista, isto é, que admite a legitimidade de diversas concepções ético-sociais e de distintos critérios morais, constitui quase um enigma. Quais são os critérios "vigentes" para determinar o que hoje deve ser considerado "obsceno"? Na verdade, mediante essas teorias procura-se legitimar a decisão judicial por meio de um critério similar ao das leis penais em branco (ou seja, pela remissão a outra norma não pertencente ao ordenamento legal e que o completa); na medida em que o próprio legislador realizou (tacitamente) a remissão, a aplicação da norma ético-social não implicaria criação judicial de direito. Contanto não seja claro a qual norma ético-social ou cultural entre as que têm reconhecimento social o legislador remete, ficará sempre uma margem para criação judicial inafastável, ao menos no pertinente à eleição da norma aplicável entre as socialmente aceitas.

458. Em suma, a motivação da comprovação dos elementos normativos não se mostra igual em todos eles. Quando o tribunal tiver que verificar a existência de um elemento normativo que contenha uma valoração jurídica (por exemplo: "coisa alheia", "documento", "tributo", "parente" etc.) o fundamento silogístico em nada diferirá dos já expostos em relação aos elementos descritivos. Ao inverso, quando o tribunal tiver que motivar a existência de um elemento normativo que exija uma valoração judicial, a argumentação será mais complexa. Começará com uma justificativa da eleição da norma ético-social, do *standard* ou do critério no qual se baseia a valoração judicial (por exemplo, deverá explicar – se for o caso – por que aplicar uma norma ético-social que estabelece que uma mulher que freqüenta uma praia de *topless* realiza um ato obsceno, dando preferência sobre outras normas da mesma espécie que estabelecem o contrário). A partir desse momento, o fundamento empregado na motivação não difere dos demais casos. Em conclusão: a diferença encontra-se no fato de que quando se valora sobre a base de normas jurídicas vigentes o tribunal e o juiz não precisam justificar a sua existência, enquanto quando a valoração se apóia em uma norma extrajurídica a justificação desta é imprescindível. Em outras palavras, nos chamados "elementos normativos de valoração cultural", a premissa maior do silogismo (a lei aplicável) deve ser integrada com a norma legal e a norma ético-social que a complementa.[47]

c) Referências aos meios, ao momento e ao lugar da ação

459. Também pertencem ao tipo objetivo as *referências aos meios* (instrumentos) utilizados pelo autor para a prática do crime. Nesses casos, a lesão do bem jurídico pelo comportamento do autor não é suficiente para fundamentar a adequação típica; exige-se que a agressão tenha sido empreendida com determinados meios. De modo geral, a utilização de tais meios determina a subsunção em um tipo agravado. Por exemplo, o emprego de arma no crime roubo (art. 242.2 do CP espanhol).[x]

460. As *referências ao momento da ação* são igualmente elementos objetivos do tipo. Por exemplo: durante "um conflito armado", do art. 609 do CP espanhol.[xi]

461. São também elementos objetivos do tipo as *referências ao lugar* em que se comete a ação. Assim o roubo é mais grave no Código Penal quando se verifica em casa habitada ou edifício aberto ao público (art. 241.1 do CP espanhol).[xii]

§ 41. As diferentes espécies de tipos penais

462. Conforme as características da ação ou das exigências referidas ao autor, os tipos penais podem ser distinguidos em delitos de

---

47. Paralelamente tem-se sustentado que a lei geral de causalidade, a qual permite explicar no caso concreto a conexão causal entre ação e resultado, deve se integrar à lei (jurídica) que contém o tipo penal (cf. Armin Kaufmann, in *JZ*, 1971, pp. 569 e ss., reproduzido em *Strafrecht zwischen Sein und Wert*, 1982, pp. 173 e ss., ver referências a respeito em *STS* de 23.4.1992). Em sentido similar também assevera Jakobs, *Strafrecht. Allgemeine Teil*, 2ª ed., 1991, p. 293, de "uma contrariedade à norma como pressuposto da tipicidade".

x. V. art. 157, § 2º, I, do CP brasileiro.

xi. V., por exemplo, o elemento temporal no crime de infanticídio "durante o parto ou logo após".

xii. V., por exemplo, o art. 250, § 1º, II, do CP brasileiro – crime de incêndio agravado.

resultado (de lesão e de perigo) e de *atividade*,[xiii] por um lado, e, por outro, em crimes *comuns* e *especiais*.

a) Delitos de resultado (de lesão ou de perigo) e delitos de atividade

463. O tipo, tanto de um delito doloso quanto culposo, adota duas estruturas diversas de acordo com a espécie de crime, se de resultado (quando produzem uma lesão ou perigo de lesão) ou de atividade ou de mera conduta (que se esgotam com o movimento corporal do autor).

464. Os primeiros são integrados basicamente pela ação, pela imputação objetiva e pelo resultado. Este último consiste na lesão de um determinado objeto (por exemplo, a coisa no crime de dano, art. 263 e ss. do CP espanhol).[xiv] Esse objeto denomina-se objeto da ação e não deve ser confundido com o objeto de proteção ou bem jurídico; mesmo os crimes que não exigem resultado material importam uma lesão a um bem jurídico (por exemplo: o crime de injúria – art. 208 do CP espanhol)[xv] – ou de invasão de domicílio (*"allanamiento de morada"*)[xvi] – art. 203 e ss. do CP espanhol. Em outras palavras, todos os crimes importam – em princípio – uma lesão imaterial (a do bem jurídico); somente um número determinado deles requer uma *lesão material* (a do objeto da ação).

465. Juntamente com os crimes de resultado material ou de lesão, se encontram os de perigo. Nesses tipos penais não se exige que a ação tenha ocasionado um dano sobre um objeto, mas é suficiente que o objeto juridicamente protegido tenha sido posto em perigo de sofrer a lesão que se quer evitar. O perigo pode ser concreto, quando se exige realmente a possibilidade de lesão, ou abstrato, quando o tipo penal se limita a descrever uma forma de comportamento que segundo a experiência geral representa em si mesma um perigo para o objeto protegido (exemplo de crime de perigo concre-

---

xiii. O autor estabelece uma divisão, quanto à produção do resultado, nessa passagem, em crimes materiais ou de atividade; não adota, portanto, a classificação mais comum entre nós, que classifica os crimes em materiais, formais e de mera conduta.
xiv. V. art. 163 do CP brasileiro.
xv. V. art. 140 do CP brasileiro.
xvi. V. art. 150 do CP brasileiro.

to: art. 341 do CP espanhol; exemplo de crime de perigo abstrato: art. 368 do CP espanhol)[xvii] sem necessidade de que esse perigo tenha se verificado. Parte da teoria exclui a tipicidade nos delitos de perigo abstrato quando fica provada uma absoluta impossibilidade de surgimento do perigo.

466. Nos crimes de atividade, contrariamente aos de resultado, o tipo se esgota na realização de uma ação que, ainda que deva ser (idealmente) lesiva a um bem jurídico, não requer a produção de um resultado material ou perigo algum. A questão da imputação objetiva de um resultado à ação é, por conseguinte, totalmente alheia a esses tipos penais, dado que não vinculam a ação a um resultado ou com o perigo de sua produção.

467. A distinção entre os crimes de atividade e os de perigo abstrato é difícil. A classificação dos tipos penais em crimes de resultado e de atividade (segundo a existência ou não de um resultado ou perigo sobre um objeto material) e em crimes de lesão ou de perigo (conforme o grau de intensidade do resultado sobre o objeto) é questionável, já que há crimes de perigo (abstrato) que, na verdade, dificilmente podem se diferenciar dos de atividade.

As penas cominadas para alguns crimes de perigo abstrato (por exemplo, tráfico de drogas – art. 368 do CP espanhol) não podem ser consideradas insignificantes e, no entanto, pelo menos desde o século XIX, a teoria entendeu que tais delitos somente constituem ilícitos menores que caberiam dentro da espécie das "puras desobediências" e que "a punição das verdadeiras desobediências puras, que não contém de maneira alguma uma exposição a perigo de bens jurídicos, seria um desvio do legislador".[48] Essa posição reconhecia um ponto de vista clássico, pelo qual, "a infração de uma lei é um mal em si mesmo; mas a lei para cuja infração não surgisse nenhum outro mal que o da própria infração seria ela mesma um mal".[49] Na dogmá-

---

xvii. *Perigo concreto*: art. 309 do CTB; *perigo abstrato*: art. 10 da Lei n. 9.437/97 – porte ilegal de arma de fogo.
48. Hippel, *Deutsches Strafrecht,* 1930, t. II, p. 101; ver, também, no mesmo sentido, Armin Kaufmann, *Strafrechtsdogmatik zwischen Sein und Wert*, 1982, p. 193.
49. Brinz, *Pandekten*, t. II, p. 152, citado por Binding, *Die Normen und ihre Übertretung*, 4ª ed., 1922, t. I, p. 398; também, Jhering, *Der Zweck im Recht*, 3ª ed., 1983, t. I, pp. 484-485, citado igualmente por Binding.

tica penal foi Binding quem objetou de forma séria essa categoria de delitos, os quais considerou como de pura desobediência. As objeções de Binding foram as que primeiro atacaram a presunção de perigo contida nos crimes de perigo abstrato. "A exposição em perigo seria amiúde" – assinalava – "difícil de se provar, pelo qual o legislador veria sempre a existência de perigo como ações normalmente perigosas; o legislador em tais casos empregaria uma *praesumtio juris et de jure* a respeito da periculosidade do comportamento: este não seria perigoso em concreto, mas abstratamente".[50] Se esse ponto de vista fosse correto, pensava Binding, "mediante a presunção, um grande número de fatos não delitivos terminaria incluído no âmbito do direito penal".[51]

A crítica de Binding foi ainda mais além. Antes de tudo, afetou aspectos vinculados com a consistência dogmática dos delitos de perigo abstrato: "O que seria correto a respeito da exposição em perigo teria que sê-lo, analogamente, em relação aos resultados de lesão. Também para estes teria que ser suficiente com a lesão geral".[52] De outra parte, continua dizendo, "a hipótese de fato expressa nas leis contém dois elementos da ação delitiva concreta. Nos delitos, portanto, nos quais a lei exige expressamente a lesão ou o perigo esse tem lugar sem exceções, no sentido de que no caso concreto os crimes têm que produzir a lesão ou o perigo. A subsunção de uma ação não perigosa a tal conceito de delito se choca com todas as regras da correta aplicação da lei".[53] Finalmente, Binding criticou a interpretação que tem como resultado a admissão de um delito de perigo abstrato: "À teoria do perigo geral ou abstrato deve ser formulada pergunta para se saber se a falta de perigo concreto, que postula um determinado delito de perigo, afeta realmente a esse delito".[54] Com isso quis demonstrar Binding o quão pouco segura era a afirmação segundo a qual um determinado crime não requer a produção do perigo para o bem jurídico.

Dessa análise dogmática dos chamados crimes de perigo abstrato não se aparta Beling, para quem tais delitos "carecem de toda existência justificada".[55] Haverá um delito de perigo abstrato, na opinião de Beling, "quan-

---

50. Binding, *Die Normen und ihre Übertretung*, 4ª ed., 1922, t. I, p. 380.
51. Binding, *Die Normen und ihre Übertretung*, 4ª ed., 1922, t. I, p. 381.
52. Binding, *Die Normen und ihre Übertretung*, 4ª ed., 1922, t. I, p. 383.
53. Binding, *Die Normen und ihre Übertretung*, 4ª ed., 1922, t. I, p. 383.
54. Binding, *Die Normen und ihre Übertretung*, 4ª ed., 1922, t. I, p. 383.
55. Beling, *Die Lehre vom Verbrechen*, 1906, p. 217.

do a lei penal sanciona uma ação em virtude do perigo que essa normalmente representa, inclusive no caso em que não tenha sido perigosa *in concreto*, de tal maneira que o juiz, naturalmente, não necessita comprovar uma exposição a perigo, e inclusive a evidente comprovação da carência de periculosidade da ação não excluirá a aplicação da lei penal".[56] Daí deduz Beling que os crimes de perigo abstrato não passariam de "tipos sem lesão ou sem perigo".[57]

Tais questionamentos não cessaram na dogmática moderna dos crimes de perigo abstrato.

Em primeiro lugar, postula-se a incompatibilidade dos crimes de perigo abstrato com o princípio da culpabilidade.[58] A argumentação com a qual Arthur Kaufmann sustenta tal ponto de vista parte da comprovação – já assinalada, como vimos, por Beling – da falta de relevância do perigo para decidir sobre a tipicidade do comportamento. "Isto tem por conseqüência que não beneficia o autor supor – correta ou erroneamente – que sua ação não representa perigo algum. Desta maneira também a culpabilidade se presume sem prova em contrário ou, inclusive, é artificial".[59] Conseqüentemente, Kaufmann critica a posição dos que sustentam que o crime de incêndio, do § 306 do CP alemão, a consciência do perigo da ação para vidas humanas não é elemento do dolo, pelo que, ainda quando o autor tenha assegurado de que tal perigo não poderia produzir-se com seu ato, o fato será punível a título de incêndio doloso.

Contra essa argumentação, poder-se-ia quiçá alegar-se que todo o problema reside na *praesumtio juris et de jure* da periculosidade da ação. A objeção poderia ser superada caso se admitisse simplesmente a prova em contrário do perigo representado pela ação. Dessa forma poderia excluir-se a tipicidade nos casos em que a ação não tenha representado em absoluto um perigo para o bem jurídico.

Esse é o caminho pelo qual transita o ponto de vista defendido por Schröder.[60] De acordo com ele, "terá que se admitir que em certos casos

---

56. Beling, *Die Lehre vom Verbrechen*, 1906, p. 217.
57. Beling, *Die Lehre vom Verbrechen*, 1906, p. 217.
58. Arthur Kaufmann, *Schuld und Strafe*, 1966, pp. 283 e ss.; também, Baumann, *Strafrecht, Allgemeiner Teil*, 7ª ed., 1975, p. 135; Schmidhäuser, *Strafrecht, Allgemeiner Teil*, 2ª ed., 1975, p. 255, nota 74.
59. Arthur Kaufmann, *Schuld und Strafe*, 1966, p. 287.
60. Schröder, Schonke – Schröder, *Strafgesetzbuch, Kommentar*, nota 3.

a presunção legal da periculosidade não se destrói, ainda que, em casos concretos, o tribunal estará autorizado a admitir a prova contra o caráter perigoso da ação e, em conseqüência, para não aplicar o tipo penal quando possa comprovar-se que o fato não constituiu nenhum perigo imaginável para a vida humana" (referindo-se ao citado § 306 do CP alemão).[61]

De qualquer modo, a solução proposta por Schröder não se postula com caráter geral para todos os delitos de perigo abstrato. Schröder distingue, na verdade, duas categorias de crimes de perigo abstrato: uns, que poderíamos chamar de perigo abstrato determinado,[62] como o incêndio agravado do § 306 do CP alemão, e outros que poderiam ser designados como de perigo abstrato indeterminado, entre os quais se encontrariam as infrações puníveis relativas ao tráfico, a posse não autorizada de armas e explosivos e o tráfico de drogas proibidas.[63] Esses últimos seriam delitos em que "a direção para a qual pode se produzir o perigo captado pela lei é tão pouco determinada que sua prova não pode ser admitida".[64] Saber quando se justifica uma aplicação restrita dos delitos de perigo abstrato nesse sentido é, ademais, um problema de interpretação de cada tipo particular.[65]

A solução proposta por Schröder é em princípio rejeitada pela doutrina,[66] ainda que, deve-se reconhecer, sem uma argumentação convincente. Isso não impede que se aceite parcialmente apenas com relação do delito de incêndio do § 306 do CP alemão, por um lado, e, por outro, para aqueles casos em que (também no Código Penal alemão) a pena mínima é inadequada para a pouca gravidade do caso.[67] A partir de outro ponto de vista, afirma-se que nesses casos (especialmente no já mencionado do incêndio), a tipicidade deve depender de que a conduta tenha sido contrária ao dever de cuidado com relação ao bem jurídico protegido.[68] Im-

---

61. Schröder, Schonke – Schröder, *Strafgesetzbuch, Kommentar*, p. 16.
62. Essa terminologia não é utilizada por Schröder.
63. Schröder, Schonke – Schröder, *Strafgesetzbuch, Kommentar*, p. 17.
64. Schröder, Schonke – Schröder, *Strafgesetzbuch, Kommentar*, p. 17.
65. Schröder, Schonke – Schröder, *Strafgesetzbuch, Kommentar*, p. 17.
66. Blei, *Strafrecht, Allgemeiner Teil*, 18ª ed., 1983, p. 108; Jescheck, *Lehrbuch des Strafrechts, Allgemeiner Teil*, 3ª ed., 1978, p. 212; com reservas, Horn, *Systematischer Kommentar zum Strafgesetzbuch*, 1980, t. II, vor § 306, 15 e ss.
67. Jakobs, *Strafrecht. Allgemeiner Teil*, 2ª ed., 1983, p. 146.
68. Horn, *Konkrete Gefährdungsdelikte*, 1973, pp. 22, 28 e 84.

plicitamente, esses conceitos admitem que os resultados da solução postulada por Schröder seja correta, ainda que não concordem com a sua fundamentação.

Em nosso ponto de vista, a solução de Schröder é objetável pelos limites a que é reduzida. Não há razão para explicar que a prova em contrário da presunção de perigo só deva ser admitida quando a direção na qual se pode produzir o perigo tenha sido determinada. A limitação pressupõe que existam tipos penais que protegem bens jurídicos que podem ser postos em perigo de modo indeterminado. Tais tipos, no entanto, seriam dificilmente compatíveis com o princípio da legalidade: perigo indeterminado significa também tipo indeterminado. Essa indeterminação legislativa não pode ser compensada mediante uma presunção *jures et de jure* contra o autor.

De outro lado, tem-se objetado à tese de Schröder que, de acordo com ela, os delitos de perigo abstrato (ao menos em certos casos) converter-se-iam em delitos de perigo concreto.[69] Ao se admitir prova em contrário do perigo representado, em geral pela ação a respeito do caso concreto, isso se deve ao fato de que o perigo concreto é um elemento do tipo. A exclusão da tipicidade por falta de um elemento que não está no tipo é, sem dúvida, uma figura de pouca consistência lógica.

O resultado perseguido por Schröder fundamenta-se a partir de outra perspectiva em Horn.[70] Segundo ele, os delitos de perigo abstrato não passariam de espécies de crimes culposos, que "somente se diferenciam dos restantes tipos culposos porque nesses não se exige a produção concreta de uma lesão ao bem jurídico".[71] Dessa maneira, o problema resolver-se-ia sem retornar à presunção *juris et de jure* de perigo, uma vez que, ao se entenderem os crimes de perigo abstrato como "crimes de ação perigosa" (*Gefahr-Handlungsdelikte*), não seria cabível no momento da tipicidade "nem mais nem menos a comprovação de um perigo que seria necessário para a verificação de uma infração do cuidado devido".[72]

69. Horn, *Systematischer Kommentar zum Strafgesetzbuch*, vor § 306, 17; idem, *Konkrete Gefährdungsdelikte*, 1973, pp. 25 e ss., com outras críticas.
70. Horn, *Konkrete Gefährdungsdelikte*, 1973, pp. 22 e ss.; ver, também, na mesma direção, Rudolphi, *Festschirift für Maurach*, 1972, pp. 51 e ss. e 151 e ss.
71. Horn, *Konkrete Gefährdungsdelikte*, 1973, p. 23.
72. Horn, *Konkrete Gefährdungsdelikte*, 1973, p. 28.

Mas a solução de Horn, ao fazer depender a tipicidade de uma infração do dever de cuidado com relação ao bem jurídico, não foge totalmente à crítica. O que significa ter tido cuidado com relação a um bem jurídico que a ação não pôs em perigo? Tem algum sentido político criminal fazer depender a tipicidade do fato de o autor de uma ação, que não tenha posto em perigo absolutamente o bem jurídico, ter tomado medidas de cuidado para que aquela crie um perigo real ou lesione o bem jurídico? Parece claro que a exigência de cuidado tem sentido quando se realiza uma ação que concretamente pode pôr em perigo um bem jurídico. Mas quando o autor executa uma ação que, em particular, não se reveste de periculosidade expressa pela lei de modo geral, a exigência de cuidado não parece justificável.[73] A solução oferecida por Horn não tem os inconvenientes lógicos que apresentava a postulada por Schröder, mas não se mostra satisfatória político-criminalmente. É claro, de outro lado, que se trata de uma solução que pressupõe que o ilícito se fundamente exclusivamente no desvalor da ação e que, portanto, uma falta de cuidado, concretamente uma verificação da eventual periculosidade concreta de uma ação que se estima *ex ante* como não perigosa para o bem jurídico, já se mostra suficiente motivo para a intervenção do Estado mediante o direito penal.[74]

Como é óbvio, não é possível solucionar aqui os problemas da dogmática relativos aos crimes de perigo abstrato. A discussão em torno deles, todavia, que foi esquematicamente resenhada, permite deduzir que as críticas fundadas no princípio da culpabilidade não encontraram até agora uma solução adequadamente formulada. Grande parte desses problemas se apresentam no crime do art. 368 do CP espanhol de uma maneira especial: a entidade do ilícito dos delitos de perigo abstrato não encontra correspondência com a pena ameaçada na aludida disposição legal. Como crime de perigo abstrato, o tráfico de drogas situa-se em uma zona na qual se questiona o merecimento de pena ou se chega à conclusão de que somente se trata de um crime culposo.

---

73. Precisamente, Schröder, Schonke – Schröder, *Strafgesetzbuch, Kommentar*, p. 15, deixa evidente que no âmbito dos crimes de perigo abstrato "é fácil de imaginar casos nos quais o juízo de experiência na hipótese particular se mostre incorreto, e isso pode ser comprovado no momento em que se produz a infração do autor".

74. Sob outra ótica, a crítica de Jakobs, *Strafrecht. Allgemeiner Teil*, 1983, p. 148, nota 177, à solução de Horn, porque "a falta de uma referência subjetiva a respeito da infração do cuidado devido conduz a uma condição objetiva de punibilidade".

Sob tais condições é evidente que é de difícil justificação que um fato, que somente representa um perigo mais ou menos remoto para a saúde individual, resulte em múltiplas situações mais severamente apenado que aquele que cause diretamente um maior perigo ao mesmo bem jurídico. Basta, para verificar o quanto se disse, comparar as penas do art. 368 com as do art. 147 do CP espanhol.

b) Delitos comuns ou gerais e delitos especiais[xviii]

468. Os tipos penais distinguem-se, sob outra ótica, conforme requeiram do autor determinadas qualificações ou possam ser realizados por qualquer pessoa. De modo geral, somente se exige para ser o autor de um crime que se tenha capacidade de ação (crimes comuns). Isso ocorre no homicídio ou no furto, crimes que não fazem nenhuma referência a uma qualidade especial do sujeito ativo. Geralmente as leis penais designam essa falta de características especiais quando se referem ao autor de forma genérica: "aquele que...". Há, no entanto, certos crimes que somente podem ser praticados por um número determinado de pessoas: aquelas que tenham as características especiais exigidas pela lei para ser sujeito ativo. Trata-se de delitos que importam uma violação de uma norma especial[75] (por exemplo, o art. 404 do CP).[xix] Esses delitos que não estabelecem somente a proibição de uma ação, mas que requerem ademais uma determinada qualidade do autor, denominam-se crimes especiais.[xx-76] Esses podem ser, a seu turno, de suas espécies.

469. Crimes especiais próprios são aqueles como a prevaricação, porque somente podem ser praticados por quem seja juiz ou funcionário público, ficando impune se cometido por alguém que não ostente tal qualificação. Se a qualidade de "juiz" é considerada um elemento do tipo, o sujeito que, não sendo juiz, acredita que o é e profere uma sentença prevaricante, comete tentativa de prevaricação. Em conseqüência, sob tais condições a tentativa nos crimes especiais próprios

---
xviii. No Brasil fala-se em crime comum em oposição ao crime próprio.
75. Kaufmann, Armin, *Normentheorie*, pp. 138 e ss.
xix. V. art. 342 do CP brasileiro.
xx. No Brasil, fala-se em crimes próprios.
76. Em detalhes com relação a esses crimes, Langer, *Das Sonderverbrechen*, 1972.

dolosos é possível para os sujeitos não qualificados; a consumação não.[xxi] A solução será diversa se os elementos do autor não são considerados parte do tipo,[77] pois em tal caso o erro seria o de proibição, isto é, tratar-se-ia de um *delito putativo*, como tal *não punível*. Os crimes especiais próprios classificam-se entre os chamados "*crimes de infração de dever*", caracterizados pela relação entre o autor e o bem jurídico, que é independente da execução pessoal da ação e que surge de uma posição estatuária do sujeito ativo.

470. Crimes especiais impróprios são aqueles em que a qualidade específica do autor opera como fundamento de agravação. Por exemplo: a agravação da pena da apropriação indébita prevista para o funcionário no art. 432 do CP espanhol.[78-xxii]

471. Discute-se se os elementos objetivos que qualificam o autor devem ser incluídos ou não no tipo penal. Se incluídos, sua errônea suposição dará lugar a tentativa punível e a crença errônea de que não ocorrem eliminará o dolo. Se, pelo contrário, se sustenta que são elementos do dever jurídico, sua suposição equivocada terá como resultado um delito putativo (não punível),[xxiii] assim como a crença errônea de que não ocorrem não eliminará o dolo e deverá ser tratada com as regras do erro de proibição (art. 14.3 do CP espanhol).

472. A opinião dominante inclui os elementos objetivos da autoria no tipo penal, distinguindo então entre esses elementos e o dever jurídico que possui o autor e que para ele decorre. Aludido dever jurídico não é elemento do tipo: o erro sobre ele é regido pelas regras do erro de proibição. Por exemplo: o funcionário que consciente de sua

---

xxi. Segundo nosso Código Penal não seria admissível tentativa de prevaricação por pessoa que não ostentasse a condição de funcionário público, elementar do tipo penal do art. 319; o particular só incorrerá em tais crimes quando agir em concurso de agentes com um funcionário público, por força do art. 30 do CP.

77. Cf. *infra*, Cap. X, § 73.

78. Silva Castaño, *La apropriación indevida y la administración desleal*, Madri, 1997.

xxii. V. art. 299, parágrafo único, do CP brasileiro.

xxiii. O delito putativo, no Brasil, exclui a punibilidade se não houver culpa ("Art. 20. (...) § 1º. É isento de pena quem, por erro plenamente justificado pelas circunstâncias, supõe situação de fato que, se existisse, tornaria a ação legítima. *Não há isenção de pena quando o erro deriva de culpa e o fato é punível como crime culposo*").

condição de servidor, atua com dolo na aceitação de um presente em razão de suas funções (*cohecho*) [corrupção, suborno], mas podia agir com erro (evitável ou não) sobre a proibição se ignorasse que esse fato lhe é proibido ou se acreditasse que aquilo que recebera não fosse uma dádiva.[79]

§ 42. A subsunção típica
e as agravantes e atenuantes genéricas [80]

473. A relação entre um fato e um tipo penal que permite afirmar a tipicidade do primeiro denomina-se subsunção. Um fato subsume-se a um tipo penal quando reúne todos os elementos nele contidos. Na prática, a subsunção verifica-se mediante a comprovação de que cada um dos elementos da descrição da hipótese de fato encontra-se no fato objeto do julgamento.

474. Nos crimes *dolosos* a tipicidade depende da comprovação dos elementos do tipo objetivo e subjetivo (dolo e demais elementos subjetivos da autoria).

475. Nos crimes *culposos* a tipicidade depende da comprovação de uma ação que produziu um perigo juridicamente reprovado e da proibição do resultado ou perigo requerido para sua punibilidade.

476. A estrutura do Código Penal espanhol, nada obstante, mostra-se mais complicada, porque na Parte Geral encontram-se também as *circunstâncias agravantes e atenuantes*,[xxiv] que constituem elementos que, acidentalmente, completam a descrição do tipo penal agregando-lhe circunstâncias que fazem referência à gravidade da ilicitude ou da culpabilidade. Dessa maneira o legislador pretendeu – ingenuamente – converter os problemas valorativos da gravidade do delito em questões de subsunção, supondo que desse modo ganharia segurança jurídica. A prática demonstra que isso não se dá dessa forma.

79. Armin Kaufmann, *Normentheorie*, pp. 141 e ss.; Roxin, *Offene Tatbestände und Rechtspflichtmerkmale*, 2ª ed., 1970, pp. 5 e ss.
80. Cf. Alamo, *El sistema de las circunstancias del delito*, 1982; González Cussac, *Teoría general de las circunstancias modificativas de la responsabilidad criminal*, 1988.
xxiv. O mesmo dá-se no Código Penal brasileiro, v. arts. 61 a 66.

477. Em princípio, as *circunstâncias agravantes* têm uma dupla estrutura típica, pois apresentam elementos objetivos que devem ser abarcados pelo dolo do autor. Há circunstâncias agravantes que se relacionam diretamente com a *gravidade da ilicitude* (por exemplo, a aleivosia, o abuso de autoridade, o aproveitamento de certas circunstâncias favorecedoras, o fato de autor se prevalecer de sua função pública). Outras, pelo contrário, concernem diretamente com a *culpabilidade* e, mais concretamente, com a reprovabilidade da motivação (agir mediante paga ou promessa de recompensa, por motivos especialmente reprováveis – racismo, anti-semitismo etc., aumentando deliberadamente o sofrimento da vítima ou com abuso de confiança). Mostra-se duvidosa a razão pela qual o uso de disfarce ou o aproveitamento de circunstâncias que favoreçam a impunidade do delinqüente tenham sido considerados circunstâncias agravantes, uma vez que ninguém tem a obrigação de contribuir para a sua punibilidade. Totalmente diversa é a estrutura da *reincidência* (art. 22.8 do CP espanhol), pois não se refere a circunstâncias do fato, mas a uma tendência da personalidade do autor.

478. As *circunstâncias atenuantes* (art. 21 do CP espanhol) também apresentam uma dupla configuração. Por um lado, existem as chamadas *eximentes incompletas* (art. 21.1 do CP espanhol), uma instituição própria de um sistema em que o erro é irrelevante. Tendo sido introduzida pela reforma de 1983, sua importância deve ser reduzida aos casos de *imputabilidade diminuída* (art. 20.1 do CP espanhol), uma vez que nos demais casos (por exemplo: legítima defesa incompleta e estado de necessidade incompleto) são na verdade hipóteses de *erro de proibição evitável*, que devem ser tratados segundo o art. 14 do CP espanhol.[81] De tudo isso se deduz que essas atenuantes são alheias aos problemas do tipo penal.

---

81. A questão tem pouca importância prática, uma vez que a conseqüência jurídica é a mesma, apesar da aparência sugerida pelos textos legais dos arts. 14 e 68 do CP espanhol. É evidente que, ainda que o art. 68 somente diga que: "os juízes ou tribunais poderão impor (...) a pena inferior, em um ou dois graus", não se trata de uma mera faculdade, já que se a situação tem um menor conteúdo de ilicitude (reprovabilidade) ou o autor é menos reprovável, a pena deve ser correspondentemente atenuada. Nesse sentido, é incorreta a resposta dada pela Fiscalía General del Estado na Consulta 1/97, que apenas considerou "conveniente" que de regra a pena seja atenuada, pois a menor ilicitude (reprovabilidade) ou a menor culpabilidade da redução da pena é obrigatória (cf. Choclán Montalvo, *Individualización judicial de la pena*, Madri, 1993, p. 137).

479. De outro lado, encontram-se as demais atenuantes que sempre afetam diretamente a gravidade da culpabilidade e também são, por isso, *alheias ao tipo penal*. Diversamente do que ocorre com as agravantes, as atenuantes constituem um rol exemplificativo, pois qualquer circunstância de análoga significação às enumeradas no art. 21.2 a 5 do CP espanhol, isto é, que signifique uma diminuição da culpabilidade ou do ilícito, deve ser apreciada como atenuante.[xxv]

480. A técnica legislativa moderna trata dos problemas da gravidade da ilicitude e da culpabilidade no âmbito da individualização da pena, estabelecendo uma série de fatores sobre os quais se deve realizar o juízo correspondente (chamados fatores da individualização). Contrariando essa tendência, o Código Penal espanhol de 1995 ficou nesse ponto – como em outros – ancorado nas idéias de 1848.

481. Na medida em que descrevem circunstâncias objetivas e subjetivas, as circunstâncias agravantes formam parte (acidental) do tipo objetivo e subjetivo e, portanto, são regidas pelas mesmas regras da tipicidade que os demais elementos do tipo, sobretudo no que diz respeito ao *erro de tipo*. O estudo dessas circunstâncias – que carecem da generalidade que lhes supôs o legislador – devem ser estudadas na Parte Especial naqueles crimes nos quais faça sentido sua ocorrência (é evidente que carece de sentido aplicar o art. 22.2 do CP espanhol em um caso de injúria cometido em um baile de máscaras, simplesmente porque o autor estava disfarçado).

482. As agravantes e atenuantes geram também problemas no âmbito da participação de várias pessoas na realização do tipo. Concretamente trata-se de verificar se as circunstâncias que ocorrem com relação a um dos agentes se transmitem (em seus efeitos) aos demais. O art. 65 do CP espanhol estabelece um critério para resolver esses problemas, provenientes do antigo art. 60 do CP espanhol de 1973, cuja idoneidade para tais fins é extremamente duvidosa. Iremos nos ocupar da questão no capítulo destinado à acessoriedade da participação. No direito comparado europeu o sistema do CP espanhol é seguido também pelo direito alemão. Em sentido contrário, o direito italiano e o direito austríaco mantêm um critério generalizante, que possui um funcionamento diverso do nosso.

xxv. O mesmo dá-se no Brasil, inclusive por força de regra expressa no art. 66 do CP.

Capítulo VI
A IMPUTAÇÃO
NOS CRIMES COMISSIVOS

§ 43. Os elementos do tipo de crime comissivo doloso: tipo objetivo e subjetivo

483. A primeira das formas de ilícito que será exposta é o do crime comissivo doloso. Pode-se dizer que este constituiu até agora o protótipo do crime sob o ponto de vista dogmático. As demais modalidades (crimes omissivos ou culposos) costumam ser estudadas com relação a ele.

484. Como já adiantamos, os crimes dolosos caracterizam-se pela coincidência entre o que o autor faz e o que ele quer. Isso nos permite afirmar que é adequado (como vimos) analisar separadamente o aspecto objetivo do comportamento (tipo objetivo) e o subjetivo (tipo subjetivo).

485. Atualmente, como se disse, existe uma clara tendência de não tomar como ponto de partida a distinção entre *ativo* e *omissivo*, mas de substituí-la por outra; a da *"responsabilidade pela liberdade de organização"*, em cujo âmbito a distinção entre ação e omissão tem reduzida transcendência, e *"a responsabilidade pelo descumprimento de deveres institucionais"*.[82]

§ 44. O tipo objetivo

a) O autor da ação. A posição de garante

486. Como se viu (*supra* § 41, *b*), os tipos penais podem ser comuns e especiais (próprios). Nos primeiros, não se estabelece uma

---

82. Jakobs, *Die strafrechtliche Zurechnung zum Tun und Unterlassen*, 1996.

especial caracterização do autor; a lei simplesmente refere-se "àquele que..." realizar uma determinada ação. Pelo contrário, nos delitos *especiais* (próprios), nos quais a realização do tipo só pode ser feita por uma pessoa especialmente qualificada por sua relação com o bem jurídico, é dizer, por sua posição estatutária, o tipo penal descreve também essa qualidade do autor. Uma parte da doutrina admitiu que nesses últimos crimes era também relevante o *dever de garantia*, que vinha sendo utilizado, na prática e na teoria, somente com relação aos *crimes omissivos* para caracterização de seu autor.[83] Dessa maneira é possível reconhecer no crime do art. 295 do Código Penal (administração desleal) um tipo em que apenas pode ser autor quem seja *garante* nos termos que ali se estabelecem.

487. Na atualidade, abre-se caminho para uma visão que estende a *posição de garante* a todos os tipos penais, sejam omissivos ou não, especiais ou comuns. A posição de garante decorre, dessa forma, como um elemento geral da autoria também nos crimes comissivos e materiais.[84] Tal posição nos crimes comuns de ação fundamenta-se na própria realização da ação, pois todo cidadão deve responder como garante para que suas ações não produzam lesões a bens jurídicos de outros cidadãos. Nos *crimes especiais* (delitos de infração de dever), como se disse, fundamenta-se no dever emergente da posição estatutária do autor (por exemplo, funcionário público, administrador etc.).[85] Num sentido similar, há autores que incluem em todos os tipos de ilicitude um elemento caracterizado como "a lesão de um dever de evitar", que também alcançaria a todos os crimes comissivos.[86]

488. Ainda assim na teoria "negativa da ação"[87] a posição de garante é um elemento essencial da imputação. De uma maneira implícita também Roxin admite alguma função para a posição de garante

---

83. Schmidhäuser, *Strafrecht, Allgemeiner Teil*, 2ª ed., 1975, n. 8, p. 85.
84. Jakobs, *Strafrecht, Allgemeiner Teil*, 2ª ed., 1991, n. 7, pp. 56 e ss.; Sánchez –Vera, *Anuario de Derecho Penal y Ciencias Penales*, t. XLVIII, 1995, pp. 187 e ss.
85. Pérez del Valle, *Llespañola*, exemplar de 15.4.1997, p. 1 e ss., em relação à prevaricação do advogado.
86. Otto, *Grundkurs Strafrecht. Allgemeine Strafrechslehere*, 1976, pp. 55 e ss., ainda que com alcances diferentes em uma estrutura da teoria do crime em dois níveis.
87. Herzberg, *Die Unterlassung im Strafrecht und das Garantenprinzip*, 1972, pp. 169 e ss.

nos crimes comissivos quando considera os casos de imputação como um *âmbito alheio de responsabilidade*.[88]

489. Em todo caso, somente fazem parte do tipo penal as circunstâncias que determinam o surgimento do dever (por exemplo, a nomeação do funcionário, não os deveres que se vinculam ao exercício do cargo; a nomeação como administrador, mas não os deveres que dela surgem).

b) A ação

1. Desenvolvimento histórico-dogmático[89]

490. O conceito de ação tem a função de estabelecer o *mínimo de elementos que determinam a relevância de um comportamento humano para o direito penal*. Com outras palavras, pode-se dizer que a caracterização de um comportamento como ação ou não determina se ele é ou não relevante para o direito penal. Nesse sentido, o conceito de ação deve se referir a comportamentos que eventualmente possam ser predicados com a culpabilidade do autor (se ocorrerem os elementos que a fundamentam).[90]

491. Durante várias décadas a teoria da ação foi o centro das discussões relativas à estrutura do delito. O enfrentamento entre os partidários das *teorias causal e finalista da ação* terminou com a imposição das transformações sistemáticas propugnadas pela última. Do ponto de vista mais superficial, a polêmica manifestava-se acerca do lugar sistemático do dolo, que a teoria causal considerava como forma de culpabilidade, ao passo que a finalista propunha sua incorporação (como simples dolo de fato,[i] isto é, sem incluir no conceito de dolo a consciência da ilicitude) ao ilícito.[ii] Por outro lado, também um aspecto da culpa (a infração do dever de cuidado objetivo) devia ocupar lugar no ilícito, permitindo assim que o dolo e a culpa (assim en-

---

88. Roxin, *Strafrecht, Allgemeiner Teil*, 1992, t. I, § 11, p. 104.
89. Cf. Jaén Vallejo, *El concepto de acción en la dogmática penal*, 1994; Vives Antón, *Fundamentos del sistema penal*, 1996.
90. Bacigalupo, *Principios de derecho penal español*, 1985, p. 114; Jaén Vallejo, *El concepto de acción en la dogmática penal*, 1994; Vives Antón, *Fundamentos del sistema penal*, p. 93.
   i. No Brasil, fala-se em dolo natural.
   ii. O autor refere-se a ilícito como fato típico nessa passagem.

tendidos) dessem vez a duas formas diversas de ilícito em vez de duas espécies de culpabilidade, como sustentava a teoria causal.

492. Sob um ponto de vista aprofundado essa discussão se referia ao problema do *sentido* dos comportamentos humanos. Enquanto a teoria causal identificava a ação humana com seu aspecto causal naturalístico, a teoria finalista da ação desenvolveu-se em um contexto científico-social no qual o sentido social da ação dependia da direção dada pelo autor a ela e, portanto, da sua direção subjetiva.

493. A disputa entre ambos os conceitos desembocou no *conceito social de ação* que procurou sintetizar aspectos dos outros dois. De acordo com esse "*ação é a conduta humana socialmente relevante*",[91] ou seja, a ação pode consistir tanto no *exercício de uma atividade final*, conforme postulavam os finalistas, como na *causação* de determinadas conseqüências (como apregoado pelos causalistas), na medida em que o evento pudesse ser conduzido de acordo com a finalidade do autor. Mas esse conceito também tem sido fortemente criticado por sua falta de conteúdo: uma conduta – afirma-se nesse sentido – é socialmente relevante, ou não, quando se subsume, ou não, a um tipo penal.[92]

494. Paralelamente, desenvolveu-se uma tendência que considera que o conceito de ação tem "um papel completamente secundário"[93] ou que nega qualquer função ao conceito de ação na estrutura da teoria do delito.[94] Esses critérios, na verdade, operam com um conceito ingênuo de conduta humana, pois consideram que não se necessita de uma teoria da ação, uma vez que é suficiente comprovar "a possibilidade de a pessoa evitar a conduta proibida".

2. Os conceitos negativos de ação

495. Uma opinião minoritária, mas cuja influência no moderno conceito de ação é dificilmente ocultável, põe em dúvida o ponto de partida tradicional, pelo qual o omitente deve ser concebido confor-

---

91. Jescheck, *Lehrbuch des Strafrechts, Allgemeiner Teil*, 3ª ed., 1978, § 23-IV, com ampla indicação bibliográfica.
92. Otto, *Grundkurs Strafrecht. Allgemeine Strafrechslehere*, 1976, p. 62.
93. Schmidhäuser, *Strafrecht, Allgemeiner Teil*, 2ª ed., 1975, n. 8, p. 20.
94. Otto, *Grundkurs Strafrecht. Allgemeine Strafrechslehere*, 1976, p. 63.

me os critérios existentes para o autor de um crime comissivo.[95] O caminho correto, para essa perspectiva, é o contrário: "deve-se partir da omissão e essa deve ser buscada também no fato comissivo". O fundamental, portanto, não seria o momento em que o sujeito dá uma punhalada em outro lhe causando a morte, mas o não lhe ter omitido no momento decisivo. Assim, ao autor imputar-se-á um resultado quando não o tenha evitado, tendo podido fazê-lo e estando obrigado pelo direito a tanto. O fenômeno da ação deve se expressar, destarte, em forma negativa, de tal modo que em todo comportamento ativo se verá "um não-evitar evitável na posição de garante".[96] Nesse sentido, assinala-se que "o homem se encontra no centro de um círculo de domínio, que, ao mesmo tempo, é uma esfera de responsabilidade. Quanto mais se estende ao exterior, menor é a intensidade de domínio e mais duvidosa a responsabilidade como garante (...) Pelo contrário, quanto mais se aproxima do centro, mais óbvia torna-se sua posição de garante. E quanto mais se embrenha em seu interior constitui sem dúvida a pessoa mesma, em sua unidade de corpo e alma".[97]

496. Disso se deduz que "também o autor do crime comissivo tem que ser tratado como garante, pois a caprichosa execução de uma conduta nada modifica o fato da atualização da pessoa como fonte de perigo potencial que se dá no movimento corporal delitivo".[98] Se quem sofre uma hemorragia nasal *não impede* conscientemente a mancha no tecido de um sofá ou se não o *faz* voluntariamente, é, sob essa perspectiva, juridicamente indiferente.[99]

497. De outra parte, procurando reduzir os momentos normativos dos conceitos de ação e dando maior relevância aos elementos empíricos (basicamente personalíssimos), propôs-se excluir do conceito negativo de ação a posição de garante.[100] De acordo com ele, o

---

95. Herzberg, *Die Unterlassung im Strafrecht und das Garantenprinzip*, 1972, pp. 170 e ss.

96. Herzberg, *Die Unterlassung im Strafrecht und das Garantenprinzip*, 1972, pp. 172 e ss.

97. Herzberg, *Die Unterlassung im Strafrecht und das Garantenprinzip*, 1972, pp. 170 e 173.

98. Herzberg, *Die Unterlassung im Strafrecht und das Garantenprinzip*, 1972, p. 173.

99. Herzberg, *Die Unterlassung im Strafrecht und das Garantenprinzip*, 1972, pp. 170 e ss.

100. Cf. Behrendt, *Die Unterlessung im Strafrecht*, 1979.

conceito negativo de ação deve substituir a posição de garante pelo elemento perigo. Conseqüentemente "se dará uma ação quando o autor, à vista de uma situação de perigo, não executa a ação que o evite apesar de sua capacidade de agir".[101] O perigo a que aqui se faz referência é o "impulso de destruição".[102]

3. A crítica aos conceitos negativos de ação

498. Em primeiro lugar, tem-se sustentado que "o 'não-evitar o evitável' em si mesmo carece de substância",[103] pois pode se referir tanto à mera decisão da qual provém o evento, como ao resultado exterior do mesmo. Na medida em que se trata de algo evitável, seria claro que "também os meros pensamentos são evitáveis, pelo que o conceito negativo de ação não permitiria distinguir entre as condutas penalmente relevantes e as que não o são". A crítica não se mostra convincente quando se tem em consideração que Stratenwerth, ainda que não se aperceba, também propõe um conceito negativo de ação quando reconhece o caráter da ação à "possibilidade de conexão consciente na própria conduta que se desenvolve inconscientemente". É claro que a partir dessas considerações serão ações as omissões de conectar um mecanismo consciente de direção da ação quando isso era possível. O caráter negativo do conceito não parece discutível. Na verdade, a tese de Stratenwerth também poderia ser expressa como "o condutível não conduzido".

4. A ação como comportamento exterior evitável

499. Na medida em que o conceito de ação se limita a estabelecer o denominador comum mínimo de todas as formas de delitos (dolosos ou culposos, comissivos ou omissivos) seu conteúdo não abarca todos os elementos de um comportamento humano, mas somente aqueles que servem à sua função como elemento do delito. Nesse sentido, a teoria da ação parte de uma *distinção essencial: a direção ou dirigibilidade da ação e a direção ou dirigibilidade dos impulsos*. Exemplificativamente: a possibilidade ou impossibilidade do autor de

---

101. Behrendt, *Die Unterlessung im Strafrecht*, 1979, pp. 130 e 143-144.
102. Behrendt, *Die Unterlessung im Strafrecht*, 1979, p. 121.
103. Stratenwerth, *Festschrift für Hans Welzel*, 1974, p. 297.

se motivar de acordo com as normas do direito não é uma questão que tenha relevância no âmbito da teoria da ação. Essa distinção foi formulada inicialmente como conseqüência do conceito "ontológico" de ação (Welzel). Mas, na atualidade, esse ponto de vista não é aceito e a distinção tem uma fundamentação diversa. Por um lado, sustenta-se que "é o resultado da tentativa de formular a espécie das expectativas jurídico-penalmente relevantes e suas garantias no contato social".[104] Por outro, afirma-se que a distinção somente tem seu fundamento na decisão do legislador.[105] Finalmente, também há quem entenda tratar-se de uma distinção paralela à existente entre o conteúdo descritivo da norma e o da vinculação ao valor motivadora da imposição da norma que em cada caso deve ser determinada interpretativamente.[106] Em todo caso, essa distinção – qualquer que seja seu fundamento – é necessária em um sistema no qual se reconhecem duas espécies de erro (de tipo e de proibição) com diferentes conseqüências jurídicas (exclusão do dolo e exclusão da culpabilidade), como corre com o art. 14 do Código Penal. É dizer, ao menos é imposta pelo legislador; se, além disso, responde a uma distinção objetiva, é evidentemente uma questão muito problemática.

500. A ação, portanto, é *todo comportamento exterior evitável*, quer dizer, um comportamento que o autor poderia evitar se tivesse um motivo para tanto. Por exemplo: o autor que dispara sobre sua vítima produzindo-lhe a morte poderia ter evitado essa ação se quisesse; aquele que, como conseqüência de uma força irresistível (por exemplo, uma avalanche de pessoas) que o empurravam contra outra pessoa, causando-lhe lesões, não pôde evitar esse resultado. No primeiro caso existe uma ação; no segundo não. Somente uma conduta evitável pode ser *expressiva do sentido social* que interessa ao direito penal.

501. A *evitabilidade* não tem que ser conhecida pelo agente, mas deve se referir a suas concretas capacidades de ação. Por tais razões, não parecem acertadas as críticas que o critério da evitabilidade mereceu por parte da doutrina espanhola,[107] na qual se confunde a evita-

---

104. Jakobs, *Strafrecht, Allgemeiner Teil*, 2ª ed., 1991, n. 6/22.
105. Roxin, *ZStW* 74, pp. 515 e ss.
106. Zielinski, *Handlungs- und Erfolgsunwert im Unrechtsbegriff*, 1973, pp. 114 e ss.
107. Paredes Castañón, *El riesgo permitido en el derecho penal*, 1995, p. 297.

bilidade com a motivação do sujeito. Por exemplo: o autor que comprova que seu veículo não responde ao freio, mas *ignora* que o seu automóvel esteja equipado com um freio de emergência que, se tivesse sido acionado, poderia ter evitado o atropelamento de um pedestre, executa uma ação individualmente evitável, pois pôde deter seu veículo e não atropelar a vítima. Pelo contrário, se o autor põe fogo sem poder calcular que uma tormenta *inesperada* o desviará para umas casas que de pronto se incendeiam, não haverá ação, pois sua capacidade individual de deter o vento é nula.

502. Esse conceito de ação tem a função principal de eliminar do âmbito do direito penal todo fato totalmente irrelevante.

503. Trata-se de opinião dominante – qualquer que seja a fundamentação do conceito de ação que se adote – que não haverá ação quando se dá alguma causa que a exclui, que são:

a) os atos reflexos (por exemplo, as reações produzidas por um espirro, que fazem impossível controlar o movimento corporal em virtude do qual se lesiona outrem);

b) a coação física irresistível (por exemplo: o caso já analisado em que a morte de uma criança ocorre ao ser violentamente atingido por uma avalanche incontrolável de pessoas);[108]

c) os estados de inconsciência absoluta (por exemplo: a hipótese da mãe que, dormindo, sufoca com seu corpo a criança que dorme ao seu lado).[109]

504. Deve-se advertir, contudo, que a função atribuída às "causas de exclusão" da ação pela teoria dominante não tem caráter absoluto. A

---

108. Corretamente eliminado do Código Penal espanhol, por ser considerada desnecessária a específica regulamentação do antigo art. 8.9, cf. Silva Castaño, *Código Penal comentado*, coordenado por L. Rodríguez Ramos e J. López Barja de Quiroga, 1990, pp. 46 e ss.

109. Cerezo Mir, *Curso de derecho penal español. Parte general*, 1984, t. I, pp. 355 e ss.; Cobo del Rosal – Vives Antón, *Derecho penal. Parte general*, t. II, pp. 216 e ss.; Gimbernat Ordeig, *Introducción a la parte general del derecho penal español*, 1979, p. 38; Jiménez de Asúa, *Tratado de derecho penal. Parte general*, 3ª ed. 1965, t. III, pp. 709 e ss.; Jiménez de Asúa, *La ley y el delito*, pp. 219 e ss.; Quintero Olivares, *Introducción al derecho penal. Parte general*, 1981, pp. 184 e ss.; Sainz Cantero, *Lecciones*, t. II, pp. 255 e ss.; Rodríguez Devesa, *Derecho penal español. Parte general*, 5ª ed., 1976, pp. 478 e ss.; Rodríguez Mourullo, *Derecho penal. Parte general*, t. I, pp. 231 e ss.; Jescheck, *Lehrbuch des Strafrechts, Allgemeiner Teil*, pp. 178 e ss.

denominação empregada gera a falsa impressão de que nesses casos a ação fica excluída. Na verdade, somente se pretende dizer que, para os efeitos da tipicidade, não se pode tomar em conta o movimento reflexo ou o ato realizado em estado de inconsciência absoluta isoladamente e por si mesmos: não se pode fundar a tipicidade da morte de uma criança no movimento com que a mãe adormecida o sufoca.[110] Mas isso não significa que seja irrelevante para o direito penal a ação da mãe ao pôr a criança ao seu lado para dormir ou – para usar o exemplo de Kaufmann[111] – que não deva ser levado em conta o fato de que "o epilético foi por si mesmo ao lugar em que teve o ataque que produziu o dano".

505. A exclusão da ação, portanto, no contexto das chamadas "causas de exclusão da ação", não pode ser afirmada sem verificar-se previamente se a ação imediatamente anterior é relevante para o direito penal, ou seja, se foi evitável. A ação da mãe que põe a criança ao seu lado para dormir é evitável e, por isso, relevante para o direito penal. Pelo contrário, o fato deveria ser julgado de outra maneira (excluindo a ação da mãe) se a criança fosse colocada ao lado da mãe já adormecida pelo pai ou por terceiro. Neste último caso, é a ação daquele que pôs a criança junto à mãe adormecida que constituirá o fundamento da tipicidade.

506. Também são problemáticos os casos em que o autor age em um estado emocional de alta excitação, nas hipóteses das chamadas ações em "curto-circuito";[112] aqui, o elemento voluntário mantém-se, mas é executado numa velocidade tal que falta ao agente possibilidade de mobilizar reações inibidoras do comportamento, ou nos comportamentos automatizados, sobretudo aqueles que têm lugar no tráfego sobre rodas. Nesses casos, a opinião dominante admite o caráter de ações de tais comportamentos, com base no fato de ser possível que tenham lugar de maneira consciente[113] ou por ser possível interpor a vontade consciente orientadora do comportamento.[114]

---

110. Otter, *Funktionen des Handlungsberigriffs im Verbrechensaufbau?*, 1973, p. 180.
111. Armin Kaufmann, *Festschrif für Hans Welzel*, 1974, p. 394.
112. Maurach, *Deutsches Strafrecht, Allgemeiner Teil*, 4ª ed., 1971, p. 188.
113. Stratenwerth, *Strafrecht, Allgemeiner Teil*, 3ª ed., 1981, n. 148 e 151.
114. Rudolphi, *Systematischer Kommentar zum Strafgesetzbuch*, 6ª ed., 1995, anterior ao § 1, ns. 19 e 20; Krümplelmann, in *Festschrif für Hans Welzel*, pp. 336 e ss.; Schewe, *Reflexbewegung-Handlung-Vorsatz*, 1972.

507. A circunstância de que entre as chamadas "causas de exclusão da ação" e as "causas de inimputabilidade" ou de "exclusão da capacidade de culpabilidade" (como é preferível denominar estas últimas) haja somente uma diferença de grau ou de intensidade, faz supor que a teoria da ação esteja estritamente vinculada à idéia de culpabilidade e que, na verdade, representa antes de tudo um avanço de problemas dessa no âmbito do ilícito.[115]

508. Como se viu, a discussão em torno da teoria da ação não tem incidência com relação às causas que a "excluem", pois em quaisquer dos sistemas estas são as mesmas. Isso deixa evidente que na resolução dos casos a tomada de posição a respeito da ação não tem transcendência nesse aspecto concreto, isto é, na comprovação se houve ou não uma ação. É conveniente, portanto, que não se confunda o conceito de ação, como base do sistema dogmático da teoria do delito, e a comprovação da ação típica na resolução dos casos.

5. O conceito de ação na dogmática espanhola

509. No que concerne à caracterização da ação na dogmática espanhola, reina uma notória falta de consenso teórico. Nas conseqüências práticas, pelo contrário, existe uma considerável unidade, ainda que não faltem vozes discrepantes.

510. Em torno do conceito de ação, sustentam-se pontos de vista semelhantes aos da *teoria finalista* da ação, ainda que, em parte, com diversa fundamentação.[116] De outro lado, defende-se o *conceito causal* de ação com certas modificações no que concerne à exigência de voluntariedade[117] ou em seu sentido tradicional.[118] Outra variação do conceito causal de ação foi proposta sob a perspectiva do controle do movimento ou inamovibilidade pela vontade humana.[119] Não obstan-

---

115. Bacigalupo, *Cuadernos de Política Criminal*, 1980, pp. 150 e ss., n. 11.
116. Cf. Jaén Vallejo, *El concepto de acción en la dogmática penal*, 1994; Cerezo Mir, *Curso de derecho penal español. Parte general*, 1984, t. I, pp. 336 e ss.; Mir Puig, *Derecho penal. Parte general*, 4ª ed., 1996, partindo da idéia de Estado Social e Democrático de Direito.
117. Gimbernat Ordeig, *Gedächtnisschrift für Armin Kaufmann*, 1989, pp. 159 e ss.
118. Cobo del Rosal – Vives Antón, *Derecho penal. Parte general*, t. II, pp. 292 e ss.
119. Luzón Peña, *Curso de derecho penal*, 1996, t. I, pp. 265 e ss.

te, encontram-se adeptos da *teoria social da ação*.[120] Visto de outro ângulo nega-se também o interesse de um conceito de "comportamento em abstrato ou geral" e propõe-se sua substituição pelo bem jurídico "como conceito geral e vinculante para o injusto".[121]

c) A realização do tipo objetivo nos crimes de resultado lesivo

1. Resultado, causalidade e imputação objetiva

511. A adequação típica nos crimes de lesão depende do fato de que a realização da ação tenha produzido um resultado lesivo que seja objetivamente imputável. Nesses delitos o juiz deve comprovar, para dar por concretizada a realização de um tipo objetivo, não apenas a realização da ação, mas, também, a produção de um resultado lesivo e a existência de uma relação específica entre eles (imputação objetiva). Esses delitos correspondem às antípodas dos que se esgotam na mera realização de uma ação (crimes de mera conduta: por exemplo, a injúria – art. 208 do Código Penal);[iii] os delitos de lesão pressupõem como resultado a lesão a um objeto determinado. Este denomina-se objeto da ação e pode ser uma coisa ou uma pessoa:[iv] é uma coisa, por exemplo, no crime de dano (art. 263 do Código Penal);[v] é uma pessoa, no de lesão corporal (art. 147 do Código Penal).[vi] Neste último caso pode também consistir na criação de um determinado estado interno da pessoa.[122]

512. O resultado no sentido estrito importa, portanto, uma lesão do objeto da ação e não qualquer conseqüência vinculada a essa (por exemplo, não é resultado de crime de homicídio a dor causada aos familiares da vítima).[123] Essa lesão do objeto da ação deve ser distinguida da lesão do objeto de proteção, que se constitui da lesão ao bem

---

120. Rodríguez Mourullo, *Derecho penal. Parte general*, t. I, pp. 211 e ss.
121. Bustos-Hormazábal, *Manual de derecho penal*, 4ª ed., 1996, p. 239.
iii. Vd. art. 140 do CP brasileiro.
iv. No Brasil, designa-se como objeto material a pessoa ou coisa sob a qual recaia a conduta.
v. No Brasil, art. 163 do CP.
vi. No Brasil, art. 129 do CP.
122. Blei, *Strafrecht, Allgemeiner Teil*, 18ª ed., 1983, t. I, pp. 70 e ss.
123. Cf. Laurenzo, *El resultado en derecho penal*, 1992, que distingue acertadamente resultado e desvalor do resultado.

jurídico. Todo crime (inclusive os de mera conduta) pode se caracterizar como lesão de um bem jurídico (a injúria, por exemplo, ofende o bem jurídico honra), mas nem todo delito requer a lesão a um objeto determinado. Os crimes de lesão seriam, então, aqueles nos quais a ofensa do bem jurídico tem lugar por meio da lesão de um objeto protegido.

513. A tipicidade de uma ação a respeito de um tipo penal de crime de resultado exige a comprovação de que o resultado típico se encontre numa relação tal com respeito àquela, que permita afirmar que é a sua concreção, que é – em outras palavras – seu produto. Daí se conclui que nos crimes de mera conduta esse problema não se apresenta. Por exemplo, na injúria não se requer um resultado material e, portanto, a questão da relação entre a ação e o resultado não se pode apresentar.

514. As *teorias clássicas* afirmarão que a relação que permite considerar um resultado como produto da ação é uma relação de causalidade, isto é, uma relação de causa e efeito idêntica à dos eventos da natureza. Distinguiu-se com clareza, no entanto, entre ser causal e ser responsável pela produção do resultado: ambas categorias não se superpuseram. Pode-se afirmar que a causalidade estabelece um limite mínimo de responsabilidade. A causalidade requer uma limitação: entre os comportamentos causais de um resultado típico somente alguns culminam na responsabilidade penal. A teoria da causalidade completa-se mediante corretivos de natureza não causal, mas normativa, ou seja, corretivos que se deduzem da natureza do ilícito penal. Esse conjunto de corretivos da causalidade dá lugar à teoria da imputação objetiva. O desenvolvimento da questão mostra que grande parte dos problemas que se apresentam relaciona-se com o lugar sistemático no qual se deve praticar a correção da causalidade (no momento da adequação ao tipo objetivo, no do dolo ou no da culpabilidade).

515. A partir de um ponto de vista puramente causal, também os pais dos homicidas seriam causa do resultado morte, mas seus comportamentos não interessam ao direito penal. A teoria da imputação objetiva procura, pelo contrário, determinar o fundamento e o lugar onde se deve levar a cabo uma correção dos resultados das teorias naturalistas ou da causalidade, com base nos princípios deduzidos da natureza da norma e no fim de proteção do direito penal.

2. As teorias da causalidade

516. No desenvolvimento da dogmática penal têm sido muitas as teorias que tentaram solucionar a questão referente à relação de causalidade.[124] Dessas, somente duas subsistiram na prática: a teoria da equivalência dos antecedentes (*conditio sine qua non*) e a teoria da causalidade adequada. O que diferencia um ponto de vista de outro é que, enquanto que a primeira considera como relevante para o direito penal uma conexão causal concebida no sentido das ciências naturais, a segunda trata de limitar os resultados de uma consideração meramente natural incluindo perspectivas valorativas que restringem o conceito de causalidade à causalidade jurídico-penalmente relevante.

I – A teoria da equivalência dos antecedentes[vii]

517. Essa teoria abre mão da determinação de uma causa do resultado e afirma que todas as suas condições têm idêntica e equivalente qualidade causal. Causa do resultado morte é tanto a ação que produziu uma lesão leve na vítima como o incêndio no hospital em que a pessoa morreu enquanto recebia tratamento.

518. Partindo dessa concepção de causalidade foi elaborada a chamada teoria da condição, cuja finalidade é a de permitir uma aplicação prática simples dos princípios causais da teoria da equivalência dos antecedentes. Para isso, é necessário distinguir as condições positivas (ações em sentido estrito) das negativas (omissões).

519. No primeiro caso, quando se trata de condições positivas, a fórmula estabelece que uma ação é causa do resultado: se eliminada, hipoteticamente, aquele não teria se produzido. Por exemplo: "A" dispara uma arma de fogo contra "B" e este morre; ao se eliminar hipoteticamente o disparo, "B" não morreria dessa maneira e nesse momento; a ação de "A", portanto, é causa da morte de "B".[viii]

520. Na segunda hipótese, das chamadas condições negativas, a fórmula prescreve um procedimento inverso de verificação da causa-

---

124. Jiménez de Asúa, *Tratado de derecho penal. Parte general*, t. III, pp. 510 e ss.; Antolisei, *Il rapporto di causalità nel diritto penale*, 1934.

vii. Essa teoria foi expressamente adotada em nossa legislação, *vide* art. 13, *caput* do CP.

viii. A doutrina brasileira fala nesse caso em processo de eliminação hipotética, geralmente atribuído a Thyrén.

lidade. De acordo com ele, uma omissão seria causa de um resultado se, suposta hipoteticamente, com a realização da ação omitida, aquele teria sido evitado. Por exemplo: "X", que é um bom nadador e não tem impedimento algum para salvar "Y", que não sabe nadar e caiu na parte mais profunda da piscina; "X" não realiza o menor intento de salvá-lo, razão pela qual "Y" morre afogado. Ao se supor hipoteticamente a ação de salvamento omitida por "X", "Y" não teria morrido, razão pela qual a omissão de "X" seria causa da morte de "Y".[ix]

521. A aplicação dessa fórmula exige que sejam levadas em conta algumas advertências. Em primeiro lugar, é necessário evitar nexos causais hipotéticos, ou seja, *fatos não ocorridos realmente*. Por exemplo: "A" e "B" deixam cada um seu bastão pendurado no cabide de uma taberna na qual desejam tomar algo; mais tarde, "C" e "D" começam uma briga, em meio à qual "C" toma o bastão de "A" em suas mãos e golpeia "D", causando-lhe ferimentos graves. Uma correta aplicação da fórmula seria a seguinte: se "A" não tivesse deixado o bastão ali, "C" não teria conseguido golpear "D" com ele; portanto, a conduta de "A" é causa da lesão sofrida por "D" (o que não significa que "A" seja responsável pelo resultado!), de forma equivalente à ação de "C". Pelo contrário, seria incorreto afirmar que a conduta de "A" não seria causa, porque, se eliminada hipoteticamente sua ação de deixar o bastão, o resultado não desapareceria, já que "C" teria tomado o bastão de "B" e produzido o mesmo resultado de lesões em "D". A incorreção desta última aplicação da fórmula da teoria da condição funda-se no fato de que se supõe uma condição meramente hipotética (a de que "C" ter utilizado o bastão de "B").

522. Em segundo lugar, deve-se ter em conta que, uma vez posta uma condição por um sujeito, pode intervir outro ou outros. Se a intervenção do terceiro não for intencional, será causa do resultado a ação do que praticou a primeira condição tanto quanto do que prati-

---

ix. Apesar de a redação do art. 13, *caput*, do CP brasileiro estabelecer como causas do resultado a ação ou *omissão*, sem as quais ele não teria ocorrido, a maioria dos penalistas sustenta que, em matéria de omissão, não há falar em relação de causalidade natural, mas normativa, quando da ocorrência da hipótese a teor do art. 13, § 2º, do mesmo diploma. Por essa razão, o exemplo utilizado acima não tem aplicabilidade à nossa realidadelegislação, apesar de nosso legislador ter adotado a teoria em exame.

cou as demais. Por exemplo: "A" deixa uma arma de fogo carregada sobre uma mesa; "B" a toma e começa a brincar com ela; a arma dispara e mata "C". As ações de "A" e "B" são causa do resultado morte de "C", porque, eliminadas hipoteticamente cada uma delas de forma alternativa, a morte de "C" não teria ocorrido. As opiniões não são unânimes, no entanto, quando a intervenção do terceiro é intencional. Os partidários da "*teoria da proibição do regresso*"[125] estimam que, se a condição tiver sido posta de forma livre e consciente pelo terceiro, não devem ser tomadas em consideração as condições anteriores a tal ação livre e consciente. No exemplo anterior, então, se "B" toma a arma e mata intencionalmente "C", a ação de "A" não deveria ser tomada em conta do ponto de vista causal.[126-x]

523. A teoria da condição ou da equivalência dos antecedentes encontra dificuldades para separar, como irrelevantes, as contribuições ao fato que estão muito distantes do momento da ação (por exemplo, o operário que intervém na fabricação da arma realizaria conduta que também é causa do homicídio cometido com ela). Por esse motivo, aqueles partem dessa teoria restringem logo a punibilidade aos *nexos* "*relevantes juridicamente*".[127-xi]

524. A fórmula da teoria da condição, isto é, a fórmula da supressão hipotética da ação, é na realidade enganosa. Na verdade, somente é possível saber se com a supressão hipotética da ação desapareceria o resultado, acaso se conhecesse de antemão a causalidade. Em outras palavras, para para responder à pergunta sobre se o resultado não teria ocorrido uma vez suprimida mentalmente a conduta seria preciso saber previamente se a ação causou o resultado. Quem não saiba

---

125. Frank, *Des Strafgesetzbuch für das Deustsche Reich*, pp. 16 e ss.
126. Contra essa distinção e, conseqüentemente, a teoria da proibição do regresso: Jescheck, *Lehrbuch des Strafrechts, Allgemeiner Teil*, p. 465.
x. Tendo em vista o teor do art. 13, *caput*, do CP brasileiro, em quaisquer dos exemplos apresentados existiria nexo causal entre a conduta de "A" e "B" e o resultado morte; no segundo caso, contudo, somente caberia falar em responsabilização de "A" pela morte de "C" (a título de culpa) caso tal resultado fosse previsível no momento em que a arma foi deixada sobre a mesa, o que parece pouco provável.
127. Mezger, *Strafrecht, ein Lehrbuch*, 3ª ed., 1949, pp. 122 e ss.; Jiménez de Asúa, *Tratado de derecho penal. Parte general*, 3ª ed., 1965, t. III, ns. 1.095 e ss.
xi. No Brasil evita-se o chamado *regressus ad infinitum* pela teoria da exclusão do dolo.

que o disparo de uma arma de fogo pode produzir a morte de uma pessoa não pode saber tampouco se, ao suprimir-se mentalmente a ação de disparar, o resultado não teria se produzido. A fórmula da teoria da condição, portanto, não seria apta para investigar a existência da causalidade.

525. Por essa razão, na atualidade as preferências inclinam-se para a chamada teoria da lei da causalidade natural. Segundo ela, a causalidade de uma ação com relação ao resultado depende de que a conexão entre ambos esteja respaldada pela existência de uma lei causal natural geral, da qual o caso concreto seja uma expressão particular. Ambos os problemas devem ser mantidos estritamente independentes um do outro. Deve-se, afirmar, primeiramente, a existência de uma lei causal natural geral (por exemplo, que as feridas no corpo sob certas condições produzem infecções, que por sua vez podem conduzir à morte da vítima) e, em seguida, que o caso que se julga se subsume a ela (por exemplo, que a vítima tenha sido ferida e que a ferida tenha produzido a morte). Quando se diz "lei causal natural" quer-se significar que se comprovou um número estatisticamente representativo de casos nos quais se repete o mesmo resultado e que permite, via de conseqüência, supor uma relação causal geral.

526. A questão referente à existência dessa lei causal não é susceptível de ser apreciada "segundo a consciência" do tribunal (art. 741 da LECr), mas requer uma constatação pericial fundada em conhecimentos especializados.

527. O Tribunal Supremo em sua decisão de 23.4.1992 (caso da "síndrome tóxica" ou do envenenamento massivo com azeite de *colza* – espécie de couve silvestre – industrializado) discutiu as diferentes posições que existem a respeito da significação normativa da lei natural da causalidade. Nesta, estabeleceu-se que "existe uma lei natural de causalidade quando, comprovado um fato em número considerável de casos similares, seja possível descartar que o evento tenha sido produzido por outras causas" (fundamento jurídico 1º). Ao mesmo tempo, o Tribunal Supremo distanciou-se do ponto de vista sustentado anteriormente na *STS* 693/86, de 12.5.1986, na qual, a propósito dos ali chamados "cursos causais não verificáveis", afirmava-se que a "demonstração própria do direito é distinta da científico-natural porquanto não supõe uma certeza matemática e uma verificabilidade excludente da possibilidade do contrário, mas simplesmente a obtenção de uma certeza subjetiva". Ainda assim, o Tribunal Supremo afastou-se dos critérios aplicados para a determinação da lei natural da causalidade na *STC* 105/83, ao assinalar que esta não poderia fundamentar-se no "senso comum das pessoas", e do erro de conceito que se extrai desta decisão (e na *STS* de 29.2.1983) ao confundir-se um problema de motivação com uma questão de causalidade material.[128]

528. Mostra-se conveniente transcrever parcialmente o fundamento jurídico primeiro da *STS* de 23.4.1992 no qual – como se disse – expuseram-se as razões da decisão de uma maneira detalhada:

"c) O recorrente foi condenado por 'um crime de imprudência temerária profissional do art. 565, combinado com os artigos 407, 420, 422 e 528' (fundamento jurídico 3.1 da sentença recorrida). Tanto o homicídio como as lesões culposas exigem que a ação tenha produzido causalisticamente os resultados morte e lesão. A doutrina e a jurisprudência coincidem amplamente na atualidade em estabelecer que a relação de causalidade só poderá ser admitida quando se comprovou uma lei causal natural e o fato concreto se pode subsumir a ela. Não falta, nesse sentido, um difundido ponto de vista segundo o qual os crimes de resultado representam uma espécie de 'leis penais em branco', que devem ser completadas por outra 'lei', a lei natural da causalidade. A comprovação de uma lei natural, portanto, desse tipo seria pressuposto da aplicação da lei penal.

"A exigência da causalidade natural não se vê afetada pela teoria da imputação objetiva à que com freqüência recorre a jurisprudência, pois os critérios que proporciona não substituem, mas limitam a causalidade jurídico-penalmente relevante.

"Qualquer que seja o ponto de vista que se professe sobre o significado dogmático da exigência da causalidade, o certo é que tanto a doutrina como a jurisprudência, na Europa, tiveram que abordar a questão das condições sob as quais os tribunais podem ter por provada a relação de causalida-

---

128. Sobre essas questões ver: Torió López, *Anuario de Derecho Civil y Ciencias Penales*, t. XXXVI, 1989, pp. 489 e ss.; de la Cuesta Aguado, *Causalidad de los delitos contra el medio ambiente*, 1995; Gómez Benítez, *Causalidad, imputación y cualificación por el resultado*, 1988.

de. Em particular, o tema adquire especial importância nos casos em que a existência de uma lei causal natural não é aceita de uma maneira geral pelos cientistas. Nas palavras de um autor de peso nessa matéria: 'Conduz o *non liquet* das ciências naturais à liberdade do juiz para afirmar ou negar a existência de uma lei natural?'

"As respostas são diversas:

"*aa*) Por um lado, sustenta-se que a certeza subjetiva do juiz não pode substituir o reconhecimento geral que depende de uma determinada proposição científica entre os especialistas. As proposições gerais das ciências naturais, portanto, somente podem fundamentar uma decisão quando gozam de um reconhecimento geral entre os especialistas. Uma distinção entre 'prova jurídico-penal' e 'prova científico-natural' da causalidade não seria procedente segundo este ponto de vista. Em conseqüência, a formação da convicção dos juízes deveria se limitar à questão do reconhecimento de afirmações empírico-científicas. Sob essa perspectiva, a 'causação' acaba sendo um elemento típico que integra na norma jurídica as leis causais, razão pela qual estas pertencem, no silogismo clássico da subsunção, à premissa maior, sob a qual se deve subsumir, elemento por elemento, o fato concreto, isto é, a premissa menor. Daí se conclui que a existência da lei causal natural deve ser 'objetivamente segura', posto que do contrário nada se poderia subsumir a ela. Conseqüentemente, neste contexto *non liquet* significa que não existe uma lei causal reconhecida sob a qual se possa subsumir. Na opinião daqueles que defendem esse critério, são aplicáveis as 'leis causais incompletas', entendendo-se por tais aquelas nas quais se mostra experimentalmente demonstrado que um determinado fator produz uma dada conseqüência sob certas circunstâncias, mas estas não são conhecidas em sua totalidade. Sustenta-se, no entanto, que a estatística não constitui uma prova suficiente de uma lei causal abstrata. Em todo caso, o resultado final dessas considerações, 'a lei natural temporal, se subtrai à formação da convicção judicial'.

"*bb*) A questão da diversidade de opiniões entre os especialistas foi analisada também a partir de outra ótica que recusa a explicação normológica que acaba de ser exposta. Nesse sentido se afirma, em primeiro lugar, que se as leis naturais da causalidade fossem elementos do tipo penal, não seria possível explicar por qual razão os juízes deveriam remeter-se à opinião dos peritos – se trataria de componentes normativos submetidos ao princípio *iura novit curia*.

"De qualquer maneira, aqueles que seguem esse ponto de vista não chegam a uma conseqüência prática diversa. Também aqui os juízes careceriam da faculdade processual de estabelecer qual é o ditame de maior plausibilidade, pois careceriam dos conhecimentos necessários para fazê-lo. A decisão judicial em uma situação semelhante privaria a sentença de aceitabilidade, pois a questão da causalidade teria sido decidida sem os conhecimentos necessários. Em tais casos, portanto, o Tribunal somente poderia aplicar o princípio *in dubio pro reo*.

"*cc*) A tese que postula uma limitação da decisão judicial sobre os fatos, quando existem discrepâncias entre os peritos sobre a existência de uma lei geral de causalidade, foi contestada nos últimos tempos sob distintas perspectivas, tanto teóricas como práticas. Por um lado, se tem sustentado que 'o afastamento da opinião de um dos peritos e a aceitação de outros depende de que o Tribunal tenha tido razões plausíveis para não levar em conta certos especialistas', ainda que se estime difícil que tais razões possam aparecer no 'âmbito nuclear das ciências naturais'.

"De outra parte, sustenta-se que os tipos de resultado de lesão não são constituídos por proposições sobre a causalidade e que estas não são requisitos típicos. O que estes tipos penais exigem é a própria causalidade no caso concreto. Com base nisso, a causalidade, como tal, é o objeto tanto da prova como da convicção do Tribunal. Os juízes, portanto, poderiam admitir determinadas proposições sobre a causalidade na medida em que sua convicção sobre elas se mantenha dentro dos limites estabelecidos para a formação da convicção em consciência. Quando no processo não se lograr atingir um consenso por parte dos peritos, mas não obstante o Tribunal tiver a convicção da existência da causalidade, é indubitável, afirma-se, que não se pode supor uma violação do princípio *in dubio pro reo*, pois este somente exige que o juiz não tenha tido dúvidas. Conseqüentemente, quando o Tribunal não tem dúvidas, é livre para aceitar a causalidade sobre a qual os peritos não tenham logrado anuir, na medida em que isso não implique num afastamento de conhecimentos científicos ou princípios gerais da experiência. Naturalmente que se não existe uma tese reconhecida como válida pelos especialistas será indubitável que o juiz que admita a causalidade no caso concreto não terá ignorado conhecimentos científicos reconhecidos nem princípios gerais de experiência. A aceitação da causalidade dependerá, na verdade, da maior ou menor capacidade explicativa que contenham as diferentes propostas dos especialistas, é dizer, de *standards* que podem diferir nas ciências naturais e no processo penal, ainda quando não se considera adequada uma distinção entre 'prova científico-natural' e 'conhecimento das ciências humanas'. Quando – se conclui – a diferença de opiniões entre o Tribunal e os peritos não tem fundamentos empíricos, mas se radica na utilização de distintos critérios a respeito do adequado a um tipo de explicação, o juiz que admite uma determinada explicação causal segundo seus critérios não decide sobre questões para as quais carece de conhecimentos científicos.

"*dd*) Em termos gerais, um estudo comparado da jurisprudência européia permite afirmar que os tribunais têm seguido critérios similares aos expostos no último parágrafo.

"Praticamente em todos os casos conhecidos de caracteres similares ao que aqui se deve resolver os tribunais tem se deparado com o problema das dificuldades de determinação dos mecanismos causais e da substância que em concreto produziu o resultado típico.

"Nesse sentido percebe-se, nos aproximadamente vinte anos que transcorreram desde o surgimento desta problemática, uma certa aproximação entre os pontos de vista defendidos na teoria e os sustentados pelos tribunais. Inicialmente a jurisprudência distinguiu radicalmente entre a prova 'em sentido jurídico' e a chamada prova em sentido das ciências naturais, que pressupõe um conhecimento de certeza matemática, excludente de toda possibilidade contrária, isto é, um conhecimento absolutamente seguro. A única prova decisiva em matéria jurídico-penal – se disse – ocorrerá quando o Tribunal, de acordo com o conteúdo do processo, tenha completa convicção a respeito dela. De acordo com este critério se entendeu que a prova da causalidade em processo penal se rege pelos princípios do conhecimento próprio das ciências humanas, razão pela qual se apóia 'no peso do juízo sobre o contexto geral do evento obtido ponderando os elementos fundamentais' (cf. *Landgericht Aachen* – Tribunal de Aquisgran –, auto de 18 de dezembro de 1970, 'caso Contergan').

"Sobre essas bases, o Tribunal de Aquisgran concluiu que 'para a prova da causalidade carece de influência que o mecanismo causal da talidomida (...) em particular não seja conhecido'.

"A diferenciação de prova científico-natural e uma prova jurídico-penal, contudo, deparou-se com uma rejeição generalizada de parte da doutrina. Na atualidade essa fundamentação não é apoiada pelo consenso científico, mas isso não significou que tenha sido posta em dúvida a tese fundamental com referência ao fato de ser desnecessário esclarecer o mecanismo causal preciso. Neste sentido, o Tribunal Supremo alemão (*BGH*) sustentou em uma recente decisão de 6 de julho de 1990, confirmatória neste aspecto de uma decisão do *Landgericht Mainz* – Tribunal de Mangucia – (caso 'Erdal' ou 'Lederspray'), que 'quando se comprovou de uma maneira juridicamente inobjetável que a composição do conteúdo de um produto – ainda que não seja possível um maior esclarecimento – foi a causadora dos danos, não será requisito para a prova da causalidade que ademais se comprove por que dito produto pode ser causal aos danos, isto é, qual foi, segundo uma análise e os conhecimentos científico-naturais, o fundamento último dessa causalidade'. Tem sido exigido, no entanto, que no caso em que não se possa determinar dessa maneira, ou seja, de acordo com métodos e conhecimentos científico-naturais, o desenvolvimento do mecanismo causal, os tribunais 'terão que lograr excluir toda outra causa do dano que entre em consideração mediante uma ponderação da prova juridicamente não-objetável'.

"A partir dessa perspectiva 'o nexo causal entre a composição de um produto e o dano à saúde dos consumidores deve se considerar comprovado de maneira juridicamente não-objetável, ainda que fique em aberto a questão de qual é a substância que desencadeou os danos, sempre e quando caiba excluir outras causas destes que entrem em consideração'.

"*ee*) A jurisprudência desta Corte fez referência também à questão da prova dos chamados 'cursos naturais não verificáveis' (não susceptíveis de demonstração científico-natural) na *STS* de 12 de maio de 1986 (n. 693/86). Neste pronunciamento a Corte sustentou que 'a demonstração própria do direito' é 'distinta da científico-natural porquanto não supõe uma certeza matemática e uma verificabilidade excludente da possibilidade contrária, mas simplesmente a obtenção de uma certeza subjetiva'. Mas precisando esse ponto de vista sustentou a Corte que 'em todo caso requer-se uma atividade probatória que conduz racionalmente a dar por certos uns fatos determinados (...) que não sejam simples suspeitas ou dados dos que não se desprenda outra coisa que vícios ou aparências mais ou menos acusadoras de que uma pessoa tenha cometido um crime'. Deverá se admitir, portanto, que a prova quando se tenha logrado 'a obtenção da nota de probabilidade própria das ciências humanas, com dedução que se mostre (...) como a racional e as relações de causalidade de estruturas simples e cotidianas a respeito das quais existe um importante material empírico conhecido pela generalidade de pessoas (por exemplo, relação de causalidade entre o hematoma produzido e a ação de golpear outrem com os punhos), constituem uma matéria que os tribunais podem apreciar com base nos princípios da experiência, conforme as regras habituais em matéria de prova'. Tal foi o caso na *STS* de 12 de maio de 1986, na qual a relação de causalidade se refere ao nexo existente entre a ação de atear fogo a poucos metros de um bosque e o incêndio provocado no mesmo.

"Distinta é a decisão na *STS* de 29/2/83 e na *STC* 105/83. Nelas se trata, na verdade, de um problema alheio à causalidade natural, pois se discute a relação existente entre as publicações de um jornalista e as motivações que a conduta deste pode ter gerado em seus leitores. É evidente que este último caso não pode ser considerado dentro da problemática da relação de causalidade, pois esta se refere às relações que explicam fenômenos do mundo físico, próprias dos objetos, mas de modo algum, aos efeitos motivadores das condutas de uma pessoa sobre outras que agem livremente. Somente dando à causalidade uma extensão extraordinariamente ampla é possível falar em tais circunstâncias de um nexo causal natural (cf. *STS* de 30/9/91, Rec. 6.154/98). Tal amplitude, todavia, não se mostra plausível, pois importa uma generalização de fenômenos e situações que não parece adequado que sejam tratados com os mesmos critérios. Por isso, nesses casos é preferível fazer referência a relações de motivação (cf. *STS* de 30/9/91, Rec. 1.645/89). Conseqüentemente, dada a diferença essencial entre as questões tratadas na *STC* 105/83 e na *STS* de 29/1/83 e as que se abordam no âmbito da causalidade, torna claro que os princípios que estas estabelecem a respeito da prova não devem se estender às hipóteses de causalidade em sentido estrito.

"O problema, de qualquer modo, adquire outra dimensão quando o tribunal deve resolver a prova de nexos causais complicados, acerca dos quais, em princípio, são insuficientes os conhecimentos empíricos gerais e se requerem conhecimentos especiais que o tribunal não pode adquirir por si mesmo. Em tais casos será necessária a ajuda de peritos na matéria. Mas não é difícil que em tais casos as opiniões divirjam consideravelmente, sobretudo porque não há um consenso científico total sobre o conceito de lei causal natural nem sobre as condições de sua formulação. Nas ciências naturais se pode comprovar a existência de opiniões muito distintas que chegam inclusive a afirmar que não é de modo algum claro, dentro de seu próprio âmbito, como se decide quando se está diante de uma lei natural e quando não. Sem um conceito de 'lei natural' e de 'lei geral de causalidade', portanto, não será possível resolver o problema suscitado. Esse conceito de lei natural de causalidade abstrata deve completar o tipo penal dos crimes de resultado, pois sob tal conceito abstrato de lei causal natural se deverá subsumir a lei causal concreta postulada pelos cientistas, e, por meio dessa, a causalidade do caso concreto. De tudo o quanto se viu, é possível deduzir que no tocante às ciências naturais a questão de quais são os mínimos exigidos para que uma sucessão temporal e reiterada de fatos similares possa ser considerada como uma lei causal natural é uma questão normativa sobre a qual não há unanimidade. A determinação do conceito de lei natural que integra o tipo penal, em conseqüência, exige uma operação hermenêutica.

"*A existência de uma lei causal natural em geral, ou seja, as condições que devem dar para sua formulação aceitável,* depende das exigências sob as quais seja possível excluir uma atribuição arbitrária do resultado da ação do autor.

"A esses efeitos deve se distinguir entre a cientificidade natural dos dados e a questão normativa das condições sob as quais é possível admitir que a lei causal foi corretamente formulada. Quando se admite que os tipos penais dos crimes de resultado constituem uma espécie de 'lei em branco' que deve ser completada com a opinião dos especialistas de um determinado ramo da Ciência, será preciso admitir que, ao menos com relação à questão normativa implícita na lei natural de causalidade, não se pode excluir a tarefa interpretativa dos tribunais como uma autêntica questão de direito, posto que esse aspecto normativo admite diversas determinações nas ciências naturais.

"Na doutrina, contudo, esse ponto de vista tem sido questionado, afirmando-se que a conexão entre lei causal e a norma jurídica surge pelo fato de que essa se extrai a partir de uma disponibilidade segundo a convicção subjetiva, dado que 'sua existência tem que ser objetivamente certa, pois do contrário nada se poderia subsumir a ela'. Na realidade, todavia, não se trata de uma questão de pura convicção em consciência, mas de uma tarefa hermenêutica na qual se deve estabelecer fundadamente quais exigências deve cumprir uma conexão para ser considerada causal. De outra parte, esse critério pressupõe que o conceito de lei causal natural, como tal, é único, cognoscível e certo. Pelo contrário, a realidade das ciências naturais demonstra que isso não se dá dessa forma. Mais ainda: à medida que o elemento genético do antecedente causal não pode ser percebido sensorialmente, apenas empiricamente torna-se possível estabelecer correlações de eventos. Se essa conexão é ou não causal depende das condições que se estabeleçam como pressuposto da afirmação. Portanto, 'explicar um evento como causal significa deduzir das leis e condições marginais (causas) uma proposição' na qual isto se expresse, mas isso pressupõe estabelecer quando uma correlação permite crer em uma 'lei' de causalidade. Essa situação possibilita, inclusive, que se formulem com indubitável seriedade científica teses segundo as quais 'a causalidade é algo inacessível ao conhecimento humano' ou que afirmam que 'a idéia de causalidade estrita deve ser abandonada e as leis da probabilidade devem passar a ocupar o lugar que alguma vez foi ocupado pela causalidade'. Nos liames causais de certa complexidade sempre existe a possibilidade de aumentar as exigências dos pressupostos de formulação de uma lei causal natural até limites que praticamente sejam impossíveis de superar o *non liquet*. Nesse contexto, *deve se considerar que existe uma lei causal natural* quando, comprovado um fato em número considerável de casos similares, seja possível descartar que o evento tenha sido produzido por outras causas. Tais condições são suficientes para garantir uma decisão racional do caso a partir do ponto de vista do direito penal.

"Pelo contrário, se mostram claramente insuficientes os critérios do 'sentir médio' das pessoas (*STC* 105/83) ou a simples 'possibilidade científico natural do nexo causal' postulada isoladamente na doutrina. É fora de dúvida que as opiniões, por mais gerais que sejam, não constituem uma fonte de racionalidade aceitável, assim como a 'possibilidade científico-natural' é um conceito que nada pode acrescentar à solução do problema abordado, posto que não explica quais são as condições da possibilidade, nem o que se deve entender por 'possibilidade científico-natural'. (...)

"*e*) No caso que agora se julga a afirmação da relação causal por parte da *Audiencia*[xii] satisfaz tais requisitos, pois permite descartar que os resultados típicos tenham sido produzidos por outras causas diversas da ação do recorrente.

xii. Câmara do Tribunal.

"*aa*) A *Audiencia* pôde comprovar mediante a prova pericial um número importante de casos com características similares: 330 mortos e mais de 15.000 afetados nos quais foi possível constatar a similitude de sintomas e a ingestão do azeite. A *Audiencia* entendeu (cf. fundamentos jurídicos 2.3.1.) que esses fatos foram comprovados pelos depoimentos testemunhais. A objeção do recorrente a respeito da prova não pode prosperar no âmbito da cassação, uma vez que sua valoração se apóia na percepção direta dos testemunhos somente permitidas pela imediação. Em numerosos precedentes esta Corte estabeleceu que não pode julgar a credibilidade da prova testemunhal que não viu com seus próprios olhos ou ouviu com seus próprios ouvidos e sobre a qual somente existe registros nos autos do processo.

"*bb*) Essa comprovação, por outro lado, foi obtida mediante prova pericial que, no que se refere à correlação existente entre o antecedente da ingestão e as conseqüências da morte ou das lesões, não foi posta em dúvida. De qualquer modo, os peritos que negaram a relação de causalidade não questionaram, de modo geral, a correlação em si. Ademais, quando se prescinde de alguma hipótese isolada que o recorrente não defende como alternativa certa, não logrou propor nenhuma causa alternativa que explique razoavelmente o evento. Pelo contrário, na verdade, a discussão gira em torno das condições da lei de causalidade natural abstrata, que alguns peritos concebem de uma maneira extremamente rigorosa e sobre a base de ciências que quiçá dificilmente cumpriram a maioria das leis causais aceitas.

"O questionamento do recorrente, pelo contrário, considera que dita correlação é insuficiente para demonstrar a existência de uma lei causal natural, dado que não se pôde demonstrar a existência de nenhuma 'molécula com significação toxicológica' e os resultados das experiências realizadas foram negativos. Ambas as exigências são, na verdade, apenas duas maneiras diferentes de expressar a mesma idéia, segundo a qual não há causalidade enquanto não se conhecer o mecanismo causal. Mas nenhuma dessas objeções é decisiva. Para a determinação de uma lei causal natural, ao menos no sentido do direito penal (ou seja, na premissa maior do silogismo), não se mostra necessário – como se disse – que se tenha podido conhecer o mecanismo preciso da produção do resultado (nesse caso a toxina que produziu os resultados típicos) conquanto se tenha comprovado uma correlação ou associação dos eventos relevantes e seja possível descartar outras causas que possam ter produzido o resultado.

"Tampouco a reprodução experimental do fenômeno é decisiva quando existem comprovações cuja força de convicção não pode ser afastada pela suspeita de outras causas possíveis do resultado. De outra parte, nesse caso não apenas se verificou a produção de numerosos eventos similares com resultados basicamente semelhantes. Pode-se comprovar, ademais, que a interrupção do envio de azeite ao mercado coincidiu com o desaparecimento dos casos de síndrome tóxica. O valor experimental do crescente número de casos ocorridos e a significativa coincidência da supressão real do azeite do consumo com a não repetição dos sintomas e das lesões em casos novos, portanto, reforça de uma maneira essencial a exclusão de toda suspeita a respeito de outras possíveis causas.

"A tese defendida pelo recorrente, no sentido de descobrir a 'molécula de significação toxicológica' e a reprodução experimental do fenômeno, se funda em exigências próprias de especialidades científicas cujo principal interesse é a reprodução dos fenômenos, com vistas a sua utilização prática, e não simplesmente com relação à causalidade. Se o que um cientista persegue como interesse fundamental de sua investigação é a reprodução do fenômeno, pois isso é condição essencial da utilização prática do conhecimento expressado na 'lei natural de causalidade', torna-se fora de dúvida que somente encontrará uma explicação satisfatória com o conhecimento detalhado do mecanismo causal. Isso demonstra que, na verdade, nenhuma das exigências são essenciais para uma demonstração da relação de causalidade (exigida para uma aplicação não arbitrária da lei penal) entre a ação de introduzir ao consumo um determinado produto e o resultado que sua ingestão tenha produzido nas pessoas.

"Naturalmente, se fosse possível a identificação da molécula e a reprodução experimental do fenômeno teríamos uma prova cabal do mecanismo causal. Mas nem sequer em todas as concepções existentes nas ciências naturais sobre as condições conceituais das leis naturais a existência dessas depende da possibilidade de sua utilização como fundamento da previsão do resultado dos experimentos. Tal utilização dos conhecimentos na previsão de eventos futuros, provavelmente, não é a única possibilidade de alcançar uma 'explicação satisfatória' da realidade empírica. Portanto, como se sabe, na epistemologia destas ciências é pelo menos discutível que a simples repetição da percepção de um fenômeno possa ser o único fundamento da formulação de uma lei natural de causalidade. Isso é reconhecido pelo próprio recorrente quando afirma que as associações de fenômenos comprovados não têm suficiente força de convicção. Os critérios dos quais decorre essa força de convicção, como é cediço, não se 'lêem' na repetição percebida dos fenômenos. Por isso, indubitavelmente, se pode afirmar que na ciência do direito penal a exigência de fundamentar a legalidade causal da sucessão de fenômenos 'nos fatos' requer 'que esses não somente se dêem como adequados à percepção, mas como adequados à experiência'.

"A simples repetição experimental, por outra parte, não pode proporcionar todos os casos possíveis e ao mesmo tempo e, fundamentalmente, somente é capaz de proporcionar uma 'repetição aproximativa' ou 'mais ou menos similar', como notaram os autores de grande importância na matéria. A pretensão do recorrente, portanto, de fazer depender a existência de uma lei natural de causalidade do resultado de experimentos baseados na repetição, em circunstâncias diversas daquelas dos casos que deram lugar a esse processo, não se mostra adequada para retirar a força explicativa das correlações comprovadas e a ausência de outras causas que tenha produzido o resultado."

529. Na doutrina têm sido expressadas algumas reservas a respeito da *STS* de 23.4.1992, ainda que sem encontrar "inconvenientes em aceitar essa tese" para a determinação da causalidade.[129] As reservas referem-se, na verdade, mais que à causalidade e à sua determinação, à atribuição de responsabilidade pelo resultado realizada na sentença. As razões expostas para essa crítica, de qualquer modo, não são claras, contudo, parece que se referem ao problema da aplicação do art. 348 do Código Penal de 1973 e que carecem de generalidade.

II – A teoria da causalidade adequada

530. A tentativa mais difundida no sentido de neutralizar a amplitude dos resultados a que conduz a aplicação estrita da teoria da *conditio sine qua non* deu-se com a teoria da causalidade adequada. Para

---

129. Assim, Muñoz Conde, Hassemer – Muñoz Conde, *La responsabilidad por el producto en derecho penal*, 1995, pp. 93 e ss.

ela nem toda a condição é causa, no sentido penal, mas somente aquelas que, de acordo com a experiência geral, habitualmente produzem o resultado. Por exemplo: uma dose de arsênico é causa do resultado morte porque, habitualmente e segundo a experiência geral, tem efeito letal. Pelo contrário, uma bofetada não é adequada para produzir o resultado morte, se como conseqüência dela decorre a morte da vítima porque ela era hemofílica e o golpe produziu uma perda acentuada e fatal de sangue; este resultado não poderá ser considerado, conforme a teoria, como produzido pela bofetada. A teoria da equivalência dos antecedentes admitiria a relação causal inclusive no caso do hemofílico que acabamos de considerar. Com o critério de que somente são causas as que habitualmente produzem o resultado segundo a experiência geral, a ação de dar o golpe somente é causa de lesões, mas não da morte.

531. A teoria da causalidade adequada é criticada primeiramente porque, para se julgar a adequação da causa, parte-se do conhecimento geral. Quando o conhecimento real do agente, portanto, for maior do que o geral (por exemplo, um químico que descobriu propriedades de uma substância que não são geralmente conhecidas) não se poderá reconhecer a causalidade.

532. A teoria da causalidade adequada, contudo, pode responder a tal crítica admitindo a relevância do conhecimento *ex ante* da situação por parte do autor. Isso ocorre quando se leva em consideração o fato de o sujeito possuir conhecimentos especiais sobre certa matéria, que não pertencem à generalidade. Por exemplo: uma bofetada seria causalmente adequada para produzir a morte se o autor soubesse que a vítima era hemofílica.

533. De qualquer modo, a teoria da adequação não pode superar outras críticas que são suficientes para invalidá-la, sobretudo a partir de sua premissa básica, pela qual a condição de causa depende da nossa experiência, da experiência geral, não é possível eliminar os nexos causais não adequados, dado que segundo tal experiência geral os resultados são também produzidos por nexos causais inadequados: sabe-se que sob determinadas circunstâncias também uma bofetada ou um grito podem produzir a morte. Como conseqüência, a teoria em apreço não deveria conduzir a soluções mais limitadas do que a teoria da *conditio sine qua non*.

III – A teoria da relevância típica

534. A tentativa de corrigir a causalidade natural com o fim de adaptá-la às necessidades do direito penal deu-se com a chamada teoria da relevância. De acordo com ela, uma vez comprovada a causalidade natural seria preciso verificar a relevância típica de tal nexo causal a partir de "uma correta interpretação do tipo penal".[130] "Somente quando a causalidade e a relevância forem comprovadas, ou seja, quando constar a tipicidade da ação, poderá ser abordada a questão da culpabilidade pelo resultado".[131]

535. Essa teoria mostra-se correta em seu ponto de partida, pois propõe substituir a causalidade pela imputação objetiva quando fala em verificar a tipicidade nos crimes de resultado, ou seja, uma vez que propõe decidir a vinculação entre ação e o resultado com base em critérios de imputação que derivam do conceito de ilícito (injusto) penal. O desenvolvimento desses critérios, no entanto, é de elaboração muito recente e dá lugar à teoria da imputação objetiva.

3. A teoria da imputação objetiva

536. Essa teoria, que tende a se impor amplamente na atualidade, reconhece suas origens – como acaba de se ver – na teoria da relevância típica. Seu ponto de partida é a substituição da relação de causalidade, como único fundamento da relação entre a ação e o resultado, por outra relação elaborada com base em considerações jurídicas e não naturais. Nesse sentido, a verificação da causalidade natural será um limite mínimo, mas não suficiente para a atribuição do resultado.

Portanto, comprovada a causalidade natural, a imputação do resultado depende da verificação dos seguintes requisitos:

1. se a ação do autor criou um perigo proibido para a produção do resultado;

2. se o resultado produzido pela ação corresponde à realização do perigo – juridicamente proibido – criado pela ação.

537. Ambos os juízos decorrem da função do direito penal. Este somente tem por objeto ações que criam para o bem jurídico um risco

---

130. Mezger, *Strafrecht, ein Lehrbuch*, 3ª ed., 1949, p. 124.
131. Mezger, *Strafrecht, ein Lehrbuch*, 3ª ed., 1949, p. 126.

maior do que o autorizado e a produção de um resultado que se pode evitar. Daí advém critérios que permitem eliminar, no âmbito da tipicidade, comportamentos que são irrelevantes para o direito penal.

538. Como é cediço, nem toda a criação de um risco ao resultado pode ser objeto de uma proibição penal, pois isso significa uma *limitação intolerável da liberdade de ação*.[132] Por isso, há *riscos permitidos*, que excluem a tipicidade da conduta que os cria, ainda que dele se possa derivar um resultado típico. Por exemplo: aquele que conduz um veículo dentro dos limites de velocidade e respeitando as regras de trânsito cria um perigo, mas permitido. Se como conseqüência disto, porque um pedestre inesperadamente atravessa a rua em lugar não permitido, resulta atropelamento e lesões (resultado do crime previsto no art. 147 do Código Penal),[xiii] não haverá dúvida de que houve nexo causal, pois se o condutor não tivesse dirigindo o carro naquele local, não teria produzido o resultado, mas tal resultado não será objetivamente imputável. A suposição de que o risco permitido somente poderia ser interpretado como causa de justificação, implícita na tese daqueles que pensam que o risco não afasta a imputação objetiva,[133] implica uma extensão do tipo penal de uma maneira intolerável para a liberdade.

539. O mesmo se dá com a *realização do risco* no resultado produzido, que não deve ser confundida com o nexo causal, pois se trata de uma exigência adicional à causalidade, de acordo com a qual "no resultado deve se verificar aquele risco que é a razão da proibição da conduta".[134]

540. Os princípios da imputação objetiva surgem – como se afirmou – primeiramente da *finalidade do direito penal*, de garantir expectativas normativas. Pode-se concluir, então, que as *condutas socialmente adequadas*, ou seja, que se desenvolvam dentro da ordem social, não serão típicas. Do fim do direito penal se deduzem especialmente os critérios do *risco permitido*, o *princípio da confiança*, a

---

132. Frisch, *Tatbestandsmäßiges Verhalten und Zurechnung des Erfolgs*, 1988, pp. 72 e ss.
 xiii. No Brasil, Código de Trânsito, art. 303.
133. Assim, Luzón Peña, *Curso de derecho penal*, 1996, t. I, p. 382.
134. Frisch, *Tatbestandsmäßiges Verhalten und Zurechnung des Erfolgs*, 1988, p. 55; no mesmo sentido: Corcoy Bidasolo, *El delito imprudente*, 1989, pp. 379 e ss.; Martínez Escamilla, *La imputación objetiva del resultado*, 1992, pp. 165 e ss.

proibição do regresso e a *ação na posição de garante*. A outra fonte de princípios da imputação objetiva concerne à realização do risco criado pela ação no resultado e provém da *estrutura dos crimes materiais*, que exigem que somente o resultado que seja a concreção do perigo criado pela ação dê lugar à consumação do delito.[135]

541. De qualquer forma, é necessário sublinhar que a seqüência da comprovação da imputação objetiva exige que, de início, se estabeleça uma relação de causalidade entre o resultado típico (por exemplo, interrupção do estado de gravidez, no crime de aborto) e uma determinada ação. Em seguida, deve se verificar: 1º) se essa ação *no momento de sua execução* constituía um perigo juridicamente proibido (se era socialmente inadequada); e 2º) se esse perigo é o que se realizou no resultado típico produzido.

I – O risco permitido

542. A imputação objetiva fica afastada quando a conduta que causalmente produziu o resultado não supera os limites do risco permitido. Isso significa que tais condutas serão consideradas *atípicas*. Os riscos que uma sociedade tolera, porque os considera necessários para o bem estar e desenvolvimento social, não podem ser alcançados pela tipicidade, que implica um primeiro elemento correspondente a uma perturbação intolerável da ordem social. A instalação de um reator atômico envolve sérios riscos, mas de modo algum pode ser considerada uma ação típica, posto que a sociedade (apesar de toda a polêmica a respeito) o considera necessário para seu desenvolvimento.[136]

543. O risco permitido pode ser uma conseqüência das vantagens que produz, ainda que não o seja necessariamente. Uma grande parte dos riscos atualmente permitidos somente tem legitimação tradicional, pois não é possível assinalar-lhes um caráter realmente positivo para o desenvolvimento social (por exemplo, certas festas populares

---

135. Jakobs, *Strafrecht, Allgemeiner Teil*, 2ª ed., 1991, n. 7, p. 4; Reyes, *Imputación objetiva*, 1994, pp. 50 e ss.; López Díaz, *Introducción a la imputación objetiva*, 1996; Montealegre Lynett, *La culpa en la actividad médica (Imputación objetiva y deber de cuidado)*, 1988.
136. Sobre as relações entre risco permitido e adequação social, v. Cancio Meliá, *Los orígenes de la teoría de la adecuación social*, 1995, pp. 415 e ss.

que importam consideráveis riscos para a vida das pessoas ou para os bens, como incêndios etc.).

544. Há casos em que o risco permitido encontra-se normativamente regulado (por exemplo, as regras legais sobre circulação de veículos automotores; as referentes à segurança do trabalho etc.). As regras contidas nesses regulamentos são critérios orientadores para a ponderação dos limites do risco autorizado.

A determinação do risco permitido, quando não existe uma autorização regulamentar expressa, provém de uma *ponderação de bens*,[137] ou seja, de um juízo pelo qual "não se leva em conta apenas a magnitude do risco, mas também a utilidade do dano como vantagem ou perda segundo critérios juridicamente vinculantes".[138]

545. Dentro da questão do risco permitido devem também ser analisados os casos de *diminuição do risco*,[139] nos quais o autor age causalmente com vistas ao resultado realmente ocorrido, mas evitando a produção de um resultado maior. Por exemplo: "A" desvia um vagão que, se seguisse sua trajetória, poderia matar vários trabalhadores; como conseqüência do desvio o vagão se choca contra vários automóveis produzindo danos. Nesse caso o resultado não é imputável ao agente que criou o risco menor que o originariamente existente.

546. A questão da exclusão da imputação objetiva nos casos de diminuição do risco é problemática. Fundamentalmente, faz-se referência nesse contexto aos casos em que o autor conscientemente não reduziu totalmente o risco que para ele seria possível (Por exemplo: "X" tem a possibilidade de evitar que "Y" sofra lesão, mas, dada a pouca simpatia que nutre pela vítima, *reduz o risco somente em parte* para que o resultado se produza ainda que mediante uma lesão mais leve). Em tais hipóteses, o autor deixou de otimizar suas possibilidades de proteção.[140] É preciso fazer algumas distinções. A imputação do resultado precisamente por essa omissão, quando o autor *não é*

---

137. Jakobs, *Strafrecht, Allgemeiner Teil*, 2ª ed., 1991, n. 7, p. 35; Martínez Escamilla, *La imputación objetiva del resultado*, 1992, pp. 128 e ss.; Paredes Castañón, *El riesgo permitido en el derecho penal*, 1995, pp. 415 e ss.
138. Jakobs, *Strafrecht, Allgemeiner Teil*, 2ª ed., 1991, n. 7, p. 35.
139. Outro ponto de vista: Reyes, *Imputación objetiva*, 1994, pp. 370 e ss.
140. Cf., sobre essas questões, Armin Kaufmann, *Festschrift für Jescheck*, 1985, pp. 251 e ss.

garante, da proteção do bem jurídico não parece a solução mais adequada, pois não existe um fundamento para exigir tal otimização. Se o autor, pelo contrário, *é garante*, a solução seria diversa, já que o dever de garantia se estende a todos os danos que possa sofrer o bem jurídico protegido ou que possa causar a fonte de perigos que assegura. Ademais, nos casos em que houve imputação do resultado, deveria operar o consentimento presumido.

547. O juízo sobre o caráter permitido do risco deve ser feito *ex ante*, isto é, no momento em que o autor empreende a ação perigosa. Esse juízo será *objetivo* e, portanto, *não depende do juízo do autor*.

548. Aqueles que entendem que esses casos deveriam ser tratados como de justificação,[141] vêem se obrigados a estender, como se afirmou, o âmbito da tipicidade até extremos, formalmente possíveis, mas materialmente incompatíveis com o direito à liberdade.

II – O princípio da confiança

549. De acordo com esse princípio não se imputarão objetivamente os resultados produzidos por quem agiu confiando que outros se mantivessem dentro dos limites do perigo permitido. Por exemplo: "A" atravessa um cruzamento com o semáforo verde, sem tomar medidas de precaução para o caso de outro veículo, que circula na direção diversa, não respeitar o semáforo vermelho que lhe impede a passagem, produzindo-lhe a morte na colisão; esse resultado não se imputa objetivamente por força do princípio da confiança.[142]

550. A suposição de que o princípio da confiança somente se aplica a crimes culposos,[143] limitando o dever de cuidado, é produto da concepção do tipo penal acima criticada, que se satisfaz com os efeitos da tipicidade nos crimes materiais com a sua simples causalidade. À crítica formulada deve-se acrescentar que a moderna teoria do tipo penal reconhece que também no crime doloso verificam-se elementos do crime culposo, porquanto se exige uma ação que gere um perigo juridicamente proibido. Manifestamente o dizem inclusi-

141. Luzón Peña, *Curso de derecho penal*, 1996, t. I, p. 382.
142. Martinéz Escamilla, *La imputación objetiva del resultado*, 1992, pp. 333 e ss., com reservas; Corcoy Bidasolo, *El delito imprudente*, 1989, pp. 327 e ss.
143. Martinéz Escamilla, *La imputación objetiva del resultado*, 1992, p. 333.

ve aqueles que questionam a teoria da imputação objetiva de maneira radical: "não há dolo sem culpa",[144] isto é, sem infração do dever de cuidado ou, o que dá no mesmo, não há dolo sem a produção de um risco proibido.

551. O princípio da confiança é necessário "quando aquele que confia deva responder por um desenrolar causal, ainda que seja outro quem, mediante um conhecimento incorreto, dirigiu-o ao resultado lesivo".[145]

III – A proibição do regresso e a posição de garante

552. A proibição do regresso é um critério que serve para limitar a imputação de um resultado a certos comportamentos que possam ter causado resultados, mas que estão fora do interesse (âmbito de proteção) do direito penal. Inicialmente, sustentava-se que "não são causas as condições prévias a uma condição".[146] Em sua versão moderna, a teoria da proibição do regresso não é mais formulada a partir de uma negação do caráter causal das "precondições de uma condição", visto que nesses casos a causalidade é inegável. Agora se procura excluir a imputação naqueles casos em que a causa (ou a "precondição" no sentido de Frank) tenha sido realizada por alguém que não tem por que responder pelo resultado que produz diretamente um terceiro ou que seja imputável à própria vítima. Dito com outras palavras: a imputação só alcança quem for *garante da não-ocorrência do resultado* (seja ele autor ativo ou omissivo; ver *supra* § 44).[147]

553. Em particular, as conseqüências que decorrem desse ponto de vista se manifestam nas seguintes hipóteses:[148]

1. A imputação de um resultado fica afastada em relação às condutas de um autor que são causais por mediação de um terceiro que *não age conjuntamente* com ele. Por exemplo: o comerciante de armas legalmente autorizado que vende ao autor o revólver com o qual

---

144. Marinucci, *Studi in memoria di Pietro Nuvolone*, t. I, 1991, pp. 331 e ss. e 360.
145. Jakobs, *Strafrecht, Allgemeiner Teil*, 2ª ed., 1991, n. 7, p. 52.
146. Frank, *Das Strafgesetzbuch für das Deutsche Reich*, 17ª ed., 1926, p. 16.
147. Cf., com reservas: Frisch, *Tatbestandsmäßiges Verhalten und Zurechnung des Erfolgs*, 1988, pp. 233 e ss.
148. Jakobs, *Strafrecht, Allgemeiner Teil*, 2ª ed., 1991, n. 7/59 e ss.

ele mata alguém realiza uma condição do resultado sem a qual esse não teria ocorrido (portanto, é causa desse resultado). Na medida em que, contudo, não lhe incumbia zelar para que os compradores de armas, para cuja venda está autorizado, não cometam delitos, *não é garante* e não cabe a imputação do resultado diretamente ocasionado por terceiro.

2. Também fica afastada a imputação do resultado quando esse é *conseqüência da conduta ou da situação própria da vítima*. A respeito, cabem vários exemplos.

a) Casos em que *o autor interrompe ações que permitam manter intacto um bem jurídico*, mas que não estava juridicamente obrigado a manter. Por exemplo: "A" derruba, com a necessária licença, um muro dentro de sua propriedade, que amparava, do sol, certos bens de seu vizinho "B"; o dano (resultado do delito do art. 263 do Código Penal)[xiv] que o sol venha a produzir sobre aqueles bens não é imputável a "A", pois este não tinha a obrigação de impedir (mantendo o muro) danos sobre os bens de "B". De qualquer modo, o dano seria imputável ao próprio "B", que devia cobri-las do sol se quisesse evitar os danos.

b) Casos em que *o autor evita uma ação de salvamento* de que a vítima poderia utilizar-se para se salvar. Em tais situações, o autor que retira da vítima o salva-vidas que previamente lhe arremessou e que esta estava para alcançar, ocasionando-lhe a morte, responderia segundo os princípios do crime comissivo como autor dessa morte, conforme o art. 138 do Código Penal (homicídio) e não de acordo com o art. 195.1 do Código Penal (omissão de socorro).[xv] Alguns autores, para suavizar essa medida, propõem aplicar as regras dos crimes omissivos, o que permitiria aplicar o art. 195.1 nos casos em que o agente não era garante (por exemplo, *não* estivesse exercendo a função de salva-vidas em uma praia). Entende-se, na verdade, que sem prejuízo da ação prévia de arremessar o salva-vidas, o autor se omitiu, em última instância, de prestar auxílio no sentido do art. 195.1. Mas essa solução, assim fundamentada, é obviamente inconsistente porque o autor que retira o salva-vidas realiza um comportamento ativo e não omissivo. A extensão da posição de garante, contudo, aos crimes co-

xiv. No Brasil art. 163 do CP.
xv. No Brasil arts. 121 e 135 do CP, respectivamente.

missivos permite nesses casos chegar à mesma solução e aplicar o art. 195.1, pois o autor não estava obrigado mais que ao socorro, ou seja, não era garante, não da vida (solução discutível que depende da indiferença do comportamento ativo ou omissivo).[149]

c) Casos em que o *agente descumpre um dever de tolerar, emergente da situação de necessidade de um terceiro*. Por exemplo: "A" impede o uso de seu carro para levar ao hospital o doente "B", que não pode ser transportado de outro modo, o que determina um agravamento de seu estado. "A" realiza um comportamento omissivo que não impede uma lesão, ainda que não esteja obrigado a prestar auxílio nos termos do art. 195.1 do Código Penal. Entetando, a posição de garante de "A" provém de seu dever de tolerar a ação em estado de necessidade (art. 20.5 do Código Penal). Deve, portanto, responder pelas lesões (art. 147.1 do Código Penal), ainda que, no caso concreto, não se deram as condições do art. 195.1 (omissão de socorro), nem que estivesse obrigado a prestar ajuda.[150]

d) Caso de médico que desconecta o respirador quando não existe mais o dever de continuar o tratamento intensivo em paciente terminal. Ainda que essa ação cause previsivelmente a morte do paciente, esse resultado não é imputável ao médico, dado que, no estado em que se encontra o paciente, já não é mais indicado continuar o tratamento (por exemplo, porque a lesão cerebral que o priva de qualquer contato consciente com o mundo exterior é irreversível), sua posição de garante se extinguiu e o resultado de seu comportamento ativo não lhe é imputável por aplicação da proibição do regresso.

3. A imputação do resultado fica afastada quando o perigo de sua produção foi criado por um terceiro (sem participação do agente). Por exemplo: um terrorista instala um dispositivo explosivo que será acionado quando um vizinho abrir a porta de seu próprio apartamento. Ao vizinho que abre a porta – sem ter tomado a precaução de verificar que uma explosão poderia ocorrer – não é imputável o resultado, porque não é garante de sua produção. A questão tem certa similitude com o princípio da confiança, ainda que nesses casos quem infringe o cuidado devido não é aquele que sofre o resultado.[151]

---

149. Jakobs, *Strafrecht, Allgemeiner Teil*, 2ª ed., 1991, n. 7, p. 62.
150. Jakobs, *Strafrecht, Allgemeiner Teil*, 2ª ed., 1991, n. 7, p. 63.
151. Jakobs, *Strafrecht, Allgemeiner Teil*, 2ª ed., 1991, n. 7, p. 65, *a*.

4. A imputação do resultado que é conseqüência da perda de capacidade para agir ocasionada pelo próprio agente (delitos *comissivos por omissão*), somente é cabível se este se encontrava na posição de garante da não produção de tal resultado. Por exemplo: o segurança põe-se em um estado de inconsciência total ingerindo álcool e não pode evitar posteriormente que um terrorista entre na casa e mate o proprietário. A doutrina reconhece que nesses casos o autor realiza um comportamento ativo (ingestão de álcool) que é uma condição do resultado (se estivesse consciente poderia impedir que o terrorista agisse etc.). Esse resultado somente será imputável se – como ocorre nesse exemplo – o agente era garante de sua não produção. Diferente será a situação se o agente ingere tanto álcool que lhe impeça de escutar que alguns vizinhos venham a matar um terceiro e, portanto, de denunciar o fato às autoridades, que não o puderam impedir. Também aqui sua ação é uma condição da morte executada pelos vizinhos, mas o autor não estava na posição de garante e, conseqüentemente, o resultado não lhe é imputável.

IV – A realização do risco

554. O segundo ponto relacionado à questão da imputação objetiva é o da exigência de que o risco (não permitido) criado pela ação seja que deu causa ao resultado. Essa questão é problemática quando o resultado aparece como o produto de riscos concorrentes. Por exemplo: "A" produz uma lesão em "B"; este é levado a um hospital (ao qual não teria ido se "A" não lhe tivesse lesionado) no qual morre em razão de um incêndio. A morte deve ser atribuída à lesão ou ao incêndio? Qual é o perigo que se realizou nesse resultado em que concorreram o risco da ação de "A" e o do incêndio? A experiência demonstra que, em geral, todos os eventos obedecem a um complexo de condições. No exemplo proposto, a morte está condicionada tanto pela lesão sofrida, que obriga a ir ao hospital, quanto pelo incêndio.

(a)

555. Na realização do risco não se deve considerar a hipotética produção do resultado pela ameaça de outro risco distinto do que aquele que imediatamente o provocou. Com outras palavras, pode-se dizer que a perda do bem jurídico que hipoteticamente teria ocorrido, *se a*

ação do autor não tivesse concorrido para o resultado, não deve ser levada em conta. Por exemplo: "A" dispara um tiro mortal em "B" que estava ferido mortalmente por "C" – caso da STS 666/88, datada de 22.11.1988; ainda que nela se reconheça que "não é possível determinar a precisa incidência que no falecimento (da vítima) pode ter o primeiro disparo". Nesse caso não caberia excluir a imputação sustentando que "B" teria morrido de qualquer modo, porque as normas não limitam sua extensão de validade aos casos em que o bem jurídico *não* se encontre já perecido.[152]

De qualquer modo, nos casos em que o bem protegido estava irremediavelmente perdido o fato tem a estrutura de um *crime de perigo abstrato*. Isso deveria conduzir a correspondente atenuação da pena no momento da individualização.[153] Tal atenuação fundamentar-se-á no art. 21.6 do Código Penal, pois o conteúdo da ilicitude será menor nesses casos.

(b)

556. O risco proibido não se realiza no resultado quando este decorre de um risco geral normal, isto é, se se dá de maneira surpreendente. Trata-se de situações em que o resultado se produz fora do âmbito de domínio do autor. Por exemplo, a vítima de lesões do exemplo proposto (*supra*, n. 554) que morre no incêndio no hospital. Esse resultado é conseqüência de um *risco geral normal* para todo aquele que se encontra em um edifício. Essa constelação de casos resolve-se também se recorrendo ao *âmbito de proteção da norma*, sustentando que esta somente estende seu campo de proteção ao primeiro resultado gerado.[154]

(c)

557. O risco proibido não se realiza no resultado quando a vítima contribui decisivamente para a sua produção em razão de seu compor-

---

152. Jakobs, *Strafrecht, Allgemeiner Teil*, 2ª ed., 1991, n. 7, p. 74; Frisch, *Tatbestandsmäßiges Verhalten und Zurechnung des Erfolgs*, 1988, p. 563.
153. Nesse sentido, Jakobs, *Strafrecht, Allgemeiner Teil*, 2ª ed., 1991, n. 7, p. 92 e ss.
154. Roxin, *Strafrecht, Allgemeiner Teil*, § 11, p. 68 e ss. Criticamente a respeito dessa terminologia: Jakobs, *Strafrecht, Allgemeiner Teil*, 2ª ed., 1991, n. 7, p. 79; Frisch, *Tatbestandsmäßiges Verhalten und Zurechnung des Erfolgs*, 1988, pp. 80 e ss.

tamento contrário ao dever ou aos seus interesses. Por exemplo: a vítima de um ferimento não cumpre com o tratamento para prevenir uma infecção e morre de septicemia. O resultado morte, que não teria ocorrido sem o ferimento, não é objetivamente imputável ao seu autor, pois sua *posição de garante* não se estende ao comportamento da vítima.

(d)

558. Tampouco se realiza no resultado o risco proibido quando se produz mais tarde sobre uma vítima que no momento da criação do risco não estava ameaçada. Por exemplo: "A" atravessa um cruzamento com o semáforo vermelho; quinhentos metros adiante atropela "B" causando-lhe lesões, quando conduzia de maneira correta. Caso tivesse freado o veículo no semáforo o resultado não teria ocorrido, pois ao chegar ao lugar da colisão a vítima já teria por lá passado. Contudo, no momento em que a vítima é atropelada o risco juridicamente desaprovado de atravessar com o semáforo vermelho já havia se esgotado sem se concretizar em nenhum resultado. Também nesses casos costuma-se recorrer à regra do âmbito de proteção ou do fim de proteção da norma.

(e)

559. Não há unanimidade no tocante à solução dos *casos de conseqüências tardias*. Por exemplo: "A" produz em "B" uma lesão que ocasiona a perda de uma perna; vários anos mais tarde, "B" não pode fugir, em virtude da dificuldade decorrente da amputação, de assaltantes, que o matam. Se "A" não o tivesse lesionado, "B" teria fugido e continuaria vivo.

560. Nessas hipóteses, a doutrina divide-se. Por um lado há os que propõem uma solução com base no direito material, sustentando que, nesses casos, ao contrário do que ocorre, por exemplo, nos casos de riscos por infecção, o segundo resultado *não deve ser imputado ao autor do primeiro*, pois foi produzido "depois de ter concluído o tratamento curativo".[155] A isso se acrescenta que a pena a ser aplicada

---

155. Rudolphi, in *Systematischer Kommentar zum Strafgesetzbuch*, 6ª ed., 1995, § 1, p. 77; Roxin, *Festschrift für Gallas*, 1973, pp. 253 e ss.

pela primeira lesão traz em si a retribuição correspondente aos riscos futuros que a vítima deveria enfrentar como conseqüência da mesma.[156] Essa última solução poderia ter como ponto de apoio no direito espanhol a forte agravação da pena pelas lesões prevista no art. 150 do Código Penal decorrente de lesões que produzem amputação.[xvi] Deve-se advertir, todavia, que por esse caminho somente poderiam ser resolvidos os casos de lesões com a perda de um membro, mas não outros casos possíveis de serem cogitados.

561. De outra parte, entende-se que, a partir do ponto de vista do direito material, o transcurso de um grande período de tempo entre a conduta que causou o primeiro resultado e a realização do segundo é totalmente irrelevante. Afirma-se, portanto, que o médico que infecta o paciente com o vírus da AIDS em uma transfusão de sangue, responderá pela morte *seis meses ou doze anos depois*. Argumenta-se, contudo, que *do ponto de vista prático* essa responsabilidade não poderá se efetivar porque, de regra, a sentença condenando pelo primeiro resultado já terá transitado em julgado.[157]

562. *O correto é excluir a imputação* nos casos em que se dão conseqüências tardias do fato quando essas não sejam percebidas como parte do conflito social gerado pela primeira lesão e, conseqüentemente, não perturbem a confiança na norma que proíbe o segundo resultado. Isso não deve excluir, entretanto, a consideração na individualização da pena referente às possíveis conseqüências futuras que terá a lesão. A solução é, de qualquer modo, discutível.

(f)

563. Os chamados *nexos causais desviados* não impedem a realização do perigo. Trata-se de hipóteses que a teoria tradicional considera como casos de erro (irrelevante) sobre o nexo causal. Por exemplo: "A" empurra "B" de uma ponte ao rio para que morra afo-

---

156. Schünemann, *Juristische Arbeitsblätter*, 1975, p. 720; Stratenwerth, *Strafrecht, Allgemeiner Teil*, 3ª ed., 1981, n. 349; Frisch, *Tatbestandsmäßiges Verhalten und Zurechnung des Erfolgs*, 1988, pp. 494 e ss.
xvi. No Brasil, ver art. 129, § 2º, do CP.
157. Jakobs, *Strafrecht, Allgemeiner Teil*, 2ª ed., 1991, n. 7, p. 81.

gado; "B" morre, mas em decorrência de um choque de sua cabeça contra um dos pilares da ponte. Nesses casos a questão não afeta, na verdade, o erro, mas a realização do risco no resultado. O que importa, por isso, é se o evento se deu dentro das *margens de risco* que objetivamente existiam no momento de realizar a ação, não o que havia imaginado o autor sobre o futuro desenvolvimento do evento. Inclusive a solução tradicional recorria a esse critério, apesar de considerar esses casos como de erro acidental sobre o nexo causal, pois excluía a relevância do erro quando *objetivamente* o evento havia transcorrido dentro de um nexo causal *adequado* (ou seja, segundo a experiência).[xvii]

564. Também devem se resolver com o critério das margens normais de risco os casos *extremamente raros de acontecer*, como o de um veneno que deveria fazer efeito no estômago, mas, dadas as características do sujeito passivo, somente o faz no intestino.[158] Com efeito, nessas hipóteses há um desenvolvimento causal que transcorre dentro das margens do risco criado pela conduta do autor.

(g)

565. O perigo não se realiza no resultado quando outro evento acelera sua produção. Por exemplo: "A" dá a "B" um veneno que lhe matará em algumas horas; imediatamente depois "B" é atropelado por um carro que lhe ocasiona a morte instantânea. O perigo da ação do veneno, isto é, a morte por envenenamento, não se realizou. O autor somente será punível por tentativa (art. 16 do Código Penal).[xviii] Esses casos diferem dos já tratados (ver *supra*, n. 555), porque neles o resultado da primeira ação não pode ser evitado por alguma circunstância, enquanto nesses ainda é possível evitar a morte pelo veneno (por exemplo, por meio de um tratamento especial ou de um antídoto etc.).

xvii. No Brasil, alguns autores referem-se a essa hipótese como *aberratio causae* ou erro sobre o nexo causal.
158. Jakobs, *Strafrecht, Allgemeiner Teil*, 2ª ed., 1991, n. 7, p. 85.
xviii. No Brasil (art. 14, II, do CP), essas hipóteses são tratadas com a teoria das causas absolutamente independentes que, segundo a teoria da *conditio sine qua non*, excluem o nexo causal entre a conduta e o resultado, de modo que a solução, ou seja, responsabilização por crime tentado seria a mesma.

(h)

566. Não se mostram facilmente solucionáveis os casos de *superposição do resultado*. São hipóteses em que coincidem diversas condições que, por si sós, poderiam ter produzido o resultado. Por exemplo: "A" carrega um elevador de cargas muito acima do limite permitido, o que produziria sua queda e as lesões no operário "B", que acompanha a carga; de qualquer modo, ainda que tivesse sido respeitado o limite de segurança, o elevador teria caído, pois, em função de seu mau estado de conservação, somente poderia transportar a metade do peso permitido.[159] A questão tem evidente relevância prática quando as pessoas competentes para cada um dos riscos (o mau estado do elevador e a sua sobrecarga) não forem as mesmas.

567. Sustenta-se, por um lado, que o acúmulo não é admissível, uma vez que quando um risco já se encontra aperfeiçoado (isto é, mostra-se suficiente para produzir o resultado antes da produção do segundo), "as normas destinadas a impedir o outro risco perdem seu sentido: uma ordem de não superar o limite de segurança seria absurda a partir do momento em que esse limite já carece de eficácia".[160]

568. O acúmulo, contudo, não deveria ficar afastado, já que o cumprimento das normas deve ser respeitado, inclusive, quando não põe em risco bens jurídicos (como no caso dos crimes de perigo abstrato ou nas tentativas inidôneas – crimes impossíveis).

(i)

569. Também existem diversos pontos de vista a respeito da solução que deve se dar aos *casos em que existem dúvidas com respeito ao fato de uma conduta alternativa ao dever teria ou não impedido que o resultado se produzisse*. Por exemplo: o famoso caso do ciclista ébrio que cai sob as rodas de um caminhão que se aproxima sem guardar a distância regulamentar necessária. Exige-se, de um lado, que para a imputação do resultado ocorra uma *prática segura* de que o resultado não teria ocorrido se o autor tivesse agido de acordo com seu dever. Com esse fundamento o Tribunal Supremo Federal alemão

---

159. Jakobs, *Strafrecht, Allgemeiner Teil*, 2ª ed., 1991, n. 7, p. 83, *a*.
160. Jakobs, *Strafrecht, Allgemeiner Teil*, 2ª ed., 1991, n. 7, p. 83, *a*.

excluiu a imputação do resultado morte do ciclista no caso antes exposto, pois não era possível determinar se um distanciamento correto teria ou não produzido o mesmo resultado.[161] Isso se fundamenta no princípio *in dubio pro reo*.[162] Por outro lado, aduz-se que a possibilidade de imputar o resultado em casos de dúvidas sobre se esse não teria sido produzido com um comportamento adequado ao direito, sempre e quando o autor tivesse aumentado o risco com seu comportamento.[163] Contra o primeiro dos critérios afirma-se que, na verdade, em qualquer caso de risco permitido (por exemplo, uma manobra de ultrapassagem) resta um pouco de risco. Por tal razão, *o critério da teoria do incremento do risco é preferível*, pois enquanto existe a possibilidade de que o resultado não se produza, toda contribuição ao perigo existente prejudica a situação do objeto da conduta.

(j)

570. Tampouco se concretiza no resultado (juridicamente relevante), nem cria perigo juridicamente proibido, a conduta acobertada pelo consentimento do titular de um bem jurídico disponível.[164]

571. O direito penal espanhol carece de um dispositivo genérico referente à eficácia do *consentimento*.[xix] Em particular, o art. 20 do Código Penal, que contém hipóteses gerais de excludentes da punibilidade (causas de justificação, de exclusão da culpabilidade) não faz

---

161. *BGHSt* 11, pp. 4 e ss.
162. Schönke – Schröder – Cramer, *Strafgesetzbuch, Kommentar*, § 15, n. 171.
163. Teoria do incremento do risco: Roxin, *Strafrecht, Allgemeiner Teil*, § 11, pp. 72 e ss.; criticamente sobre essa teoria: Jakobs, *Strafrecht, Allgemeiner Teil*, 2ª ed., 1991, n. 7, pp. 98 e ss.; Frisch, *Tatbestandsmäßiges Verhalten und Zurechnung des Erfolgs*, 1988, pp. 537 e ss.
164. Sobre essas questões, cf. Bacigapulo, "Poder Judicial", fascículo especial sobre a reforma penal de 1989 (1990), pp. 147 e ss.; Berdugo, *CPCr*, 14 (1981); Casas Barquero, *El consentimiento en el derecho penal*, 1987; Barriero, *CPCr*, 16 (1982), pp. 5 e ss.; García Aran, "Homenaje al Profesor Sainz Cantero", *Revista de la Universidad de Granada*, 12 (1987), pp. 81 e ss.; Gimbernat Ordeig, "Homenaje al Profesor Sainz Cantero", *Revista de la Universidad de Granada*, n. II (1987), p. 107; Romeo Casabona, *CPCr*, 17 (1982), pp. 263 e ss.; Zugaldía Espinar, "Homenaje al Profesor Sainz Cantero", *Revista de la Universidad de Granada*, n. II (1987), p. 281; De La Gándara Vallejo, *Consentimiento, bien jurídico e imputación objetiva*, 1995, pp. 67 e ss.
xix. O mesmo ocorre no Brasil.

referência ao consentimento do ofendido. Pelo contrário, desde a introdução do texto do art. 428 por uma lei de 28 de março de 1963, o Código Penal contém um dispositivo específico em relação ao crime de lesões dolosas, que sofreu diversas modificações pelas Leis 8/1983 e 3/1989.

Os projetos de reformas não inovaram nessa matéria. Mas tanto o Projeto de 1980 como a Proposta de Anteprojeto de 1983 procuraram dar relevância ao consentimento da vítima nas lesões, ainda que com diversa amplitude. O art. 177 do Projeto de 1980 apenas exclui a relevância do consentimento nas lesões quando estas forem "socialmente reprováveis". O art. 157 da Proposta de 1983 foi mais leve, dando, em princípio, relevância ao consentimento, salvo quando este estivesse viciado por sua obtenção ilícita (preço, promessa, recompensa ou incapacidade). O Código Penal espanhol vigente reitera em seus arts. 155 e 156 o conteúdo do antigo art. 243 do de 1973, com pequenas modificações de estilo.

572. Discute-se qual é o âmbito em que se deve operar o consentimento. Um setor da doutrina distingue entre o consentimento que exclui a tipicidade e o que afasta a antijuridicidade, estabelecendo diversas propostas para a eficácia de cada uma delas.

573. O consentimento excluirá a tipicidade quando o tipo descreve uma conduta cujo caráter ilícito resida em agir contra a vontade do sujeito passivo: por exemplo, na invasão de domicílio do art. 202 do Código Penal ("manter-se contra a vontade do morador em casa alheia").[xx]

574 O consentimento afastaria, pelo contrário, a antijuridicidade quando o comportamento do sujeito importasse uma lesão a um bem jurídico. Por exemplo, no caso do crime de dano (arts. 263 e ss. do Código Penal).[xxi]

575. A distinção entre um consentimento que exclui a tipicidade e outro que somente retira a antijuridicidade é, contudo, questionada por um setor da doutrina.[165] Esse ponto de vista e o anterior diferenciam-se, na verdade, na concepção do bem jurídico. Aqueles

---

xx. No Brasil, ver art. 151 do CP.
xxi. No Brasil, ver art. 163 do CP.
165. Por todos: Schmidhäuser, *Strafrecht, Allgemeiner Teil*, 2ª ed., 1975, pp. 268 e ss.

que distinguem entre o valor protegido e o substrato material podem admitir que já há lesão ao bem jurídico quando a conduta recai sobre o substrato material deste. Por exemplo, quando se produz uma lesão à coisa alheia, está-se diante de uma ação típica, razão pela qual seria de se perguntar seguidamente pelo consentimento do titular da coisa.

576. Diferente é a postura daqueles que entendem que, na verdade, nos bens jurídicos disponíveis, isto é, naqueles em que o consentimento exclui a imputação, a ação somente realiza o tipo à medida que importe uma lesão no âmbito do domínio autônomo do sujeito passivo: a lesão de sua vontade com referência à conservação do bem jurídico. Sob tal ótica a lesão de subtrair material do mesmo é, como tal, irrelevante. Como conseqüência, o consentimento, se tem relevância (o que depende do poder de decisão sobre a manutenção do bem que a ordem jurídica outorgue ao particular), excluirá em qualquer caso o tipo penal.

É preferível o segundo critério, ou seja, aquele em que *todos os casos excluem a tipicidade.*

No início daquilo que poderíamos chamar de moderna dogmática penal espanhola, a teoria havia acentuado que o consentimento somente teria sentido nos tipos penais que faziam referência expressa a essa questão (particularmente, os arts. 361, 450, II, e 490 do Código Penal em sua versão de 1944) e, portanto, atuaria como circunstância excludente da tipicidade.[166] As questões relativas ao tratamento médico-cirúrgico e à violência desportiva constituiriam, nesse contexto, problemas que deveriam ser tratados no âmbito da justificação supralegal ou da interpretação "teleológica e progressiva do conceito de delito".[167]

Mais tarde, com vistas a ampliar o âmbito da eficácia do consentimento, principalmente em relação ao tratamento médico e à violência desportiva,[168]

---

166. Jiménez de Asúa, *Tratado de derecho penal. Parte general*, 3ª ed., 1976, t. IV, n. 1434, com indicações bibliográficas.

167. Jiménez de Asúa, *La ley y el delito*, 1ª ed., citado segundo a 5ª edição de 1967, pp. 313 e ss.

168. Jiménez de Asúa, *Tratado de derecho penal. Parte general*, 3ª ed., 1965, t. III, n. 1.421; Antón Oneca, *Derecho penal. Parte general*, (1ª ed., 1949), 2ª ed., invariada, 1986, pp. 287 e ss.; Cuello Calón, *Derecho penal*; Cobo del Rosal, *Anuario de Derecho Penal y Ciencias Penales*, 1964, p. 437; Cobo del Rosal – Rodríguez Mourullo, *Derecho penal español. Parte especial*, 1962, p. 437.

desenvolveu-se uma teoria diferenciadora, que o reconheceu também como pressuposto da autorização legal da ação genérica contida no art. 20.7 do Código Penal, portanto, como causa de justificação.

Esse tratamento do consentimento teve uma dupla fundamentação teórica, decidida, em princípio, pelo texto da lei. De qualquer forma, nas hipóteses em que a atuação contra a vontade do sujeito passivo não estivesse expressa em lei, somente seria possível levar em conta a relevância do consentimento como resultado de uma estrita interpretação das disposições legais em questão. Conseqüentemente, o consentimento apenas deveria ser considerado uma circunstância excludente da tipicidade expressamente estabelecida pelo legislador.[169]

Por outro lado, recorreu-se à autorização genérica do art. 8.11 (= art. 20.6 do Código Penal vigente) com o objetivo de resolver a questão da relevância do consentimento, particularmente em matéria de tratamento médico e violência desportiva, assim como em todos os casos em que a legitimidade do exercício de um ofício requeria uma autorização de agir do sujeito passivo.[170] Em tais casos, o médico, o advogado, o desportista etc. obteriam, mediante a expressão do consentimento, um direito subjetivo de agir, cujo exercício legítimo operaria como uma causa de justificação, uma autorização, com força para levantar uma proibição de intervenção em uma esfera de direitos própria do sujeito que consente, isto é, dentro da qual este pode configurar livremente suas relações jurídicas.[171]

De maneira implícita, esse ponto de vista apoiou-se na chamada "teoria do negócio jurídico". A questão dos requisitos do consentimento, contudo, que a teoria do negócio jurídico extrai das regras que o regem no direito privado, ficou em aberto, pois, inicialmente, esse tema não foi tra-

---

169. Jiménez de Asúa, *Tratado de derecho penal. Parte general*, 3ª ed., 1965, t. III, n. 1.428.

170. Assim, implicitamente, Cobo del Rosal, *Anuario de Derecho Penal y Ciencias Penales*, 1964, fascículo II; Cobo del Rosal – Rodríguez Mourullo, *Derecho penal español. Parte especial*, 1962, p. 437; provavelmente também Rodríguez Ramos, *Compendio de derecho penal*, 4ª ed., 1988, p. 189.

171. Paralelamente na Alemanha, ainda que com diferenças no que se refere às condições do consentimento válido, Zitelmann, "Ausschluß der Widerrechtlichkeit", *AcP*, 99 (1906), pp. 11 e ss.; Fischer, *Die Rechtswidrigkeit mit besonderer Berücksichtigung des Privatrechts*, 1911, t. I, p. 517; Carnelutti, *Lezioni di diritto penale*, 1943, p. 55.

tado expressamente. Apesar disso, não parece que se possa negar que recorrer ao exercício de um direito para resolver o problema de uma autorização do sujeito passivo implica necessariamente adotar também como condições de validade do consentimento as impostas pelo direito privado para os negócios jurídicos que fundamentam a autorização. Isso fica evidente quando os que apóiam esse ponto de vista admitem que se "a renúncia e a correlativa aquisição do direito se encontrem reguladas pelo direito privado, sendo necessário que concorram no titular e no ato das condições essenciais que o ordenamento requer para outorgar-lhe validade",[172] ainda que neguem, ao mesmo tempo, o caráter de negócio jurídico da autorização.[173-xxii]

Esse ponto de vista tem se mantido praticamente inalterado até agora, ainda que com algumas modificações em sua fundamentação.

A concepção que entende o consentimento como uma circunstância que somente afasta a tipicidade apóia-se, de uma parte, em meros argumentos exegéticos,[174] enquanto, por outra, fundamenta-se em uma diferente concepção de bens jurídicos protegidos nas hipóteses de relevância do consentimento.[175]

O ponto de vista exegético tem seu ponto de partida provavelmente no entendimento do Tribunal Supremo acerca do texto do art. 4.3 do Código Penal (*STS* de 15.3.1956), que, interpretado de forma paralela ao art. 65 do CP francês ou ao art. 78 do CP belga, excluiria a possibilidade de recorrer a

172. Cobo del Rosal – Vives Antón, *Derecho penal. Parte general*, 2ª ed., 1987, p. 338.
173. Cobo del Rosal – Vives Antón, *Derecho penal. Parte general*, 2ª ed., 1987, p. 339, nota 3. Pelo contrário, adere à teoria de negócio jurídico com reservas a Fiscalía General del Estado (equivalente à Procuradoria-Geral da República no Brasil), cf. *Memoria del Fiscal General del Estado*, 1986, pp. 439 e ss.
xxii. Essa é a visão tradicional da doutrina acerca do tratamento médico-cirúrgico e da violência desportiva, ou seja, são tratados como espécies de exercício regular de um direito. Há autores com outra visão, que atualmente consideram que em tais hipóteses a conduta praticada pelo agente é atípica, pois careceria de imputação objetiva.
174. Mir Puig, *Derecho penal. Parte general*, 1984, pp. 448 e ss.
175. Bacigalupo, *Principios de derecho penal español*, 1985, pp. 82 e ss.; Gómez Benítez, *Teoría jurídica del delito*, 1984, pp. 422 e ss.; Bustos, *Manual de derecho penal. Parte general*, 3ª ed., 1989, p. 194; De La Gándara Vallejo, *Consentimiento, bien jurídico e imputación objetiva*, 1995, pp. 100 e ss.

causas de justificação não previstas pelo art. 20 do Código Penal. Segundo Mir Puig,[176] "o art. 2, II (= art. 4.3 vigente) do Código Penal impede deixar sem castigo os fatos que resultem apenados com base na rigorosa aplicação das disposições da lei, ainda quando a juízo do Tribunal não o deveria ser". Tal dispositivo impediria, então, "criar excludentes para as quais não há base legal sequer para analogia".[177]

Portanto, "no direito espanhol o consentimento somente poderá resultar eficaz quando puder entender-se que impede a realização de tipo da Parte Especial".[178]

Na verdade, o aporte dessa visão à concepção de consentimento como circunstância que exclui sempre a tipicidade é muito discutível, pois tem como suporte dois conceitos necessariamente imprecisos: a analogia e a "aplicação rigorosa da lei". Para se saber se o consentimento é ou não análogo a outras causas de justificação deve-se partir do ponto do qual se realiza a comparação. Se esta se faz, como parece mais aconselhável, a partir dos princípios justificantes – entendendo que entre estes se encontra o princípio da ausência de interesse (Mezger), ou o da definição de interesse pela vítima (Jakobs) ou o da justificação conforme a valoração do lesado (Noll) –, restará indubitável que o consentimento terá com as outras causas de justificação em comum uma analogia fundamental: o efeito justificante. De outra parte, a aplicação rigorosa das disposições da lei não deveria ser identificada com a aplicação da lei sobre a base de uma interpretação gramatical dos textos, como propõe Mir Puig em relação ao consentimento. De fato, quando se aceita, por exemplo, que a adequação social não afeta a aplicação rigorosa da lei[179] não parece que admitir o consentimento como causa de justificação possa contradizer o art. 4.3 do Código Penal. O art. 4 do Código Penal, ademais, não impediu o Tribunal Supremo de reconhecer a possibilidade de invocar o consentimento como causa de justificação.[180]

---

176. Mir Puig, *Derecho penal. Parte general*, 1984, p. 449; outro ponto de vista, Cerezo Mir, *Festschrift für Jescheck*, t. I, 1985, pp. 441 e ss.
177. Mir Puig, *Derecho penal. Parte general*, 1984, p. 449.
178. Mir Puig, *Derecho penal. Parte general*, 1984, p. 449.
179. Mir Puig, *Derecho penal. Parte general*, 1984, p. 460; outro ponto de vista: Bacigalupo, *Anuario de Derecho Penal y Ciencias Penales*, 1995, pp. 849 e ss.
180. Assim expressamente, STS de 27.3.1990 (Rec. 1766/87).

Em suma, esta ótica, mais do que uma posição favorável ao tratamento unitário do consentimento como circunstância que exclui a adequação típica, constitui uma fundamentação da exclusão do consentimento como causa de justificação.

Sob outra perspectiva metodológica, a concepção do consentimento como causa que exclui sempre a tipicidade (Bacigalupo, Bustos, García Vitoria, Goméz Benítez) se apóia, pelo contrário, em uma diferente concepção de bem jurídico protegido postulado na Alemanha por Roxin, entre outros.[181] De acordo com esse ponto de vista o consentimento eficaz exclui sempre a adequação típica, pois em tais hipóteses os bens jurídicos estão à disposição do titular e, dado o acordo desse para seu perecimento, não se pode pensar em uma lesão carente de justificação.

Contra a possibilidade de aplicação desse ponto de vista no direito espanhol pronunciou-se recentemente Cerezo Mir.[182] O argumento central de sua opinião apoiava-se nos arts. 562 (= art. 289 vigente) e 428 (= art. 156 vigente) do Código Penal. Eles demonstram que nem sempre quando o consentimento for eficaz o bem jurídico protegido será a liberdade de disposição, pois de acordo com o art. 562 do antigo Código Penal o dano da coisa própria era punível, quando essa era de utilidade social. Não obstante, sustenta-se que, no crime de lesão corporal, o consentimento somente exime de responsabilidade de modo excepcional, o que se deduziria do art. 428 do antigo Código Penal (= art. 156 vigente).

Nenhum destes argumentos afetam, em meu modo de ver, a tese do consentimento como circunstância que exclui invariavelmente a adequação típica. O art. 562 do antigo Código Penal, como é cediço, não protege a autodeterminação do autor no exercício da propriedade, mas precisamente o contrário: a observância dos limites à livre disposição das coisas próprias. De outro lado, caso se admitisse que nas lesões o consentimento pudesse ter um

---

181. Roxin, *Kriminalpolitik und Strafrechtssystem*, 1970, p. 25, nota 57; idem, *ZStwW* 85 (1973), 101; *Estudos em homenagem ao Professor Doutor Eduardo Correia*, 1984, p. 37 e ss.; *Festschrift für Hans Welzel*, 1974, p. 449; Schmidhäuser, *Strafrecht, Allgemeiner Teil*, 2ª ed., 1975, pp. 268 e ss. Cf., também, Kaufmann, Armin, *Festschrift für Hans Welzel*, 1974, p. 397, nota 9, e *Festschrift für Klug*, 1983, t. II, p. 282.

182. Cerezo Mir, *Estudios de derecho penal y criminología en homenaje a Rodríguez Devesa*, 1989, t. I, p. 210.

rol somente excepcional, o certo é que dessa premissa não se deduz nada a respeito do significado sistemático do consentimento no âmbito em que ele é eficaz.

Cerezo Mir[183] considera, ademais, que a exclusão da tipicidade em todos os casos em que o consentimento for relevante funda-se em uma concepção insustentável de bem jurídico. A idéia de que em tais hipóteses se protege a autodeterminação do titular do bem jurídico é considerada por Cerezo Mir como incompatível com um direito penal em que se estabelecem limites para a eficácia do consentimento, como fica claro no antigo art. 428 do Código Penal.

O conceito de bem jurídico, no entanto, em si mesmo, não depende em nada da proteção penal do mesmo ou tampouco, portanto, do alcance com o qual o titular possa dispor sobre ele. Há bens jurídicos que carecem de proteção penal e, ademais, quase todos os bens jurídicos têm uma proteção penal limitada. Por tal razão, não é possível derivar dos limites da disponibilidade sobre a proteção penal nenhum argumento contra o conceito de bem jurídico. Aqueles que propõem que o consentimento eficaz deva excluir sempre a tipicidade, na verdade, não pretendem modificar o conceito de bem jurídico, mas somente extrair da disponibilidade um critério para estabelecer em que nível da estrutura do delito deve ter eficácia a renúncia do titular à proteção jurídico-penal.

A teoria diferenciadora mantém, de sua parte, a vinculação do consentimento justificante com o art. 20.7 do Código Penal. Seus representantes, contudo, procuram agora se distanciar da teoria do negócio jurídico, que era – como se afirmou – o suporte teórico implícito para explicar que "o consentimento outorga a quem realiza o fato típico um direito de agir desse modo".[184] Nesse sentido, aduz-se que "o consentimento justificante não é um negócio jurídico, nem precisa de uma expressa declaração para surtir efeitos, a menos que a lei assim o requeira", ainda que se reconheça, ao mesmo tempo, sua qualidade de "ato jurídico".[185] A finalidade perseguida com essa

---

183. Cerezo Mir, *Estudios de derecho penal y criminología en homenaje a Rodríguez Devesa*, 1989, t. I, p. 212.
184. Cobo del Rosal – Vives Antón, *Derecho penal. Parte general*, 2ª ed., 1987, p. 335.
185. Cobo del Rosal – Vives Antón, *Derecho penal. Parte general*, 2ª ed., 1987, p. 339, nota 3.

nova configuração teórica do problema do consentimento é a de reforçar o caráter objetivo da exclusão da antijuridicidade, que esses autores fazem depender exclusivamente da vontade unilateral de quem consente a lesão a seus bens jurídicos. Mas o caráter objetivo da exclusão da antijuridicidade depende da importância que se atribua ao desvalor do resultado no conceito do ilícito. Sobre essa questão nada diz a teoria do negócio jurídico que, em realidade, pretende explicar a natureza jurídica do consentimento, qualquer que seja o conceito de ilícito.[186]

A teoria diferenciadora é sustentada na Espanha também sem referência ao art. 20.7 do CP e a partir de uma concepção material da justificação baseada na ponderação de bens.[187] A partir desse ponto de vista, afirma-se, com apoio na opinião de Noll,[188] que "o consentimento opera como causa de justificação quando o direito conceder primazia ao valor da liberdade de atuação da vontade em face do desvalor da ação e do resultado da agressão ou lesão ao bem jurídico".[189]

Mais precisamente, o princípio da ponderação de bens não se mostra como uma base sólida para manter a teoria diferenciadora do consentimento, já que, nesses casos, a ordem jurídica outorga valor preponderante à livre determinação e, em conseqüência, torna-se duvidoso que neles se possa falar em uma colisão entre a liberdade de disposição e o suposto substrato material do bem jurídico protegido, na qual tenha prevalência o valor da livre determinação sobre o interesse social na manutenção do dito substrato material. Na verdade, a existência do consentimento exclui, desde o princípio, uma intervenção alheia na esfera dos bens jurídicos protegidos daquele que consentiu, dado que a livre decisão sobre bens jurídicos próprios afasta uma intervenção alheia. De qualquer modo, isso não exclui o fato de o critério da ponderação de bens poder ser empregado corretamen-

---

186. Honig, *Die Einwilligung des Verletzten*, 1919, pp. 139 e ss. e 158 e ss.; Zitelmann, "Ausschuluß der Widerrechtlichkeit", *AcP*, 99 (1906), nota 1.
187. Cerezo Mir, *Estudios de derecho penal y criminología en homenaje a Rodríguez Devesa*, 1989, t. I, pp. 211 e ss.; Romeo Casabona, *El médico u el derecho penal*, t. I, p. 307; provavelmente também Muñoz Conde, *Teoría general del delito*, 2ª ed., 1989, pp. 90, 114 e ss.
188. Noll, "Tatbestand und Rechtswidrigkeit: Die Wetabwägung als Prinzip der Rechtfertigung", *ZStW* 77 (1965), pp. 1 e ss. e 19 e ss.
189. Cerezo Mir, *Estudios de derecho penal y criminología en homenaje a Rodríguez Devesa*, 1989, p. 213.

te no direito espanhol para estabelecer o limite da livre autodeterminação nos casos em que a disponibilidade do bem jurídico não seja ilimitada (por exemplo, no crime de lesão corporal – art. 155 do Código Penal),[xxiii] mas essa é uma questão diversa.[xxiv]

(1)
577. *Âmbito de eficácia do consentimento* – O consentimento não tem eficácia geral. Esta depende – como se adiantou – do poder de decisão que a ordem jurídica outorgue sobre a manutenção do bem jurídico ao particular que é seu titular. Em princípio, esse poder de decisão somente se reconhece ao particular com respeito à posse, à propriedade e ao patrimônio em geral, à liberdade pessoal e à integridade corporal (no sentido do crime de lesões corporais). O art. 155 do Código Penal[xxv] outorga ao consentimento no crime de lesão corporal dolosa apenas um efeito atenuante. Enquanto a disponibilidade dos bens de conteúdo patrimonial em geral não tem limites, nos casos da liberdade pessoal e da integridade corporal ela depende de que o consentimento não implique em concordar com ações ofensivas à dignidade da pessoa (art. 10.1 da CE). Esta não é renunciável e está intimamente ligada à liberdade e ao respeito ao corpo. Não é válido o consentimento, por exemplo, para ser torturado por policiais.

(2)
578. *Requisitos do consentimento eficaz* – Quando se trata de alguns bens jurídicos que admitem a disponibilidade por parte de seu titular, a eficácia do consentimento dependerá dos seguintes requisitos:

---

xxiii. Art. 129 do CP brasileiro.

xxiv. No Brasil, a maioria da doutrina encara o consentimento do ofendido como excludente de tipicidade nos casos em que o dissenso da vítima seja requisito ou elementar do crime, como o dispostos no caso do art. 150 do CP brasileiro – violação de domicílio; nos demais crimes, poderá figurar como excludente de ilicitude, desde que se trate de delito em que o bem jurídico seja disponível e que o agente seja capaz. De ver-se que alguns autores que aderiram recentemente à teoria da imputação objetiva, vêm entendendo que o consentimento do ofendido sempre exclui a tipicidade, como proposto pelo autor.

xxv. Art. 129 do CP brasileiro.

a) *Capacidade do sujeito passivo de compreender a situação na qual consente* – O sujeito deve poder compreender o significado de seu consentimento a respeito da ação que lesionará o objeto. Não se exige a capacidade estabelecida pelo direito civil para realizar negócios jurídicos. É suficiente a "capacidade natural de compreender ou julgar".

b) *O consentimento deve ser anterior à conduta* – Um "consentimento" *a posteriori* somente demonstra perdão. Deve, por outro lado, ser mantido durante toda a conduta, vale dizer, pode ser retratado, caso em que perderá a eficácia.

c) *O consentimento não deve provir de um erro nem ter sido obtido mediante ameaça* – Somente sob tais condições, o consentimento será ato autônomo e, portanto, apenas dessa maneira elimina a lesão ao bem jurídico.

579. A eficácia do consentimento depende, portanto, sobretudo, do conhecimento correto de quem consente a respeito da extensão do dano. Isso tem singular importância no caso da intervenção médico-cirúrgica e no tratamento médico em geral, pois é o fundamento do dever do médico de informar ao paciente o tratamento ou intervenção e suas conseqüências.

Em princípio, os requisitos do consentimento eficaz deveriam se relacionar com os pontos de vista dogmáticos sustentados sobre a natureza do consentimento. Sua classificação sistemática, contudo, não incide sobre estes requisitos. Assim, aqueles que admitem a distinção entre consentimento excludente do tipo e consentimento de efeito justificante afirmam que em ambas as formas o consentimento depende de idênticos requisitos.[190] Por seu turno, aqueles que defendem que o consentimento somente exclui a adequação típica entendem os requisitos do consentimento de forma singular em relação aos que representam outro ponto de vista.[191]

---

190. Cerezo Mir, *Estudios de derecho penal y criminología en homenaje a Rodríguez Devesa*, 1989, p. 213; Muñoz Conde, *Teoría general del delito*, 2ª ed., 1989, p. 115.

191. Bacigalupo, *Principios de derecho penal español*, p. 84; Bustos, *Manual de derecho penal. Parte general*, p. 185; Jiménez de Asúa, *Tratado de derecho penal. Parte general*, t. IV, n. 1429; Mir Puig, *Derecho penal. Parte general*, 4ª ed., 1996, p. 455.

a) A capacidade de consentimento é identificada eficazmente pela opinião dominante com a chamada "capacidade natural".[192] Por capacidade natural entende-se, de modo uniforme, mas com diferentes formulações, a capacidade para compreender o alcance da decisão por meio da qual se renuncia a proteção penal ao bem jurídico, que não deve coincidir com a capacidade exigida pelo direito civil para a celebração de negócios jurídicos.

Uma ótica diferente é adotada, conseqüentemente, pelos que postulam a aplicação do art. 20.7 do Código Penal como fundamento da força justificante do consentimento (especialmente em relação às intervenções médicas).

Enquanto se exige que aquele que consente deva transmitir ao autor um direito, "é preciso" – afirmam – "que concorram todas as condições necessárias para transferir, a quem realiza o tipo, o direito a executá-lo".[193] De qualquer modo, não parece que com isso se queira fazer referência às exigências estabelecidas no direito privado ou no direito público, dado que, ao mesmo tempo, sustenta-se que o direito, a cujo exercício se refere o art. 20.7 do Código Penal, "se acha configurado na medida das necessidades da matéria punitiva na qual surte efeito".[194] Parece, no entanto, que se o mencionado art. 20.7 faz referência a direitos que provêm de searas não penais do ordenamento jurídico, o consentimento deveria estar condicionado pelas regras próprias do setor do direito privado ou do público do qual surge o direito em discussão. Como isso não ocorre dessa maneira – como o propõem Cobo–Vives –, torna-se indiscutível que não será fácil concretizar as diferenças com relação a outros pontos de vista baseados na capacidade natural.

192. Expressamente, Bacigalupo, *Principios de derecho penal español*, 1985, p. 84; Cerezo Mir, *Estudios de derecho penal y criminología en homenaje a Rodríguez Devesa*, 1989, p. 207; Mir Puig, *Derecho penal. Parte general*, 4ª ed., 1996, p. 455; implicitamente, Bustos, *Manual de derecho penal. Parte general*, 3ª ed., 1989, p. 195; Jiménez de Asúa, *Tratado de derecho penal. Parte general*, t. IV, n. 1.429; Muñoz Conde, *Teoría general del delito*, 2ª ed., 1989, p. 115; de la Gándara Vallejo, *Consentimiento, bien jurídico e imputación objetiva*, 1995, p. 114.
193. Cobo del Rosal – Vives Antón, *Derecho penal. Parte general*, p. 338.
194. Cobo del Rosal – Vives Antón, *Derecho penal. Parte general*, pp. 335 e 339, nota 3.

Apenas Jiménez de Asúa[195] sustenta uma posição na qual o consentimento referente a bens patrimoniais deveria exigir – diversamente de outros bens jurídicos – a capacidade exigida pelo direito privado.

À diferença do que ocorre em uma parte considerável da dogmática alemã, na espanhola não se admite que nos casos de consentimento que exclui apenas a tipicidade (*Einverständnis*) seja suficiente uma conformidade puramente fática nos tipos penais em que a consumação exige atuar contra ou sem a vontade do lesado (por exemplo: invasão de domicílio – art. 202; violação – art. 179; furto – art. 234 todos do Código Penal etc.).[196] Mais ainda, na dogmática espanhola predomina a opinião de que se exclui em geral a eficácia do consentimento ou da conformidade quando houver engano ou coação.[197]

Apesar da generalidade da afirmação, fica claro, então, que essa premissa não pode ter valor absoluto, pois, não será em todos os casos de erro que o consentimento ou a conformidade resultarão totalmente irrelevantes. Nesse sentido, ainda que sejam obtidos por engano, excluirão sempre a violência e, portanto, a realização de tipos penais que a exigem (por exemplo, violação – art. 179; coações – art. 172; roubo – art. 237).[198]

Grandes discussões surgiram na Espanha para se saber se a conformidade obtida mediante engano exclui a tipicidade nos casos em que o tipo penal exige que o autor tenha atuado contra a vontade do titular (por exemplo, arts.

---

195. Jiménez de Asúa, *Tratado de derecho penal. Parte general*, t. IV, n. 1.429.
196. Geerds, in *Goltdammer's Archiv für Strafrecht*, 1954, pp. 262 e ss.; idem, *ZStW* 72 (1909), pp. 42 e ss.; criticamente, Hirsch, *Leipziger Kommentar*, 10ª ed., 1985, vor § 32, n. 100, com indicações bibliográficas.
197. Bacigalupo, *Principios de derecho penal español*, p. 84; Bustos, *Manual de derecho penal. Parte general*, p. 195; Cerezo Mir, *Estudios de derecho penal y criminología en homenaje a Rodríguez Devesa*, 1989, p. 207; Cobo del Rosal – Vives Antón, *Derecho penal. Parte general*, p. 338; Jiménez de Asúa, *Tratado de derecho penal. Parte general*, t. IV, n. 1.429; Mir Puig, *Derecho penal. Parte general*, 4ª ed., 1996, p. 456. Diferenciando conforme se trate de coação ou erro e engano; Muñoz Conde, *Teoría general del delito*, 2ª ed., 1989, p. 115; Casas Barquero, *El consentimiento en el derecho penal del delito*, 1987, pp. 71 e ss.; Romeo Casabona, *El médico y el derecho penal*, t. I, 1981, pp. 308 e ss.; de la Gándara Vallejo, *Consentimiento, bien jurídico e imputación objetiva*, 1995, pp. 131 e ss.
198. No resultado também Mir Puig, *Derecho penal. Parte general*, 4ª ed., 1996, p. 457, e Romeo Casabona, *El médico y el derecho penal*, nota 32, p. 308; de la Gándara Vallejo, *Consentimiento, bien jurídico e imputación objetiva*, 1995, p. 131.

202 e 234 do Código Penal). Em tais hipóteses, ainda que o consentimento tenha sido obtido por engano, na verdade, o autor poderia não ter agido contra a vontade do titular do bem jurídico na forma exigida pelo tipo penal. O Tribunal Supremo não excluiria, provavelmente, a tipicidade nos casos de invasão de domicílio, já que admitiu que o delito em questão se consuma também quando o agente atua contra a vontade presumida do titular.[199] No mesmo sentido, no crime de furto (art. 234 do Código Penal) o Tribunal Supremo entendeu que a apropriação do dinheiro, cuja entrega se deu motivada por engano do autor, é contrária à vontade do sujeito passivo.[200] Esta última decisão, contudo, é muito problemática, porque a subsunção do fato ao tipo penal do furto pressupõe uma distinção extremamente duvidosa entre este delito e o de estelionato (art. 248 do Código Penal).[xxvi] A questão da influência das ameaças sobre o consentimento ou a conformidade, de sua parte, tem tido especial transcendência no crime de estupro (art. 179 do Código Penal).[201] Na jurisprudência considerou-se, de modo geral, que as ameaças podem não excluir a conformidade referente à conjunção carnal, quando não sejam suficientes para cumprir com as exigências do conceito de intimidação, isto é, quando não sejam graves.[202] Nos casos em que se considerou que a ameaça não teve capacidade para excluir a conformidade, no entanto, o Tribunal Supremo não aplicou os arts. 169 ou 171 do Código Penal, como provavelmente teria correspondido.

b) Na dogmática espanhola existe uma concordância bastante difundida a respeito da caracterização geral dos bens jurídicos sobre os quais ao titular se reconhece um poder de disposição. Praticamente se sustenta, de forma unânime, que o consentimento, em princípio, somente pode afetar bens jurídicos cujos titulares sejam particulares, ficando afastados aqueles que pertençam à sociedade ou ao Estado ou aqueles que tenham caráter supra-individual.[203]

---

199. *STS* de 15.6.1957.
200. *STS* de 23.3.1968.
xxvi. No Brasil, art. 171 do CP brasileiro.
201. Cf. *SSTS* de 17.11.1956; 17.10.1961; 18.2.1983; 19.2.1984; 2.7.1984; 12.6.1985; 3.1.1986; 17.3.1987; 11.3.1988; 24.10.1988.
202. Cf. *SSTS* de 12.6.1985; 3.1.1986; 10.12.1986; 17.3.1987. A jurisprudência mais recente reduziu consideravelmente as exigências da violência no crime de atual art. 179 do Código Penal (violação).
203. Bacigalupo, *Principios de derecho penal español*, pp. 83 e ss.; Bustos, *Manual de derecho penal. Parte general*, p. 194; Cerezo Mir, *Estudios de derecho*

Essa questão tem cunho polêmico, todavia, principalmente nos crimes de homicídio e de lesão corporal, nos quais é particularmente discutido o alcance possível da disponibilidade do bem jurídico em relação ao tratamento médico, com relação ao qual somente uma pequena parcela da doutrina vê no consentimento do paciente o fundamento da ausência de tipicidade ou, conforme o caso, da antijuridicidade. No crime de lesão corporal, de sua parte, a nova regulamentação do art. 155 do Código Penal permite sustentar que a não disponibilidade apenas teria caráter excepcional.[204]

c) Pelo contrário, há diversidade de entendimentos no que tange saber se o efeito excludente da punibilidade do consentimento (seja por falta de tipicidade ou de justificação) depende do conhecimento que o autor tenha tido a seu respeito. As discrepâncias não afetam apenas a exigência do conhecimento, mas, também, as conseqüências de sua falta.

Uma parte da doutrina defende que os efeitos do consentimento não dependem do fato de o autor ter tido conhecimento a esse respeito.[205] Enquanto a maioria dos que comungam deste prisma pronuncia-se pela exclusão da adequação típica, sem mais, Mir Puig sustenta também que "não é preciso que o autor tenha conhecimento do consentimento", mas propõe que em tais casos o autor que não soube do mesmo seja punido por "tentativa inidônea"[xxvii] (art. 52 do Código Penal). Esta solução resulta, contudo, dificilmente compatível com seu ponto de partida, pois a sanção deste fato como tentativa inidônea somente seria possível precisamente se fosse exigi-

---

penal y criminología en homenaje a Rodríguez Devesa, 1989, p. 202; Cobo del Rosal – Vives Antón, *Derecho penal. Parte general*, p. 336; Goméz Benitéz, *Teoría jurídica*, p. 422; Jiménez de Asúa, *Tratado de derecho penal. Parte general*, t. IV, n. 1.429; Mir Puig, *Derecho penal. Parte general*, 4ª ed., 1996, pp. 450-451; de la Gándara Vallejo, *Consentimiento, bien jurídico e imputación objetiva*, 1995, p. 111; provavelmente, também, Muñoz Conde, *Teoría general del delito*, 2ª ed., 1989, pp. 114 e ss.

204. Bacigalupo, in "Poder Judicial", fascículo especial sobre a reforma penal de 1989-1990, nota 1, com indicações bibliográficas.

205. Bustos, *Manual de derecho penal. Parte general*, 3ª ed., 1989, p. 195; Cerezo Mir, *Estudios de derecho penal y criminología en homenaje a Rodríguez Devesa*, 1989, p. 207, com respeito ao consentimento que exclui o tipo, mas ao contrário contrariamente no que se refere ao consentimento justificante (p. 214); Cobo del Rosal – Vives Antón, *Derecho penal. Parte general*, p. 339; Mir Puig, *Derecho penal. Parte general*, 4ª ed., 1996, p. 456.

xxvii. No Brasil, a tentativa inidônea ou crime impossível não é punível, nos termos do art. 17 do CP.

do que o autor tivesse conhecido o consentimento como condição para a exclusão da tipicidade.

Pelo contrário, outro setor da doutrina faz depender o efeito excludente do conhecimento do consentimento pelo autor.[206] A partir desta posição, conclui-se que o consentimento ou a conformidade não conhecidos pelo autor não excluem a punibilidade e deixam subsistente o caráter de tentativa inidônea da realização do tipo.

(3)

580. O problema do consentimento presumido – Também com fundamento no direito consuetudinário, reconhece-se ao consentimento presumido o mesmo efeito relativo ao real. Evidentemente que isso somente se aplica quando o consentimento for eficaz. O consentimento presumido, contudo, apenas pode ser uma causa de justificação apoiada na idéia de risco permitido, posto que a falta do consentimento real impede a exclusão da tipicidade.

581. O consentimento é presumido quando não for expresso, ou seja, quando o titular do bem jurídico não o pode emitir ou não foi possível obtê-lo.

582. Os requisitos de eficácia do consentimento presumido são os expostos a seguir.

A ação deve ser realizada no interesse do titular do bem jurídico. Por exemplo: é preciso que a violação do domicílio na ausência do titular tenha ocorrido para reparar o encanamento d'água e evitar uma inundação. Há autores, no entanto, que entendem que, quando o consentimento esperado e o interesse não puderem coincidir, deve dar-se prioridade ao primeiro. Ademais, devem concorrer as demais condições do consentimento real. Para a determinação do consentimento presumido é fundamental que, segundo um juízo objetivo, o consentimento tivesse sido esperado no momento da ação (*ex ante*). Tal juízo refere-se ao de alguém de mediana prudência e discernimento no lugar do autor.

---

206. Bacigalupo, *Principios de derecho penal español*, p. 84; Jiménez de Asúa, *Tratado de derecho penal. Parte general*, t. IV, n. 1.429; Muñoz Conde, *Teoría general del delito*, 2ª ed., 1989, p. 115; de la Gándara Vallejo, *Consentimiento, bien jurídico e imputación objetiva*, 1995, pp. 115 e ss.

583. Na doutrina as opiniões não são unânimes com relação à possibilidade de se reconhecer efeito justificante ao consentimento presumido quando este opere em favor do autor ou de um terceiro e não em favor do titular do bem jurídico.

A opinião praticamente unânime na dogmática espanhola reconhece a necessidade de uma solução diferenciada em um grupo de *casos nos quais não existe um consentimento real do afetado, mas em que a ação foi executada em seu interesse, o que faz presumir que, se conhecesse a situação, teria consentido na lesão ao bem jurídico.*

Em tais situações ocorre, sem dúvida, um amplo acordo no tocante à desnecessidade de aplicação de pena, bem como uma considerável divergência na fundamentação da impunidade destes comportamentos. Como é claro, o consentimento presumido apenas pode ser considerado como causa de justificação, pois, em princípio, a conformidade excludente da tipicidade deve ser real.[207]

Há um ponto de vista que nega direta e expressamente a possibilidade de admitir um consentimento presumido como fundamento da exclusão da punibilidade.[208] Coerentes com estas idéias, Cobo-Vives afirmam que o consentimento presumido não pode ter como fundamento "a transferência de direitos operada pela vontade do titular" e que não é possível que haja, no direito espanhol, uma causa de justificação supralegal.[209] Sob tal ótica, portanto, a não punibilidade nos casos de consentimento presumido deveria ser solucionada por meio das regras do erro sobre a existência do consentimento real, o que, no sistema clássico seguido por esses doutrinadores, significa mediante a exclusão da culpabilidade.[210]

---

207. Entretanto, na jurisprudência, como se viu, nem sempre é assim; ver *SSTS* de 15.6.1957 e 23.3.1968.
208. Cerezo Mir, *Estudios de derecho penal y criminología en homenaje a Rodríguez Devesa*, 1989, p. 236; Cobo del Rosal – Vives Antón, *Derecho penal. Parte general*, p. 339; Goméz Benitez, *Teoría jurídica del delito*, 1984; Jiménez de Asúa, *Tratado de derecho penal. Parte general*, t. IV, n. 1.429; praticamente, no mesmo sentido, Antón Oneca, *Derecho penal*, 2ª ed., 1986, p. 292.
209. Cobo del Rosal – Vives Antón, *Derecho penal. Parte general*, p. 339.
210. Cobo del Rosal – Vives Antón, *Derecho penal. Parte general*, p. 339. Parece, contudo, que Cobo del Rosal e Vives Antón admitiram também o estado de necessidade nos casos em que se deu a gestão de negócios alheios. No mesmo sentido, Jiménez de Asúa, *Tratado de derecho penal. Parte general*, t. IV, n. 1.429 e Antón Oneca, *Derecho penal*, 2ª ed., 1986, p. 292.

A proposta de Cobo-Vives pode resultar muito estrita para as necessidades práticas, pois os casos que geraram a teoria do consentimento presumido se caracterizam pelo fato de que neles o autor tem um conhecimento seguro da ausência do consentimento real por parte do lesado. Por isso não se trata de saber se houve ou não o consentimento, mas de saber se o titular dos bens jurídicos lesados teria ou não consentido. Quiçá por essas razões os dois estudiosos não parecem excluir totalmente a aplicação da "gestão de negócios alheios" (art. 1.888 do CC espanhol) ou do estado de necessidade.[211] A opinião aparentemente dominante, pelo contrário, inclina-se pela solução desta problemática através do estado necessidade (art. 8.7 do Código Penal).[212]

Cerezo Mir condensou recentemente os argumentos em favor dessa posição já postulada por Antón Oneca. Por um lado sustenta-se que "as hipóteses compreendidas nessa causa de justificação não são transcendentes e não compensam os riscos que para a segurança jurídica pressupõe a presunção do consentimento (...) a causa de justificação poderia dar lugar", acrescenta Cerezo Mir, "a abusos".[213]

Esse ponto de vista é uma conseqüência de duas suposições: que o reconhecimento de causas de justificação não-escritas coloca em risco a segurança jurídica e que os casos relevantes para o consentimento presumido podem ser resolvidos com o estado de necessidade. Ocorre que, na verdade, não se percebe de qual maneira o fato de reconhecer o consentimento presumido como causa de justificação poderia afetar a segurança jurídica e dar lugar a abusos. Isso somente seria de se temer se os pressupostos da justificação não pudessem ser determinados com uma precisão dogmática

---

211. Cobo del Rosal – Vives Antón, *Derecho penal. Parte general*, p. 341, nota 26.
212. Cerezo Mir, *Estudios de derecho penal y criminología en homenaje a Rodríguez Devesa*, 1989, pp. 236 e ss.; Muñoz Conde, *Teoría general del delito*, 2ª ed., 1989, pp. 114-115; provavelmente, também, Octavio de Toledo – Huerta Tocildo, *Derecho penal. Parte general*, 2ª ed., 1986, p. 225 (ainda que somente mencionem o problema do tratamento médico sem consentimento); implicitamente Antón Oneca, *Derecho penal*, 2ª ed., 1986, p. 292; Bustos, *Manual de derecho penal. Parte general*, 3ª ed., 1989, p. 196, dado que admite a ponderação de bens em conflito.
213. Cerezo Mir, *Estudios de derecho penal y criminología en homenaje a Rodríguez Devesa*, 1989, p. 236.

desejável. Não havendo reservas nesse sentido, a segurança jurídica não se verá nem mais nem menos afetada que em qualquer das outras causas de justificação. Nesse ponto é sumamente útil a comparação da situação alemã. O reconhecimento do consentimento presumido desde os anos 20,[214] no século passado, não parece ter gerado uma situação de insegurança jurídica, nem provocado abusos.

A outra suposição que explica a rejeição ao consentimento presumido é a referente à possibilidade de aplicação do estado de necessidade. Dessa maneira, praticamente todas as hipóteses que gerassem a figura do consentimento presumido teriam uma solução adequada no âmbito da justificação. Há, contudo, pelo menos, duas razões que impedem a aplicação do estado de necessidade. Em primeiro lugar, deve se assinalar que o estado de necessidade não tem a função de servir como cláusula geral que neutralize regras de justificação previstas legalmente para a solução de conflitos particulares. Conseqüentemente, naqueles casos em que colidem interesses jurídicos disponíveis pertencentes a um mesmo titular– que são os casos de maior transcendência – as regras do consentimento (real ou presumido) têm preferência, em princípio, sobre as do estado de necessidade.[215] Trata-se de conflitos nos quais o ordenamento jurídico deve respeitar a decisão livre do titular, sem assumir a tutela de uma decisão "correta" externa sobre âmbitos reservados ao livre desenvolvimento da personalidade.[216] Em segundo lugar, nestes casos resultaria claramente inexplicável uma justificação apoiada no princípio da solidariedade, pois não se pode falar em solidariedade consigo mesmo.[217]

Em suma, não parece adequado tratar desses casos de consentimento presumido à luz do estado de necessidade, já que em tais hipóteses estamos diante de situações de conflitos iniludíveis nos que se salva o bem que a

---

214. Mezger, "Die subjektiven Unrechtselemente", *GS*, 89 (1924), pp. 207 e ss. e 287 e ss.

215. Seelmann, *Das Verhaltnis vor § 34 StGB zu anderen Rechtfertigungsgründen*, 1978, pp. 69 e ss.; Schönke-Schröder-Cramer, *Strafgesetzbuch, Kommentar*, § 34, ns. 6 e 8; Samson, *Systematischer Kommentar Strafgesetzbuch*, § 34, 6; Lackner, *Strafgesetzbuch Kommentar*, § 34, 2, *c*; Stratenwerth, *Strafrecht, Allgemeiner Teil*, t. I, 3ª ed., 1981, n. 450.

216. Cf., no mesmo sentido, Roxin, *Festschrift für Hans Welzel*, 1974, p. 451; outro ponto de vista, Antón Oneca, *Derecho penal*, p. 292, nota 39.

217. Jakobs, *Strafrecht, Allgemeiner Teil*, 2ª ed., 1991, p. 287 e 370.

ordem jurídica declara mais valioso à custa de um menos importante.[218] Pelo contrário, nesses casos o autor assume o risco de resolver o conflito de interesses do lesado segundo a hipotética vontade deste[219] e isso exige regras específicas. Qualquer que seja a amplitude que se queira dar à fórmula legislativa do art. 20.5 do Código Penal (estado de necessidade), é indubitável que essas hipóteses não poderão ser resolvidas pela via do estado de necessidade.

Neste contexto, serão sem dúvida problemáticos, com relação ao consentimento, os casos em que colidam bens como a vida (bem indisponível) e a integridade física (bem disponível dentro de certos limites), freqüentes no âmbito da atividade médica.

Nem sequer nesses casos, no entanto, é possível uma aplicação do estado de necessidade, pois à medida que se trata de colisão de bens jurídicos altamente pessoais, a justificação por meio do estado de necessidade dependerá não apenas da hierarquia abstrata de tais bens (como o sustenta em geral a dogmática espanhola), mas, e muito especialmente, do interesse individual do lesado.[220] Nesses casos, uma decisão sem levar em consideração o interesse do titular na proteção do bem ameaçado ou a sua "vontade de tolerar"[221] tal violência não resultaria amparada pela justificação. É de se indagar, portanto, se na colisão de bens pessoais pertencentes ao mesmo titular não se deveria dar diretamente preferência às regras do consentimento presumido inclusive quando colidissem bens jurídicos disponíveis e indisponíveis. Esse ponto de vista seria aceitável para aqueles que, na Espanha, acentuam a importância que tem, nessa matéria, o direito constitucional ao livre desenvolvimento da personalidade.[222]

A questão não é diferente quando o autor age em interesse próprio ou de outrem, casos que uma parte da doutrina alemã inclui no âmbito de rele-

218. Roxin, *Festschrift für Hans Welzel*, 1974, p. 453.
219. Roxin, *Festschrift für Hans Welzel*, 1974, p. 453; Lenckner, *Festschrift für H. Mayer*, 1966, p. 181; confira também pp. 175, 177 e ss.
220. Lenckner, *Der rechtfertigende Notstand*, 1965, pp. 983 ss.; Bacigalupo, *Principios de derecho penal español*, 1985, p. 80.
221. Jakobs, *Strafrecht, Allgemeiner Teil*, 2ª ed., 1991, p. 358.
222. Berdugo, in *CPCr* 14 (1981), pp. 203 e ss.; Cobo del Rosal – Carbonell, in Cobo del Rosal – Vives Antón, *Derecho penal. Parte general*, pp. 539 e ss.; Díez Ripollés, *CPCr* 30 (1986), pp. 603 e ss.; de la Gándara Vallejo, *Consentimiento, bien jurídico e imputación objetiva*, 1995, pp. 198 e ss.

vância do consentimento presumido.²²³ Neste grupo, costumam ser citados como exemplos: o de quem toma uma bicicleta emprestada de um amigo sem autorização para alcançar o trem que deve tomar para poder cumprir uma importante atividade; o de quem invade a farmácia de um amigo para tomar um medicamento (sem estar em estado de necessidade); o de quem em um ano de abundante colheita apodera-se de frutas caídas de árvores alheias; ou o da empregada que presenteia um mendigo com um traje velho do dono da casa.²²⁴ Aqui é possível, naturalmente, negar a possibilidade de justificação em si mesma pela via do consentimento presumido,²²⁵ mas, de qualquer modo, não parece que se possa aplicar o estado de necessidade, uma vez que, nesses casos, o autor não é alheio à criação do conflito de interesses, ou bem não se dá uma situação de verdadeira necessidade, com o que desaparece a possibilidade de aplicar o art. 20.5 do Código Penal. A isso cabe acrescentar que tampouco aqui se percebe que seja possível apoiar a justificação no princípio da solidariedade no qual se baseia o estado de necessidade.

A justificação desses casos de consentimento presumido nos quais o autor age em seu próprio interesse ou no de um terceiro pode encontrar, não obstante, uma explicação adequada no direito espanhol em se admitindo que tal consentimento reconhece a estrutura de uma causa de justificação fundada no risco permitido, da mesma maneira que se propõe na Alemanha.²²⁶ Isso traria conseqüências em relação ao erro e ao direito de defesa da pessoa cujos bens jurídicos fossem afetados. Esse ponto de vista, contudo, encontrará seguramente a rejeição daqueles que supõem que os casos de risco permitido também teriam solução por meio do estado de necessidade.²²⁷ Essa

---

223. Jescheck, *Lehrbuch des Strafrechts, Allgemeiner Teil*, 4ª ed., 1998, p. 347.
224. O exemplo da bicicleta carece de relevância no direito espanhol, pois o art. 244 do Código Penal – diferentemente do § 248, b, StGB – não se refere a bicicletas.
225. Assim, Schmidhäuser, *Strafrecht, Allgemeiner Teil*, 2ª ed., 1975, p. 318; Jakobs, *Strafrecht, Allgemeiner Teil*, 2ª ed., 1991, p. 370, notas 18 e 371.
226. Jescheck, *Lehrbuch des Strafrechts, Allgemeiner Teil*, 4ª ed., 1998, pp. 360 e ss.; Lencker, in Schönke-Schröder, *Strafgesetzbuch, Kommentar*, 23ª ed. (1988), § 32, 56; Roxin, *Festschrift für Hans Welzel*, 1974, pp. 447 e ss. Criticamente a respeito, Hirsch, *Leipziger Kommentar*, 10ª ed., § 32, 30, 50 e 132; Schmidhäuser, *Strafrecht, Allgemeiner Teil*, 2ª ed., 1975, p. 318. Especialmente sobre o risco permitido, Maiwald, *Festschrift für Jescheck*, t. I, 1985, pp. 405 e ss.
227. Mir Puig, adições à tradução espanhola de Jescheck, *Tratado de derecho penal. Parte general*, t. I, 1981, pp. 557 e ss.

opinião se funda, novamente, na amplitude que teria o estado de necessidade na legislação espanhola. Mas o certo é que esta "amplitude" não é real, visto que somente se manifesta na não punibilidade dos casos de conflito da mesma hierarquia, o que, na opinião majoritária, tem lugar na forma de exclusão da culpabilidade, ao lado do estado de necessidade justificante, no qual, pelo contrário, se exige a salvaguarda de um bem de maior hierarquia que o sacrificado.

No mais, o estado de necessidade, regulado pelo art. 20.5 do Código Penal, requer – como se viu – que exista um conflito de interesses que exija, necessariamente, o sacrifício de um deles, para salvar o restante, e que o autor não tenha colaborado na criação do conflito (art. 20.5.2). Nenhum desses extremos apresenta-se nas causas de justificação, que por sua vez estão estruturadas sobre o princípio do risco permitido, pois estas se vinculam com os casos em que o autor, via de regra, cria o perigo com uma ação que não é necessária, mas, sim, permitida.[228] Ademais, em casos muito significativos, o risco permitido autoriza, inclusive, a pôr em perigo bens jurídicos cuja importância é maior do que a dos interesses implicados nestas ações (por exemplo, o tráfego automotor, que cria perigos para a vida e para a integridade física das pessoas). Isso impede, logo de início, a aplicação do art. 20.5 do Código Penal.

De qualquer modo, o recurso à figura do risco permitido não admite, em função de seu caráter formal, explicar se o consentimento presumido deve excluir a pena como conseqüência de uma autêntica aprovação da ordem jurídica ou simplesmente servir como atenuante do ilícito. Neste último caso, sua classificação poderia ter lugar fora do âmbito da justificação.[229] Mas não é possível tratar aqui deste aspecto da questão, pois sua extensão refoge aos limites desse trabalho.

Tudo isto demonstra, a meu modo de ver, que na dogmática espanhola o reconhecimento do consentimento presumido como causa de justificação específica exige, em primeiro lugar, que se esclareçam certos pontos referentes à dogmática do estado de necessidade. É preciso realizar uma profunda discussão sobre sua relação com as outras causas de justificação, sobre os

---

228. Jescheck, *Lehrbuch des Strafrechts, Allgemeiner Teil*, 4ª ed., 1998, p. 361; Jakobs, *Strafrecht, Allgemeiner Teil*, 2ª ed., 1991, p. 170; Lencker, in Schönke-Schröder, *Strafgesetzbuch, Kommentar*, § 32, 107, a.
229. Bacigapulo, *Gedächtnisschirft für Armin Kaufmann*, 1989, pp. 459 e ss.; Günther, *Strafrechtswidrigkeit und Strafunrechtsausschluss*, 1983, pp. 351 e ss.

seus elementos particulares e, especialmente, sobre a exigência de que a justificação nele baseada dependa da adequação da reação à violência iminente às concepções genéricas de uma intervenção tolerável com relação aos bens alheios.[230] Fora daí seria desejável também uma discussão relativa à função dogmática do risco permitido, que possivelmente não seria uma figura inútil no direito penal espanhol, caso se admitisse que o estado de necessidade não pode ser a solução para todo e qualquer fato.

(k)

584. As situações nas quais a vítima não se expõe, não consentindo, portanto, com o perigo da ação de outrem (casos em que se discute a questão do consentimento), e as que ela *se expõe a um perigo proveniente de sua própria conduta* devem ser tratadas separadamente, pois o resultado produzido se imputará segundo o "princípio da auto-responsabilidade do lesado" ou da "autocolocação em perigo" ou "princípio da própria responsabilidade". Trata-se de se estabelecer os casos em que a *participação* (causal) da própria vítima na conduta perigosa não resulta na imputabilidade do autor (meramente partícipe), mas decorre da própria situação, pois esta sofreu uma intervenção lesiva.[231] Os casos que põem em evidência estes problemas referem-se, por exemplo, à imputação de lesões ou morte àquele que entrega narcótico a outra pessoa plenamente consciente dos danos que poderão advir da sua utilização; da responsabilização por lesões ou morte daquele que aceita ser conduzido em veículo cujo motorista se encontre visivelmente alcoolizado; ou da determinação daquele que, mesmo sabendo que seu parceiro está contaminado pelo vírus da AIDS, tem com ele relações sexuais sem tomar nenhuma precaução etc.

585. Na *jurisprudência*, esta problemática teve uma abordagem muito limitada através da figura da "compensação de culpas", que somente se aplica, como é óbvio, aos crimes culposos. A questão tem, de qualquer modo, antigo reconhecimento na jurisprudência do Tri-

---

230. Cf, nesse sentido, Gimbernat Ordeig, *Homenaje al profesor Sainz Cantero*, in "Revista de la Facultad de Derecho de la Universidad de Granada", n. I (1987), pp. 107-109 e ss.
231. De la Gándara Vallejo, *Consentimiento, bien jurídico e imputación objetiva*, 1995, pp. 133 e ss.; Cancio Meliá, *Conducta de la víctima e imputación objetiva en el derecho penal* (tese de doutorado, UAM, 1997).

bunal Supremo – ver, por exemplo, a *STS* de 26.9.1884, na qual se exclui a responsabilidade do dono de um cachorro que mordeu uma pessoa que "inadvertidamente" pisou o animal –. Nesse sentido, a *STS* de 5.11.1990 estabelece que "para calibrar a respectiva relevância das condutas intervenientes (...) deverá ser levado em conta que se um dos fatores ou condições se mostra como causa decisiva e eficiente de resultado, deverá se reputar a atuação dos demais intervenientes como acidental e fortuita, como igualmente, se ambas as condutas se manifestam com a mesma potência e virtualidade causativa, será o caso de se imputar como imprudentes as duas, se bem adequando o grau de culpa à maior ou menor eficácia da intervenção de cada um (imprudência temerária ou simples) – no mesmo sentido: *SSTS* de 19/4/72; 24/3/82; 24/3/83; 28/5/84; 18/2/86; 25/10/88; 24/5/91. De modo similar se manifesta a Seção Civil do Tribunal Supremo na aplicação do art. 1.103 do Código Civil (cf. *STS* (1ª) de 12/7/89 com citação de outros precedentes)". De qualquer modo, na *STS* de 17.7.1990 sustentou-se que "não se pode estabelecer uma total equivalência entre a autocolocação em perigo e o consentimento da ação perigosa alheia". Na mesma linha, ainda que recorrendo ao confuso argumento da compensação de culpas, a *STS* de 20.2.1993 exclui a imprudência (?!) do autor porque a vítima (que morreu de overdose de heroína) assumiu "o risco previsível no consumo de drogas, com uma culpa não grave, mas próxima à do autor".

586. É evidente que nos casos de autocolocação em perigo e, por conseguinte, de auto-responsabilidade do lesado, a participação de um terceiro não deve ser punível, ainda que não se dêem as condições do consentimento e, nesse sentido, a questão tem um alcance muito maior que aquele proporcionado pela compensação de culpas. Ademais, a solução desta problemática pela via da "compensação de culpas" pode ser adequada, acaso, no âmbito da responsabilidade civil, onde se podem justificar certos juízos de eqüidade, mas carece do necessário rigor conceitual para distinguir uma conduta típica da que não o é. Com efeito, tanto a citada *STS* de 20.3.1993, como também a *STS* 1961/91 de 24.5.1991, que declara equivalente a culpa do que provoca um incêndio cuja fumaça impede a visibilidade de uma estrada e a culpa da condutora de um veículo que se dirige para dentro da cortina de fumaça a 70 km/h, apesar de não ter visão, precipitando-se contra um caminhão que circulava em sentido contrário ao invadir o caminho deste, demonstram a grande insegurança que caracteriza a solução. Em ambos os casos se percebe que no âmbito da chamada compensação de culpas não existem critérios claros que justifiquem a determinação do *quantum* de culpa de cada interveniente. Nem ao menos uma das duas sentenças faz a menor referência às bases do juízo sobre a magnitude da culpa de cada um dos intervenientes.

587. Alguns autores pensam que nos casos em que a vítima deve responder por sua autolesão não se trata de exclusão da imputação objetiva, mas de hipóteses de "condutas que inicialmente estão excluídas do tipo penal", pois em tais situações a ordem jurídica não protege os bens da vítima.[232]

588. Na doutrina distinguem-se diferentes hipóteses, mas são casos em que se mostra cabível a aplicação dos mesmos princípios para discriminar aqueles em que a vítima se autolesiona e os que constituem uma lesão imputável a terceiro, apesar da conduta causal da vítima.

a) Casos de participação na *autocolocação voluntária de outrem em perigo*. Por exemplo: "A" entrega a "B", para que este aplique em si mesmo, uma dose estupefaciente que lhe produz a morte ("A" não o engana acerca da quantidade de droga entregue); "X" convence "Z" a escalar um monte perigoso; "Z", que não tem suficiente habilidade, cai e sofre lesões graves.

Nos casos em que o próprio tipo penal requer uma *heterolesão* (por exemplo, no crime *de lesões corporais*: o art. 147.1 do Código Penal requer "causar uma lesão *em outrem*") a *autolesão* excluirá a relevância jurídica da participação, pois esta pressupõe que o autor direto tenha agido ao menos tipicamente, coisa que não ocorre nos casos de autolesão corporal, porque *não são típicas*. Pode-se falar que em uma *autolesão* sempre o que a sofre foi o que pôs a última condição para a produção do resultado – critério da comissão em último lugar.[233] Nas palavras de Jakobs: "se tratará de uma autolesão sempre quando a responsabilidade da vítima a respeito de sua autoproteção não surja antes da fundamentação da responsabilidade de

---

232. Frisch, in *NStZ*, 1992, pp. 5 e ss.
233. De la Gándara Vallejo, *Consentimiento, bien jurídico e imputación objetiva*, 1995, pp. 153 e ss.

outros partícipes; pois nestes casos a vítima decide sobre o se da realização do fato".²³⁴

Naturalmente este critério não pode ser aplicado nos tipos penais que por si mesmos sancionam a indução a autolesão (por exemplo: art. 143.1 do Código Penal – indução e ajuda ao suicídio; e art. 248 do Código Penal – estelionato).ˣˣᵛⁱⁱⁱ

A autolesão, contudo, não excluirá a responsabilidade do partícipe (de regra como autor mediato) quando este tenha um conhecimento completo ou mais completo do que a vítima acerca do perigo a que esta se expõe ou quando a vítima esteja pessoalmente incapacitada para decidir responsavelmente (nos casos dos arts. 20.1, 2 e 3 e 19 do Código Penal).

Até qual ponto é possível admitir um *princípio geral de auto-responsabilidade do lesado* que a ordem jurídica deve conhecer em razão da importância institucional da liberdade,²³⁵ é ainda uma questão discutida. Trata-se de saber se em todos os tipos penais – inclusive naqueles nos quais a heterolesão não seja um requisito expresso – é possível excluir a imputação objetiva quando o resultado é conseqüência da ação da vítima. A questão pode adquirir especial relevância prática no caso do controvertido art. 143 do Código Penal (indução e ajuda ao suicídio).

Com efeito, quando se admite o princípio geral da auto-responsabilidade do lesado, esse tipo penal não alcançaria as hipóteses em que o suicida toma e executa a decisão de modo auto-responsável²³⁶ e se limita apenas àqueles em que o suicida age com uma certa diminuição de sua capacidade de decisão de acordo com o sentido; a apli-

---

234. Jakobs, *Die Organisation von Selbst und Fremdverletzung, insbesondere bei Tötung*, manuscrito da conferência sustentada na Universidad Autónoma de Madri em 14.5.1992; cf., também, de la Gándara Vallejo, *Consentimiento, bien jurídico e imputación objetiva*, 1995, p. 155.
xxviii. No Brasil, ver arts. 122 e 171 do CP.
235. Cf. Zaczyk, *Strafrechtliches Unrecht und die Selbstverantwortung des Verletzten*, 1993, pp. 18 e ss.; criticamente a respeito, Cancio Meliá, *Conducta de la víctima e imputación objetiva en el derecho penal* (tese de doutorado, UAM, 1997), pp. 451 e ss.
236. Assim com respeito à participação omissiva: Bacigalupo, in *Omisión e imputación objetiva en el derecho penal*, ed. por Gimbernat-Schünemann-Wolter, 1994, pp. 25 e ss. Uma solução similar provavelmente, ainda que sob outra perspectiva: Silva Sánchez, in *Anuario de Derecho Penal y Ciencias Penales*, 1987.

cação do art. 143 do Código Penal ficaria limitada a estes últimos casos. Com esta interpretação, as objeções à constitucionalidade desse artigo[237] restariam completamente desvanecidas, ainda que resultasse muito difícil justificar a exclusão da autoria mediata.

b) Casos de *exposição voluntária a um perigo proveniente da conduta de outrem*. Nestes casos, o lesado consentiu com a *exposição ao perigo, mas, de modo algum com o resultado*. Conseqüentemente, pela via do consentimento não é possível excluir a tipicidade da ação de que derivou a ação perigosa com o resultado não desejado, dado que a vítima não consentiu o resultado (!).[238] Por exemplo: "A" aceita que "B", o qual afirma manejar com especial destreza seu revólver, demonstre que é capaz de acertar, de uma certa distância, a garrafa de cerveja que segura em suas mãos. "B" dispara e acerta no peito de "A", provocando-lhe a morte (*STS* de 17.7.1990).[239] Na referida decisão, o Tribunal Supremo considerou que a exposição consciente a um perigo proveniente da ação perigosa de outrem exclui a imputação objetiva do resultado ao autor de tal conduta perigosa quando tal exposição for equivalente à autolesão.[240] A autonomia conceitual desses casos tem sido posta em dúvida[241] com certa razão. Na verdade, trate-se de casos nos quais se deve distinguir entre a *autolesão* e a *heterolesão*.[242] Dito de outro modo: a imputação objetiva do resultado que afeta aquele que se expôs ao perigo voluntariamente depende se a responsabilidade pelo fato causador da lesão poderá ser-lhe imputada ou se, pelo contrário, constitui um caso de *autoria mediata da lesão*, uma vez que, na realidade, o autor mediato atua no último momento e, de

237. Carbonell, in Cobo del Rosal – Vives Antón, *Derecho penal. Parte especial*, 1993, pp. 557 e ss.
238. Cf. Roxin, *Strafrecht, Allgemeiner Teil*, § 11, pp. 98 e ss.; Zaczyk, *Strafrechtliches Unrecht und die Selbsceraniwortung des Verletzten*, 1993.
239. Criticamente sobre a solução adotada nessa decisão: de la Gándara Vallejo, *Consentimiento, bien jurídico e imputación objetiva*, 1995, p. 143; sua crítica, todavia, traduz seu próprio ponto de vista baseado no critério de quem agiu por último: não há dúvida que esse foi o que disparou.
240. Em igual sentido: Roxin, *Strafrecht, Allgemeiner Teil*, § 11, p. 100.
241. De la Gándara Vallejo, *Consentimiento, bien jurídico e imputación objetiva*, 1995, p. 145.
242. Jakobs, *Die Organisation von Selbst und Fremdverletzung, insbesondere bei Tötung*, manuscrito da conferência sustentada na Universidad Autónoma de Madri em 14.5.1992.

qualquer modo, responde por sua posição de superioridade em direção ao evento.

Essa autoria mediata pode ser apreciada ainda que a própria vítima tenha agido no último momento, nas situações a seguir expostas.

1. Quando *a vítima desconhecia* a existência do perigo a que se expunha (*instrumento que age de maneira quase não dolosa*). Particularmente discutido nesse âmbito é o caso da vítima que tem relações sexuais com uma pessoa ignorando que ela se encontra infectada com o vírus HIV. Sustenta-se que *não haverá autoria mediata*, ainda que o infectado não tenha dado razões para confiar que era saudável, pois uma relação como essa não gera obrigações de cuidado recíproco para com o outro: o que mantém relações sexuais ocasionais não depende do esclarecimento dos riscos que o outro lhe proporciona.[243] Em todo o caso, o que deve ser conhecido pelo lesado para que o resultado lhe seja imputável é a lesão ao bem jurídico. De modo inverso, o resultado será imputável ao outro quando o lesado desconheça dita lesão.

2. Quando a vítima, *por engano, renuncia a determinados bens de maneira não razoável*. Por exemplo: o resultado morte será *exclusivamente* imputado ao que engana outrem sobre seu estado de saúde e logra que este o permita proporcionar-lhe os elementos para tirar a vida; em tal caso o resultado morte não se imputará conjuntamente (como co-autoria) ao que participa e ao que se "autocausa" a morte, segundo o art. 143.4, mas ao que enganou a vítima, pelo que será aplicável o art. 138 do Código Penal (homicídio); e, eventualmente, o art. 139.1 (assassínio).[xxix]

---

243. Cf. Zaczyk, *Strafrechtliches Unrecht und die Selbstverantwortung des Verletzten*, 1993, pp. 58 e ss.; Jakobs, *Die Organisation von Selbst und Fremdverletzung, insbesondere bei Tötung*, manuscrito da conferência sustentada na Universidade Autónoma de Madri em 14.5.1992, p. 15; De La Gándara Vallejo, *Consentimiento, bien jurídico e imputación objetiva*, 1995, p. 145; Roxin, *Strafrecht, Allgemeiner Teil*, § 11.

xxix. "Art. 138. Quem matar alguém será punido, como réu de homicídio, com a pena de prisão de 10 a 15 anos. Art. 139. Será punido com a pena de prisão de 5 a 20 anos, como réu de assassínio, quem matar alguém com a ocorrência de alguma das seguintes circunstâncias: 1ª) Traição. 2ª) Por pagamento, recompensa ou promessa de recompensa. 3ª) Com crueldade, aumentando deliberadamente e desumanamente a dor do ofendido."

3. Quando a vítima *careça de capacidade de motivação* própria de uma conduta auto-responsável.[244]

§ 45. A realização do tipo nos crimes de perigo

589. Nesses delitos, não é suficiente a comprovação da prática de uma ação que supere os limites do perigo permitido. Exige-se, ademais, que a ação tenha representado um perigo para um determinado bem jurídico. Este perigo – como se viu – pode ser *concreto* ou *abstrato*.

a) Delitos de perigo concreto e abstrato

590. A teoria tem distinguido tradicionalmente entre crimes de perigo concreto, nos quais o bem jurídico deve sofrer um risco real de lesão, e crimes de perigo abstrato, nos quais esse risco real não é necessário. A prática do tipo objetivo nos crimes de perigo concreto exige, além da ação, o perigo real sofrido pelo bem jurídico protegido. Pelo contrário, nos crimes de perigo abstrato, é suficiente a comprovação da ação. Por este motivo, estes últimos não se diferenciam dos crimes de mera conduta. A distinção entre os crimes de perigo abstrato e concreto torna-se, assim, supérflua: somente interessam os crimes de perigo concreto.[245]

b) O juízo sobre o perigo

591. A prática do tipo objetivo nos crimes de perigo (concreto) requer a comprovação, como se disse, de que a ação tenha posto em

---

244. Zaczyk, *Strafrechtliches Unrecht und die Selbstverantwortung des Verletzen*, 1993, p. 43; Jakobs, *Die Organisation von Selbst und Fremdverletzung, insbesondere bei Tötung*, manuscrito da conferência sustentada na Universidad Autónoma de Madri em 14.5.1992, p. 18. Cancio Meliá apresentou recentemente o critério segundo o qual nos casos de organização conjunta do risco a imputação do resultado deve recair sobre a vítima (p. 481); a solução coincide, em termos gerais, com a sustentada aqui e com a já exposta por De La Gándara Vallejo, *Consentimiento, bien jurídico e imputación objetiva*, 1995, p. 156.

245. Schimdäuser, *Strafrecht, Allgemeiner Teil*, 2ª ed., 1975, pp. 154 e ss.; Stratenwerth, *Strafrecht, Allgemeiner Teil*, 3ª ed., 1981, n. 212, os quais assinalam as dificuldades da distinção entre crimes de perigo abstrato e de mera conduta; praticamente como se sustentou aqui, Horn, *Konkrete Gefährdungsdelikte*, 1973, pp. 27 e ss.

perigo um bem jurídico ou aumentado esse perigo. O perigo sofrido pelo bem jurídico como conseqüência da execução da ação é um estado que deve ser verificado expressamente pelo juiz. O momento no qual deve se fazer o juízo sobre o perigo é aquele em que o autor agiu (juízo *ex ante*). Em tal juízo, devem ser levados em consideração os conhecimentos do agente, já que no momento da ação há uma parte das condições que não são conhecidas pelo autor (toda vez que o resultado não chega a se produzir, ou seja, se o perigo não se concretiza em uma lesão, não houve risco, pois o conhecimento *ex post* de todas as circunstâncias demonstra, nestes casos, que o bem jurídico não correu perigo).

O perigo como tal não depende de que o autor ou alguém tenha podido conhecê-lo, nem de que o autor tenha podido ter por certa a produção do resultado.[246]

§ 46. A realização do tipo objetivo nos crimes de mera conduta

592. Nos crimes de mera conduta somente se deve comprovar a prática da ação típica. Na invasão de domicilio (*allanamiento de morada*) (art. 202.1 do Código Penal), somente é preciso verificar que o autor ingressou contra a vontade do morador ou que permaneceu indevidamente no domicílio ou residência alheia. O mesmo ocorre nos crimes em que a ação consiste em ter algum objeto proibido (por exemplo, art. 563 e ss. do Código Penal – referentes a armas ou explosivos) ou em atribuir-se uma dignidade ou título que não se possua ou funções que não competem ao sujeito (art. 403 do Código Penal).[xxx] Isso se aplica também para os crimes chamados de perigo abstrato que – como vimos[247] – não se diferenciam dos de mera conduta.

Nestes delitos, não é preciso verificar a existência de um resultado (de lesão ou perigo) e, portanto, tampouco cabe suscitar a questão da imputação objetiva.

---

246. Assim, Schimdäuser, *Strafrecht, Allgemeiner Teil*, 2ª ed., 1975, p. 208.
xxx. V. art. 10 da Lei n. 9.437/97 e art. 328 do CP brasileiro, respectivamente.
247. Cf. *supra*, § 45, *a*.

§ 47. O tipo subjetivo do delito doloso

593. A tipicidade do crime doloso depende não apenas da prática do tipo objetivo, mas também da realização do tipo subjetivo, é dizer, fundamentalmente do dolo do autor. Trata-se do complemento que permite imputar o fato não somente objetivamente, senão também *subjetivamente*. É claro que na ação se dão elementos *exteriores* (objetivos) e elementos *interiores* (subjetivos). Este aspecto subjetivo constitui o *"tipo subjetivo"*. Os elementos subjetivos, contudo, *não são cognoscíveis diretamente*, senão por meio dos elementos externos que objetivam um conteúdo psíquico do comportamento. A respeito, é muito ilustrativa a elaboração jurisprudencial do chamado *animus neccandi* (dolo do homicídio). O Tribunal Supremo estabeleceu em vários precedentes[248] que o fato de o autor voltar-se para a morte ou lesão da vítima depende de uma série de fatores externos que acompanham a prática do fato (por exemplo: se o autor efetuou o disparo contra uma zona vital da vítima pode-se inferir que pretendia matá-la).

594. No crime doloso o elemento subjetivo mais importante é o dolo. Mas o tipo subjetivo não se esgota necessariamente nele, pois há tipos penais que requerem além do dolo alguma finalidade transcendente à prática da conduta – o propósito de obter uma vantagem patrimonial ilícita no estelionato (art. 248 do Código Penal); o autor engana a vítima *para* obter a vantagem que não lhe corresponde; tem dolo a respeito do engano e, além disso, um propósito que transcende o próprio engano.

595. O crime doloso caracteriza-se por uma coincidência entre o tipo objetivo e o tipo subjetivo: a representação do autor própria do tipo subjetivo deve alcançar aos elementos do tipo objetivo. Neste sentido é possível afirmar que *no crime doloso o autor age sabendo o que faz*; Dessa coincidência entre o que se executa e o que se sabe que executa surge a forma mais grave de crime:[249] a forma dolosa, em comparação com a menos grave: a culposa.

---

248. Cf., entre muitas outras: *SSTS* de 21.2.1994; 19.5.1994 com maiores indicações jurisprudenciais.
249. Ver comentários no § 595.

a) O dolo

1. A discussão em torno da essência do dolo

596. Tradicionalmente as explicações referentes ao dolo tem se polarizado nas chamadas *teorias da vontade* e *teoria da representação*.[250] A discussão afeta, em primeiro lugar, a *essência* do dolo e, em segundo, a questão prática da distinção entre dolo e culpa (especialmente entre dolo eventual e culpa consciente).[251]

597. A *teoria da vontade* entendia que a essência do dolo era a vontade de realizar o fato; seu principal problema consistia em determinar quando o autor a quem se havia representado o resultado que havia agido com essa representação teria atuado voluntariamente ou não (isto é, dolosamente ou não). A teoria da vontade recorreu para isso a diversas exigências (a ratificação do resultado, o assentimento, o consentimento, a indiferença etc.). As dificuldades de provar essas exigências puseram-se rapidamente em evidência na jurisprudência, que durante um bom tempo se apoiou nessa teoria, ainda que reduzindo cada vez mais as relacionadas aos elementos que deviam demonstrar a existência da voluntariedade.[252]

598. A *teoria da representação*, pelo contrário, considera que a essência do dolo radica na "não motivação do autor pela representação da realização do tipo".[253] Por sua vez esta teoria teve problemas para determinar o grau de probabilidade com o qual o autor tinha que representar a realização do tipo para poder afirmar-se que agiu com dolo.

599. Ambas as teorias terminaram por coincidir em seus resultados práticos e, por isso, a discussão perdeu grande parte de sua importância.[254] Uma demonstração disso se percebe na jurisprudência do Tribunal Supremo.[255]

---

250. Jiménez de Asúa, *Tratado de derecho penal. Parte general*, t. V, n. 1.558 e ss.
251. Engisch, *Untersuchungen über Vorsatz und Fahrlässigkeit im Strafrecht*, 1930, pp. 126 e ss.
252. Sobre a jurisprudência antiga do Tribunal Supremo, ver Jiménez de Asúa, *Tratado de derecho penal. Parte general*, t. V, n. 1.553.
253. Frank, in *ZStW* 10 (1890), pp. 189 e ss.
254. Engisch, *Untersuchungen über Vorsatz und Fahrlässigkeit im Strafrecht*, 1930, pp. 140 e ss.; Roxin, *Strafrecht, Allgemeiner Teil*, 1992, t. I, n. 61, 1a.
255. Cf. *STS* de 23.4.1992 (caso do azeite de colza).

2. A noção do dolo

600. O Código Penal espanhol não contém uma definição direta de dolo. Pode-se dizer, no entanto, que as regras do erro de tipo contêm, de uma maneira indireta, uma *definição do dolo*; conquanto o erro exclua o dolo, um conceito é a contrapartida do outro.[256] Uma correta compreensão dos problemas do erro, portanto, é impossível sem se considerar previamente a noção de dolo. O dolo caracteriza-se basicamente pelo *conhecimento dos elementos do tipo objetivo*, é dizer, *dos elementos que caracterizam a ação como geradora de um perigo juridicamente proibido que afeta de maneira concreta um determinado objeto protegido*. Quem conhece o perigo concreto criado por sua ação geradora de risco para outrem, age com dolo, pois *sabe o que faz*. Pelo contrário, se ignora a criação desse perigo concreto de realização do tipo objetivo ou se houver um erro sobre ele, agirá culposamente (ver art. 14).[xxxi] Na dogmática espanhola, este ponto de vista reconhece antecedentes sobretudo no conceito de dolo proposto por Jiménez de Asúa em 1929, logo reformulado em seu *Tratado*:[257] "É dolosa a produção de um resultado tipicamente antijurídico (...) quando se realiza com conhecimento das circunstâncias de fato que se ajustam ao tipo e do curso essencial da realização da causalidade existente entre a manifestação da vontade e a modificação no mundo exterior (ou de sua mutação)". Jiménez de Asúa acrescentava, como se sabe, o conhecimento da antijuridicidade; mas atualmente o texto do art. 14.3 do Código Penal excluiu esse elemento do conceito de dolo.[258-xxxii]

601. Na jurisprudência, esta noção foi implicitamente aplicada na STS de 27.12.1982 (caso "Bultó"), em que, indubitavelmente, o Tribunal Supremo apreciou a concorrência do dolo com o erro, dado que os autores eram conscientes do perigo concreto que geravam com sua

---

256. Cf. nesse sentido uma justificação nas regras da prova, Pérez del Valle, in "Revista de Derecho Procesal", 1994 (2), pp. 413 e ss.
xxxi. Ver art. 18, II, do CP brasileiro.
257. Jiménez de Asúa, *Tratado de derecho penal. Parte general*, 3ª ed., 1976, t. V, p. 417.
258. Outro ponto de vista Mir Puig, *Derecho penal. Parte general*, 4ª ed., 1996, p. 565.
xxxii. No Brasil predomina a tese segundo a qual o conhecimento da ilicitude não faz parte do dolo, ou seja, o dolo, segundo nossa doutrina é "natural" – composto somente de consciência e voluntariedade, mas desprovido da consciência da ilicitude.

conduta.[259] O conhecimento do perigo concreto da ação importa, ao menos, uma mostra da *indiferença* do autor. Na STS de 26.12.1987 estabeleceu-se também que tal indiferença do autor fundamentava o dolo, mas somente quando esse havia conhecido o perigo gerado por sua ação. Este ponto de vista se consolidou especialmente na STS de 24.10.1989 em que claramente se fala da *"teoria que poderíamos chamar de teoria da periculosidade* (...) que distingue entre perigo representado 'em abstrato' e perigo representado 'em concreto', podendo-se falar na primeira hipótese de simples ação culposa e na segunda de crime com dolo". Nas STS de 8.2.1988 e 30.3.1988, o Tribunal precisou que o elemento volitivo do dolo era o de apreciar quando o autor não havia estado submetido a "causas que eliminem a soberana decisão do agente" (*STS* de 8/2/88) e que "voluntária é toda ação espontânea, não determinada por força ou coação exterior" (*STS* de 30.3.1988). Assim o elemento volitivo do dolo se reduziu ao máximo: haverá voluntariedade sempre que o autor não tiver sido coagido. Dito de outra maneira, na jurisprudência a distinção entre dolo e culpa já não depende da comprovação da voluntariedade; somente poderá depender do conhecimento ou desconhecimento do autor.

602. Esses precedentes concretizaram-se na STS de 23.4.1992 (síndrome tóxica), em que se afirma que "agirá com dolo o autor que tenha tido conhecimento de dito perigo concreto juridicamente proibido para os bens jurídicos, pois haverá tido o conhecimento dos elementos objetivos do tipo, que caracterizam precisamente o dolo" (fundamento jurídico 3.*a*). Não obstante, nessa decisão sustentou-se em relação ao dolo eventual que "a jurisprudência desta Corte permite admitir a existência de dolo quando o autor submete a vítima a situações perigosas que não têm a segurança de controlar, ainda que não persiga o resultado típico". Em conclusão, afirma a decisão comentada, "o dolo eventual não se exclui simplesmente pela esperança de que não se produzirá o resultado ou porque este não tenha sido desejado pelo autor (...)", pois, "em tais hipóteses, na verdade, sua ação não é senão uma manifestação de sua indiferença para com o resultado, cuja produção tenha sido representada como possível".

---

259. Coincidentes com o ponto de vista do Tribunal Supremo, Muñoz Conde – García Arán, *Derecho penal. Parte general*, 1993, p. 251.

603. A mesma evolução, *mutatis mutandis,* seguiu-se na doutrina, na qual se percebe um notório alijamento da teoria do consentimento ou assentimento (isto é, da concepção de dolo da teoria da vontade). Também nela se partiu da teoria da vontade e do consentimento, excluindo o dolo pela simples "esperança" do autor de que o resultado não se produza.[260] Ao largo do desenvolvimento dogmático, percebe-se na atualidade uma considerável tendência a reduzir ao máximo, ou, na verdade, praticamente excluir, o elemento volitivo do dolo. Por um lado, postulou-se a *teoria da probabilidade,* que pressupõe um dolo reduzido à representação do sujeito.[261] Por outro, propôs-se dar por cumpridas as exigências do momento volitivo quando o autor simplesmente tiver sido indiferente em face da representação da produção do resultado.[262] Outros autores, na mesma linha, sugerem manter a teoria da vontade, mas com uma versão denominada *"teoria restrita do consentimento ou da aceitação",* que vem a considerar, como a *STS* de 23.4.1992 (síndrome tóxica), que "a restrição mais usual e importante consiste em considerar que a aceitação (ou consentimento ou similares) não se exclui por uma confiança irracional e infundada na não produção do fato".[263] Também, na mesma direção da *STS* de 23.4.1992, encontra-se o ponto de vista que considera que o dolo (eventual) requer um "querer" ou "aceitar", mas que "dita forma de querer concorre necessariamente sempre que se impulsiona ou mantém voluntariamente (...) a conduta que se adverte como suficientemente perigosa no caso concreto",[264] e que "o dolo exige conhecimento da concreta capacidade da conduta em produzir o resultado típico fora do âmbito do risco permitido".[265]

604. A tradicional definição de que o dolo exigiria para este, além da representação ou do conhecimento da realização do tipo (elemento cognitivo), também um elemento *volitivo* (vontade) foi posta em dúvida na dogmática mais moderna.[266] A evolução nesse sentido já

---

260. Antón Oneca, *Derecho penal. Parte general*, 2ª ed., 1986, pp. 227 e ss.
261. Neste sentido, Gimbernat Ordeig, *Introducción a la parte general del derecho penal español*, 1979, p. 46.
262. Bacigalupo, *Principios de derecho penal español*, 1985, p. 135.
263. Luzón Peña, *Curso de derecho penal. Parte general*, 1996, t. I, p. 426.
264. Mir Puig, *Derecho penal. Parte general*, 4ª ed., 1996, p. 248.
265. Mir Puig, *Derecho penal. Parte general*, 4ª ed., 1996, p. 247.
266. Cf. Frisch, *Vorsatz und Risiko,* 1983; Jakobs, *Strafrecht, Allgemeiner Teil,* 2ª ed., 1991, pp. 264 e ss.; Schmidhäuser, *Strafrecht, Allgemeiner Teil,* 2ª ed., 1975,

havia começado no que se refere aos crimes omissivos, nos quais se considerava que a sua forma mais grave não poderia se apoiar em uma inexistente vontade de realização:[267] aquele que omite *não quer* realizar algo; *deixa* que os fatos sigam seu curso sem sua intervenção. No crime comissivo, o elemento volitivo (o querer do autor do fato que se representa) resulta, na verdade, supérfluo, pois é evidente que quem conhece o perigo concreto gerado por sua conduta e age mesmo assim é porque tem uma clara atitude de menosprezo pela segurança do bem jurídico ameaçado.[268]

605. Uma questão diversa é a de se saber se o autor que aprecia *erroneamente* o perigo e seu caráter concreto agirá com dolo.[269] "O autor que, para si, parte de que nada poderia se passar, opta por uma conduta (subjetivamente) não perigosa".[270] O mesmo ocorre com o autor que pensa que a produção do resultado é improvável, em razão de seu costume com relação ao risco. É evidente que em tais situações devem ser aplicadas as regras do erro de tipo.[xxxiii]

606. Em suma: *age com dolo aquele que sabe o que faz, conhecendo o perigo concreto gerado por sua conduta*. Dito de outra maneira: age dolosamente quem conhece a ação que realiza e suas conseqüências. O dolo, portanto, depende apenas do conhecimento do autor acerca da periculosidade concreta da realização do tipo.

Disso se deduz que *o dolo não exige conhecimento da punibilidade*. O autor não precisa ter agido com consciência da punibilidade da ação que realiza, isto é, não é necessário que soubesse que a ação realizada é repreendida com uma pena por lei. Quem ignora o fato de que não pagar tributos é punido criminalmente pelo art. 305 do Código Penal,[xxxiv] age *com dolo* se souber que deixa de satisfazer a dívida fiscal.

---

pp. 394 e ss.; criticamente, em sentido contrário, Roxin, *Strafrecht, Allgemeiner Teil*, 1992, t. I, § 12, 49 e ss.; Köhler, *Strafrecht, Allgemeiner Teil*, 1997, pp. 164 e ss.
    267. Armin Kaufmann, *Die Dogmatik der Unterlassungsdelikte*, 1959, pp. 66 e ss.
    268. Crítico em relação a essas conclusões: Frisch, *Vorsatz und Risiko*, 1983, p. 484.
    269. Sobre essa questão Roxin, *Strafrecht, Allgemeiner Teil*, 1992, t. I, pp. 371 e ss.; Frisch, *Vorsatz und Risiko*, 1983, p. 197.
    270. Frisch, *Vorsatz und Risiko*, 1983, p. 197.
    xxxiii. Solução idêntica seria cabível no Brasil, com base no art. 20 do CP.
    xxxiv. V. Lei n. 8.137/90 e demais leis extravagantes.

607. O dolo tampouco exige que o autor tenha tido conhecimento acerca da *antijuridicidade*. Isso surge com clareza no próprio art. 14 do Código Penal, no qual se estabelece que o autor que agir sem conhecer a ilicitude do fato é punível com a pena prevista para o crime doloso (ainda que atenuada).[271-xxxv]

3. Momento e modo do conhecimento exigido pelo dolo

608. O elemento cognitivo do dolo deve se dar no momento da comissão do fato e exige um conhecimento atual, é dizer, presente. Não importa, e é insuficiente para constatar o dolo, que o autor, anteriormente à realização do fato, tenha sabido, por exemplo, que no lugar em que agora crê que exista uma lebre – sobre a que pretende disparar – havia uma pessoa. Se no momento do disparo acreditava que o fazia sobre um animal não haverá dolo. Naturalmente que o fato não interfere sobre a eventual responsabilização a título de culpa, cuja análise pressupõe a ausência de dolo.

609. O modo de conhecimento dos elementos do tipo objetivo depende, em certo sentido, de sua natureza. O conhecimento dos elementos descritivos do tipo exige, como é claro, que estes tenham sido percebidos pelos sentidos do autor. Os elementos normativos, pelo contrário, não são captados pelos sentidos, mas são compreendidos em sua significação. O conceito de "documento" não pode ser identificado com a percepção sensorial do papel em que se fazem constar as cláusulas de um contrato. O autor deve ter consciência de que se trata de um instrumento destinado a provar uma relação jurídica determinada. Esse conhecimento não deve ser técnico-jurídico; do contrário, somente os juristas (e, como já se disse, somente alguns) poderiam agir dolosamente. Trata-se do que se chama de "conhecimento paralelo na esfera do leigo". Outros elementos normativos que não importam uma referência a um conceito jurídico, como, por exemplo, a obscenidade do art. 185 do Código Penal, denominam-se "empírico-culturais" e requerem uma valoração por parte do autor.

610. Em alguns casos, podem ocorrer sérias dificuldades para se distinguir entre os elementos do tipo e os da antijuridicidade do fato.

---

271. Um ponto de vista diverso sustenta Mir Puig, *Derecho penal. Parte general*, 4ª ed., 1996, pp. 561 e ss.

xxxv. No Brasil adota-se idêntica solução no art. 21 do CP.

Por exemplo, novamente, nas exibições obscenas do art. 185 do Código Penal, é altamente difícil estabelecer se o que entende não ofender o pudor ou os bons costumes (ainda sabendo que ato realiza) tem conhecimento dos elementos do tipo, mas carece de consciência da antijuridicidade ou da proibição, ou se nele falta o conhecimento dos elementos do tipo que pertence ao dolo.

611. Trata-se de elementos (elementos de valoração total) que têm um duplo aspecto: "por um lado descrevem o fato, mas por outro alojam em si, ao mesmo tempo, um juízo sobre a antijuridicidade".[272] Aqui se torna necessário verificar se o autor teve conhecimento do significado do fato para o pudor, sem que importe o conhecimento do autor acerca do caráter proibido da ação. Por exemplo: se o autor sabe que um determinado toque de uma parte do corpo de uma mulher é percebido, de modo geral, como um atentado ao pudor, terá sido cumprida a exigência do conhecimento dos elementos do tipo objetivo; se o autor não reconheceu esse caráter em sua ação (ofensiva ao pudor) faltará o conhecimento necessário para o dolo[273] das agressões sexuais (art. 178 do Código Penal).[xxxvi]

612. Em geral, pode-se dizer que, na realização de um fato típico, o autor não dirige seu conhecimento a todas as circunstâncias do tipo com igual intensidade. Por exemplo: o art. 241.1 do Código Penal estabelece uma agravação de pena para o roubo quando este "se verifica em casa habitada, edifício ou local aberto ao público, ou em qualquer de suas dependências". Nesses casos, estamos na presença de um tipo agravado de roubo e a referência ao lugar é um elemento que, conseqüentemente, deve ser alcançado pelo elemento cognitivo do dolo (isto é, conhecido pelo autor); o autor tem no centro de sua consciência aquilo a que dirige primariamente sua atenção (apoderamento da coisa e a violência empregada para obtê-la), enquanto a circunstância de que sua ação ocorre em uma "casa habitada" somente entra em sua atenção de forma secundária, ou seja, num contexto imediato, mas à margem do foco principal daquela. Esse conhecimento, caracterizado por estar imediatamente implícito no contexto da ação, ainda que fora do foco principal da atenção no momento da conduta,

---

272. Roxin, *Offene Tatbestände und Rechtspflichtmerkmale*, 2ª ed., 1970, p. 82.
273. Cf. ademais: Stratenwerth, *Strafrecht, Allgemeiner Teil*, n. 343.
xxxvi. V. arts. 213 e ss. do CP brasileiro.

é suficiente para o dolo a respeito das circunstâncias típicas que acompanham o fato e que agem como agravantes. Para essa forma de consciência ou conhecimento do dolo deu-se o nome de co-consciência[274] ou de consciência acompanhante.[275] Em todo o caso, trata-se de um conceito cuja elaboração se deve a Platzgummer.[276]

613. É claro que os elementos objetivos das circunstâncias agravantes, sejam genéricas (art. 22 do Código Penal) ou específicas (por exemplo, a citada do art. 241.1 do Código Penal), dado que integram o tipo objetivo, devem ser conhecidas pelo autor.[277]

4. As "formas de dolo" e sua superação

614. Tradicionalmente reconhecem-se três formas de dolo: o dolo *direto* (ou intenção), o dolo *indireto* (ou de conseqüências necessárias) e o dolo *eventual*. As distintas formas têm relação com a distinção entre *conseqüências principais e acessórias* da ação. Nas três formas, o autor deve ter tido conhecimento do perigo concreto criado por sua conduta para a realização do tipo.[xxxvii]

615. No caso do *dolo direto*, as conseqüências da conduta, além de conhecidas, constituem a meta do autor, é dizer, o próprio autor as quer como conseqüências principais de sua conduta. O dolo direto ou intenção, portanto, é a única forma de dolo que exige um complemento volitivo ou uma relação volitiva do autor com as conseqüências de sua conduta. É discutível se esta forma de dolo é a única tipicamente relevante quando a lei exige que o autor tenha agido *a sabiendas* (por exemplo, arts. 404 e 406 do Código Penal).[xxxviii]

616. Diversa é a situação no *dolo de conseqüências necessárias*. O autor nestes casos não dirige sua vontade para as conseqüências

---

274. Bacigalupo, *Lineamientos de la teoría del delito*, p. 49.
275. Cerezo Mir, *Curso de derecho penal español. Parte general*, 1984, t. I, p. 428.
276. Platzgummer, *Die Bewusstseinsform des Vorstzes*, 1964, pp. 81 e ss.
277. Cerezo Mir, *Curso de derecho penal español. Parte general*, 1984, t. I, p. 426.

xxxvii. No Brasil, tradicionalmente fala-se em dolo direto e indireto. Esse último subdivide-se em dolo alternativo e eventual.
xxxviii. No Brasil, a doutrina tradicional entende que a expressão "que sabia" constante de alguns tipos penais indica dolo direto, como no caso do art. 180 do CP brasileiro.

acessórias de sua conduta (por exemplo: um terrorista quer matar o funcionário em cujo veículo colocou um explosivo; sabe que na explosão também morrerá o motorista que sempre acompanha a vítima; não quer matá-lo, mas, de qualquer modo, executa seu plano sabendo que também o matará). Como se vê aqui, a conseqüência acessória é necessária ainda que não querida. Conquanto seja conhecida como necessária, isto já se mostra suficiente para considerar que tenha sido dolosamente produzida.

617. No *dolo eventual* as conseqüências da ação não perseguidas intencionalmente pelo autor são, pelo menos, possíveis. Possíveis, contudo, são inúmeras conseqüências de uma ação, razão pela qual a teoria e a jurisprudência cuidaram de delimitar os casos em que se deve apreciar o dolo. Os critérios que se propõem, como se viu, tendem na atualidade a deixar de lado exigências que eram impostas pela teoria da vontade. O autor, portanto, agirá com dolo eventual quando tenha sabido que as conseqüências acessórias possíveis de sua conduta não são improváveis.[278]

618. A teoria das formas de dolo pode ser considerada superada uma vez que se eliminou o chamado "elemento volitivo" do dolo.[279] Com efeito, as diferentes formas de dolo baseavam-se em referido elemento. Na medida em que todas as "formas de dolo" têm o denominador comum do conhecimento do perigo concreto, já não há razão de existir mais que uma única forma de dolo.

619. A partir da perspectiva desse conceito de dolo fica sumamente simples a distinção entre dolo e culpa. As teorias tradicionais do dolo abordavam esse problema ao diferenciar o dolo eventual da chamada culpa consciente ou com representação, isto é, os casos em que o autor agia com conhecimento do perigo de sua conduta, mas confiando em que o resultado não se produziria. Com base na concepção de que o dolo eventual corresponde ao conhecimento de que o resultado não é improvável, somente se pode admitir como culpa a chamada culpa inconsciente, é dizer, aquela em que o autor não teve conhecimento do resultado.[280] Como se viu, a diferenciação entre dolo e culpa não deve ser buscada na antinomia

---

278. Jakobs, *Strafrecht, Allgemeiner Teil*, 2ª ed., 1991, pp. 268 e ss.
279. Nesse sentido, Frisch, *Vorsatz und Risiko*, pp. 496 e ss.
280. Cf. Bacigalupo, in *CP, Doctrina y Jurisprudencia*, 1997, art. 12, p. 447.

"voluntário/involuntário", mas no par de conceitos "conhecimento/ desconhecimento".[xxxix]

5. A exclusão do dolo: o erro sobre os elementos do tipo objetivo

620. O dolo fica excluído quando o autor agiu com um erro sobre os elementos do tipo objetivo, isto é, sobre a concorrência de circunstâncias e elementos que permitem conhecer a existência de um perigo concreto de realização do tipo. Se o autor ignora que detrás de uma mata, sobre a qual intencionalmente dispara o revólver que pretende testar, tenha um andarilho dormindo e o mata, não terá agido com dolo de homicídio e, eventualmente, só poderá ser responsabilizado por um homicídio culposo (art. 142 do Código Penal).[xl] O dolo resulta, portanto, excluído por um erro que impeça o autor de conhecer o perigo concreto de realização do resultado. A esse respeito, carece de importância que o erro seja produto de uma negligência do autor: de qualquer modo exclui o dolo (ainda que subsista responsabilidade a título de culpa). Dito com outras palavras: a razão do erro é irrelevante, pois sempre exclui o dolo. Essa irrelevância das razões do erro sobre os elementos do tipo é considerada, ao menos axiologicamente, discutível.[281]

621. O erro sobre os elementos do tipo objetivo está regulado no art. 14.1 e 2 do Código Penal.[xli] A primeira parte do texto legal refere-se ao erro sobre os "fatos constitutivos da infração"; a segunda concerne às qualificadoras ou circunstâncias agravantes. A distinção – como vimos ao tratar das circunstâncias – carece de relevância dogmática, dado que as qualificadoras são elementos do tipo penal. Surpreendente a omissão das atenuantes, ainda que, pelas mesmas razões, seja carente de significação.

(a)

622. Em primeiro lugar, o erro pode recair sobre *elementos descritivos* ou *elementos normativos* do dolo (ver art. 10 do Código

---

xxxix. Trata-se de conclusão difícil de ser sustentada no Brasil em razão do que dispõe o art. 18 do CP.
xl. O mesmo vale para a lei brasileira, consoante dispõe o art. 20 do CP/homicídio culposo no Brasil – art. 121, § 3º, do CP.
281. Jakobs, *Strafrecht, Allgemeiner Teil*, 2ª ed., 1991, pp. 258 e ss.
xli. No Brasil, v. art. 20 do CP brasileiro.

Penal). O *erro sobre os elementos descritivos* (por exemplo, coisa, arma etc.) dá-se quando o autor percebe (com seus sentidos) equivocadamente. Por exemplo: supõe que dispara contra algo, quando, na realidade, o faz contra uma pessoa. (No presente exemplo fica evidente até que ponto uma distinção precisa entre elementos descritivos e normativos é em si mesma problemática.) O *erro sobre elementos normativos*, pelo contrário, dá-se quando o autor careceu de uma valoração que lhe permitiria compreender o significado do elemento correspondente. Nesses casos, fala-se em *conhecimento paralelo na esfera do leigo*. Por exemplo: o autor supõe que um documento somente pode ser um escrito firmado; em tal caso não se exclui o dolo, porque não se requer uma *subsunção*, técnico-juridicamente, correta, mas somente que um determinado instrumento possa ser utilizado como meio de prova. Os *erros de subsunção*, destarte, não excluem o dolo. Um erro de subsunção dar-se-á quando o autor tiver subsumido os fatos erroneamente do ponto de vista jurídico, mas com o conhecimento próprio de um leigo a respeito do elemento concreto.

623. De qualquer modo, o erro de subsunção pode ser a origem de um erro de proibição, se o autor supõe que o fato que subsume incorretamente não é proibido por norma alguma. Por exemplo: o autor pensa que retirar o ar dos pneus de um carro não constitui dano (art. 625 do Código Penal) e que, por essa razão, não está proibido sob ameaça da pena. A distinção entre erro de subsunção e erro de proibição é, como regra, difícil. Com razão disse Roxin que os erros de subsunção "podem se dar a respeito praticamente de todas as circunstâncias normativas do tipo, pois o não-jurista quase nunca logra uma subsunção juridicamente exata".[282]

624. O problema do *erro sobre os elementos normativos* do tipo perdeu clareza com a nova redação do Código Penal espanhol, pois nela foi mesclado terminologicamente o erro *de fato* (art. 14.1) com o erro de *proibição* (art. 14.3). Na medida em que os tipos penais constituem elementos normativos, que não são, como é óbvio, elementos de fato, nem o são tampouco da ilicitude em sentido estrito, cabe perguntar com quais regras deve ser tratado o erro sobre os elementos normativos.[xlii]

---

282. Roxin, *Strafrecht, Allgemeiner Teil*, 20ª ed., 1994, t. I, p. 391.

xlii. No Brasil, o erro sobre elementos normativos constitui erro de tipo, devendo ser resolvido à luz do art. 20 do CP.

625. Se a expressão "ilicitude" do art. 14.3 do novo Código Penal compreende a tipicidade e a antijuridicidade (no sentido de "injusto" = *Unrecht*),[283] então novamente terá sido eleita uma distinção inadequada para os objetos possíveis do erro relevante em direito penal. Com efeito, a partir deste ponto de vista todos os elementos do tipo e da antijuridicidade são elementos do ilícito, com o qual o erro do § 3 se superporia com o erro sobre os fatos do § 1, já que esses pertencem ao ilícito. Conseqüentemente, "ilicitude", no sentido do art. 14.3 do novo Código Penal, deve ser entendida como sinônimo de antijuridicidade, pois do contrário não seria possível distinguir duas espécies de erro com distintas conseqüências jurídicas, como pretendeu o legislador. Isso impede, ao mesmo tempo, considerar o erro sobre os elementos normativos como um erro sobre a "ilicitude".[xliii]

626. Tampouco resolveria o problema retornar à superada distinção erro de fato/erro de direito: *nem todos os elementos normativos são conceitos jurídicos*.[284] Sem prejuízo, retomar tal distinção implicaria reconhecer que "a diferença decisiva de ambas as espécies de erro não se refere à oposição fato–conceito jurídico, mas à diferença tipo–antijuridicidade".[285]

627. Fica claro, portanto, que o art. 14 no novo Código Penal silencia acerca do tratamento que deve ser dado aos elementos normativos do tipo (por exemplo: "coisas alheias" no art. 234 do novo Código Penal; "dignidade da pessoa", "fama", "auto-estima" no art. 208; "exibição obscena", no art. 185).

628. Diante de tal situação apresentam-se duas soluções:

---

283. Welzel, *Das Deutsche Strafrecht*, 11ª ed., 1969, pp. 48 e ss.; Bacigalupo, *Principios de derecho penal*, 3ª ed., 1994, pp. 90 e ss.; Cerezo Mir, *Curso de derecho penal español. Parte general*, 1984, t. I, pp. 390 e ss.

xliii. No Brasil, quando do tratamento do erro de proibição, o Código Penal, art. 21, fala em erro sobre o caráter ilícito do fato. A expressão ilicitude aí empregada indica efetivamente equívoco sobre o sentido injusto, proibido da conduta; não é, portanto, sinônimo de ilicitude ou antijuridicidade.

284. Cf. Mezger, *Strafrecht, ein Lehrbuch*, 3ª ed., 1949, p. 192, no qual distingue três classes de elementos normativos: "elementos de juízo de sentido judicial", "elementos com valoração judicial" e "elementos de valoração cultural". Esses últimos não são jurídicos em sentido estrito.

285. Welzel, *Das Deutsche Strafrecht*, 11ª ed., 1969, p. 166; sem embargo: Kuhlen, *Die Unterscheidung von vorsatzausschließendem und nichtvorsatzausschließendem Irrtum*, 1987.

1. Considerar que o legislador entendeu irrelevante o erro sobre os elementos normativos. Mas isso seria evidentemente absurdo: por que razão o legislador haveria de excluir a relevância do erro sobre os elementos normativos? Ninguém sustentou essa tese, pois não há razão objetiva que legitime a exclusão da relevância sobre o erro quanto aos elementos normativos: o autor que não sabe que se apodera de um objeto material está na mesma situação daquele que ignora que esse objeto é alheio.

2. Aplicar por analogia ao erro sobre os elementos normativos as regras do erro de tipo ou as do erro de proibição. Não é preciso lembrar que se trata de analogia permitida pelo princípio da legalidade (art. 25.1 da *CE*), pois opera *in bonam partem*.[286] O problema está em decidir qual das duas analogias é a correta, pois os elementos normativos são, como seu nome indica, normativos, como a ilicitude, mas pertencem ao tipo como os elementos descritivos.

629. A solução depende da incidência do erro sobre os elementos positivos do delito. Nesse sentido, é claro que quem comete um erro sobre um elemento normativo não tem o conhecimento de todos os elementos do tipo e, portanto, a analogia dá-se com o erro de tipo e não com o erro de proibição, posto que o erro do autor não afeta o seu conhecimento da relação entre o fato e o direito.

630. Essa tese pode ser confirmada pelo próprio texto legal. O art. 14 do novo Código Penal em seu § 2 estabelece que o erro sobre "uma circunstância agravante" impedirá sua apreciação. Isso demonstra que o legislador considerou relevante como erro de tipo também o que recai sobre os elementos normativos do tipo, pois as agravantes formam sua parte (acidental) e contém, de modo geral, elementos normativos (por exemplo: "aumento *desumano* do sofrimento da vítima", "reincidência", "preço, recompensa, promessa"). Não existe razão alguma para admitir o erro sobre os elementos normativos quando formam parte dos complementos acidentais do tipo e não o fazer quando pertencem à sua estrutura permanente. Em suma: a falta de conceito com que operou o legislador em relação ao erro de tipo não deve produzir nenhuma modificação fundamental em relação à aplicação do art. 6 *bis* a) do Código Penal anterior.

---

286. Cf., por todos, Jiménez de Asúa, *Tratado de derecho penal. Parte general*, 4ª ed., 1964, t. II, pp. 552 e ss.

(b)

631. Também constituem questões especiais do erro sobre os elementos do tipo as que se referem ao desvio no desenvolvimento do evento (*error in personam, aberratio ictus, dolus generalis*). Em todos esses casos, dá-se uma divergência entre o curso causal que o autor representou no momento da ação e o que realmente ocorreu: na medida em que a produção causal do resultado seja um elemento do tipo, a causalidade deve ser objeto do conhecimento do dolo (essa questão, portanto, somente se apresenta nos crimes materiais).

632. Os casos de *error in personam* não constituem verdadeiros casos de erro sobre o nexo causal e, portanto, não devem ser tratados como tais,[287] pois neles não há desvio causal algum. Um desvio no nexo causal pressupõe que o objeto alcançado pela ação não seja aquele sobre o qual ela se dirige. Isso não é o que ocorre no *error in personam*, que é um erro sobre a identidade (sobre o nome) do sujeito passivo. "Aqui" – disse acertadamente Stratenwerth – "o desenvolvimento do curso causal corresponde exatamente ao esperado".[288] Com efeito, o autor dirige sua ação sobre uma pessoa, atingindo-a da maneira como pretendia. O erro sobre a identidade é irrelevante porque a identidade da vítima não é, de regra, elemento do tipo.[xliv]

633. Nos demais casos, a questão adquiriu uma nova orientação. Tradicionalmente, a excessiva extensão do nexo causal, determinado por meio da teoria da equivalência dos antecedentes, encontrou seus limites no dolo (pelo menos de modo geral). A causalidade material entre um soco e o resultado morte ocorrido como conseqüência do incêndio do hospital em que a vítima era medicada, não ofereceria dificuldade alguma para afirmar a causalidade sob a ótica da *conditio sine qua non*. A responsabilidade dolosa, contudo, limitava-se às lesões causadas pelo soco, pois o resultado morte representava um desvio essencial do nexo causal. A essencialidade do desvio causal ocorrido em relação ao imaginado pelo autor devia ser comprovada segundo o

---

287. Cf., contudo, Jakobs, *Strafrecht, Allgemeiner Teil*, 2ª ed., 1991, p. 247; Rudolphi, *Systematischer zum Strafgesetzbuch*, 6ª ed., 1995, §§ 16, 29 e ss.

288. Stratenwerth, *Strafrecht, Allgemeiner Teil*, n. 286.

xliv. No Brasil, o erro sobre a pessoa é tratado no art. 20, 3º, do CP e não tem natureza de erro sobre o nexo causal, apesar de a solução legal ser a mesma entre ele e a *aberratio ictus*.

critério da causalidade adequada. O dolo, dessa forma, alcançava os resultados produzidos "dentro do âmbito da previsibilidade segundo a experiência de vida geral".[289-xlv]

634. Esse esquema sofre modificações, ou pelo menos pode sofrê-las, quando se parte da teoria da imputação objetiva, que – como se sabe – substitui o critério da causalidade pelo da atribuição do resultado à conduta em função de critérios de seleção normativos. Em outras palavras, das relações causais somente se admitem como relevantes para a tipicidade aquelas que são compatíveis com a natureza do injusto (pessoal) e os fins do direito penal. A imputação objetiva, como conseqüência, requer a verificação de que o resultado seja a realização do perigo juridicamente proibido criado pela conduta;[290] o problema do desvio essencial do curso causal, portanto, terá lugar no tipo objetivo e deverá ser resolvido no momento de estabelecer a imputação objetiva.[291]

635. Segundo alguns autores,[292] o tratamento desses casos no tipo objetivo ou no tipo subjetivo (como problema de erro sobre o nexo causal) costuma não conduzir a soluções diferentes. Não parece, todavia, (ainda que talvez seja prematuro dar uma opinião definitiva) que se trate de uma discussão sem transcendência prática.

636. No que se refere aos casos de *aberratio ictus*, existe acordo em considerar que o autor projeta uma ação sobre um objeto determinado, mas, em razão da sua realização deficiente, recai sobre outro objeto da mesma espécie. Por exemplo: "A" quer matar "B", mas como conseqüência de sua má pontaria atinge "C", quem não pretendia

---

289. Rudolphi, *Systematischer zum Strafgesetzbuch*, 6ª ed., 1995, §§ 16 e 31; Welzel, *Das Deutsche Strafrecht*, pp. 73 e ss.

xlv. No Brasil, não haveria nexo causal no exemplo proposto em função do art. 13, § 1º, do CP, que limita o alcance da teoria da equivalência dos antecedentes.

290. Rudolphi, in *Systematischer Kommentar zum Strafgesetzbuch*, 6ª ed., 1995, §§ 1, n. 38 e ss.; Schmidhäuser, *Strafrecht, Allgemeiner Teil*, 2ª ed., 1991, pp. 220 e ss.; Jakobs, *Strafrecht, Allgemeiner Teil*, 2ª ed., 1991, pp. 155 e ss.

291. Rudolphi, in *Systematischer Kommentar zum Strafgesetzbuch*, 6ª ed., 1995; Stratenwerth, *Strafrecht, Allgemeiner Teil*, n. 278; sobretudo, Wolter, in *ZStW* 89 (1977), p. 702; outro critério, Jakobs, *Strafrecht, Allgemeiner Teil*, 2ª ed., 1991, p. 241, nota 139. Na Espanha, Torío Lopez, in *Anuario de Derecho Civil y Ciencias Penales*, 1983.

292. Por exemplo, Stratenwerth, *Strafrecht, Allgemeiner Teil*, n. 276; sobre o estado da discussão, ver também Maiwald, *ZStW* 85 (1973), pp. 867 e ss.

matar. Nesses casos, a opinião dominante sustenta que "A" deve responder por tentativa de homicídio com relação a "B", em concurso formal com homicídio culposo contra "C". Dessa solução apartam-se poucos autores; estes propõem incluir o resultado morte de "C" no dolo de "A", por considerar que o desvio no nexo causal faz parte da causalidade adequada.[293] Diante desse ponto de vista, propõe-se distinguir os casos de *aberratio ictus* daqueles de *dolo alternativo*, segundo o qual o resultado tenha sido produzido sobre um segundo objeto que o autor não tinha em vista (*aberratio ictus* = tentativa e crime culposo) ou que o resultado tenha tido lugar em um objeto que também tenha em vista. Neste último caso, deve se admitir o chamado *dolo alternativo* quando o desenvolvimento causal não era improvável.[294] Nesse sentido pronunciou-se a STS de 14.2.1993.

637. A questão depende, como se vê, do fato de o autor ter ou não tido conhecimento do desenrolar do evento que seja suficiente como para permitir afirmar que o resultado ocorrido sobre um objeto similar, mas que não era a meta de sua conduta, deve a ele ser imputado a título de dolo. Nesse sentido, resulta fora de dúvida como suficiente para o dolo do autor com seu conhecimento da possibilidade do resultado proveniente de sua experiência: deve se preferir, como conseqüência, a solução que sanciona, nos casos similares ao exemplo proposto, com a pena do crime doloso.

Contra essa solução, objeta-se que o autor não teve, em tais hipóteses, "uma vontade geral de matar alguém".[295] Mas este argumento é mais aparente que real: para o dolo basta a vontade de matar alguém, pois já é vontade de matar o outro.[xlvi]

638. Na doutrina espanhola, tem se defendido ambas as soluções.[296] Também se sustenta que, nos casos de *aberratio ictus*, deveria distin-

---

293. Welzel, *Das Deutsche Strafrecht*, p. 73; também, Herzberg, *Die Unterlassung im Strafrecht und das Garantenprinzip*, 1972, p. 877, pensa que é suficiente a "consciência acompanhante" para o dolo a respeito do resultado efetivamente produzido.
294. Cf. Jakobs, *Strafrecht, Allgemeiner Teil*, 2ª ed., 1991, pp. 269 e ss.
295. Rudolphi, in *Systematischer Kommentar zum Strafgesetzbuch*, 6ª ed., 1995, § 16, 33.
xlvi. No Brasil, a solução encontra-se expressamente adotada no art. 73 do CP, em que o autor responde como se tivesse atingido a vítima visada.
296. Gimbernat Ordeig, *Introducción a la parte general del derecho penal español*, 1979, p. 50, com indicações bibliográficas.

guir-se conforme o resultado produzido seja igual ou mais grave ao querido.[297] Tal distinção não parece acertada, pois quando o autor produz um resultado de diferente gravidade não se apresentam os problemas próprios da *aberratio ictus*. Em tais hipóteses estamos, na verdade, diante de um erro sobre uma circunstância modificadora da punibilidade (agravante ou atenuante), devendo ser aplicadas as regras gerais relativas a tais circunstâncias.

639. Outra hipótese que se deve considerar é a da *consumação antecipada*, junto à qual também se deve fazer referência ao chamado *dolus generalis*. Trata-se, na verdade, de situações, em certo sentido, inversas. Falamos de consumação antecipada quando o desvio entre o resultado produzido e o pensado pelo autor consiste em que este se deu antes do momento em que o autor planejava produzi-lo. Por exemplo: a enfermeira "X" quer matar o inválido "Z", pondo-o previamente em estado de inconsciência; para isso, aplica-lhe uma injeção com forte sonífero; "Z" morre como conseqüência de um choque que lhe produz o sonífero e antes que "X" o estrangule como pretendia. Por uma parte, sustenta-se que se o resultado foi produzido por uma conduta que, pelo menos, constitui começo de execução da ação típica, deve se apreciar um desvio não essencial do desenvolvimento causal.[298] Em sentido contrário, defende-se que "o autor não conhece nesses casos as condições do resultado, pelo que realiza um risco que não lhe é conhecido".[299] A primeira posição merece preferência, porque uma vez que o autor pôs em ação sua vontade de realizar o tipo, a consumação ocorrida antes do previsto é, de regra, irrelevante, inclusive para o próprio autor. A perda de possibilidade de desistir por parte do autor não é merecedora de proteção.

---

297. Cobo del Rosal – Vives Antón, *Derecho penal. Parte general*, 2ª ed., 1987, p. 245; Mir Puig, *Lecciones*, pp. 68 e ss.; Gómez Benitéz, *Lecciones*, p. 244. Em sentido contrário, não fazendo distinção, Jiménez de Asúa, *Tratado de derecho penal. Parte general*, 4ª ed., 1964, t. II; Rodríguez Devesa, *Derecho penal español. Parte general*, 5ª ed., 1976, p. 597.
298. Rodolphi, *Systematischer Kommentar zum Strafgesetzbuch*, 6ª ed., 1995, § 16, 34; Stratenwerth, *Strafrecht, Allgemeiner Teil*, n. 283.
299. Jakobs, *Strafrecht, Allgemeiner Teil*, 2ª ed., 1991, p. 245; Herzberg, *Die Unterlassung im Strafrecht und das Garantenprinzip*, 1972, p. 883.

640. Diversa é a questão dos chamados casos de *dolus generalis*. Neles, o autor acredita já ter consumado o crime, quando na realidade isso não havia ocorrido ainda; a consumação ocorre posteriormente, quando o autor realiza uma nova conduta sem saber que está consumando o crime. Por exemplo: "A" golpeia violentamente "B" na cabeça e crê tê-lo matado; em seguida, procura simular um suicídio amarrando uma corda em seu pescoço; a autopsia determina que a morte foi causada pelo estrangulamento e não pelos golpes iniciais, como acreditava o agente. Os partidários do *dolus generalis* (um dolo cuja amplitude permitiria abarcar todo o evento) supõem nesses casos a existência de um crime único consumado e doloso. A posição majoritária, contudo, sustenta que houve uma tentativa de homicídio no primeiro momento (porque o autor dirige sua conduta para a morte, que não se consuma por circunstâncias alheias à sua vontade), enquanto no segundo momento deve ser responsabilizado por homicídio culposo (já que produz a morte sem sabê-lo, podendo evitá-la se tivesse atuado com o cuidado necessário em face do bem jurídico). A tentativa de homicídio e o homicídio culposo concorrem materialmente (concurso real ou material). Essa solução é preferível, pois no momento da produção do resultado o autor não dirige a ele sua conduta e não sabe da realização do tipo.

641. Esse mesmo ponto de vista foi exposto na *STS* de 14.11.1980, na qual foi julgada a hipótese de fato que nos serviu de exemplo. Nela se afirma que, dada "a crença de que atuava sobre uma pessoa morta, é claro que deve ser excluída a sua responsabilidade a título de dolo, mas não eximindo de 'toda' a responsabilidade porque seu erro foi conseqüência de grave imprevisão ao não tomar as elementares precauções para certificar-se da morte da vítima que pertencem à experiência comum, imprevisão da qual se extrai sua responsabilidade por culpa de um erro vencível".[xlvii]

I – O erro sobre as circunstâncias que agravam ou atenuam a pena

642. Quando o autor age desconhecendo a existência de uma circunstância que determina a agravação da pena, esta não terá lugar.

---

xlvii. No Brasil, a tendência da doutrina é de reconhecer a tese do dolo geral, entendendo que no exemplo formulado houve somente um crime de homicídio doloso.

Assim o dispõe o art. 14.2 do Código Penal. As circunstâncias agravantes às quais essa disposição alude podem estar previstas de forma expressa no tipo (por exemplo, as circunstâncias que agravam as lesões do art. 148, ou as que agravam o roubo – art. 242.2) ou de forma genérica na parte geral do Código Penal espanhol (art. 22).[xlviii] Nesta última categoria entram naturalmente em consideração aquelas hipóteses em que o efeito agravante depende de circunstâncias objetivas que devem ter sido conhecidas pelo autor. O texto não regulou – como o fez o § 16.2 do Código Penal alemão – a questão que se relaciona com o erro consistente na falsa suposição de um elemento com efeitos atenuantes. Por exemplo: o autor supõe erroneamente as causas objetivas que geram seu estado passional (a mulher crê ter visto seu marido com outra e o agride numa reação produzida pelos ciúmes), art. 21.3 do Código Penal.

643. Nesses casos, deve se punir o autor pela realização de um crime doloso atenuado, ou seja, por aquele que o autor acreditava cometer, pois somente ao tipo deste delito se estende o dolo do autor (assim, o § 16.2 do CP alemão).

Deve-se, contudo, puni-lo também pela prática do crime culposo não atenuado, cujo tipo objetivo realizou integralmente: à mulher mencionada no exemplo deveria punir-se com a pena do crime de lesões corporais atenuadas em concurso formal com lesões corporais culposas (arts. 147 e 152 do Código Penal).[300]

644. Caso se produza a situação inversa, isto é, se o autor acreditar cometer o tipo básico, mas realiza o atenuado, a solução exige que se tenha presente o fato de que aquele somente cometeu o tipo objetivo do crime atenuado e, portanto, este deve ser o único fundamento de sua responsabilidade. Apenas a título de exemplo, caso se admita que o crime de furto em sua configuração atual distingue um tipo básico (art. 234), um agravado (art. 234 e 235.3), no qual a agravação depende do valor do objeto da conduta, e um privilegiado (a

---

xlviii. O autor refere-se às chamadas circunstâncias legais genéricas, previstas na Parte Geral do Código Penal e específicas, quando cominadas na Parte Especial do Código.
300. Jakobs, *Strafrecht, Allgemeiner Teil*, 2ª ed., 1991, p. 249; Schönke – Schröder – Cramer, *Strafgesetzbuch, Kommentar*, § 16, n. 27; Jescheck, *Lehrbuch des Strafrechts, Allgemeiner Teil*, p. 231.

contravenção de furto do art. 623.1 do Código Penal),[xlix] poderia dar-se a seguinte situação: "A" crê apoderar-se de uma peça de arte que supõe de um valor de R$ 1.000,00, mas na realidade se apodera de um objeto que não chega a R$ 100,00; o tipo objetivo realizado é a contravenção: "A" apoderou-se de um objeto de valor que não supera os R$ 100,00, e o fez sabendo o que fazia, razão pela qual se afigura também o tipo subjetivo da contravenção de furto (art. 623 do Código Penal). De outra parte, quis realizar o tipo do art. 234 do Código Penal, pois tinha em mente apoderar-se de uma coisa de valor superior a R$ 100,00; em conseqüência, esse delito não se consumou por circunstâncias alheias à sua vontade (art. 16 do Código Penal), razão pela qual se deve admitir tentativa do tipo básico em concurso formal com o tipo privilegiado consumado.[1]

II – As conseqüências jurídicas do erro de tipo

645. O erro sobre os elementos do tipo exclui o dolo em todos os casos, já que este exige o conhecimento dos elementos do tipo objetivo. Um erro de tipo, portanto, terá sempre o efeito de excluir a *pena do crime doloso*. Se o erro sobre os elementos do tipo tiver sido evitável, "a infração será punida como crime *culposo*" (art. 14.1 do Código Penal). O erro sobre os elementos do tipo é evitável quando o autor, observando o cuidado exigido, tiver tido condições de conhecer corretamente as circunstâncias ignoradas ou falsamente representadas. A relação entre observância do cuidado e conhecimento ou correto conhecimento deve ser segura. De outra parte, a determinação do cuidado exigido deve ser feita em função da capacidade individual nas circunstâncias concretas da conduta, pois o texto legal diz que para esses fins deverá se atender às "circunstâncias do fato e (às) pessoais do autor". Desse modo a lei deu margem a um significativo apoio ao ponto de vista que exige no crime culposo um dever individual de cuidado (determinado pelas capacidades e conhecimentos do autor), em oposição a um dever objetivo de cuidado. A referência às circunstâncias pessoais no art. 14 do Código Penal tem um importan-

---

xlix. No Brasil, o exemplo é procedente em razão do art. 155 e de seu § 2º, que prevê o furto privilegiado quando, entre outros requisitos, a coisa subtraída é de pequeno valor.
1. Ver nota anterior.

te significado dogmático no âmbito do crime culposo (ver comentário ao art. 12).

b) Os elementos subjetivos da autoria

646. O desvalor da conduta no crime doloso, que oferece a matéria do tipo subjetivo desses ilícitos penais, pode não se esgotar no dolo. Em certos casos se exige, além do conhecimento e da vontade de realização do tipo, que o autor tenha realizado o fato típico com uma determinada intenção, uma determinada motivação ou um determinado impulso.[301]

647. A aparição no momento da tipicidade de elementos subjetivos dessa natureza corresponde a um desenvolvimento da ciência jurídico-penal alemã,[302] que, introduzida na ciência de língua hispânica por Jiménez de Asúa,[303] é aceita de forma praticamente unânime.[304]

648. Num primeiro enfoque, esses elementos subjetivos consistem em uma intenção especial. Nesse caso, trata-se de uma meta perseguida pelo autor que está além da realização do tipo objetivo. Por exemplo: no crime de falsificação de documentos (art. 302 e ss. do Código Penal) não se exige apenas que o autor tenha tido conhecimento e vontade de falsificar o documento, mas, também, que o tenha feito com intenção de enganar.[li] O que diferencia essas intenções especiais do dolo direto é que aqui são relevantes para o ilícito penal aqueles objetivos que o autor quer alcançar mediante a realização do tipo, enquanto no dolo direto o único fim relevante para o direito pe-

---

301. Cerezo Mir, *Curso de derecho penal español. Parte general*, 1984, t. I, pp. 408 e ss.; Gimbenat Ordeig, *Introducción a la parte general del derecho penal español*, 1979, p. 47; Rodríguez Mourullo, *Derecho penal. Parte general*, t. I, pp. 254 e ss.; Rodríguez Devesa, *Derecho penal español. Parte general*, 5ª ed., 1976, p. 391; Cobo del Rosal – Vives Antón, *Derecho penal. Parte general*, 2ª ed., 1987, t. II, p. 65; Jiménez de Asúa, *La ley y el delito*, p. 255; Poliano Navarrete, *Los elementos subjetivos del injusto en el Código Penal español*.

302. Jescheck, *Lehrbuch des Strafrechts, Allgemeiner Teil*, pp. 253 e ss., com referências histórico-dogmáticas.

303. Cf. Jiménez de Asúa, *La ley y el delito*.

304. Cf. Gimbernat Ordeig, *Introducción a la parte general del derecho penal español*, 1979.

li. No Brasil, o crime de falsificação de documento não possui elemento subjetivo específico (art. 297 e 298 do CP); já a falsidade ideológica possui (art. 299).

nal é a realização do próprio tipo. Por exemplo: não é relevante para o homicídio que o autor tenha matado a vítima com o intuito de privar uma empresa concorrente de um bom funcionário.

649. Em outros casos a lei requer um motivo especial do autor, o que é dificilmente diferençável de uma especial intenção[305] (por exemplo, art. 139.2 do Código Penal).

c) Elementos do ânimo

650. A doutrina distingue esses especiais elementos subjetivos da autoria dos chamados elementos de ânimo ou de atitude. Como exemplo destes pode-se mencionar a "crueldade" (art. 406.5 do Código Penal).

651. As definições dadas na doutrina a esse respeito diferem substancialmente. Enquanto Stratenwerth entende que se trata de um "juízo de valor geral sobre o conjunto do evento exterior e interior, da situação da ação e dos fins da ação",[306] Jescheck considera que "não constituem um juízo de valor ético-social, mas no aspecto subjetivo dos elementos especiais do ilícito".[307] Por sua vez, Schmidhäuser[308] distingue nesses elementos aqueles que somente modificam a culpabilidade e outros que modificam o ilícito. Tratar-se-ia, a seu modo de ver, de "elementos do fato punível, que denotam diretamente um comportamento do autor contrário aos valores morais em relação ao fato ilícito". Dito de outra maneira: estamos diante da lesão a um valor que se soma à do bem jurídico.

§ 48. O tipo subjetivo do crime culposo

652. Como se viu, o tipo subjetivo reúne os elementos pessoais, correspondentes ao *sujeito*, da infração penal. Nesse sentido, é possível falar-se em um tipo subjetivo do crime culposo na medida em que a culpa tem um caráter individual. A distinção entre tipo objetivo e

---

305. Stratenwerth, *Strafrecht, Allgemeiner Teil*, n. 325.
306. Stratenwerth, *Strafrecht, Allgemeiner Teil*, n. 322; em sentido análogo, Welzel, *Das deutsche Strafrecht*, p. 79.
307. Jescheck, *Lehrbuch des Strafreschts, Allgemeiner Teil*, p. 257.
308. Schmidhäuser, *Strafrecht, Allgemeiner Teil*, 2ª ed., 1975, pp. 246 e ss.

tipo subjetivo não tem aqui o mesmo significado que no crime doloso, pois enquanto neste deve existir uma correspondência entre o ocorrido e o que o autor sabia que ocorreria, no culposo o autor ignora descuidadamente que realiza o tipo. O fundamento da punibilidade do crime é o desprezo que o autor demonstra para com os bens jurídicos alheios, seja por não ter pensado na lesão que causa ou porque supõe falsamente que sua conduta não causará lesão alguma.

a) O direito vigente

653. O novo art. 12 do Código Penal introduz uma inovação necessária ao sistema penal do crime culposo. O Código anterior previa um sistema *numerus apertus*, que, em princípio, permitia punir como culposo qualquer delito. Desde a época da sanção do Código Penal espanhol de 1848 esse sistema já se encontrava desacreditado. Como prova basta mencionar a nota V de Mittermaier ao § 55 do *Lehburch* de Feuerbach,[309] na qual se fez constar que nunca se logrou demonstrar que no direito comum a culpa tenha se mostrado em todos os casos como fundamento suficiente para a punibilidade e que tal ponto de vista não seria correto como o demonstrava então a opinião científica dominante. Com essa decisão, o legislador fez o direito penal espanhol ingressar no direito penal moderno e o homologou em relação ao tratamento do crime culposo no direito europeu vigente.[310]

654. À diferença de outros direitos europeus (§ 6 do CP austríaco; art. 43 do CP italiano; art. 15 do CP português) o legislador espanhol, com bom critério, não definiu a culpa. O art. 14, no entanto, definia um ponto de partida para a compreensão do conceito de culpa, pois previa que a infração fosse punida como culposa quando, "atendidas as circunstâncias do fato e as pessoais do autor", o erro de tipo[311] fosse evitável. É possível então deduzir que – como sustenta uma tendência pujante da dogmática atual – *a culpa é basicamente uma hipótese de erro de tipo*. Esse ponto de vista sustenta-se desde há muito na dogmática da culpa e foi defendido por von Liszt (ver

---

309. Mittermaier, notas a Feuerbach, *Lehrbuch des gemeinen in Deustchland gültigen peinlichen Rechts*, 14ª ed., 1847, p. 104, § 55.
310. Cf. Códigos Penais: alemão, § 15; austríaco, § 7.1; francês, art. 121-3, 2º parágrafo; italiano, art. 42, 2º parágrafo; português, art. 13; suíço, art. 18.
311. Ver *infra* § 64, n. 7.

mais adiante). Na atualidade é representado por Jakobs[312] e é conseqüência de um grande desenvolvimento histórico dogmático do conceito de culpa.[lii]

b) *Evolução da dogmática da culpa*

655. A culpa caracterizou-se, em primeiro lugar, como uma *espécie de culpabilidade* e, portanto, sob a influência da chamada teoria psicológica da culpabilidade, como uma relação psíquica do autor com seu fato danoso. A partir dessa perspectiva, vinculada estritamente com o axioma "toda culpabilidade é culpabilidade de vontade", somente cabia, contudo, punir como culposo a chamada culpa consciente, pois na culpa inconsciente não era possível demonstrar a existência de relação psicológica alguma entre o sujeito e um resultado que este não havia representado (nesse sentido, a primitiva culpa de Feuerbach). A necessidade de punir também a culpa inconsciente (aquela em que o autor não representou a criação do perigo que gerou ao resultado), no entanto, converteu o próprio Feuerbach no fundador da distinção entre *culpa consciente* e *culpa inconsciente*.

A partir de então os esforços em explicar a culpa (como conceito comum abarcador da culpa consciente e inconsciente) como uma espécie de culpabilidade (psicológica) ofereceu toda sorte de dificuldades teóricas, pois a única solução que parecia conseqüente era a de identificar culpabilidade com dolo e considerar que a culpa não era uma espécie de culpabilidade ou, ainda, como finalmente ocorreu, de modificar o conceito de culpabilidade, dando vez a considerações acerca da prevenção especial e definindo a culpa como um "*defeito de compreensão*",[313] que deve operar como fundamento para a aplicação de um pena que tenha a função de prevenir novos ilícitos culposos.

656. A punibilidade da culpa sem previsão (culpa inconsciente) foi resolvida, portanto, com o abandono da premissa da culpabilida-

---

312. Jakobs, *Strafrecht, Allgemeiner Teil*, 2ª ed., 1994, pp. 315 e ss.
lii. No Brasil, o fundamento da punibilidade do crime culposo é a quebra do dever de cuidado objetivo, do mesmo modo que no direito espanhol; também aqui os crimes culposos são *numerus clausus* (art. 18, parágrafo único); a culpa, por sua vez, está definida no art. 18, inc. II, como a causação do resultado a título de imprudência, negligência ou imperícia.
313. Almendigen, *Untersuchungen über das culpose Verbrechen*, 1804.

de de vontade que se consolidou com o domínio da teoria da prevenção especial. A partir dessa perspectiva foi possível sustentar que o conteúdo material da culpa como espécie de culpabilidade devia consistir em "que o autor, como conseqüência de sua indiferença diante das exigências da vida comum social, não reconheceu o sentido antisocial cognoscível de seu fato".[314] Superado o conceito anterior, que permitia considerar a culpa como uma espécie de culpabilidade, ela foi definida como uma hipótese de "*erro sobre a causalidade da conduta*"[315] e, mais precisamente, como "um erro sobre o caráter causal ou não evitável do resultado da atuação com a vontade", ou seja como "*falta de conhecimento dos elementos do tipo*".[316]

657. Resolvida a questão do fundamento da punibilidade da culpa inconsciente, a teoria pôde reelaborar a noção de culpa. Singular importância teve a definição de culpa introduzida no *BGB* (Código Civil alemão, 1896/1900) no § 276: "age culposamente aquele que não presta atenção ao cuidado exigido no tráfico". A partir de então o conceito de culpa se estrutura basicamente sobre a *infração de um dever de cuidado*.[317] Como exemplo desse giro teórico (implícito nas antigas noções) é ilustrativa a definição de Mezger:[318] "age culposamente aquele que infringe um dever de cuidado que lhe incumbe pessoalmente e que pode prever o resultado". Dessa maneira, à culpa eram dados elementos claramente diferenciados: *a*) a infração de um *dever individual de cuidado*[319] e *b*) uma "relação anímica geral do autor com o resultado", é dizer, a sua *previsibilidade*. Ambos os elementos constituem a base do conceito dogmático moderno de culpa.

De acordo com esse ponto de vista, a comprovação da culpa exige estabelecer, em primeiro lugar, se ao autor incumbia um determinado *dever de cuidado* e, em segundo lugar, se um comportamento adequa-

---

314. Von Liszt, *Lehrbuch des Deutschen Strafrechts*, 23ª ed., 1921, p. 186.
315. Von Liszt, já na 1ª ed. de *Lehrbuch des Deutschen Strafrechts*, 1881, p. 119.
316. Von Liszt, *Lehrbuch des Deutschen Strafrechts*, 23ª ed., 1921, p. 186. No mesmo sentido, Hippel, *Deutsches Strafrechts*, t. 2, 1930, p. 359; von Liszt – Schmidt, *Lehrbuch des Deutschen Strafrecht*, t. I, 26ª ed., 1932, pp. 273 e ss.; Frank, *Das Strafgesetzbuch für das Deustche Reich*, 17ª ed., 1926, p. 186; Engisch, *Untersuchungen über Vorsatz und Fahrlässigkeit*, 1930, p. 277.
317. Cf., sobretudo, Engisch, *Untersuchungen über Vorsatz und Fahrlässigkeit*, 1930, pp. 306 e ss.
318. Mezger, *Strafrecht, ein Lehrbuch*, 3ª ed., 1949, p. 349.
319. Mezger, *Strafrecht, ein Lehrbuch*, 3ª ed., 1949, p. 358.

do com relação ao dever teria permitido *prever* o resultado de sua conduta. Na dogmática espanhola esses pontos de vista foram introduzidos por Antonio Quintano Ripollés.[320]

658. Alcançado esse momento resultava evidente que a culpa era algo diverso de uma forma ou espécie de culpabilidade.[321] A *teoria finalista da ação* deu o passo seguinte e deslocou à tipicidade o elemento da infração do dever de cuidado objetivo, enquanto outra questão, a referente a se o autor conheceu ou pôde conhecer a contrariedade ao dever, foi mantida no âmbito da culpabilidade.[322] A culpa, portanto, converteu-se numa *forma de realização do tipo* e deixou de ser uma espécie de culpabilidade. O tipo do crime culposo se caracterizou como um *tipo aberto* ou necessitado de uma complementação judicial. Isso significa que o juiz deve determinar, em primeiro lugar, o dever de cuidado objetivo exigido no tráfico (que deve ser estabelecido segundo as circunstâncias do caso) para logo verificar se teve lugar uma infração a esse dever de cuidado e, finalmente, se dela decorreu o resultado (de lesão ou perigo). O dever de cuidado objetivo, por sua vez, deve ser fixado, segundo Welzel, sem recorrer a prescrições de direito de polícia nem a regras ou máximas de experiência, mas "unicamente a partir do princípio metódico: que conduta uma pessoa compreensiva e sensata teria realizado na situação em que o autor se encontrava".

c) A moderna concepção de culpa

659. A mais moderna estrutura do delito culposo corresponde perfeitamente com a estrutura geral que atualmente tem a *teoria da imputação objetiva*, uma vez que a conduta culposa deveria ser aquela que constituiu um perigo juridicamente proibido, e o resultado *somente* seria imputável a ela se fosse a realização de dito perigo. A evolução experimentada pela teoria do delito em seu conjunto não é, na verdade, mais do que uma evolução que partiu de uma concepção que considerava o crime doloso como protótipo de todo o crime e que

---

320. Quintano Ripollés, *Derecho penal de la culpa*, 1958, pp. 183 e ss.
321. Outro ponto de vista, Cobo del Rosal – Vives Antón, *Derecho penal. Parte general*, 4ª ed., 1995, pp. 569 e ss.
322. Welzel, *Das Deutsche Strafrecht*, 11ª ed., 1969, p. 130.

obrigava, por isso, a encontrar o "elemento doloso" na culpa, e terminou em outra concepção que estendeu, em sentido inverso, as estruturas do crime culposo ao doloso.

660. A diferença entre a visão do problema da culpa como uma espécie de culpabilidade e a moderna concepção de culpa como questão de tipicidade foi graficamente destacada por Roxin:[323] "Se um jovem convida sua noiva para irem a um lugar determinado, no qual esta é casualmente atingida por um meteorito que a mata, segundo a antiga teoria, deveria se ter uma morte típica e antijurídica, que somente resultava impune por falta de culpabilidade; segundo a moderna concepção, pelo contrário, se trata de uma conduta inobjetável do causador da morte, pois não se subsume ao tipo penal do homicídio culposo", já que a conduta não gerou nenhum perigo juridicamente proibido.

661. Na dogmática de nossos dias o impacto da teoria da imputação objetiva sobre o crime culposo modificou alguns elementos do paradigma elaborado pela teoria finalista da ação de uma maneira decisiva. Em particular, foi posto em evidência que "detrás do elemento infração do dever de cuidado se ocultam diversos elementos da imputação, que caracterizam de uma maneira mais precisa os pressupostos da culpa que aquela cláusula geral".[324] Em outras palavras, o conceito geral de infração de dever de cuidado foi dissolvido em uma série de critérios de imputação. Por essa razão afirma Jakobs que no crime culposo não é correto falar de um dever de cuidado distinto do emergente da norma que proíbe a conduta e que nem toda a previsibilidade do resultado é jurídico-penalmente relevante como culpa. Disse Jakobs,[325] "somente é relevante a previsibilidade de um risco que está fora do risco permitido e que é objetivamente imputável".

662. Em suma: o conceito moderno de culpa foi simplificado ao máximo. A culpa caracteriza-se como uma "*forma de evitabilidade, na qual o autor carece de um conhecimento atual do que se deve evitar*",[326]

---

323. Roxin, *Strafrecht, Allgemeiner Teil*, t. I, 2ª ed., 1994.
324. Roxin, *Strafrecht, Allgemeiner Teil*, t. I, 2ª ed., 1994, p. 892; no mesmo sentido, Zielinski, in *AK-StGB*, 1990, §§ 15, 16/99 e ss.; Jakobs, *Strafrecht, Allgemeiner Teil*, 2ª ed., 1991, p. 319.
325. Jakobs, *Strafrecht, Allgemeiner Teil*, 2ª ed., 1991, p. 319.
326. Jakobs, *Strafrecht, Allgemeiner Teil*, 2ª ed., 1991, p. 317.

ou seja, que deve se entender presente a culpa quando um resultado típico é objetivamente imputável e o autor agiu com *erro sobre o risco de sua produção, apesar da possibilidade de conhecer tal risco.*

d) Superação da distinção entre culpa consciente e inconsciente

663. A partir desse ponto de vista uma conseqüência clara: não deve admitir que a chamada culpa consciente seja uma forma de culpa; *somente haverá culpa inconsciente,* pois quando o autor tiver representado a realização do tipo como não improvável, estar-se-á diante do dolo eventual.[327] Em outras palavras, se o autor conheceu o perigo não permitido gerado por sua conduta, haverá *dolo eventual*; se, pelo contrário, não conheceu o perigo não permitido proveniente de sua conduta, quando poderia tê-lo feito, haverá *culpa*.

De qualquer modo é possível manter a terminologia tradicional fazendo alguma precisão. Existirá *culpa consciente* quando o erro do autor recaia sobre o caráter concreto do perigo e *culpa inconsciente* quando o erro recair sobre a existência do perigo.

e) A noção de culpa na jurisprudência

664. A *jurisprudência do Tribunal Supremo* tende para esses conceitos modernos, sobretudo depois da *STS* de 23.4.1992 (caso do azeite de *colza*). Essa decisão veio a resumir uma linha jurisprudencial, já detectada pela doutrina, na qual o apego à teoria do dolo como vontade havia ficado reduzida na prática a uma mera retórica.[328] Previamente à *STS* de 23.4.1992 haviam sido proferidas decisões que predeterminavam essa evolução. Assim, a de 2.12.1967, estudada por Gimbernat, na qual se decidiu que o autor, que havia deixado de socorrer a vítima que ele mesmo atropelara, ainda que sem ter se apercebido disso, devia ser condenado por crime doloso, pois, pelos ruídos ouvidos durante a marcha, assim como pelas dificuldades que teve imediatamente para controlar o veículo, deveria ter deduzido a probabilidade de que o acidente ocorrera. Também na *STS* de 27.12.1982

---

327. Jakobs, *Strafrecht, Allgemeiner Teil*, 2ª ed., 1991, p. 317.
328. Cf. Gimbernat Ordeig, *Estúdios de derecho penal*, 3ª ed., 1990, pp. 263 e ss.; idem, *Delitos cualificados por el resultado y causalidad*, 1966, pp. 159 e ss.

(conhecida como "caso Bultó") pôs-se em evidência que o Tribunal Supremo não seguia de maneira estrita a teoria do consentimento e que o dolo deveria ser apreciado nos casos em que o autor conhecia o perigo concreto ao qual submetia a vítima ou quando o autor tomasse medidas pouco sérias para eliminar um perigo que conhece com tal. Em outras decisões, o Tribunal Supremo sustentou que a *indiferença* do autor a respeito da realização do tipo fundamentava o dolo do autor e não apenas a culpa.

665. Conclusão: a jurisprudência orienta-se pela aceitação de uma concepção de culpa segundo a qual esta deve ser apreciada nos casos em que o autor *não conheceu* o *perigo concreto de realização do tipo criado por sua conduta*, porque nos casos em que o agente teve esse conhecimento considerou se, via de regra, a existência de dolo.

f) Equiparação de culpa e dolo eventual?

666. Parte da doutrina[329] considera que os casos de dolo eventual e culpa com representação ou culpa consciente deveriam ser tratados da mesma maneira (Ferrer Sama) ou de modo aproximadamente igual, no qual ocorreria uma atenuação da pena do dolo eventual por intermédio do art. 9.4 do Código Penal derrogado em 1995. Esses pontos de vista, encontravam-se extremamente condicionados pelo texto legal vigente até 25 de maio de 1996, pois o antigo art. 565 do Código Penal parecia distinguir entre fatos executados com "malícia", vocábulo que se entendia como sinônimo de *intenção* e de *vontade*, e fatos realizados "sem malícia". A reforma introduzida pela *LO* 8/1983, que não se refere no art. 565 em "malícia", mas em dolo, e que no art. 1 fala em "ações ou omissões dolosas ou culposas", retirou dessa tese seu suporte legal. Sob o ponto de vista dogmático, a redução dos casos de dolo eventual a hipóteses de culpa não chegou a prevalecer, pois como assinalou Antón Oneca[330] "esse conceito de dolo seria demasiado estrito e contrário às exigências tanto da justiça como da defesa social".

---

329. Ferrer Sama, *Comentarios al Código Penal*, t. I, 1944, p. 34; no mesmo sentido: Busto Ramírez – Hormazábal, *Manual de derecho penal*, 4ª ed., 1994, pp. 290 e ss.; criticamente, Antón Oneca, *Derecho penal*, 2ª ed., 1986 (sob os cuidados de Hernández de Guijarro – Beneytez Merino), pp. 230 e ss.

330. Antón Oneca, *Derecho penal*, 2ª ed., 1986, p. 231.

g) Graus de culpa

667. A questão acerca dos *graus de culpa* adquiriu importância especial no sistema atual do crime culposo, uma vez que a linha divisória entre crimes e contravenções é paralela à existente entre culpa grave e não grave.[331] "Até agora não se logrou atingir uma concreção da gravidade da culpa aceita de um modo geral".[332] No mesmo sentido Roxin afirmou que "é pouco claro quando ocorre culpa grave".[333] A jurisprudência do Tribunal Supremo costuma considerar culpa grave aquela em que ocorre a infringência de deveres elementares que podem ser exigidos das pessoas menos diligentes. Tal critério tem, contudo, pouco respaldo na doutrina, pois substitui um conceito sumamente impreciso por outro. Uma definição fechada, no entanto, mostra-se dificilmente atingível. Assim, por exemplo, na STS de 15.1.1990 pode se ver uma noção que se repete habitualmente nas decisões do Tribunal Supremo: a culpa é temerária quando pressupõe "uma desconsideração total e absoluta das mais elementares normas de previsão e cuidado".[334] Quando se deve entender presentes tais pressupostos, trata-se de uma questão que os tribunais definem caso a caso.

668. Na doutrina, tende-se a vincular a gravidade da culpa com a importância do bem jurídico[335] lesado. Tal critério, na verdade, mais do que caracterizar a gravidade da culpa, a substitui pela gravidade do fato.[336] Outro critério refere-se à criação de um risco de alto grau não seguido do emprego de suficientes medidas de controle.[337] Trata-se, na realidade, de um único elemento, a criação de um perigo elevado, dado que a insuficiência do controle é, precisamente, o que define a culpa como tal.

669. Provavelmente deveria buscar-se uma caracterização da gravidade da culpa a partir de perspectivas relacionadas com a prevenção especial, ou seja, sob a ótica do grau de desinteresse revelado pe-

---

331. Cf. arts. 142.1, 152.1, 158, 267 do CP etc.
332. Jakobs, *Strafrecht, Allgemeiner Teil*, 2ª ed., 1991, p. 326.
333. Roxin, *Strafrecht, Allgemeiner Teil*, t. I, 2ª ed., 1994, p. 916.
334. Ver *Jurisprudencia Seleccionada de la Sala de lo Penal del Tribunal Supremo* (1º semestre de 1990), p. 18.
335. Mir Puig, *Derecho penal. Parte general*, 4ª ed., 1996, p. 271.
336. Uma objeção semelhante é cabível com relação ao critério oferecido por Jakobs.
337. Luzón Pena, *Curso de derecho penal*, 1996, t. I, p. 517.

lo autor com relação aos bens jurídicos. Dessa forma, não se alcançará um conceito preciso, mas, ao menos, poder-se-ia situar a questão no lugar que lhe corresponde sistematicamente.

De tudo o quanto se disse pode-se concluir que nos casos de culpa será necessário:

a) A causalidade entre a ação executada e o resultado típico produzido.

b) A comprovação da criação pelo autor de um risco juridicamente proibido (superior ao permitido).

c) A realização desse risco no resultado causado.

d) O erro (evitável) do autor a respeito do perigo concreto gerado por sua ação para o objeto de proteção sobre o qual se produziu o resultado.

h) A chamada culpa "profissional"

670. A *culpa profissional* (arts. 142.3, 146, II, 152.3, do Código Penal) é uma figura que expressa certa confusão entre a função das penas e das medidas de segurança. Com efeito, é claro que, quando o autor de um crime culposo é um profissional, pode ser necessário aplicar-se uma medida de segurança que o aparte *preventivamente* do exercício de sua profissão.[liii] O legislador, no lugar de conceber uma solução dentro do sistema do duplo binário que pretendeu adotar, preferiu, equivocadamente, incorporar essas necessidades à pena e recorrer a um agravamento da mesma.

A solução é legislativamente discutível e sua compatibilidade com o princípio da culpabilidade é duvidosa. A culpa profissional ocorrerá quando o autor tiver criado um risco que exceda os limites admissíveis segundo a *lex artis*.

i) Tentativa de crime culposo?

671. Há muito se discute a possibilidade da *tentativa de crime culposo*. A opinião dominante da doutrina não aceita tal figu-

---

liii. No Brasil, cabe aplicação de medida semelhante – proibição do exercício de profissão, atividade ou ofício, que tem natureza de pena restritiva de direitos – art. 47 do CP.

ra,[338] pois, de modo geral, o próprio direito positivo exige de forma expressa o dolo na conduta do agente. Embora o novo art. 16 do Código Penal, não o faça de forma categórica, deve-se reconhecer que não permite de maneira expressa a punibilidade dos fatos culposos que não tenham culminado com o resultado, razão pela qual parece claro que a *"tentativa"* de *crimes culposos não é punível*.[liv]

672. De qualquer modo é preciso deixar claro que a posição do resultado nos crimes culposos oferece muitas dificuldades no âmbito da teoria dos imperativos e na teoria do ilícito ou do injusto pessoal. Nesses contexto, sustenta-se que, de modo geral, o resultado da ação culposa constitui uma *condição objetiva de punibilidade*, já que o autor não precisa ter agido com consciência de sua realização.[lv]

j) Redefinição das relações entre dolo e culpa?

673. Nos últimos tempos, tem se proposto uma redefinição entre as relações do dolo e da culpa, introduzindo entre tais categorias uma terceira, que agruparia conceitualmente os casos de dolo eventual e culpa consciente.[339]

674. Tratar-se-ia, portanto, de limitar o dolo aos casos de dolo direto e de conseqüências necessárias, agrupando em outra nova categoria, diversa do dolo e da culpa, as hipóteses de dolo eventual e culpa consciente. A culpa restaria assim reduzida à culpa inconsciente.

A doutrina rejeitou essa tendência.[340] Trata-se, de qualquer modo, de uma questão que tem importância *de lege ferenda*.

---

338. Cf. Quintano Ripollés, *Derecho penal de la culpa*, 1958.
 liv. No Brasil, é entendimento tranqüilo aquele segundo o qual não há tentativa em crime culposo. A única ressalva feita por boa parte da doutrina diz respeito à chamada culpa imprópria – art. 20, 1º, parte final e art. 23, parágrafo único, parte final do CP.
 lv. No Brasil entende-se que o resultado é elemento do tipo penal dos crimes culposos.
339. Cf. Schünemann, in *GA* 85, pp. 363 e ss.; idem, *Festcrit für R. Schmitt*, 1992, p. 131; idem, *ADCP* 95, p. 3 e ss.; Waigend, in *ZStW* 93, pp. 687 e ss.
340. Cf. Diaz Pita, in *ADCP* 95, pp. 3 e ss.; Feijoo Sánchez, *Cuadernos de Política Criminal* 62 (1997), pp. 303 e ss. e 347 e ss.

Capítulo VII
A ANTIJURIDICIDADE E A JUSTIFICAÇÃO

675. A teoria da antijuridicidade tem por objeto estabelecer sob quais condições e em que casos a prática de um tipo penal (na forma dolosa ou não; comissiva ou omissiva) não é contrária ao direito, ou seja, *o fato não merece uma reprovação da ordem jurídica*. Trata-se, portanto, de uma teoria que define autorizações para a realização de um comportamento típico. Dizer que um comportamento está justificado equivale a afirmar que o autor do fato típico teve em seu favor uma permissão do ordenamento jurídico para atuar da forma como agiu.

676. Um fato típico, portanto, será também antijurídico se não intervier em favor do autor uma causa de justificação. A tipicidade de um fato é, conseqüentemente, um indício de sua antijuridicidade. Precisamente porque aquela assinala um juízo de possibilidade desta deve se verificar se existe, ou não, uma causa de justificação. Esta verificação é uma tarefa independente da comprovação da tipicidade e em certo sentido inversa. É independente porque somente se pode abordar a questão da antijuridicidade quando se tenha chegado à conclusão de que o fato é típico, ou seja, que se subsume a um tipo penal. Além disso, é inversa porque consiste na verificação de que o caso não se subsume à hipótese de fato de uma causa de justificação (por exemplo, legítima defesa, estado de necessidade, consentimento presumido).

677. Como relação de contrariedade ao direito, a antijuridicidade não é mensurável: um fato é, ou não, antijurídico, mas não pode ser *mais* ou *menos* antijurídico. Nesse aspecto a antijuridicidade não deve ser confundida com a ilicitude (de um fato típico e antijurídico), que, pelo contrário, é mensurável, dado que um fato típico e antijurídico pode ser mais ou menos grave, ou seja, mais ou menos ilícito.[i]

§ 49. Os princípios justificantes e a teoria clássica da justificação

678. Trata-se de opinião generalizada na teoria a de que as causas ou fundamentos da justificação se encontram em todo o ordenamento jurídico: é indiferente que o cometimento de um fato típico esteja autorizado pelo direito civil, pelo direito administrativo ou pelo direito penal. Neste sentido, quem detém um suspeito sob as condições estabelecidas nas leis processuais o priva de sua liberdade, ou seja, realiza um fato típico (art. 163 do CP espanhol),[ii] mas lícito, desde que obedeça as regras legais pertinentes. O mesmo ocorre com o direito de retenção estabelecido em certos casos pelo direito civil (arts. 1.730, 1.780 etc. do CC espanhol). A retenção de uma coisa móvel dentro de tais condições exclui a antijuridicidade da conduta da apropriação indébita ou abuso de confiança (art. 252 do CP espanhol).[iii]

679. A característica fundamental de uma causa de justificação é a de excluir totalmente a possibilidade de qualquer conseqüência jurídica: não somente penal, mas civil, administrativa etc.; e não somente com relação ao autor, mas, também, para aqueles que o ajudaram ou o induziram. No ordenamento jurídico, no entanto, o único dado com o qual se pode identificar uma causa de justificação é a exclusão da pena. Mas esta característica se faz presente não só nas causas de justificação, como, também, nas que excluem a responsabilidade pelo fato,[341] as quais, todavia, não beneficiam aos partícipes e não eliminam a responsabilidade civil, assim como nas chamadas escusas absolutórias, que, segundo a teoria dominante, somente afetam a punibilidade.[342]

---

i. O autor não utiliza as expressões antijuridicidade e ilicitude como sinônimos. Na verdade, chega a diferenciá-las. A antijuridicidade é a contrariedade do fato com o direito e não pode ser quantificada. A ilicitude de um fato típico e antijurídico pode ser mais ou menos grave (ver § 677). Na tradução procurou-se verter as palavras mantendo o sentido empregado pelo autor, distinguindo, portanto, ilicitude de antijuridicidade.
ii. No Brasil, art. 148 do CP.
iii. No Brasil, art. 168 do CP.
341. Ver *infra*, Cap. VII, § 54.
342. Ver *infra*, Cap. XI, § 76.

680. Isso traz à baila o problema de como pode o intérprete saber se uma determinada circunstância é uma autorização ou permissão para realizar um fato típico e não simplesmente uma causa de exclusão da culpabilidade ou isenção de pena. Esta situação delimita a profundidade de toda a discussão se o estado de necessidade é uma causa de justificação ou de exclusão da culpabilidade ou simplesmente uma escusa absolutória; se o "medo insuperável" do art. 20.6 do CP espanhol deve ser considerado como causa de justificação;[343] ou, ainda, se a legítima defesa é causa de justificação ou de inimputabilidade.[344]

681. Diante disso tudo torna-se insuficiente recorrer a um critério estrutural, pois todas as causas justificantes do art. 20 do CP espanhol têm uma estrutura idêntica: "dada certas circunstâncias, a pena não é aplicável".

Tampouco é adequado remeter-se à rotulação realizada pelo legislador (francamente imprópria de uma lei penal, pois não se pode elaborar um catálogo definitivo de causas de justificação).[345-iv]

682. A única maneira de se estabelecer uma distinção é recorrer a um princípio ou a vários princípios de justificação, isto é, princípios "pré-legais" que determinam quais são as circunstâncias que têm caráter justificante. Trata-se de princípios "pré-legais" porque são necessários para interpretar a lei, não sendo possível deduzi-los dela.

Esses princípios têm dado lugar a duas teorias: a teoria monista da justificação e a teoria pluralista da justificação. A primeira opera com um único princípio, enquanto a outra com mais de um.

---

343. Gimbernat Ordeig, *Introducción a la parte general del derecho penal español*, 1979, pp. 65 e ss.
344. Lilienthal, in *Vergleichende Darstellung des deutschen und ausl. Strafrechts. Allgemeiner Teil*, t. V, p. 3.
345. Stratenwerth, *Strafrecht, Allgemeiner Teil*, n. 359; Jescheck, *Lehrbuch des Strafrechts, Allgemeiner Teil*, p. 262; Schimdhäuser, *Strafrecht, Allgemeiner Teil*, p. 290.
iv. O Código Penal brasileiro resolveu a questão de modo adequado. Por um lado, estabeleceu quais as causas de exclusão da ilicitude, definindo claramente sua natureza no art. 23 ("não há crime"). Por outro, ao prever o exercício regular de um direito (excludente de cunho genérico), evitou o risco de se estabelecer um rol exaustivo de excludentes, que poderia deixar de fora alguma situação prevista em lei. Além disso, no Brasil admite-se a possibilidade de excludentes de ilicitude supralegais, por aplicação de analogia *in bonam partem*, como ocorre com o consentimento do ofendido.

683. A teoria monista tem que recorrer a um alto grau de abstração para poder incluir as hipóteses que considera justificantes. Nesse sentido, tem se sustentado que são causas de justificação as que respondem à idéia de "mais utilidade que dano social",[346] ou de "utilização de um meio adequado para alcançar um fim reconhecido pelo ordenamento jurídico".[347] Estes critérios mostram-se como excessivamente amplos para permitir uma distinção entre as causas de justificação e as que não o são: tudo depende do que se considere como socialmente útil ou como adequado ao fim reconhecido pelo direito.

684. Sobre esses pontos de vista há poucas possibilidades de uma única resposta. A crença de que a ordem cultural prévia à jurídica permitiria uma resposta única[348] ignora a questão de que a "ordem cultural" não é uma ordem única de concepções jurídicas, mas um conjunto de ordens que cabem, em sua diversidade, dentro de uma ordem constitucional que garanta a pluralidade (art. 1 do CE). Dessa maneira, o problema interpretativo somente se desloca para outro campo: trata-se de interpretar o que se considera justificado na ordem cultural e assim sucessivamente.

685. As teorias pluralistas, pelo contrário, procedem de uma maneira diferente: deduzem da natureza do ilícito uma pluralidade de princípios que, na verdade, pretendem explicar por que certos casos devem ser considerados causas de justificação.[349] Desta forma, afirma-se que, considerando a essência do ilícito como uma lesão a um interesse, somente se pode admitir dois princípios justificantes: o princípio da ausência de interesse e o do interesse preponderante. O segundo procura dar conta do fundamento justificante do exercício de deveres especiais e dos chamados "direitos de necessidade" (estado de necessidade e legítima defesa). Nestes casos, afirma-se que a ordem jurídica dá preeminência de um bem jurídico sobre outros e, portanto, a lesão produzida nestas circunstâncias deve ser justificada.

Não se pode deixar de assinalar, contudo, que o princípio do interesse preponderante é interpretado de modo diverso em cada caso: num,

---

346. Sauer, *Allgemeiner Strafrechtslehre*, 3ª ed., 1955, pp. 56 e ss.
347. Dohna, *Der Aufbau der Verbrechenslehre*, 4ª ed., 1950, pp. 28 e ss.; do mesmo autor, *Die Rechtswidrigkeit*, 1905, pp. 48 e ss.
348. Assim, Dohna, *Der Aufbau der Verbrechenslehre*, p. 30.
349. Mezger, *Strafrecht, ein Lehrbuch*, pp. 204 e ss.

prepondera o salvamento de um bem jurídico de maior valor que aquele que se sacrifica (estado de necessidade);ᵛ noutros, prevalece um interesse que é independente do valor dos bens jurídicos em jogo (cumprimento de um dever e legítima defesa).

686. A tendência atual é a de reduzir sensivelmente o valor explicativo fornecido aos princípios de justificação. Assim se diz, por exemplo, que "como conseqüência da intervenção de uma contranorma deve eliminar-se tanto o ilícito do resultado como o da ação; mas não é possível dizer isso de todas as causas de justificação, dado que em particular estas se baseiam nas mais variadas combinações de fatores justificantes".[350]

687. Este panorama da evolução da questão dos princípios justificantes deve ser completado com a afirmação generalizada de que o "elenco das causas de justificação não ficará nunca fechado"[351] ou de que "o número de causas de justificação não pode ser determinado definitivamente"[352] ou de que "o processo de concreção e tipificação dos princípios de justificação tem sido substituído por uma decisão referente aos casos que devem ser regidos pelas regras que governam a categoria". Em outras palavras, o que fundamenta a qualidade de uma circunstância como causa de justificação é a decisão referente a ser ela tratada de acordo com as respectivas regras.

Essa tese é mais ou menos compartilhada pela teoria e pela prática no referente aos casos principais do exercício de um direito especial, da legítima defesa e do estado de necessidade (justificante).

§ 50. A moderna problemática das causas de justificação

a) Exclusão da antijuridicidade somente no âmbito penal?

688. Na atual teoria da justificação coloca-se em dúvida o postulado da unidade do ordenamento jurídico e disso se deduz que é possível admitir uma antijuridicidade especificamente penal com a con-

---

v. No Brasil, há estado de necessidade ainda que o bem salvo seja de igual importância que o sacrificado (art. 24 do CP).
350. Jescheck, *Lehrbuch des Strafrecht, Allgemeiner Teil*, p. 261.
351. Jescheck, *Lehrbuch des Strafrecht, Allgemeiner Teil*, p. 262.
352. Stratenwerth, *Strafrecht, Allgemeiner Teil*, n. 358.

trapartida de uma justificação especificamente penal (isto é, que não tem efeitos justificantes em outros ramos do direito, por exemplo, civil ou administrativo)[353]. O postulado da unidade da ordem jurídica conduzia à unificação dos efeitos das causas de justificação em todo o ordenamento jurídico. Assim, por exemplo, o autor que age em estado de necessidade justificante[vi] não deveria responder civilmente pelo dano sofrido pelo titular do bem sacrificado, por que sua ação não só estaria justificada no direito penal, mas, também, no civil. Esse ponto de vista foi totalmente dominante até poucos anos.

689. Na atualidade, pelo contrário, vê-se uma tendência de sustentar que nem toda causa de justificação pode ser simplesmente trasladada de um ramo do direito a outro.[354] A questão requer, portanto, um esclarecimento acerca dos critérios sobre cuja base se deve decidir acerca da extensão das causas de justificação não-penais no âmbito do direito penal.

690. O Código Penal espanhol vigente tem dois dispositivos que se relacionam com a problemática: os arts. 20.7 e 118. De acordo com o primeiro parece que toda autorização do ordenamento jurídico, que surja de um dever de agir ou uma autorização geral prevista para o "ofício ou cargo do autor", teria efeito justificante no direito penal. O art. 118, por sua vez, regula a extensão ao direito civil dos fundamentos que eximem de responsabilidade pela exclusão da antijuridicidade. Ambas as disposições devem ser interpretadas de acordo com os princípios aplicáveis a esta matéria e de acordo com as exigências praticadas. Em primeiro lugar, é de se questionar a regra segundo o qual toda autorização de agir *conduz sempre* a uma autorização para realizar um tipo penal. A doutrina, não obstante, responde afirmativamente.[355] Em segundo lugar, o art. 118 não deveria ser entendido com total generalidade, de modo a permitir que, por exemplo, o estado de

---

353. Günther, *Strafrechtswidrigkeit und Strafunrechtsausschluss*, 1983 (*passim*); Jakobs, *Strafrecht, Allgemeiner Teil*, § 11/4 e ss.; Roxin, *Strafrecht, Allgemeiner Teil*, § 14/32.

vi. No Brasil, só há tal espécie de estado de necessidade, salvo no Código Penal Militar, que prevê o estado de necessidade justificante e o exculpante.

354. Jakobs, *Strafrecht, Allgemeiner Teil*, § 11/6; Roxin, *Strafrecht, Allgemeiner Teil*, § 14/36.

355. Jakobs, *Strafrecht, Allgemeiner Teil*, § 11/6; Roxin, *Strafrecht, Allgemeiner Teil*, § 14/31, ainda que com fundamentação diversa.

necessidade (art. 20.5 do CP espanhol) não tenha em todos os casos efeitos justificantes. Nesse sentido, devem se distinguir, dentro do estado de necessidade justificante (aquele em que o bem sacrificado é essencialmente menor que o bem salvo), duas situações: o art. 118 do CP espanhol não será aplicável nos casos de *estado de necessidade defensivo* (casos em que a necessidade provém do perigo que geram os bens alheios sobre os defendidos), pois em tais hipóteses o efeito justificante deve se estender a todo o ordenamento jurídico, em particular ao direito civil, dado que nessas situações ninguém está obrigado por um especial dever a suportar danos que provêem de uma organização defeituosa e alheia. O art. 118, portanto, somente excluirá o efeito justificante no âmbito do direito civil nos casos de *estado de necessidade agressivo* (casos em que se salva um bem jurídico essencialmente superior à custa de bens jurídicos que não geraram o perigo de dano), que, conseqüentemente, somente terão o caráter de uma *causa de justificação exclusivamente penal*. Dito com outras palavras, o art. 118 somente se refere ao estado de necessidade agressivo e ao que exclui a responsabilidade por atenuação da ilicitude (exclusão da responsabilidade pelo fato ou da exigibilidade).[vii]

691. De grande interesse é a tese desenvolvida por Günther,[356] que identifica *causas de justificação especificamente penais* (por exemplo: o direito à liberdade de expressão e informação do art. 20 da CE em relação ao crime de injúria) que excluem a antijuridicidade especificamente penal, pois reduzem o conteúdo da ilicitude ao mínimo exigido pelo *princípio constitucional da proporcionalidade* para legitimar uma sanção penal: dada a gravidade da sanção penal, é necessário que a conduta típica tenha um alto grau de ilicitude, mas esta intensidade não é necessária no direito administrativo ou civil. A conseqüência prática será uma conduta penalmente justificada que, no

---

vii. No Brasil, a mesma distinção é feita, porém com uma definição um pouco mais precisa de estado de necessidade defensivo e agressivo. O primeiro dá-se quando a conduta do agente sacrifica bens jurídicos pertencentes à pessoa que criou a situação de perigo. O segundo, quando em estado de necessidade são sacrificados bens de terceiros inocentes. Nossa doutrina sustenta, seguindo a linha proposta pelo autor, que somente o estado de necessidade defensivo exclui a ilicitude penal e civil, ao passo que o agressivo absolve no crime, mas não afasta a obrigação de indenizar o terceiro inocente no cível, resguardado direito de regresso contra o causador do perigo.

356. Günther, *Strafrechtswidrigkeit und Strafunrechtsausschluss*, 1983, *passim*.

entanto, não será assim considerada para o direito civil, onde subsistirá o dever de reparar o dano.[357] Diante de tais causas de justificação especificamente penais devem ser distinguidas, segundo a tese de Günther, as que têm um *caráter geral* porque estendem seus efeitos a todo o ordenamento jurídico (por exemplo, a legítima defesa ou o estado de necessidade).

b) Autorizações de ação e autorizações de intervenção

692. Outro setor da doutrina chega a conseqüências similares distinguindo entre autorizações de agir e de intervir.[358] As primeiras somente justificam a prática de uma ação, mas não impõem ao afetado pela autorização da ação o dever de tolerar uma lesão a seus bens jurídicos. Por exemplo: "X" decidiu publicar um fato que afeta o direito à intimidade e à honra de "Y"; este lhe subtrai os documentos para salvaguardar sua honra; esta última ação não estará acobertada pela legítima defesa, mas, sim – na opinião desses autores –, pelo estado de necessidade, dado que o art. 20 da *CE* somente outorga uma autorização de agir, mas não um direito de lesar bens jurídicos alheios.

Pelo contrário, as autorizações de intervenção impõem ao afetado o dever de suportar em seus bens jurídicos as conseqüências da ação justificada (não cabe legítima defesa contra quem se defende legitimamente).

c) Justificação e redução da ilicitude

693. Os problemas que se suscitam como ponto de partida para estas soluções têm uma relação direta com a questão da redução da ilicitude[359] nos casos em que o legislador renuncia a pena, sem justificar o fato cometido (como nas causas de exclusão da punibilidade do

---

357. Cf. Jaén Vallejo, *Libertad de expresión y delitos contra el honor*, 1992.
358. Lenckner, in Schönke-Shröder, *Strafgesetzbuch, Kommentar*, 25ª ed., 1997, § 32, pp. 9 e ss.; Haft, *Strafrecht, Allgemeiner Teil*, 2ª ed., 1984, p. 70.
359. Bacigalupo, in Gedächtnisschrift fur Armin Kaufmann, 1989, pp. 459 e ss.; Laurenzo Copello, El aborto no punible, 1990; Jaén Vallejo, Libertad de expresión y delitos contra el honor, 1992; Pérez del Valle, Conciencia y derecho penal, 1994; confira a respeito Lenckner, in Schönke-Shröder, Strafgesetzbuch, Kommentar, 25ª ed., 1997, §§ 32 e ss., e 10 e ss.

aborto; da exclusão da punibilidade com relação a publicações não verazes realizadas no exercício do direito do art. 20 da *CE*, das chamadas escusas absolutórias). A questão será tratada, portanto, em separado quando do estudo de tal problemática.

§ 51. *A defesa necessária*

694. O Código Penal espanhol regula de forma expressa a defesa necessária (art. 20.4). Ressalvadas algumas diferenças na sua formulação, há também uma evidente coincidência com relação aos seus requisitos com o resto do direito europeu. De modo geral, designa-se essa causa de justificação como "legítima defesa". Essa terminologia é sem dúvida correta, ainda que seja preferível a que aqui se propõe (porque tem em conta que a defesa somente é legítima se for necessária; isto deve ficar claro logo na designação).

695. O fundamento da defesa necessária (própria ou de um terceiro) vê-se no princípio segundo o qual "o direito não necessita ceder diante do ilícito"; surge daí uma dupla conseqüência: *não somente se confere um direito de defesa individual, mas, também, de ratificação da ordem jurídica com tal*. Por esse motivo, o agredido não está obrigado, em princípio, a evitar a agressão mediante um meio distinto de defesa, por exemplo, fugindo.[360] Com razão, sustenta-se que o fundamento da defesa necessária encontra-se na responsabilidade na qual incorre o agressor que age sem direito.[361]

A condição fundamental da legitimidade da defesa – como se disse – é a sua necessidade. Em princípio, não se exige que haja proporcionalidade entre o dano que se causa com a defesa ao agressor e o dano causado pela agressão.[362] De qualquer modo, como veremos adiante, esse princípio possui exceções.

---

360. Ver *infra* § 51, *c*). Doutrina generalizada, cf. na Espanha: Luzón Peña, *El doble fundamento de la legítima defensa*, 1978; Cobo del Rosal – Vives Antón, *Derecho penal. Parte general*, pp. 59 e ss.; Jiménez de Asúa, *La ley y el delito*, p. 290; Quintero Olivares, *Introducción al derecho penal. Parte general*, p. 191; Rodriguéz Devesa, *Derecho penal español. Parte general*, pp. 532 e ss.
361. Jakobs, *Strafrecht, Allgemeiner Teil*, pp. 349 e ss.
362. Outro ponto de vista: Quintero Olivares, *Introducción al derecho penal. Parte general*, p. 192; Rodriguéz Devesa, *Derecho penal español. Parte general*, p. 535, o qual reconhece na legítima defesa um caso de estado de necessidade.

Os requisitos da defesa necessária são:
a) agressão (atual ou iminente) ilegítima;
b) necessidade racional do meio empregado;
c) a falta de provocação suficiente (art. 20.4 do CP espanhol).
Esses requisitos devem ser estudados separadamente.[viii]

a) A agressão

696. A agressão deve partir de um ser humano. A defesa contra animais, por exemplo, não é regida pela defesa necessária, mas pelo estado de necessidade. De outra parte, a agressão pode ter lugar de forma ativa (ação) ou passiva (omissão). A jurisprudência exige que a agressão seja de caráter violento, ainda que exista uma tendência a mitigar essa exigência.[363]

697. De difícil solução é a questão acerca da possibilidade de a agressão partir de um agente incapaz ou inimputável ou de alguém que age em erro. Um setor minoritário pensa que nesses casos não há agressão.[364] Outro, que na hipótese de um doente mental, de uma criança etc. a amplitude da defesa deve ser restringida,[365] porque, diante de tais situações, carece de sentido a ratificação da ordem jurídica como tal e somente haveria um direito individual de defesa se não for possível evitar a agressão. Na prática, os resultados são similares. A doutrina espanhola considera suficiente a antijuridicidade formal e puramente objetiva.[366-ix]

---

viii. No Brasil, os requisitos da legítima defesa estão no art. 25 do CP e são: agressão injusta (= ilegítima), atual ou iminente, a direito próprio ou alheio e reação moderada com emprego dos meios necessários.

363. Cf. acertadamente Córdoba Roda, in Córdoba Roda – Rodríguez Mourullo, *Comentarios al Código Penal*, 1972, t. I, pp. 238 e ss., com referências jurisprudenciais.

364. Otto, *Grundkurs Strafrecht, Allgemeine Strafrechtslehere*, t. I, p. 120; Mayer, *Strafrecht, Allgemeiner Teil*, p. 98.

365. Stratenwerth, *Strafrecht, Allgemeiner Teil*, n. 435; Jescheck, *Lehrbuch des Strafrechts, Allgemeiner Teil*, p. 277.

366. Cobo del Rosal – Vives Antón, *Derecho penal. Parte general*, t. III, p. 65; Córdoba Roda, in Córdoba Roda – Rodríguez Mourullo, *Comentarios al Código Penal*, p. 241; Gimbernat Ordeig, *Introducción a la parte general del derecho penal español*, p. 56.

ix. No Brasil, há discussão semelhante, conforme se constata nas opiniões de penalistas, como Hungria, para quem em tais situações deve se considerar uma situa-

A agressão, ademais, pode ser intencional tanto como provir de uma ação realizada sem a devida cautela.³⁶⁷

698. Qualquer bem jurídico pode ser objeto de uma agressão e, portanto, é legitimamente defensável (art. 20.4 do CP espanhol). A defesa de bens estatais (defesa necessária do Estado) fica excluída, não obstante, da defesa necessária salvo quando se tratar de bens individuais (por exemplo: haverá agressão, e, portanto, será possível uma defesa necessária – se concorrerem os demais elementos – quando alguém atente contra a propriedade do Estado; não haverá agressão, no sentido desta disposição, quando se tratar de ataques à ordem pública em geral, ou à "essência da pátria" ou ao "ordenamento constitucional", pois o art. 8.1 da CE não outorga um direito ativo de defesa, mas um direito de resistência perante ordens contrárias à Constituição).

699. A fórmula legislativa do atual art. 20.4 do CP espanhol exige uma reflexão a respeito da amplitude dos bens jurídicos defensáveis. É indubitável que o texto vigente permite limitar a legítima defesa aos direitos pessoais, ou seja, aos direito individuais; e sobre esta base operou-se a jurisprudência do Tribunal Supremo, que, de modo geral, não fez um reconhecimento de extensão ilimitada.³⁶⁸ Pelo contrário, os precedentes da Câmara Criminal (*Sala de lo Penal*)ˣ têm feito, com alguma exceção já assinalada, um reconhecimento casuístico de bens suscetíveis de serem defendidos, que somente é explicável caso se admita, implicitamente, a possibilidade de negar esse caráter a alguns bens jurídicos, ainda que – como o assinalou com razão Córdoba Roda³⁶⁹ – a limitação do campo de aplicação da legítima defesa provenha, sobretudo, da exigência de acometimento. O ponto de vista da jurisprudência tem um apoio difícil de se negar nos arts. 337 do anterior CP espanhol e 455 do vigente, ao excluir

---

ção de estado de necessidade, no qual a inevitabilidade do perigo é requisito para a existência da excludente; ou Assis Toledo, para quem o caso deve mesmo ser tratado como legítima defesa, porém com um acréscimo nos seus requisitos – a inevitabilidade da agressão. Ambas as soluções conduzem ao mesmo resultado.

367. Jescheck, *Lehrbuch des Strafrechts, Allgemeiner Teil*, p. 271.
368. Cf., contudo, a *STS* de 19.12.1975.
x. A *Sala de lo Penal* corresponde, nos Tribunais Superiores da Espanha (Tribunal Supremo e Constitucional), às nossas Câmaras Criminais, sendo órgãos judiciais colegiados encarregados do julgamento e da apreciação dos casos criminais.
369. Córdoba Roda, *Comentarios al Código Penal*, t. I, 1972, p. 245.

esse último a defesa (violenta) dos direitos de crédito, considerando-a delitiva.

700. A doutrina, contudo, tende a dar ao texto uma amplitude maior do que a reconhecida pela jurisprudência,[370] ainda que excluindo bens jurídicos como a "ordem pública" e "o Estado".

Uma excessiva extensão dos bens jurídicos defensáveis conduziria a que "cada cidadão" – como disse Roxin[371] – "se transformasse em polícia, eliminando desse modo o monopólio estatal da coação". Por esse motivo, uma nova regulamentação do direito de defesa necessária deveria começar por estabelecer com clareza que, em qualquer caso, somente se autoriza a defesa dos bens da pessoa, preferentemente seguindo o modelo enunciativo do Código Penal espanhol austríaco de 1975, que impede qualquer tipo de confusão a respeito dos bens jurídicos defensáveis e que inclui todos os casos em que a legítima defesa é justificada. Com respeito aos bens jurídicos defensáveis que têm sido reconhecidos pela jurisprudência do Tribunal Supremo, o catálogo do Código austríaco somente difere no que concerne à honestidade e à honra. Mas o certo é que a diferença é mais aparente que real, pois os ataques à honestidade são entendidos, na verdade, como agressões dirigidas contra a liberdade, que como tal está incluída na enumeração do § 3 do *ÖStGB*. No que se refere à honra, não é possível deixar de considerar que, de regra, a aplicação das disposições da legítima defesa fracassaram basicamente por falta de atualidade da agressão contra a qual se reage, sem prejuízo do fato de o ordenamento jurídico estabelecer suficientes meios para a defesa desse bem jurídico. Em particular, basta recordar aqui as medidas judiciais preventivas previstas no art. 9.2 da *LO* 1/82 (Lei de Proteção Civil do Direito à Honra, à Intimidade Pessoal e Familiar e à Própria Imagem).

701. Uma segunda questão, vinculada com a anterior, refere-se à ajuda necessária à defesa. No atual art. 20.4 do CP espanhol, prevê-se a possibilidade de defesa de um terceiro, pois a defesa pode ser da "pessoa ou direitos, próprios ou alheios". Não obstante, deve-se ponderar, a defesa de terceiro pressupõe que este queira ser defendido.[372]

---

370. Por todos: Mir Puig, *Derecho penal. Parte general*, 3ª ed., 1990, pp. 467 e ss., com maiores indicações bibliográficas.
371. Roxin, *Strafrecht, Allgemeiner Teil*, p. 531.
372. Roxin, *Strafrecht, Allgemeiner Teil*, p. 531.

O direito de legítima defesa não se estende, por exemplo, ao caso em que, considerando que os espectadores de um cinema são agredidos em seu pudor pelas cenas do filme, alega-se a legítima defesa de terceiros para justificar a interrupção violenta da exibição, quando nenhum dos presentes teria o menor interesse na "defesa".[373] Por essa razão seria conveniente uma nova redação que estabelecesse que a justificação somente corresponderia a quem prestasse ajuda ao que se defendesse ou a quem, em qualquer caso, protegesse o outro que quisesse defender-se.

b) A atualidade e ilegitimidade da agressão

702. A agressão será atual quando estiver acontecendo. A iminência da agressão, ou seja, a decisão irrevogável do agressor de iniciá-la é equivalente à atualidade. Em alguns casos, a lei o diz expressamente; em outros, deixa implícito no texto legal quando autoriza a defesa para impedir ou repelir a agressão (art. 20.4 do CP espanhol).[374]

703. A agressão será ilegítima quando for antijurídica. Não é preciso que constitua um delito (salvo no caso de defesa de bens previsto no art. 20.4 do CP espanhol). Se não se exige que a agressão seja consciente ou proveniente de um agente capaz ou imputável,[375] costuma-se restringir a defesa contra os que atuam sem consciência do que fazem, pois diante deles não cabe a ratificação da ordem jurídica.[376] Nesses casos, portanto, só é cabível a defesa necessária se o autor não tem possibilidade de evitar a agressão por outros meios.[xi]

373. Cf. *BGHSt* 5, pp. 245 e ss. (sobretudo pp. 247 e 248).
374. Jiménez de Asúa, *La ley y el delito*, p. 294.
375. Ver *supra*, § 49.
376. Confira Jescheck, *Lehrbuch des Strafrechts, Allgemeiner Teil*, pp. 275 e ss.; Otto, *Grundkurs Strafrecht, Allgemeine Strafrechtslehere*, t. I, p. 121; Samson, *Systematischer Kommentar zum Strafgesetzbuch*, § 32, n. 14; Schimdhäuser, *Strafrecht, Allgemeiner Teil*, p. 348. Outro ponto de vista: Córdoba Roda, in Córdoba Roda – Rodríguez Mourullo, *Comentarios al Código Penal*, t. I, pp. 240 e ss.; Cobo del Rosal – Vives Antón, *Derecho penal. Parte general*, p. 64; provavelmente também, Diáz Pablos, *La legítima defensa*, p. 59. Sobre a jurisprudência espanhola ver: Córdoba Roda, in Córdoba Roda – Rodríguez Mourullo, *Comentarios al Código Penal*, o qual acentua que as decisões de 28.1.1927 e de 26.2.1958 exigiram a existência de uma finalidade lesiva por parte do agressor.
xi. No Brasil, valem as mesmas observações, exceção feita à necessidade de que a agressão constitua um delito referido acima pelo autor.

704. Um setor da doutrina define a antijuridicidade da agressão sustentando que cumpre com esse requisito toda ação que recai sobre os bens de quem "não tem obrigação de tolerar" o ataque.[377] Há outra tese que sustenta ser antijurídica a agressão à medida que seja uma ação não autorizada (justificada).[378] Essa discussão pode ter alguma conseqüência prática apenas quando a obrigação de tolerar por parte do agredido e a autorização de agir do agressor sejam definidas de tal forma que não tenham conteúdo recíproco (o "agredido" deve tolerar o exercício do direito do "agressor").

705. Especialmente criticável parece a manutenção no direito vigente de um direito ilimitado de defesa do domicílio a qualquer investida contra ele ou suas dependências, constante do art. 20.4 do CP espanhol. Por meio de tal autorização genérica, justificam-se todos os casos de erro daquele que se defende, pois mediante essa presunção de agressão permite-se a defesa inclusive diante de uma pessoa que, por equívoco ou por extrema necessidade, entre indevidamente no domicílio, ainda que, na verdade não pretenda atentar contra nenhum bem jurídico do morador. Uma presunção de agressão como essa tem o efeito prático de eliminar a exigência da evitabilidade do erro para excluir a responsabilidade do autor e, por isso, constitui um estímulo à violência que não é fácil justificar no atual estágio da evolução jurídica. Com efeito, uma vez introduzido o erro sobre a antijuridicidade na reforma de 1983, perdeu-se o sentido renunciar a sua aplicação nos casos que constituem, possivelmente, um de seus âmbitos de incidência mais genuínos, qualquer que seja o entendimento dado ao erro sobre os pressupostos da justificação.

706. De outra parte, se é certo que a doutrina dominante recusa a exigência de um pressuposto geral da justificação consistente em um dever de uma cuidadosa comprovação das circunstâncias justificantes e, em particular, não a requer para a legítima defesa,[379] não há dúvida de que eliminar totalmente a responsabilidade nos casos de

---

377. Binding, *Handbuch des Strafrechts*, t. I, p. 735.
378. Welzel, *Das Deutsche Strafrecht*, p. 85; Jescheck, *Lehrbuch des Strafrechts, Allgemeiner Teil*, p. 273; Stratenwerth, *Strafrecht, Allgemeiner Teil*, n. 424; Samson, *Systematischer Kommentar zum Strafgesetzbuch*, § 32, n. 12.
379. Jakobs, *Strafrecht, Allgemeiner Teil*, pp. 362 e ss., com matizações acerca da teoria dominante; Roxin, *Strafrecht, Allgemeiner Teil*, pp. 514 e ss., claramente contra tal exigência.

erro evitável em relação a bens jurídicos como a vida, a saúde e a integridade física, importa, quando menos, uma distribuição de riscos de erro seriamente questionável.[xii]

707. O CP espanhol (art. 20.4, 1) estabelece que "no caso de defesa dos bens se reputará agressão ilegítima o ataque que constitua delito ou contravenção e os ponha em grave perigo de deterioração ou perda iminentes". Nesse parágrafo, faz-se referência a dois problemas: a questão da interpretação da antijuridicidade da agressão nos ataques contra bens, que é a que aqui interessa, e a dos limites do direito de defesa nesses casos, que trataremos mais adiante.

708. Córdoba Rosa entende que não se exige que referido ataque represente um crime segundo o sentido completo da noção do § 1 do art. 1 do CP espanhol,[380] portanto, será suficiente a "tipicidade e antijuridicidade" de um crime contra a propriedade.[381] Pelo contrário, conforme o ponto de vista por nós adotado.[382] Pensamos que também deverá se exigir a capacidade de culpabilidade (imputabilidade e a consciência do autor acerca da agressão) para que se possa admitir um direito pleno de defesa. Senão, não se concederá tal direito quando a agressão possa ser evitada de outro modo.

709. Não se pode considerar satisfatório o requisito do caráter delitivo da agressão no caso de defesa dos bens. Aqui, não obstante, não se trata de uma objeção valorativa, como no caso da presunção de agressão da defesa do domicílio. A decisão de exigir certa gravidade da agressão para justificar a defesa da propriedade não é de modo algum incorreta sob a ótica dos valores superiores do ordenamento jurídico (art. 1 do CE). Mas sua articulação técnico-legislativa é deficiente quando considerada sob o ângulo das atuais concepções dogmáticas.

710. Com efeito, o problema de correção de certos excessos a que se pode chegar em nome do princípio da defesa necessária e a máxi-

---

xii. No Brasil, não seria possível sustentar-se tamanha extensão à proteção do domicílio, uma vez que de acordo com a nossa lei, seriam aplicados os princípios relativos ao *erro de tipo*, de modo que, sendo evitável, o autor do fato responderia pelo crime na forma culposa – art. 20, § 1º, 2ª parte.

380. Córdoba Roda, in Córdoba Roda – Rodríguez Mourullo, *Comentarios al Código Penal*, t. I, p. 237.

381. Córdoba Roda, in Córdoba Roda – Rodríguez Mourullo, *Comentarios al Código Penal*, t. I, p. 238.

382. Ver *supra*, § 49.

ma segundo a qual "o direito não deve ceder diante do injusto" é uma parte substancial da história da legítima defesa.[383] Como é sabido, uma rígida interpretação desta máxima conduziu a soluções duvidosamente justas. Um exemplo claro disso é o ponto de vista de von Liszt,[384] que entendia que a defesa necessária de qualquer bem era admissível contra menores, doentes mentais ou quem atuasse com erro sobre a antijuridicidade, mas não contra um animal, diante do qual deviam aplicar-se as regras (mais estritas) do estado de necessidade; ou seja, tratava-se basicamente da ponderação de bens.

711. A solução dessa problemática, contudo, não consiste em converter a legítima defesa em um estado de necessidade ou, dito de outro modo, em legitimá-la não apenas quando seja necessária, mas também quando seja proporcional o dano causado ao agressor com o que este queria causar. Na jurisprudência, faz-se referência a certa semelhança nos meios empregados por aquele que se defende e pelo agressor.[385] Esse critério, no entanto, não se mostra adequado, pois a defesa é uma resposta a uma intervenção ilegítima na esfera dos direitos do que se defende com a finalidade de lograr a proteção de interesses legítimos. A legitimidade da defesa dos interesses de quem suporta a agressão antijurídica, como é claro, não deve depender, em princípio, de limites estabelecidos para a proteção do agressor que tenha gerado o conflito e, conseqüentemente, a ponderação de interesses perde nesse aspecto sua razão de ser: o agressor não é merecedor de uma proteção geral em detrimento da vigência do direito que se proponha vulnerar. Na legítima defesa, é o agressor quem deve arcar com a responsabilidade pelo fato. Mas, naturalmente, isso não pode conduzir a uma autorização de defesa totalmente desconectada de suas conseqüências. O § 3 do CP austríaco é também nesse sentido um modelo adequado quando estabelece que: "A ação, contudo, não será justificada quando resulte evidente que o agredido somente estava ameaçado por um dano pequeno

---

383. Jescheck, *Lehrbuch des Strafrechts, Allgemeiner Teil*, p. 309.
384. Von Liszt, *Lehrbuch des Deutschen Strafrechts*, 23ª ed., 1921, p. 145. Outro ponto de vista, Frank, *Das Strafgesetzbuch für das Deutsche Reich*, 17ª ed., 1926, p. 153; Mezger, *Strafrecht, ein Lehrbuch*, 3ª ed., 1949, p. 233.
385. Cf. entre outras decisões as *SSTS* de 10.6.1992, 6.10.1992 e 30.10.1992, apenas para citar as mais recentes. Na doutrina não faltam pontos de vista semelhantes que reconhecem a proporcionalidade como requisito geral no sentido empregado pelo Código Penal italiano: Cf. Córdoba Roda, *Comentarios al Código Penal*, p. 247; Jiménez de Asúa, *Tratado de derecho penal*, t. IV, 3ª ed., 1976, pp. 215 e ss.

e a defesa se mostre desproporcional, especialmente pela gravidade dos danos que a custa dela tenha que sofrer o agressor".[xiii]

712. O importante de tudo o quanto se disse é que, por um lado, o problema de legitimar a defesa somente quando o interesse defendido tenha certa relevância e, por outro, a sua exclusão quando requeira danos notoriamente desproporcionais com respeito ao interesse defendido, é um problema geral, que não deve ser limitado à defesa dos bens. Sobretudo quando a cláusula prevista no atual art. 20.4, 1 do CP espanhol somente contempla um aspecto da questão, porque se é certo que exige uma agressão delitiva, não é menos certo que permite responder a tal agressão sem limite algum. Com esse preceito em mãos cabe refletir sobre a legítima defesa de um objeto de pequeno valor econômico à custa de graves lesões irreversíveis no autor da tentativa de furto, algo que choca com a consciência jurídica de nossos dias.

713. Em suma, é preciso introduzir uma cláusula mitigadora dos efeitos do princípio básico da legítima defesa, segundo a qual "o direito não deve ceder diante do injusto", ainda que isso não deva conduzir a uma exigência geral de ponderação de bens ou interesses no âmbito da legítima defesa similar à que é característica do estado de necessidade. O recomendável, em definitivo, é uma cláusula limitadora como a prevista no § 3 do CP austríaco, sem chegar a uma identificação conceitual da legítima defesa e do estado de necessidade.

714. Uma cláusula como esta teria a virtude de permitir resultados mais justos sem o risco de violar o princípio da legalidade por uma restrição teleológica do texto legal. Com efeito, a redução dos casos alcançados pelo texto da lei nos casos de justificação é equivalente à extensão do preceito que contém os elementos do tipo acima dos limites legais, pois isso significa ampliar a punibilidade sem o respaldo da lei escrita e, portanto, violar um dos requisitos que decorrem do princípio da legalidade, particularmente o da *lex stricta*; ou, de modo semelhante, também se estaria a infringir tal princípio a proibição da extensão analógica da punibilidade a casos não contemplados em lei.[386]

---

xiii. No Brasil, a desproporcionalidade da reação não afasta a legítima defesa, mas acarreta na responsabilização do autor pelo excesso, nos termos do art. 23, parágrafo único, do CP.

386. Cf. Hirsch, *Leipziger Kommentar*, 10ª ed., 1985, §§ 32, 35 e ss., com maiores indicações bibliográficas; o mesmo em *Gedächtnisschrift für Tjong*, 1984, p. 62.

c) Necessidade da defesa

715. A defesa será necessária desde que a reação do agredido seja a menos lesiva possível, tendo em vista os meios que estavam à sua disposição para repelir a agressão na situação concreta. A exigência de que a necessidade da reação defensiva seja racional se explica quando for adequada para impedir ou repelir a agressão. A relação entre agressão e a reação necessária, portanto, deve ser tal que se possa afirmar que, de acordo com as circunstâncias do fato, tal reação era adequada para repelir ou impedir a agressão concreta. Não se deve confundir a relação que deve haver entre agressão e defesa e a proporção entre o dano que teria causado a agressão e o gerado pela defesa. A racionalidade da necessidade da defesa somente se vincula com a primeira questão.

716. Para determinar a necessidade da reação é preciso levar em consideração os meios que o autor tinha à sua disposição para impedir ou repelir a agressão antes de iniciar a defesa e estabelecer se a empreendida era realmente a que teria impedido a agressão da forma menos danosa. Por exemplo: "A" tem a possibilidade de impedir que "B" se apodere de uma jóia de sua propriedade golpeando-o com um guarda-chuva que tem em mãos, contudo, efetua um disparo com arma de fogo; a ação não é necessária, pois deveria ter optado por outra menos lesiva.[xiv]

Em princípio não é exigível ao agredido que evite a agressão evadindo-se. Somente nos casos em que essa provenha de uma criança, de um doente mental etc., como vimos, deve-se exigir que se evite a agressão por um meio distinto da defesa.[387]

d) Falta de provocação suficiente

717. O direito espanhol exige tradicionalmente como pressuposto da defesa necessária a falta de provocação da agressão por parte de quem se defende. A interpretação desse requisito produz sérias dificuldades na teoria e na prática.[388]

---

xiv. No Brasil, há requisito semelhante: trata-se da necessidade de empregar *os meios necessários* na repulsa à agressão.
387. Nesse sentido, o Tribunal Supremo, *SSTS* de 21.10.1889 e 20.10.1944; concretizando seu ponto de vista nas *SSTS* de 13.1.1947 e 22.12.1947.
388. Jiménez de Asúa, *La ley y el delito*, p. 297; Gimbernat Ordeig, *Introducción a la parte general del derecho penal español*, p. 59.

Na doutrina, discute-se se a provocação deve ser intencional ou se é suficiente quando tenha decorrido de um descuido.[389] Não obstante, há aqueles que interpretam a provocação como uma agressão ilegítima, ao entender como tal a ação que justifique a agressão, com o que o requisito seria supérfluo.[390] As interpretações são, de modo geral, insatisfatórias.

718. A perda do direito à legítima defesa por parte de quem é agredido ilicitamente está condicionada a uma provocação que não necessita ser antijurídica, mas somente "suficiente". Isso significa que deve consistir em um estímulo a uma agressão antijurídica, mas não produzida totalmente sem responsabilidade do agredido. Sob tais circunstâncias mostra-se lógico excluir nesses casos um direito de defesa completo, tanto como diante de ébrios, doentes mentais, crianças etc., por ser desnecessária a ratificação da ordem jurídica. A partir disso, torna-se indiferente que a provocação seja ou não intencional.

e) Limitações do direito de defesa necessária

719. Como se depreende do fundamento da defesa necessária, não é exigível, em princípio, que exista proporcionalidade entre o dano que teria sido causado pela agressão e o dano gerado pela defesa, mas simplesmente a necessidade desta com respeito ao fim de impedir a agressão (racionalidade).

De ver-se, contudo, que a desproporcionalidade exagerada[391] entre o dano que seria produzido pela defesa e o dano ameaçado pela agressão determina a exclusão do direito de defesa. Por exemplo: a defesa de uma maçã não autoriza a privar a vida de quem dela se apodera para subtraí-la.

720. Além disso, exclui-se o direito de defesa necessária nos casos de estreitas relações pessoais (pais e filhos; cônjuges; conviven-

---

389. Jiménez de Asúa, *Tratado de derecho penal. Parte general*, t. IV., p. 204.
390. Jiménez de Asúa, *La ley y el delito*, p. 208; Córdoba Roda, in Córdoba Roda – Rodriguez Mourullo, *Comentarios ao Código Penal*, t. I, p. 252; Cobo de Rosal – Vives Antón, *Derecho penal. Parte general*, t. III, p. 58; Zaffaroni, *Manual de derecho penal. Parte general*, p. 422.
391. Jescheck, *Lehrbuch des Strafrechts, Allgemeiner Teil*, pp. 276 e ss.; Lenckner, in Schönke-Schröder, *Strafgesetzbuch, Kommentar*, § 32, n. 22; Stratenwerth, *Strafrecht, Allgemeiner Teil*, n. 435.

tes etc.). Isso somente significa que nesses casos deve se recorrer, antes de qualquer coisa, ao meio mais brando, ainda que seja inseguro. Por exemplo: o marido não tem direito de matar sua mulher para impedir que ela o esbofeteie.[392]

f) O elemento subjetivo da defesa

721. Trata-se de opinião dominante aquela segundo a qual só age em legítima defesa aquele que tem conhecimento da situação justificante e atua com intenção de se defender (*animus defendendi*).[393]

g) Defesa própria e defesa de terceiros

722. O Código Penal espanhol (até a reforma de 1983, art. 8, números 5 e 6) referia-se à defesa de terceiros (sejam parentes ou estranhos), que tem o mesmo fundamento da defesa própria. Ainda que o texto vigente não faça referência a aqueles casos, a sua justificação não oferece dúvidas.

§ 52. *O estado de necessidade*

723. O estado de necessidade mereceu reconhecimento expresso tanto no direto vigente (art. 20.5) como no anterior.

O fundamento justificante do estado de necessidade repousa, segundo opinião dominante, no interesse preponderante.[394] O que determina a exclusão da antijuridicidade é, consoante esse ponto de vista, a necessidade da lesão aliada à menor importância do bem sacrificado em relação àquele salvo. A necessidade da lesão, por si mesma, somente determinaria, sob certas circunstâncias, a exclusão da culpa-

---

392. Com reserves, Samson, *Systematischer Kommentar zum Strafgesetzbuch*, § 32, n. 23-a.

393. Jescheck, *Lehrbuch des Strafrechts, Allgemeiner Teil*, p. 275, com indicações bibliográficas. A respeito da dogmática espanhola: Gimbernat Ordeig, *Introducción a la parte general del derecho penal español*, pp. 51 e ss.

394. Jescheck, *Lehrbuch des Strafrechts, Allgemeiner Teil*, p. 283; Lenckner, in Schönke-Shröder, *Strafgesetzbuch, Kommentar*, § 34, n. 3; Samson, *Systematischer Kommentar zum Strafgesetzbuch*, § 34, n. 3; Stratenwerth, *Strafrecht, Allgemeiner Teil*, n. 453.

bilidade.[395] A contrapartida da justificação outorgada ao autor é, naturalmente, o dever de tolerar imposto ao titular do bem sacrificado, que se denomina "dever de solidariedade recíproco".[396] De qualquer modo, é conveniente distinguir dois fundamentos diversos, conforme se trate de um estado de necessidade defensivo ou agressivo. O primeiro justifica-se pela responsabilidade do titular dos bens afetados na geração da situação de perigo. O segundo responde diretamente ao dever de solidariedade que o ordenamento jurídico impõe em certos casos.

724. O estado de necessidade apresenta-se em duas formas distintas: colisão de bens e colisão de deveres. Em princípio, são suscetíveis de ser salvaguardados dessa maneira quaisquer bens jurídicos. Estudaremos mais adiante os requisitos dessa causa de justificação.

725. A primeira questão suscitada em torno do estado de necessidade concerne precisamente ao seu caráter justificante. O art. 20.5 do CP espanhol contém uma disposição proveniente da reforma de 1944 que ampliou o estado de necessidade consideravelmente, pois substitui a fórmula "que o mal causado seja menor", por outra segundo a qual é suficiente "que o mal causado não seja maior". Na doutrina existe um amplo consenso sobre o caráter justificante do estado de necessidade penal, ao passo que no que se refere à extensão desse caráter as opiniões se dividem. De um lado estão aqueles que consideram que o art. 20.5 contém uma causa de justificação, quando o bem jurídico salvo seja maior que o sacrificado, e outra de exclusão da culpabilidade, quando o bem salvo e o sacrificado são de igual hierarquia.[397] Por outro lado, há os que entendem que o art. 20.5 somente contém uma causa de justificação.[398] Essas diferenças com relação à natureza do estado de necessidade dependem do critério com o qual os diversos autores estabeleçam a distinção entre a causa de justificação e as causas de exclu-

---

395. Gimbernat Ordeig, *Introducción a la parte general del derecho penal español*, p. 62, com indicações bibliográficas.
396. Samson, *Systematischer Kommentar zum Strafgesetzbuch*, § 34, n. 2; Jakobs, *Strafrecht, Allgemeiner Teil*.
397. Antón Oneca, *Derecho penal. Parte general*, 2ª ed., 1986, p. 296, exigindo para a causa de justificação "notória superioridade do mal evitado sobre o produzido"; Rodríguez Muñoz, notas à tradução do *Tratado* de Mezger, t. I, 1955, pp. 450 e ss.; Cerezo Mir, *Curso de derecho penal. Parte general*, t. II, 1990, pp. 31 e ss., com matizes; Bacigalupo, *Principios de derecho penal*, 2ª ed., 1990, pp. 189 e ss.
398. Assim, Gimbernat Ordeig, in *Estudios de derecho penal*, 3ª ed., 1990, pp. 218 e ss.; Mir Puig, *Derecho penal. Parte general*, pp. 483 e ss.

são da culpabilidade. O primeiro dos pontos de vista tem como base a premissa de que a justificação deve ser entendida segundo o "princípio do interesse preponderante", enquanto o segundo as diferencia de uma maneira formal conforme o autor seja motivado pelo direito, em cujo caso admite a justificação, ou que não o seja, hipótese em que se tratará de uma causa de exclusão da culpabilidade.[399]

726. De qualquer modo, o estado de necessidade justificante, qualquer que seja o fundamento empregado para considerá-lo excludente de antijuridicidade (princípio do interesse preponderante ou qualquer outro critério), possui uma fisionomia desconcertante como conseqüência do art. 118.1 do CP espanhol. Esse dispositivo não lhe reconhece efeito justificante no âmbito da responsabilidade civil, privando-o de uma conseqüência que a doutrina considera, em geral, como inerente a toda causa de justificação. As opiniões doutrinárias que sustentam que esse fator não impede reconhecer o caráter justificante do estado de necessidade, porque esta disposição se baseia na gestão de negócios alheios ou no enriquecimento ilícito,[400] não proporcionam uma resposta convincente, pois não levam em conta que aquele que age em estado de necessidade gere seus próprios negócios e não os alheios, pelo que o art. 1.888 do CC espanhol não será aplicável, nem parece razoável que o salvamento de um bem jurídico próprio possa constituir um enriquecimento ilícito quando for conseqüência de um ato justificado.

727. O art. 188.1 do CP espanhol, no entanto, não é incorreto, mas é pouco preciso em função de sua generalidade. Por isso torna-se imprescindível que não seja interpretado sem estabelecer algumas diferenciações. A obrigação de reparar ou indenizar que ali se dispõe em favor daquele que deve suportar o estado de necessidade de outrem, deve aplicar-se somente ao estado de necessidade agressivo,[401] mas não para o

---

399. Cf. Gimbernat Ordeig, in *Estudios de derecho penal*. Esse ponto de vista não é convincente, pois fica obrigado a considerar como causas de justificação hipóteses de isenção de pena como a do anterior art. 564 do Código Penal, que evidentemente não poderia sê-lo, porque os efeitos dos casos ali previstos não se estendem aos partícipes, nem eliminam a responsabilidade civil. Ver, a respeito, Bacigalupo, *Delito y punibilidad*, 1983, pp. 96 e ss.
400. Cerezo Mir, *Curso de derecho penal español*, p. 25, com maiores indicações bibliográficas.
401. Assim ocorre no direito alemão, *BGB*, § 904. Cf., a respeito: Brox, *Allgemeines Schuldrecht*, 15ª ed., 1987, p. 180; Roxin, *Strafrecht, Allgemeiner Teil*, pp. 495 e ss.

defensivo.⁴⁰² A diferença justifica-se na medida em que no estado de necessidade defensivo o perigo de dano é conseqüência de coisas pertinentes àquele que deve suportar a ação defensiva e isso explica um tratamento diverso na lei penal, posto que a lei civil silencia a respeito.ˣᵛ

728. De tudo isso, decorre que a regulamentação vigente do estado de necessidade, da mesma maneira que a mais confusa agora introduzida no art. 118.1.3 do CP espanhol, padecem de uma extrema simplificação. Em primeiro lugar, é preciso estabelecer regras diversas para o estado de necessidade defensivo e agressivo. Em segundo lugar, é preciso distinguir entre estado de necessidade justificante e o estado de necessidade em que colidam bens cuja diferença hierárquica não seja essencial.ˣᵛⁱ

729. Uma segunda questão discutível na regulamentação vigente sobre o estado de necessidade é a amplitude da justificação em todas as formas de ataque a todos os bens jurídicos possíveis, isto é, à colisão de qualquer bem jurídico com outro.

730. Nos direitos penais europeus a extensão do estado de necessidade aparece limitada por três vias diferentes:

a) Limitando os bens jurídicos passíveis de salvamento no estado de necessidade (arts. 54 do CP e 2.045 do CC italianos: "perigo atual de grave dano à pessoa"; art. 34 do CP espanhol suíço: "vida, corpo, liberdade, honra, patrimônio").

402. Recentemente a meritória monografia de Baldo Lavilla, *Estado de necesidad y legítima defensa*, 1994, pp. 168 e ss., destacou a diversidade de ambas as hipóteses de estado de necessidade.
xv. A solução proposta pelo autor é adotada no Brasil – ver nota seguinte.
xvi. No Código Penal brasileiro não há distinção entre estado de necessidade justificante – em que o bem salvo é mais importante que o sacrificado – e estado de necessidade exculpante – em que os bens salvo e sacrificado têm a mesma importância. De ver-se que o Código Penal militar estabelece tal distinção. A doutrina brasileira distingue, assim como faz o autor, entre estado de necessidade defensivo (em que a conduta do agente se volta contra um bem pertencente ao provocador do perigo) e estado de necessidade agressivo (no qual sua conduta se dirige contra um bem de terceiro inocente). Do ponto de vista penal, ambas as hipóteses acarretam a exclusão da ilicitude, mas diferenciam-se no tocante aos efeitos civis, uma vez que tendo o réu agido em estado de necessidade agressivo, apesar de sua absolvição criminal, poderá ser condenado civilmente a reparar os danos daquele terceiro inocente cujo bem foi sacrificado. De notar-se que, mesmo tendo que ressarcir os prejuízos do terceiro inocente, o réu que agiu em estado de necessidade agressivo tem assegurado direito de regresso contra o causador do perigo.

b) Exigindo uma desproporção qualificada entre o bem jurídico salvo e o sacrificado (§ 34 do CP alemão: "o interesse protegido supera essencialmente o lesado"; art. 34 do CP português: "sensível superioridade do interesse a salvaguardar em relação ao interesse sacrificado").

c) Estabelecendo certa exigência de proporcionalidade dos meios utilizados para salvar o bem jurídico (§ 34 do CP alemão: "conquanto que o fato seja um meio adequado"; Código Penal francês, "salvo se existe desproporção entre os meios empregados e a gravidade da ameaça").[403-xvii]

731. A doutrina, de sua parte, tem começado a suscitar interpretações restritivas do estado de necessidade, mediante procedimentos hermenêuticos diversos, ao dar resposta ao caso de colisão entre a integridade física e a vida de uma pessoa, como na situação do médico que extrai um rim de um paciente saudável para transplantá-lo a outro à beira da morte, salvando-lhe a vida. Algumas opiniões exigem que a relação hierárquica entre os bens que colidam seja "considerável" e que o meio empregado seja "socialmente adequado".[404]

Por outro lado, sustenta-se que a diferença de hierarquia dos bens jurídicos (em particular, vida–integridade corporal) não é suficiente para justificar toda ação quando se ofende a integridade física de uma pessoa, que é um "fim em si mesmo", ainda que seja para salvar a vida de outrem. Por isso, "não seria cabível admitir que age em estado de necessidade o cirurgião que extrai um órgão não principal de alguém sem o seu consentimento para salvar a vida" de outrem.[405]

---

403. No direito belga não existe dispositivo expresso acerca do estado de necessidade e no direito austríaco se reconhece um estado de necessidade exculpante (Código Penal austríaco, § 10; a doutrina admite um estado de necessidade justificante supralegal).

xvii. No Brasil, qualquer bem pode ser protegido no estado de necessidade. A lei, contudo, impõe limites para a configuração da excludente, estabelecendo que só age em estado de necessidade aquele que busca salvaguardar direito próprio ou alheio de perigo atual, que não provocou voluntariamente nem podia de outro modo evitar, desde que o sacrifício do bem não seja razoável exigir-se nas circunstâncias.

404. Bacigalupo, *Principios de derecho penal español*, 1985, p. 80; *Principios de derecho penal*, 2ª ed, 1990, p. 152; 3ª ed., 1994, p. 152.

405. Mir Puig, *Derecho penal. Parte general*, 2ª ed., 1984, p. 402; 3ª ed., 1990, p. 502. Nesses casos, na verdade, o estado de necessidade fica afastado porque não existe colisão de bens, ou seja, porque o órgão que se retira da uma pessoa para salvar outra não gera perigo a esta.

Finalmente, sustenta-se que "o estado de necessidade será causa de justificação quando o mal causado for menor que o que se procurava evitar, sempre que a conduta realizada não importe em uma infração grave ao respeito devido à dignidade da pessoa humana".[406] Nos casos em que se tenha procedido com infração grave à dignidade da pessoa admite-se que o estado de necessidade somente operará como "causa de exclusão da culpabilidade",[407] pois ocorre para o sujeito "uma exclusão ou considerável diminuição da capacidade de atuar conforme a norma".[408]

732. Esses critérios distintos, dos quais a doutrina se encarrega de uma maneira geral e pontual a fim de impor limites ao estado de necessidade justificante, demonstram que a sua fórmula tradicional requer uma revisão, pois as condições estabelecidas pelo art. 20.5 do CP espanhol não cumprem com as exigências pleiteadas pela consciência jurídica atual. Com razão Jakobs, no mesmo sentido das correntes acima resenhadas, tem sustentado ultimamente que "um saldo positivo de interesse não é suficiente para a justificação, quando a solução do conflito está canalizada por um procedimento específico ou em geral excluída".[409] Os esforços interpretativos da doutrina orientados a reduzir o âmbito do texto atual do art. 20.5, por outro lado, têm as mesmas dificuldades que já foram analisadas em relação à legítima defesa, pois implicam reduções teleológicas da amplitude do texto de uma causa de justificação, cuja compatibilidade com a exigência de *lex stricta* (proibição de analogia) oferece sérias dúvidas. Em última instância, estamos diante de uma redefinição do dever de solidariedade dentro de uma sociedade livre e igualitária, na qual os bens mais importantes não necessariamente podem ser salvos sem maiores considerações à custa de bens menos significativos.

406. Cerezo Mir, *Curso de derecho penal español*, p. 32; no mesmo sentido: Cobo del Rosal – Vives Antón, *Derecho penal. Parte general*, 3ª ed., 1990, p. 396; Bajo Fernández, *Manual de derecho penal. Parte* especial, "Delitos contra las personas", 2ª ed., 1991, p. 154.
407. Cerezo Mir, *Curso de derecho penal español*, p. 32 e 33.
408. Cerezo Mir, *Curso de derecho penal español*, p. 35. Nesses casos, contudo, fica claro que a exclusão de culpabilidade surge da inimputabilidade e não de uma hipótese de estado de necessidade exculpante, como o propõe Cerezo Mir.
409. Jakobs, *Strafrecht, Allgemeiner Teil*, p. 427, onde acentua a importância de uma "cláusula de adequação".

a) Estado de necessidade por colisão de bens ou interesses

733. Diferentemente da colisão de deveres, aqui ocorre um conflito entre dois bens de valores díspares.

1. *Situação de necessidade*. A base do estado de necessidade é dada pela colisão de bens, é dizer, pelo perigo iminente de perda de um bem jurídico e a possibilidade de seu salvamento lesando outro bem de menor valor relativo.

Haverá perigo iminente quando a perda de um bem jurídico se mostre certa ou muito provável.

A situação de necessidade não deve ter sido criada pelo titular do bem jurídico ameaçado. Ademais, pouco importa se provém de uma ação (antijurídica ou não) de uma pessoa ou de forças naturais.[xviii]

2. *Ação necessária*. A justificação requer em primeiro lugar que a ação seja necessária. A necessidade deve ser apreciada de acordo com os mesmos critérios que foram expostos a respeito desse requisito na legítima defesa,[410] a ação não é necessária se o perigo podia ser evitado de outro modo, ou seja, sem lesar o bem jurídico.[xix]

734. O bem salvo deve ser de maior importância que o sacrificado, ou do contrário faltará o efeito justificante.[xx] A determinação da maior hierarquia é problemática. De início foi formulado o princípio da ponderação de bens, segundo o qual devia se fazer a comparação da hierarquia dos bens em conflito (por exemplo: vida e propriedade; propriedade e integridade física; honra e liberdade etc.). Argumenta-se, contra esse princípio, que ele "limita a ponderação de bens jurídicos considerados como se fossem uma necessidade estática, ainda que o conflito que caracteriza o estado de necessidade seja determinado por numerosos outros fatores".[411] Propõe-se, portanto, um ponto de vista mais amplo: o princípio da ponderação de interesses, cuja mis-

---

xviii. No Brasil, exige-se perigo atual, que parte da doutrina estende também à situação de perigo iminente, e que o agente não tenha provocado voluntariamente o perigo, cuja origem é indiferente.

410. Ver, *supra*, § 51, *c*.

xix. No Brasil, também é preciso que a ação seja necessária, pois só há estado de necessidade quando o perigo não podia ser de outro modo evitado.

xx. No Brasil, exige-se que o bem salvo seja de igual ou superior hierarquia em relação ao sacrificado. Se de menor hierarquia, aplica-se o art. 24, § 2º, do CP.

411. Lenckner, *Der rechtfertigende Notstand*, 1965, pp. 94 e ss.

são seria a de permitir considerar a totalidade das circunstâncias relevantes para a situação.[412]

735. Esse princípio da ponderação de interesses não oferece dificuldades com relação ao texto do Código Penal espanhol, que faz referência à comparação entre "mal" evitado e "mal" causado.

736. Em concreto, é possível afirmar que, partindo do estado de necessidade como um conflito de interesses e não somente um conflito de bens jurídicos, a ponderação dos interesses em jogo exige que se leve em consideração outros fatores que circundam o conflito de bens. Nesse sentido, é necessário frisar as seguintes regras referentes à ponderação de toda a situação que forma a base do estado de necessidade.

737. Deve se partir da relação hierárquica dos bens jurídicos em conflito. A ordem valorativa desses bens tem de ser deduzida a partir da totalidade do ordenamento; as penas cominadas na legislação penal para a violação dos mesmos são apenas um indício da hierarquia dos bens. Em princípio, fica excluída a justificação mediante o estado de necessidade de ações que importem a morte de outrem.[413]

738. O decisivo será, contudo, não a relação hierárquica de bens, mas o merecimento de proteção de um bem concreto em uma determinada situação social. Nesse sentido, podem considerar-se inclusive os interesses individuais do afetado ou afetados pela ação de estado de necessidade: não é possível justificar o aborto contra a vontade da gestante, ainda que dessa maneira lhe seja salva a vida.[xxi]

739. A ação realizada em estado de necessidade somente resultará justificada quando a desproporção entre o interesse que se salva e o que se sacrifica seja essencial. Em outras palavras, tem que haver uma acentuada diferença em favor do interesse salvo.

740. A comparação de bens ou interesses não autoriza, contudo, a realização de ações que afetem bens individuais,[xxii] como, por exem-

---

412. Lenckner, *Der rechtfertigende Notstand*, 1965, pp. 94 e ss.; Bockelmann, *Strafrecht, Allgemeiner Teil*, p. 99; Samson, *Systematischer Kommentar zum Strafgesetzbuch*, § 34, n. 10; Stratenwerth, *Strafrecht, Allgemeiner Teil*, n. 453; Hirsch, in *Leipziger Kommentar*, 10ª ed., 1985, § 51, n. 64.
413. Lenckner, in Schönke-Shröder, *Strafgesetzbuch, Kommentar*, § 34, n. 23.
   xxi. No Brasil, ver art. 128 do CP, em que o aborto para salvar a vida da gestante expressamente é previsto como causa especial de exclusão da ilicitude da conduta.
   xxii. A expressão aqui utilizada sugere o sentido de "bens personalíssimos".

plo, extrair um rim de uma pessoa para transplantá-lo em outra cuja vida é salva. Nesse caso, a vida salva é de maior hierarquia que a integridade física; mas o limite em face dos bens individuais exclui a possibilidade de aplicação do estado de necessidade justificante.[414] A razão dessa limitação reside em que a ação necessária, no estado de necessidade, deve constituir "um meio adequado socialmente" para a resolução do conflito. Em outras palavras, somente a preponderância isolada de um interesse não é suficiente para a justificação; requer-se ademais um juízo sobre a adequação social do meio utilizado para resolver o conflito de interesses. Em qualquer caso, a diferença valorativa dos interesses em jogo deve ser considerável. Na hipótese do transplante que analisamos acima faltaria essa característica.

741. Não pode invocar o estado de necessidade quem está obrigado a suportar o perigo por sua função social. Por exemplo: um bombeiro não pode amparar-se no estado de necessidade para salvar um bem próprio à custa de outro que desapareceria em razão do incêndio; um militar não poderia invocar estado de necessidade porque sua vida corre perigo em um combate etc.[xxiii]

742. Tampouco pode invocar o estado de necessidade quem provocou por si ou de forma culposa a situação de necessidade.[415] Certamente, a justificação também se exclui quando a provocação do estado de necessidade for intencional.[xxiv]

b) Estado de necessidade por colisão de deveres.
Cumprimento do dever e exercício de um direito

743. As mesmas diretrizes aplicáveis na solução dos casos de estado de necessidade por colisão de interesses são cabíveis à hipóte-

---

414. Samson, *Systematischer Kommentar zum Strafgesetzbuch*, § 34, n. 16; Stratenwerth, *Strafrecht, Allgemeiner Teil*, n. 462; Bockelmann, *Strafrecht, Allgemeiner Teil*, pp. 99 e ss.; Blei, *Strafrecht, Allgemeiner Teil*, t. I, p. 148; Gallas, in *Festschrift für Mezger*, 1954, p. 325; Hirsch, *Leipziger Kommentar*, n. 75.

xxiii. No Brasil, há o mesmo limite ao estado de necessidade (art. 24, § 1º, do CP).

415. Hirsch, *Leipziger Kommentar*, § 51, n. 63.

xxiv. No Brasil, nosso Código Penal afasta o estado de necessidade quando o agente provocou o perigo por sua vontade. Há discussão na doutrina se a provocação voluntária referida na lei se limita à provocação dolosa ou se estende também à culposa.

se de conflito de dois deveres que impõem ao obrigado, ao mesmo tempo, comportamentos contraditórios e excludentes, de forma tal que o cumprimento de um importará em lesão ao outro. A teoria divide-se entre os que consideram que um estado de necessidade próprio por colisão de deveres somente se dá quando se referir a dois deveres comissivos[416] e os que também admitem um estado de necessidade por colisão de deveres quando se trate de um dever de agir e outro de omitir.[417]

744. A diferença fundamental que existe entre o conflito de deveres e o de bens ou interesses reside em que, na colisão de deveres de igual hierarquia, o cumprimento de um deles tem efeito justificante, ainda que ao mesmo tempo se lesione o outro: de qualquer modo um dever foi cumprido e, por essa razão, o comportamento não deveria ser antijurídico.[418]

Esse ponto de vista não é compartilhado, contudo, por um setor considerável da doutrina, que, em face da colisão de deveres da mesma hierarquia, somente reconhece ao que cumpre com um deles, lesionando o outro, uma causa de exclusão da culpabilidade.[419] Essa posição, no entanto, não se mostra convincente, pois o ordenamento jurídico não pode deixar uma pessoa diante do dilema de atuar de uma forma ou de outra, sob a ameaça de que, das duas maneiras, o fará antijuridicamente.

745. Relaciona-se com o tema proposto a problemática referente ao cumprimento de um dever (art. 20.7). Isso somente entrará em consideração como causa de justificação quando colidir com outro dever e, nesse caso, a colisão será regida pelas regras do estado de necessidade por colisão de deveres. Por esse motivo sua previsão legal em regras autônomas é totalmente supérflua. Naturalmente que o exercí-

---

416. Samson, *Systematischer Kommentar zum Strafgesetzbuch*, § 34, n. 27.
417. Assim, Jescheck, *Lehrbuch das Strafrechts, Allgemeiner Teil*, p. 293; Schmidäuser, *Strafrecht, Allgemeiner Teil*, p. 476.
418. Samson, *Systematischer Kommentar zum Strafgesetzbuch*, § 34, n. 2; Stratenwerth, *Strafrecht, Allgemeiner Teil*, n. 471; Armin Kaufmann, *Die Dogmatik der Unterlassungsdelikte*, 1959, p. 137, Otto, *Pflichtenkolision und Rechtswidrigkeitsurteil*, 1965; 2ª ed., 1974.
419. Jescheck, *Lehrbuch des Strafrechts, Allgemeiner Teil*, p. 295; Gallas, *Beiträge zur Verbrechenslehre*, pp. 59 e ss.; Schimdäuser, *Strafrecht, Allgemeiner Teil*, pp. 476 e ss.

cio de "ofício ou cargo" seguirá também essas regras (apesar do fato de o Código Penal espanhol parecer tratá-los como exercício de um direito). O "ofício ou cargo" tem efeito justificante na medida em que impõe um dever específico ao que o desempenha.

746. Pelo contrário, não pertence a esse âmbito o chamado exercício de um direito. Esse, na verdade, importa a realização de um ato não proibido: em princípio, portanto, aquele que toma uma coisa móvel própria (exercendo seu direito de propriedade) não realiza um furto justificado; tampouco comete invasão de domicílio aquele que entra em sua própria casa; nem viola sigilo de correspondência quem lê suas próprias cartas. Há, todavia, exceções: a retenção de coisas móveis autorizada pelo Código Civil espanhol no contrato de depósito, por exemplo, é causa de justificação com relação à apropriação indébita (art. 252 do CP espanhol).[xxv] Pode-se concluir, então, que o chamado exercício de um direito somente atua como causa de justificação quando recai sobre bens ou direitos alheios. Nesses casos, tratar-se-á invariavelmente de uma autorização particular e específica para a realização de um tipo penal, com o que não se diferenciará em nada de qualquer causa de justificação. Por conta disso, as disposições que regulam expressamente o exercício de um direito como uma causa que exclui a antijuridicidade são totalmente supérfluas.[xxvi]

c) O estado de necessidade por colisão de bens da mesma hierarquia

747. O estado de necessidade é também possível quando colidirem interesses da mesma hierarquia. Isso é expressamente contemplado no art. 20.5 do CP espanhol, porque a exclusão da responsabilidade ali prevista apenas exige, nesse sentido, "que o mal causado não seja maior que o que se pretenda evitar". Nesses casos, a doutrina dominante considera que somente se dará um causa de exclusão da culpabilidade.[420-xxvii]

---

xxv. No Brasil, art. 168 do CP.
xxvi. O Código Penal brasileiro arrola expressamente o exercício regular de um direito como causa de exclusão da ilicitude no art. 23, III.
420. Jiménez de Asúa, *Tratado de derecho penal. Parte general*, t. IV, pp. 348 e ss., com ampla informação bibliográfica.
xxvii. Para o Código Penal brasileiro ocorrerá exclusão da ilicitude com base no art. 24.

§ 53. O erro sobre as circunstâncias de uma causa de justificação

748. A situação inversa à anterior é a da suposição errônea pelo autor de circunstâncias objetivas que, se presentes, teriam justificado o fato. Por exemplo: o autor supõe uma colisão de bens jurídicos que na verdade não se dá, pois era possível salvar um bem maior sem lesar o menor.

749. As soluções são sumamente controvertidas. Uma primeira posição sustenta que deve excluir-se o dolo, pois a ele pertence a não suposição de circunstâncias justificantes; se o erro é produto de um comportamento descuidado do autor deve ser aplicada a pena do crime culposo, quando previsto em lei.[421-xxviii]

750. Outro ponto de vista entende que essa solução se mostra correta em seu resultado, mas não em seus fundamentos, pois não se trata de um erro sobre elementos do tipo, e, sim, de um erro de proibição que, portanto, não exclui o dolo. Para alcançar os mesmos resultados propõe-se que sejam aplicadas analogicamente as regras do erro de tipo, punindo assim esse erro *sui generis* como se aquele fosse.[422] Essa forma de resolver o problema permite não excluir o dolo e, portanto, tampouco a punibilidade dos partícipes, o que não seria possível se na conduta não houvesse dolo.

751. Dessas posições aparta-se a teoria da culpabilidade, para a qual esses casos representam um erro de proibição e, já que somente podem afetar a consciência da antijuridicidade, não excluem o dolo, devendo ser tratados conforme as regras daquele.[423]

---

421. Roxin, *Strafrechtliche Grundlagenprobleme*, pp. 98 e ss.; Rudolphi, in *Systematischer Kommentar zum Strafgesetzbuch*, § 16, n. 10; Gimbernat Ordeig, *Introducción a la parte general del derecho penal español*, p. 77; Tório López, *La reforma penal y penitenciaria*, 1980, p. 247.

xxviii. A solução mencionada acima foi expressamente adotada pelo nosso Código Penal brasileiro no art. 20, § 1º. De notar-se que no Brasil também é controvertida a natureza jurídica da descriminante putativa prevista no dispositivo mencionado. Ver item 17 da exposição de motivos da Parte Geral do Código Penal.

422. Stratenwerth, *Strafrecht, Allgemeiner Teil*, n. 499 e ss.; Jescheck, *Lehrbuch des Strafrechts, Allgemeiner Teil*, p. 266.

423. Welzel, *Das Deutsche Strafrecht*, pp. 168 e ss.; Hirsch, *Negative Tatbestandsmerkmale*, p. 314; Maurach, *Deutsches Strafrecht, Allgemeiner Teil*, pp. 475 e ss.; Armin Kaufmann, in *JZ*, 1955, p. 37.

Como conseqüência, estaremos diante de um crime doloso, que não será culpável se o erro sobre as circunstâncias objetivas da causa de justificação for inevitável, mas que será punível com a pena do crime doloso atenuada se o erro for evitável.

Dentro dessa teoria, há um setor que segue a chamada teoria limitada da culpabilidade, que entende que nesses casos faltará o desvalor da ação, pois o autor quer agir de modo permitido pelo ordenamento jurídico, e isso importa a não aplicação da pena do crime doloso, mas, eventualmente, a do culposo.

752. A decisão em favor de uma ou outra dessas posições depende dos resultados a que conduzem. A teoria da culpabilidade (estrita), ao considerar o erro sobre os pressupostos de uma causa de justificação como erro de proibição e excluir a pena somente nos casos de erros inevitáveis, permite uma melhor proteção aos bens jurídicos e exige um maior esforço por parte daquele que crê agir em uma situação justificada.

753. De qualquer modo, as diferenças entre uma e outra teoria podem ser reduzidas quando se tem em conta que, para julgar sobre a necessidade da ação, é preciso se colocar no momento em que o autor agiu.[424] Ou seja, a situação objetiva deve ser julgada *ex ante* e não *ex post*. Por exemplo: quando "A" vê surgir um sujeito encapuzado portando uma arma de fogo em uma rua escura e comprova que se aproxima de forma ameaçadora, terá agido justificadamente se se defender com sua arma e causar a morte do suspeito, ainda que posteriormente se prove que era uma brincadeira preparada por um grupo de amigos e que a vítima somente portava uma arma de brinquedo. A consideração *ex ante* determina que a situação de legítima defesa deve ter-se por acreditada, ainda que a consideração *ex post* (fundada no conhecimento que era possível obter uma vez ocorrido o fato) indique que a ação de defesa não era necessária (no exemplo proposto porque, tratando-se de uma brincadeira, o autor não corria perigo algum que reclamasse a ação de defesa com resultado letal). Dessa forma, as causas de justificação impõem àquele que quer atuar amparado por elas que se comporte na situação concreta como o teria feito "uma pessoa prudente".[425]

---

424. Armin Kaufmann, in *Festschrift für Welzel*, pp. 400 e ss.
425. Armin Kaufmann, in *Festschrift für Welzel*, p. 402.

Dessa maneira, igualmente, muitos casos de erro sobre as circunstâncias objetivas de uma causa de justificação seriam diretamente legitimados.

754. O art. 14.3 do CP espanhol disciplina o erro de proibição ou a antijuridicidade e é imediatamente aplicável aos erros sobre as circunstâncias objetivas de uma causa de justificação. Com efeito, tal disposição refere-se aos casos em que o autor age com uma crença equivocada de estar atuando licitamente, e não resta dúvida de que quem supõe erroneamente a ocorrência de circunstâncias justificantes age na citada crença.

O novo texto é – de qualquer modo – criticável porque também aquele que ignora uma circunstância do tipo – por exemplo, crê disparar contra um animal e o faz contra uma pessoa atrás de uma moita – crê agir licitamente, pois não tem oportunidade de pensar na ilicitude. O legislador incorreu no equívoco de definir o erro do primeiro parágrafo do artigo com referência ao seu objeto, enquanto no segundo parágrafo faz-se a definição em relação ao aspecto subjetivo do autor, sem reparar que este último elemento não permite uma distinção adequada porque alcança todas as espécies de erro.[426]

---

426. Bacigalupo, in *Llespañola*, 1981, pp. 919 e ss.

Capítulo VIII
A EXCLUSÃO DA PUNIBILIDADE PELA REDUZIDA ILICITUDE (REPROVABILIDADE) DO FATO TÍPICO (AUSÊNCIA DE RESPONSABILIDADE PELO FATO)

§ 54. A responsabilidade pelo fato como categoria dogmática

755. Ao lado das causas de justificação, que expressam a *aprovação da ordem jurídica* acerca do fato típico, existem outras hipóteses nas quais o Estado renúncia à aplicação de uma pena pela *insuficiência da gravidade da ilicitude para justificar a aplicação de uma pena*. Uma coisa é a ordem jurídica *aprovar* a realização de uma conduta (justificando-a) e outra é a de ser a gravidade da ilicitude insuficiente para legitimar o exercício do *jus puniendi*. Trata-se de questões diversas sob a ótica da confiança na vigência das normas.

756. Os problemas da diminuição da ilicitude têm sido tratados tradicionalmente como questões de exclusão da culpabilidade, mais precisamente como casos de *exclusão da exigibilidade de conduta diversa*, admitindo, praticamente, uma presunção de exclusão da culpabilidade entendida como possibilidade de agir de outro modo.[427] No entanto, uma vez comprovado que, na verdade, a exclusão da pena somente tinha como fundamento a reduzida importância da ilicitude, uma solução como a que aqui se propõe é totalmente independente da concepção material da culpabilidade da qual se parta.

---

427. Bacigalupo, in *Gedächtnisschrift für Armin Kaufmann*, pp. 459 e ss. e 463 e ss.

a) O problema dogmático

757. Quando se faz uma leitura da literatura jurídico-penal percebe-se de imediato até que ponto se produz um fenômeno dogmático pelo qual os limites entre causas que excluem o ilícito e causas que afastam a culpabilidade começam a ser marcantes. Tais fenômenos sugerem que os pressupostos valorativos das causas tradicionais de justificação e os de exclusão da culpabilidade modificaram-se, ou, inclusive, continuam modificando-se. As teses de Armin Kaufmann relativas à diminuição da ilicitude e à quantificação da culpabilidade contribuíram com essa evolução de um modo significativo.[428]

758. Na literatura jurídico-penal atual há uma série de pontos de partida que tendem a reduzir os efeitos de certas causas excludentes de culpabilidade. Entre essas, destacam-se, sobretudo, os casos nos quais a exclusão da ilicitude deixa subsistente o direito de defesa do afetado, isto é, as chamadas "simples autorizações de agir" propostas por Lenckner. Em tais hipóteses reconhece-se àquele que deve suportar a ação autorizada um direito de defesa. Trata-se de situações nas quais a ação é justificada, mas não seu resultado, já que o bem jurídico não perdeu a proteção da ordem jurídica (por exemplo, no exercício do direito de informação do art. 20 da CE).[429]

759. De outra parte, na teoria existem propostas segundo as quais nos casos de inexigibilidade de outra conduta os resultados se apresentam ao menos com alguns efeitos próprios das causas de justificação. Nesse sentido, cabe mencionar a opinião de Maurach acerca da responsabilidade pelo fato. Deve-se referir, não obstante, às opiniões que consideram que o chamado estado de necessidade exculpante estende seus efeitos aos partícipes como conseqüência de seu menor conteúdo de ilicitude.[430] Na mesma direção é de se considerar o ponto de vista que não admite a legítima defesa contra um estado de necessidade somente exculpante, ou seja, que rejeita a equiparação da agressão antijurídica como pressuposto da defesa necessária e da ação (em si antijurídica) executada sob o amparo de um

---

428. Günther, *Strafrechtswidrigkeit und Strafunrechtsausschluß*, 1983, pp. 114 e ss.

429. Cf. Bacigalupo, in *Estudios sobre el Código Penal de 1995*.

430. Rudolphi, in *ZStW* 78 (1966), pp. 66 e ss.; idem, in *Systematischer Kommentar zum Strafgesetzbuch*, 5ª ed., 1987, § 35, n. 21.

estado de necessidade "exculpante". A conseqüência a que esse critério conduz é que "quem é afetado pelo estado de necessidade de outro tem que elidi-lo e que em seu favor somente se dá um estado de necessidade exculpante, sem entrar em consideração uma defesa justificante".[431]

760. Incluídos no âmbito das escusas absolutórias ou fundamentos que excluem a punibilidade encontram-se pontos de vista que reúnem elementos das causas de justificação e das de exclusão de culpabilidade. Nesse sentido, reconhecem-se as chamadas escusas absolutórias objetivas, que certamente não contêm um direito de agir de uma determinada maneira, mas que no âmbito da participação operam como uma causa de justificação com respeito a *todos* os partícipes, pois "se aplicam ilimitadamente".[432] A única diferença que existe entre as "escusas absolutórias objetivas" e as "simples autorizações de agir" reside no fato de que nas primeiras o erro é irrelevante (como erro sobre a punibilidade), enquanto nas segundas se aplicam as regras do erro de proibição no que for pertinente – uma diferença altamente problemática.[433] Por último, não resta dúvida de que o intento de aplicar a teoria do âmbito livre de direito em relação à problemática das decisões auto-responsáveis[434] põe em evidência a "disjunção exclusiva": adequado ao direito/contrário ao direito.[435]

761. É verdade que não faltam vozes no sentido de alertar acerca dessas tendências, uma vez que as causas de justificação que deixam subsistente o direito de legítima defesa do afetado, de fato – opina Roxin[436] – esfumam a distinção entre ilícito e culpabilidade. Diante de tal situação, é lícito formular a pergunta sobre a necessidade de uma categoria de excludente intermediária entre a justificação e a exclusão

---

431. Schmidhäuser, *Strafrecht, Allgemeiner Teil*, 2ª ed., 1975, p. 467.
432. Jescheck, *Lehrbuch des Strafrechts, Allgemeiner Teil*, 3ª ed., 1978, p. 148; Maurach – Zipf, *Strafrecht, Allgemeiner Teil*, § 35, V B 4*b*; Roxin, in *JuS*, 1988, pp. 431 e ss.; Schönke – Schröder – Lenckner, *Strafgesetzbuch, Kommentar*, 23ª ed., 1988, §§ 32 e ss., n. 131.
433. Cf. Bacigalupo, *Delito e punibilidade*, 1985.
434. Arthur Kaufmann, *Festschrift für Maurach*, 1972, pp. 327 e ss.; Otto, *Recht auf den eigenen Tod? Strafrecht im Spannungsverhältnis zwischen Lebenserhaltung und Selbstbestimmung*, 1986, p. 21.
435. Cf., também, E. Larrauri, in Hassemer – Larrauri, *Justificación material y justificación procedimental en el derecho penal*, 1997, p. 65.
436. Roxin, *Festschrift für Oehler*, p. 195.

da culpabilidade. Esta solução, de qualquer modo, tem sido até então rejeitada pela doutrina dominante.

b) A posição sistemática da "exigibilidade de outra conduta"

762. Se considerarmos agora a proposta mais significativa de uma categoria intermediária, é dizer, a da responsabilidade pelo fato, apresentada por Maurach na Alemanha – e mais tarde introduzida por Jiménez de Asúa na Espanha –, ficará comprovado que o doutrinador alemão parte do fato de que a culpabilidade contém uma reprovação; mas que a reprovação do fato não significa a reprovação do autor.[437] O primeiro nível da imputação, portanto, deve ser a *responsabilidade pelo fato*.[438] O seu conteúdo é composto pelas chamadas causas que excluem a culpabilidade, porquanto a teoria da responsabilidade pelo fato é, materialmente, uma teoria dos fundamentos que excluem a responsabilidade. O ponto de vista de Maurach, portanto, acaba por estar fortemente influenciado pela idéia básica que informa as causas de exclusão da culpabilidade, ou seja, que estas se estruturam sobre a possibilidade de motivação conforme o termo médio das pessoas.[439] A culpabilidade e a sua exclusão, pelo contrário, pressupõem uma acentuada individualização.

A dicotomia responsabilidade pelo fato/culpabilidade baseia-se, por conseqüência, na visão de Maurach, em um diverso nível de individualização que se percebe nas autênticas causas de exclusão da culpabilidade (imputabilidade) e nos casos de inexigibilidade.

763. Com razão Armin Kaufmann criticou a teoria de Maurach, assinalando que a generalização também é possível em relação aos casos de inimputabilidade. Stratenwerth e Roxin agregaram que uma extrema generalização nem sequer seria possível no caso da inimputabilidade, pelo que a generalização é também necessária nessas hipóteses.[440] Com tais argumentos a responsabilidade pelo fato, na versão de Maurach, perde praticamente todos os seus fundamentos.

---

437. Maurach, *Schuld und Verantwortung im Strafrecht*, 1948, p. 36.
438. Maurach, *Schuld und Verantwortung im Strafrecht*, 1948, p. 44.
439. Maurach, *Deutsches Strafrecht, Allgemeiner Teil*, 4ª ed., 1971, p. 377.
440. Straterwerth, *Strafrecht, Allgemeiner Teil*, 3ª ed., 1981, n. 513; Roxin, *Festschrift für Henkel*, 1974, p. 180; Hirsch, *Lepziger Kommentar*, 10ª ed., § 32, n. 174.

764. A questão acerca de estabelecer uma categoria intermediária entre justificação e culpabilidade, contudo, não deve ser descartada por força de tais argumentos, uma vez que a vinculação das causas que excluem a exigibilidade e a culpabilidade continua sendo problemática. Da mesma forma que o estado de necessidade é reconhecido como um caso de diminuição da ilicitude[441] e a exigibilidade não pode ser tratada como pressuposto da culpabilidade nem como elemento da reprovabilidade, a questão de sua classificação dogmática mostra-se pouco clara. A opinião dominante concebe o chamado estado de necessidade exculpante, de qualquer modo, como um elemento da culpabilidade, o que não esclarece a situação e, conseqüentemente, cria uma discussão sobre as razões que poderiam existir para tanto.

765. Em primeiro lugar, foi Armin Kaufmann[442] quem comprovou que o juízo de culpabilidade pode ser formulado "ainda que não se dêem os demais pressupostos da exigibilidade". Conseqüentemente, a exigibilidade não seria um pressuposto da reprovabilidade. As causas que excluem a culpabilidade – conclui Armin Kaufmann – "não seriam, na verdade, um problema da fundamentação da reprovabilidade, mas da quantificação da culpabilidade".[443] Especialmente ilustrativa é a fundamentação desse ponto de vista: "A comprovação de que a inexigibilidade se compõe de uma diminuição da ilicitude, carece por si só de *qualquer efeito dogmático-sistemático*. Pois obviamente não se trata de uma causa de justificação e, por isso, os fundamentos de redução do conteúdo da ilicitude não têm uma posição própria na estrutura do delito. O decisivo é o efeito da diminuição da ilicitude na espera da culpabilidade: diminuição da ilicitude significa sempre ao mesmo tempo também diminuição da culpabilidade."[444] Daí, deduz o jurista, que se as causas que excluem a exigibilidade devem ser consideradas elementos da quantificação da culpabilidade, resultará claro que a teoria da responsabilidade pelo fato inverte a ordem lógica das valorações: a comprovação razoável da exigibilida-

---

441. Armin Kaufmann, *Lebendiges und Totes in Bindings Normentheorie*, 1954, pp. 194 e ss; idem, *Die Dogmatik der Unterlassungsdelikte*, 1959, pp. 151 e ss.; idem, *Strafrechtsdogmatik zwischen Sein und Wert*, 1982, pp. 229 e ss.; de modo similar, Rudolphi, in *ZStW* 78 (1966), p. 86.
442. Armin Kaufmann, *Die Dogmatik der Unterlassungsdelikte*, p. 155.
443. Armin Kaufmann, *Die Dogmatik der Unterlassungsdelikte*, p. 158.
444. Armin Kaufmann *Die Dogmatik der Unterlassungsdelikte*, p. 157.

de – opina⁴⁴⁵ – pressupõe que previamente se tenha demonstrado a reprovabilidade.

766. Também Rudolphi⁴⁴⁶ entende que o estado de necessidade (exculpante ou excludente da exigibilidade) não é mais do que um caso de redução da ilicitude tipificado, mas, não obstante a isso, estima que o efeito próprio do estado de necessidade tem lugar no âmbito da culpabilidade, dado que as raízes exculpantes do estado de necessidade, e não seu reduzido conteúdo de ilicitude, têm que ser decisivos para sua classificação sistemática.⁴⁴⁷ Por outra parte, pensa Rudolphi, não seria possível explicar a razão pela qual o legislador somente dispensa a impunidade aos parentes do afetado pela situação de necessidade, mas não o faz com relação a estranhos. "A consideração do estado de necessidade jurídico-penal no âmbito da teoria da culpabilidade permite não somente uma correta ponderação de seu segundo fundamento e proporciona dessa maneira uma correta explicação de seu limitado campo de aplicação, que não resulta justificado na teoria do ilícito."⁴⁴⁸ A redução do ilícito própria do estado de necessidade, por conseguinte, há de ser compreendida como uma "tipificação de uma atenuação da culpabilidade em seu próprio âmbito".⁴⁴⁹

767. Ambos os pontos de vista não podem explicar por que razão uma *real* diminuição da ilicitude tem maior peso na decisão sobre a posição sistemática do estado de necessidade que uma pressão sobre a motivação do autor, que, na realidade, somente se presume. Os casos de inexigibilidade, cujo efeito excludente praticamente só se fundamenta na diminuição da ilicitude, na verdade, deveriam ser tratados como elementos da quantificação da ilicitude. A uma conclusão similar já havia chegado Beling no princípio do século anterior quando assinalava, criticando o conceito de reprovabilidade da teoria normativa da culpabilidade, que aquele conduzia a uma superposição dos problemas do ilícito e da culpabilidade.⁴⁵⁰

768. O resultado a que chegava Armin Kaufmann somente se mostrava inexorável se, desde o princípio, ficasse excluída a possibi-

---

445. Armin Kaufmann, *Die Dogmatik der Unterlassungsdelikte*, p. 161.
446. Rudolphi, in *ZStW* 78 (1966), pp. 67 e ss.
447. Rudolphi, in *ZStW* 78 (1966), p. 87.
448. Rudolphi, in *ZStW* 78 (1966), p. 87.
449. Rudolphi, in *ZStW* 78 (1966), p. 89.
450. Cf. Beling, *Schuld, Unschuld und Schuldstufen*.

lidade de que a quantificação da ilicitude tivesse algum efeito no âmbito do ilícito. Dito com outras palavras, somente mediante a *petitio principii* de supor que a redução da ilicitude apenas pode ser um elemento da quantificação da culpabilidade, seria logicamente incorreto adiantar as conseqüências da diminuição do ilícito no âmbito dessa categoria dogmática. Isto é, a argumentação de Armin Kaufmann dá por provado o que, em realidade, deve-se provar. Com efeito, o verdadeiro ponto de partida da sua argumentação é, pelo contrário, a rejeição da teoria da neutralidade e do estado de necessidade; por isso, suas objeções contra a teoria da responsabilidade pelo fato não são lógicas, mas axiológicas. Isso fica claramente demonstrado através da exclusão de todo o compromisso que Kaufmann postula em relação à teoria da neutralização do estado de necessidade, quando afirma: "se o estado de necessidade legalmente regulado no § 54 do *StGB* (versão anterior a 1975) não justifica, isto é, não contém nenhuma autorização de agir, fica claro que o autor que age em estado de necessidade infringe um dever jurídico e sua conduta não pode ser 'permitida'".[451] Mas, novamente, fica claro que ainda não é possível deduzir daqui nada que anule a possibilidade de uma categoria própria de excludentes baseadas na diminuição da ilicitude. Com efeito, a conseqüência dogmática da diminuição da ilicitude pode ser mais bem explicada antes de se formular um juízo sobre a culpabilidade que decorre de um desvio através dessa última, na qual – como o assinalava o próprio Kaufmann – a capacidade de motivação, de regra, permanece apesar da pressão sofrida pelo autor. Isso tem muito mais importância quando se leva em conta que a pressão sobre a motivação "não precisa sequer ter existido *in concreto*".[452] Dessa maneira, o compromisso com a teoria da neutralidade é desnecessário. Se o estado de necessidade "exculpante", portanto, não tem o poder de justificar, sempre fica em aberto a possibilidade de considerar que desaparece o merecimento de pena em razão da diminuição da ilicitude, sem necessidade de recorrer a uma diminuição da culpabilidade somente presumida. Contra essa solução não existe nenhum impedimento lógico.

769. Pelo contrário, contra as objeções lógicas de Kaufmann há outros argumentos sistemáticos. A diminuição do ilícito não depende

---

451. Armin Kaufmann, *Die Dogmatik der Unterlassungsdelikte*, p. 156.
452. Armin Kaufmann, in Z*StW* 80 (1968), p. 45.

da culpabilidade, é dizer, terá seus efeitos excludentes inclusive para o autor que tenha agido em estado de inimputabilidade. Nesses casos, a aplicação de uma medida de segurança é desproporcional, pois não é possível apoiar a imposição dela em considerações preventivo-especiais.[453] Conclui-se, então, que as chamadas "causas fáticas de não-culpabilidade" nada têm a ver com a quantificação da culpabilidade, pois devem operar inclusive quando o autor não é imputável e, por isso, não existe culpabilidade a mensurar.

770. Essas críticas podem se estender também ao ponto de vista de Rudolphi. Aceitando-se seu entendimento, que estende a impunidade ao partícipe em um fato acobertado por estado de necessidade exculpante, ainda que tal partícipe não tenha agido pressionado em sua motivação nem seja parente do afetado pela necessidade, põe-se novamente em evidência que a exclusão da culpabilidade não oferece um fundamento suficiente para a não punibilidade do partícipe nem para a classificação sistemática do chamado estado de necessidade exculpante.

771. Resulta, em conseqüência, claro que uma não-culpabilidade meramente presumida, já que não precisa existir realmente, dificilmente pode operar como fundamento da classificação de uma excludente na estrutura da teoria do delito. Pelo contrário, as que não excluem completamente a ilicitude não são explicáveis convincentemente por meio da exclusão da culpabilidade, nem podem bem constituir uma categoria intermediária na qual a renúncia da punibilidade não implica a da ratificação da norma infringida. Dessa forma, nos casos de não punibilidade baseada no reduzido conteúdo da ilicitude, a figura da não-culpabilidade presumida é, evidentemente, prescindível. Por isso, também fica claro que carece de legitimidade para fundamentar uma decisão sobre uma oposição sistemática de certas excludentes que, na verdade, aparece como previamente adotada. Brevemente: aceitando-se o ponto de partida de Armin Kaufmann, que considera o estado de necessidade ("exculpante") como uma excludente que apenas se baseia na diminuição da ilicitude, não se tratará de um "está-

---

453. Outra opinião: Jescheck, *Lehrbuch des Strafrechts, Allgemeiner Teil*, 3ª ed., 1978, p. 348; Hirsch, *Leipziger Kommentar*, 10ª ed., § 32, n. 174; Roxin, in Esser – Fletcher (eds.), *Rechtfertigung und Entschuldigung*, 1987, t. I, p. 242; como, aqui, Jakobs, *Strafrecht, Allgemeiner Teil*, 1983, p. 404; Amelung, in *Grundfragen des modernen Strafrechtssystems*, ed. por Von Schünemann, 1984, pp. 101 e ss.

gio anterior à culpabilidade",[454] mas de uma situação intermediária posterior à justificação e independente da culpabilidade.[455] A possibilidade teórica da responsabilidade pelo fato, como uma categoria de excludentes baseada no reduzido conteúdo da ilicitude, resulta, portanto, consistente.

c) Delimitação diante de outras propostas teóricas

772. Como Roxin[456] já o havia assinalado, a teoria da responsabilidade pelo fato tem uma ampla relação com a categoria da responsabilidade que ele desenvolveu. Ele não considera necessário que os casos de estado de necessidade ("exculpante") e os de excesso na legítima defesa devam ser agrupados em uma categoria independente de excludentes. Entendendo a antijuridicidade, como Roxin,[457] no sentido do "âmbito de solução dos conflitos sociais" e a culpabilidade (é dizer, a responsabilidade), naquilo que é essencial, relacionada à necessidade da sanção, questão que deve ser respondida de acordo com a teoria dos fins da pena, poderia surgir a ilusão de que para uma categoria intermediária não existe o espaço teórico necessário. A conseqüência desse modelo é a ocorrência de casos nos quais a antijuridicidade somente pode ser considerada a partir do ponto de vista da necessidade da sanção.[458] Isso deveria aplicar-se também para as hipóteses de redução da ilicitude, na medida em que não se lhes reconheça, conforme Roxin,[459] nenhuma conseqüência no âmbito da solução do conflito social, ou seja, do ilícito. Nesse sentido, entende este autor que no estado de necessidade "exculpante" a renúncia à pena não se fundamenta na diminuição da ilicitude, mas na ausência de razões preventivas que a imponham.[460]

---

454. Maurach – Zipf, *Strafrecht, Allgemeiner Teil*, p. 411.
455. Assim também Amelung, in Schünemann (eds.), *Grundfragen des modernen Strafrechtssystems*, 1984, pp. 85 e ss. e 102.
456. Roxin, in Esser – Fletcher (eds.), *Rechtfertigung und Entschuldigung*, 1987, t. I, pp. 229 e ss. e 246.
457. Roxin, *Kriminalpolitik und Strafrechtssystem*, 1970, pp. 515 e ss.
458. Roxin, *Festschrift für Oehler*, pp. 181 e ss.
459. Como entende Roxin, *Festschrift für Oehler*, p. 195; idem, in Esser – Fletcher (eds.), *Rechtfertigung und Entschuldigung*, 1987, t. I, p. 246; idem, in *JuS*, 1988, pp. 425 e ss.
460. Roxin, in Esser – Fletcher (eds.), *Rechtfertigung und Entschuldigung*, 1987, t. I, p. 246.

773. Também Jakobs[461] segue um ponto de vista semelhante, aceitando que a necessidade da reação penal é um problema da culpabilidade, em cujo âmbito deve ter lugar a "sistematização da importância da infração da norma". A explicação da desculpa fundada no estado de necessidade (do § 35 do *StGB*) deve ser deduzida, pensa Jakobs, "observado o fim da pena".

774. Essa tese torna-se problemática, sobretudo, porque pretende reunir em uma única categoria excludendes que se fundamentam na diminuição do ilícito com outras que afetam a ilicitude. Também aqui a "presunção de uma coação espiritual"[462] é o fundamento de uma classificação sistemática que, em realidade, não passa da conseqüência de um sistema que não pode oferecer melhores soluções.

775. Sem prejuízo do afirmado anteriormente, os casos de diminuição da ilicitude têm, ademais, uma significação que os vincula com o âmbito da solução do conflito social, no sentido de Roxin. Com efeito, que se encontram mais próximos dessa zona do sistema que da questão de saber se o autor, individualmente considerado, deve ser responsabilizado sob a perspectiva da teoria dos fins da pena. É claro que o autor, como tal, não tem nenhum papel no âmbito da renúncia à pena no chamado estado de necessidade exculpante e, razão pela qual somente poderia remeter-se a considerações preventivo-gerais.[463] Mas as questões da prevenção gerais também têm efeito fora da culpabilidade e, sobretudo, no âmbito da solução do conflito social a que se refere Roxin.

776. Foi precisamente Amelung quem assinalou que a solução do conflito por si mesma não seria algo "específico das causas de justificação", porque o tipo penal também tem tal missão político-criminal.[464] Esse ponto de vista pode ser desenvolvido no sentido de que a prevenção geral tampouco é algo específico da culpabilidade.

---

461. Jakobs, *Strafrecht, Allgemeiner Teil*, 1983, p. 8.
462. Jakobs, *Strafrecht, Allgemeiner Teil*, 1983, p. 471.
463. Assim também nos resultados, Jakobs, *Schuld und Prävention*, p. 21; outro mais, Roxin, *Kriminalpolitik und Strafrechtssystem*, p. 33; no mesmo sentido, *Festschrift für Henkel*, p. 183; no mesmo sentido, in Esser – Fletcher (eds.), *Rechtfertigung und Entschuldigung*, 1987, t. I, pp. 244 e ss.
464. Amelung, in *Grundfragen des modernen Strafrechtssystems*, ed. por von Schünemann, 1984, pp. 89 e 92.

A solução do conflito sem a aplicação de uma pena[465] também pode ter lugar fora do âmbito da culpabilidade, quando a renúncia à pena se dá por razões preventivo-gerais, tendo mais relação com o fato do que com o autor. Mantendo-nos dentro do paradigma de Roxin, poderia ser abordada, inclusive, a questão sobre o excesso na legítima defesa – à luz dessas correções –, bem como poderia chegar-se a formar parte da exclusão da responsabilidade pelo fato, uma vez que também nele se registra uma diminuição da ilicitude. A questão pode ficar, por ora, de lado, pois se refere a um problema particular que não interfere na questão da categoria da responsabilidade pelo fato como tal.

777. O resultado dessas considerações sobre a tese proposta por Roxin demonstra que seus pontos de partida deveriam conduzir antes à aceitação que à rejeição da responsabilidade pelo fato na forma com a qual aqui se propõe.

A categoria dogmática da responsabilidade pelo fato se fundamenta, por um lado, na diferença que existe entre a exclusão da pena proveniente da ausência de antijuridicidade, que implica uma falta total de desaprovação por parte do ordenamento jurídico, e a exclusão da pena resultante da falta de desaprovação jurídico-penal, vale dizer, a que se expressa na renúncia do Estado em sancionar uma ação típica e antijurídica *ainda que tenha sido realizada culpavelmente*. Por outro lado, fundamenta-se na diferença que existe entre as hipóteses que compõem essa categoria e as causas que excluem a culpabilidade no sentido estrito (causas que excluem a capacidade de motivação, a imputabilidade e o erro de proibição).

778. A falta de desaprovação jurídico-penal não depende, como se disse, da falta de culpabilidade. Por esse motivo, não tem sentido prático fazer sua análise uma vez comprovada a festa. Da mesma maneira, não tem sentido prático algum comprovar a culpabilidade uma vez estabelecido que o fato típico e antijurídico não merece desaprovação jurídico-penal.

779. As diferenças a respeito das causas que excluem a antijuridicidade e as que excluem a culpabilidade em sentido estrito, por um aspecto, e as razões práticas que acabam de ser assinaladas fornecem

---

465. Jakobs, *Strafrecht, Allgemeiner Teil*, p. 8.

o fundamento conceitual dessa categoria. Isso permite agrupar tanto as chamadas causas de "não-culpabilidade" (o estado de necessidade exculpante, o medo insuperável e o excesso nos limites de uma causa de justificação), como, provavelmente, algumas escusas absolutórias, assim como as causas que excluem a punibilidade do aborto e de certos conflitos de direitos fundamentais (liberdade de expressão e direito à honra). Nem umas nem outras eliminam a antijuridicidade ou a culpabilidade. O elemento aglutinador dessas causas na categoria da responsabilidade pelo fato reside na exclusão da desaprovação jurídico-penal e em sua ineficácia para excluir a desaprovação do ordenamento jurídico: o fato é contrário a este último, mas não é punido criminalmente ainda que o autor tivesse tido a possibilidade de agir de outro modo (tivesse tido capacidade de motivação e consciência da desaprovação pelo ordenamento jurídico). Ademais, tanto nas chamadas causas de "não-culpabilidade" como nas outras hipóteses mencionadas reconhece-se uma atenuação do desvalor do ilícito.[466]

§ 55. Os efeitos práticos da exclusão da responsabilidade pelo fato

780. A responsabilidade pelo fato determina os seguintes efeitos práticos:

a) exclui a aplicação da pena ou medida de segurança a respeito do autor;

b) a não punibilidade se estende, em princípio, aos partícipes.

781. A primeira dessas conseqüências práticas já foi explicada: o incapaz de motivação não pode ser posto em piores condições que o capaz.

A segunda explica-se pelas seguintes razões: as causas que excluem a responsabilidade pelo fato não têm um efeito uniforme com relação aos partícipes; enquanto o estado de necessidade exculpante pode estender-se a todos os que tomam parte na prática do fato, isso não se justifica no caso do medo insuperável ou da exclusão da pena para

---

466. Cf. Bacigalupo, in *Cuadernos de Política Criminal*, n. 6, p. 14; do mesmo, *Gedächtnisschrift für Armin Kaufmann*, pp. 459 e ss. e 465.

os parentes próximos nos delitos contra a propriedade (nesse último caso, isso está, por vezes, expressamente determinado na lei: art. 268 do CP espanhol).

§ 56. Os casos individuais da responsabilidade pelo fato

a) O estado de necessidade por colisão de interesses da mesma hierarquia

782. Como vimos, o estado de necessidade por colisão de interesses da mesma hierarquia não exclui a antijuridicidade. Seu efeito é considerado na opinião dominante como excludente da culpabilidade; por tal razão é designado como estado de necessidade exculpante. De acordo com o ponto de vista sustentado, trata-se de uma causa que exclui a responsabilidade pelo fato.

783. O Código Penal espanhol faz referência ao estado de necessidade por colisão de interesses da mesma hierarquia, pois exigem "que o mal causado não seja maior que aquele que se busca evitar" (art. 20.5). A doutrina espanhola, majoritariamente, entende que quando se salva o interesse de maior hierarquia haverá justificação e quando o interesse salvo for da mesma hierarquia somente poderá ser excluída a culpabilidade (ou a responsabilidade pelo fato, como sustentamos aqui).[467]

O problema da colisão de interesses da mesma hierarquia, pelo contrário, não aparece expressamente solucionado em outros Códigos. Sustenta-se, contudo, que esses casos devem ser tratados por meio de uma causa supralegal (não escrita) de exclusão da culpabilidade ou por meio da causa genérica de exclusão da culpabilidade de "inexigibilidade de outra conduta".[468]

784. O estado de necessidade por colisão de interesses da mesma hierarquia dá lugar a uma causa que não exclui a antijuridicidade, mas a responsabilidade pelo fato, como expressamos acima.

---

467. Outro ponto de vista: Gimbernat Ordeig, *Estudios de derecho penal*, p. 107, de onde se sustenta o caráter justificante para todos os casos de estado de necessidade.

468. Jiménez de Asúa, *Tratado de derecho penal*, t. V, n. 1891 e ss.; Bacigalupo, *Culpabilidad, dolo y participación*, 1966, pp. 59 e ss.

1. A relação do estado de necessidade excludente da
responsabilidade pelo fato com o excludente da antijuridicidade

785. Como vimos, o estado de necessidade justificante exige que a diferença entre o interesse salvo e o sacrificado seja considerável. Essa exigência não está expressa na lei penal, mas deriva da natureza e do fundamento justificante do estado de necessidade.

A linha divisória entre estado de necessidade excludente da responsabilidade pelo fato e estado de necessidade excludente da antijuridicidade não se encontra, em face do exposto, na demarcação de uma estrita igualdade ou desigualdade dos interesses em conflito. O estado de necessidade que exclui a responsabilidade pelo fato alcança também todos os casos em que a diferença valorativa dos interesses em conflito não seja considerável.

Em suma: a responsabilidade pelo fato fica excluída nos casos em que os interesses são da mesma hierarquia ou nos que se salva um interesse de maior hierarquia que o sacrificado, mas a diferença hierárquica não é considerável.

2. Requisitos do estado de necessidade excludente
da responsabilidade pelo fato

786. O estado de necessidade que exclui a responsabilidade pelo fato coincide em seus requisitos com estado de necessidade justificante, a exceção da diferença considerável de hierarquia entre o interesse jurídico protegido e o sacrificado.

787. O Código Penal espanhol (art. 20.5) não reconhece nenhuma limitação a respeito dos bens ou interesses jurídicos que podem ser salvos em uma situação de necessidade na qual não entra em consideração a exclusão da antijuridicidade. A partir do ponto de vista político-criminal, essa extensão não é aconselhável e o correto seria reduzir a salvaguarda de bens ou interesses de singular importância. Assim, por exemplo, o CP alemão (§ 35) limita nesta espécie de estado de necessidade o salvamento da vida, da integridade corporal ou da liberdade, pessoais ou pertencentes a um parente ou a uma pessoa próxima.

b) O medo insuperável

788. O medo insuperável (art. 20.6 do CP espanhol) é na verdade um caso particular de estado de necessidade excludente da responsabilidade pelo fato. Isso justifica a opinião de uma parte da doutrina espanhola, que considera supérflua uma regulamentação expressa dessa circunstância.[469] O medo ou a situação coativa gerada por uma ameaça não passam de uma conseqüência subjetiva que deriva da situação de necessidade e na qual é preciso eleger entre sofrer um mal ou causá-lo: ali colidem o bem jurídico ameaçado e o que é necessário lesionar para evitar tal ameaça. São aplicáveis aqui, portanto, as regras do estado de necessidade, tanto as que excluem a antijuridicidade como as que excluem a responsabilidade pelo fato.[470]

789. Dessa maneira, o legislador criou uma hipótese restrita de estado de necessidade, pois lhe agrega à condição de que o autor tenha sido impulsionado pelo medo. Em conseqüência, nos casos em que somente concorra a relação entre o mal causado e o que se evita será sempre aplicável o art. 20.5 e apenas quando concorra o efeito subjetivo do medo será aplicável o art. 20.6. A importância prática do medo e, naturalmente, dessa excludente fica, portanto, totalmente anulada. Já existindo uma causa que exclua a pena com menos requisitos, perde sentido outra que faça o mesmo efeito depender de um maior número de exigências.

790. A questão fundamental suscitada pelo art. 20.6 do CP espanhol reside na decisão em se dar mais importância ao aspecto subjetivo (o medo) ou ao objetivo (a relação entre o mal causado e ou evitado).[471] Os que acentuam o primeiro aspecto entendem que, na relação entre o mal causado e o evitado, não importa a existência real do mal ameaçado e consideram suficiente sua existência imaginária.[472] Pelo contrário, a jurisprudência do Tribunal Supremo exige que o mal ameaçado seja real, enfatizando assim o aspecto objetivo da excludente.[473] Esse ponto de vista é incompatível com as extremadas

---

469. Ferrer Sama, *Comentarios al Código Penal*, t. I, pp. 288 e ss.; Quintano Ripollés, *Curso de derecho penal*, 1963, t. I, p. 352.
470. Coincidente Gimbernat Ordeig, *Introducción a la parte general del derecho penal español*, p. 66, quem de outra maneira não poderia considerar, como o faz, que o medo insuperável é a causa de justificação.
471. Rodríguez Ramos, *Apuntes de derecho penal. Parte general*, t. II, p. 409.
472. Ferrer Sama, *Comentarios al Código Penal*, t. I, p. 231; Córdoba Roda, in Córdoba Roda – Rodríguez Mourullo, *Comentarios al Código Penal*, t. I, p. 351.
473. Cf. *SSTS* de 12.3.1941; 15.3.1947; 23.3.1955; 8.6.1951; 27.2.1954; 20.4.1959; 23.1.1967; 28.3.1968; 14.4.1970, entre outras. Mais recentemente, insiste nesse ponto de vista a *STS* de 1524/94, de 19.7.1994. No mesmo sentido: Quinta-

exigências da jurisprudência do mesmo Tribunal em relação aos efeitos do medo ("exige que o agente se ache sob ameaça ou intimidação de tal gravidade que produzam em seu ânimo tão profunda perturbação, que de modo invencível o conduzam contra sua vontade em realizar o fato")[474] a exclusão do efeito excludente quando o medo não é o único móvel.[475] O medo não tem por que excluir a capacidade de motivação (imputabilidade).[476]

791. A solução preferível não deve eliminar o significado objetivo da relação entre o mal causado e o que se quer evitar, pois, se é suficiente como mal imaginário, é evidente que, então, carece de sentido que ambos guardem uma determinada proporção: qualquer ameaça real ou imaginária que produz medo deveria excluir a responsabilidade se alcançasse a profundidade que se estima exigida. Mas deve-se ter em conta que, uma vez interpretada no sentido objetivo aquela relação, o medo se converte, praticamente, em um elemento supérfluo. Na verdade, se alcançada a intensidade que exige a jurisprudência, o medo não será mais do que uma espécie de alteração psíquica (art. 20.1 do CP espanhol) e, se não alcançada, apenas poderá ser considerado como uma fonte de erro do autor na apreciação das circunstâncias objetivas do estado de necessidade excludente da responsabilidade pelo fato.[477]

792. A conclusão que se deve extrair do estudo dogmático do art. 20.6 do CP é que a legislação deveria eliminar esta causa de exclusão da responsabilidade criminal por ser desnecessária. Provavelmente o legislador deveria ter substituído esse preceito geral do medo pela excludente do excesso na defesa causada pelo medo. Nesse sentido, deve-se assinalar que aquele que se excede na ação necessária para o exercício de uma causa de justificação não é punível se o faz ignorando de modo inevitável tal excesso, ou seja, acreditando de forma invencível que sua ação é necessária, qualquer que seja a origem de seu

no Ripollés, *Curso de derecho penal*, 1963, t. I, p. 353; Rodríguez Devesa, *Derecho penal español*, p. 619.
 474. *SSTS* de 10.1.1877; 29.12.1930; 11.6.1966.
 475. *SSTS* de 10.5.1892; 9.7.1906; 30.4.1929; 16.3.1973.
 476. Rodríguez Devesa, *Derecho penal español. Parte general*, p. 619; Jiménez de Asúa, *Tratado de derecho penal*, t. I, p. 906; Córdoba Roda, in Córdoba Roda – Rodríguez Mourullo, *Comentarios al Código Penal*, t. I, p. 337.
 477. Assim, também, excepcionalmente, *SSTS* de 18.4.1972.

erro (medo etc.). Para estes casos é que se aplicam as regras do erro sobre a proibição.[478]

793. O excesso cometido com erro evitável ou invencível sobre a necessidade também é regido pelas regras do erro de proibição e somente produzirá uma atenuação da pena (art. 14.3 do CP espanhol).

794. O excesso cometido com consciência não tem nenhum efeito atenuante nem excludente da responsabilidade.

795. Os casos de excesso, portanto, devem ser tratados como questões relativas ao erro sobre a desaprovação jurídico-penal e não como causas que excluem a responsabilidade pelo fato (ou a culpabilidade).

c) As hipóteses de não punibilidade do aborto

796. De acordo com a disposição derrogatória 1, letra a), da *LO* 10/1995 (novo Código Penal espanhol), o precedente art. 417 *bis* mantém sua vigência. Trata-se dos três casos de aborto que não são puníveis (aborto terapêutico, aborto criminológico e aborto eugenésico). Na doutrina, existe diversidade de opiniões a respeito da ordenação sistemática que se deve conferir a tais hipóteses.[479] Contudo, trata-se, evidentemente, de colisões de interesses que não diferem essencialmente em seu valor. Com efeito, inclusive no caso da colisão da vida da mãe com a do filho concebido, a diferença não é considerável, uma vez que se trata de vidas humanas somente diferenciadas porque uma é posterior ao nascimento e outra anterior. É evidente que o nascimento não modifica essencialmente o valor da vida humana e que, portanto, não é possível considerar aplicável a esses casos o estado de necessidade justificante.[480] As outras duas hipóteses de não punibilidade (aborto criminológico = gravidez proveniente de um crime sexual; aborto eugenésico = decorrente de malformação fetal ou embrionária) tampouco podem ser explicadas pelos critérios do estado de necessidade por colisão de bens da mesma hierarquia, pois a vida humana sacrificada em todos os casos tem uma hierarquia

---

478. Cf. infra, § 68, *a*, 4; Bacigalupo, *Tipo y error.*
479. Laurenzo Copello, *El aborto no punible*, 1990, pp. 143 e ss.
480. Outro parecer, muito fundamentado, Laurenzo, *El aborto no punible*, 1990, pp. 189 e ss.

superior aos outros bens protegidos e a renúncia à punibilidade fundamenta-se nos limites da exigibilidade individual cabíveis em relação a uma mulher que foi violentada o que deve sacrificar de maneira decisiva seu direito ao livre desenvolvimento da personalidade (art. 10.1 da *CE*).

*d) As hipóteses de colisão de direito
à liberdade de informação verídica e o direito à honra* [481]

797. A colisão do direito à liberdade de informação verídica, garantido pelo art. 20.1 e 3 da *CE*, e o direito à honra constitui outra hipótese na qual entra em consideração a responsabilidade pelo fato. Em particular, devem ser levados em conta os casos em que, apesar de a pessoa que exerça o direito à informação ter realizado todas as comprovações necessárias anteriormente para garantir a veracidade desta, ela é difundida falsamente e afeta a honra de alguém de modo adequado aos tipos penais dos arts. 205 a 208 do CP espanhol. Em tais casos, faltará um elemento essencial da justificação: a veracidade. Ainda que, em função da natureza do direito à liberdade de informação e de seu caráter estrutural em uma sociedade democrática, o fato não será punível e tampouco poderá merecer *aprovação* do ordenamento jurídico.[482]

798. O direito de informação verídica tem, portanto, a estrutura de uma causa que elimina a responsabilidade pelo fato em todos aqueles casos em que posteriormente fique comprovado que, apesar da diligência na comprovação da veracidade, a informação não era veraz. Esses efeitos produzem-se em relação aos crimes de calúnia (art. 205) e de injúria (art. 208) sob as seguintes condições:[483]

481. Bacigalupo, in *Revista Española de Derecho Constitucional*, n. 20 (1987), pp. 83 e ss.; Jaén Vallejo, *Libertad de expresión y delitos contra el honor*, 1992, p. 251.
482. Cf. Bacigalupo, in *Revista Española de Derecho Constitucional*, n. 20 (1987); Jaén Vallejo, *Libertad de expresión y delitos contra el honor*, recorrendo às "meras autorizações da ação". Expressamente referindo-se a este caso como uma hipótese de exclusão de responsabilidade pelo fato, Batista González, *Medios de comunicación social y responsabilidad penal*, 1995, Tese de Doutorado (inédita), p. 279.
483. Bacigalupo, in *Revista Española de Derecho Constitucional*, n. 20 (1987), pp. 94 e ss.

a) Em primeiro lugar, é necessário, no caso concreto, que o direito à liberdade de informação inverídica apareça, ponderadas todas as circunstâncias, como *preferível diante do direito à honra*. Isso deverá ser apreciado quando o exercício do direito à liberdade de informação inverídica tenha por objeto a participação na formação da opinião pública e em assuntos do Estado, da comunidade social ou do interesse público geral. Esse requisito tem sua origem, *mas também seus limites*, na posição institucional que a opinião pública livre tem no Estado Democrático de Direito.[484] O direito de prestar informação verídica, pelo contrário, *cederá sempre diante do direito à honra* quando se trate de *condutas privadas* do afetado que careçam de vinculação com os assuntos de Estado, com a comunidade social ou com um interesse público geral.

b) Exige-se, além disso, que aquele que exerce o direito de informação proporcione uma informação *verídica*. A veracidade, de qualquer modo, deve ser comprovada anteriormente. Isto é, será verídica toda informação que tenha sido cuidadosamente verificada *antes* de ser publicada. A comprovação posterior da inveracidade da informação deixa subsistente a antijuridicidade da conduta, mas exclui a sanção jurídico-penal, pois é a ilicitude que reduz seu conteúdo graças ao esforço de comprovação realizado pelo autor.

c) Em terceiro lugar, exige-se para o legítimo exercício ao direito do art. 20.1, *d*), da *CE* que a realização do tipo do crime contra a honra seja *necessária* para o exercício do direito à liberdade de informação inverídica.

d) por último, é preciso que a expressão da opinião ou da informação, *por sua própria forma*, não seja manifestamente injuriosa ou caluniosa (por exemplo, a expressão pura e simples de um juízo de valor pejorativo e insultante).

e) Os conflitos entre a liberdade de consciência e o direito penal[485]

799. O art. 16.1 da *CE* garante a liberdade de consciência e o art. 30 faz uma aplicação implícita desse direito ao reconhecer a escusa

---

484. *SSTC* 104 e 159/86.
485. Roxin, *Strafrecht, Allgemeiner Teil*, t. I, 2ª ed., 1994, pp. 840 e ss.; Pérez del Valle, *Conciencia y derecho penal*, 1994.

de consciência com relação às obrigações militares dos espanhóis. Assim, pode se garantir a liberdade de consciência nos casos em que o exercício desse direito leve à prática de um delito que não afete os princípios constitucionais nem negue direitos fundamentais de outrem. Trata-se de casos em que o autor agiu em um verdadeiro e sério conflito entre seus deveres de consciência e o cumprimento da lei penal, próximo à situação de um estado de necessidade por conflito de deveres. Em tais casos, "se a diminuição da ilicitude é considerável em atenção à gravidade do conflito de consciência (nesse aspecto, diminuição do desvalor da ação) e a relevância ponderada dos resultados valiosos e desvaliosos provocados com o comportamento (desse modo, diminuição do desvalor do resultado) poderia admitir-se a exclusão da responsabilidade pelo fato, e, portanto, a não imposição da pena".[486]

800. Na verdade, a renúncia à pena somente deveria ser fundamentada mediante a aplicação analógica do estado de necessidade (art. 20.5 do CP espanhol). Trata-se de um conflito de deveres internos, semelhante ao conflito de deveres externos regulado expressamente no artigo 20.5 com os limites que surgem do próprio artigo 16.1 da *CE*.[487]

As condições de que depende a não punibilidade desses casos devem ser cuidadosamente detalhadas.[488]

f) A imunidade parlamentar

801. O art. 71.1 da *CE* confere aos deputados e senadores inviolabilidade pelas opiniões manifestada no exercício de suas funções. Em razão disso, não são puníveis pela prática de nenhum delito cujo conteúdo de ilicitude esteja configurado como crime de expressão.

486. Pérez del Valle, *Conciencia y derecho penal*, p. 301.
487. Roxin, *Strafrecht, Allgemeiner Teil*, t. I, 2ª ed., 1994, p. 840; também rejeitando a aplicação do § 35 *StGB* (estado de necessidade exculpante), por razões que, na verdade, não têm paralelo no direito espanhol, onde o estado de necessidade carece de limites que lhe impõem o direito alemão. Cf., também, Pérez del Valle, *Conciencia y derecho penal*, e Köhler, *Strafrecht, Allgemeiner Teil*, 1997, p. 334, em sentido similar ao texto.
488. Roxin, *Strafrecht, Allgemeiner Teil*, t. I, pp. 841 e ss., com maiores indicações bibliográficas.

Trata-se basicamente de opiniões que afetam outras pessoas ou instituições, que não estejam amparadas plenamente pelos direitos do artigo 20.1, *a*) e *d*), da *CE*. Nos casos de imunidade, o Estado renuncia a pena pela menor ilicitude, uma vez que, apesar de se produzir uma lesão à norma, não se deve reduzir a liberdade necessária dos parlamentares para o exercício de suas funções constitucionais.

A participação de um *extraneus* no fato praticado pelo deputado ou senador é punível, já que este não cumpre nenhuma função constitucionalmente reconhecida.

g) *A exclusão da responsabilidade penal do art. 268 do CP espanhol*

802. O art. 268.1 estabelece que: "Estão isentos de responsabilidade criminal e sujeitos unicamente a responsabilidade civil os cônjuges que não estiverem separados legalmente ou de fato ou em processo judicial de separação, divórcio ou nulidade de seu matrimônio e os ascendentes, descendentes e irmãos naturais ou por adoção, assim como os afins em primeiro grau que convivam juntos, pelos crimes patrimoniais que causarem entre si, sempre que não ocorra violência ou intimidação". Os partícipes e estranhos, contudo, são puníveis (art. 268.2). A redução da ilicitude nesses casos provém da menor comoção da confiança geral na vigência da norma violada. Com efeito: as normas que estabelecem o direito de propriedade têm um efeito menos intenso em relação a pessoas unidas por vínculos pessoais estritos com o titular do domínio.[i]

§ 57. Erro sobre as circunstâncias objetivas das causas que excluem a responsabilidade pelo fato

803. Uma parte da doutrina entende que, nos casos de exclusão da responsabilidade pelo fato que expusemos acima, a representação errônea do autor sobre a existência da situação objetiva (sobre a existência da ameaça ou da colisão de interesses etc.) é equivalente, em seus efeitos, à existência real da mesma.

i. No Brasil, há disposição semelhante nos arts. 181 a 183 do CP.

O fundamento dessa posição foi exposto inicialmente por Radbruch:[489] "Na verdade, o estado de necessidade não é o fundamento da exclusão da culpabilidade, mas a sua suposição. O estado de necessidade realmente existente não é fundamento da exclusão da culpabilidade se o autor não teve conhecimento dele e, ao inverso, o será se o estado não ocorre na realidade e é imaginado; haverá uma exclusão da culpabilidade, não porque exclui o dolo, mas porque na verdade o chamado estado de necessidade putativo é um autêntico estado de necessidade".[490]

804. Essa posição não é compartilhada na atualidade pela maioria da doutrina, que considera praticamente equivalente o erro sobre as circunstâncias objetivas de uma causa de exclusão da reprovabilidade pelo fato (ou não-culpabilidade) ao erro sobre as circunstâncias objetivas de uma causa de justificação.[491]

805. Em nosso ponto de vista, a simples suposição da situação objetiva que exclui a responsabilidade pelo fato carece de força excludente da pena quando é conseqüência de um erro evitável. A exclusão da pena, contudo, é conseqüência necessária quando o erro tiver sido inevitável. Trata-se, na verdade, de um erro sobre as circunstâncias que excluem a desaprovação jurídico-penal do fato e, portanto, deve ser tratada segundo as regras do erro sobre a punibilidade ou sobre a desaprovação jurídico-penal do fato.

§ 58. Rejeição das críticas contra a teoria da responsabilidade pelo fato

806. Contra a categoria de excludentes baseadas na redução da ilicitude, como aquela aqui exposta, têm sido feitas críticas que devem ser consideradas. Nenhuma delas é decisiva.

807. Em primeiro lugar, tem se sustentado que o efeito atenuante da ilicitude apenas pode ter importância no âmbito da individuali-

---

489. Radbruch, *Festgabe für Frank*, 1930, t. I, p. 166.
490. Cf., também, Zimmel, *Zur Lehre vom Tatbestand*, 1928, p. 68; Schmidhäuser, *Strafrecht, Allgemeiner Teil*, p. 470.
491. Cf. Jescheck, *Lehrbuch des Strafrechts, Allgemeiner Teil*, pp. 410 e ss.; Rudolphi, *Systematischer Kommentar zum Strafgesetzbuch*, § 35, n. 19; Otto, *Grundkurs Strafrecht. Allgemeiner Strafrechslehre*, t. I, p. 216; Hirsch, *Lepziger Kommentar*, 10ª ed., § 51, n. 169.

zação da pena.[492] Esse argumento não é convincente: o conteúdo de ilicitude que determina a exclusão da punibilidade – como os casos aqui estabelecidos – não pode ser considerado no âmbito da individualização da pena, pois o que se exclui é a punibilidade e, portanto, não há lugar para nenhuma individualização.

808. Também tem sido sustentado que, sobretudo no caso do estado de necessidade chamado "exculpante", a reduzida ilicitude não pode ser o único fundamento da exclusão da pena porque não permite explicar a razão pela qual o § 35, I, 1, do CP alemão apenas podem ser beneficiados os parentes daquele que sofre a situação de necessidade.[493] Tampouco essa questão se mostra decisiva, pois de qualquer modo, não afeta de forma nenhuma o direito espanhol, no qual o estado de necessidade chamado de exculpante não tem as limitações que o caracterizam no direito alemão.

809. Não obstante, não há como sustentar que os problemas da diminuição da ilicitude apenas podem ser solucionados pela via do art. 21.1 do CP espanhol.[494] Com efeito, os casos aqui tratados não têm explicação pela exclusão do ilícito nem da culpabilidade, mas, de qualquer modo, excluem a punibilidade. Portanto, um dispositivo que apenas determina a atenuação da punibilidade, na realidade, nada tem a ver com as excludentes aqui tratadas.[495]

810. Por último, sustenta-se que ao inimputável que agiu em estado de necessidade deve ser aplicada uma medida de segurança.[496] Como se viu, este inimputável que age em estado de necessidade pode, contudo, não demonstrar a periculosidade que exigem as medidas de segurança do direito penal.[497]

---

492. Roxin, *Strafrecht, Allgemeiner Teil*, t. I, 2ª ed., pp. 723 e ss. e nota 100.
493. Roxin, *Strafrecht, Allgemeiner Teil*; similar, Lenckner, in Schönke – Schröder, *Strafgesetzbuch, Kommentar*, 25ª ed., 1996, §§ 13, 21 e ss.
494. Nesse sentido, Dìez Ripollèz, in *Anuario de Derecho Penal y Ciencias Penales*, 1991, pp. 715 e ss. e 743 e ss.
495. Cf., também, a crítica de Pérez del Valle, *Conciencia y derecho penal*, pp. 288 e ss.
496. Cf. Schünemann, *Funktion und Abgrenzung von Umrecht und Schuld* (tema do seminário celebrado em Coimbra, Portugal, na ocasião da investidura do Professor Doutor Claus Roxin como doutor *honoris causa*).
497. Cf., também, a crítica de Pérez del Valle, *Conciencia y derecho penal*, p. 292.

Capítulo IX
A CULPABILIDADE

§ 59. Introdução

811. A comprovação da realização de uma ação típica e antijurídica na qual não se renuncia a punibilidade pela relevância do conteúdo da ilicitude, não é suficiente para responsabilizar penalmente o seu autor. A responsabilidade penal está condicionada ao fato de o autor ter agido culpavelmente.

812. A culpabilidade, portanto, constitui um conjunto de condições que determinam que o autor de uma ação típica e antijurídica seja criminalmente responsável por ela. Definir quais são essas condições dependerá do ponto de vista que se adote a respeito da pena.

§ 60. Culpabilidade pelo fato e culpabilidade do autor

813. Por qualquer o ângulo teórico que se enfoque o problema é possível se perguntar se a culpabilidade deve se referir ao fato ou totalmente à personalidade do autor.

Partindo do primeiro ponto de vista, levar-se-á em conta com relação à culpabilidade somente a atitude do autor a respeito da ação típica e antijurídica cometida: falar-se-á, então, em culpabilidade pelo fato e isso significará que se deverá considerar unicamente o fato delitivo, mas não o comportamento do autor anterior a ele ou, inclusive, posterior. Nesse sentido, não importa uma maior culpabilidade da conduta socialmente incorreta do autor antes do fato (por exemplo, desordem, embriaguez, vadiagem etc.) nem, em princípio, tampouco a circunstância de já ter sido condenado anteriormente (reincidência).

814. A culpabilidade do autor (na forma, por exemplo, da culpabilidade de caráter) parte de outras considerações: o fato típico e antijurídico abre a possibilidade de um juízo sobre o comportamento social do autor em geral, antes e depois do fato. A realização da ação típica permitirá julgar a conduta do autor de forma total para explicar o fato delitivo como produto de sua personalidade.[498]

815. O pressuposto filosófico da primeira posição é a liberdade de vontade (livre-arbítrio): todos os homens são livres para decidir se agem contra ou conforme o direito; a decisão de agir contra o direito é a base do juízo sobre a culpabilidade. Aqueles que optam pelo segundo critério, pelo contrário, costumam partir de uma premissa determinista: o fato se explica pela personalidade do autor e como sintoma dela. Enquanto o primeiro ponto de vista está vinculado às teorias retribucionistas, o segundo adapta-se às exigências da prevenção especial. Esses pressupostos não admitem prova em seu favor: nem a liberdade de vontade nem o determinismo podem invocar uma prova suficiente no sentido do princípio da razão; trata-se de axiomas que conduzem, como é cediço, a soluções bem diferentes na prática do direito penal.

816. As teorias da união procuram uma síntese que, naturalmente, se reproduz no âmbito da culpabilidade. Tal síntese se apresenta aqui como uma determinada articulação de elementos que provêem de um conceito de culpabilidade pelo fato e outro de culpabilidade pelo autor.[499]

817. A questão da eleição entre culpabilidade pelo fato e culpabilidade pelo autor depende dos axiomas do sistema dogmático. O importante não será, para os efeitos dessa decisão, o maior fundamento "empírico" das premissas, dado que nenhuma delas é "provada" ou "suscetível de prova". A racionalidade dessa decisão estará, pelo contrário, condicionada pelo maior grau de controle judicial que o critério adotado ofereça. Nesse sentido, a "culpabilidade pelo fato" é a que fornece maiores garantias.

---

498. Cf. Engisch, *Die Lehre von der Willensfreiheit in der strafrechtsphilosophischen Doktrin der Gegenwart*, 1963.
499. Jescheck, *Lehrbuch des Strafrechts, Allgemeiner Teil*, p. 342; Roxin, *Strafrechtliche Grundlagenprobleme*, pp. 1 e ss.; idem, *Kriminalpolitik und Strafrechtssystem*, pp. 33 e ss.

§ 61. A evolução do conceito material de culpabilidade

818. A história dogmática do conceito material de culpabilidade demonstra que esse esteve ligado a uma determinada concepção da pena e que tem dependido, portanto, do fato de a pena ser entendida conforme as teorias absolutas ou relativas. Em conseqüência, as diversas noções da culpabilidade têm oscilado permanentemente entre um conceito de culpabilidade relacionado à vontade livre, própria das teorias absolutas e outro que substitui a vontade (livre) pelo caráter do autor ou pela conduta de sua vida e a tendência que se expressa no fato realizado, que corresponde com as teorias preventivo-especiais. Na atualidade, com base na teoria da prevenção geral positiva, sugere-se um conceito de culpabilidade que não se baseia nem na liberdade nem no caráter do sujeito, mas nas alternativas sociais à solução penal do conflito.

a) Teorias absolutas da pena e culpabilidade de vontade

819. A culpabilidade como fundamento legitimante da pena e, por isso, como pressuposto dela, constitui um conceito que provêm da ética e da teoria do direito do idealismo alemão. Kant sustentava que a pena exigia como pressuposto um *demeritum*, considerado como uma *"culpabilidade moral"*.[500] Hegel expressou posteriormente essa idéia de uma maneira que exerceu enorme influência na dogmática penal posterior: "O fato somente pode ser imputado como *culpabilidade da vontade.*"[501] A partir de então no direito penal falou-se da culpabilidade como culpabilidade de vontade: "Toda culpabilidade é culpabilidade de vontade" sustentava Binding.[502]

820. A expressão dogmática dessa noção de culpabilidade tem sido tanto o *conceito psicológico* como *normativo* de culpabilidade ou a noção *"finalista"* da culpabilidade. Ambas as noções têm se baseado na *existência* da vontade (teoria psicológica) ou em um *juízo de valor* sobre a vontade, mas, em todo caso, sobre a vontade.

---

500. Kant, *Metaphysik der Sitten*, 1797, p. 29 (citado segundo a edição de Kant – *Werke*, de Weischedel, 1956, p. 334). Hegel, por sua vez, dedicou à culpabilidade a primeira parte do capítulo sobre a moralidade, ver *Grudlinien der Philosophie des Rechts*, 1821, §§ 105 e 117.
501. Hegel, *Grudlinien der Philosophie des Rechts*, § 117.
502. Binding, *Die Normen und ihre Übertretung*, t. II, 2ª ed., 1914, p. 294.

821. Também a teoria *finalista* manteve a culpabilidade como culpabilidade de vontade, pois também partiu de uma teoria absoluta da pena: "A pena" – sustentava Welzel[503] – "se justifica como retribuição adequada ao grau da culpabilidade". Nesse contexto, culpabilidade foi definida como "reprovabilidade da configuração da vontade" e, portanto, "toda a culpabilidade, de acordo com isso, é culpabilidade de vontade".[504]

b) Teorias da prevenção especial e culpabilidade como atividade anti-social do autor

822. Enquanto nas teorias absolutas a culpabilidade tem a missão de estabelecer se o autor no momento do fato poderia atuar de outra maneira, no âmbito das teorias relativas baseadas na prevenção especial, a culpabilidade tem um sentido *sintomático* a respeito da espécie de autor.[505] O objeto da culpabilidade, portanto, é a atitude *anti-social* do autor, que surge a partir da execução de uma conduta anti-social.[506]

823. O conceito de culpabilidade das dogmáticas baseadas na prevenção especial afastou-se da idéia de liberdade de vontade que pressupunha esse mesmo conceito no âmbito das teorias absolutas, mas não introduziu modificações de consideração nas formas de culpabilidade (que era então o dolo e a culpa).

c) As teorias da união e a função da culpabilidade

824. Como anteriormente exposto, as *teorias da união* procuraram sintetizar a função repressiva e a função preventiva do direito penal. Dessa maneira entendia-se possível superar a disputa entre as teorias absolutas (da chamada Escola Clássica) e as teorias relativas mediante uma síntese de ambas, por um lado, enquanto, por outro, se resolvia o problema prático apresentado pelos autores que demonstravam periculosidade, reconhecendo-se finalidades preventivas ao lado da função repressiva da pena. No âmbito dessas teorias, a culpabili-

---

503. Welzel, *Das Deutsche Strafrecht*, 11ª ed., 1969.
504. Welzel, *Das Deutsche Strafrecht*, 11ª ed., 1969.
505. Von Liszt, *Lehrbuch des deutschen Strafrechts*, 23ª ed., 1921, p. 160.
506. Von Liszt, *Lehrbuch des deutschen Strafrechts*, 23ª ed., 1921, p. 160.

dade deve assumir a função de um conceito que constate tanto a liberdade do autor quanto sua periculosidade. Por esse motivo, propôs-se a adicionar aos elementos clássicos do conceito de culpabilidade um *elemento caracterológico* que permita referir a ação do autor à *teoria da personalidade do autor*.[507]

825. Uma variedade especial dessas teorias é a *teoria dialética da união*,[508] que fundamenta a pena em sua finalidade preventiva, exclui toda e qualquer referência à retribuição e outorga ao princípio da culpabilidade uma *função limitadora da punibilidade* (a gravidade da pena deve ser proporcional à gravidade da culpabilidade e não pode superá-la por razões preventivas). Nesse âmbito, o conceito de culpabilidade tem as mesmas funções que em um direito penal baseado nas teorias absolutas da pena, com a ressalva de que, em vez de relacionar-se à constatação da vontade livre do autor, pretende comprovar que este "na situação concreta pode ser alcançado pelo efeito convocante (*Appellwirking*) da norma".[509] Mas a culpabilidade não determina por si mesmo a responsabilidade penal, para isso é necessário comprovar se não existem causas que excluam a culpabilidade ou que determinam a não-culpabilidade do autor. É nesse sentido que se opera uma comprovação da *necessidade de prevenção*.[510] A conseqüência prática desse ponto de vista manifesta-se na desvinculação das causas de não-culpabilidade e de exclusão da culpabilidade, do conceito de comunidade, e nas conseqüentes referências daquelas aos fins da pena.[511]

d) A teoria da prevenção geral positiva e a função do conceito de culpabilidade

826. Na teoria da prevenção geral positiva, conforme versão elaborada por Jakobs, vê-se uma guinada decisiva na teoria da culpabilidade. Com efeito, a culpabilidade far-se-á presente não apenas quando o autor tenha se motivado contrariamente à norma, mas, também, quando foi obrigado a tanto, isto é, quando foi responsável por sua fal-

---

507. Cf. Mezger, *Strafrecht, ein Lehrbuch*, 3ª ed., 1949; no mesmo sentido, Jiménez de Asúa, *Tratado de derecho penal*, t. V, 3ª ed., 1976, pp. 239 e ss.
508. Roxin, *Strafrecht, Allgemeiner Teil*, 2ª ed., 1995, § 3, pp. 36 e ss.
509. Roxin, *Strafrecht, Allgemeiner Teil*, 2ª ed., 1995, § 19, I, 3.
510. Cf. Roxin, *Strafrecht, Allgemeiner Teil*, 2ª ed., 1995.
511. Cf. López Barja de Quiroga, in *PJ* 46 (1997).

ta de motivação. A responsabilidade do autor por sua falta de motivação de acordo com a norma ocorrerá sempre que o fato antijurídico não possa ser explicado por razões que não afetam a confiança geral na vigência da norma. "A responsabilidade pela falta de motivação jurídica dominante em um comportamento antijurídico é a culpabilidade", ou seja, culpabilidade significa "deslealdade com a ordem jurídica".[512] O conteúdo da culpabilidade, de outro lado, não é apenas resultante da teoria dos fins da pena, mas desta e da constituição da sociedade, que devem adaptar-se reciprocamente. Para a determinação da culpabilidade é preciso ponderar quais coações sociais o autor deve superar por sua conta e quais características perturbadoras do autor têm que ser aceitas pelo Estado e pela sociedade ou ser suportadas por terceiros. "O resultado desta ponderação é regido pela imagem dominante daquelas condições, que devem ser consideradas irrenunciáveis para a manutenção do sistema e de seus subsistemas essenciais".[513] Conseqüentemente, a culpabilidade é concebida a partir da função preventivo-geral da pena, vale dizer, em função da segurança da ordem social. Por isso, na culpabilidade não se trata de saber se o autor tem uma *alternativa real* de realização da conduta, mas de saber se existe uma *alternativa de organização* que fosse preferível à imputação do fato ao autor. A alternativa de outra conduta, portanto, será determinada normativamente. "As famosas palavras de Kohlrausch" – disse Jakobs[514] – "sustentando que a capacidade individual no âmbito da culpabilidade é uma 'ficção necessária para o Estado', devem ser transformadas para explicar que a capacidade, caso se queira fazer referência a ela, é uma construção normativa".[515] Em conseqüência, a *capacidade de culpabilidade* "não é uma qualidade que o autor tem ou não e que pode ser comprovada com ajuda da psicologia ou da psiquiatria, mas uma capacidade de que se atribui ao autor e que, portanto, encontra-se orientada normativamente".[516] Nos casos de *não exigibilidade*, também a determinação é normativa, mas

---

512. Jakobs, *Strafrecht, Allgemeiner Teil*, 2ª ed., 1991, p. 469.
513. Jakobs, *Strafrecht, Allgemeiner Teil*, 2ª ed., 1991, p. 483.
514. Jakobs, *Strafrecht, Allgemeiner Teil*, 2ª ed., 1991, p. 485.
515. Outros autores que partem da prevenção geral positiva não chegam, todavia, a essas conclusões, introduzindo a correção da "concepção cotidiana da moralidade", cf. Neumann, *Zurechnung und Vorverschulder*, 1985 (*passim*).
516. Jakobs, *Strafrecht, Allgemeiner Teil*, 2ª ed., 1991, p. 534.

nelas não é necessário recorrer às considerações psicológicas ou psiquiátricas.[517]

827. A história dogmática do conceito de culpabilidade e suas relações com a teoria da pena deixam evidente que o direito penal oscilou permanentemente entre um conceito de culpabilidade vinculado à vontade livre e outro que substitui a vontade de pelo caráter do autor ou por sua tendência. Esse ir e vir das teorias choca-se com a proposta do funcionalismo de conceber a capacidade individual do autor de uma maneira apenas normativa e determinada a partir de pontos de vista relativos à segurança da ordem social normativa.

§ 62. Evolução do conceito de culpabilidade

828. A concepção material da culpabilidade da qual se parte exerce uma certa influência sobre a configuração do conceito dogmático de culpabilidade. De qualquer modo, essa influência não costuma afetar os elementos que configuram o conceito de culpabilidade, pois praticamente todos os sustentados na ciência penal atual têm os mesmos elementos: capacidade de culpabilidade, consciência da antijuridicidade e exigibilidade. O conceito material de culpabilidade, contudo, determina o conteúdo de cada um desses elementos e sua caracterização. De qualquer forma, os conceitos de culpabilidade procuram dar uma resposta à questão relacionada a quais condições um autor pode ser considerado culpável de sua ação típica e antijurídica.

829. A primeira resposta corresponde à teoria psicológica da culpabilidade. Para ela, a afirmação desta última importa a comprovação de que a vontade do autor é causal do fato ilícito.[518] De acordo com isso, a culpabilidade implica um juízo sobre três diversos aspectos:

a) relação causal entre a vontade de uma pessoa e um evento;

b) desaprovação do fato (seu caráter indesejável ou danoso);

c) consciência da contrariedade ao dever no autor.[519]

---

517. Jakobs, *Strafrecht, Allgemeiner Teil*, 2ª ed., 1991, p. 535.
518. Finger, *Das Strafrecht*, 1912, t. 1, p. 164; Meyer – Allfely, *Lehrbuch des Deutschen Strafrechts*, 7ª ed., 1912, pp. 133 e ss.
519. Cf. Finger, *Das Strafrecht*.

A vontade é causal do fato ilícito, conforme essa teoria, em dois casos: no de dolo e no da culpa. Ambos são espécies da culpabilidade e pressupõem a imputabilidade do autor.

830. Destarte, a culpabilidade exige uma determinada vinculação psicológica entre o autor e seu fato, sem a qual é impossível afirmar a relação causal da vontade com o fato ilícito. Precisamente contra essa tese dirigem-se as críticas que mereceu essa teoria e que geraram mais tarde o seu abandono. Com efeito: por um lado verifica-se que há uma relação causal entre vontade e fato quando o autor quis sua relação, mas agiu amparado por uma causa de não-culpabilidade (por exemplo, o estado de necessidade exculpante); aqui faltará a culpabilidade, mas dar-se-á a relação que a teoria psicológica estima que a fundamenta. Por outro lado, pode se verificar que nos casos de culpa não se dá tal relação, já que o autor não quis a realização do fato típico e antijurídico; aqui, todavia, admite-se a existência da culpabilidade.[520]

831. A teoria psicológica foi substituída pela *teoria normativa da culpabilidade*. O ponto de partida desta é a comprovação de que "a teoria dominante define o conceito de culpabilidade de tal maneira que apenas inclui em si os conceitos do dolo e culpa; pelo contrário, é necessário concebê-lo levando-se conta também as circunstâncias relevantes que acompanham o fato e a capacidade de imputação".[521] A teoria normativa redefiniu, ademais, as relações entre a culpabilidade, como conceito genérico, e o dolo e a culpa, que a teoria psicológica concebeu como espécies daquela. Assim, o dolo e a culpa não necessitam ser espécies de culpabilidade e cada um deles não deve conter os elementos que caracterizam o conceito genérico. O decisivo acerca do conceito normativo de culpabilidade é, em conseqüência, a *reprovabilidade*:[522] "uma conduta culpável é uma conduta reprovável". E um comportamento antijurídico é reprovável se o seu autor:

a) é "espiritualmente normal" (imputável);

b) teve certa relação concreta com respeito ao fato ou a possibilidade de tê-la (dolo ou culpa).

---

520. Dohna, *Der Aufbau der Verbrechenslehre*, p. 39.
521. Frank, "Über den Aufbau des Schuldbegriffs", *Festschrift für juristische Fakultät Universität Giessen*, 1907, pp. 9 e 10.
522. Frank, "Über den Aufbau des Schuldbegriffs", *Festschrift für juristische Fakultät Universität Giessen*, 1907, p. 11.

c) agiu em circunstâncias normais (sem estar sob a pressão de uma situação que possa excluir a culpabilidade).

832. O conceito normativo de culpabilidade foi completado por uma construção teórico-normativa efetuada por Goldschmidt,[523] o qual entendeu que a reprovabilidade implicava um comportamento interior oposto a uma norma de dever, que se encontraria junto à norma jurídica, cuja lesão importa a antijuridicidade.[524]

833. A teoria normativa da culpabilidade permitiu a evolução posterior desse conceito sob influência da teoria finalista da ação. Ao reconhecer-se que o dolo e a culpa não eram espécies da culpabilidade, ficava aberta a possibilidade de retirar tais conceitos para fora dela. O conceito de culpabilidade do finalismo, no entanto, não é um conceito normativo no sentido de Frank nem no de Goldschmidt.

Para a *teoria finalista* da ação, a reprovabilidade pressupõe a capacidade de motivar-se pela norma. Aquele que realizou uma ação típica e antijurídica será culpável se podia motivar-se conforme a norma, isto é, se podia "agir de outra maneira".[525] A partir desse ponto de vista, as "causas de não-culpabilidade" perdem força para excluir a culpabilidade e apenas constituem "causas gerais de não formulação da reprovação da culpabilidade".[526] O fundamento disso é a comprovação empírica de que, nas situações que caracterizam as causas de não-culpabilidade, não se elimina a capacidade de agir de outro modo. Em um estado de necessidade exculpante é sempre possível cumprir com o direito e assumir os danos sobre os próprios bens jurídicos; ocorre que, em tais casos, o direito não estabelece reprovação alguma.[527]

A mesma comprovação serviu para questionar integralmente o conceito de culpabilidade do finalismo. Assim, por exemplo, encon-

---

523. Goldschimidt, *Oesterr, Zeitschrift für Strafrecht*, 1913, t. IV, pp. 144 e ss.
524. Cf. Goldschimidt, *Oesterr, Zeitschrift für Strafrecht*, 1913, t. I, pp. 428 e ss.; e, criticamente, Armin Kaufmann, *Lebendiges und Totes in Bindings Normentheorie*, p. 160.
525. Armin Kaufmann, *Lebendiges und Totes in Bindings Normentheorie*, pp. 176 e ss.; cf., também, suas lições in *Festschrift für Eberhard Schimidt*, 1961, p. 320, nota 6.
526. Armin Kaufmann, *Lebendiges und Totes in Bindings Normentheorie*, pp. 202 e ss.
527. Também assim, Jescheck, *Lehrbuch des Strafrechts, Allgemeiner Teil*, p. 386; Schmidhäuser, *Strafrecht, Allgemeiner Teil*, p. 460.

tramos em Bockelmann[528] e mais tarde em Roxin.[529] De acordo com isso, a essência da culpabilidade não deveria significar "a possibilidade de agir de outro modo". Se se colocar em dúvida esse ponto de vista, é possível questionar a teoria do erro de proibição defendida pelo finalismo, isto é, a "teoria limitada da culpabilidade".

834. À frente da posição do finalismo estão aqueles que pensam que a culpabilidade deve tratar da questão referente a se um comportamento típico e antijurídico merece pena, a qual deveria ser respondida a partir de pontos de vista político-criminais (preventivos).[530]

835. Como se viu, *supra* (ns. 824 e 825), o *conceito funcionalista* da culpabilidade caracteriza-se basicamente por sua determinação normativa, sob a ótica da prevenção geral positiva e da configuração da sociedade. Jakobs propõe, nesse sentido, distinguir entre um tipo positivo da culpabilidade, dirigido a comprovar a capacidade de imputação do autor, seu conhecimento da ilicitude e especiais elementos da culpabilidade. Propõe, ainda, um tipo negativo de culpabilidade no qual se estabeleçam as condições da exclusão da culpabilidade quando o autor agiu de tal forma que não lhe seja exigível o cumprimento da norma.

§ 63. A estrutura do conceito de culpabilidade

836. Tradicionalmente, como se viu, o conceito de culpabilidade é estruturado sobre a base de três elementos:

a) *capacidade* de compreender a ilicitude e de se comportar de acordo com ela (capacidade de culpabilidade ou imputabilidade);

b) possibilidade de *conhecimento da ilicitude* (consciência–potencial da antijuridicidade e do erro de proibição).

c) *exigibilidade* (circunstâncias que excluem a reprovação da culpabilidade).

837. É imputável, portanto, o autor de um fato que pôde compreender a sua ilicitude e, mesmo assim, comportou-se de acordo com esse entendimento, em outras palavras, aquele que teve conhecimento da ilicitude e *não* agiu em um contexto em que se excluiria sua reprovabilidade. A ordem em que esses elementos se apresentam tem

---

528. Bockelmann, *Strafrechtliche Untersuchungen*, 1957, pp. 84 e ss.
529. Roxin, *Kriminalpolitik und Strafrechtssystem*, p. 34.
530. Roxin, *Kriminalpolitik und Strafrechtssystem*, p. 33.

conseqüências práticas: a exclusão da imputabilidade elimina a punibilidade, mas determina por si só a possibilidade de aplicar ao autor alguma medida de segurança, ainda que este tenha agido mediante erro de proibição inevitável. Não obstante, em tais hipóteses o autor não deveria ser considerado perigoso. Para evitar essas conseqüências, Armin Kaufmann propôs, acertadamente, inverter a ordem dos problemas: tratar em primeiro lugar da questão da consciência (potencial) da ilicitude e depois da imputabilidade.[531]

838. Como se viu no capítulo anterior, a questão da *exigibilidade* (basicamente o estado de necessidade exculpante) é, na verdade, uma questão que pertence sistematicamente ao âmbito do ilícito (casos de redução do conteúdo da ilicitude), portanto, é alheia ao conceito de culpabilidade.

§ 64. Os elementos da culpabilidade em espécie

839. Como dissemos, a exposição dos elementos da culpabilidade em espécie deve começar pela questão do conhecimento da desaprovação jurídico-penal do fato, diferentemente do que se faz habitualmente. De modo geral, expõe-se previamente a capacidade de motivação em sentido estrito (a imputabilidade), mas é claro que, se o incapaz de se motivar nesse sentido nem sequer pôde conhecer a desaprovação jurídico-penal do fato, a análise de sua culpabilidade será supérflua, pois com respeito a ele se excluiria, também, a possibilidade de aplicar uma medida de segurança. Portanto, uma vez que um erro de proibição não evitável exclui também a periculosidade, é desnecessário estabelecer previamente a capacidade de culpabilidade.

a) A possibilidade de conhecer a desaprovação jurídico-penal do fato

1. A consciência da desaprovação jurídico-penal

840. A primeira condição da capacidade de se motivar conforme o direito (penal) é a possibilidade de se conhecer a desaprovação jurídico-penal do fato cometido.

---

531. Kaufmann, Armin, *Lebendiges und Totes in Bindings Normentheorie*, pp. 162 e ss.

As teorias tradicionais levam em conta a questão do conhecimento da antijuridicidade, com o qual a culpabilidade desaparece somente quando o autor tenha agido mediante erro sobre aquela, isto é, sobre a proibição do fato, para o qual unicamente se exige um erro sobre a antijuridicidade material.[532]

841. Em nosso ponto de vista, a antijuridicidade material é insuficiente para a caracterização da desaprovação jurídico-penal do fato. Esta depende substancialmente da ameaça penal prevista para a realização do fato punível, ou seja, de sua punibilidade. Em conseqüência, o autor deve ter podido conhecer a punibilidade dela e o erro sobre esta não apenas atenua a gravidade da culpabilidade,[533] mas, quando inevitável, a exclui. A conseqüência prática imediata desse ponto de vista é que o erro sobre qualquer circunstância que exclua a punibilidade (seja uma causa de justificação, de "não-culpabilidade" ou uma escusa absolutória na terminologia tradicional) deverá ser regido pelas mesmas regras.

842. Ter a possibilidade de conhecer a punibilidade é o mesmo que ter a possibilidade de conhecer que o fato é punível, mas não significa que se exija também o conhecimento da gravidade da ameaça: basta que o autor possa saber que realiza um fato punível. O erro sobre a quantidade da pena é irrelevante. A razão que explica tal irrelevância, entretanto, reside no fato de que o autor deve ter tido a possibilidade de conhecer a desaprovação jurídico-penal e que esta depende da punibilidade, não da gravidade da pena.

843. O erro sobre a proibição do fato exclui a possibilidade do conhecimento da punibilidade, pois o pressuposto mínimo desta é a proibição. Por sua vez, o conhecimento da proibição (no sentido da antijuridicidade material) pode permitir ao autor deduzir a punibilidade do fato. Essa problemática tem importância, sobretudo, em relação à evitabilidade do erro sobre a punibilidade.

2. A dúvida sobre a desaprovação jurídico-penal

844. O problema da dúvida sobre a desaprovação jurídico-penal exige um tratamento especial.

---

532. Jescheck, *Lehrbuch des Strafrechts, Allgemeiner Teil*, p. 366.
533. Como sustenta Stratenwerth, *Strafrecht, Allgemeiner Teil*, n. 563.

A CULPABILIDADE   391

A relevância conferida por lei ao erro sobre a proibição é conseqüência do reconhecimento da consciência da antijuridicidade (potencial) como pressuposto da pena.

845. É claro que não haverá lugar para um erro de proibição se o autor tem segurança a respeito da antijuridicidade de sua conduta, pois o erro exige uma falsa representação a esse respeito. A questão fica menos clara quando o autor age tendo dúvidas sobre a antijuridicidade (consciência condicionada da antijuridicidade). Trata-se de uma figura similar a que tradicionalmente se conhece como dolo eventual, mas, em lugar de estar referida à consciência dos fatos, vincula-se com a consciência sobre a antijuridicidade.[534]

846. De uma parte, sustenta-se que a suposição de uma alta probabilidade da antijuridicidade é equivalente à certeza.[535] Conseqüentemente, não apenas não deveria ser apreciado nesses casos um erro sobre a proibição, nem tampouco caberia uma atenuação da pena (como conseqüência de uma menor reprovabilidade).[536]

Por outro lado, sustenta-se que a dúvida sobre a antijuridicidade deveria ser contemplada, sob certas circunstâncias, como um fundamento para reduzir a pena.[537] A menor reprovabilidade, contudo, não se conecta de forma automática com a dúvida, mas exige um exame das circunstâncias nas quais ela ocorreu.

847. A solução dogmaticamente mais correta é a que permite admitir a possibilidade de reduzir a pena. O critério para pôr em prática essa solução pode ser concretizado da seguinte maneira: se no caso de faltar totalmente a consciência da antijuridicidade o erro ti-

---

534. Cf. Kaufmann, Armin, in *ZStW*, 70 (1958), pp. 64 e ss.; Schmidhäuser, *Strafrecht, Allgemeiner Teil*, p. 419; Rudolphi, *Systematischer Kommentar zum Strafgesetzbuch*, § 17, n. 12; Jakobs, *Strafrecht, Allgemeiner Teil*, 2ª ed., 1991, pp. 417 e ss.

535. Kohlrausch – Lange, *Strafgesetzbuch*, 43ª ed., 1961, p. 219; Rudolphi, *Systematischer Kommentar zum Strafgesetzbuch;* Schmidhäuser, *Strafrecht, Allgemeiner Teil*, p. 422; Jescheck, *Lehrbuch des Strafrechts, Allgemeiner Teil*, p. 367 (com algumas exceções).

536. Rudolphi, *Unrechtsbewusstsein, Verbotsirrtum und Vermeidbarkeit des Verbotsirrtums*, 1969, p. 129.

537. Armin Kaufmann, in *ZStW*, 70 (1958); Warda, *Festschrift für Welzel*, 1974, pp. 499 e ss. (com abundante casuística); Stratenwerth, *Strafrecht, Allgemeiner Teil*, n. 586; Jakobs, *Strafrecht, Allgemeiner Teil*, p. 458.

ver sido inevitável, a atenuação da pena poderia ser considerada obrigatória.[538]

A justiça da solução parece ser inquestionável. A instrumentalização dogmática não é, contudo, óbvia. A atenuação prevista no art. 14 do CP espanhol pressupõe que o autor tenha carecido (totalmente) da consciência da antijuridicidade, porque nos casos em que agiu com dúvida a esse respeito, não se aplica. Para decidi-lo, conseqüentemente, deve-se partir do fato de que não se pode equiparar a dúvida sobre a antijuridicidade com a sua falta.

848. Diante da nova lei penal cabe questionar acerca da possibilidade de que a dúvida sobre a desaprovação jurídico-penal tem um efeito atenuante sobre a pena, disposição prevista no seu art. 14, uma vez que não pode excluir a culpabilidade como o faz o erro inevitável. Cabe pensar, por um lado, na aplicabilidade supletiva do art. 21.1 do CP espanhol, pois o erro inevitável de proibição é uma "causa que exime a responsabilidade criminal" e que, portanto, deveria estar previsto no art. 20 daquele diploma legal. Se não o está, ele não teria que incidir, como conseqüência, na aplicação da analogia (*in bonam partem*), dada a *identidade* da questão. A dúvida sobre a desaprovação jurídico-penal determina que não concorram todos os requisitos necessários para eximir a responsabilidade no caso de erro de proibição. Certamente, o novo art. 68 do CP espanhol, que estabelece a conseqüência jurídica dos casos de excludentes incompletas, parece não impor uma redução obrigatória da pena. Mas isso não é mais do que uma aparência, pois tal dispositivo deve ser entendido sob a ótica do art. 1 da *CE* e, portanto, *de acordo com os valores superiores do ordenamento jurídico*, de modo particular, *a justiça*. Se seu conteúdo de ilicitude ou de culpabilidade do fato for menor, a pena será *obrigatoriamente* reduzida.

3. A consciência da desaprovação jurídico-penal é divisível e potencial

849. Nos casos de concurso formal de crimes, por conseguinte, exige-se o conhecimento das diversas desaprovações que afetam o fato. A consciência da desaprovação não deve ser atual. É suficiente

---

538. Jakobs, *Strafrecht, Allgemeiner Teil*, 2ª ed., 1991, p. 458; Stratenwerth, *Strafrecht, Allgemeiner Teil*, n. 586 e ss.

que o autor saiba de sua punibilidade e, de regra, isto acontecerá quando ele tiver conhecimento da antijuridicidade material do fato reduzido à possibilidade de que ele seja punível

4. As hipóteses de erro sobre a desaprovação jurídico-penal (teoria do dolo e teoria da culpabilidade)

850. Naturalmente, a questão do conhecimento do dever imposto pela norma era uma condição de sua infração no âmbito da teoria dos imperativos. Por isso, a consciência da infração do dever foi considerada, em um primeiro momento, ainda quando não se obedecia à teoria dos imperativos, como um *elemento do dolo*. Ao lado do conhecimento da circunstância do tipo objetivo, o dolo exigiu que o autor tivesse tido um conhecimento (atual) da ilicitude. Todo o erro (evitável ou não) sobre a ilicitude deveria excluir o dolo, ainda que deixando subsistente a responsabilidade pelo delito culposo. Essa teoria, que considera que a consciência da ilicitude deve fazer parte do dolo se denomina "*teoria do dolo*".

851. Diante dela, é hoje dominante a teoria que propõe que a consciência da ilicitude é um elemento da culpabilidade distinto do dolo e independente deste. É a "teoria da culpabilidade", que em lugar de exigir um conhecimento atual da ilicitude somente requer que o autor tenha tido possibilidade de conhecer tal ilicitude.

Este último ponto de vista se adapta melhor ao direito vigente do que aquele da teoria do dolo.[539]

5. As formas de erro sobre a desaprovação jurídico-penal

852. Enquanto o erro de tipo foi definido pelo legislador em relação ao objeto sobre o qual recai o erro, o de proibição foi caracterizado em relação à crença do autor *na ilicitude do fato*. Nesse sentido, a nova redação do art. 14.3 do CP espanhol não tem conseqüência alguma com relação à caracterização do erro de proibição: o erro pressupõe em qualquer caso uma crença errônea.

---

539. Outro ponto de vista, Mir Puig, *Derecho penal. Parte general*, 4ª ed., 1996, pp. 565 e ss.; Cobo del Rosal – Vives Antón, *Derecho penal. Parte general*, 4ª ed., 1996, pp. 557 e ss.

853. Para uma correta interpretação do § 3 do art. 14 do CP espanhol deverão ser entendidos como casos de erro de proibição aqueles em que o autor tenha tido um conhecimento correto das circunstâncias determinantes da ilicitude de determinada conduta, mas tenha agido na crença de que a sua realização não estava proibida pela lei

854. Sob tais condições, a crença errônea de estar agindo licitamente pode assumir diversas formas:

a) Em primeiro lugar, pode provir do desconhecimento da existência da proibição ou do mandamento da ação (*erro de proibição direto*). Por exemplo: um turista norte-americano supõe que na Espanha não é proibido o porte de armas de fogo. Os erros dessa espécie são mais freqüentes, como é lógico, no direito penal especial, ao que são aplicáveis os dispositivos previstos no art. 14 do CP espanhol de forma supletiva (art. 9 do CP espanhol). No direito penal tradicional (crimes contra as pessoas, propriedade, honra, liberdade etc.), tais erros são poucos recorrentes. Pode se cogitar de sua ocorrência quando se dêem modificações legais que redefinam o âmbito das ações puníveis (por exemplo, como conseqüência da introdução na lei de crimes completamente novos como o do art. 291 do CP espanhol).

b) A crença equivocada de agir licitamente pode provir também de uma apreciação errônea do alcance da norma (proibição ou mandamento). Essa hipótese não passa de uma variedade da anterior. Por exemplo, o autor crê que a proibição de matar não alcança os casos de eutanásia.

c) A crença errônea de agir licitamente pode decorrer, por outro lado, da suposição de uma causa de justificação que, na verdade, o ordenamento jurídico não prevê (*erro de proibição indireto*). Por exemplo, um professor acredita que o ordenamento jurídico o autoriza a aplicar castigos físicos aos alunos com fins educativos, quando tal autorização não está prevista nas leis vigentes.

d) por último, a crença errônea de agir licitamente pode se originar da suposição dos pressupostos de uma causa de justificação não prevista no ordenamento jurídico.[540] Por exemplo, o autor acredita equivocadamente na necessidade de sacrificar um bem jurídico para salvar outro de maior hierarquia (art. 20.5 do CP espanhol) ou crê ser

---

540. Jakobs, *Strafrecht, Allgemeiner Teil*, 2ª ed., 1991, p. 301.

agredido de forma ilegítima, quando na verdade apenas se trata de uma brincadeira e repele aquilo que parece tratar-se de uma conduta reprovável (art. 20.4 do CP espanhol).

855. Nos últimos tempos, abriu-se espaço a uma tendência que considera que o erro sobre os pressupostos de uma causa de justificação constitui uma hipótese *sui generis*, na qual se reúnem tanto elementos de erro de proibição como de tipo,[541] e que propõe que esse seja tratado como um erro de tipo tendo como base a aplicação analógica de suas regras (ou seja, conforme o art. 14.1).

856. O texto do art. 14 do CP espanhol não parece dar base para uma solução semelhante. O legislador modificou todas as hipóteses em que o autor tenha acreditado agir licitamente. Age desta maneira, portanto, tanto aquele que imagina que o fato não é proibido por uma norma, como aquele que supõe que o ordenamento jurídico o autoriza a realizar uma ação típica, como aquele que age na crença de que ocorrem circunstâncias nas quais sua ação estaria autorizada.

857. Contra essa argumentação não é possível replicar com base na *teoria dos elementos negativos do tipo*.[542] Segundo ela, as circunstâncias que justificam a realização do tipo fariam parte do fato típico do crime, como elementos negativos. Conseqüentemente, sob tal ótica, a suposição equivocada desses elementos negativos originaria um erro de tipo que, evidentemente, excluiria o dolo.[543] Não é possível aqui realizar uma discussão pormenorizada da teoria dos elementos negativos do tipo. Mas há pelo menos duas razões que não recomendam sua adoção.

858. Em primeiro lugar, a teoria dos elementos negativos do tipo costuma ser justificada com base num excessivo rigor com relação à tese aqui defendida. Não obstante, não parece necessária em um sistema em que um erro evitável de proibição deva reduzir obrigatoria-

---

541. Stratenwerth, *Strafrecht, Allgemeiner Teil*, n. 496 e ss.; Jescheck, *Lehrbuch des Strafrechts, Allgemeiner Teil*, pp. 373 e ss.; Dreher, *Festschrift für Heineitz*, pp. 207, 223 e ss.; Jakobs, *Strafrecht, Allgemeiner Teil*, p. 309; Roxin, in Roxin – Stree – Zipf – Jung, *Einführung in das neue Strafrecht*, 1974, pp. 12 e ss.

542. Gimbernat Ordeig, *Introducción a la parte general del derecho penal español*, pp. 51 e ss. e 76 e ss.

543. Sobre a teoria dos elementos negativos do tipo, ver Hisch, *Leipziger Kommentar*, mais recentemente, com sérias reservas, Jakobs, *Strafrecht, Allgemeiner Teil*, pp. 131 e ss.; Jescheck, *Strafrecht, Allgemeiner Teil*, pp. 199 e ss.

mente a pena, e em uma extensão considerável (um ou dois graus). Os resultados a que conduziria a teoria dos elementos negativos do tipo para o sistema legal não seriam mais justos e de maior efeito preventivo que os que se obteria com os critérios aqui propostos.

859. Por outro lado, a teoria dos elementos negativos do tipo, ao excluir o dolo nos casos de erro sobre as circunstâncias de uma causa de justificação, tem um efeito (não desejado) de impedir a punibilidade do partícipe que tenha agido sem erro, já que, em razão da acessoriedade da participação, não permitiria a sanção dos partícipes.[544] Essa crítica vale também para a chamada "*teoria do dolo*".

860. Ainda que a teoria dos elementos negativos do tipo seja insustentável, pois o conceito de tipo exige uma definição que não está legalmente estabelecida, e forneça uma definição carente de contradições lógicas,[545] o certo é que as conseqüências a que necessariamente conduzem no âmbito da participação aconselhou sua rejeição.[546]

6. Erro e excludentes incompletas

861. O art. 21.1 do CP espanhol estabelece a figura das excludentes incompletas. Tal dispositivo, uma vez introduzida a disciplina do erro na lei penal, é supérfluo, salvo no que se refere aos casos do art. 20.1 e 2. Com efeito, uma redução da pena como a prevista para as excludentes incompletas somente é razoável quando o autor tenha acreditado equivocadamente e de forma evitável no elemento da circunstância excludente. Na atualidade, com o desenvolvimento alcançado pela teoria do erro é tecnicamente inadequada a manutenção de

---

544. Cf. Dreher, *Festschirft für Heineitz*; Jescheck, *Strafrecht, Allgemeiner Teil*, p. 374; para evitar essa conseqüência, Rudolphi propõe, *Systematischer Kommentar zum Strafgesetzbuch*, § 16, 12, manter a teoria dos elementos negativos do tipo, mas entendendo o dolo no sentido da teoria da participação segundo a *ratio* dos preceitos que a regulam, com o que se evitaria a impunidade dos partícipes; uma construção tão complicada mostra-se totalmente desnecessária em razão da ampla atenuação que prevê o art. 14 do CP espanhol; criticamente sobre o ponto de vista de Rudolphi, Schimdhäuser, in *NJW*, 1975, 1809.

545. Stratenwerth, *Strafrecht, Allgemeiner Teil*, n. 178.

546. Outras críticas, referentes ao conceito de dolo, in Armin Kaufmann, in *JZ*, 1955, pp. 37 e ss. (agora também in *Strafrechtsdogmatik*, pp. 47 e ss.); Jakobs, *Strafrecht, Allgemeiner Teil*, pp. 132 e ss.

uma disposição que, na verdade, não faz mais do que criar uma séria perturbação neste sistema.[547]

7. A evitabilidade do erro de proibição sobre a ilicitude

862. A evitabilidade do erro de proibição tem uma função decisiva no regime estabelecido pelo art. 14 do CP espanhol. De acordo com este, o erro sobre a antijuridicidade excluirá a punibilidade quando tenha sido invencível. "Invencível" é o erro que ocorre quando o autor não pode evitá-lo. A inevitabilidade, portanto, converte-se em um pressuposto da exclusão da punibilidade pelo erro de proibição. A evitabilidade do erro de proibição, pelo contrário, determina a possibilidade do fato típico, antijurídico e culpável, com a pena do crime doloso, ainda que de forma reduzida conforme o art. 14.3 do CP espanhol.

863. A dependência da exclusão da punibilidade quando da inevitabilidade do erro é explicável sob diversos aspectos. Mas, de qualquer forma, dogmaticamente, a não punibilidade será sempre conseqüência da eliminação da culpabilidade, seja porque o autor não pode agir de outra maneira[548] ou não conseguiu evitá-lo,[549] seja porque quem não teve a possibilidade de conhecer a ilicitude não pode ser alcançado pelo mandamento normativo,[550] ou seja, finalmente, porque o autor não pôde conhecer a ilicitude apesar de ter empregado sua capacidade para tanto.[551] Em todo caso, a exclusão da punibilidade baseia-se na ausência de culpabilidade. Apenas excepcionalmente postula-se que o erro inevitável de proibição deva operar como uma causa de justificação.[552]

864. Essa dependência da não punibilidade do erro de proibição de sua inevitabilidade tem também uma *importância político-crimi-*

---

547. Bacigalupo, *CGPJ, Estudios sobre el Código Penal de 1995*, t. I, 1995, pp. 123 e 124.
548. Welzel, *Das Deutsche Strafrecht*, 11ª ed., 1969, pp. 171 e ss.
549. Jakobs, *Strafrecht, Allgemeiner Teil*, 2ª ed., p. 557; Neumann, *AK-StGB*, 1, 1990, § 17, 51.
550. Roxin, *Strafrecht, Allgemeiner Teil*, 1992, p. 597.
551. Rudolphi, *Systematischer Kommentar zum Strafgesetzbuch*, 2ª ed., 1977, § 17, 24.
552. Zielinski, *Handlungs- und Erfolgsunwert im Unrechtsbegriff*, 1973, pp. 266 e ss.; na mesma direção, Mir Puig, *LLespañola*, pp. 1 e ss.; Sancinetti, *Teoría del delito y disvalor de acción*, 1991, pp. 524 e ss.

nal. Nessa matéria, o legislador teve que optar pelo princípio do conhecimento ou pelo princípio da responsabilidade como ponto de partida e decidiu-se pelo último: a responsabilidade penal não dependerá do *conhecimento* da antijuridicidade, como postula a *"teoria do dolo"*,[553] mas apenas da possibilidade de seu conhecimento, no sentido da chamada *"teoria da culpabilidade"*. Em outras palavras, tal princípio estabelece que as pessoas sejam responsáveis pela correção de suas decisões dentro dos limites de sua capacidade ético-social.[554] Dessa maneira, a punibilidade do erro evitável tem lugar porque o autor pode alcançar a consciência da antijuridicidade que realmente não teve ao executar o fato, isto é, porque pode agir de outra maneira.

865. Sob uma *perspectiva processual*, a inevitabilidade do erro de proibição tem uma notável influência nas exigências da motivação da sentença. A *teoria estrita do dolo*, isto é, aquela que exclui o dolo quando o autor desconhece a proibição, deixou o tribunal com a difícil tarefa de demonstrar que o acusado que alega um erro sobre a antijuridicidade, por absurdo que isso possa parecer, não disse a verdade.[555] Para evitar tais dificuldades, a essência da teoria estrita ou rígida[556] foi reduzida à *teoria limitada do dolo*,[557] que introduziu o limite da "cegueira jurídica". De acordo com essa variedade da teoria do dolo, a atitude desviada de quem não conhece o direito ou não o quer conhecer, ou seja, daquele que padece de uma "cegueira jurídica", produto de uma atitude incompatível com a ordem jurídica, traria como decorrência a circunstância de o autor, "na verdade, não ter infringido o direito, não obstante ele seja tratado como um agente doloso".[558] Desse modo, também a teoria limitada do dolo lograva evitar o problema da fundamentação da prova de um elemento subjetivo, que precisamente por sua natureza, é de difícil acesso a comprovação de uma atitude do autor incompatível com a ordem jurídica.[559]

---

553. Mezger, *Strafrecht, ein Lehrbuch*, 3ª ed., 1949, pp. 325 e ss.
554. Welzel, *Das Deutsche Strafrecht*, pp. 162 e ss.
555. Sobre essa problemática, ver: Schimdhäuser, *Strafrecht, Allgemeiner Teil*, 2ª ed., 1975, pp. 417 e ss.
556. Assim, conforme terminologia de Jakobs.
557. Cf. Mezger, *Leipziger Kommentar*, 7ª ed. 1954, t. I, § 59, II, B, 17.b, p. 454.
558. Mezger, "Probleme der Strafrechtserneurung", *Festschrift für Kohlrausch*, 1944, pp. 180-184.
559. Não se pode negar que esse ponto de vista enfrentou o descrédito de ter sido adotado pelos Projetos alemães de 1936 e 1939, que caracterizaram, com rela-

A CULPABILIDADE

866. Também parte do mesmo programa prático a chamada *teoria da culpabilidade*, que considera que a consciência da culpabilidade é um elemento alheio ao dolo e que, portanto, sua ausência, provocada por um erro de proibição, não exclui o caráter doloso da conduta típica.[560] Para isso, vale-se da evitabilidade do erro. Comprovado (ou alegado) o erro pelo acusado, a questão que se apresenta para a teoria da culpabilidade consiste em determinar sua evitabilidade, ou não, com o que a fundamentação da decisão se relaciona com o conjunto de circunstâncias, em princípio objetivas, nas quais o autor executou sua conduta, e não com a comprovação do conteúdo de sua consciência no momento do fato.

867. A partir desses problemas práticos, demonstra-se que tanto a teoria "*do dolo*" como a "*da culpabilidade*" introduziram diversas imitações, cuja finalidade coincidente é a de reduzir as soluções fundadas no erro de proibição apenas aos casos em que tal solução se apresente merecida pelo autor. Ambas as teorias diferem, contudo, na caracterização dos casos de absolvição merecida.

868. Essa problemática foi mal resolvida pelo art. 14 do CP. Com efeito, ao ter estendido ao erro de proibição evitável o regime de conseqüências jurídicas previstas para as excludentes incompletas, o legislador se esqueceu de que o problema que se deve resolver não é idêntico. A redução obrigatória em um ou dois graus prevista no art. 14.3 do CP espanhol pode resultar, ao menos amiúde, uma redução excessiva, isto é, desmerecida. Os tribunais, portanto, ver-se-ão com freqüência forçados a evitar uma atenuação excessiva sustentando que o autor não os convencera de sua alegação de erro. Isso determina que o problema prático que pretende resolver a teoria da culpabilidade com um texto como o do art. 14.3 do CP espanhol apenas possa sê-lo medianamente no direito vigente. A necessidade de reforma, como conseqüência, era urgente, mas o legislador não entendeu o sentido da reforma necessária. Além disso, agravou a situação ao excluir o erro de proibição do regime de redução facultativa do art. 68 do CP espanhol.

ção à ordem jurídica, uma "atitude incompatível com uma concepção popular sã do fato e da ilicitude" (cf. Mezger, "Probleme der Strafrechtserneurung", *Festschrift für Kohlrausch*, 1944, p. 184).

560. Schimdhäuser, *Strafrecht, Allgemeiner Teil*, pp. 416 e ss.

869. Na *doutrina espanhola*, a questão da evitabilidade do erro não mereceu até agora uma atenção especial. Um número importante de autores não trata do tema.[561] Como conseqüência, apenas excepcionalmente se prestou atenção à questão da evitabilidade do erro de proibição,[562] apesar de sua extraordinária importância na aplicação do antigo art. 6 *bis* a) e do atual art. 14.3 do CP espanhol.

O setor da doutrina espanhola que aborda o tema expressamente oferece distintas respostas.

(a)

870. Gómez Benítez concorda expressamente com o chamado critério objetivo. Em seu modo de ver, o juízo sobre a evitabilidade do erro deve ser objetivo: "levando em conta a situação concreta do sujeito, qualquer pessoa que se encontrasse na mesma situação poderia ter realizado – antes de agir tipicamente – uma série de comprovações que teriam esclarecido o caráter do fato contrário ao direito. Esse parâmetro objetivo não coincide com o aquele que mede se uma conduta foi culposa".[563] As críticas formuladas ao critério objetivo são, naturalmente, aplicáveis aqui de forma indireta à posição sustentada por Gómez Benítez, que – como se viu – concorda totalmente com ele: a culpabilidade é um elemento individual.

(b)

871. Por sua vez, Octavio de Toledo – Huerta vinculam a questão da evitabilidade com a capacidade do autor. De acordo com seu ponto de vista, "um erro evitável de proibição poderia ser definido

---

561. Bustos Ramírez, *Manual de derecho penal. Parte general*, 3ª ed., 1989, pp. 346 e ss.; Cobo del Rosal – Vives Antón, *Derecho penal. Parte general*, pp. 510 e ss.; Mir Puig, *Derecho penal. Parte general*, 4ª ed., 1996, pp. 659 e ss.; Muñoz Conde, *Teoría general del delito*, 2ª ed., 1989, pp. 144 e ss.; Muñoz Conde – García Arán, *Derecho penal. Parte general*, 1993, pp. 345 e ss.; Quintero Olivares – Morales Prats – Prats Canut, *Derecho penal. Parte general*, 1996, pp. 351 e ss.; Rodríguez Ramos, *Compendio de derecho penal*, 1988, pp. 221 e ss.

562. Bacigalupo, *Principios de derecho penal*, 2ª ed., 1990, pp. 181 e ss.; idem, *Comentarios a la legislación penal*, 1985, V-1, pp. 53 e ss.; Gómez Benítez, *Teoría jurídica del delito*, 1984, pp. 487 e ss.; Octavio de Toledo – Huerta, *Derecho penal. Parte general*, 2ª ed., 1986, pp. 314 e ss.; Zugaldía Espinar, *Código penal comentado*, 1990, pp. 30 e ss.

563. Gómez Benítez, *Teoría jurídica del delito*, 1984, nota 24, p. 487.

como aquela situação na qual o sujeito, achando-se em condições de conhecer – ao menos potencialmente – o caráter antijurídico de sua conduta, não o conheceu, contudo, por razões a ele imputáveis (descuido, indiferença, desídia, precipitação etc.)". Afirmam, ainda, que o "erro inevitável de proibição será aquele em que o sujeito não pôde compreender a motivação derivada da mensagem normativa, porque não se encontrava em condições de captá-la nem sequer potencialmente".[564] Essa concisa formulação não é incorreta, mas, muito provavelmente, não permite diferenciar adequadamente entre o problema da inevitabilidade daquele da inimputabilidade, pois, caso simplesmente se vincule a primeira com o "acesso à motivação", é indubitável que se sobreporá com a questão da imputabilidade ou capacidade em sentido estrito. A conhecida decisão de *BGHSt* 2, pp. 194 e ss., mostra essa diferença com clareza: nos estados psicológicos que determinam a inimputabilidade, o desconhecimento da antijuridicidade é "conseqüência de um destino inevitável do autor" e não pode fundamentar a reprovação da culpabilidade;[565] isso nos diferencia dos casos típicos de erro de proibição. Essa observação não significa negar, por óbvio, que o conhecimento (potencial) da proibição e a imputabilidade capacidade de culpabilidade em sentido estrito sejam hipóteses especiais da capacidade de se motivar de acordo com o dever jurídico, constitutivo do núcleo da responsabilidade que fundamenta a culpabilidade.[566] Não se questiona, contudo, a necessidade de uma diferenciação mais rigorosa dos pressupostos da evitabilidade e da imputabilidade, pois a inevitabilidade do erro constitui um problema diferenciado, na medida em que se apresenta quando o autor do fato típico e antijurídico tem, ademais, a capacidade de compreender a norma e de agir segundo tal compreensão, ou seja, quando é imputável e se encontra, portanto, em condições (psíquicas) de captar o sentido da norma e de se motivar de acordo com ela. Dito com outras palavras, a questão da inevitabilidade do erro exige estabelecer quais elementos específicos permitem sua determinação independentemente da capacidade de culpabilidade ou imputabilidade em sentido estrito.

564. Octavio de Toledo – Huerta, *Derecho penal. Parte general*, p. 315.
565. Cf. também Rudolphi, *Systematischer Kommentar zum Strafgesetzbuch*, pp. 200 e ss.
566. Armin Kaufmann, *Festschrift für Eberhard Schmidt*, p. 322; Bacigalupo, *Principios de derecho penal*, p. 175.

(c)

872. Os demais autores que tratam da questão da evitabilidade do erro de proibição[567] seguiram os desenvolvimentos da dogmática alemã, estabelecendo que a evitabilidade pressupõe que o autor tenha tido:

1. *Razões* para pensar na antijuridicidade, isto é, que as circunstâncias sejam tais que tenha sido possível se perguntar acerca da infração da norma.

2. A *possibilidade* de obter uma correta informação sobre o direito, que lhe tivesse permitido compreender a ilicitude de seu comportamento.

Tais elementos serão abordados abaixo.

873. Como se viu, a evitabilidade do erro depende, de acordo com a opinião generalizada na doutrina alemã e seguida em parte na Espanha, das seguintes condições: o autor deve ter tido razões para pensar na antijuridicidade e a possibilidade e esclarecer a situação jurídica. De que forma se estabelecem ambos os elementos que fundamento um juízo sobre a evitabilidade do erro?

(1)

874. As razões para pensar na antijuridicidade devem referir-se a circunstâncias do fato que proporcionam ao autor um indício da possível antijuridicidade. Discute-se, assim, quais são essas circunstâncias.

(I)

875. O Tribunal Supremo federal alemão[568] sustentou um ponto de vista extremo: todas as circunstâncias de todos os fatos constituem razões para pensar em sua antijuridicidade. Vale dizer, agir constitui uma razão para pensar na antijuridicidade. O *BGH* fundamentou esse ponto de vista da seguinte maneira: "nem todo o erro de proibição

---

567. Bacigalupo, *Principios de derecho penal*, e, especialmente, *Comentarios a la legislación penal*, V-1º, 1985, pp. 53 e ss. e 83 e ss.; Zugaldía Espinar, *Código penal comentado*.

568. *BGHSt*, t. 2, p. 201.

exclui a reprovação da culpabilidade. A falta de conhecimento é em certa medida reparável. As pessoas, apesar de estarem estruturadas sobre sua falta de determinação moral livre, são, a todo o momento, chamadas, como partícipes de uma comunidade jurídica, a se comportar de acordo com o direito e a evitar o ilícito. Esse dever não se satisfaz se elas somente desejam fazer aquilo que é claramente lícito a seus olhos. As pessoas têm, pelo contrário, que tomar consciência, antes de tudo, daquilo que pensam em fazer, se isso está de acordo com os princípios do dever jurídico. As dúvidas devem ser solucionadas mediante reflexão ou informação". Esse critério, vinculado, como se vê, à concepção da evitabilidade do erro como infração de um dever de informação que existiria em todos os casos, mereceu fortes objeções.[569] Entende-se que caso se parta de uma exigência tão rígida a "vida social se paralisaria".

(II)

876. Um setor da doutrina atual sustenta que a capacidade de comprovar a situação jurídica não ocorre apenas quando o autor teve dúvidas sobre a antijuridicidade, mas, também, quando não o teve, mas sabe que age em um âmbito no qual existe uma regulamentação específica, e quando ele é consciente de que produz dano a outrem ou à comunidade. "Se não se dá nenhuma dessas situações, deve-se reconhecer, em favor do autor, que não teve conhecimento da ilicitude de sua ação, ou seja, há um erro de proibição inevitável".[570]

877. Rudolphi compartilha de ponto de vista semelhante, afastando a inevitabilidade do erro nos casos de ações realizadas dentro de um âmbito de atividades especialmente reguladas ou em hipóteses de normas fundadas em valores fundamentais da ordem jurídica sobre a base da "culpabilidade pela conduta de vida" ou de uma "reprovação imediata da culpabilidade pelo fato".[571] Essas idéias têm, sem dúvida, notórias vantagens práticas, pois permitem, em relação às de

---

569. Roxin, *Strafrecht, Allgemeiner Teil*, pp. 610 e ss.; F-Chr. Schoröder, *Leipziger Kommentar*, 10ª ed., 1985, § 17, 29.

570. Roxin, *Strafrecht, Allgemeiner Teil*, p. 602; em parte, também, F-Chr. Schoröder, *Leipziger Kommentar*, 10ª ed., 1985, § 17, 29.

571. Rudolphi, *Systematischer Kommentar zum Strafgesetzbuch*, § 17, pp. 44 e ss.

Horn, uma razoável limitação dos casos de inevitabilidade do erro de proibição. Não se pode negar, contudo, que, na realidade, não são totalmente compatíveis com sua ótica. Com efeito, caso se pretenda fundamentar a reprovabilidade do erro de proibição na capacidade (não empregada) do autor, o certo é que dessa maneira não se o logrará, pois ao estender os casos nos quais ele não teve dúvidas sobre a antijuridicidade (ou seja, ao reduzir o componente individual da evitabilidade do erro), aparta-se da questão da sua capacidade pessoal, para retornar, secretamente, ao critério da evitabilidade muito próximo ao da infração do dever de informar-se sobre a antijuridicidade.[572] Em outras palavras: introduzem algo muito próximo do "dever de duvidar".

(III)

878. Entendimento diverso, ainda que orientado no mesmo sentido, é aquele proposto por Jakobs[573] que não se refere à capacidade do autor, mas determina a evitabilidade conforme o fim preventivo-geral (positivo). A partir dessa perspectiva, o conceito de evitabilidade teria sido concebido de forma duplamente equivocada. De uma parte, a evitabilidade não é um fim em si mesmo, já que, se o autor evita o erro, diz o estudioso, teve consciência da antijuridicidade. Isso não significa que não deva ser punido, mas justamente o contrário. De outra parte, o conceito de evitabilidade conduz a uma inadequada associação com o conceito psicológico de "capacidade", tal como esse entendido no âmbito da imputabilidade. A evitabilidade, pelo contrário, não deve constituir um problema psicológico, mas normativo: trata-se da resposta à pergunta sobre quais são os fatores psíquicos do erro que o autor pode invocar em seu benefício e quais ele tem que responder.[574]

879. A partir dessas premissas, a evitabilidade do erro de proibição depende de saber se o autor é ou não competente (responsável) a respeito do defeito de conhecimento da antijuridicidade. A questão terá diferentes respostas conforme o erro recaia sobre normas fundamentais (*Grundlageirrtum*) ou sobre normas de um âmbito "disponível", isto é,

---

572. Cf., sobre tal problemática, Bacigalupo, *Comentarios a la legislación penal*, V-1º, p. 86.
573. Jakobs, *Strafrecht, Allgemeiner Teil*, 2ª ed., 1991, pp. 556 e ss.
574. Jakobs, *Strafrecht, Allgemeiner Teil*, 2ª ed., 1991, p. 558.

normas cujo conteúdo não seja, em uma sociedade determinada, "evidente". No campo das normas fundamentais, a competência do autor, vale dizer, as razões para pensar na antijuridicidade somente poderão faltar se se apresentar um "déficit de socialização" (por exemplo, porque pertencente a uma cultura diversa, na qual tais normas não são reconhecidas); em tais casos, trata-se de uma situação similar à de inimputabilidade.[575] Às normas fundamentais pertencem, ademais, as que regulam um âmbito vital no qual o autor age em um tempo considerável, por exemplo, as que regulam o exercício de sua atividade profissional.[576] No âmbito das normas "disponíveis", pelo contrário, o autor não pode invocar em seu favor um déficit real de conhecimento jurídico, se a norma entrou em sua consciência, no caso de ter tido uma suficiente disposição de cumpri-la. E isso é conseqüência do fato de que o direito penal deve garantir que não se possa contar com tal déficit para merecer uma desculpa, pois, de outra maneira, "não se poderia evitar que toda pessoa imputável não se valeria dessa situação".[577] Em suma: Jakobs entende que o autor deve responder por seu erro se de seu comportamento surgir um reconhecimento insuficiente do direito positivo[578] e se se considerar que existam razões para pensar na antijuridicidade "quando a conduta do autor é incompatível com a validade da ordem jurídica positiva e o erro não é causa e nem pode ser imputado a outro sistema".[579]

(2)

880. Se o autor teve razões para pensar na antijuridicidade, terá que se assegurar a respeito do significado jurídico de sua conduta.[580] Os meios assinalados na doutrina como idôneos para afastar a incóg-

---

575. Jakobs, *Strafrecht, Allgemeiner Teil*, 2ª ed., 1991, pp. 557 e 545. Em grande parte, esse ponto de vista tem sido exposto na jurisprudência, em numerosas decisões nas quais se sustenta que não se pode reconhecer o erro de proibição quando este se refere a normas elementares do ordenamento jurídico.
576. Jakobs, *Strafrecht, Allgemeiner Teil*, 2ª ed., 1991, p. 546.
577. Jakobs, *Strafrecht, Allgemeiner Teil*, 2ª ed., 1991, p. 558.
578. Jakobs, *Strafrecht, Allgemeiner Teil*, 2ª ed., 1991, p. 560.
579. Jakobs, *Strafrecht, Allgemeiner Teil*, 2ª ed., 1991, p. 561. A palavra "sistema" na terminologia de Jakobs pode ser entendida como sinônimo de "sujeito", mas levando-se em conta que não se refere somente a sujeitos psicofísicos, é dizer, a pessoas individuais.
580. Doutrina dominante: v. Bacigalupo, *Comentarios...*, cit., V-1ª, pp. 87 e ss.

nita a esse respeito são a reflexão e a informação em uma fonte jurídica confiável. Ambos foram assinalados pela mencionada decisão do *BGHSt*,[581] na qual – como se viu – se disse que o sujeito responsável deve repelir suas dúvidas sobre a antijuridicidade mediante reflexão e informação.

(I)

881. Auto-reflexão caracteriza-se por um esforço de consciência para compreender a importância jurídica da conduta. Mas, é evidente que se trata de um meio totalmente contornado pelos conteúdos de consciência, que são produtos do processo de ressocialização, e que apenas pode alcançar seu objetivo quando aborda normas ético-sociais geralmente reconhecidas, vale dizer, na terminologia de Jakobs, pertencentes ao núcleo fundamental do direito penal.[582] É claro que quando se trata de pessoas com forte formação religiosa ou ideológica, é possível que o esforço de consciência não lhes permita chegar precisamente ao conteúdo das normas do ordenamento jurídico.

(II)

882. A informação, pelo contrário, oferece as melhores possibilidades, sempre quando provém de uma fonte confiável. Normalmente, esta será um advogado, mas também os notários, procuradores e os funcionários competentes no âmbito local que se deve desenvolver o projeto de ação. O cidadão não deve arcar com a tarefa de verificar a correção do conselho jurídico, pois isso levaria a uma cadeia interminável de comprovações que praticamente impediria todo comportamento,[583] o que resultaria incompatível com o direito genérico à liberdade de ação, que decorre da dignidade da pessoa e do direito ao livre desenvolvimento da personalidade que lhe é inerente (art. 10.1 da *CE*).

883. Na teoria, confere-se uma grande importância como fonte de informação à jurisprudência. Quando o autor tiver projetado sua ação

---

581. *BGHST*, t. 2, pp. 194 e ss.
582. Cf. Jakobs, *Strafrecht, Allgemeiner Teil*, 2ª ed., 1991, p. 545; Bacigalupo, *Comentarios a la legislación penal*, V-1º, p. 87.
583. Cf. Roxin, *Strafrecht, Allgemeiner Teil*, p. 604.

sobre a base decisões judiciais conhecidas, o erro sobre a antijuridicidade será, de regra, inevitável.[584] A questão será problemática quando se tratar da observação de uma jurisprudência conflitante. Mas em tais casos, não se pode exigir do autor o alcance de um conhecimento que os próprios tribunais não souberam estabelecer. Se o autor se comportar de acordo com um dos entendimentos admitido pela jurisprudência, seu erro deve ser declarado inevitável. Aqui se vê uma razão a mais para se buscar uma verdadeira unificação da jurisprudência, por meio do Tribunal Supremo.

884. A aplicação prática dessas teorias exige, como conseqüência da equivocada elaboração legislativa do texto do art. 14 do CP espanhol, distinguir claramente entre os problemas de prova do erro ou da ignorância da antijuridicidade e a questão de sua evitabilidade. Nesse sentido, deve-se ter presente que o erro de proibição ou o erro sobre a antijuridicidade somente podem ser considerados quando o acusado, de uma maneira explícita ou não, o tenha alegado em sua defesa. Se o tribunal entender que essa alegação é ou pode ser verídica, o erro ou a ignorância dar-se-ão por provados. Quando, pelo contrário, o tribunal considerar que possa fundamentar racionalmente a inveracidade da alegação, deverá rejeitá-la motivando sua decisão (art. 120.3 da *CE*).[585]

885. Resumindo: provada a ignorância ou o erro sobre a antijuridicidade deve-se saber se estes eram ou não evitáveis. O juízo sobre a evitabilidade deve ser separado, portanto, em dois questionamento:

a) se o autor teve razões para supor a antijuridicidade;

b) se teve à sua disposição a possibilidade de esclarecer a situação jurídica.

8. As conseqüências jurídicas do erro
sobre a desaprovação jurídico-penal

886. O art. 14, III, do CP espanhol prevê uma redução obrigatória da pena do crime doloso. Trata-se da imposição de uma atenuação

---

584. Roxin, *Strafrecht, Allgemeiner Teil*, 1992, p. 605; Schoröder, *Leipziger Kommentar*, § 17, 32 e ss. Na doutrina espanhola, Cobos Gómez de Linares, *Presupuestos del error sobre la prohibición*, 1987.
585. Cf. *SSTS* de 15.4.1989, Rec. 753/86; de 3.5.1989, Rec. 1.452/87.

exagerada de um ou dois graus da pena. Isso já se mostra grave no Código anterior, onde o erro inevencível de proibição é considerado como uma excludente incompleta. No novo Código Penal espanhol, dá-se uma situação na qual é evidentemente difícil saber qual idéia teve o legislador, pois modificou a conseqüência jurídica das excludentes incompletas, convertendo a redução em mera facultatividade – o art. 68 do novo CP espanhol diz: "(...) os juízes ou tribunais poderão impor (...) a pena inferior em um ou dois graus à determinada na lei" –, enquanto manteve a mesma redução para o erro invencível de proibição, mas com caráter obrigatório. Qualquer que seja a solução pretendida para as conseqüências jurídicas das excludentes incompletas, o certo é que não se entende quais razões existem para não ter sido adotado o mesmo critério a respeito do erro de proibição evitável. Em todo caso, o necessário era reduzir os efeitos da obrigatoriedade da atenuação estabelecida para essas hipóteses. Isso não poderia ter sido feito através da eliminação do vínculo da atenuante com uma medida mínima tão ampla como a prevista no novo Código Penal espanhol. Uma formulação que permitisse diminuição dentro do âmbito penal estabelecido para o crime – como uma atenuação ordinária – teria cumprido definitivamente com os objetivos político-criminais que aqui se postula nessa matéria.

887. De qualquer modo, a nova situação legal permite atenuar os equívocos do legislador, uma vez que o art. 68 do CP espanhol contém um princípio que permitirá deixar de lado uma jurisprudência extremamente discutível. Com efeito, até agora predominava na jurisprudência o entendimento de que quando a lei autorizava a redução da pena em um ou dois graus e se diminuísse apenas um, a regra aplicada era a relativa à pena até o segundo grau.[586] Esse critério não tinham fundamento claro no texto da lei e somente poderia ser deduzido da preferência que se conferia à diminuição do grau da pena, ainda que sua aplicação não fosse totalmente conseqüente.

888. Na atualidade, o art. 68 do CP espanhol permite aos tribunais aplicar as regras do art. 66 do mesmo diploma (*mutatis mutandis*, o antigo art. 61 do CP espanhol) tanto na redução de um como na de dois graus, por se tratar de uma faculdade – "aplicando-la na extensão que entenda pertinente" (no mesmo sentido, o art. 62 do CP espanhol).

586. Cf. *SSTS* de 14.4.1989; 27.9.1991; 19.2.1992; 8.4.1992; 21.11.1993.

Essa regra deve ser aplicada também no caso do art. 14.3 do CP espanhol, dado que não existem razões para que o regime da redução seja diverso no caso do erro. Além disso, já se deixou evidente a semelhança conceitual que existe entre o erro e as excludentes incompletas.

b) *A capacidade de culpabilidade em sentido estrito*

889. Na terminologia tradicional, esse elemento é designado como "imputabilidade", o qual designa as condições para a imputação subjetiva de um fato determinado, isto é, a atribuição de uma ação a um sujeito como sendo sua. A terminologia tradicional mostra-se, na verdade, pouco prática, porque não assinala o elemento que realmente importa, mas apenas o problema, de modo excessivamente genérico, que se pretende resolver. Ao se substituir essa terminologia pela de "capacidade de motivação" ou "capacidade de culpabilidade" atinge-se uma maior aproximação ao núcleo do problema dentro da sistemática moderna.

890. A questão da capacidade de motivação é de natureza eminentemente normativa: não deve se confundir, portanto, como uma questão médica ou psiquiátrica, ainda que seja necessário determinar alguns aspectos mediante ajuda de conceitos médicos.

A capacidade de motivação é aquela que se determina em função do cumprimento do dever e que exige:

a) a aptidão para compreender a desaprovação jurídico-penal;

b) a capacidade de dirigir seu comportamento de acordo com essa compreensão.

891. O Código vigente introduziu no art. 20.1 uma nova fórmula legal a respeito da capacidade de culpabilidade, ou, mais concretamente, dos estados pessoais que, sob certas circunstâncias, excluem a capacidade de culpabilidade, que responde ao chamado *método biológico-psicológico* ou *biológico-normativo*. Trata-se de uma estrutura em dois níveis: o correspondente aos *estados pessoais do sujeito* e o que se refere aos *efeitos de tais estados sobre a capacidade de autocondução do sujeito*. Apesar da aparente diversidade de natureza de cada um dos dois níveis, o certo é que se trata de uma "construção normativa".[587]

---

587. Jakobs, *Strafrecht, Allgemeiner Teil*, p. 522; Roxin, *Strafrecht, Allgemeiner Teil*, 2ª ed., 1994, pp. 729 e ss.

Portanto, no art. 20.1 do CP espanhol devem se distinguir, por um lado, as anomalias ou alterações psíquicas que precisam ser comprovadas como pressuposto e, por outro, a exclusão da *possibilidade de o autor compreender a ilicitude do fato ou de agir conforme esse entendimento*, que deve ser verificada como conseqüência daquelas anomalias.

892. Uma explicação tradicional dessa fórmula de dois níveis afirma que deve existir uma relação de causalidade entre as anomalias ou alterações psíquicas e a capacidade de autodeterminação. Esse ponto de vista, no entanto, tem sido posto em dúvida. Não se trata de comprovar uma *relação de causalidade real*, mas de se estabelecer normativamente se o agente se encontrava em uma situação pessoal que o permitia determinar-se de acordo com a norma violada. Nesse sentido, não se deve explicar a situação na qual o sujeito se motivou mediante um estado orgânico cerebral, mas de determinar se esse estado psíquico permite "*supor* uma perda da subjetividade" exigida pelo direito penal.[588] Em outras palavras: trata-se de saber se o direito vigente considera que o fato punível executado provém de um sujeito ou se o considera como um fato da natureza, que não deve ser imputado a ninguém, ainda que provenha de um ser humano.

1. A menoridade

893. Os Códigos Penais excluem de forma genérica a responsabilidade dos menores a partir de certa idade. No direito espanhol, essa exclusão é estabelecida para os menores de 18 anos no art. 19.

894. Na realidade, a exclusão da responsabilidade dos menores apóia-se na presunção *juris et de iure* de que ainda não alcançaram a maturidade necessária para se comportar de acordo com sua compreensão do direito. Por esse motivo, talvez, essa circunstância deveria ser tratada fora do capítulo correspondente às causas que excluam a capacidade de motivação.[i] A maior parte dos menores de 18 anos tem capacidade para se comportar de acordo com sua compreensão acerca da desaprovação jurídico-penal do fato; por essa razão, a me-

---

588. Jakobs, *Strafrecht, Allgemeiner Teil*, pp. 495, 522 e ss.
    i. No Brasil, o mesmo também ocorre, ou seja, a questão é tratada no tópico relativo à imputabilidade. De lembrar-se que a Constituição Federal, no art. 228, dispõe acerca da menoridade penal.

noridade deveria ser considerada como uma exceção pessoal ao regime do direito penal comum.

895. O momento de consideração acerca da idade é o da prática do fato, não o da sentença. Por tal deve se entender, por sua vez, o da realização da conduta, seja ela referente à autoria o à participação.

2. As anomalias ou alterações psíquicas
   I – A exclusão da capacidade de motivação por doença mental

896. Uma anomalia ou alteração psíquica deve ser reconhecida, sobretudo, nos casos de doença mental. O conceito jurídico de doença mental não se sobrepõe ao conceito médico. Sob o enfoque jurídico, aquele com o qual essas expressões devem ser interpretadas, devem ser incluídas as psicoses em sentido clínico, tanto de origem exógena como endógena. Entre as exógenas, encontram-se os delírios condicionados por paralisia esclerótica, o *delirium tremens*, os que têm suas origens em intoxicações e os estados psicóticos provenientes de tumores com lesões cerebrais. A embriaguez pode ser considerada como doença mental quando tenha alcançado um grau considerável (3°/00 de álcool no sangue)[589] capaz de excluir a capacidade de compreender e de se comportar de acordo com esse entendimento.

As psicoses endógenas são fundamentalmente a esquizofrenia e a síndrome maníaco-depressiva ou circular.

897. As doenças mentais, além de serem agrupadas conforme suas causas, como acabamos de ver, também o são segundo suas síndromes.[590] A partir desse ponto de vista, distingue-se entre "o tipo de reação aguda exógena", "a síndrome orgânica em sentido estrito" e "a síndrome psíquico cerebral local".

898. A epilepsia é considerada uma doença mental do ponto de vista jurídico, ainda que, em parte, recuse-se seu caráter de psicose endógena.[591]

899. É preciso enfatizar que o conceito de doença mental de Kurt Schneider, ao qual tão freqüentemente se recorre na prática,

---

589. Rudolphi, *Systematischer Kommentar zum Strafgesetzbuch*, § 20, 7.
590. Hilde Kaufmann, *Kriminologie*, 1971, t. I, pp. 21 e ss.
591. Cf. Córdoba Roda, in Córdoba Roda – Rodríguez Mourullo, *Comentarios al Código Penal*, p. 216; Hilde Kaufmann, *Kriminologie*, pp. 33 e ss.

não é hoje em dia admissível na interpretação dos dispositivos acerca da exclusão da capacidade de motivação.[592] Nessa crítica, não deixa de ter influência o meio século de antigüidade de tal conceito. Para Schneider, "apenas há enfermidade corpórea, e um fenômeno espiritual mórbido deve ser condicionado pela existência de uma modificação enferma do corpo".[593] Ocorre que nas próprias enfermidades mentais, como a esquizofrenia e a síndrome maníaco-depressiva ou circular, tais transformações do corpo não foram comprovadas.[594] "Suposição de que a ciclotimia e a esquizofrenia provêem de doenças (corporais) é um puro postulado, embora muito provável e quase fundamente construtivo".[595] As personalidades psicóticas, de sua parte, "não se referem a uma enfermidade" (corporal).[596] De modo que o limite entre a doença e simples anormalidade baseia-se na pura postulação de uma suposição não comprovada experimentalmente. É evidente que metodologicamente um conceito semelhante restaria inválido. Pretender estabelecer a linha divisória entre imputabilidade e inimputabilidade com base nele é algo por demais criticável.[597]

900. Uma diferença entre os conceitos médico e psiquiátrico de doença mental e o conceito jurídico permite considerar como hipóteses de alienação ou de perturbação das faculdades mentais etc. casos que, do ponto de vista de seus efeitos sobre a capacidade de motivação, têm idênticas características. Trata-se de situações nas quais se comprova uma grave perturbação do "núcleo da personalidade e da capacidade de atuar de acordo com o sentido".[598]

901. Aqui entram em consideração, em primeiro lugar, as psicopatias. Certamente, os fundamentos destas são hoje questionados, pois não se pode demonstrar uma distinção adequada entre as perturba-

---

592. Schneider, *Die psychopathischen Persönlichkeiten*, 9ª ed., 1950, 1ª ed., 1923.
593. Schneider, *Die psychopathischen Persönlichkeiten*, p. 10.
594. Cf. Schneider, *Die psychopathischen Persönlichkeiten*; do mesmo autor, *Die Beurteilung der Zurechnungsfähigkeit*, 2ª ed., 1953, p. 8.
595. Schneider, *Die psychopathischen Persönlichkeiten*, p. 9.
596. Schneider, *Die psychopathischen Persönlichkeiten*, p. 10.
597. Hilde Kaufmann, *Kriminologie*, p. 20; também, Cabello, *Psiquiatría forense estado de necessidade el derecho penal*, 1981, t. I, pp. 167 e ss.
598. Rudolphi, *Systematischer Kommentar zum Strafgesetzbuch*, § 20, 14; Lenckner, in Schönke – Schröder, *Strafgesetzbuch, Kommentar*, §§ 20, 19 e 23.

ções condicionadas pelo desenvolvimento e as condicionadas pela disposição. O critério do qual o tribunal deve partir é o de se a gravidade de perturbação se faz comparável em seus efeitos a uma psicose em sentido clínico, levando em conta o caso concreto. Na psiquiatria moderna, não podem ser desconhecidas as tendências que procuram prescindir desse conceito por carecer de uma comprovação convincente. Em nosso ponto de vista, o que se exige é uma perturbação permanente da personalidade, que se expresse na reação concreta e de maneira grave.

902. Na opinião de alguns tribunais, as psicopatias seriam sempre insuficientes para determinar a inimputabilidade. O fundamento residiria no fato de que não registram uma base somática, segundo o exigido no conceito de Schneider. Mas precisamente em uma importante classe de psicose, como se demonstrou mais acima, tampouco se pode comprovar uma base patológica corporal (psicoses endógenas). Isso demonstra que não há, terminantemente, nenhum apoio científico para negar, em princípio, às psicopatias ou às personalidades psicóticas a qualidade de situações equivalentes a doenças mentais. Em definitivo, tudo se apóia em uma mera suposição que, por sua vez, descansa em outra não menos questionável: que a vida espiritual é um produto mecânico da causalidade natural.

903. O conceito de doença mental a que corresponde aquele elaborado por Schneider[599] provém da concepção positivo-naturalista da segunda metade do século XIX. Esse conceito médico, contudo, encontra hoje dificuldades.[600]

Os tribunais, em conseqüência, devem reconhecer esse estado da ciência como condicionante de suas resoluções e não decretar qual critério tem valor.

O caráter permanente ou transitório do transtorno mental não é, na verdade, essencial. A lei somente quer estender o conceito de doença relevante para excluir a imputabilidade aos casos de episódios não permanentes.

904. Em função do conceito de doença mental que sustentamos e que não se reduz ao conceito positivista, não se torna problemática

---

599. Weitbrecht, *Psychiatrie im Grundriss*, 2ª ed., 1968, p. 64.
600. Hilde Kaufmann, *Kriminologie*, p. 20.

a questão do "fundo patológico" do transtorno mental transitório, sobre o qual houve diversidade de opiniões na teoria espanhola.[601]

II – A exclusão da capacidade de motivação
por insuficiência do desenvolvimento mental

905. Entram nesse grupo, principalmente, os casos de oligofrenia, "que, no entanto, não expressam uma unidade gnoseológica, mas que, sob o enfoque etiológico, levam em conta as diversas causas, que em parte caem sob conceito somáticos de enfermidade, de tal forma que na estrita sistemática deveriam ser tratados sob o enfoque da psicose".[602]

906. Trata-se de pessoas cuja inteligência não rende de maneira suficiente para servir ao seu organismo diante do mundo circundante.[603]

As oligofrenias distinguem-se, conforme o grau alcançado pela afecção, em debilidade mental, imbecilidade e idiotia. Suas causas costumam ser comprovadas como hereditárias, resultantes de lesões durante a gravidez, imediatamente depois do nascimento ou em idade prematura.[604]

A relevância jurídico-penal da insuficiência intelectual é condicionada pelo efeito excludente da possibilidade de compreender a criminalidade do fato e de dirigir suas ações. A jurisprudência mais tradicional havia considerado esses casos dentro do conceito de alienação, ainda que com exceções.[605]

III – A exclusão da capacidade de motivação
por grave perturbação da consciência

907. Esses casos devem distinguir-se daqueles que importam uma perda total da consciência e que têm o efeito de excluir a realização de uma ação. "Perturbação da consciência é perturbação da relação nor-

---

601. Jiménez de Asúa, *La ley y el delito*, pp. 346 e ss.; Córdoba Roda, in Córdoba Roda – Rodríguez Mourullo, *Comentarios al Código Penal*, t. I, pp. 218 e ss.
602. Hilde Kaufmann, *Kriminologie*, p. 41.
603. Busemann, *Psychologie der Intelligenzdefekte*, 1959, p. 120.
604. Hilde Kaufmann, *Kriminologie*, p. 42.
605. Córdoba Roda, in Córdoba Roda – Rodríguez Mourullo, *Comentarios al Código Penal*, t. I, p. 214.

mal entre a consciência do eu (autoconsciência) e a consciência do mundo exterior e, portanto, uma lesão da autodeterminação."[606]

908. Há concordância com relação a quais perturbações não precisam ser patológicas e a quais, em conseqüência, podem ser também fisiológicas, como o sono etc., considerando-se aí, também, os casos de hipnose ou de estados pós-hipnóticos e os estados crepusculares hípnóticos.

Discute-se, pelo contrário, nesse contexto, até que ponto a comprovação de um estado emocional de alto grau é suficiente, para ter por preenchidos os pressupostos da exclusão da capacidade de motivação. Em princípio, é admissível,[607] mas se percebe uma tendência restritiva a respeito das exigências que devem ser observadas. Em parte, sustenta-se que no momento do fato o autor pode ter agido sem capacidade de motivação, mas que é necessário analisar se no momento de sua produção, anterior à realização do fato, o estado emocional era inevitável ao autor.[608]

3. A conseqüência normativa das anomalias ou alterações psíquicas

909. Essa verificação é o que temos designado como componente normativo da fórmula legal. Trata-se de um juízo valorativo que deve ser realizado pelo juiz.

As regras com base nas quais deve ser realizada a determinação variam segundo os casos. Principalmente as psicopatias e as neuroses criarão dificuldades especiais, pois, ainda quando se tenha em mãos um diagnóstico contundente a respeito delas, sua relevância jurídico-penal dependerá da intensidade que tenham alcançado. Nesses casos, exige-se ponderação cuidadosa da situação procurando-se estabelecer uma delimitação normativa. Em contrapartida, as dificuldades não serão excessivas quando se conte com um diagnóstico concludente de doença mental, em cujo caso poderá, de regra, assegurar-se a inimputabilidade. Hellmuth Mayer[609] propõe como fórmula comprovar se o autor, ao realizar o fato, "se mostra ainda em essência racional".

606. Rudolphi, *Systematischer Kommentar zum Strafgesetzbuch*, § 20, n. 10.
607. Jescheck, *Lehrbuch des Strafrechts, Allgemeiner Teil*, p. 355; Rudolphi, *Systematischer Kommentar zum Strafgesetzbuch*, § 20, n. 10; Lenckner, in Schönke – Schröder, *Strafgesetzbuch, Kommentar*, § 20, n. 14.
608. Cf. Rudolphi, *Systematischer Kommentar zum Strafgesetzbuch*, § 20, n. 12.
609. Mayer, *Strafrecht, Allgemeiner Teil*, p. 110.

910. A possibilidade de responder na forma médica à pergunta acerca da possibilidade de compreensão e de direção tem sido questionada desde há muito. Alexander e Staub a negaram nos idos de 1920 e mais recentemente Kurt Schneider[610] a afirmava que a "pergunta pela capacidade de compreensão e direção segundo essa compreensão é objetivamente irrespondível; e, sobretudo, o referente à possibilidade de agir de acordo com a compreensão".[611] O próprio Schneider explica que, na medicina, apenas se poderia responder a essas questões suscitadas pela primeira parte da fórmula. "Quase nunca diferenciamos (os psiquiatras) em nossas respostas a estas últimas questões (da capacidade de compreender de dirigir); tão longe, de certa forma, não chegamos".[612]

4. As alterações na percepção

911. O antigo art. 8.3 do CP espanhol continha uma regra especial que excluía a responsabilidade penal para o surdo-mudo de nascimento ou desde a infância. Essa regra, com razão, foi considerada supérflua por muitos autores, pois esses casos já se enquadravam nas categorias do art. 8.1.[613]

912. A nova redação do art. 20.3, que reproduz aquela introduzida pela Lei n. 8 de 1983, de 25 de junho, estabelece agora: "(...) aquele que, por sofrer alteração na percepção desde o nascimento ou desde a infância, tenha alterada gravemente a consciência da realidade". Tampouco nesse caso pode-se dizer que a redação seja feliz. Mas, deixando isso de lado, não há dúvida de que a nova regulamentação é tão supérflua como a anterior e que não exige um tratamento específico. Grande parte das críticas que, contudo, merecia o antigo texto[614] reproduzir-se-ão com o novo.

---

610. Cf. Schneider, *Die Beurteilung der Zurechnungsfähigkeit*.
611. Schneider, *Die Beurteilung der Zurechnungsfähigkeit*, p. 17.
612. Schneider, *Die Beurteilung der Zurechnungsfähigkeit*, p. 17.
613. Cf. Díaz Palos, *Teoría general de la imputabilidad*, 1965, pp. 222 e ss.
614. Cf. Córdoba Roda, in Córdoba Roda – Rodríguez Mourullo, *Comentarios al Código Penal*, t. I, pp. 232 e ss. Criticamente também: Mir Puig, *Derecho penal. Parte general*, 4ª ed., 1996, pp. 604 e ss.; Muñoz Conde – García Arán, *Derecho penal. Parte general*, 1993, p. 330.

913. O aconselhável seria a revogação desse dispositivo. O legislador, no entanto, não deu atenção a esse ponto de vista e não compreendeu que ele agravava a situação legal. Com efeito, o antigo art. 8.3 do CP espanhol de 1983 referia-se a uma forma de capacidade de culpabilidade que não especificava nenhuma conseqüência normativa dos estados psíquicos que a excluíam. Ao modificar a fórmula do novo art. 20.1 do CP seria de se perguntar qual razão existe para que nesses casos o legislador não exija expressamente que o autor não tenha conseguido compreender a ilicitude do fato ou agir conforme esse entendimento. Evidentemente nenhuma. Ainda que o art. 20.3 do CP não o exija expressamente, para os efeitos da exclusão da imputabilidade, é preciso que o autor não tenha conseguido compreender a ilicitude nem tenha se comportado de acordo com ela.

5. A capacidade de culpabilidade diminuída

914. O art. 21.1 do CP espanhol permite considerar como circunstância atenuante que o grau dos pressupostos ou das suas conseqüências não tenha alcançado a medida exigida para excluir a capacidade de motivação.

Isso é factível quando a capacidade de motivação do autor tenha sido consideravelmente reduzida. Em função da grande diversidade de hipóteses, pode-se admitir aqui a impossibilidade de ensinar regras gerais precisas. O Tribunal, todavia, deverá estabelecer ao menos a existência de uma anormalidade do autor que incida em sua capacidade de motivação e que tenha diminuído seu entendimento para a desaprovação jurídico-penal ou sua possibilidade de se comportar de acordo com ele. Nos casos de intoxicação por substância entorpecente que diminui a capacidade de culpabilidade, a jurisprudência costuma aplicar até o art. 21.6 do CP espanhol, em vez do 21.1, como uma simples atenuante, isto é, sem os efeitos previstos no art. 68 do mesmo diploma. Tal solução não deixa de gerar dúvidas, pois, se são análogos os pressupostos, deveriam ser também análogas as conseqüências jurídicas, o que exigirá a aplicação do referido art. 68.[615]

---

615. Cf. *SSTS* de 10.10.1984; 26.6.1985; 15.1.1986; 29.3.1986 e 23.3.1987, entre outras.

6. Casos de discrepância entre o momento da execução do fato punível e o da capacidade de culpabilidade: "actio libera in causa" (arts. 20.1.II e 20.2 do CP)

915. A nova redação do art. 20.1.II do CP espanhol estabelece uma regra que vem resolver a polêmica relativa à chamada *actio libera in causa*, ou seja, as hipóteses em que o autor livremente provocou o seu próprio estado de incapacidade e que, posteriormente, sob tal efeito, comete um delito. Em tais casos, excepcionalmente, dispõe-se que "o transtorno mental transitório não eximirá de pena quando tiver sido provocado pelo sujeito com o propósito de cometer o delito ou quando tiver sido previsto ou se deva ter sido prevista sua prática". De igual maneira, estabelece-se no art. 20.2 do CP espanhol como condição da não punibilidade dos atos cometidos em estado de intoxicação plena pelo consumo de bebidas alcoólicas, drogas tóxicas etc. que dito estado "não tenha sido procurado com o propósito de cometê-lo ou não tenha sido previsto ou se deva ter sido prevista sua prática".

916. Dessa maneira, o legislador decidiu uma questão que preocupou a doutrina nos últimos tempos.[616] Também a jurisprudência suscitou a questão do fundamento da responsabilidade nos casos de *actio libera in causa*.[617]

917. O novo dispositivo não deixa, de qualquer modo, de provocar dúvidas a respeito do fundamento dessa decisão legislativa.[618] Nesse sentido, é de se perguntar: estabelece-se um tipo penal autônomo mediante o qual se sanciona o fato de se colocar em estado de incapacidade para cometer um delito ou de agir sem o cuidado devido a esse respeito? Se se adota o segundo critério (tipo independente no qual se sanciona o fato de ter se colocado em um estado gerador do perigo de um fato punível), não restariam praticamente casos nos quais

---

616. Cf. Jakobs, *Strafrecht, Allgemeiner Teil*, pp. 500 e ss.; Roxin, *Strafrecht, Allgemeiner Teil*, p. 754; Neumann, *Zurechnung und "Vorverschulden"*, 1985; Hruschka, in *JuS* (1968), pp. 554 e ss.; Joshi Jubert, *La doctrina de la "actio libera in causa" en derecho penal*, 1992.

617. Cf. *SSTS* de 31.3.1993; em relação à jurisprudência sobre os crimes cometidos sob a influência de drogas ver, Joshi Jubert, *LLespañola*, XV, (n. 3475), de 11.3.1994.

618. Cf. sobre o novo texto: González-Cuéllar, *Código Penal, doctrina y jurisprudencia*, Conde – Pumpido Ferreiro (dir.), t. I, 1997, art. 20, pp. 592 e ss.; Morales Prats, *Comentarios al Código Penal*, Quintero Olivares (dir.), 1996, p. 139.

seria necessário recorrer a *actio libera in causa*. Essa interpretação, contudo, obriga a considerar o fato cometido em estado de incapacidade como uma mera *condição objetiva de punibilidade*.[619] Vale dizer, se não se quiser violar o princípio da culpabilidade, o autor deveria ser punido com uma pena diferente daquela prevista para o fato cometido em estado de incapacidade, uma vez que, com relação a este, não pode ser culpável. Mas, na medida em que a lei exige que o dolo ou a culpa do autor que criou sua própria incapacidade se estenda aos atos cometidos, parece que o legislador se entregou à chamada "solução do tipo", já postulada pela jurisprudência.[620] De acordo com essa solução, considera-se que a conduta em estado de incapacidade não é o fundamento da punibilidade, mas o fato de se ter determinado tal estado, uma vez que esse comportamento anterior é causal em relação à realização do tipo.[621] Nesse sentido, trata-se de uma hipótese de *autoria mediata*, em que o próprio sujeito atua como instrumento de si mesmo.

918. A construção baseada na solução do tipo foi atacada sob diversos argumentos, sobretudo no que se refere ao crime doloso. Nesse sentido, sustenta-se que se mostra duvidoso que o ato prévio seja causal em relação da ação formalmente típica cometida no estado de incapacidade; que eliminar a própria capacidade de motivação não constitui ainda um ato típico; que, com esta solução, priva-se o inimputável da possibilidade de desistência voluntária etc. Se essas críticas prosperassem, a regra do art. 20.1.II do CP espanhol seria impugnável à luz do princípio da culpabilidade.

919. Como alternativa a essa fundamentação, sustentou-se que, na verdade, a figura da *actio libera in causa* constitui uma exceção às regras da imputabilidade, segundo as quais o momento no qual se deve comprovar a capacidade é o da execução do fato (*teoria da exceção*).[622]

920. Sob a ótica do *modelo dialogal da imputação jurídico penal* propôs-se que esses casos fossem considerados da mesma maneira

---

619. Cf. Dreher – Tröndle, *Strafgesetzbuch und Nebengesetze*, 43ª ed., 1986; § 323, *a*, 9; Jakobs, *Strafrecht, Allgemeiner Teil*, p. 503.
620. Cf. *SSTS* de 31.3.1993 e de 16.3.1995; Roxin, *Strafrecht, Allgemeiner Teil*, 2ª ed., 1994, p. 755.
621. É claro que nesse âmbito pode-se pensar na inutilidade dessa figura: nesse sentido, Horn, in *GA* 69, p. 286.
622. Cf. Hruschka, in *JuS* (1968), p. 554, e in *SchwZStr* 90, 48.

que os do provocador da agressão, ao que se priva do direito de legítima defesa. Portanto, aquele que provoca sua própria incapacidade de inimputabilidade, não pode invocar em seu favor a regra do art. 20.1, II do CP.[623]

921. A *solução do tipo* é a correta e, conseqüentemente, as propostas alternativas são desnecessárias. Com efeito, a "solução da teoria da exceção" baseia-se, sobretudo, no fato de que dita exceção não tem respaldo legal, pois encontra o seu fundamento no direito consuetudinário. Como se sabe, esta não é a situação do direito vigente, pois a exceção deve estar expressa na lei penal. A solução dialogal proposta por Neumann, por sua vez, apenas seria necessária se não fosse possível considerar que a provocação da própria incapacidade não pode ser considerada como ação típica do crime cometido em tal estado. Mas a similitude dessas situações com a autoria mediata retira toda a força de convicção desse argumento, já que aquele que dolosamente se põe em estado de inimputabilidade, utiliza-se a si mesmo como instrumento. No crime culposo, onde a autoria mediata não pode ser tomada como referência, tampouco existe problema, já que os esforços em negar a relação de causalidade da ação de se colocar em estado de incapacidade com relação ao delito posteriormente executado, tampouco merecem ser acolhidos.[624]

---

623. Neumann, *Zurechnung und Vorverschulden*, 1985, pp. 176 e ss. e 178 e ss.
624. Cf. no sentido de negação da causalidade, Puppe, in *JuS* 1980, p. 348; Neumann, *Zurechnung und Vorverschulden*, p. 26; por todos, ver a réplica de Roxin, *Strafrecht, Allgemeiner Teil*, p. 756.

Capítulo X
A EXTENSÃO DA TIPICIDADE ÀS FORMAS IMPERFEITAS DE REALIZAÇÃO DO TIPO

922. A conduta é punível não apenas quando ocorrem todas as circunstâncias pertencentes ao tipo objetivo e subjetivo: consumação (supondo que o autor seja culpável), mas, também (sob certas circunstâncias), quando falta algum elemento exigido pelo tipo objetivo (tentativa). Dessa forma, entraremos na questão da delimitação do começo da punibilidade. Em outras palavras, e dado que o fato punível tem distintas etapas de realização, é preciso limitar em qual momento o autor ingressa no limite do punível e quando alcançou a etapa que permite chegar ao máximo da punibilidade prevista.

§ 65. As etapas de realização do fato punível doloso ("iter criminis")

923. O fato punível doloso desenvolve-se em quatro etapas: cogitação, preparação, execução e consumação.

a) *Cogitação*. Trata-se de um processo interno no qual o autor elabora o plano do delito e propõe os fins que serão meta de sua ação, elegendo, a partir dos fins, os meios para alcançá-lo. Esta etapa é regida pelo princípio *cogitationem poena nemo patitur*,[625] que tem hierarquia constitucional (art. 16 da *CE*).

b) *Preparação*. É o processo pelo qual o autor busca os meios eleitos, com vistas a criar as condições para o alcance da finalidade proposta.

c) *Execução*. É a utilização concreta dos meios eleitos na realização do plano. As zonas correspondentes à preparação e à execução

---

625. Jiménez de Asúa, *Tratado de derecho penal*, t. VII, n. 1.986.

resultam de difícil determinação. Sua distinção apenas tem sentido a partir do limite traçado pelo legislador entre o punível e o não punível, isto é, em relação a cada um dos tipos penais previstos na lei.

Dentro da execução é possível distinguir dois níveis de desenvolvimento: um no qual o autor ainda não concluiu o seu plano (tentativa inacabada) e outro no qual já realizou tudo o quanto poderia conforme seu planejamento visando à consumação (tentativa acabada).

d) *Consumação*. É a realização de todos os elementos do tipo objetivo, por intermédio dos meios utilizados pelo autor.

§ 66. Limites entre a punibilidade e a não punibilidade

924. Dessas etapas somente são puníveis as da execução e as da consumação. Tanto a cogitação como a preparação são penalmente irrelevantes. Isso decorre do próprio texto do art. 3 do CP espanhol, que adota a fórmula do "princípio de execução" para delimitar as zonas da punibilidade e da não punibilidade.

925. Afirma-se, com freqüência, que "excepcionalmente" a lei pune também atos preparatórios.[626] Tal afirmação é, no mínimo, supérflua e quiçá errônea. Preparação e execução são conceitos relativos que dependem do ponto em que o legislador fixe o começo da proteção penal ao bem jurídico. Em conseqüência, não há "atos preparatórios" em si, nem "atos executórios" em si. O porte de instrumentos para falsificar, punido no art. 400 do CP espanhol, não representa um ato preparatório "excepcionalmente" apenado, mas um ato autêntico de execução, porque o legislador deslocou até tais ações a proteção do bem jurídico correspondente. A partir do ponto de vista do apoderamento visado pelo autor, a morte daquele que detém a posse da coisa não passa de um ato preparatório, mas ninguém discutiria que não se trata de atos preparatórios excepcionalmente punidos. A afirmação de que são puníveis "somente por especiais motivos político-criminais",[627] com o qual aquela conclusão costuma vir acompanhada, é a prova definitiva de que não há exceção alguma, pois todos os crimes do Código Penal são incriminados por especiais motivos de política criminal.

---

626. Jescheck, *Lehrbuch des Strafrechts, Allgemeiner Teil*, pp. 423 e ss.
627. Jescheck, *Lehrbuch des Strafrechts, Allgemeiner Teil*, pp. 423 e ss.

926. Tampouco teria alguma coisa a ver com o tema, em nosso juízo, a questão das "resoluções manifestadas",[628] que se refere à proposição e à conspiração (arts. 17 e 18 do CP espanhol). Essas formas constituem tipos penais de crimes autônomos. O legislador fixou o limite a partir do qual se protege um bem jurídico e, com respeito a esse limite, poder-se-á, então, dizer o que é execução e o que é preparação. Da proposição e a conspiração resultarão, de regra, atos preparatórios de outro fato punível nos Códigos que não as incrimina expressamente; quando estiverem incriminadas constituirão, sem dúvida, um crime autônomo.[629]

§ 67. Conceitos e fundamentos da punibilidade da tentativa

a) Conceito

927. Há tentativa quando o autor, com o fim de cometer um crime determinado, começa sua execução, mas não o consuma por circunstâncias alheias à sua vontade (art. 16.1 do CP espanhol). Esse conceito é comum aos casos em que, apesar da falta de consumação do crime, a ação era adequada para alcançá-la (tentativa idônea) e aos casos em que a ação carece de aptidão para alcançar a consumação (tentativa inidônea).[i]

b) O fundamento da punibilidade da tentativa

928. O entendimento dos problemas suscitados no art. 16 do CP espanhol exige que se estabeleça previamente o *fundamento da punibilidade da tentativa*. Na atualidade, rivalizam pelo menos quatro teorias sobre essa questão, a seguir expostas.

(a)

929. A chamada *teoria objetiva* considera que a tentativa é punível pelo perigo a que se expõe o bem jurídico protegido. Essa teoria

---

628. Jiménez de Asúa, *Tratado de derecho penal*, t. VII, n. 2.000.
629. Em detalhe, a respeito do Código Penal espanhol: Cuello Contreras, *La conspiración para cometer el delito*, 1978.
i. No Brasil, não se pune a tentativa inidônea (art. 17 do CP).

não pode admitir a punibilidade da tentativa absolutamente inidônea, isto é, aquela que de nenhuma maneira tem aptidão para produzir a consumação.[630] A teoria objetiva, contudo, pode ser estendida à tentativa inidônea reconhecendo que não apenas entraria em consideração o perigo sofrido pelo bem jurídico, mas, também, a periculosidade exteriorizada pelo autor. Isto somente resultou possível na medida em que apenas se fundamentou na prevenção especial.[631] "A relação tem que se dar em um duplo sentido: na periculosidade do fato e na periculosidade do autor".[632] A teoria objetiva é dominante na dogmática espanhola.[633]

(b)

930. A *teoria subjetiva*, pelo contrário, toma como ponto de partida, não a colocação em perigo do bem jurídico, mas a comprovação de uma vontade hostil ao direito. Essa teoria permite conceber a punibilidade de toda tentativa, inclusive a inidônea, pois, dentro de seu esquema, uma distinção entre tentativa idônea e inidônea não tem sentido: toda tentativa é inidônea, pois, se tivesse sido idônea, o crime teria se consumado.[634] O fundamento dessa teoria é dado pela teoria da equivalência dos antecedentes: se todas as condições são equivalentes para o resultado, não há distinção possível no plano objetivo; é preciso, então, recorrer ao subjetivo. "Em sentido estrito, mostra-se inclusive inadequado falar-se de um meio idôneo, porque a idoneidade é o oposto ao meio".[635]

931. A teoria subjetiva, de qualquer modo, exige também a existência de uma ação objetiva que tenha dado início à execução do fato.

---

630. Feuerbach, *Lehrbuch des gemeinen in Deutschland geltenden peinlichen Rechts*, 4ª ed., 1808, p. 43; von Liszt – Schmidt, *Lehrbuch des Deutschen Strafrechts*, pp. 301 e ss.
631. Von Liszt, *Lehrbuch des Deutschen Strafrechts*, 17ª ed., 1908, § 46, n. 2; ampliado in von Liszt – Schmidt, *Lehrbuch des Deutschen Strafrechts*, pp. 301, 313 e ss.
632. Cf. von Liszt – Schmidt, *Lehrbuch des Deutschen Strafrechts*.
633. Mir Puig, *Derecho penal. Parte general*, 4ª ed., 1996, p. 329.
634. Baumann, *Strafrecht, AllgemeinerTeil*, 8ª ed., com a colaboração de Weber, 1977, § 26, 3, II, p. 490; Bockelmann, *Strafrechtliche Untersuchungen*, p. 138.
635. Buri, *Ueber die sog. untauglichen Versuchshandlugen*, in *ZStW* 1, 1881, pp. 185 e ss.

Enquanto as teorias objetivas não permitem alcançar as tentativas inidôneas, vale dizer, têm um fundamento insuficiente para aqueles que consideram político-criminalmente necessária a punibilidade destas, as teorias subjetivas oferecem dificuldades para excluir a punibilidade das tentativas irreais (supersticiosas: o autor crê, por meios supersticiosos, poder consumar o crime), daquelas em que se sustenta a desnecessidade político-criminal de sua punibilidade.

Resumindo: as teorias objetivas fixam o começo da punibilidade no perigo que ocorreu para o bem jurídico, enquanto as subjetivas o fazem na exteriorização da vontade de lesioná-lo, ainda que não o ponha concretamente em perigo.

Ambas as teorias têm sido abandonadas desde há muito tempo na dogmática alemã e provavelmente também o serão na italiana.[636]

(c)

932. Um ponto de vista distinto representa, na atualidade, a *teoria da impressão*, de acordo com a qual "o *fundamento da punibilidade* da tentativa é a vontade ativa contrária a uma norma de conduta, mas o *merecimento de pena* da ação dirigida ao fato somente será admitido quando comover a confiança da generalidade na vigência da ordem jurídica e, dessa maneira, possa ser danosa à paz jurídica".[637] Essa teoria tem sido criticada com razão por Jakobs, pois situa erroneamente a problemática. Não se trata da "comoção da confiança de uma pretendida generalidade" – que pode ser demonstrada *empiricamente* para cada caso em que se deve aplicar a norma que sanciona a tentativa –, mas de uma "legitimidade da intervenção antes da realização do tipo".[638] Para isso, deve-se acrescentar que, sob o ponto de vista dessa teoria da preparação do delito (sobretudo se houver um delito grave), também deveria comover a confiança da de uma pretendida generalidade e, portanto, não justificaria a não punibilidade dos atos preparatórios.

---

636. Fiandaca – Musco, *Diritto Penale. Parte generale*, 1990, pp. 233 e ss.
637. Jescheck – Waigend, *Lehrbuch des Strafrechts, Allgemeiner Teil*, 5ª ed., 1996, p. 514.
638. Jakobs, *Strafrecht, Allgemeiner Teil*, 2ª ed., p. 712.

(d)

933. Na moderna *dogmática funcionalista*, o fundamento da punibilidade da tentativa consiste em que, *através de seu intento, o autor expressa sua desobediência a uma norma realmente existente*.[639] Trata-se, portanto, do caráter expressivo da negação de uma norma. Dessa maneira, exclui-se a punibilidade das tentativas supersticiosas, nas quais o autor recorre a forças sobrenaturais (dado que tal recurso não está proibido por norma alguma) ou nos quais se dirige contra objetos sobrenaturais (o que tampouco proíbe norma alguma). Além disso, resultarão irrelevantes para o direito penal, porque não se dirigem contra nenhuma norma os intentos baseados em "conhecimentos atingidos a partir de uma fonte, em princípio inadequada (o sonho, sentimento intuitivo ou sugestão)".[640] O que importa, de qualquer forma, é saber se o autor agiu ou não segundo um juízo racional, isto é, expressando sob sua ótica um proceder que racionalmente teria tido condições de violar a norma. Por exemplo: aquele que pensa que pôs uma dose mortal de veneno na sopa de sua vítima, mas que, por erro, apenas colocou açúcar, agiu segundo um juízo racional, pois se não houvesse se equivocado, teria tido condições de realizar seu propósito. Esse caso diferencia-se claramente daquele do agente que crê que pode matar outrem invocando forças sobrenaturais. O primeiro expressa e comunica seu desconhecimento da norma; o segundo não, pois tais irracionalidades não estão proibidas por norma alguma.[641]

(e)

934. O novo texto do art. 16 do CP espanhol tem dado lugar a diversos entendimentos a respeito do fundamento da punibilidade da tentativa, o que se manifesta em diversas opiniões acerca da punibilidade da tentativa inidônea. A questão provém da modificação redacional promovida pelo legislador com relação aos atos executórios,

---

639. Jakobs, *Strafrecht, Allgemeiner Teil*, 2ª ed., p. 712.
640. Jakobs, *Strafrecht, Allgemeiner Teil*, 2ª ed., p. 714.
641. Provavelmente em sentido similar Muñoz Conde – Garcia Arán, *Derecho penal. Parte general*, 1993, p. 378, fazendo referência à distinção entre tentativa absoluta e relativamente inidônea.

que, de acordo com o novo texto do art. 16, "*objetivamente* deveriam produzir o resultado". Não obstante, o art. 62 prevê que a pena será aplicada "atendendo ao *perigo inerente* ao intento e ao grau de execução alcançado".

Com base nesses textos sustenta-se que "agora (não) apenas se descarta (...) que a tentativa absolutamente inidônea poderia ser punida, mas também aquela relativa a hipóteses de idoneidade relativa".[642]

935. Afirma-se, por outro lado, que o advérbio "*objetivamente*" exclui a punibilidade da tentativa irreal, mas acentuando que "isso não impede, todavia, a punição da tentativa (ou 'crime impossível') não irreal".[643] A partir desse ponto de vista, "periculosidade *objetiva* não significa que, tal como se deram as coisas no caso concreto, os atos preparatórios ou executórios tenham conseguido produzir a consumação, mas sim que em outras circunstâncias teriam logrado conduzir a ela".[644]

936. Deve-se assinalar, em primeiro lugar, que o texto não fala de "*perigo objetivo*", mas de fatos exteriores "que objetivamente deveriam produzir o resultado".[645] Na dogmática italiana, interpretando um texto mais claro que exige expressamente *idoneidade*, afirma-se na atualidade que "a idoneidade para produzir o resultado não pode ser entendida no sentido estritamente causal". Isso também vale para o direito espanhol: "*Objetivamente*" não significa o que a lei não diz, isto é, perigo real de produção *causal* do resultado. Nem sequer recorrendo ao art. 62 é possível sustentar o contrário, uma vez que esse dispositivo apenas afirma que a pena do crime tentado deve ser graduada "atendendo ao perigo inerente ao intento e ao grau de execução alcançado". Essas expressões não significam que sem perigo não há punibilidade, mas que a ausência de perigo permite reduzir ao máximo a pena. O "perigo inerente ao intento" refere-se àquele correspondente ao verificado *no caso concreto*, não ao perigo *imprescindível* para a existência de qualquer intento.

---

642. Cobo del Rosal – Vives Antón, *Derecho Penal. Parte general*, 4ª ed., 1996, p. 656, fazendo referência ao mesmo tempo à inidoneidade abstrata e concreta e à inidoneidade absoluta e relativa.
643. Mir Puig, *Derecho penal. Parte general*, 4ª ed., 1996, p. 329.
644. Mir Puig, *Derecho penal. Parte general*, 4ª ed., 1996, p. 329.
645. Fiandaca – Musco, *Diritto Penale. Parte generale*, 1990, p. 233.

Portanto, "*objetivamente*", *quer dizer que a produção do resultado não pode depender apenas da imaginação do autor*, senão, que o plano deste deve ter um fundamento racional.

937. Dessa maneira, como sustenta Jakobs, dentro dos comportamentos comunicativamente relevantes, isto é, daqueles em que o plano do autor objetivamente considerado é racionalmente apto para causar o resultado, "não há nenhuma diferença entre tentativa idônea e inidônea: mais ainda, toda tentativa que não se estende à consumação, vista a partir de sua conclusão é (*ex post facto*) inidônea, da mesma maneira que sob a ótica de quem a empreendeu (subjetivamente *ex ante facto*) é idônea".[646]

938. O ponto de vista aqui sustentado tem uma clara justificação *político-criminal*. Em primeiro lugar, porque toda tentativa implica um erro do autor sobre a idoneidade de sua ação (*ex post facto* considerada). Sob essa ótica, não existe diferença alguma, no tocante à realização de uma ação perigosa, entre a do campeão de tiro que, ignorando que a arma com a qual efetua o disparo para matar alguém foi descarregada, e a do péssimo atirador que, com um revólver carregado e grande nervosismo, apontando mal, pretende matar alguém que está a uma considerável distância dele. É evidente que isso ocorre tanto para aquele cuja arma estava descarregada quanto para o que, apesar de portar uma arma carregada, não fazia a pontaria correta. Em ambos os casos, o autor teve um plano que, objetivamente considerado, é racionalmente apto para causar o resultado, pois a pretensão de matar com uma arma traz a possibilidade racional de causar o resultado e expressa, portanto, a negação da norma que fundamenta a punibilidade da tentativa.

939. Em segundo lugar, é preciso levar em conta que a expressão "perigo inerente ao intento" do art. 62 do CP espanhol não pode prejudicar de modo algum a interpretação realizada. Com efeito, *ex post facto*, nenhuma tentativa é perigosa, isto é, não é *casualmente* perigosa, pois a ação não teria conseguido produzir o resultado; portanto, o *único sentido razoável* que se lhes pode dar é o do perigo inerente ao intento *ex ante facto*, sob a perspectiva do autor (pois, pela perspectiva *ex ante facto* de um terceiro que soubesse o que o autor não sabe,

---

646. Jakobs, *Strafrecht, Allgemeiner Teil*, 2ª ed., p. 720.

a tentativa *tampouco* seria perigosa). Trata-se, portanto, da periculosidade imaginada pelo autor: *os casos de tentativa são, ao revés, hipóteses de erro de tipo, dado que o autor supõe uma idoneidade que não se dá.*

940. Em terceiro lugar, o critério aqui proposto tem uma *base criminológica* adequada, já que *não permite confundir* as tentativas "inidôneas" com as "irreais" ou "supersticiosas".[647] É claro que o autor de uma tentativa irreal ou supersticiosa sabe quais meios utiliza (rezas, substâncias para as quais confere poderes sobrenaturais etc.), mas acredita que tem a capacidade causal que carece de todo fundamento no contexto cultural no qual tem lugar a ação (ou seja: o autor é torpe). Na tentativa *inidônea*, o autor *supõe* que realiza uma ação idônea com meios aptos (por exemplo, veneno) ou sobre um objeto realmente protegido (uma pessoa viva), mas por sua falta de cuidado emprega outros meios que frustram seu plano (por exemplo, açúcar) ou pratica a ação sobre um objeto não protegido (por exemplo, uma pessoa morta) – isto é, não é um torpe, mas um *descuidado*. Em suma: não se deve tratar da mesma maneira o autor torpe, que acredita em meios que nunca produziriam racionalmente do resultado, e o autor que não consumou crime apenas por descuido, mas que o teria feito se prestasse mais atenção. O primeiro está próximo de um delinqüente apenas no pensamento (*cogitationem poenam nemo patitur*). A teoria subjetiva tradicional já havia assinalado essas diferenças distinguindo entre erros *nomológicos* (sobre as leis do evento), que dariam lugar a tentativas irreais (impunes) e erros *ontológicos* (de percepção), que apenas conduziriam a uma tentativa inidônea (punível).[648] Com razão, contudo, Jakobs criticou a distinção entre erros nomológicos e ontológicos, pois os limites entre uns e outros são absolutamente imprecisos.[649] Com efeito, um erro referente à existência da vítima é tanto um erro de percepção (ontológico), porque tal

---

647. Mas, assim, no entanto, Cobo del Rosal – Vives Antón, *Derecho Penal. Parte general*, p. 656; mais claramente ainda: Maria Rosa Moreno – Torres Herrera, *La tentativa punible; su delimitación frente al delito irreal*, tese de doutorado, Granada, 1996.

648. Cf. Por todos, Frank, *Das Strafrechtsbuch für das Deutsche Reich*, 17ª ed., 1926, pp. 89 e ss.; um certo paralelo foi proposto por Struensee, in *ZStW* 102 (1990), pp. 21 e ss. e 31 e ss.

649. Jakobs, *Strafrecht, Allgemeiner Teil*, 2ª ed., p. 720, nota 56.

vítima não se encontra naquele lugar, como um erro sobre as leis do evento (nomológico), já que é impossível matar em um lugar determinado alguém que ali não esteja.

941. Por último, é preciso acentuar que essas considerações permitem superar definitivamente a suposta distinção entre *tentativas absolutamente inidôneas e relativamente inidôneas*, que tem sido desde muito rechaçada pela doutrina por ser *praticamente irrealizável*. Trata-se da mesma questão que a referente aos erros nomológicos e ontológicos: tampouco aqui é possível uma distinção precisa entre ambas as formas de inidoneidade da tentativa. Jiménez de Asúa é categórico ao rejeitar essa distinção quando diz: "Em suma, essa forma de inidoneidade absoluta, que acarretava a impunidade, e de inidoneidade relativa, que era considerada punível, é a que se chama '*antiga* teoria objetiva' por Mezger e por Welzel e que, como se disse, avalia-se hoje derrubada".[650] O famoso exemplo do punguista que introduz a mão em um bolso vazio é uma demonstração da inaplicabilidade prática da delimitação de ambas as formas de tentativa inidônea. É evidente que a ação não teria conseguido conduzir de modo algum à consumação; não obstante, há pessoas que sustentam que se a vítima do furto carece completamente de dinheiro, a tentativa seria absolutamente inidônea, enquanto a inidoneidade somente seria relativa se o dinheiro estivesse em outro bolso.

c) Tentativa e crime putativo

942. A tentativa deve ser distinguida do *crime putativo*. A doutrina dominante considera que a *tentativa* é um *erro de tipo ao contrário* (o autor supõe erroneamente a existência de um elemento do tipo que não se dá), enquanto o *crime putativo* é considerado um *erro de proibição ao contrário* (o autor supõe que sua conduta é proibida por uma norma que, na verdade, não existe). Um crime putativo também existirá nos casos de *erro de subsunção ao revés*. Nesses casos, o autor tem um erro ao revés quando, com relação a um fato que acredita constituir um elemento normativo, supõe equivocadamente a sua antijuridicidade. Por

---

650. Jiménez de Asúa, *Tratado de derecho penal*, t. VII, n. 1970, p. 696; no mesmo sentido, na dogmática alemã, Nagler – Jagusch, *Leipziger Kommentar*, 7ª ed., 1954, p. 191.

exemplo: o autor supõe que um escrito que não pode ser atribuído a ninguém tem o caráter de documento; seu erro leva a imaginar que, por se tratar de um suposto documento, há uma norma que proíba a alteração de tal escrito, quando esta, na verdade, não existe.[651]

§ 68. Os elementos da tentativa

943. A tentativa caracteriza-se pela falta de algum dos elementos do tipo objetivo. Nela, portanto, o tipo subjetivo – dolo, elementos subjetivos etc. – permanece idêntico que no caso de consumação. A distinção entre o delito consumado e a tentativa reside, pois, em que nesta última o tipo objetivo não está completo, apesar de assim o estar o tipo subjetivo.[652]

Em conseqüência, são elementos do tipo da tentativa: o dolo do autor (e os demais elementos do tipo subjetivo) e o começo de execução da ação típica (tipo objetivo). Por razões exclusivamente práticas, a nossa exposição começa pelo tipo subjetivo.

a) O dolo e os elementos exigidos pelo tipo subjetivo na tentativa (tipo subjetivo do crime tentado)

944. Somente há tentativa de crime doloso.[653] Na Espanha, há uma tendência a excluir a punibilidade da tentativa "culposa" sustentando-se que, segundo o antigo art. 565, exigia-se para a pena a produção do resultado típico, isto é, a consumação.[654]

Se para a consumação é suficiente que haja dolo eventual, também o será para tentativa.[655]

---

651. Jakobs, *Strafrecht, Allgemeiner Teil*, 2ª ed., p. 721, com diversas distinções.
652. Baumann, *Strafrecht, AllgemeinerTeil*, pp. 511 e ss.; Jescheck, *Lehrbuch des Strafrechts, Allgemeiner Teil*, n. 660 e ss.
653. Stratenwerth, *Strafrecht, Allgemeiner Teil*, n. 661; Rudolphi, *Systematischer Kommentar zum Strafgesetzbuch*, § 22, n. 1; Maurach – Gössel – Zipf, *Deutsches Strafrecht*, t. II, p. 22; Jescheck, *Lehrbuch des Strafrechts, Allgemeiner Teil*, p. 417; outro ponto de vista Schmidhäuser, *Strafrecht, Allgemeiner Teil*, p. 620.
654. Rodríguez Mourullo, in Córdoba Roda – Rodríguez Mourullo, *Comentarios al Código Penal*, t. I, pp. 148 e ss.
655. Rodríguez Mourullo, in Córdoba Roda – Rodríguez Mourullo, *Comentarios al Código Penal*, t. I, pp. 95 e 125.

b) O começo de execução

945. Esclarecido o fundamento da punibilidade da tentativa e a questão da tentativa inidônea, é preciso abordar a questão da distinção entre os atos *preparatórios* e *executórios*; em outras palavras, é necessário determinar o momento em que começa a tentativa, dado que a preparação do crime não é punível, enquanto a execução, desde o seu começo, o é.

946. A doutrina tradicional recorreu a critérios que permitem fixar o começo de execução por uma perspectiva objetiva, por outra subjetiva ou se recorrendo a critérios mistos. Em todo caso, sempre se reconheceu que "não é fácil encontrar uma fórmula com validade geral para delimitação dos dois grupos de ações",[656] chegando inclusive a se afirmar que uma segura delimitação "provavelmente não é sequer possível".[657] Na Espanha, também existe o mesmo ceticismo.[658] Na dogmática espanhola, este tem sido o ponto de vista defendido por Jiménez de Asúa.[659] Na busca de uma solução, tem-se proposto recorrer a uma *determinada proximidade dos atos* com a ação executiva do delito e ao perigo sofrido pelo bem jurídico (pontos de vista objetivos); ou, ainda, tem-se procurado apoiar a decisão no próprio juízo do autor (pontos de vista subjetivos baseados no plano do autor).

947. Exemplo claro da primeira direção é a conhecida fórmula de Frank, segundo a qual o começo de execução deve ser apreciado quando os "atos, dada a sua necessária relação com a ação típica, aparecem como parte dela segundo a concepção natural".[660] Na Espanha, Rodríguez Mourullo[661] recomenda a adoção dessa fórmula junto ao "critério do perigo direto". Sob uma ótica subjetiva, sustenta-se que ocorre um ato de execução quando o autor toma a decisão definitiva de cometer o crime e, do ponto de vista objetivo *ou subjetivo*, põe o bem jurídico em perigo.[662]

---

656. Mezger, *Strafrecht, ein Lehrbuch*, 3ª ed., 1949, p. 383.
657. Frank, *Das Strafrechtsbuch für das Deutsche Reich*, p. 85.
658. Rodríguez Mourullo, in Córdoba Roda – Rodríguez Mourullo, *Comentarios al Código Penal*, t. I, 1972, p. 116.
659. Jiménez de Asúa, *Tratado de derecho penal*, t. VII, pp. 551 e ss.
660. Frank, *Das Strafrechtsbuch für das Deutsche Reich*, p. 86.
661. Rodríguez Mourullo, in Córdoba Roda – Rodríguez Mourullo, *Comentarios al Código Penal*, t. I, p. 117.
662. Dreher – Tröndle, *Strafgesetzbuch und Nebengesetze*, 44ª ed., 1988, § 22, 11; Otto, *Grundkurs Strafrecht, Allgemeine Strafrechtslehre*, 3ª ed., 1988, p. 266.

948. A improbabilidade de alcançar uma forma geral conduziu as tendências mais modernas à elaboração de um *catálogo de critérios orientadores da decisão*.[663] Nesse sentido, propõe Jakobs distinguir entre *critérios obrigatórios* (*negativos*) de *critérios variáveis* (*positivos*).

Aos primeiros (*critérios negativos*) pertencem os seguintes:

a) Não haverá começo de execução quando a situação, conforme a representação do autor, não seja *próxima da consumação*. É preciso, contudo, levar em conta que, ainda que a lei indique que os atos executórios devem dar começo *diretamente* à execução, isso não pode se entender de uma maneira literal, como "ausência de toda a fase intermediária".[664] Com efeito, o autor que conecta um explosivo que deve ser operado por um terceiro inocente (casos de autoria mediata), realiza, sem dúvida, começo da execução, porque sua ação é próxima à consumação, ainda que não o seja a partir do ponto de vista temporal ou espacial.

b) Os *comportamentos socialmente habituais* para o exercício de um direito ou considerados um uso social habitual *não* constituem começo de execução. Por tal motivo, devem se excluir, em princípio, do âmbito da punibilidade, ações como se dirigir ao lugar do fato, ingressar num lugar público etc.

Os *critérios de decisão variáveis* concretizam-se da seguinte maneira:

a) Exige-se, em princípio, certa *proximidade temporal* com ação típica, no sentido da forma de Frank.

b) O começo de execução deve ser admitido quando o autor se introduz na *esfera de proteção da vítima* ou atua sobre o *objeto de proteção* (por exemplo, introduz-se na casa onde pretende roubar ou tem em suas mãos o documento que decidiu falsificar nesse momento).

949. A jurisprudência do Tribunal Supremo nessa matéria tende a operar com um catálogo de critérios semelhantes ao que acaba de ser exposto.[665] Na jurisprudência mais antiga, no entanto, encontram-

---

663. Jakobs, *Strafrecht, Allgemeiner Teil*, 2ª ed., pp. 729 e ss.
664. Assim, Mir Puig, *Derecho penal. Parte general*, p. 340.
665. No mesmo sentido, Rodríguez Mourullo, in Córdoba Roda – Rodríguez Mourullo, *Comentarios al Código Penal*, t. I, 1972, pp. 117 e ss., com um estudo completo da jurisprudência.

se decisões que estimam o começo de execução quando se realizam atos que imediatamente, segundo o plano do autor, desembocariam na realização da ação típica.[666] Com razão, consideram Rodríguez Mourullo e Cerezo Mir[667] que resoluções dessa índole acarretam uma violação ao princípio da legalidade. Um critério tão genérico, que não leva em conta a proximidade do ato com a consumação da representação do autor nem certa proximidade temporal etc., estende o começo de execução de modo exagerado.

950. A jurisprudência mais recente[668] tende a exigir uma maior proximidade entre a ação realizada e a consumação, do mesmo modo que já havia sido feito em outras decisões (por exemplo, a de 3.12.1947, ainda que sobre a base da não punibilidade da conspiração no Código Penal espanhol de 1932).

§ *69. A desistência do crime tentado*

951. Como se disse, o art. 16.2 do CP espanhol regula a desistência. O texto do Código anterior (art. 3) era pouco claro a esse respeito, pois, ainda que a teoria e a jurisprudência não o entendessem dessa forma, considerava-se que a desistência apenas excluía a punibilidade da tentativa, mas não a do crime falho.[669] De outra parte, a não punibilidade apenas podia ser deduzida *a contrario sensu* do art. 3.3 do CP espanhol, uma vez que não estava expressa na lei. O novo texto contém, nesse sentido, uma disposição necessária e acertada.

952. Sobre o *fundamento* de um dispositivo como esse não há unidade.

A mais antiga das fundamentações era denominada *teoria da política criminal*, chamada também teoria do prêmio, propugnada por Feuerbach; segundo essa posição, a lei teve a intenção de criar um motivo para que, em razão da isenção da pena, o autor desistisse do fato.

---

666. Cf. *SSTS* de 23.4.1896; 11.12.1947; 7.5.1897; 13.7.1886; 3.5.1897.
667. Cerezo Mir, *Lo objetivo y lo subjetivo estado de necessidade la tentativa*, 1964, pp. 22 e ss.
668. Ver, principalmente, as *SSTS* de 24.1.1980 e 25.10.1989, também em um *obter dictum*.
669. Assim, Rodríguez Mourullo, in Córdoba Roda – Rodríguez Mourullo, *Comentarios al Código Penal*, t. I, 1972, p. 126.

Muitos autores seguiram essa posição lembrando a frase de von Liszt no sentido de que a lei outorgava "uma ponte de ouro" ao delinqüente que desistia da consumação do crime.

A teoria, contudo, foi criticada com razão por M. E. Mayer, porque, na medida em que a maioria dos autores não tem conhecimento desta "ponte de ouro", ela não poderia constituir motivo para a desistência.[670]

953. Modernamente, tem que ser entendido que se trata de um caso de eliminação da pena fundado na circunstância de que o autor, com sua desistência, demonstrou que sua vontade criminal não era suficientemente forte ou intensa, pelo que, tanto a partir de um ponto de vista preventivo-especial como preventivo-geral, a pena mostra-se desnecessária.[671]

954. A *teoria da culpabilidade insignificante*[672] entende que o fundamento reside precisamente na redução da culpabilidade até a sua insignificância, pois se apóia em uma compensação baseada em um *actus contrarius*.

955. A mais correta justificativa parece ser a que propõem Stratenwerth[673], Jakobs[674] e outros autores que afirmam a coincidência de vários fundamentos. Em princípio, há razões de política criminal que tende dentro do possível a facilitar e a estimular uma desistência. Mas também deve considerar-se que o autor se mostra menos culpável na consideração global do fato como conseqüência de uma certa compensação sobre um desvalor inicial do fato e um ato posterior positivo.

956. Com o argumento de que os atos praticados que constituem crimes são puníveis, o que pressupõe que sejam típicos, sustenta Latagliata[675] que a única explicação admissível é a de que o delito desistido deixou de ser típico.

---

670. Mayer, *Strafrecht, Allgemeiner Teil*, p. 370, nota 7; também contra: Jescheck, *Lehrbuch des Strafrechts, Allgemeiner Teil*, p. 438; Stratenwerth, *Strafrecht,Allgemeiner Teil*, n. 705; Welzel, *Das Deutsche Strafrecht*, p. 196. A teoria foi sustentada por Hippel, *Das Verbrechen. Allgemeine Lehren*, t. II, p. 411; Kohlrausch – Lange, *Strafgesetzbuch mit Erläuterungen und Nebengesetzen*, 43ª ed., 1961, § 46, n. 1; Mezger, *Strafrecht, ein Lehrbuch*, p. 403; von Liszt – Schmidt, *Lehrbuch des Deutschen Strafrechts*, p. 315.
671. Jescheck, *Lehrbuch des Strafrechts, Allgemeiner Teil*, p. 438.
672. Welzel, *Das Deutsche Strafrecht*, p. 196.
673. Stratenwerth, *Strafrecht,Allgemeiner Teil*, n. 706.
674. Jakobs, *Strafrecht, Allgemeiner Teil*, 2ª ed., pp. 742 e ss.
675. Latagliata, *La desistenza volontaria*, 1964, pp. 202-208.

Certamente que não realiza um tipo da tentativa, mas o começo de execução do crime em questão permanece inalterado e é tipicamente um começo de execução. A não punibilidade não depende exclusivamente da falta de adequação típica, pois pode provir de outras circunstâncias que deixam inalterada a tipicidade (justificação). Em outras palavras, o fato de uma conduta não ser punível não permite afirmar que o que falta é a adequação típica, pois esta não é o único pressuposto da punibilidade. Na solução de Latagliata, subjaz uma confusão do tipo da tentativa (como pressuposto para a punibilidade da tentativa) e a adequação típica do começo de execução.[676]

957. O novo Direito deixa claro que aquele que deu começo à execução de um crime, segundo o art. 16.2 do CP espanhol, ficará isento de pena se *desiste* da execução ou *impede* a produção do resultado. A lei distingue, portanto, duas hipóteses que têm diversas configurações: a *desistência*, que consiste no simples abandono da ação cujo começo de execução já teve lugar, e o *arrependimento ativo*,[677] caracterizado pelo fato de que um autor, que realizou tudo o que devia, segundo seu plano, para a produção do resultado, impede ativamente que o mesmo tenha lugar.

§ 70. *A distinção entre tentativa acabada e inacabada*

958. A doutrina entende de maneira praticamente unânime que a *desistência* somente tem eficácia na *tentativa inacabada* (tentativa no sentido do art. 3 do CP espanhol revogado), enquanto o *arrependimento* é uma condição iniludível da punibilidade nas hipóteses de *tentativa acabada* (crime falho no sentido do mesmo artigo).[678] A aplica-

---

676. A crítica vale também para Rodríguez Mourullo, in Córdoba Roda – Rodríguez Mourullo, *Comentarios al Código Penal*, t. I, 1972, p. 224, e Mir Puig, *Derecho penal. Parte general*, p. 350, que entendem que o texto legal impõe esta solução.
677. Segundo a terminologia de Jiménez de Asúa, *Tratado de derecho penal*, pp. 846 e ss.
678. Jiménez de Asúa, *Tratado de derecho penal*, p. 847; Bacigalupo, *Principios de derecho penal*, pp. 203 e ss.; Mir Puig, *Derecho penal. Parte general*, p. 353; Cobo del Rosal – Vives Antón, *Derecho penal. Parte general*, 2ª ed.; 1986, pp. 455 e ss.; outro ponto de vista Muñoz Conde – Garcia Arán, *Derecho penal. Parte general*, 1993, pp. 378 e ss.

ção de uma ou outra regra pressupõe, portanto, a distinção entre tentativa acabada e inacabada.

959. Para tais propósitos, a doutrina dominante assinala com razão que apenas é possível recorrer a *critérios subjetivos*.[679]

Sob essa ótica, *a tentativa será inacabada* quando o autor não tiver executado ainda tudo o que, *segundo seu plano*, seria necessário para a produção do resultado e sob um ponto de vista objetivo não exista perigo de que essa ocorra.[680]

A *tentativa, pelo contrário, será acabada* quando o autor, durante a execução, ao menos com dolo eventual, julgar que a consecução pode se produzir sem necessidade de outra atividade de sua parte.

960. Especiais dificuldades são geradas nos casos em que o autor no momento da interrupção da execução conhece a possibilidade de continuar sua ação e, não obstante, deixa de fazê-lo. Por exemplo: o autor pensa em matar a vítima com o primeiro disparo; contudo, não consegue e apesar de ter mais balas no revólver não continua a ação. Uma parte – cada vez menor – da doutrina propõe a *teoria da consideração total*, de acordo com a qual nesses casos deve-se admitir uma tentativa inacabada sempre que os atos realizados e os atos que o autor tenha deixado de executar constituam um *evento vital unitário*.[681] Essa doutrina tem sido fortemente criticada por favorecer de uma maneira exagerada a eficácia da simples desistência. Por essa razão, opõem-se a ela a *teoria da consideração individualizada*,[682] que leva em conta o fato de o autor ter considerado os atos realizados como adequados para a produção do resultado ou não. Se o autor realizou o ato julgando-o adequado para, *por si só*, consumar o crime, a tentativa será *acabada*. No exemplo proposto, se o autor disparou em

---

679. Jescheck – Waigel, *Lehrbuch des Strafrechts, Allgemeiner Teil*, 5ª ed., 1996, pp. 541; Jakobs, *Strafrecht, Allgemeiner Teil*, pp. 747 e ss.; Otto, *Grundkurs Strafrecht. Allgemeiner Strafrechslehere*, t. I, p. 289; Rudolphi, in *Systematischer Kommentar zum Strafgesetzbuch*, 6ª ed., 1995, § 24, pp. 15 e ss.
680. Jakobs, *Strafrecht, Allgemeiner Teil*, p. 747.
681. Assim, o Tribunal Superior alemão, *BGHSt* 21, p. 322; 34, 57; Dreher – Tröndle, *Strafgesetzbuch und Nebengesetze*, § 24.4; Jescheck – Waigel, *Lehrbuch des Strafrechts, Allgemeiner Teil*, pp. 542; Rudolphi, *Systematischer Kommentar zum Strafgesetzbuch*, § 24, 15ª ed.
682. Jakobs, *Strafrecht, Allgemeiner Teil*, pp. 748 e ss.; Eser, in Schönke – Schönke, *Strafgesetzbuch, Kommentar*, 24ª ed., § 24, 20.

uma zona vital do corpo, a tentativa *reputar-se-á acabada*, ainda que disponha de mais balas na câmara de sua arma. Pelo contrário, a tentativa será *inacabada*, se o disparo se dirigiu às zonas não vitais, como parte de um plano para matar a vítima depois de impedir sua fuga.

§ 71. Requisitos da desistência segundo o grau de realização da tentativa

961. Os *requisitos da desistência*, como se disse, variam na tentativa acabada e na inacabada.

a) Requisitos da desistência na tentativa inacabada

962. Se o autor não levou ainda a cabo todos os fatos de que depende, segundo seu plano, a produção do resultado, somente se identificam três requisitos:

a) *Descontinuidade* das ações tendentes à consumação.

b) *Voluntariedade*. Em geral, aceita-se que esta pode ser comprovada com base na fórmula de Frank:[683] "posso, mas não quero" (voluntário); "quero, mas não posso" (involuntário). Em princípio, a desistência é voluntária quando deriva da própria decisão do autor e não de circunstâncias exteriores. De qualquer modo, não se exige um determinado valor ético altruísta com relação ao motivo do autor.

Faltará, portanto, voluntariedade quando o autor objetivamente não tiver possibilidade de consumar o fato porque as circunstâncias o impedem, pois nesse caso não se trata da decisão de sua vontade, ou quando a consumação "perdeu seu sentido diante dos olhos do autor" (por exemplo, a quantia de dinheiro encontrada na casa é insignificante).

A desistência voluntária é possível também na tentativa inidônea conquanto o autor não conheça a inidoneidade.

c) *Caráter definitivo*. Para um setor da doutrina, a renúncia mostra-se definitiva quando o autor desiste de continuar com a execução concreta iniciada, ainda que pense prosseguir em outro momento.[684]

---

683. Frank, *Das Strafgesetzbuch für das Deutsche Reich*, § 46, n. 11.
684. Schmidhäuser, *Strafrecht, Allgemeiner Teil*, p. 631; Otto, *Grundkurs Strafrecht. Allgemeiner Strafrechslehere*, t. I, p. 240.

Esses casos, contudo, apenas permitem falar de uma *postergação de sua renúncia*. Outro setor doutrinário exige uma renúncia completa da execução, sem deixar a possibilidade de continuação.[685]

b) Requisitos da desistência na tentativa acabada

963. Na tentativa acabada, ou seja, quando o autor realizar todos os atos que, segundo seu plano, devam produzir a consumação, a desistência exigirá um requisito a mais: que o autor impeça por meios ao seu alcance a produção do resultado. Tendo em vista a hipótese de fato da tentativa acabada, não há outra possibilidade para a materialização da desistência a não ser impedir a produção do resultado: o requisito provém, assim, da própria matéria regulada.

964. Também essa desistência tem que ser voluntária. Nesse sentido, aplicam-se as normas gerais para tentativa inacabada. Dessa exigência – contida na lei – surge uma limitação evidente: apenas pode ocorrer desistência voluntária até antes de o fato ser descoberto; a partir desse momento não pode haver voluntariedade da desistência. A voluntariedade, no entanto, apenas será excluída pelo conhecimento que o autor tenha acerca do descobrimento do fato. Paralelamente, se o autor supuser que foi descoberto, a desistência não será voluntária. Pelo contrário, aquele que não se deu conta de que foi descoberto pode ainda desistir voluntariamente.[686] Tem-se exigido (ainda sem fazer uma distinção entre tentativa acabada e inacabada) que o autor, além disso, tenha impedido resultado.[687]

§ 72. Tentativa fracassada

965. Na doutrina, diferencia-se a tentativa acabada e a inacabada da *tentativa fracassada*.[688] A tentativa considera-se fracassada *quan-*

---

685. Jescheck, *Lehrbuch des Strafrechts, Allgemeiner Teil*, p. 439; Stratenwerth, *Strafrecht,Allgemeiner Teil*, n. 714.
686. Mais restrito, Jescheck, *Lehrbuch des Strafrechts, Allgemeiner Teil*, p. 442.
687. Jiménez de Asúa, *Tratado de derecho penal*, t. VII, n. 2.280; Jescheck, *Lehrbuch des Strafrechts, Allgemeiner Teil*, p. 441; Stratenwerth, *Strafrecht, Allgemeiner Teil*, n. 724.
688. Schmidhäuser, *Strafrecht, Allgemeiner Teil*, pp. 627 e ss.; Jakobs, *Strafrecht, Allgemeiner Teil*, p. 753 e ss.; Otto, *Grundkurs Strafrecht. Allgemeiner Straf-*

do o autor acredita que o objetivo de sua conduta não mais pode ser alcançado com os meios que tem à sua disposição. Em tais casos a desistência perde toda sua eficácia. Em outras palavras: "a desistência da tentativa pressupõe que o autor acredite que a consumação ainda é possível".[689] Essa conseqüência decorre da exigência da voluntariedade da desistência, que apenas pode ser apreciada quando o autor acredita que é possível continuar ou impedir a consumação. Nessa medida, aplicam-se aqui as mesmas razões que explicam a desistência na tentativa inidônea.

§ 73. Tentativa de autor inidôneo

966. Um caso especial de tentativa inidônea é aquele do *autor inidôneo*, que se dá quando um sujeito sem qualificação jurídica que condiciona legalmente sua qualidade de autor dá início à conduta típica (por exemplo, o do sujeito que, na crença de ser funcionário, aceita uma dádiva sem na realidade ostentar essa condição – art. 419 do CP espanhol).

967. A decisão da questão é muito discutida. Parte dos autores inclina-se por não admitir aqui tentativa, mas apenas um crime putativo, portanto, impune.[690] O argumento com que se sustenta essa posição é que a qualidade do autor nos crimes especiais determina a existência de um dever especial incumbido ao sujeito. A suposição de um dever é, na verdade, a suposição de uma antijuridicidade que não existe e, por tal razão, a suposição de um crime que não existe. Essa hipótese, em conseqüência, é um *crime putativo*. Jiménez de Asúa chega à mesma solução da impunidade mediante a teoria da carência do tipo.[691]

---

rechslehere, t. I, pp. 289 e ss. e 293; Rudolphi, *Systematischer Kommentar zum Strafgesetzbuch*, § 24, 30; Jescheck – Waigel, *Lehrbuch des Strafrechts, Allgemeiner Teil*, pp. 542 e ss.
    689. Jescheck – Waigend, *Lehrbuch des Strafrechts, Allgemeiner Teil*; no mesmo sentido, Jakobs, *Strafrecht, Allgemeiner Teil*.
    690. Welzel, *Das Deutsche Strafrecht*, p. 194; Armin Kaufmann, *Die Dogmatik der Unterlassungsdelikte*, p. 306; Stratenwerth, *Strafrecht, Allgemeiner Teil*, n. 690; Bacigalupo, *Delito impropios de omisión*, 2ª ed., 1983, p. 105; Romero, *Homenaje a Jiménez de Asúa*, 1970, pp. 233 e ss.
    691. Jiménez de Asúa, *Tratado de derecho penal*, t. VII, n. 2.248.

968. A posição contrária vê nesses casos tentativas inidôneas puníveis.[692] O argumento, nesse caso, é o seguinte: o dever especial que se funda na qualidade do autor nos crimes especiais é um autêntico elemento do tipo. Por essa razão, ocorre um começo de execução de uma ação, supondo que existe um elemento do tipo que falta em verdade, o que deve ser considerado como se soubesse qualquer outro elemento do tipo: *tentativa inidônea punível*. Para esses autores, de modo geral, não se deve distinguir entre os elementos do tipo e os da antijuridicidade.

969. Existe uma posição intermediária que distingue entre o erro sobre existência de um dever e o caso de erro sobre as circunstâncias que fundamentam o dever concreto. Por exemplo: o autor pressupõe que, em sua posição de empregado de limpeza, o alcança um dever que compete aos funcionários de não aceitar dádivas, em oposição àquele que equivocadamente acredita que se dão circunstâncias fáticas que determinaram sua qualidade de testemunha (quem declara sobre fatos que fundamentam responsabilidade alheia e o faz diante da autoridade competente) e em virtude disso acredita que violou o dever de dizer a verdade. Apenas no primeiro caso haveria um crime putativo impune. No segundo, haveria uma tentativa inidônea.[693]

970. O dever que incumbe ao autor não é elemento do tipo, mas elemento da antijuridicidade. Portanto, sua suposição equivocada dá lugar a um crime putativo, sem que se deva distinguir entre erros sobre as circunstâncias que fundamentam o dever e erro sobre o próprio dever. Em ambos os casos, a tentativa não será punível. O Código Penal austríaco adota expressamente esse ponto de vista (§ 15,3).

---

692. Bruns, *Der untaugliche Täter im Strafrecht*, 1955; Maurach – Gössem – Zipf, *Deutsches Strafrecht*, p. 33; Jescheck, *Lehrbuch des Strafrechts*, pp. 433 e ss.; Rudolphi, *Systematischer Kommentar zum Strafgesetzbuch*, § 22, 26 e ss.
693. Assim, Jescheck, *Lehrbuch des Strafrechts, Allgemeiner Teil*, p. 433; Rudolphi, *Systematischer Kommentar zum Strafgesetzbuch*, § 22, 28.

Capítulo XI
A EXTENSÃO DA TIPICIDADE À PARTICIPAÇÃO NO CRIME

§ 74. Introdução: diferenciação das formas de participação ou conceito unitário de autor; conceito extensivo e conceito restritivo de autor[694]

971. Normalmente, os tipos contidos no direito penal referem-se à realização de um fato punível por uma pessoa. Cada tipo da Parte Especial, contudo, é complementado por preceitos contidos na Parte Geral, que estendem a pena a casos em que o fato é obra de mais de uma pessoa. Daí surgem os problemas de diferenciação, que somente se apresentam na medida em que várias pessoas concorrem para o mesmo fato, pois, quando alguém realizou o fato por si só, não há problema algum em distinguir entre quem cumpre o papel protagonista e aquele que somente teve uma função secundária.

972. Todas as questões que se estudam aqui, uma vez que se referem à participação de mais de uma pessoa em um ou mais fatos puníveis, podem ser consideradas como parte do conceito amplo e geral de participação, pois tanto participam ou fazem parte do fato aqueles que são autores como aqueles que os ajudam.[695] Maurach acentuou que o novo Código Penal alemão, em seus §§ 28,2 e 31, faz referência a um "conceito superior" que alcança a autoria, a participação e as demais formas de efeito conjunto sobre o fato punível, a saber, o "tomar parte" neste fato.[696] Dentro da participação em geral é preciso,

---

694. Bacigalupo, in *Chengchi Law Review*, 50 (1994), pp. 397 e ss.
695. Bacigalupo, *La noción de autor en el Código Penal*, 1965, p. 25.
696. Maurach, *Deutsches Strafrecht, Allgemeiner Teil*, p. 619.

não obstante, distinguir entre os autores dos partícipes em sentido estrito (cúmplices ou indutores).

973. A teoria da autoria e da participação tem a finalidade de diferenciar em nível de tipicidade as diversas formas de participação de mais de uma pessoa em um fato punível. Essas formas determinam, ou podem determinar, também diversas conseqüências jurídicas, uma vez que algumas são mais puníveis que outras. É óbvio que essa teoria pressupõe a necessidade dogmática de tal distinção e, portanto, depende, em princípio, da configuração do direito positivo. Se o direito positivo unifica todas as formas de participação, a delimitação de partícipes principais e partícipe secundários, isto é, entre autores e simples partícipes (indutores e cúmplices), será imprescindível. Esse é o caso do direito penal da Noruega (art. 58 do CP norueguês)[697] – que em certos crimes (por exemplo, contra a vida) equipara os autores aos partícipes –, do direito penal italiano (art. 23.1 do CP italiano),[698] do direito penal austríaco (§ 12 do CP austríaco) e provavelmente do direito penal francês (art. 121, IV e VII do CP francês de 1992).[699]

974. No direito vigente, o art. 28 do CP espanhol é pouco claro, uma vez que "considera" autores os indutores e os partícipes necessários. Há três razões, contudo, para sustentar o critério diferenciador no direito vigente. Em primeiro lugar, é evidente que quando a lei diz "consideram-se autores", gramaticalmente diz também que *não são* autores. São considerados autores, portanto, para os efeitos da punibilidade. Em segundo lugar, o próprio texto legal distinguiu os cooperadores necessários e os indutores dos autores e dos simples cúmplices (art. 29 do CP espanhol). Por último, o art. 65 do CP espanhol distingue os partícipes, para os efeitos da aplicação de agravante e atenuante, entre os que têm caráter individual (somente se aplicam àquele no qual concorrem) e geral (comunicáveis a todos os partícipes). Precisamente o art. 65 citado vem a estabelecer uma regra que é característica

---

697. Getz, *De la soi-disant participation au crime*, 1876, in *Mitterlugen der IKV*, t. I, pp. 384 e ss.
698. Bettiol, *Diritto penale*, 11ª ed., 1982, pp. 584 e ss.; Fiandaca – Musco, *Diritto penale. Parte generale*, 1990, pp. 259 e ss.; Mantovani, *Diritto penale*, 1979, pp. 464 e ss.
699. Jacques – Henri, *Droit penal general*, 2ª ed., 1992, p. 363; Michéle-laure Rassat, *Droit pénal*, 1987, p. 426.

dos sistemas diferenciadores,[700] dado que os unitários consideram que as circunstâncias se comunicam a todos partícipes em todos os casos.[701]

975. Uma vez que se comprovou que o legislador decidiu-se por um sistema diferenciador das formas de participação, é preciso esclarecer qual a natureza dogmática das normas que impõem tratamento diferenciado das mesmas. A evolução das soluções dogmáticas em relação a essa questão demonstra que durante muito tempo se considerou essencial que o conteúdo normativo das disposições legais sobre as formas de participação tem correspondência com as estruturas reais do objeto regulado pela norma, mas que, ao mesmo tempo, entendeu-se que isso não ocorria no caso do direito vigente em matéria de autoria e participação. Isso explica por que razão a teoria da participação não conseguiu dissipar as dúvidas básicas sobre a possibilidade dogmática de uma delimitação entre autoria e participação. Em outras palavras, a dogmática das formas de participação desenvolveu-se sem convicção a respeito de uma diferenciação plausível das mesmas. Nesse sentido, devem se recordar as palavras de von Liszt reiteradas durante mais de meio século em diversas edições de seu tratado.[702] "se pudéssemos desenvolver conseqüentemente um único princípio teoricamente correto, segundo o qual todo aquele que colocou uma condição para a produção do resultado de maneira culpável deve ser responsável por ele como seu causador, então autoria e causação seriam conceitos idênticos, a teoria da participação não teria lugar, ou somente teria uma posição subordinada, no sistema do direito penal. Mas o direito positivo (...) quebrou esse princípio como exceção muito importante". As dúvidas não se dissiparam com o abandono da concepção estritamente naturalista da autoria quando o conceito puramente causal foi substituído pela idéia de ação que viola um bem jurídico tipicamente protegido.[703]

700. Cf., por exemplo, § 28 do CP alemão.
701. Cf. art. 117 do CP italiano.
702. Von Liszt, *Deutsches Reichsstrafrecht*, 1881, pp. 146 e ss.; von Liszt – Schmidt, *Lehrbuch des Deutschen Strafrechts*, 26ª ed., 1932, p. 320; no mesmo sentido, Allfeld, *Lehrbuch des Deutschen Strafrechts, Allgemeiner Teil*, 9ª ed., 1934, p. 206, n. 5, assim como in Meyer – Allfeld, *Lehrbuch des Deutschen Strafrechts, Allgemeiner Teil*, 7ª ed., 1912, p. 226, n. 5; ver, ademais, Hippel, *Deutsches Strafrecht*, 2ª ed., 1930, pp. 439 e ss.; M. E. Mayer, *Der Causalzusammenhang zwischen Handlung und Erfolg im Strafrecht*, 1899, pp. 108 e ss.
703. Cf. Schimidt, in *Festgabe für Frank*, t. II, 1930, p. 117.

976. Não deve surpreender, portanto, que, partindo de posições cépticas sobre a possibilidade da diferenciação da dogmática, apoiada na oposição sobre o conteúdo normativo e a estrutura da realidade, tenha-se desembocado no chamado conceito extensivo de autor, cuja principal função foi justificar a chamada autoria mediata. De acordo com esse conceito, tanto a partir da perspectiva da causação do resultado como a partir do ponto de vista da lesão do bem jurídico, toda abordagem será basicamente equivalente e, portanto, fundamentadora da autoria. Somente em função da imposição do direito vigente (arts. 28, 29, 63 e 65 do CP espanhol) devem se reconhecer – afirma-se – a existência de "causas limitadoras da punibilidade", que permitem reduzir a pena de alguns partícipes.[704] Para isso, a indução foi considerada como um "*minus* normativo",[705] pois ela é ameaçada na lei com a mesma pena da autoria. A função das teorias da autoria e da participação, nesse contexto, foi a de estabelecer quais abordagens dos partícipes são merecedoras de uma atenuação da pena.

977. Pelo contrário, na atualidade predomina o conceito restritivo de autor, que parte da idéia de que os tipos da Parte Especial apenas descrevem o comportamento do autor. Conseqüentemente, a responsabilidade dos partícipes no fato cometido pelo autor caracteriza-se por meio de "causas de extensão da punibilidade". Nesse contexto, as teorias da autoria e da participação têm uma função diferente: devem caracterizar a figura nuclear do evento (o autor) e ademais descrever os fundamentos que permitem uma extensão da punibilidade a pessoas que não tenham realizado condutas típicas de autoria, mas tão-somente, tenham tomado parte no fato cometido pelo autor.

§ 75. *A autoria*

978. O Código Penal espanhol não define o autor. O art. 27 limita-se a afirmar que "são criminalmente responsáveis pelos crimes ou contravenções os autores e os cúmplices", o que de imediato desmente o art. 28, pois este estabelece que também são puníveis os indutores e os cooperadores necessários. A lei, pelo contrário, estabelece no art. 28 as formas que pode adotar a autoria: autoria individual ("aque-

---

704. Mezger, *Strafrecht, ein Lehrbuch*, 3ª ed.,1949, p. 416.
705. Sauer, *Grundlagen des Strafrechts*, 1921, pp. 471 e ss.

les que realizam o fato por si sós"), co-autoria ("conjuntamente" com outros) e autoria mediata ("por meio de outro de que serve como instrumento").

A reforma de 1995 deu um passo significativo ao eliminar a velha fórmula do art. 14.1 do CP espanhol de 1973 que dizia: "os que tomam parte direta na execução do fato", propiciadora de conceitos extensivos de autor.[706]

979. A tarefa dogmática exigida pela nova redação concretiza-se na formulação de critérios dogmaticamente operativos, que possibilitem decidir acerca do significado das respectivas contribuições ao fato de cada um dos que tomam parte da execução do delito. Existem a respeito diversas concepções teóricas. Todas elas procuram responder a pergunta: quem é autor e quem é partícipe? Todas elas partem do mesmo ponto: *autor é aquele que executou a conduta típica*. As respostas, contudo, não são coincidentes; diferem no tocante ao que deve ser considerado como realização da conduta típica. As diferenças são tão grandes nesse aspecto que enquanto uns acreditam que o autor deve realizar a conduta descrita no tipo penal,[707] outros entendem que isso não é necessário e que pode ser autor aquele que não realizou a ação descrita no tipo (nesse sentido, a teoria subjetiva).

a) A teoria formal-objetiva

980. Para a teoria formal-objetiva "autor" é aquele que executa conduta constante do verbo núcleo do tipo. A doutrina provém da dogmática alemã e teve numerosos partidários desde o século XIX.[708] Foi dominante na Alemanha entre 1915 e 1933, sendo adotada por autores renomados,[709] apesar disso foi abandonada nos dias de hoje.[710] Na Espanha, contudo, é a teoria dominante.[711]

706. Bacigalupo, in *Poder Judicial*, n. 31 (1993), pp. 31 e ss. e p. 34.
707. Beling, *Die Lehre vom Verbrechen*, 1906, p. 397.
708. Birkmeyer, *Vergz. Darst, Allgemeiner Teil*, 1908, t. II, pp. 21 e ss.
709. Entre outros, por Beling, *Die Lehre vom Verbrechen*, 1906, pp. 408 e ss.; Mayer, *Der Allgemeine Teil des deutschen Strafrechts*, 1915, pp. 380 e ss.; von Liszt, *Lehrbuch des Deutschen Strafrechts*, 22ª ed., p. 221; von Liszt – Schmidt, *Lehrbuch des Deutschen Strafrechts*, 22ª ed., pp. 334 e ss.; Dohna, *Der Aufbau der Verbrechenslehre*, p. 59.
710. Roxin, *Täterschaft und Tatherrschaft*, 1963, 6ª ed., 1994, p. 34.
711. Gimbernat Ordeig, *Introducción a la parte general del derecho penal español*, p. 142; Días e G. Conlledo, *La autoría en derecho penal*, Barcelona, 1991,

981. Um setor considerável da doutrina[712] considera que a concepção de autor no sentido da teoria formal-objetiva se infere dos respectivos títulos da Parte Especial.

Mas esse critério não fornece mais que uma solução aparente, pois no crime de homicídio, por exemplo, se diz que realiza um tipo aquele que mata outrem, mas daí não se pode deduzir quem é aquele que o mata quando são vários os que tomam parte do fato. Sobretudo quando se reconhece que os títulos da Parte Especial são concebidos sem levar em conta mais que um único autor, isto é, de uma hipótese em que não se apresenta o problema da distinção entre autores e partícipes.

982. A teoria formal-objetiva esteve, nos precedentes doutrinários que a informam, ligada ao conceito restritivo de autor, em oposição ao conceito extensivo.[713] Não obstante, na variedade representada por aqueles que pensam que seu fundamento reside em "tomar parte direta na execução do fato", justificou-se um conceito extensivo de autor, em razão da impossibilidade de diferenciar autores de cúmplices ou cooperadores, já que estes também tomam parte na execução. Do "tomar parte" não é possível deduzir ainda quem é autor e quem é cúmplice ou cooperador.

983. A *teoria formal-objetiva* distingue o autor do partícipe conforme o aspecto exterior dos respectivos comportamentos, isto é, conforme a conduta possa se subsumir lógico-formalmente ao tipo penal. Isso significa que é preciso comprovar se a conduta realizada pode ser considerada a mencionada no texto legal fazendo um *"uso singe-*

---

p. 444; Moreno e Bravo, *Autoría en la doctrina del Tribunal Supremo (coautoría mediata y delitos impropios de omisión)*, Madri, 1997, pp. 47 e ss.; Jaén Vallejo, in López Barja de Quiroga – Rodríguez Ramos, *Código Penal. Comentado*, 1990, pp. 116 e ss.

712. Gimbernat Ordeig, *Introducción a la parte general del derecho penal español*, p. 749; Quintero Olivares, *Introducción al derecho penal. Parte general*, p. 248; Rodríguez Devesa, *Derecho penal español. Parte general*, p. 749; Rodríguez Mourullo, in Córdoba Roda – Rodríguez Mourullo, *Comentarios al Código Penal*, t. I, p. 802.

713. Beling, *Die Lehre vom Verbrechen*, p. 250; Dohna, *Der Aufbau der Verbrechenslehre*, p. 59; Jescheck, *Lehrbuch des Strafrechts, Allgemeiner Teil*, § 61, III; Roxin, *Täterschaft und Tatherrschaft*, 1963, 6ª ed., 1994, p. 35; Zimmerl, "Grundsätzliches zur Teilnahmelehre", in *ZStW*, 49 (1929) p. 41.

lo da linguagem da vida".⁷¹⁴ Essa noção de autor estava fortemente condicionada pelo contexto sistemático na qual se desenvolveu. Com efeito, no âmbito da tipicidade não era possível introduzir elementos subjetivos, pois no sistema da época esses elementos pertenciam exclusivamente à culpabilidade. A teoria, portanto, desenvolveu-se buscando distinguir conceitualmente "causa" e "condição"⁷¹⁵ ou "execução" e "cooperação ou apoio".⁷¹⁶

984. O desenvolvimento da teoria do delito terminou, de certa forma, com a possibilidade de uma concepção puramente objetiva de autoria, dado que deu lugar no tipo penal a *elementos subjetivos do tipo*. Uma vez que a conduta executiva já não era mais concebida de forma exclusivamente objetiva, os postulados da teoria objetiva se relativizaram. Conseqüência disso foi o ponto de vista exposto por Mezger, para quem, sendo a teoria formal-objetiva basicamente correta, "também a realização dos elementos subjetivos da ilicitude fundamentam a autoria". Conseqüentemente, com relação ao crime de furto, afirma que "é co-autor aquele que começa a relaxar a custódia do sujeito passivo e cúmplice aquele que proporciona ao autor um meio para fazê-lo; mas também pode ser autor aquele que tem o propósito de apropriação".⁷¹⁷ Portanto, uma vez reconhecido os elementos subjetivos da tipicidade, a teoria "formal-objetiva" já não refletia uma noção de autor formalmente objetiva.⁷¹⁸

985. A teoria formal-objetiva, por outro lado, não pôde proporcionar uma solução plausível aos casos em que uma pessoa (não indutor) se vale de outra para executar a conduta típica (*autoria mediata*). Nesse sentido, deve-se assinalar que, admitida a autoria mediata de forma expressa no art. 28 do CP espanhol, a teoria formal-objetiva, na realidade, confronta com texto legal. Além do mais, gera problemas conceituais nos crimes próprios, nos quais a realização corporal da

---

714. Beling, *Grundzüge des Strafrechts*, 1930, § 18, V.
715. Birkmeyer, *Vergleichende Darstellung des deutschen und ausländischen Strafrechts, Allgemeiner Teil*, t. II, 1908, pp. 23 e ss.; Frank, *Das Strafgesetzbuch für das Deutsche Reich*, 17ª ed., 1926, pp. 102 e ss.
716. Mezger, *Strafrecht, ein Lehrbuch*, pp. 444 e ss.; semelhante a Beling, *Die Lehre vom Verbrechen*, pp. 397 e ss.; Hippel, *Deutsches Strafrecht*, pp. 454 e ss.
717. Mezger, *Strafrecht, ein Lehrbuch*, p. 444;
718. Roxin, *Täterschaft und Tatherrschaft*, 1963, 6ª ed., 1994, p. 35.

conduta típica não é suficiente para a sua tipicidade e, portanto, para a autoria. Precisamente, a necessidade de superação desses problemas foi o que conduziu ao *conceito extensivo de autor*, que considera autor aquele "cujo comportamento conduz a uma lesão de interesses típicos, qualquer que seja a configuração exterior de sua conduta".[719]

b) A teoria subjetiva

986. Aqueles que não acreditam ser possível uma delimitação das formas de participação sobre as bases da teoria formal-objetiva propõem, em primeiro lugar, uma *teoria subjetiva*, ou seja, baseada na direção da vontade do partícipe.

Essas teorias se apóiam, de um lado, em um conceito especial de dolo, em concreto, uma específica *vontade de ser autor* (*animus auctoris*) – que permitiria diferenciar o autor do partícipe, que somente agiu com *animus socii*. Em outra variante, recorre-se ao *critério de interesse*, segundo o qual a vontade do autor se identifica com o interesse na execução do delito. O ponto de partida dessa concepção subjetiva de autoria é a teoria da equivalência dos antecedentes, em cujo contexto não cabe distinção alguma entre causas e condições.[720] Dessa maneira, a teoria subjetiva não era mais que uma conseqüência da concepção que apenas atribuía ao comportamento humano uma manifestação causal naturalística no mundo exterior. Na medida em que a redução da realidade social a categorias naturalísticas foi posta em dúvida, e que no conceito de ilícitos foram introduzidos elementos valorativos, a equivalência valorativa já não pôde meramente ser deduzida da equivalência causal.[721] Como conseqüência disso, a teoria subjetiva foi rejeitada na teoria e, salvo poucas exceções, não mereceu a consideração da jurisprudência.[722]

987. Na doutrina, admite-se de uma maneira quase unânime que o critério do interesse está condenado ao fracasso nos casos em que o

---

719. Schmidt, *Festgabe für Frank*, t. II, 1930, p. 117.
720. Buri, *Die Causalität und ihre strafrechtliche Beziehugen*, 1885, p. 38.
721. Hippel, *Deutsches Strafrecht*, p. 455; Mezger, *Strafrecht, ein Lehrbuch*, p. 443.
722. Cf. *SSTS* de 21.2.1989; 24.2.1989; 20.1.1990; 6.4.1990; 8.10.1990; 9.10.1990; 12.6.1992.

partícipe atua com motivos altruístas.[723] Os modernos partidários da teoria subjetiva, portanto, consideram que a *vontade do domínio do fato* é um indício eficaz da existência do interesse no resultado. Por conseguinte, afirma-se que deve ser considerado autor aquele que quer dominar o fato, ainda quando careça de interesse no resultado, assim como aquele que tem interesse no resultado, ainda quando sua contribuição para o fato não seja essencial. Pelo contrário, será cúmplice ou cooperador aquele que não quer dominar o fato nem tem interesse no resultado, ou aquele que não tem interesse no resultado e somente contribui de uma maneira não essencial ao fato, assim como aquele que tem um reduzido interesse no resultado e apenas realiza uma contribuição não essencial ao fato.[724]

988. Na prática, em particular a jurisprudência do Tribunal Supremo alemão (*BGH*), que mantém sua adesão à teoria subjetiva, esta evoluiu para uma "teoria subjetiva com incrustações de elementos objetivos". Dessa maneira, é possível chegar a considerar certos casos em que um partícipe *não é autor*, ainda que tenha realizado a conduta típica por si mesmo.[725] Em sua versão moderna, o *BGH* fundamentou a teoria subjetiva na necessidade de levar em consideração nessa matéria os *impulsos especiais* reconhecidos pela criminologia, de tal forma que uma teoria objetiva somente se mostraria preferível se nela constasse que os partícipes atuam por impulsos criminologicamente reconhecidos. A partir dessa perspectiva foi possível ao *BGH* considerar que um agente estrangeiro que cometeu um crime de homicídio com fins políticos deveria ser considerado um partícipe, uma vez que apenas havia cumprido ordens de um Estado que se valia de propaganda massiva para justificar tais atos.[726]

989. Em suma: a teoria subjetiva realizou uma considerável aproximação das teorias material-objetivas (ver *infra*, c, ns. 990 e ss.) introduzindo o conceito de *vontade de domínio do fato* e apreciando nos casos concretos que aquele que *objetivamente* tem o domínio do fato, de regra, também terá a vontade de realizá-lo.[727]

---

723. Baumann, *Strafrecht, Allgemeiner Teil*, 7ª ed., 1975, p. 559.
724. Baumann, *Strafrecht, Allgemeiner Teil*, p. 559.
725. Ver, por exemplo, o conhecido caso "Staschinski" (*BGHSt* 18,87).
726. *BGHSt* 18,87 e 93.
727. Baumann – Weber, *Strafrecht, Allgemeiner Teil*, 9ª ed., 1985, p. 537.

c) Teorias material-objetivas

990. As *teorias material-objetivas* orientam-se, em geral, por pautas objetivas, mas procuram estabelecer o sentido da intervenção de várias pessoas atendendo a critérios de conteúdo, quer dizer, que vão mais além da forma mesma do comportamento. As teorias material-objetivas mais antigas procuraram uma distinção baseada em diferenciações dentro da causalidade (teoria da *necessidade da abordagem causal,* cuja influência no direito espanhol vigente não pôde ser totalmente eliminada; teoria da intervenção antes e durante a execução, que também influiu no direito espanhol – art. 14.1 do CP anterior etc.).[728]

991. Na doutrina moderna, no entanto, a teoria material-objetiva mais significativa é a *teoria do domínio do fato.* O conceito foi empregado na dogmática por diversos autores.[729] Nesse sentido, a teoria do domínio do fato pressupõe uma concepção da realização dos partícipes com seu mundo exterior que se diferencia basicamente daquela que partem as outras teorias. A moderna teoria entende que não se trata da causação de efeitos no mundo exterior, mais da realização de uma finalidade, que é o resultado de uma eleição entre diversas alternativas e possibilidades de conduta em relação ao fim a que o agente se propõe. A concepção moderna do domínio do fato oferece diversas possibilidades de articulação teórica dos aspectos objetivos e subjetivos do comportamento, mas, em geral, a fórmula mais aceita se expressa da seguinte maneira: *o domínio do fato deve se manifestar em uma configuração real do evento e quem não sabe que tem tal configuração real em suas mãos carece do domínio do fato.* No entanto, é necessária uma maior concreção do domínio do fato para atingir o conceito mais operativo.[730]

992. Essa concreção foi empreendida, em primeiro lugar, por Roxin.[731] O domínio do fato, de acordo com sua formulação da teoria, manifesta-se, antes de tudo, no *domínio da própria conduta típica*

---

728. Sobre as teorias material-objetivas em detalhe, cf. Roxin, *Täterschaft und Tatherrschaft,* 1963, 6ª ed., 1994, pp. 38 e ss.
729. Hegel, in *ZStW* 58 (1939), pp. 491 e ss. Há, contudo, quem entenda que a teoria do domínio do fato não se deduz da teoria finalista da ação: Cf. Stein, *Die strafrechtliche Beteiligungslehre,* 1988, pp. 188 e ss.
730. Engisch, *Festschrift für Eberhard Schmidt,* 1961, pp. 90 e ss. e 114.
731. Cf. Roxin, *Täterschaft und Tatherrschaft,* 1963, 6ª ed., 1994.

("os que realizam o fato por si sós"). Esse domínio não se perde nem pela existência de uma coação nem pela concorrência de circunstâncias que excluem a culpabilidade. O domínio do fato manifesta-se também quando o partícipe *domina a vontade de outro*, que realiza a conduta típica (os que realizam o fato servindo-se de outro que atua como instrumento).

993. De modo semelhante, Jakobs propôs também distinguir três formas de domínio do fato: o *domínio formal*, vinculado à realização pessoal da conduta típica, o *domínio material como domínio da decisão* e o *domínio como domínio configurador*.[732]

d) Limites explicativos da teoria do domínio do fato: a distinção entre delitos de domínio e delitos de infração de dever

994. Nos últimos decênios comprovou-se que nem todos os tipos de crime têm uma estrutura que permite explicar as questões sobre a autoria por meio da teoria do domínio do fato. Em 1963, Roxin propôs, nesse sentido, distinguir os delitos de domínio do fato dos delitos de infração de dever.[733] Em sua versão original, os crimes de infração de dever se caracterizam pelo fato de que a autoria da realização do tipo penal não depende do domínio do fato, mas da infração de um dever que incumbe ao agente. Tais infrações penais, portanto, fundamentam-se em tipos penais nos quais autoria se encontra reduzida àqueles a quem incumbirá um determinado dever. Nesses crimes, portanto, é factível que quem domina a ação *não* seja o autor nem tampouco o co-autor, pois a autoria se define pela infração do dever e não pelo domínio do fato. Por exemplo: o não-funcionário documenta uma constatação falsa, que o funcionário competente para expedir conhece e autoriza: somente o funcionário é autor do crime de falsidade documental do art. 390 do CP, ainda que não tenha tido domínio do fato na confecção do documento.

732. Roxin, *Strafrecht, Allgemeiner Teil*, 2ª ed., 1991, p. 613.
733. Roxin, *Täterschaft und Tatherrschaft*, 1963, 6ª ed., 1994, pp. 352 e ss.; no mesmo sentido, Jakobs, *Strafrecht, Allgemeineir Teil*, pp. 655 e ss.; também a respeito, Stein, *Die strafrechtliche Beteiligungslehre*, 1988, pp. 209 e ss.; Lesch, *Das Problem der sukzessiven Beihilfe*, 1992, pp. 126 e ss. e 268 e ss. Na dogmática espanhola, ver Bacigalupo, in *Chengchi Law Review*, 50 (1994), pp. 406 e ss.; López Barja de Quiroga, *Autoría e participación*, Madri, 1996, pp. 159 e ss.

995. Na teoria dos crimes de infração de dever se faz referência, na formulação de Roxin, aos crimes especiais e aos delitos de omissão e tem importantes conseqüências no que se refere à acessoriedade (enquanto nos crimes de domínio a participação exige um autor principal que haja dolosamente, isso não é necessário nos crimes de infração de dever, nos quais o partícipe é quem participa sem lesionar um dever especial, ainda que o autor tenha agido sem dolo).[734]

996. A caracterização dos crimes de infração de dever sofre uma considerável modificação na proposta de Jakobs, como conseqüência do fato de que esse autor não elabora a teoria do delito sobre a base da distinção entre ações e omissões, mas entre deveres que provêm da *organização* da intervenção do agente e deveres que provêm da sua *posição institucional*. Os crimes de domínio, dessa forma, correspondem ao âmbito da organização (onde é irrelevante que se trate de uma ação ou omissão) e os crimes de infração referem-se ao âmbito institucional.[735] A partir do ponto de vista de Jakobs, nos crimes de infração de dever a competência do autor encontra-se fundada na lesão de deveres protegidos institucionalmente.

997. Contra a teoria dos crimes de infração de dever sustenta-se que, na medida em que todas as normas impõem deveres e todos os crimes consistem na infração de uma norma, ter-se-ia que todos os crimes possuiriam o caráter de infração de dever.[736] Esse ponto de vista foi desenvolvido também a partir da concepção do direito penal como defraudação de expectativas.[737] A distinção entre crimes de domínio e de infração de dever, contudo, tem sido mantida por Jakobs com base na já mencionada diversidade entre os deveres que derivam da organização da própria atividade e aqueles que derivam de uma instituição.[738]

---

734. Roxin, *Täterschaft und Tatherrschaft*, 1963, 6ª ed., 1994, pp. 384 e ss. e 459 e ss.

735. Jakobs, *Strafrecht, Allgemeineir Teil*, pp. 655 e ss.

736. Maurach – Gössel – Zipf, *Strafrecht, Allgemeiner Teil*, t. II, 7ª ed., 1989, 42, 10 e ss.

737. Lesch, *Das Problem der sukzessiven Beihilfe*, 1992, pp. 133 e ss.

738. Contrários à teoria dos delitos de infração de dever: Stratenwerth, *Strafrecht, Allgemeiner Teil*, 3ª ed.,1981, p. 219; Jescheck – Waigend, *Lehrbuch des Strafrechts, Allgemeiner Teil*, 5ª ed., 1996, pp. 652 e ss.

e) A teoria da consideração total

998. Essa teoria foi formulada por Schmidhäuser[739] e fundamentalmente propõe uma determinação puramente intuitiva do autor e dos partícipes. Partindo-se da natureza do "conceito empírico", isto é, que não pode reduzir-se a uma definição, sustenta-se que há um grande número de casos que não são problemáticos e que aqueles que o são devem ser resolvidos mediante "uma consideração total". Dessa maneira, será autor "aquele que de acordo com o respectivo tipo de ilícito seja autor do mesmo em uma consideração total; e partícipe (indutor ou cúmplice) aquele que, de acordo com os elementos de uma indução ou cumplicidade em relação ao correspondente tipo de ilícito, seja partícipe em uma consideração total".[740]

999. Na prática, essa teoria procede da seguinte maneira: nos casos em que fica claro quem é autor e quem é partícipe torna-se desnecessária qualquer fundamentação teórica. Mas, quando é difícil uma distinção intuitiva, será necessária uma consideração total dos diversos momentos decisivos do fato.[741] Tais momentos referem-se "mais ao aspecto objetivo-exterior do evento" (*i.e.*, presença no lugar do fato, proximidade temporal da contribuição com o resultado, importância da contribuição para a realização do resultado, configuração do evento no lugar e no tempo, necessidade de colaboração e sua possibilidade de substituição) ou, ainda, "mais ao aspecto anímico-subjetivo" (interesse mediato ou imediato no fato, planejamento e eleição do objeto do mesmo, importância pessoal em relação aos demais colaboradores etc.).[742]

1.000. Consideração total não quer dizer, nessa teoria, indiferença e, portanto, não importa uma renúncia a contornos precisos na distinção entre autores e partícipes. A consideração total dos elementos decisivos, entanto, pode levar em cada caso a resultados diversos.

1.001. O ponto de vista de Schmidhäuser é passível de objeção, em primeiro lugar, porque supõe que existem casos "claros" para cuja caracterização não fornece critério algum. Mas, ademais, tampouco fornece critério nenhum para decidir acerca do resultado da consideração total. Precisamente nesse ponto, diferencia-se da teoria do do-

---

739. Schmidhäuser, *Strafrecht, Allgemeiner Teil*, pp. 498 e ss.
740. Schmidhäuser, *Strafrecht, Allgemeiner Teil*, p. 498.
741. Schmidhäuser, *Strafrecht, Allgemeiner Teil*, p. 572.
742. Schmidhäuser, *Strafrecht, Allgemeiner Teil*, p. 576.

mínio do fato, que, partindo indubitavelmente de uma consideração total, oferece um critério (o domínio do fato) em função do qual é possível obter a solução a respeito da autoria em todos os casos.

f) A teoria dominante na Espanha

1.002. Na doutrina espanhola, como vimos, predomina o ponto de vista segundo o qual o conceito de autor em sentido jurídico-penal deve se inferir a partir de cada um dos tipos da Parte Especial. As possibilidades dessa inferência são, como se disse, praticamente inexistentes se não se recorre a um critério para distinguir o autor (aquele que realiza conduta típica) daqueles que apenas tomam parte no fato de modo diverso de autoria. Precisamente esse critério é o que os tipos da Parte Especial não proporcionam, já que nada indicam sobre as distintas formas de colaboração na realização do tipo. Os tipos de homicídio, lesões corporais, furto etc., apenas dizem que àquele que realiza a conduta será aplicada a pena ali cominada, mas sem especificar absolutamente nada acerca do critério que permitiria distinguir, nas diversas contribuições ao fato, qual é determinante da autoria e qual somente deve ser considerada secundariamente como cumplicidade ou cooperação necessária.

Em suma, no Código Penal espanhol a caracterização do autor exige uma definição prévia desse conceito que permite uma solução dos problemas da participação.

Diferentemente do que ocorre na teoria, *a jurisprudência* tende de forma cada vez mais clara a fundamentar suas decisões na teoria do domínio do fato.[743]

§ 76. *A autoria nos crimes de domínio*

a) A autoria individual

1.003. A autoria individual é aquela que "realiza o fato por si só", vale dizer, sem participação de outros que tenham contribuído para a execução da conduta. Trata-se de hipóteses nas quais execução se realiza de

---

743. Cf. *SSTS* de 1.7.1963; 10.1.1987; 11.5.1987; 9.10.1987; 15.4.1988; 21.12.1988; 21.2.1989; 9.5.1990; 8.2.1991; 20.11.1991; 25.11.1992; 7.6.1993; 14.6.1993; 14.7.1995.

propria mano, uma vez que não precisa de outros.[744] Nessas situações, o domínio da própria conduta resta inquestionável se o agente atuou dolosamente e concorreram os elementos objetivos e subjetivos (especial qualificação do autor e especial propósito do autor) exigidos pelo tipo.

Nesse caso, a autoria é particularmente simples, pois por haver um único agente, se a sua conduta for típica, não será necessário distinguir seu comportamento daquele de outros partícipes. Em outras palavras, se a conduta for típica, o único agente será necessariamente o autor.

b) A co-autoria

1.004. São co-autores aqueles que tomam parte na execução do delito co-dominando o fato. Como já exposto, o direito vigente não fornece uma regra expressa sobre co-autoria. Ela não depende, contudo, para sua existência dogmática de uma regra expressa em lei, pois se encontra (como a autoria mediata) implícita no conceito de autor.

1. Elementos e particularidades

1.005. A co-autoria é propriamente autoria. Os elementos dessa última, portanto, devem ser compartilhados pelo co-autor. Nesse sentido, o co-autor deve ter, em primeiro lugar, o co-domínio do fato (elemento geral da autoria) e também as qualidades objetivas que o constituem em autor idôneo (crimes próprios), assim como os elementos subjetivos da autoria (ou do injusto) exigidos pelo delito. Co-autoria, no sentido de co-execução da conduta típica, somente é possível nos crimes comissivos dolosos.[745]

(a)

1.006. O elemento essencial da co-autoria é o co-domínio do fato. Esse elemento foi caracterizado por Roxin[746] como um domínio

---

744. Jakobs, *Strafrecht, Allgemeineir Teil*, p. 615; no mesmo sentido: Roxin, *Täterschaft und Tatherrschaft*, 1963, 6ª ed., 1994, p. 129.

745. Sobre a impossibilidade de uma co-autoria em delitos de omissão, Cf. Armin Kaufmann, *Die Dogmatik der Unterlassungsdelikte*, p. 204; Bacigalupo, *Delitos impropios de omisión*, pp. 173-175.

746. Roxin, *Täterschaft und Tatherrschaft*, pp. 275 e ss.; idem, in *Homenaje a Jiménez de Ásua*, pp. 55 e ss.

funcional do fato, no sentido de que cada um dos co-autores tem em suas mãos o domínio do fato por meio da parte que corresponde à divisão do trabalho.[747]

1.007. O co-domínio do fato exige uma decisão conjunta a seu respeito. Mediante essa decisão conjunta ou comum vinculam-se funcionalmente as distintas contribuições ao mesmo: um dos autores distrai a vítima e o outro a despoja de seu dinheiro; cada conduta está conectada à outra mediante a divisão de tarefas acordada na decisão conjunta.

1.008. Não é fácil distinguir essa decisão conjunta que fundamenta a co-autoria da divisão de tarefas acordada comumente entre autor e cúmplice ou cooperador. As opiniões encontram-se divididas.[748] O critério correto de distinção deve estabelecer se a divisão de tarefas acordada importa ou não subordinação de uns a respeito de outros. Para a existência da co-autoria é preciso que não haja subordinação à vontade de um ou de vários que mantenham em suas mãos a decisão acerca da consumação do delito.

1.009. A jurisprudência do Tribunal Supremo não mais considera que o acordo prévio, isoladamente, é suficiente para a co-autoria. Tal ponto de vista, unanimemente criticado pela doutrina, cedeu passo ao ponto de vista que o considera, em todo caso, uma condição, mas não a única, da co-autoria.

(b)

1.010. Para a co-autoria é fundamental uma contribuição objetiva para o fato por parte do co-autor. Somente dessa forma pode-se determinar se o agente teve ou não o domínio do fato e, em conseqüência, se é ou não co-autor. A contribuição objetiva que determina a existência de um co-domínio do fato pode resumir-se a uma fórmu-

---

747. Roxin, *Täterschaft und Tatherrschaft*, pp. 275 e ss.; idem, in *Homenaje a Jiménez de Ásua*, pp. 55 e ss.; Jescheck, *Lehrbuch des Strafrechts, Allgemeiner Teil*, p. 549; Stratenwerth, *Strafrecht, Allgemeiner Teil*, n. 807.

748. Cf., pela teoria subjetiva, Baumann, *Strafrecht, Allgemeiner Teil*, pp. 565 e ss.; por um critério formal-objetivo, Stratenwerth, *Strafrecht, Allgemeiner Teil*, n. 815; Samson, in *Systematischer Kommentar zum Strafgesetzbuch*, § 25, 43; Jescheck, *Lehrbuch des Strafrechts, Allgemeiner Teil*, p. 549; outro ponto de vista, Stratenwerth, *Strafrecht, Allgemeiner Teil*, p. 506.

la de utilização prática: haverá co-domínio do fato cada vez que o agente tenha dado uma contribuição ao fato total, no estágio da execução, de tal natureza que sem ela aquele não teria sido cometido.[749] Para o juízo sobre a existência da consumação do fato em função da contribuição do agente é fundamental o plano de realização levado ao cabo pelos autores.

1.011. Essa fórmula tem uma base legal direta no art. 28.2, *b*, do CP espanhol. Com efeito, o significado da expressão "tomar parte na execução" somente dessa forma adquire um adequado valor dogmático no que se refere à co-autoria, pois assinala precisamente o momento que vai desde o início da execução até a consumação, período no qual prestar uma colaboração sem a qual o fato "não poderia ter sido praticado" implica uma contribuição que revela o co-domínio do fato. "É evidente que o sujeito que presta uma colaboração sem a qual o fato não poderia ter sido praticado decide sobre a consumação"[750] e, portanto, co-domina o fato.

1.012. O art. 28.2, *b*, do CP espanhol foi entendido exclusivamente como uma forma de cooperação necessária.[751] Em nosso ponto de vista, pelo contrário, é preciso diferenciar: o citado refere-se aos co-autores como aqueles que tenham prestado *durante a execução* uma contribuição ao fato sem a qual este não teria sido praticado. Pelo contrário, aqueles que teriam prestado uma colaboração semelhante na *etapa de preparação*, anterior ao início de execução, não puderam dominar o fato. Isso fica mais claro com o seguinte quadro:

Partícipes que realizam uma contribuição sem a qual o fato não poderia ser cometido	durante a execução	→ *co-autores*
	durante a preparação	→ *cooperadores necessários*
Partícipes que realizam qualquer outra contribuição (art. 29 do CP)	durante a execução ou a preparação	→ *cúmplices*

749. Cf. em geral, López Barja de Quiroga, *Autoría e participación*, p. 66; Moreno e Bravo, *Autoría en la doctrina del Tribunal Supremo (coautoría mediata y delitos impropios de omisión)*, Madri, 1997, pp. 59 e ss.; Roxin, *Täterschaft und Tatherrschaft*, p. 280; Stratenwerth, *Strafrecht, Allgemeiner Teil*, n. 820 e ss.; Jescheck, *Lehrbuch des Strafrechts, Allgemeiner Teil*, § 63, III; Samson, *Systematischer Kommentar zum Strafgesetzbuch*, §§ 25, 44 e ss.; outro ponto de vista, Jakobs, *Systematischer Kommentar zum Stragesetzbuch*, pp. 621 e ss.

750. Bacigalupo, *La noción de autor*, p. 47, Roxin, *Homenaje a Jiménez de Ásua*, p. 66, referindo-se ao art. 45 do CP argentino; idem *Täterschaft und Tatherrschaft*, p. 40.

1.013. Para determinar quando uma contribuição sem a qual o fato não poderia ter sido praticado, afigura-se útil o critério de formulação da supressão mental decorrente da teoria da *conditio sine qua non.* Quando a contribuição suprimida mentalmente resulta na impossibilidade da execução, está-se diante, evidentemente, de uma contribuição necessária. Contudo, é preciso lembrar que *não se deve exigir uma necessidade absoluta*, mas é suficiente que a contribuição seja "dificilmente substituível" nas circunstâncias concretas da execução.[752]

2. Co-autoria sucessiva

1.014. Designa-se co-autoria sucessiva a hipótese em que alguém participa co-dominando o fato em um crime cuja execução já se iniciou. Por exemplo: "A" e "B" penetram com violência em um comércio, onde se apoderam de bens que levam à casa de "C"; este, inteirado do fato já cometido por "A" e "B", dirige-se com ambos ao local, e juntos apoderam-se do resto da mercadoria. A co-autoria sucessiva é possível somente até o momento da consumação do plano delitivo.

A regra para a decisão desses casos é que o co-autor sucessivo não responde pelo fato já praticado antes do início de sua participação, pois isso implicaria no reconhecimento de um *dolo subsequens.*[753]

c) A autoria mediata

1. Conceito de autor mediato

1.015. Autor mediato é aquele que, dominando o fato e possuindo as demais características especiais exigidas para o autor, serve-se de outra pessoa (instrumento) para a execução da conduta típica.

751. Cf., por todos, Rodríguez Mourullo, in Córdoba Roda – Rodríguez Mourullo, *Comentarios al Código Penal*, t. I, pp. 871 e ss.
752. Gimbernat Ordeig, *Autor y cómplice en el derecho penal*, pp. 157 e ss.; Roxin, *Homenaje a Jiménez de Ásua*, p. 67, Bacigalupo, "Notas sobre la banda y la distinción entre auxiliador necesario y la participación secundaria", in *LL*, 123-1.311.
753. Stratenwerth, *Strafrecht, Allgemeiner Teil*, n. 817; Roxin, *Täterschaft und Tatherrschaft*, p. 290; Schmidhäuser, *Strafrechts, Allgemeiner Teil*, p. 520; em contrário, Jescheck, *Lehrbuch des Strafrechts, Allgemeiner Teil*, pp. 552 e ss.; Maurach, *Deutsches Strafrecht, Allgemeiner Teil*, § 49, III; Samson, *Systematischer Kommentar zum Strafgesetzbuch.*

1.016. A teoria do autor mediato não mereceu sempre aceitação fora da Alemanha. Na Espanha, foi considerada supérflua por alguns autores[754] e na Itália também foi questionada com relação à sua necessidade, não apenas porque o art. 111 do CP italiano estabelece que "aquele que determina que outra pessoa não imputável ou não punível cometa um delito valendo-se da ausência de uma condição ou qualificação pessoal responde pelo delito por ela cometido", mas também em razão de seus fundamentos.[755]

1.017. A teoria do autor mediato foi sendo separada da figura do *Mandat*, desenvolvida no final da Idade Média pela ciência italiana do direito penal. Mas o conceito de autoria mediata não aparece até antes de Stübel (1828) em substituição ao "causador intelectual". A fundamentação moderna começa com os hegelianos: Luden, Köstin, Berner, Hälschner. Em grande parte, a teoria desenvolveu-se como conseqüência da acessoriedade extrema,[756] que exigia do autor imediato também o requisito da culpabilidade; portanto, os que induziram autores inculpáveis resultavam impunes. Precisamente para evitar essa impunidade, criou-se a figura do autor mediato. Introduzida a acessoriedade limitada,[757] contudo, ela foi mantida, porque não restou demonstrado que essencialmente tratava-se de casos de autoria.[758]

1.018. O autor mediato deve reunir todas as características especiais exigidas para o autor (objetivas e subjetivas) e na mesma medida exigida para o autor imediato.

O ponto fundamental da autoria mediata reside em que o autor não realiza pessoalmente a conduta executiva, mas o faz mediante outro (instrumento); e o que caracteriza o domínio do fato é a subordinação da vontade do instrumento à do autor mediato.

---

754. Rodríguez Mourullo, in Córdoba Roda – Rodríguez Mourullo, *Comentarios al Código Penal*, t. I, p. 803; Cerezo Mir, in *Festschrift für Welzel*, pp. 635 e ss.
755. Bettiol, *Diritto penale*, p. 594; Mantovani, *Diritto penale*, 1979, p. 462; afirmativamente, Riccio, *L'autore mediato*, 1939; Pannain, *Manuale di diritto penale*, 1962, t. I, p. 802; Latagliata, *I principi del concorso di persone nel reato*.
756. Cf. *infra*, § 79, *b*, 2.
757. Cf. *infra*, § 79, *b*, 2.
758. Cf. Schröder, *Der Täter hinter dem Täter*, 1965, pp. 13 e ss.; Roxin, *Täterschaft und Tatherrschaft*, pp. 141 e ss.; sobre a necessidade da figura da autoria mediata, Welzel, *Das Deutsche Strafrecht*, p. 101.

1.019. Quando falta a conduta daquele que figura como instrumento, por força do emprego de força física irresistível ou de uma forma análoga, não haverá autoria mediata, mas, sim, direta. Por exemplo: aquele que, atropelado por um automóvel, é arremessado contra um armário envidraçado, estilhaçando-o ou aquele que quebra um vaso alheio como conseqüência de um ato reflexo provocado pelo médico não são instrumentos de um autor mediato; mas aqueles que ocasionaram o deslocamento violento do corpo e o ato reflexo resultam como autores imediatos.

1.020. A autoria mediata apenas adquire – como se viu – uma fundamentação adequada por meio da teoria do domínio fato. A teoria formal-objetiva não pôde alcançar tal fundamentação especificamente, uma vez que seu ponto de partida é demasiado estreito e, na realidade, reduz todos os crimes a crimes de mão própria. Não obstante, procurou superar tal ponto sem resultar em contradição mediante emprego da chamada "teoria da preponderância",[759] que procura substituir a falta de conduta pessoal de execução por meio de uma ampliação do conceito de autor para os casos de autoria mediata. Dessa forma, a falta de autoria direta resultaria compensada por outros elementos do delito, que são pressupostos da punibilidade, que residem no âmbito da culpabilidade e que somente concorrem na figura do autor.

1.021. Assim, por exemplo, no caso da produção de um resultado mediante um instrumento que age de acordo com o direito, porque o faz amparado por uma causa de justificação, a autoria mediata resultaria fundamentada porque, aquele que age por detrás do instrumento tem uma "preponderância no âmbito da antijuridicidade".[760] Com acerto, Grünhut[761] a criticou, destacando que apenas se trata de uma correta caracterização da autoria mediata, mas não de uma fundamentação dogmática.

---

759. Hegler, "Das Wesen der mittelbaren Täterschaft", *Die Reichsgerichtspraxisis deutschen Rechtsleben, Besonderer Teil*, t. V, 1929, p. 355; idem, "Mittelbare Täterschaft bei nichtswidrigem Handeln der mittelsperson", *Festgabe für Richard Schmidt*, 1932.
760. Hegler, "Mittelbare Täterschaft bei nichtswidrigem Handeln der mittelsperson", in *Festgabe für Richard Schmidt*, pp. 71 e ss.
761. Grünhut, *Grenzen strafbarer Täterschaft und Teilnahme*, in JW 1932, p. 366.

2. Hipóteses de autoria mediata

I – Instrumento que age sem dolo

1.022. A primeira hipótese de autoria mediata dá-se no caso daquele que utiliza, como meio para alcançar o fim proposto, alguém cuja conduta – pelo contrário – não se dirige ao mesmo fim do autor mediato, mas a um outro qualquer.[762] Por exemplo: a utilização de um mensageiro que ignora o conteúdo do pacote para entregar uma bomba que será acionada assim que recebida pelo destinatário; a utilização de uma enfermeira que desconhece o conteúdo letal de uma seringa para ser injetada em alguém. O dolo do instrumento faltará sempre que este agir com erro ou ignorância acerca das circunstâncias do tipo. Nesses casos, o domínio da vontade funda-se no maior conhecimento que tem o autor mediato das circunstâncias do tipo com relação ao instrumento.

1.023. Quando ambos conhecem as circunstâncias na mesma medida não há possibilidade de domínio da vontade do outro (a não ser que concorram outros fatores que permitam estabelecê-lo). Por exemplo: "A" incita "B", por meio de um disparo de arma de fogo, a provar sua habilidade derrubando um cigarro que se encontra na boca de "C" – o qual concorda com a prova – "B" aceita visando a ganhar a aposta, dispara e mata "C". Ao menos, deve-se reconhecer que agiu com culpa ou, conforme o caso, com dolo eventual. Mas, de qualquer forma, "B" teve domínio do fato: "A", destarte, não é autor mediato.[763]

II – Instrumento que age sob coação

1.024. Esse caso não oferece respostas unânimes. O agente que atua sob coação age com dolo: *coactus voluit*. Tem, portanto, domínio da conduta para cuja execução está sendo coagido e, conseqüentemente, também tem a possibilidade de agir de outro modo. Por essa razão, entende-se que o coator será sempre um indutor, pois criou no autor o dolo, não importando que o tenha feito mediante coação ou persuasão.[764]

---

762. Cf. *SSTS* de 28.10.1978; 23.5.1981; 22.4.1988; 8.10.1992.
763. Stratenwerth, *Strafrecht, Allgemeiner Teil*, ns. 764 e ss.; Roxin, *Täterschaft und Tatherrschaft*, pp. 189 e ss.
764. Armin Kaufmann, *Die Dogmatik der Unterlassungsdelikte*, p. 165, nota 187.

1.025. Há outra corrente segundo a qual se deve admitir autoria mediata nas situações em que o coagido tenha perdido, por força da intensidade da coação, "a última e relevante decisão sobre o que ocorria", de tal forma que esta se desloca para as mãos do que exerce a coação.[765]

1.026. A questão analisada não tem, em princípio, maior efeito prático no direito espanhol, graças à equiparação de pena imposta no art. 61 do CP espanhol. Sob a ótica do excesso do autor imediato, o resultado também se mantém inalterado. Se considerarmos um caso de indução, o excesso do autor imediato não lhe será imputável por força dos princípios gerais. Se pensarmos em um caso de autoria mediata, o excesso do autor imediato será sem dúvida uma hipótese na qual o autor mediato não tem o domínio do fato, pois nessa parte não terá dominado o fato do primeiro. Não obstante, caso conheça o risco do excesso, o autor mediato terá agido com dolo eventual a seu respeito.

III – Instrumento que carece de capacidade
para se motivar de acordo com a norma

1.027. Aqui devemos distinguir duas hipóteses:

a) que o instrumento tenha agido em estado de incapacidade de culpabilidade (inimputabilidade);

b) que o instrumento tenha agido mediante erro de proibição;

O caso do instrumento que age em estado de não-culpabilidade (inimputabilidade) – por exemplo, o doente mental – não oferece, em princípio, qualquer problema.

Admitida a acessoriedade limitada, ele pode ser solucionado como uma hipótese de indução,[766] quando o autêntico sentido do fato lhe dê a qualificação de autoria mediata. Se o inimputável, contudo, conservou domínio do fato apesar de sua inimputabilidade, haverá apenas indução.[767]

---

765. Roxin, *Täterschaft und Tatherrschaft*, p. 144; Stratenwerth, *Strafrecht, Allgemeiner Teil*, ns. 765 e ss.; Welzel, *Das Deutsche Strafrecht*, p. 102.
766. Jescheck, *Lehrbuch des Strafrechts, Allgemeiner Teil*, p. 544.
767. López Barja de Quiroga, *Autoría e participación*, p. 51.

No caso do instrumento que age mediante erro de proibição inevitável a solução é a mesma, pois lhe falta a capacidade para agir de outra forma, enquanto o autor mediato se considera como tal precisamente porque se serviu dessa incapacidade do instrumento, similar em seus efeitos à inimputabilidade. Se o erro de proibição for evitável, pode se dar também uma hipótese de autoria mediata.[768]

IV – Instrumento que não age tipicamente

1.028. Trata-se, por exemplo, da hipótese de autolesões, que são atípicas, pois o art. 147.1 do CP espanhol exige que se produza lesão "em outro" ("A" engana "B" fazendo-o crer que o revólver estava descarregado; "B" dispara sobre seu pé, ferindo-se; "A" é autor mediato das lesões).

V – Instrumento que age de acordo com o direito

1.029. O caso apresenta-se claramente nas hipóteses de fraude processual. Uma das partes produz documentos falsos, com o que provoca uma decisão falsa do juiz que prejudica a outra parte. O juiz que prolata a sentença, ignorando a falsidade, age de acordo com o direito. Mas aquele que age por detrás é autor mediato da fraude porque, com base em seu maior conhecimento da verdade, manteve o domínio do fato.[769]

VI – Instrumento que age dentro de um aparato de poder

1.030. Roxin,[770] Stratenwerth,[771] Samson[772] e Schmidhäuser[773] consideram que a autoria mediata também se dá quando o sujeito que faz parte de uma organização de poder e que é um intermediário na execução de uma determinada decisão delitiva. Por exemplo: o agente de um serviço secreto cumpre uma ordem de matar um diplo-

---

768. Welzel, *Das Deutsche Strafrecht*, p. 103; Stratenwerth, *Strafrecht, Allgemeiner Teil*, ns. 779 e ss.; outra solução, Roxin, *Täterschaft und Tatherrschaft*, p. 197.
769. Roxin, *Täterschaft und Tatherrschaft*, pp. 341 e ss.; Maurach, *Deutsches Strafrecht, Allgemeiner Teil*, § 48, II, B. Cf. *STS* de 22.4.1988.
770. Roxin, *Täterschaft und Tatherrschaft*, pp. 341 e ss.
771. Stratenwerth, *Strafrecht, Allgemeiner Teil*, n. 790 e ss.
772. Samson, *Systematischer Kommentar zum Strafgesetzbuch*, §§ 25, 36.
773. Schmidhäuser, *Strafrechts, Allgemeiner Teil*, p. 527.

mata estrangeiro; o funcionário de um Estado ilegítimo que põe em andamento, em uma etapa intermediária da realização, uma operação de extermínio ou privação da liberdade de um grupo de pessoas. Os "funcionários" ou o agente do serviço secreto nas hipóteses propostas não agem nem coagidos nem por erro. Contudo, em razão da fácil fungibilidade do sujeito, que poderia ser substituído por qualquer outro, entende-se que houve autoria mediata com relação aos membros superiores do "aparato de poder". Dessa forma, a punibilidade do "instrumento" como autor imediato não é discutida. Para outros autores, esses casos devem ser considerados segundo as regras da co-autoria.[774]

§ 77. A autoria nos crimes de infração de dever

1.031. Como vimos acima (§ 75, *d*) para os efeitos da distinção entre autoria e participação deve-se diferenciar *crimes de domínio*, nos quais o domínio do fato permite ao agente decidir sobre a autoria, e *crimes de infração de dever*. Entre estes, encontram-se os crimes próprios, alguns delitos societários (administração desleal – art. 295 do CP espanhol) e os crimes omissivos.[775]

1.032. O dever que constitui a matéria da lesão jurídica nesses tipos penais não é o dever genérico que surge de toda norma e alcança também os partícipes. Trata-se, pelo contrário, de um dever extrapenal, que não alcança todo partícipe, mas somente aqueles que têm uma determinada posição a respeito da inviolabilidade do bem jurídico (funcionários, administradores, garantes nos crimes omissivos).

Nesse sentido, afirma-se que delitos de infração de dever "são todos aqueles cujos autores estão obrigados institucionalmente a um cuidado para com o bem".[776]

---

774. Cf. Jescheck, *Lehrbuch des Strafrechts, Allgemeiner Teil*, pp. 546; Samson, *Systematischer Kommentar zum Strafgesetzbuch*, §§ 25, 36; também Jakobs, que rejeita energicamente a autoria mediata, *Strafrecht, Allgemeiner Teil*, p. 649.
775. Roxin, *Täterschaft und Tatherrschaft*, pp. 352 e ss.; o mesmo, *Leipziger Kommentar*, §§ 25, 29 e ss.; Jakobs, *Strafrecht, Allgemeiner Teil*, pp. 655 e ss., com certas variações.
776. Jakobs, *Strafrecht, Allgemeiner Teil*, pp. 655 e ss. Não se deve confundir, no entanto, a extensão que se outorga aos delitos de infração de dever na teo-

1.033. Nos crimes de infração de dever, o critério determinante da autoria é tão-somente a infração do dever especial que incumbe ao agente, independentemente se teve ou não domínio do fato. Por exemplo: o administrador de fato e de direito, que aconselha terceiro a subtrair certos bens do ativo do patrimônio que administra, é autor do crime de administração desleal ainda que não tenha tido domínio do fato na subtração realizada pelo terceiro em prejuízo do patrimônio.[777]

1.034. Nos crimes de infração de dever, a co-autoria dá-se nos casos de violação conjunta do dever especial, sem levar em conta nenhuma outra circunstância, em particular a espécie de contribuição que cada um dos agentes deu ao fato delituoso.[778]

1.035. Do mesmo modo, sustenta-se admissível nos crimes de infração de dever a *autoria mediata*. No caso do art. 295 do CP espanhol (administração desleal) ocorreria autoria mediata por parte do administrador que aconselha o terceiro a obter uma vantagem patrimonial causando prejuízo ilícito ao patrimônio administrado.[779] O exemplo proposto, no entanto, põe por si só em relevo que a figura da autoria mediata se mostra desnecessária: aquele que infringe o dever especial que lhe incumbe induzido outro a produzir o dano já é autor (direto ou imediato), pois o dever que lhe cabe resta violado ao desencadear o evento que produzirá o dano patrimonial.

§ 78. Problemas particulares

a) A problemática dos crimes de mão própria

1.036. Na doutrina e na jurisprudência designam-se como crimes de mão própria aqueles em que a autoria depende da realização corporal da conduta, uma vez que a reprovabilidade do fato reside justa-

---
ria segundo se parta da distinção essencial entre ação/omissão ou entre organização da própria ação/deveres institucionais. A questão é decisiva para aplicar as conseqüências que estes delitos têm no que tange às relações que se devem exigir entre o direito do autor e os direitos dos partícipes (quer dizer, a respeito da acessoriedade).

777. Exemplo adaptado de Jakobs, *Strafrecht, Allgemeiner Teil*, pp. 655 e ss.
778. Cf. Roxin, *Leipziger Kommentar*, § 25, 111.
779. No mesmo sentido, Roxin, *Täterschaft und Tatherrschaft*, p. 360.

mente em sua execução material. Nesses delitos, fica afastada a co-autoria e a autoria mediata.[780]

A categoria em si mesma não se discute; sendo, contudo, problemático estabelecer quais tipos dão ensejo a um crime de mão própria. Nesse sentido, a jurisprudência mostra de que modo se produziu uma mudança de pontos de vista com relação a casos concretos. O Tribunal Supremo considerou inicialmente que os crimes de porte de arma (art. 563 do CP espanhol)[781] e de violação (art. 179 do CP espanhol) eram de mão própria. No entanto, admitiu em ambos, posteriormente, a possibilidade de co-autoria e, no caso da violação, inclusive, autoria mediata.[782]

1.037. A fim de se determinar quais são os tipos em que se deve admitir um crime de mão própria, foram propostos diversos critérios:[783] a *"teoria do texto"*,[784] que considera possível deduzi-los a partir do texto legal; a *"teoria do movimento corporal"*,[785] que não difere basicamente da anterior. Atualmente, são sustentados os critérios a seguir expostos.

1. De acordo com o primeiro ponto de vista, trata-se de crimes configurados conforme o critério do *direito penal do autor* ou de delitos nos quais a *autoria encontra-se estritamente vinculada com a realização da conduta e que não implicam a lesão de um bem jurídico.*[786] Nesse sentido, considera-se que a maioria dos crimes atualmente considerados de mão própria são, na realidade, delitos de infração de deveres altamente pessoais (falso testemunho, abandono do serviço militar etc.).[787]

2. Também Jakobs estima que são aplicáveis a estes crimes as conseqüências dos *delitos de infração de dever.* Sob tal perspectiva,

---

780. Roxin, *Täterschaft und Tatherrschaft*, p. 401; Jakobs, *Strafrecht, Allgemeiner Teil*, pp. 604 e ss.; Maqueda Abreu, *Los delitos de propia mano*, 1992; Choclán Montalvo, in *AP* 1996 (n. 3), pp. 39 e ss.
781. Até a *STS* de 25.1.1985.
782. Cf. *STS* de 2.11.1994. Considerando a violação como delito de mão própria, as *SSTS* de 31.1.1992 e 22.6.1994. Admitindo a co-autoria, as *SSTS* de 14.4.1987 e de 11.7.1987.
783. Um resumo dos mesmos in Maqueda Abreu, *Los delitos de propia mano.*
784. Binding, *Strafrechtliche und strafprozessuale Abhandlugen*, t. I, 1915, p. 268.
785. Beling, *Die Lehre vom Verbrechen*, 1906, pp. 234 e ss.
786. Roxin, *Leipziger Kommentar*, 10ª ed., 1985, §§ 28, 29 e ss.
787. Roxin, *Leipziger Kommentar*, 10ª ed., 1985, §§ 25, 36.

devem se considerar crimes de mão própria aqueles "cujo desvalor da conduta não decorre da modificação (imputável) que podem produzir, mas da insuficiência pessoal do autor expressa no fato delitivo".[788]

1.038. No direito vigente, somente é pacífico como crime de mão própria o falso testemunho (arts. 458 e ss. do CP espanhol), que pode ser entendido como um *delito de infração de um dever pessoal*.[789]

b) Casos de utilização de um instrumento não qualificado

1.039. Esses casos têm sido considerados tradicionalmente como hipóteses de autoria mediata e para isso modificava se *ad hoc* o conceito de domínio do fato. A questão se apresenta nos crimes próprios, nos quais só pode ser autor um sujeito que tenha a qualificação exigida no tipo (por exemplo, o art. 390 do CP espanhol). Aqueles que possuírem tal qualificação se designam *intraneus* e os que não a possuírem, *extraneus*.

1.040. A utilização de um agente não qualificado (*extraneus*), que age com dolo, por parte de um qualificado (*intraneus*) traz um problema de alta complexidade. Por exemplo, o caso do funcionário que por meio de um particular documenta uma declaração falsa. Pode afirmar-se que existe unanimidade a respeito da punibilidade do agente qualificado como autor mediato, que realiza a conduta executiva por meio de um sujeito não-qualificado que age dolosamente; o mesmo vale para o "instrumento", que realiza a conduta executiva de forma direta na condição de partícipe.

1.041. O problema apresenta-se aqui para a teoria do domínio do fato, pois o não-qualificado que age com dolo e liberdade teria, em princípio, domínio do fato e, não obstante, não pode ser autor por falta da qualificação legal. A questão tem sua repercussão fundamentalmente em matéria de acessoriedade. Se esta depende do domínio do fato por parte do autor principal, pareceria não haver no caso outra solução que não a impunidade, já que o agente não-qualificado não pode ser autor por falta da qualificação e o qualificado, por sua vez, não pode ser indutor, porque a indução supõe a autoria com relação ao induzido.

---

788. Jakobs, *Strafrecht, Allgemeiner Teil*, p. 605.
789. Outro ponto de vista, Jakobs, *Strafrecht, Allgemeiner Teil*, p. 605.

1.042. As soluções atuais são das mais variadas quanto à fundamentação. Welzel, por exemplo, explicou o domínio do fato mediante o conceito de "domínio social" derivado da qualificação daquele que age por detrás do instrumento.[790] Gallas ponderou que o qualificado "não tem domínio sobre a pessoa que age imediatamente, mas provavelmente o tem com relação ao fato em sua totalidade, na medida em que o caráter do crime depende da qualificação que ele possui e do impulso que deu ao não qualificado".[791] Jescheck, por sua vez, entende que o domínio do fato deve ser construído normativa e não psicologicamente,[792] recorrendo de modo implícito à teoria da preponderância de Hegler: "o influxo juridicamente dominante daquele que age por detrás é fundamental para a autoria". Stratenwerth sustenta que se trata de uma "forma mista de papéis de participação impunes na qual se somam elementos de autoria e indução".[793]

1.043. Todas essas propostas deixaram de ser consideradas em razão do desenvolvimento dogmático dos *delitos de infração de dever*.[794] Neles, se modificou o regime da acessoriedade, de tal maneira que a conduta do partícipe não depende do domínio do fato e do dolo do autor (nesses casos, o qualificado), mas da infração do dever do qualificado, *qualquer* que seja a posição na qual aja, já que toda a atuação que importe infração de dever se mostra suficiente para autoria. No exemplo do funcionário que faz com que o particular documente uma declaração falsa (por exemplo, uma inscrição falsa no registro de imóveis), o fato principal é a infração do dever do funcionário e o acessório é a do não-qualificado. Adotado esse critério, surge uma outra controvérsia. De um lado, acredita-se que o funcionário seja autor imediato, pois infringe seu dever.[795] Por outro, entende-se que "o *extraneus* (...) executa conduta, mas não é autor de um delito por força de sua falta de qualificação, e o *intraneus* (...) não pratica na condição de autor, mas simplesmente como partíci-

---

790. Welzel, *Das Deutsche Strafrecht*, p. 104.
791. Gallas, *Verbrechenslehre*, p. 102.
792. Jescheck, *Lehrbuch des Strafrechts, Allgemeiner Teil*, § 62, II, 7.
793. Stratenwerth, *Strafrecht, Allgemeiner Teil*, ns. 793 e ss.
794. Cf. Roxin, *Leipziger Kommentar*, §§ 25, 91 e ss.; Jakobs, *Strafrecht, Allgemeiner Teil*, p. 650.
795. Roxin, *Leipziger Kommentar*, §§ 25, 91.

pe".[796] O primeiro ponto de vista mostra-se correto, já que infração de dever determina a autoria por parte do agente qualificado.

c) Casos de utilização de um instrumento que age dolosamente, mas sem o elemento subjetivo de autoria

1.044. Trata-se de um problema considerado semelhante à situação daquele que realiza a conduta executiva dolosamente, mas sem dispor do elemento subjetivo exigido no tipo (por exemplo, a intenção de lucro no crime de furto – art. 234 do CP espanhol), enquanto aquele que age por detrás o faz com esse elemento subjetivo. Por exemplo,[797] o dono de uma fazenda, com intenção de se apropriar de coisas alheias, deixa que seu criado, que age conhecendo todas as circunstâncias do fato, traga até o seu curral, juntamente com suas próprias galinhas, as de seu vizinho (terá havido furto por parte do criado e indução por parte do proprietário da fazenda ou furto em autoria mediata por parte do dono?).

1.045. A partir do ponto de vista da teoria do domínio fato, esse caso oferece a seguinte dificuldade: aquele que age com domínio do fato (dolosamente) carece do elemento subjetivo da autoria (vontade de se apropriar = ânimo de lucro), razão pela qual não pode ser autor. O que age por detrás, a seu turno, tem um elemento subjetivo de autoria, mas carece do domínio do fato. Se a autoria depende da conjugação de ambos os elementos, teríamos que nenhum dos dois poderia ser considerado autor. A indução daquele que age às ocultas restaria excluída porque o outro não é autor.

1.046. A doutrina tem dado soluções diferentes ao problema proposto. Há os que equiparam esse caso àquele dos crimes próprios que acabamos de estudar, seja afirmando um "domínio social" do fato com relação àquele que age por detrás com elemento subjetivo,[798] seja postulando a não-punibilidade desses fatos por constituírem "formas mistas de participação" não-puníveis.[799]

796. Jakobs, *Strafrecht, Allgemeiner Teil*, p. 650.
797. Cf. Stratenwerth, *Strafrecht, Allgemeiner Teil*, n. 800; Welzel, *Das Deutsche Strafrecht*, p. 104; Samson, *Systematischer Kommentar zum Strafgesetzbuch*, §§ 25, 34.
798. Welzel, *Das Deutsche Strafrecht*, p. 105; Jescheck, *Lehrbuch des Strafrechts, Allgemeiner Teil*, p. 545: "domínio do fato normativo".
799. Stratenwerth, *Strafrecht, Allgemeiner Teil*, n. 801.

1.047. De outro lado, rejeita-se a autoria mediata por entender-se que nessa hipótese não há furto, mas apropriação indébita.[800] Essa solução não é compatível com o direito espanhol, porque carece de um texto semelhante àquele do § 246 do CP alemão. Também se admite, no entanto, autoria por parte daquele que age dolosamente com base no princípio do domínio do fato, em virtude de uma interpretação do elemento subjetivo do furto; aquele que age por trás, por sua vez, seria considerado indutor.[801]

1.048. Na verdade, a solução do problema depende da interpretação dos elementos subjetivos do furto. Caso se admita o critério da jurisprudência, que identifica o ânimo de lucro como *animus rem sibi habendi*, que deve ser reconhecido quando se quer as coisas com a finalidade de entregá-las a outro, a questão deixa de ser problemática.[802]

§ 79. Participação em sentido estrito

a) Fundamento da punibilidade do partícipe

1.049. A condição essencial da participação consiste no fato de o partícipe não ter realizado a conduta típica. Essa delimitação negativa não deve ser entendida em sentido formal, mas material. É preciso que o partícipe não tenha tido domínio do fato ou não tenha estado obrigado pelo dever especial nos crimes de infração de dever.

1.050. As formas, como se viu, foram caracterizadas como "fundamentos da extensão da pena" (M. E. Mayer) ou do tipo penal (Zimmerl). Isso significa que a participação não cede lugar a um tipo autônomo, a um crime em si, mas a um "tipo de referência" ou a um "conceito de referência". Não é possível a participação sem que esta esteja vinculada ao fato punível cujo autor é outro, distinto do partícipe. A extensão de quaisquer dos tipos penais da Parte Especial a outras condutas que não se enquadram efetivamente em seu tipo penal somente é possível mediante o dispositivo técnico que as regras

---

800. Schmidhäuser, *Strafrecht, Allgemeiner Teil*, p. 528.
801. Roxin, *Täterschaft und Tatherrschaft*, pp. 341 e ss.
802. Jakobs, *Strafrecht, Allgemeiner Teil*, p. 649, que considera que se um dos partícipes sabe que outro atua com o elemento subjetivo da autoria, deve ser considerado autor.

referentes à participação em sentido estrito proporcionam (indução e cumplicidade).

Dessa maneira, ficam afastadas as teorias que tendem a conceber a participação com certa autonomia.[803] Adotando-se uma ou outra tese, o que está em jogo é o fundamento que se confere à participação.

1. Teoria da culpabilidade da participação

1.051. Para ela, o fundamento da punibilidade da participação reside na culpabilidade do partícipe com relação à corrupção do autor; em outras palavras, está na influência daquele para com este, do que deriva sua culpabilidade e sua pena.[804] Dessa forma, a medida da culpabilidade do partícipe depende da existência e da medida da culpabilidade do autor.

Essa teoria é comumente rejeitada uma vez que não se coaduna com um sistema legislativo no qual a culpabilidade do partícipe independe da do autor.[805]

2. Teoria da causação

1.052. O ponto de partida dessa teoria é a incidência causal do partícipe na realização do fato. A circunstância de que a contribuição causal daquele seja analisada por meio do autor determina sua maior distância a respeito do resultado e, portanto, sua menor punibilidade. Sendo a contribuição causal o ponto essencial, a tipicidade da conduta do autor desaparece como requisito e, como conseqüência, a participação converte-se em crime autônomo, isto é, perde sua natureza acessória.[806]

---

803. Cf. Massari, *Il momento esecutivo del reato*, § 70; e a dogmática alemã: Schmidhäuser, *Strafrecht, Allgemeiner Teil*, pp. 497 e ss.; Lüderssen, *Zum Strafgrund der Teilnahme*, 1967.
804. Mayer, *Strafrecht, Allgemeiner Teil*, 1967, p. 155.
805. Jescheck, *Lehrbuch des Strafrechts, Allgemeiner Teil*, p. 557; Stratenwerth, *Strafrecht, Allgemeiner Teil*, n. 850; Rudolphi, in *ZStW* 78, p. 94; Samson, *Systematischer Kommentar zum Strafgesetzbuch*, § 26, n. 5; Schmidhäuser, *Strafrechts, Allgemeiner Teil*, p. 534.
806. Lüderssen, *Zum Strafgrund der Teilnahme*, pp. 119 e ss.; Maurach, *Deutsches Strafrecht, Allgemeiner Teil*, § 50, III, p. 534.

Essa teoria também se mostra insustentável no direito vigente porque colide com o requisito da dependência ou acessoriedade do fato do partícipe em relação ao principal.[807]

3. Teoria da participação no ilícito[808]

1.053. A participação consiste, segundo esta teoria, na violação da proibição de impulsionar ou de apoiar outro fato proibido. Tal proibição está contida nas disposições específicas da participação e não nas normas da Parte Especial. A participação dirige-se à lesão do mesmo bem jurídico que o fato principal.[809]

b) Acessoriedade da participação

1.054. A acessoriedade da participação pressupõe que se tome parte em um fato alheio. Por isso, tem caráter acessório. Tal acessoriedade quer dizer, dessa forma, dependência do fato do partícipe em relação ao do autor ou autores. A questão deve ser analisada em dois sentidos: em primeiro lugar, sob o ponto de vista do grau de realização que deve ter alcançado o fato principal; em segundo lugar, sob o enfoque dos elementos do fato punível que devem se fazer presentes.

1. Dependência do grau de realização

1.055. A participação punível pressupõe que o fato principal tenha alcançado, ao menos, o nível da tentativa, ou seja, ao menos um princípio de execução. Por essa razão, a conspiração, a proposição e a provocação do art. 17 do CP espanhol são, na verdade, tipos penais independentes, nos quais se punem atos preparatórios de outros crimes.

1.056. A desistência da tentativa não afeta a punibilidade do partícipe que não tenha desistido (art. 16.3 do CP). Isso é consequência do caráter pessoal da escusa absolutória superveniente relativa à desistência.

---

807. Samson, *Systematischer Kommentar zum Strafgesetzbuch*, § 26, n. 8.
808. Welzel, *Das Deutsche Strafrecht*, p. 101; Stratenwerth, *Strafrecht, Allgemeiner Teil*, n. 858.
809. Stratenwerth, *Strafrecht, Allgemeiner Teil*, n. 858.

2. Dependência dos elementos do fato punível

1.057. O grau de dependência dos elementos do fato punível do crime executado pelo autor principal dá lugar a uma série de possibilidades.[810]

a) *Acessoriedade mínima* – O fato principal somente deve ser tipicamente adequado.

b) *Acessoriedade limitada* – O fato principal deve ser típico e antijurídico.

c) *Acessoriedade extrema* – O fato principal deve ser típico, antijurídico e culpável.

d) *Hiperacessoriedade* – As circunstâncias pessoais agravantes ou atenuantes do autor do fato principal também beneficiam ou prejudicam o partícipe.

1.058. A opinião dominante entende que deve prevalecer o sistema da acessoriedade limitada: o fato principal deve ser típico e antijurídico; a culpabilidade de cada partícipe, por sua vez, deve ser individual.

1.059. Em princípio, a acessoriedade mínima fica excluída, pois o fato típico somente deixa de ser antijurídico quando ocorre uma causa de justificação e isso exclui toda a conseqüência jurídica do fato. O fato justificado, embora típico, não pode dar lugar a uma participação punível.

3. A questão da dependência do dolo do fato do autor principal

1.060. Uma das questões mais debatidas em matéria de acessoriedade consiste na dependência do fato do partícipe com respeito ao dolo do autor do fato principal. Esse ponto não depende da forma em que se fundamenta a acessoriedade limitada nem tampouco da fundamentação da punibilidade da participação em sentido estrito. A questão independe inclusive do conceito de ação (finalista ou não).[811]

---

810. Mayer, *Der Allgemeine Teil des deutschen Strafrechts*, p. 391; Bockelmann, *Strafrechtliche Untersuchungen*, p. 31.
811. Gimbernat Ordeig, *Introducción a la parte general del derecho penal español*, p. 148.

1.061. A dependência do dolo do autor do fato principal na instigação ou indução é imposta pela própria natureza desta. Instigar ou induzir significa criar em alguém a decisão acerca do fato de jurídico: "induzir" (art. 28.2, *a*, do CP) diretamente outrem à prática do fato.[812] O mesmo ocorre na cooperação e na cumplicidade. Somente é possível que elas ocorram com vistas ao fato principal no qual o autor tenha o domínio deste, algo que sem o dolo não é possível.[813]

Na dogmática espanhola, exigem também o dolo no fato do autor principal Cerezo Mir, Córdoba Roda, Suárez Montes e Gimbernat Ordeig.[814] A exigência de um fato principal doloso é questionada no âmbito dos crimes de infração de dever, pois se entende que o dolo daquele que infringe o dever propriamente dito afigura-se irrelevante.[815]

4. A acessoriedade da participação e a responsabilidade pelo fato

1.062. A acessoriedade limitada exige como fato principal uma conduta típica (dolosa) e antijurídica, sem que seja culpável; a culpabilidade do autor e de cada partícipe é individual e independente. A teoria dominante conclui, a partir daí, que as causas de exclusão da culpabilidade, que fazem parte do seu conceito, somente têm, conseqüentemente, incidência na responsabilidade individual de cada partícipe: a indução ou a cumplicidade em um fato principal cometido pelo autor em uma situação de necessidade na qual colidam interesses da mesma hierarquia, por exemplo, seria punível, apesar de excluída a punibilidade do autor.

---

812. Cf. Bacigalupo, *Culpabilidad, dolo y participación*; López Barja de Quiroga, *Autoría e participación*, p. 135. A proposta elaborada por B. Feijoo Sánchez, in *CPCr* 62 (1997), pp. 303 e ss. e 319 e ss., não leva em conta o texto legal.

813. Welzel, *Das Deutsche Strafrecht*, p. 119; Stratenwerth, *Strafrecht, Allgemeiner Teil*, n. 895; Jescheck, *Lehrbuch des Strafrechts, Allgemeiner Teil*, pp. 534 e 562; Otto, *Grundkurs Strafrecht, Allgemeiner Strafrechslehe*, t. I, p. 268; Bockelmann, *Strafrechtliche Untersuchungen*, p. 39; Jescheck, *Lehrbuch des Strafrechts, Allgemeiner Teil*, pp. 534 e 562; Schmidhäuser, *Strafrechts, Allgemeiner Teil*, p. 534.

814. Cf. Gimbernat Ordeig, *Introducción a la parte general del derecho penal español*; provavelmente, também, Quintero Olivares, *Introducción al derecho penal. Parte general*, p. 260; outro ponto de vista, Cobo del Rosal – Vives Antón, *Derecho penal*, t. III, p. 344.

815. Roxin, *Täterschaft und Tatherrschaft*, pp. 367 e ss.

1.063. Da teoria da responsabilidade pelo fato se deduziu que, sendo elas chamadas pela teoria dominante de causas de exclusão da culpabilidade alheias ao conceito de culpabilidade, a participação nos casos em que se exclui a responsabilidade pelo fato não devia ser punível.[816]

1.064. A partir do ponto de vista que temos sustentado, as causas que excluem a responsabilidade pelo fato não têm uma extensão uniforme com relação ao partícipe. Como conseqüência, apenas o estado de necessidade (não justificante) deve se estender também a ele, sempre e quando sua conduta revele um grau de solidariedade socialmente compreensível com relação autor. Esse grau de solidariedade somente deverá ser considerado quando os bens jurídicos afetados do terceiro não sejam fundamentais. Nesse sentido, o estado de necessidade deve experimentar uma considerável limitação com relação aos bens jurídicos. O estado de necessidade, portanto, excludente da responsabilidade pelo fato somente deverá se estender aos casos em que o bem jurídico de um terceiro afetado pelo mesmo não seja nem a vida nem o corpo nem a liberdade.

5. As exceções à acessoriedade limitada
(influência das "relações, circunstâncias e qualidades pessoais"
ou das circunstâncias agravantes ou atenuantes que consistem
na "disposição moral do delinqüente")

1.065. O art. 65 do CP espanhol estabelece que as circunstâncias agravantes ou atenuantes da pena que derivam de circunstâncias especiais do autor não se estendem aos partícipes. Com essa finalidade, o legislador distinguiu circunstâncias agravantes e atenuantes que "consistem na disposição moral" do autor, "em suas relações particulares com vítima ou em outra causa pessoal" – de efeito puramente pessoal –, e as que "consistem na execução material do fato ou nos meios empregados para realizá-lo", que somente têm efeito agravante ou atenuante se forem conhecidas pelo partícipe.

1.066. Como se vê, o Código Penal espanhol não faz referência a circunstâncias que fundamentam a punibilidade. Na jurisprudência,

---

816. Maurach, *Deutsches Strafrecht, Allgemeiner Teil*, pp. 381 e 721; em idêntico sentido, Maurach – Gössel – Zipf, *Deutsches Strafrecht, Allgemeiner Teil*, t. II, p. 284.

essa questão tem sido abordada nos crimes próprios. O Tribunal Supremo considerou em sua jurisprudência mais recente que o partícipe não qualificado em um crime próprio (por exemplo, prevaricação) é punível com a pena do aludido crime atenuada pelo art. 21.6.[817] A jurisprudência entendeu – com razão – que o preceito do art. 65 se refere tanto a circunstâncias genéricas (art. 21 e 22 do CP espanhol) como às contidas em alguns crimes específicos.[818]

1.067. De outro lado, o citado preceito aplica-se aos elementos que não correspondem à culpabilidade, já que esses estão excluídos da acessoriedade pelo princípio da acessoriedade limitada. O § 2 do art. 65, que se refere às "circunstâncias agravantes e atenuantes que consistem na execução até do fato", não distingue entre as que são de caráter pessoal das que não tenham essa natureza. Portanto, não faz mais do que repetir uma regra referente ao dolo, isto é, ao conhecimento dos elementos do tipo objetivo. Como tal, trata-se de uma disposição supérflua.

1.068. A distinção exigida pela aplicação do § 1 do art. 65 não é de modo algum fácil: a traição, por exemplo, refere-se tanto à disposição moral do autor como à execução, pois importa o rompimento de uma relação especial de confiança que é a base do tipo penal, mas também um aproveitamento da redução da capacidade de defesa do ofendido, razão pela qual afeta também sua "execução material". Aqui se poderia recorrer, com toda a insegurança que a fórmula contém, a distinção entre elementos vinculados ao fato e elementos vinculado ao autor, limitando-se a aplicação do art. 65.1 aos segundos. Isto é, em cada caso deverá se decidir quando se trata de uma circunstância que revela predominantemente uma disposição do autor ou uma maior ou menor gravidade do fato.

1.069. A jurisprudência operou, nesse sentido, com a distinção entre as *circunstâncias objetivas e as subjetivas,* o que em matéria de

---

817. Choclán Montalvo, *Individualización judicial de la pena,* 1997, pp. 123 e ss. Com uma resenha ampla das *SSTS:* Moreno e Bravo, *Autoría en la doctrina del Tribunal Supremo (coautoría mediata y delitos impropios de omisión),* Madri, 1997, pp. 93 e ss.
818. *SSTS* de 5.10.1912; 21.1.1954; 16.6.1955. Cf. Córdoba Roda – Rodríguez Mourullo, *Comentarios al Código Penal,* t. II, pp. 251 e ss. Outro ponto de vista, ao menos para o n. 1 do art. 65, Peñaranda Ramos, *La participación estado de necessidade el delito y el principio de accesoriedad,* 1990, pp. 349 e ss.

resultados veio a representar o mesmo que a distinção entre circunstâncias vinculadas ao autor e vinculadas ao fato. Com efeito, as circunstâncias objetivas devem obedecer à regra do art. 65.2 e, portanto, comunicam seus efeitos ao partícipe que as conhece, enquanto as subjetivas somente se aplicam àquele que a pratica (não se comunicam ao partícipe, *ainda que este as tenha conhecido*). Não obstante, o certo é que a distinção entre circunstâncias objetivas e subjetivas é conceitualmente confusa, uma vez que a maioria delas tem, em princípio, elementos objetivos e subjetivos. Saber se a circunstância agravante do art. 22.3 ("executar o fato mediante paga ou promessa de recompensa") é objetiva ou subjetiva (apoiada na motivação que ditos elementos revelam) é praticamente irrealizável. Um exemplo desta dificuldade se percebe também no caso da *traição* (art. 22.1 do CP) ao qual a jurisprudência acabou por afirmar (depois de se inclinar alternativamente pelo caráter objetivo e subjetivo) sua "natureza mista", mas destacando um predomínio do aspecto objetivo, do qual se ignora o seu fundamento.[819]

1.070. No que se refere às relações pessoais com o ofendido que agravam ou atenuam a penalidade, sua aplicação oferece menores dificuldades; na verdade, "o ofendido" é sempre titular do bem jurídico e isso determina que, nos crimes especiais impróprios nos quais o fundamento da agravação é a relação pessoal com aquele, a conseqüência prática seja que o partícipe não qualificado deva ser punido pelo delito comum (por exemplo: o autor das lesões no art. 153 do CP espanhol será punido com a pena prevista para esse artigo, enquanto aquele que não é cônjuge ou pai – no caso, a mãe – e que tenha interferido no fato será punido pelo crime ou contravenção comum), o que é uma solução correta.

1.071. Pouco claro é o significado da expressão "outra causa pessoal", que em realidade não quer dizer mais do que toda a agravação ou atenuação com fundamento pessoal (como nas hipóteses anteriores) deve ser considerada como de efeito exclusivamente pessoal.

1.072. As opiniões se dividem a respeito do que se deve entender por "culpáveis naqueles em que concorram". A questão tem importância, sobretudo, nos delitos especiais impróprios nos quais o agen-

819. Cf. *SSTS* de 28.2.1990 e 12.7.1990, entre muitas outras.

te qualificado (*intraneus*) se vale de um não qualificado (*extraneus*) que realiza o fato de própria mão. O Tribunal Supremo considera que "culpável" não se deve entender como "autor" no sentido estrito, mas como "partícipe" de modo geral.[820] Provavelmente, com isso se chegaria ao mesmo ponto de vista de Córdoba Roda.[821] Há, pelo contrário, aqueles que sustentam que essa solução não é adequada[822] e se pronunciam em sentido oposto.

1.073. Ambos os critérios disputam em torno do alcance do art. 65[823] e, na verdade, tudo depende do que deve se entender pela expressão "culpáveis". Aqueles que refutam o ponto de vista do Tribunal Supremo entendem que "culpáveis" deve significar *autores em sentido estrito*. Em nosso modo de entender, o critério do Tribunal Supremo é preferível, pois permite uma aplicação sem fricções do art. 65, já que deixa em aberto a discussão sobre se a circunstância concorrente na participação é pessoal ou não; isso só pode ser decidido à luz do caso concreto.

§ 80. A indução

1.074. Indutor é aquele que determina diretamente a outro que cometa um fato punível. Em outras palavras, instigar significa criar em alguém (o autor) a decisão de cometer o fato punível (dolo). Isso significa que o instigado deve ter formulado sua vontade de realizar o fato punível como conseqüência direta da conduta do indutor. A indução com relação ao crime que o autor já decidiu praticar (*omnimodo facturus*) é, portanto, impossível. Nesse caso, somente restaria analisar se é possível falar-se em uma tentativa punível de instigação.

1.075. Os meios pelos quais se cria em alguém o dolo com respeito ao fato punível *são indiferentes*. São meios adequados tanto os

---

820. Cr. *SSTS* de 18.5.1894; 18.11.1930; 25.10.1954.
821. Córdoba Roda, in Córdoba Roda – Rodríguez Mourullo, *Comentarios al Código Penal*, t. II, p. 255.
822. Gimbernat Ordeig, *Autor y cómplice en el derecho penal*, pp. 272, 291 e ss.; Quintero Olivares, *Los delitos especiales y la teoría de la participación*, 1974, pp. 49 e ss.
823. Rodríguez Devesa, *Derecho penal español. Parte general*, p. 771. Assim mesmo, Peñaranda Ramos, *La participación estado de necessidade el delito y el principio de accesoriedad*, 1990, pp. 336 e ss.

benefícios prometidos ou combinados com o autor como a coação ou qualquer outra ameaça, contanto que este, naturalmente, não perca o domínio do fato, pois nesse caso estaríamos diante de uma hipótese de autoria mediata. De qualquer modo, exige-se em todos os casos uma concreta influência psicológica. O simples ato de criar uma situação exterior para que o outro decida se pratica ou não o delito não é requisito suficiente a caracterizar a indução.

1.076. A indução sempre exige uma conduta ativa. A indução por omissão, por sua vez, não é, de forma geral, admitida.[824] Não se requer, ademais, que o indutor que tenha tido que vencer uma determinada resistência por parte do autor.[825]

1.077. O instigador deve agir dolosamente. O dolo eventual, ressalte-se, já se mostra suficiente. Vinculado a essa questão encontra-se o problema do chamado "agente provocador": aquele que induz com o objetivo de fazer com que alguém incorra *não na consumação, mas somente na tentativa,* é considerado como não-punível, pois a indução – diz-se – exige uma vontade dirigida à lesão do bem jurídico. Na doutrina essa exigência se manifesta no chamado *duplo dolo da indução,* pelo qual o indutor deve ter pretendido não apenas a realização da conduta, mas a *consumação* do fato. Nos delitos de porte de armas ou drogas exige-se que o "segundo" dolo atinja o exaurimento do crime. Conseqüentemente, se o agente provocador contempla a possibilidade de que a sua conduta atinja a consumação e, inclusive, uma irreparável lesão ao bem jurídico, terá que admitir indução punível,[826] pois terá existido, ao menos, dolo eventual. Por exemplo: "A" induz "B" a apresentar ao banco "X", do qual "A" é gerente, um pedido de abertura de crédito, no qual "B" faz uma declaração falsa de bens; quando "B" realiza a tentativa de estelionato, "A" o denuncia. Não importa a

---

824. Baumman, *Strafrecht, Allgemeiner Teil,* p. 578; Armin Kaufmann, *Die Dogmatik der Unterlassungsdelikte,* pp. 291 e ss.; Roxin, *Täterschaft und Tatherrschaft,* p. 484; Jescheck, *Lehrbuch des Strafrechts, Allgemeiner Teil,* p. 562; Samson, *Systematischer Kommentar zum Strafgesetzbuch,* § 26, n. 40.
825. Cf. Baumman, *Strafrecht, Allgemeiner Teil.*
826. Assim, Baumman, *Strafrecht, Allgemeiner Teil,* p. 577; Maurach, *Deutsches Strafrecht, Allgemeiner Teil,* p. 686; Maurach – Gössel – Zipf, *Deutsches Strafrecht, Allgemeiner Teil,* t. II, p. 240; Jescheck, *Lehrbuch des Strafrechts, Allgemeiner Teil,* pp. 560; Otto, *Grundkurs Strafrecht, Allgemeiner Strafrechslehe,* t. I, p. 267; Schmidhäuser, *Strafrechts, Allgemeiner Teil,* pp. 155 e ss.; Stratenwerth, *Strafrecht, Allgemeiner Teil,* n. 839; Jiménez de Ásua, *La ley y el delito,* p. 855.

maneira pela qual "A" chegou a ter conhecimento dos planos de "B"; pode inclusive ter se inteirado da preparação do fato pelo próprio "B". Apenas importa que "B" tenha se decidido por intermédio da indução de "A", ou que não tenha se decidido antes. O agente provocador não é, portanto, punível. A punibilidade do agente provocador somente poderia se fundamentar na teoria da participação na culpabilidade.

1.078. Em um delito como o estelionato (art. 248 do CP espanhol) a indução poderia gerar uma situação de tentativa inidônea por parte do instigado. Mas, sendo essa punível, não há diferença alguma com relação à solução propiciada.[827]

1.079. A vontade do indutor deve estar dirigida à provocação de um crime concretamente determinado; uma indução indeterminada não é suficiente para justificar a punibilidade. Não se exige, no entanto, uma total precisão jurídica do fato. Basta que o indutor tenha determinado dentro de seus limites fundamentais o fato ao qual induz. As condutas que realiza um tipo do delito ao que o indutor induziu são, nesse sentido, suficientes, ainda quando possam ser apresentadas variedades na modalidade de execução por ele não previstas.

1.080. O dolo do indutor deve estar dirigido também a um ou a vários *sujeitos para isso mesmo determinados*. É admissível uma cadeia induções. Por exemplo: "A" se dirige a "B" para que esse determine "C" a matar "D".

1.081. O autor principal deve pelo menos ter começado a execução do fato. Não sendo assim, a indução permanece impune como tal, ainda que se entenda cabível sua punibilidade como *tentativa de indução* conforme o art. 17.2 e o art. 18.2 do CP espanhol.

1.082. O indutor não responde por eventual excesso que incorra o instigado, o qual decorre do princípio da culpabilidade. Opinião contrária somente pode se fundamentar no *versare in re illicita*, ou seja, na violação deste princípio.

1.083. Com relação ao excesso do autor induzido é conveniente tratar aqui de três hipóteses diferentes:

a) O autor realiza um tipo penal que contém os mesmos elementos que o delito induzido e outros que determinam uma maior punibilidade

---

827. Outro ponto de vista, Rodríguez Mourullo, in Córdoba Roda – Rodríguez Mourullo, *Comentarios al Código Penal*, t. I, p. 855.

(o chamado excesso intensivo ou qualitativo). Por exemplo: "A" induz "B" a se apoderar de uma coisa móvel de "C". Quando "B" concorda em executar o fato, depara-se com a coisa guardada à chave: quebra a fechadura e se apodera daquela (indução a um furto simples – art. 234 – e prática de um furto qualificado – arts. 237 e 238 todos do CP espanhol). A violência empregada para a destruição do obstáculo não é imputável ao indutor, que responde somente por indução ao furto simples.[828]

b) Distinta é a hipótese quando não existe entre o delito instigado e delito cometido uma relação *minus–plus*, mas, sim, uma *certa semelhança*. Essa pode decorrer do modo de praticar o crime ou do bem jurídico protegido.[829] Por exemplo: indução à prática de estelionato (arts 248 e ss do CP espanhol) enquanto o autor comete uma extorsão (art. 243 do CP espanhol). Também aqui o autor será punido pelo delito cometido e o indutor por aquele que instigou.

c) Se o crime que é praticado pelo autor for substancialmente diferente daquele induzido, o indutor não é responsável por ele.

1.084. O contrário do excesso é o caso em que o autor comete um fato menos grave do que aquele para o qual foi induzido. Instiga-se a um roubo e pratica-se um furto, ou um homicídio e realizam-se apenas lesões. Nesses casos o indutor deve ser beneficiado reduzindose sua responsabilidade para o fato efetivamente praticado pelo autor.

§ *81. A cooperação e a cumplicidade*

1.085. Cooperador ou cúmplice, em sentido amplo, é aquele que dolosamente coopera na realização de um crime doloso. Como se viu, o Código Penal espanhol distingue entre cooperadores necessários

---

828. Sobre esses casos, existem diversas fundamentações na doutrina espanhola: Peñaranda Ramos (*Concurso de leyes, error y participación estado de necessidade el delito*, 1990, p. 162) entende que uma solução fundamentada no que se expôs no texto (com a qual o estudioso concorda) pode ser extraída das regras do concurso de normas, às quais assinala uma natureza pessoal. Gimbernat (*Anuario de Derecho Penal y Ciencias Penales*, 1992) estima que a solução é possível através das regras do erro. Praticamente no sentido de Gimbernat, Gomes Rivero (*La inducción a cometer delito*, 1995, pp. 483 e ss.). A discussão entre Peñaranda e Gimbernat tem como pano de fundo a questão em se saber se o roubo e o homicídio são ou não tipos autônomos e, em relação aos elementos que os diferenciam, se devem se aplicar as regras do art. 65 do CP espanhol.

829. Baumman, *Strafrecht, Allgemeiner Teil*, pp. 581 e ss.

(art. 28, *b*) e cúmplices em sentido estrito (art. 29), conforme a contribuição ao fato seja necessária ou não para a sua realização.

a) Conceitos comuns

1.086. A cooperação prestada pode consistir tanto em fatos como em conselhos. A contribuição, como conseqüência, não precisa ser necessariamente material.

1.087. A cooperação deve ser dolosa. O cúmplice deve saber que presta uma contribuição para a execução de um fato ilícito. Tal contribuição deve ser "co-causal" com relação ao fato do autor principal. Não se trata, contudo, como se afirmou, de uma causalidade no sentido da teoria da equivalência dos antecedentes: aplicam-se aqui as regras da teoria da imputação objetiva e isso dá lugar ao problema de se saber se devem ser imputadas objetivamente ao cúmplice as circunstâncias causadas antes de sua participação.[830] Em conseqüência, uma cumplicidade por omissão não poderia se dar quando se sustenta que o omitente não pratica uma conduta causal com relação ao resultado.[831] Levando em conta, no entanto, que a co-causação não deve ser julgada a partir de pontos de vista estritamente causais, a omissão também pode ser uma forma de cooperação quando tenha tido o efeito de facilitar a prática do fato.

1.088. A diferente importância para o fato principal determina, por sua vez, diferenças no tocante ao grau de responsabilidade do partícipe (arts. 28.*b* e 29 do CP espanhol). O limite de tal responsabilidade é criado pelo alcance do dolo. O cooperador responde até onde se estende sua vontade. Por fim, o fato no qual o cooperador colabora deve ser doloso: não há cooperação punível em crimes culposos.

b) O cooperador necessário

1.089. O cooperador necessário é aquele que na etapa de preparação do fato principal dá a ele uma contribuição sem a qual o crime não poderia ter sido praticado (art. 28, *b*, do CP espanhol).

---

830. Samson, in *Systematischer Kommentar zum Strafgesetzbuch*, §§ 26, 32.
831. Armin Kaufmann, *Die Dogmatik der Unterlassungsdelikte*, pp. 291 e ss.; Welzel, *Das Deutsche Strafrecht*, p. 119; Jescheck, *Lehrbuch des Strafrechts, Allgemeiner Teil*, p. 566.

1.090. Dois elementos caracterizam essa forma de cumplicidade:
1. A intensidade objetiva de sua contribuição ao crime: sem ele o fato não teria ocorrido.
2. O momento em que se realiza a contribuição: quem realiza uma condição sem a qual o crime não teria sido praticado somente será punido segundo os arts. 28.*b* e 62 do CP espanhol se não tomar parte na execução, ou seja, se participar apenas da *preparação* do fato. Se interviesse na execução seria co-autor, pois, com uma contribuição decisiva, teria tido domínio do fato. Por exemplo: o diretor de um banco que fornece aos autores a combinação do cofre antes da execução do fato, que será posteriormente utilizada no assalto, é cooperador necessário. Se, por sua vez, o gerente concorre com os autores na execução do fato e abre o cofre, aproveitando seu conhecimento da chave, será co-autor, uma vez que terá tido domínio do fato até o final.

c) O cúmplice (art. 29 do CP espanhol)

1.091. O cúmplice (art. 29 do CP espanhol) somente pode ser caracterizado negativamente: é aquele que presta uma colaboração *que não é indispensável* para a prática do crime.

1.092. A única distinção possível de se fazer entre os cúmplices é a relativa à sua contribuição ao fato principal e ao momento da participação, que são pressupostos para determinar a pena aplicável.

A partir do ponto de vista do momento da contribuição dos cúmplices, cabe apenas assinalar que pode se dar tanto na etapa de preparação como na de execução. Não há – como se asseverou – uma cumplicidade posterior à consumação, nem ao menos quando se cumpre uma promessa anterior ao delito: o que determina a cumplicidade é a promessa anterior. Se tal promessa não tem incidência no fato, não haverá cumplicidade; caso contrário, haverá ainda quando depois não seja cumprida. Aquele que promete assegurar e guardar o produto da subtração àqueles que decidiram praticar um roubo será cúmplice se os autores contaram com essa ajuda para praticar o fato, ainda que deixe de cumprir sua promessa.

Capítulo XII
A IMPUTAÇÃO NOS CRIMES OMISSIVOS

§ 82. Introdução

1.093. O direito penal distingue os tipos penais conforme se expressem em infrações a uma proibição de um fazer ou na forma de uma desobediência a um mandamento de ação. No primeiro caso, trata-se de crimes comissivos; no segundo, de crimes omissivos. É possível, logicamente, que todos os crimes comissivos se expressem na forma de delitos de omissão, assim como o inverso é verdadeiro; nos crimes comissivos pune-se uma omissão de outras ações que teriam sido consideradas adequadas ao direito e, de outra parte, nos omissivos sanciona-se a realização de uma ação que não é aquela exigida pelo direito.

Se o legislador expressa sua vontade de uma forma ou de outra, o faz por razões práticas, mas não por fundamentos que vão mais além.[832] Tanto nos crimes comissivos quanto omissivos, na verdade, trata-se do sentido que possui um determinado comportamento. A proibição e o mandamento de uma ação referem-se, por razões práticas, a aspectos diversos do fato que expressam seu sentido em relação ao ordenamento jurídico: na proibição, ao comportamento ativo (crimes comissivos); no mandamento de ação, ao que deveria ser o comportamento (delitos omissivos).[833]

---

832. Bacigalupo, *Delitos impropios de omisión*, 1970, pp. 110 e ss.; Kaufmann, *Die Dogmatik der Unterlassungsdelikte*, 1970, pp. 3 e ss.; Jakobs, *Strafrecht, Allgemeineir Teil*, 2ª ed., 1991, p. 776.

833. Bacigalupo, *Delitos impropios de omisión*, 1970, pp. 110 e ss.; Silva Sánchez, *Delito de omisión. Concepto y sistema*, 1986.

1.094. Os Códigos Penais contém delitos que apenas podem ser cometidos omitindo-se uma ação, ou seja, realizando um comportamento diverso do exigido pela norma (art. 450 do CP espanhol). Por exemplo, a omissão de socorro (art. 195 do CP espanhol).

1.095. Fora desses casos a doutrina e a jurisprudência reconhecem uma categoria de omissões que não estava tipificada expressamente e que consistia na não causação de uma lesão de um bem jurídico cuja violação estava somente protegida diante de ações positivas (por exemplo, crime de homicídio). Nesses casos, desenharam-se como crimes omissivos impróprios ou comissivos por omissão e se puniam segundo as penas previstas para o correspondente ao crime comissivo. A constitucionalidade, isto é, a compatibilidade dessa categoria com o princípio da legalidade, não estava totalmente fora de dúvida.[834] Para resolver essa questão foi introduzido o art. 11 do CP espanhol.

§ 83. A distinção entre ação e omissão

1.096. O fato de que todo aquele que deixa de cumprir uma ordem de agir realiza, por sua vez, outro comportamento, dá lugar à problemática da distinção entre a ação e a omissão. Os exemplos são clássicos: um fabricante de pincéis que entrega pêlos de cabra a seus empregados sem desinfetá-los ou um farmacêutico que avia um medicamento sem exigir a receita médica.[835] A partir de um primeiro ponto de vista, não importa a configuração exterior do fato, mas a direção da reprovação normativa. Esse critério, contudo, é evidentemente falso: para poder saber qual direção tem a reprovação normativa é preciso interpretá-la; mas para aplicá-la, e é disso que se trata aqui, é preciso saber se o fato é uma ação ou uma omissão. A direção da reprovação normativa, portanto, dirá se uma disposição penal se refere a uma ação ou uma omissão, com o que não se terá tocado sequer o problema de saber se o farmacêutico do exemplo realizou um ato positivo (a entrega do medicamento) ou uma omissão (não exigir

---

834. Naucke, *Strafrechts, eine Einführung*, pp. 290 e ss.; Jescheck, *Lehrbuch des Strafrechts, Allgemeiner Teil*, p. 493.
835. Jescheck, *Lehrbuch des Strafrechts, Allgemeiner Teil*, p. 489, com exemplos; Rudolphi, in *Systematischer Kommentar zum Strafgesetzbuch*, § 13, 6.

a receita que o teria permitido tomar conhecimento do respaldo do médico).[836]

1.097. Atualmente se impôs um critério diverso. Jescheck o denomina critério da causalidade: "Se alguém alcançou o resultado mediante um fato positivo objetivamente adequado ao tipo, este será o ponto de vinculação decisivo para o direito penal".[837] Somente à medida que se possa descartar a antijuridicidade (pela justificação) e a culpabilidade (por qualquer um dos fundamentos que a excluem) caberá perguntar se o autor "omitiu um fato positivo esperado mediante o qual teria evitado o resultado".[838] Nos exemplos do qual partimos, a aplicação desse critério conduz à afirmação em torno de uma ação. O entregar pêlos de cabra aos empregados sem desinfetá-los e o aviar o medicamento sem receita são causa do resultado porque, suprimindo estas ações mentalmente, aquele não teria ocorrido (*conditio sine qua non*).

1.098. Rudolphi adota um ponto de vista similar.[839] A diferença dependerá do fato de o agente ter impulsionado mediante uma energia positiva um curso causal ou ter deixado de empregar a energia necessária para interferir em um nexo causal não criado por ele. No primeiro caso, haverá comissão; no segundo, omissão.

1.099. Na prática, esse critério deve ser aplicado mediante três comprovações diferentes. Em primeiro lugar, deve-se estabelecer se o autor deu ou não impulso à cadeia causal que levou ao resultado. Em segundo lugar, deverá ser verificado se esse impulso é típico, antijurídico e culpável. Por último, sempre e quando não se tratar de um fato ativo típico, antijurídico e culpável, caberá se perguntar se, fazendo o que era possível, o autor teria evitado o resultado.[840] Uma posição diversa é a sustentada por Otto,[841] para quem a distinção entre ação e omissão tem importância secundária. O decisivo na resolução de um caso é, segundo esse autor, estabelecer se alguém criou, me-

---

836. Rudolphi, *Systematischer Kommentar zum Strafgesetzbuch*, § 13, 6; Jescheck, *Lehrbuch des Strafrechts, Allgemeiner Teil*; Engisch, *Festschrift für Gallas*, 1973, pp. 171 e ss.
837. Cf. Jescheck, *Lehrbuch des Strafrechts, Allgemeiner Teil*.
838. Cf. Jescheck, *Lehrbuch des Strafrechts, Allgemeiner Teil*.
839. Cf. Rudolphi, *Systematischer Kommentar zum Strafgesetzbuch*.
840. Cf. Rudolphi, *Systematischer Kommentar zum Strafgesetzbuch*.
841. Otto, *Grundkurs Strafrecht. Allgemeiner Strafrechtslehre*, p. 166.

diante "liberação de energias", um perigo para o bem jurídico, pois todo aquele que o tenha feito responderá pela realização do dano no resultado, tal como exige o "princípio do incremento do risco". De acordo com isso, a verificação do fato positivo antes da omissão tem o caráter de uma recomendação prática.

1.100. Sob outra perspectiva, Jackobs aborda a questão como um problema de motivação. "Aquele que age quando não o deve fazer tem um motivo a mais para um movimento corporal. A proposição pode ser invertida: aquele que omite, quando deve agir tem um motivo a menos para um movimento corporal".[842]

Tal ponto de vista não se sobrepõe ao critério que diferencia entre causalidade (a ação) e não-causalidade (omissão) da conduta, "pelo contrário, caracteriza de uma maneira mais precisa o começo de causalidade: esse não se encontra no corpo (o corpo que jaz à frente de uma garagem é uma condição da obstrução do acesso à mesma, mas 'enquanto jaz' é sua motivação) ou no movimento corporal, mas na motivação".[843]

§ 84. As espécies de omissão: crimes omissivos próprios e impróprios

1.101. Os crimes comissivos dividem-se em duas espécies: delitos de ação e delitos comissivos impróprios (também chamados de omissivos impuros ou comissivos por omissão). Existem diversas opiniões a respeito da forma pela qual cada uma delas deve ser caracterizada. Antes da reforma da *LO* 10/1995, entendia-se que a impropriedade dos crimes omissivos impróprios residia na falta de tipificação na lei penal da chamada comissão por omissão.[844]

1.102. No novo panorama legal, contudo, entende-se que os crimes comissivos próprios contêm um mandamento de ação, sem levar em conta, para os efeitos da tipicidade, se a ação executada evitou ou não a lesão ao bem jurídico. Os crimes omissivos impróprios, pelo contrário, exigem que seja evitada a produção de um resultado: a rea-

---

842. Jakobs, *Strafrecht, Allgemeineir Teil*, p. 776.
843. Jakobs, *Strafrecht, Allgemeineir Teil*, p. 777.
844. Kaufmann, *Die Dogmatik der Unterlassungsdelikte*, p. 227.

lização do tipo, portanto, depende deste último,[845] isto é, do impedimento do resultado. Nesse sentido, estaríamos diante de um crime comissivo impróprio no caso do art. 450.1 que impõe o dever de evitar um resultado ("impedir a prática de um crime contra a vida etc."), enquanto no art. 450.2, que somente obriga a denunciar as autoridades determinados fatos delitivos, haveria um crime omissivo próprio.

1.103. Os crimes comissivos impuros são a contrapartida dos crimes comissivos de resultado e de lesão: sua problemática substancial consiste em estabelecer quando o não evitar o resultado torna-se punível, pois equivale à produção ativa do mesmo. Nos crimes comissivos puros tal equivalência está expressamente estabelecida na lei. Nos impróprios, encontra-se de uma forma genérica no art. 11 do CP espanhol.

1.104. Resumindo: os crimes comissivos impróprios são aqueles nos quais o mandamento de ação exige evitar um resultado que pertence a um crime comissivo e são, portanto, equivalentes aos delitos ativos. Os crimes comissivos próprios apenas exigem a realização de uma ação, e sua punibilidade não depende da existência de um crime comissivo.

§ *85. A tipicidade objetiva dos crimes omissivos puros*

1.105. A comprovação da tipicidade de uma conduta a respeito do tipo de um crime omissivo próprio (por exemplo, arts. 195 ou 450.2 do CP espanhol) requer a verificação de três elementos:

a) situação típica geradora do dever;

b) não realização da ação exigida;

c) poder de fato de executar a ação exigida.

1.106. Os três elementos do tipo objetivo do crime omissivo próprio devem ser analisados em separado. Tem a finalidade de permitir comprovar que a ação realmente realizada pelo omitente não é aquela ordenada. A verificação da atividade dos crimes comissivos é, de certa forma, uma operação inversa à que corresponde levar a efeito nos delitos comissivos; nestes é preciso subsumir a ação realizada à descrição contida do tipo; no crimes omissivos, a tipicidade verifica-se demons-

---

845. Schöne, *Unterlassene Erfolgsabwendugen und Strafgesetz*, 1979, p. 58 e ss.; Rudolphi, in *Systematischer Kommentar zum Strafgesetzbuch*, n. 10; Jescheck, *Lehrbuch des Strafrechts, Allgemeiner Teil*, p. 491.

trando que a ação realizada não se subsume ao modelo ou esquema da ação exigida pelo ordenamento jurídico (a ação pode esgotar-se num determinado comportamento – por exemplo, denunciar – ou, também, tratar-se de um comportamento que evite o resultado – por exemplo, impedir a prática de um crime de determinada espécie).

a) A situação geradora do dever

1.107. O primeiro elemento do tipo objetivo nos crimes omissivos próprios é a situação de fato da qual surge o dever de realizar uma determinada conduta. Tal situação representará em todos os casos um perigo para o bem jurídico. De modo geral, ela se encontra inteiramente descrita na lei: "encontrar uma pessoa desamparada e em perigo manifesto e grave" (art. 195 do CP espanhol). Em tais hipóteses, gera-se um dever de agir para qualquer pessoa que se encontre diante de uma outra carente de auxílio.

1.108. Também faz parte da descrição da situação a circunstância de que da prestação do auxílio não decorra, por sua vez, um perigo ao omitente. O Código Penal espanhol leva em consideração não apenas o risco pessoal, mas, também, aquele que poderia ocasionar um terceiro em função da prestação do auxílio. Tanto no primeiro caso como no segundo deve se entender que se trata de um risco a que a pessoa não está obrigada a suportar. Do contrário, estaríamos diante de um claro indício de que o dever tem por objeto evitar a produção de um resultado e não simplesmente a realização de uma ação que contribua a que outros possam evitá-lo.

b) A não realização da ação que é objeto do dever

1.109. A comprovação desse extremo dá-se mediante a comparação entre a ação que realizou o obrigado e a que seria exigida pelo cumprimento do dever de agir. De modo geral, esta última encontra-se descrita ("solicitar com urgência a auxílio alheio", no art. 489 *ter,* II, do CP espanhol) quando a lei apenas exige a realização de uma ação. Pelo contrário, quando o dever exige evitar o resultado, pois em tais casos a ação esperada é a que tecnicamente impediria a sua produção nas diversas situações nas quais corre o risco de ser produzido, é sumamente difícil estabelecer qual ação deve ser realizada pelo obrigado. A ação exigida ter-se-á por cumprida quando o obrigado buscar seriamente a sua realização.

c) *Capacidade ou poder de fato de executar a ação*

1.110. A capacidade do obrigado de realizar a conduta exigida ou de, por sua vez, evitar o resultado é o terceiro elemento do tipo objetivo dos crimes omissivos próprios. Trata-se, portanto, de um elemento individual.

Esse elemento pode ser definido de duas maneiras diferentes. Em primeiro lugar, é possível considerar que a capacidade de executar a ação ou de evitar o seu resultado deve ser avaliada sem se levar em conta o conhecimento que o autor tenha a seu respeito.[846] Por exemplo: terá capacidade aquele que não sabe nadar, mas tem a possibilidade de lançar a quem caiu na água um colete salva-vidas, que não vê e que poderia ter visto. Sob outro ponto de vista, exige-se que o obrigado tenha "podido tomar a decisão correspondente à conduta exigida e realizá-la",[847] por esta razão se exige como elemento essencial da capacidade tanto o conhecimento da situação geradora do dever como dos meios para realizá-la e do seu fim.[848] Finalmente, requer-se, por intermédio de Jescheck,[849] o conhecimento da situação típica, a existência dos "pressupostos exteriores" (proximidade e meios) para realização da ação, assim como as forças físicas e capacidades técnicas do omitente. Além desses elementos, para ele também se exige que o omitente tenha representado ou podido representar o fim de sua ação possível. Há posições que se diferenciam de outras em matizes pouco significativos.

§ 86. *A tipicidade objetiva nos crimes omissivos impróprios*

a) *A regulamentação legal*

1.111. A regulamentação legal introduzida pelo art. 11 do CP espanhol acerca do crime comissivo por omissão consistia em uma

---

846. Schmidhäuser, *Strafrecht, Allgemeiner Teil*, pp. 680 e ss.
847. Kaufmann, *Die Dogmatik der Unterlassungsdelikte*, p. 99.
848. Kaufmann, *Die Dogmatik der Unterlassungsdelikte*, pp. 41 e ss. e 106; Bacigalupo, *Delitos impropios de omisión*, pp. 150 e ss.
849. Jescheck, *Lehrbuch des Strafrechts, Allgemeiner Teil*, p. 501.

evidente necessidade. A lei não continha dispositivos que estabelecessem o complemento normativo de todos os crimes comissivos mediante a realização de uma conduta omissiva do tipo e isso permitia questionar a utilização dessa categoria sob a ótica do princípio da legalidade.

1.112. O Tribunal Supremo admitia, de qualquer modo, tal forma de tipicidade com relação aos crimes de conduta positiva, apesar da inexistência de um preceito especial, cuja necessidade era reclamada energicamente pela doutrina. Por essa razão, resultou surpreendente que da reforma introduzida pela *LO* 8/1983, destinada a uma adaptação urgente do Código Penal espanhol à Constituição de 1978, se omitisse o dispositivo a respeito do assunto, semelhante àqueles incorporados nas reformas penais da Alemanha (§ 13), Áustria (§ 2), Portugal (art. 10) e Grécia (art. 15). O art. 40, II do CP italiano de 1930 já continha uma regulamentação a respeito, ainda que tecnicamente muito discutível. Essas legislações européias eram anteriores à *LO* 8/1983 e, apesar disso, não houve explicação alguma das razões pelas quais o legislador evitou o problema. O Código Penal de 1995, pelo contrário, introduziu uma norma específica que tem uma certa similitude estrutural com o antigo art. 565 do Código revogado: enquanto este permitia (em determinadas condições) converter *todo* tipo penal de conduta positiva, de resultado e de lesão em outro passível de ser praticado omissivamente, o art. 11 vigente permite converter *todo* crime comissivo em omissivo. Na doutrina, tal técnica tem sido criticada sugerindo-se a conveniência de se adotar um sistema de *numerus clausus* em matéria de tipos penais omissivos, mas as legislações modernas seguiram outro rumo.[850]

b) O problema dogmático

1.113. O problema que o legislador quis regular por meio do art. 11 do novo CP espanhol é conhecido na doutrina desde há muito. Trata-se de estabelecer os critérios que determinam as condições as quais permitem afirmar que *não impedir o resultado equivale a pro-*

---

850. Ver Rodríguez Mourullo, in *Homenaje a J. del Rosal*, 1993, pp. 915 e ss.; Huerta Tocildo, *Problemas fundamentales de los delitos de omisión*, 1987, pp. 160 e ss. Outro ponto de vista: Jakobs, *Strafrecht, Allgemeineir Teil*, n. 29/4.

duzi-lo. Para dizê-lo com exemplos conhecidos: quais os critérios que permitem condenar como autora de homicídio (causar a morte de outrem) a mãe que deixa de alimentar seu filho (é dizer, que não o impediu que morressem de inanição) ou a esposa que abandona à sua sorte o marido inválido e incapaz de se alimentar por si mesmo. Em tais hipóteses, aplicar a pena da omissão de socorro mostra-se uma solução injusta. O sentimento de justiça assinala tais fatos com uma carga de ilicitude semelhante à do homicídio, e a doutrina deve refletir essas diferenças valorativas. O problema teórico consiste, portanto, em como levar ao cabo tal diferenciação.

1.114. Inicialmente se pensou que não existia nenhuma dificuldade para estabelecer a equivalência entre *produzir* (ativamente) um resultado e *não impedi-lo*, pois se entendeu que a omissão podia ser uma *causa* do resultado e, conseqüentemente, não impedir a morte, a interrupção do estado de gravidez (com a morte do nascituro), as lesões corporais etc., realizaria o tipo do homicídio ou do aborto da mesma maneira que um comportamento ativo que produzisse o resultado. O que a justiça reclama, portanto, poderia expressar-se tecnicamente por meio da idéia da causalidade. Sob tal ótica, no entanto, não se pode dizer que causar é o mesmo que não impedir ou, com outras palavras, matar não é o mesmo que não impedir a morte. Com a premissa "do nada, nada vem" desaparece toda a possibilidade de equivalência *causal* entre produzir e não impedir o resultado; na medida em que o texto legal exige causalidade de uma maneira explícita ou implícita,[851] a solução causal é totalmente inidônea.

1.115. De outra parte, a causalidade da omissão tampouco podia resolver todo o problema, uma vez que nem toda omissão devia ser penalmente relevante. Com efeito, se toda omissão fosse causal, todo omitente seria causador do resultado: não apenas a mãe que deixa de alimentar seu filho, mas também os vizinhos que não o fizeram seriam causadores da morte da mesma maneira que, de modo geral, toda pessoa que não o alimentou. A exigência de uma pena justa, no entanto, não chega a esses extremos. Apenas as omissões que implicaram a infração de um determinado *dever de agir* podem ser típicas. Daí que, como se devia renunciar a causalidade das omissões, pretendeu substituir-se a

---

851. Assim, por exemplo, art. 147: "causar lesões"; art. 138: "matar" (= causar a morte); art. 144: "produzir o aborto"; art. 157: "causar lesões ao feto" etc.

causalidade pela antijuridicidade da omissão como elemento principal da equivalência entre produção e não-impedimento do resultado.

1.116. Dessa nova forma de ver o problema, surgiu a *teoria formal das fontes do dever*, para a qual uma omissão para impedir o resultado deveria ser considerada equivalente à sua causação, quando o ato de impedimento do resultado proviesse de uma *lei* ou de um *contrato* (que também faz lei entre as partes) ou quando o perigo da produção do resultado fosse conseqüência de um fato anterior do omitente (casos chamados de *ingerência*).

1.117. A origem dessa teoria encontra-se basicamente em Feuerbach[852] e na concepção liberal do direito, cujo ponto de partida supõe que "o cidadão não esteja originariamente obrigado a omitir, razão pela qual o crime omissivo pressupõe sempre um fundamento jurídico (lei ou contrato), mediante o qual se fundamenta a obrigação de agir. Sem este não se chega a ser delinqüente por omissão".[853] A incorporação dos *casos de ingerência* é posterior[854] e somente pôde encontrar o fundamento que permitisse afirmar sua equivalência com a ação mediante a "teoria da causalidade da ação executada no lugar da omitida",[855] que afirmava que a ação positiva realizada no lugar da imposta pelo ordenamento jurídico *era a causa* do resultado (teoria do *aliud agere*). Esta tese de Luden foi, de modo geral, rejeitada: resultava evidente que se a outra ação era suprimida mentalmente, segundo a fórmula da teoria da equivalência dos antecedentes, o resultado teria ocorrido de qualquer forma. A partir de então, o problema dos casos de ingerência não encontrou nenhuma solução plausível no âmbito da teoria formal das fontes do dever. Na verdade, ele pôs em evidência a premissa básica da teoria formal das fontes do dever formulada por Feuerbach. Na dogmática espanhola, de qualquer forma, é de se destacar o ponto de vista de Gimbernat Ordeig,[856] que vem a

---

852. Feuerbach, *Lehrbuch des gemeinen in Deutschland gültigen peinlichen Rechts*, 14ª ed., 1847 (1ª ed., 1801), § 24.
853. Feuerbach, *Lehrbuch des gemeinen in Deutschland gültigen peinlichen Rechts*, § 24 (desde a edição de 1803).
854. Stübel, *Über die Teilnahme mehrerer Personen an einem Verbrechen*, 1828, pp. 58 e ss.
855. Luden, *Abhandlungen*, t. I, 1836, pp. 167 e ss.
856. Gimbernat Ordeig, in *Anuário de Derecho Penal y Ciências Penales*, t. XLVII, 1994, pp. 5 e ss.

sustentar que a ingerência é, praticamente, a única fonte do dever que pode fundamentar os crimes culposos comissivos por omissão.[857]

c) *Crítica da teoria formal das fontes do dever*

1.118. A *teoria formal das fontes do dever* não restou convincente, pois se mostrava demasiadamente estrita. Por exemplo: se por um lado permitia explicar os deveres de proteção que existiam no núcleo familiar mais estreito entre pais e filhos, chocava-se com o sentimento de justiça quando se comprovava que, por exemplo, o sobrinho órfão, criado por sua tia, e que havia crescido na casa desta, não teria para com ela, por força da lei, os deveres que lhe incumbiam com relação a seus pais. Nesse sentido, torna-se paradigmática a decisão do *OGH* (Tribunal Supremo austríaco) de 1934[858] na qual se rejeitou a condenação por homicídio do noivo que não impediu o suicídio de sua noiva, pois um dever semelhante entre noivos não surge de lei ou contrato. O *OGH* retificou esse ponto de vista em 1960.[859] O mesmo ocorria com relação ao negócio jurídico (especialmente o contrato): a nulidade deste eliminava a fonte do dever de agir. Ademais, tampouco ficava claro se o fundamento legal da ingerência era exigido por meio de uma disposição legal expressa, pois, na verdade, ele não aparecia na lei positiva, e somente podia ser deduzido pelo princípio geral *neminem laedere*. Sem prejuízo, essa teoria não permitia explicar a diferença entre a omissão de auxílio (art. 195 do CP espanhol) e a comissão por omissão nos casos de lesões corporais ou homicídio (arts. 147 e 138 do CP espanhol).

1.119. A teoria formal, portanto, teve que ser ampliada para permitir soluções adequadas ao sentimento de justiça. Por um lado, estenderam-se os deveres de solidariedade a todos os que mantinham "relações de estreita convivência", o que permitia superar a limitação dos meros deveres legais. Por outro lado, prescindiu-se do negócio jurídico no sentido da lei civil e se estabeleceu como fonte do dever a simples "livre aceitação" de um dever de agir. A correção praticada

---

857. Provavelmente no mesmo sentido, Mir Puig, *Derecho Penal. Parte general*, p. 334, quando propõe de maneira geral que a posição de garante depende, in primeiro lugar, do "incremento de um perigo atribuível ao autor".
858. SSt XIV, n. 20.
859. SSt XXI, n. 1.

dessa forma na teoria formal das fontes do dever legal de agir, no entanto, deixou manifesto que nenhuma delas provinha *exclusivamente de uma lei formal*, pois esta nada dizia a sobre as "relações de estreita convivência", "livre aceitação" ou "fato anterior". A necessidade de encontrar um fundamento a tais critérios dos quais dependia a equivalência entre ação e omissão era evidente.

1.120. O novo ponto de apoio teórico para a equivalência entre a produção do resultado e a omissão da conduta evitada foi o da relação do omitente com o bem jurídico, ou seja, *sua posição de garante diante do ordenamento jurídico* da não-produção do resultado. "A posição de garante contém um elemento decisivo da autoria, que converte aqueles que deixam de impedir um resultado em autores da omissão no sentido do tipo de um mandamento de garantia equivalente ao crime comissivo".[860] Dito com outras palavras, a posição de garante é o fundamento do dever cuja infração determina a equivalência entre o comportamento típico ativo e o não-impedimento do resultado. De tal forma, passou-se a cobrar do garante deveres éticosociais (mas não meramente morais).[861]

1.121. O problema essencial dessa nova visão da questão foi o *princípio da legalidade* (art. 25.1 da CE), já que seu fundamento jurídico não derivava de uma *lex scripta*, como exige tal princípio, mas, ao invés, do *direito consuetudinário*.

d) A teoria funcional das fontes do dever

1.122. A teoria das fontes formais de dever foi praticamente abandonada[862] e substituída por uma teoria *funcional da posição de garante*, que procura explicar materialmente os seus fundamentos. "Certamente a infração de um mandamento dirigido à defesa de lesões ou perigos a um bem jurídico é constitutiva dos crimes omissivos impróprios; mas *nem toda* lesão de tal mandamento realiza um tipo desses delitos e, sim, somente a infração oriunda de um *garante*".[863] Como

---

860. Welzel, *Das Deutsche Strafrecht*, 11ª ed., 1969, p. 213.
861. Nagler, in GS 111, pp. 1 e ss., Mezger, *Strafgesestzbuch Leipziger Kommentar*, 7ª ed., 1959, p. 36.
862. Se mantém nela, contudo, Cobo del Rosal – Vives Antón, *Derecho penal. Parte general*, 3ª ed., 1990, p. 304.
863. Kaufmann, *Die Dogmatik der Unterlassungsdelikte*, 1959, p. 284.

conseqüência, a determinação do tipo do crime comissivo impróprio dependerá de três considerações axiológicas: "a) deve existir um tipo comissivo, que penaliza a realização da lesão ou perigo a um bem jurídico; b) deve existir um mandamento, que tenha por conteúdo o impedimento de tal lesão ou do perigo ao bem jurídico; c) a lesão de tal mandamento deve igualar-se, ou ao menos aproximar-se, do crime comissivo, em conteúdo de ilicitude e na magnitude da reprovação da culpabilidade e, portanto, no merecimento da pena".[864]

1.123. A *posição de garante* caracteriza-se na moderna *teoria funcional* de acordo com a *função defensiva ou protetora do omitente* com relação ao bem jurídico. Por um lado, o omitente deve ocupar uma posição de *proteção a um bem jurídico contra todos os ataques* que venha a sofrer, qualquer que seja a origem dos mesmos (*função de proteção de um bem jurídico*). De outro lado, a posição de garante pode consistir na *vigilância de uma determinada fonte de perigo* em relação a qualquer bem jurídico que possa ser ameaçado por elas (*função de vigilância de uma fonte de perigo*).[865]

e) As condições da equivalência entre omissão e ação

1.124. Essa nova abordagem do problema da equivalência entre o fato de causar e a omissão de impedir o resultado deu lugar à elaboração de *dois critérios* que servem como base à questão dogmática suscitada:

a) O primeiro critério de equivalência é dado pela *posição de garante*, isto é: somente pode haver uma omissão de impedir o resultado típico equivalente à ação de causá-lo quando o omitente descumprir um dever (jurídico, não somente legal) de certa intensidade.

b) O segundo critério exige que, ademais, o descumprimento do dever de agir surgido da posição de garante *corresponda às modalidades da conduta típica positiva*. Trata-se de uma equivalência valorativa, especialmente operante naqueles delitos nos quais *nem toda a ação* é apta para a produção do resultado típico, mas somente uma

---

864. Kaufmann, *Die Dogmatik der Unterlassungsdelikte*, 1959, p. 284.
865. Kaufmann, *Die Dogmatik der Unterlassungsdelikte*, 1959, p. 283; Bacigalupo, *Delitos impropios de omisión*, 1970, pp. 119 e ss.; Mir Puig, *Derecho Penal. Parte general*, pp. 335 e ss.

ação de características específicas descritas no tipo penal. Esse segundo critério, portanto, apenas se aplica a crimes cujos tipos exigem uma ação de determinado perfil (por exemplo: o crime de estelionato, que requer uma ação de engano e exige uma comprovação da equivalência entre a omissão de informar do agente e a ação de gerar no sujeito passivo um erro).[866]

f) Novos desenvolvimentos dogmáticos

1.125. Esse panorama dogmático, estabilizado durante mais de 30 anos, foi colocado em dúvida nos últimos tempos. Em primeiro lugar, pelas chamadas "teorias negativas da ação",[867] que, apesar de não terem tido grande aceitação, permitiram a abordagem da questão da *posição de garante como elemento comum nos crimes de conduta positiva e negativa*, o que relativizou consideravelmente a distinção entre delitos comissivos de omissivos. Em segundo lugar, o moderno desenvolvimento da teoria do tipo penal e da teoria da imputação objetiva permitiu que para alguns autores a infração de um dever de evitar a produção do resultado se converta em um elemento geral de todo tipo penal,[868] que a posição de garante seja um elemento do tipo também nos crimes de *conduta positiva* vinculado especialmente à proibição do regresso,[869] ou que o seja implicitamente quando se admite que a "adstrição do resultado a um âmbito de responsabilidade alheia" opera como um limite do tipo penal.[870]

1.126. A situação dogmática atual tende, portanto, a um certo afrouxamento dos limites entre comportamentos positivos e negativos, de tal maneira que a exposição mesma do direito penal não se estrutura necessariamente sobre a base da distinção entre tipos comissivos e omissivos, isto é, segundo o sentido positivo ou negativo da conduta a partir do ponto de vista de sua manifestação natural. A proposta mais radical nesse sentido provém de Jackobs, que distingue os problemas da imputação das ações positivas e as omissões segundo

---

866. Cf. Pérez del Valle, CPC 59 (1996), pp. 373 e ss.
867. Herzberg, *Die Unterlassung im Strafrecht und das Garantenprinzip*, 1972; Behrendt, *Die Unterlassung im Strafrecht*, 1979, sob uma perspectiva psicanalítica.
868. Otto, *Grundkurs Strafrecht. Allgemeiner Strafrechtslehre*, 3ª ed., 1988, p. 55.
869. Jakobs, *Strafrecht, Allgemeineir Teil*, 2ª ed., 1991, pp. 212 e ss.
870. Roxin, *Strafrecht, Allgemeiner Teil*, t. I, 2ª ed., 1994, p. 332.

se trate de obrigações que provenham da *organização da atividade pessoal* ou da *posição institucional do sujeito.*[871]

g) *A interpretação do art. 11 do CP espanhol*

1.127. Como se observa no desenvolvimento ocorrido, o legislador, sem necessidade de adentrar nos problemas mais modernos, tinha duas alternativas teóricas. Ou estabelecia, no sentido da teoria formal das fontes de dever, que *toda* infração de um dever de evitar o resultado típico de um delito de conduta da ativa, proveniente de uma lei, um contrato ou um fato anterior, era equivalente à sua produção.[872] Ou, pelo contrário, adotava o ponto de vista da *teoria funcional* da posição de garante e estabelecia a equivalência em dois níveis:

a) comprovação de que o omitente devia responder juridicamente pela não-produção do resultado (posição de garante);

b) comprovação de que a omissão teve um conteúdo de ilicitude correspondente à realização ativa do crime comissivo.[873]

1.128. Não há dúvida de que o art. 11 do CP espanhol optou por esse último modelo, pois estabeleceu um primeiro requisito consistente na infração do dever jurídico de evitar o resultado; a isso adicionou que tal infração devia ser equivalente, "segundo o sentido do texto da lei", à produção do resultado do tipo comissivo. A solução técnica, contudo, é sumamente deficiente, pois, depois de estabelecer os dois níveis determinantes da equivalência, o § 2 do artigo indica que a equiparação da ação e da omissão ocorrerá nas situações correspondentes à versão mais antiga imaginável da teoria formal das fontes de dever (lei, contrato e fato anterior). O problema que apresenta essa defeituosa compreensão da questão requer que se decida se se deve

---

871. Ver Jakobs, *Die strafrechtliche Zurechnung von Tun und Unterlassen*, 1996; na Espanha: Sánchez – Vera – Gómez Trelles, in *Anuário de Derecho Penal y Ciencias Penales*, t. XLVIII, 1995, pp. 187 e ss.
872. Modelo do art. 40, II, do CP italiano: "não impedir um evento do qual se tinha a obrigação de impedir, equivale a ocasioná-lo"; a fórmula tem sido abandonada no art. 11 do *Schema di disegno di legge-delega al Goberno*, 1992, em favor da teoria funcional.
873. Modelo do StGB alemão (§ 13), do StGB austríaco (§ 2), do *Disigno di legge-delega* italiana de 1992 (art. 11).

atender ao § 1, orientado pela teoria funcional, ou ao § 2, inspirado na teoria formal das fontes do dever.

1.129. Esse problema hermenêutico, de qualquer forma, pode resultar extremamente complexo se abstratamente considerado. Mas, quando se leva em conta que atualmente a interpretação do modelo legislativo da teoria formal das fontes de dever conduziu a resultados idênticos à teoria funcional, a questão perde grande parte de sua complexidade. Com efeito, o art. 40, II, do CP italiano é entendido pela moderna doutrina no sentido da teoria funcional da posição de garante, com expressa rejeição da teoria formal das fontes de dever.[874]

1.130. A mescla incompreensível e carente de respaldo científico, portanto, realizada pelo legislador, pode ser entendida no sentido da doutrina moderna do crime comissivo por omissão, já que, em realidade, *mais que contraditório* (como o demonstra a evolução da interpretação do art. 40, II, do CP italiano), o art. 11 do CP espanhol é repetitivo: o § 2 volta a dispor sobre parte do que estabelece o § 1.

1.131. Como conseqüência: conforme o art. 11, a imputação de um crime de conduta ativa *fundada na omissão de evitar o resultado* dependerá dos seguintes elementos:

a) A *produção de um resultado* de lesão ou perigo pertencente ao tipo penal de um crime ou de uma contravenção ativamente formulada em uma lei penal.

b) A *qualificação do autor* exigida pelo crime de conduta ativa deve se dar também no omitente (por exemplo, um crime de prevaricação somente pode ser praticado omissivamente por funcionário público).

c) A *capacidade do omitente de realizar a ação* do ponto de vista *abstrato*, isto é, trata-se de saber se o autor teve condições de realizar voluntariamente a conduta que teria impedido a produção do resultado. Na doutrina, discute-se se seria de se exigir o conhecimento da possibilidade física de realizar a ação, ou se, pelo contrário, basta a *cognoscibilidade* dos meios para evitar o resultado. Esse último ponto de

---

874. Romano, *Commentario Sistematico del Codice Penale*, t. I, 1987, art. 40; Fiandaca – Musco, *Diritto penale. Parte generale*, 1990, pp. 335 e ss.; Fiore, *Diritto penale. Parte generale*, t. I, 1993, pp. 237 e ss.; Fiandaca, *Il reato commisivo mediante omissione*, 1979; Grasso, *Il reato omissivo impropio*, 1983, Sgubbi; *Responsabilità penale per omesso impedimento dell'evento*, 1975.

vista é o correto, pois não gera confusão alguma com o dolo dos crimes omissivos impróprios.

d) A *causalidade hipotética* da ação omitida com respeito à não-produção do resultado. Na medida em que as omissões não são causa do resultado, a imputação exige que a omissão equivalha, segundo o sentido da lei, à sua produção. Essa relação entre omissão e ação e o resultado dar-se-á quando ficar comprovado que se o autor tivesse realizado a ação, teria sido causa da não-produção do resultado, com uma *probabilidade beirando a certeza* (doutrina dominante).

Outro ponto de vista considera suficiente que a realização da ação tenha diminuído o risco da produção do resultado.[875] As razões que permitem rejeitar a teoria do aumento do risco, da qual deriva esse critério, estão também suficientes nesse caso. É evidente que o garante deve atuar no sentido do mandamento constante da lei, ainda que (*ex ante*) não exista segurança acerca da não-produção do resultado. Mas isso, que é suficiente para tentativa, não deve predeterminar a questão acerca da imputação do resultado.

Na dogmática espanhola tende-se a generalizar a opinião no sentido da exigência de que a ação omitida tenha impedido com absoluta segurança a produção do resultado. Nesse sentido, Gimbernat afirma que: "o tipo objetivo de ação exige a segurança de que o comportamento ativo tenha causado o resultado, por isso não pode ser equivalente [a] uma omissão da qual o mais que se pode dizer é que teria evitado o resultado com uma probabilidade próxima da segurança".[876] De qualquer forma, a comissão por omissão culposa "se dará por caracterizada uma vez que o resultado tenha sido causado com toda segurança por um foco de perigo que, como conseqüência de uma omissão culposa tenha se transformado de permitido em ilícito".[877] A tese de Gimbernat[878] tem um ponto de partida discutível: omissão de impedir que o risco permitido se converta em não permitido não ga-

---

875. Cf. Rudolphi, *Systematischer Kommentar zum Strafgesetzbuch*, §§ 13, 16; em contrário Schünemann, in *JA* 1975, Jakobs, *Strafrecht, Allgemeiner Teil*, n. 29/20.
876. Gimbernat Ordeig, in *Anuário de Derecho Penal y Ciências Penales*, t. XLVII, 1994, pp. 5 e ss. e 29.
877. Gimbernat Ordeig, in *Anuário de Derecho Penal y Ciências Penales*, t. XLVII, 1994, p. 38.
878. No mesmo sentido, Tório, in *Anuário de Derecho Penal y Ciências Penales*, t. XLVII, 1984, pp. 699 e ss.; Gracia Martín, in *Actualidad Penal*, 38-1995-711.

rante a segurança da causalidade do comportamento omitido, pois sempre se trata do mesmo: como é possível saber se a realização da ação obtida teria impedido resultado *produzido* pela fonte de perigo, não pela omissão? Na formulação de Gimbernat é certo que uma fonte de perigo (ativo) produziu resultados, mas nada se diz sobre a segurança causal da ação omitida.

Tampouco convincente é o critério proposto por Luzón Peña, segundo o qual "somente há comissão por omissão quando foi a própria omissão que criou o risco de lesão".[879]

Uma vez que as omissões não são causais (doutrina absolutamente majoritária) é claro que não podem criar risco algum de lesão. O fundamento da tese consiste em postular a necessidade de uma "equivalência exata com identidade estrutural e material com a comissão ativa".[880] Mas é evidente que, como demonstrou Radbruch,[881] "a omissão não apenas não tem com a ação em comum os elementos vontade, fato e causalidade, mas ela se esgota na negação dos mesmos".

Por outro lado, exigir identidade para afirmar a equivalência exigida para a imputação do resultado da omissão é o mesmo que negar a possibilidade da comissão por omissão, dado que, segundo o princípio da identidade (ontológico ou lógico), um objeto somente é idêntico a si mesmo, ou, em outras palavras, uma ação apenas pode ser estrutural e materialmente idêntica à outra, mas não será nunca igual à sua negação.[882] A *tese da identidade*,[883] ademais, não é uma exigência do direito positivo, que se limita a condicionar a imputação à equivalência, não à identidade.

e) A *posição de garante* do omitente, que exige um estudo particularizado (ver *infra*, h).

f) A *equivalência da ilicitude omissiva com a do delito comissivo*, que também deve ser estudada à parte (ver *infra*, i).

879. Luzón Pena, *Derecho de la circulación*, 2ª ed., 1990, p. 176.
880. Luzón Pena, in *Revista del Poder Judicial*, 1986/2, p. 80.
881. Radbruch, *Der Handlungsbegriff in seiner Bedeutung für das Strafrechtssystem*, 1904, p. 140.
882. Cfr. Bacigalupo, in Gimbernat – Schünemann – Wolter (eds.), *Omisión e imputación objetiva estado de necessidade derecho penal*, 1994, p. 31.
883. Seguida também por Gracía Martín, in *Actualidad Penal*, 38-1995-711.

h) As posições de garante

1.132. A *posição de garante*, como se disse, pode se caracterizar materialmente por uma especial proximidade entre o omitente e o bem jurídico afetado. A caracterização dessa proximidade manifesta-se quando o omitente tem deveres que lhe impõem cuidar dos perigos derivados da própria organização a respeito dos bens jurídicos que o direito protege ou, ainda, quando tais deveres são impostos pela posição que ocupa dentro de um marco institucional determinado (padre, filho, funcionário etc.). Ambos os grupos de situações demandam um estudo pormenorizado.

1.133. Essa dupla classificação dos deveres que fundamentam uma posição de garante guarda certo paralelismo com a tradicional, isto é, com aquela que distingue entre a posição de garante que surge da *proteção* do bem jurídico diante de perigos que possam atingi-lo e a que se deduz do *cuidado* de uma fonte de perigos em face de todos os bens jurídicos que possam resultar afetados. A distinção clara entre essas duas formas da posição de garante tem sido colocada em dúvida, porque o cuidado de uma fonte de perigo também é uma maneira de proteger bens jurídicos, e a proteção desses é uma maneira de cuidar das fontes de perigo.[884]

1.134. A nova classificação pode não estar isenta de insegurança, pois sempre será possível pensar que também a responsabilidade que surge da liberdade de se organizar tem uma base institucional. Como se verá, no entanto, permite estabelecer uma base mais sólida da equivalência entre a realização ativa do tipo e a omissão do cumprimento dos deveres que emerge da posição de garante, uma vez que a liberdade na organização das atividades pessoais se aplica não apenas para os comportamentos omissivos, mas também para os positivos. Por essa razão, faz-se mais preciso abordar a questão da equivalência entre ações e omissões na realização dos crimes de conduta positiva examinando se estes são *crimes de domínio* (que corresponderam à posição de garante quando da organização das próprias atividades) ou *crimes de infração de dever* (que corresponderam aos casos em que a posição de garante deriva da posição institucional do omitente). É evidente que a equivalência entre a realização ativa e

---

884. Jakobs, *Strafrecht, Allgemeineir Teil*, n. 29/27.

omissiva do tipo – o que se encontra na base da problemática da posição de garante – depende da estrutura *normativa* dos crimes de conduta ativa com os quais se deve realizar a comparação. A partir dessa *perspectiva normativa*, a comparação – de modo inverso a uma comparação em nível naturalístico – não deve ser levada a efeito buscando uma similitude ou, inclusive, identidade fenomênica (por exemplo, a causalidade da omissão), mais no sentido social da conduta.

O problema central, de qualquer forma, continua sendo a vinculação dos critérios axiológicos da equivalência com "as valorações prévias jurídico-penais".[885]

1. Posição de garante derivada dos perigos
que decorrem da própria organização da atividade do omitente

(a)

1.135. Nessa categoria entram em consideração os deveres surgidos do próprio texto do art. 11, § 2, *b*, do CP espanhol. Isto é, trata-se em primeiro lugar da *vigilância dos perigos criados pelas próprias ações ou omissões* ("a ação ou omissão precedente", diz a lei). Essas hipóteses são conhecidas como casos de "ingerência" e tem seu fundamento no princípio *neminem laedere*, ou seja, no princípio que estabelece que todos os cidadãos são livres para orientar suas próprias atividades e tarefas pessoais, com a contrapartida de responder pelos danos que possam causar aos demais. Por exemplo: não impedir que uma pessoa, a quem se serviu álcool em grande quantidade e que não está em condições de conduzir seu veículo, o faça; não prestar ajuda a uma pessoa que é vítima de um acidente causado pelo próprio omitente, impedindo que se agravem suas lesões ou que se dê a sua morte. Trata-se, portanto, do dever que surge da obrigação de tomar determinadas *medidas de segurança* no tráfico, destinadas a que a fonte de perigo não lesione bens alheios. Quando por ausência de tais medidas a fonte de perigo produz um resultado típico, a omissão cumprirá o primeiro dos critérios de equivalência com a realização ativa do tipo.

---

885. Freund, *Erfolgsdelikt und Unterlassen*, 1992, pp. 25 e ss., que realiza, ademais, uma crítica tradicional com uma proposta similar à que aqui se propõe.

1.136. Esse *dever de segurança* não se estende apenas às coisas, mas também às pessoas que se encontram a cargo do omitente (por exemplo, o professor deve tomar medidas para impedir que seus alunos cometam delitos; o mesmo se aplica aos encarregados da organização de um hospital etc.). A doutrina, no entanto, rejeita, com razão, a idéia de que um cônjuge deva tomar medidas para que o outro não pratique delitos. Assim mesmo, em princípio, o titular de um estabelecimento privado aberto ao público não tem por que responder pelos delitos que ali sejam cometidos contra pessoas que entram no lugar voluntariamente (por exemplo, o titular de um grande armazém que não tomou medidas para impedir a entrada de punguistas não responderá pelos furtos por eles praticados).

(b)

1.137. As ações perigosas realizadas também podem gerar *deveres de auxílio ou salvamento*, quando os perigos produzidos já tenham alcançado ou estejam prestes a alcançar bens alheios. Discute-se se estes deveres de auxílio ou salvamento ocorrem apenas quando o comportamento anterior é antijurídico ou se também surgem nos casos de uma atuação prévia que se mantenha dentro do perigo permitido. A favor desse último critério, é possível assinalar que o art. 195.3 do CP espanhol obriga que se intente o salvamento quando o perigo, que a vítima sofre, provenha de um "acidente ocasionado fortuitamente por aquele que omitiu o auxílio". Não há dúvida de que tal hipótese deixa em evidência o fato de que um dever de prestar auxílio existe ainda quando o perigo do sujeito passivo não seja imputável ao omitente. A situação em nada difere daquela do art. 195.1, razão pela qual o verdadeiro problema abordado por tal disposição consiste na justificada agravação da pena, quando o perigo que ameaça a vítima não é imputável ao omitente (caso fortuito), dada a identidade jurídica das situações do art. 195.1 e 195.3 (caso fortuito). Fica claro, portanto, que na vigente lei espanhola os deveres de auxílio e salvamento não estão condicionados pela antijuridicidade do comportamento anterior.[886] Mas, dito isso, convém advertir que nem toda ação

---

886. Neste sentido também, com outros fundamentos, Jakobs, *Strafrecht, Allgemeineir Teil*, n. 29/39.

prévia dentro dos limites do risco permitido gera, sem mais, uma posição de garante no sentido empregado no art. 11 do CP espanhol. Somente naqueles casos nos quais se trate de um risco especialmente elevado, superior aos riscos permitidos cotidianos e a respeito dos quais o afetado pelo perigo tenha, por sua vez, tomado as medidas de segurança necessárias a que se incumbiu em relação à sua autoproteção, poder-se-á admitir uma posição de garante.

1.138. A doutrina encontra-se dividida a respeito dos deveres de auxílio que surgem a partir de um *fato anterior justificado.* Por um lado, sustenta-se que tais deveres somente surgem quando o afetado deve suportar um perigo ou um dano sem ser responsável pela situação na qual o outro causou o perigo ou o dano. A partir desse ponto de vista, dessarte, fica afastada a posição de garante com relação àquele que tenha suportado um estado de necessidade defensivo ou uma legítima defesa.[887] De outro lado, entende-se que o agressor sobre o qual recai uma ação de defesa somente deve suportar o que é necessário para a defesa; o que vai além não estará justificado, e a posição de garante funda-se também em um fato anterior de acordo com o direito.[888] Esse último ponto de vista é, em princípio, o correto, porque exclui toda desconsideração do agressor como pessoa. Não obstante, a proteção do caráter pessoal do agressor não necessita do art. 11, pois deve ter lugar por meio do art. 195 do CP espanhol.[889]

(c)

1.139. – Também se fundamenta a posição de garante na *livre aceitação de uma função de proteção* ou de segurança por parte do omitente. É claro que aquele que assume obrigação de organizar sua atividade para proteger um bem jurídico determina que o titular do mesmo confira sua proteção e não o deixe nas mãos de quem aceitou protegê-lo. O art. 11 do CP espanhol refere-se apenas ao contrato; não é possível que esse termo seja entendido no sentido estrito

---

887. Jakobs, *Strafrecht, Allgemeineir Teil,* n. 29, pp. 40 e ss.
888. Welp, *Vorangegangens Tun als Grundlage einer Handlungsäquivalenz der Unterlassung,* 1968, pp. 271 e ss.
889. Jakobs, *Strafrecht, Allgemeineir Teil,* n. 29, p. 43 (nota 96).

dos arts. 1.254 e 1.261 do CC espanhol, mas como *acordo natural de vontades*. Do contrário, a posição de garante ficaria neutralizada por todas as causas que afetam a validade do contrato como negócio jurídico.

1.140. A posição de garante fundada na livre aceitação da função protetora *pode ser delegada*.

1.141. O conteúdo da função de proteção pode ser o de *impedir que outros se autolesionem*. A opinião contrária na doutrina pretende excluir a posição de garante quando o perigo provenha da própria vítima.[890] Uma limitação dessa magnitude não leva em conta que para a equivalência entre a omissão e a ação não tem importância a origem causal do resultado, mas a infração do dever de impedi-lo. Em função disto, praticamente se desemboca em uma única posição de garante: a ingerência, que no direito anterior carecia de apoio legal, a contrário do que ocorre atualmente.

2. Posição de garante derivada da posição institucional do omitente

1.142. Uma distinção conceitual exata entre a posição de garante derivada da organização da atividade e aquela proveniente da posição institucional do omitente não é totalmente possível sem se precisar o que se entende por *instituição*, uma vez que também a responsabilidade pela própria organização (*neminem laedere*) tem uma razão de ser institucional. Jakobs[891] buscou estabelecer uma forte limitação dos deveres de proteção e salvamento que surgem da posição institucional do omitente afirmando que "os deveres provenientes de tais instituições somente podem ser equivalentes à comissão quando a instituição ostentar o mesmo peso fundamental para a existência da sociedade que tenha, nesta, a liberdade de organização, e a responsabilidade, que é sua conseqüência".[892] Portanto, apenas fundamentarão posições de garante nesse sentido as relações entre pais e filhos, o matrimônio, as especiais relações de confiança e os genuínos deveres estatais.

---

890. Luzón Pena, in *Revista del Poder Judicial*, 1986/2, pp. 73 e ss.; Gracía Martín, in *Actualidad Penal*, 38-1995-698.
891. Jakobs, *Strafrecht, Allgemeineir Teil*, n. 29, pp. 57 e ss.
892. Jakobs, *Strafrecht, Allgemeineir Teil*, n. 29, p. 58.

(a)

1.143. Os deveres de garante que surgem de uma *posição familiar* estão estabelecidas, em primeiro lugar, na lei. Em particular a existência de uma posição de garante fica clara nas relações *entre os cônjuges*, uma vez que os arts. 67 e 68 do CC espanhol estabelecem deveres de "socorro mútuo" e de "ajuda mútua". No mesmo sentido, uma posição de garante surge claramente *entre pais e filhos*, em razão do dever que têm os primeiros de velar e alimentar os outros (art. 154 do CC espanhol), assim como de diligência com relação à administração dos bens dos filhos (art. 164 do CC espanhol). Pelo contrário, *não se encontram expressos* na lei espanhola os deveres *dos filhos com relação aos pais* que poderiam fundamentar uma posição de garante, já que o art. 155 somente trata de um dever de obediência e de outro – somente exigível quando convivam com seus pais – de contribuir para o sustento das despesas familiares. A posição de garante, não obstante, dos filhos com relação aos perigos que possam atingir seus pais têm, em todo caso, fundamento na especial *relação de confiança*, que será analisada a seguir. O mesmo ocorre em relação aos deveres de garante dos irmãos, a respeito dos quais o art. 143 do CC espanhol é extraordinariamente parco.[i]

(b)

1.144. Também surgem posições de garante a partir de uma *especial relação de confiança*. Essa pode fundamentar uma posição de

---

i. No Brasil, o Código Civil de 2002 trouxe uma série de inovações com relação à prestação de alimentos, criando o direito de se pedir auxílio em casos de necessidade a diversas figuras da relação familiar que não apenas os pais: "Art. 1.694. Podem os *parentes*, os *cônjuges* ou *companheiros pedir uns aos outros os alimentos* de que necessitem para viver de modo compatível com a sua condição social, inclusive para atender às necessidades de sua educação. (...) Art. 1.696. O direito à prestação de alimentos *é recíproco entre pais e filhos, e extensivo a todos os ascendentes*, recaindo a obrigação nos mais próximos em grau, uns em falta de outros. Art. 1.697. Na *falta dos ascendentes cabe a obrigação aos descendentes*, guardada a ordem de sucessão *e, faltando estes, aos irmãos*, assim germanos como unilaterais". Entre nós, entende-se como alimentos tudo aquilo o quanto for necessário para a subsistência do alimentado, inclusive educação, moradia etc. Resta saber qual a postura que os tribunais irão adotar com relação ao assunto diante da ainda novidade do nosso diploma civil e ante o fato de este assegurar o direito ao alimentado, deixando em aberto a questão do limite dos deveres do alimentante.

garante quando a confiança do titular de bens jurídicos for depositada em outro, que a aceita, e a quem se confere funções de segurança de um bem ou de cuidado com relação a uma fonte de perigos.

1.145. Naturalmente, a relação especial de confiança deriva de princípios gerais do ordenamento jurídico e não aparece expressa no texto legal. Por isso, é preciso ter presente que o art. 11 do CP espanhol se refere a *deveres jurídicos* e não apenas a *deveres legais*, ainda que estes sejam uma espécie daqueles. O § 2 do art. 11, quando assinala as três fontes formais clássicas do dever de agir, somente estabelece que, *em qualquer caso*, deve reconhecer-se a existência de um dever jurídico quando se façam presentes tais fontes, mas não limita os "especiais deveres jurídicos" à obrigação legal, ao contrato ou ao fato anterior perigoso.

1.146. Nesses casos, ou o titular deixa nas mãos de um terceiro a defesa de seus bens ou confia que, em caso de necessidade, aqueles que apenas administram ou estejam com a guarda de tais bens venham também a protegê-los. Nessa última categoria, encontram-se os titulares de lugares públicos que, ainda que não sejam garantes nem responsáveis por eventuais ações delitivas, estão obrigados a comunicar qualquer possibilidade de perigo a que tal local esteja sujeito (por exemplo, o dono de um supermercado que recebe uma ameaça de bomba deve informar aos clientes que estejam em suas dependências).

1.147. Também se deve considerar a existência da posição de garante fundada em casos de relação de convívio e confiança mútuos. Por exemplo, nas hipóteses de parentesco mais distantes como as relações do sobrinho órfão que vive com tio, que deverão ser consideradas similares às dos filhos com seus pais, apesar de não haver preceito legal expresso na Espanha sobre esse respeito.

1.148. A confiança tem singular importância em relação a determinadas profissões[893] como a *atividade médica*. Com efeito, a posição de garante do médico não provém da lei nem do ato anterior e, em muitos casos, tampouco pode ter seu fundamento em um contrato, uma vez que em muitos casos os pacientes maiores de idade não poderão prestar seu consentimento validamente e aqueles que o prestam por ele carecem de mandato. Seria verdadeiramente absurdo que,

---

893. Cf., em relação ao advogado, Pérez del Valle, LL, exemplar de 15.4.1997.

quando o paciente mais necessita, menores sejam as obrigações do médico.

(c)

1.149. No âmbito dos deveres estatais cabe destacar, como exemplo, os referentes aos integrantes das "Forças e Corpo de Segurança", que devem "impedir práticas abusivas, arbitrárias ou discriminatórias que implique violência física ou moral" (art. 5.2.a, LO 2/1986) e "evitar um dano grave, imediato e irreparável" (art. 5.2.e, LO 2/1986). Do mesmo modo, a lei de execução penal prevê no art. 3.4 que "cabe à administração penitenciária velar pela vida, integridade e saúde dos internos". Esta disposição foi utilizada pelo Tribunal Constitucional (*SSTC* 120/90 e 137/90) para justificar a intervenção da administração para interromper a greve de fome de reclusos, exagerando o alcance da posição de garante de uma maneira altamente discutível.[894]

i) Segundo critério de equivalência

1.150. Como se viu, existe um segundo critério de equivalência: *a omissão deve corresponder à produção ativa do resultado* que não se evitou. Isso significa que quando a ação típica ostenta determinadas características ou modalidades, a omissão deve ser correlata a essa ação.[895] A tal equivalência refere-se o texto legal quando exige que a omissão, além da infração de um especial dever jurídico, "seja equivalente, segundo o sentido da lei, à sua produção". É óbvio que, se as omissões não são causais, a equivalência somente pode ter lugar no âmbito da ilicitude.

1.151. A correspondência não gera problemas quando a ação que deve *causar* o resultado é indiferente e o tipo objetivo esgota-se na sua produção (por exemplo, não impedir a morte de outro corresponde com a sua produção). Mas em outros crimes, nos quais o resultado deve ser produzido por uma ação especial (coação, engano, utilização de meios determinados etc.) a resposta pode não ser tão clara:

---

894. De la Gándara Vallejo, *Consentimiento, bien jurídico e imputación objetiva*, 1995, pp. 207 e ss.
895. Jakobs, *Strafrecht, Allgemeineir Teil*, n. 29, p. 78.

"exercer violência" corresponde a "permitir que outros a exerçam"? "Enganar" corresponde a "não informar"? "Utilizar armas" corresponde a "não impedir que outros as utilizem"? "Praticar conjunção carnal" equivale a "não impedir que outro o faça"?

1.152. Em princípio, os crimes de mão própria somente podem ser cometidos por omissão de uma maneira restrita (por exemplo, o falso testemunho – art. 458; ou a testemunha que faltar com a verdade –), mas, em todo caso, fica aberta a possibilidade da participação naqueles em que – sendo garante – não se tenha impedido sua realização (por exemplo: aquele que permite que uma pessoa alcoolizada conduza seu próprio veículo, não será autor do crime do art. 379 do CP, mas será partícipe).[896]

1.153. Os delitos que são cometidos por meio de determinadas manifestações ou proporcionando determinadas informações geram também problemas específicos. Trata-se, sobretudo, de crimes como a injúria (art. 208 do CP espanhol) ou estelionato (art. 248 do CP espanhol), nos quais a omissão será equivalente à comissão quando o omitente não impedir que o engano chegue ao seu destinatário. Jakobs formou o exemplo do chefe que não impede que uma carta injuriosa ou enganosa, redigida somente como rascunho, chegue ao destinatário.[897]

1.154. De qualquer forma é preciso levar em conta que a correspondência com as modalidades do comportamento ativo não devem ser convertidas em uma valoração geral do conteúdo de ilicitude da omissão em relação à realização ativa do tipo.[898]

§ 87. O tipo subjetivo nos crimes omissivos

1.155. O tipo subjetivo dos crimes omissivos é idêntico em ambas as modalidades, isto é, sejam próprios ou impróprios.

1. Nos *crimes omissivos próprios dolosos*, o dolo exige conhecimento da situação geradora do dever de agir e das circunstâncias que fundamentam a possibilidade da realização da ação.

---

896. Jakobs, *Strafrecht, Allgemeineir Teil*, n. 29, p. 79.
897. Jakobs, *Strafrecht, Allgemeineir Teil*, n. 29, p. 80.
898. Stree, in Schönke – Schönke, *Strafgesetzbuch, Kommentar*, 24ª ed., 1991, § 13, 187; Jescheck – Weigend, *Lehrbuch des Strafrechts, Allgemeiner Teil*, 5ª ed., 1996, p. 630.

2. Nos crimes omissivos impróprios dolosos, o dolo requer o conhecimento da situação geradora do dever de agir (o que aqui significa basicamente conhecimento da ameaça da produção do resultado), das circunstâncias que fundamentam a posição de garante e das que fundamentam a possibilidade de agir.

3. Nos crimes omissivos culposos, o autor desconhece, ainda que tenha tido condições de conhecer, as circunstâncias que fundamentam o dever de agir, sua posição de garante ou sua possibilidade de agir no sentido exigido pelo mandamento de ação.

§ 88. *Antijuridicidade, responsabilidade pelo fato e culpabilidade nos crimes omissivos*

1.156. A antijuridicidade de um comportamento típico define-se como a realização do tipo não amparada por causas de justificação: todo comportamento típico será antijurídico, a não ser que tenha sido autorizado por uma causa de justificação. Isso se aplica a crimes comissivos ou omissivos. Na prática, apresentam-se com maior freqüência casos de estado de necessidade por colisão de deveres: o dever de garante (que inclui a realização da ação tendente a evitar o resultado) e de outro dever que no mesmo momento impunha ao autor comportamento excludente diverso daquele. A esse respeito, somente cabe apontar que a teoria mais moderna admite a existência de um estado de necessidade justificante nos casos de colisão de deveres da mesma hierarquia, pois se afirma, com razão, que quem cumpre com um dever não age antijuridicamente. Esse ponto de vista é válido inclusive naqueles Códigos Penais que regulam o estado de necessidade por colisão de bens, atribuindo efeito justificante somente à ação que sacrificou um bem menor para salvar o maior. A diferença de soluções radica na natureza da colisão de deveres.

1.157. Também a culpabilidade do crime omissivo coincide substancialmente com a do crime comissivo. Na teoria, é dominante o ponto de vista de que a gravidade da culpabilidade de uma comissão por omissão é menor que a da realização ativa do tipo.[899] Isso tem naturalmente incidência na graduação da pena. O novo texto do Códi-

---

899. Mezger, *Strafrecht, ein Lehrbuch*, p. 148.

go Penal espanhol não prevê a possibilidade de uma atenuação da pena. No âmbito da culpabilidade como pressuposto da pena (isto é, na teoria do delito) não há diferença substancial.[900]

A responsabilidade pelo fato não oferece no delito omissivo diferenças com relação ao comissivo.

§ 89. Autoria, participação e tentativa

a) Autoria e participação

1.158. A autoria do crime omissivo depende de que a infração do dever de agir ou de impedir o resultado seja equivalente à sua produção ativa. A co-autoria não é possível, pois, já que nos crimes omissivos não ocorre um dolo no mesmo sentido daquele que ocorre nos crimes comissivos, não é possível uma "decisão comum ao fato".[901]

Tampouco é possível falar de uma "autoria mediata omissiva". No caso de alguém, mediante força irresistível, impedir que outro realize uma ação determinada, não ocorre nada além de uma ação positiva daquele que obsta a realização da ação e produz a lesão do bem jurídico.

1.159. A participação deve ser tratada de duas formas distintas: a participação mediante um comportamento omissivo e a participação ativa de um crime omissivo.

1. A participação mediante um comportamento omissivo em um crime comissivo

1.160. A participação omissiva em um crime comissivo poderia adotar a forma de indução ou de cumplicidade (necessária ou não). A teoria dominante rejeita a possibilidade de indução por omissão.[902] O fundamento desse ponto de vista consiste no fato de que o indutor deve criar o dolo do crime no autor, ou seja, a decisão acerca do fato. Mediante omissão não se cria a decisão, mas apenas não se impede

---

900. Mir Puig, adições à tradução espanhola de Jescheck, *Tratado de derecho penal. Parte general*, t. II, p. 846.
901. Kaufmann, *Die Dogmatik der Unterlassungsdelikte*, p. 189; outro ponto de vista, Jescheck, *Lehrbuch des Strafrechts, Allgemeiner Teil*, p. 521.
902. Jescheck, *Lehrbuch des Strafrechts, Allgemeiner Teil*, p. 562.

que ela surja.⁹⁰³ Pelo contrário, entende-se que à medida que o autor tome a decisão do fato, deve ser punido na forma correspondente ao ato positivo de induzir ou instigar, se o omitente era garante do não-surgimento da decisão.⁹⁰⁴ O fundamento dessa posição reside em que a indução ou instigação não requerem expressamente uma forma ativa, razão pela qual seria possível aceitá-las também da forma omissiva. Dessa maneira, caso se aceite que o advogado é garante de que a testemunha não cometa falso, o não impedir que este decida declarar falsamente seria suficiente para condená-lo como indutor do crime (art. 458 do CP espanhol). A posição de Schmidhäuser não pode ser aceita, pois gera uma aplicação analógica da lei penal *in malam partem*. Rudolphi⁹⁰⁵ admite uma indução ou instigação por omissão quando o garante não impedir, por exemplo, que o terceiro induza o autor de forma ativa.

1.161. Discute-se se é possível a existência de uma cumplicidade omissiva (necessária ou não) em um crime comissivo. Uma parte considerável da doutrina considera que haveria cumplicidade se ao omitente fosse incumbido o dever de garantia.⁹⁰⁶

Pelo contrário, sustenta-se que "o homem não pode ser causal e, portanto, não é possível favorecer por omissão um crime comissivo".⁹⁰⁷ Se o garante deixa de impedir o resultado, será autor se podia evitá-lo, mas não cúmplice.

1.162. A partir de outro ponto de vista, sustenta-se que a cumplicidade por omissão é possível quando a omissão do garante não for equivalente à autoria de um crime comissivo e, portanto, não fundamentar uma autoria por omissão. Trata-se dos casos em que o garante deixa de impedir que um terceiro realize a ação delitiva e o delito não pode ser cometido omissivamente. Por exemplo: quando deixa de impedir, infringindo o dever emergente de sua posição de garante, um crime de mão própria ou quando carece de um especial elemento subjetivo de autoria, como é o ânimo de lucro no crime de furto. Nesses

903. Cf. Jescheck, *Lehrbuch des Strafrechts, Allgemeiner Teil*.
904. Schmidhäuser, *Strafrecht, Allgemeiner Teil*, p. 707.
905. Rudolphi, *Systematischer Kommentar zum Strafgesetzbuch*, § 13, 42.
906. Maurach, *Deutsches Strafrecht, Allgemeiner Teil*, p. 693; Jescheck, *Lehrbuch des Strafrechts, Allgemeiner Teil*, p. 566.
907. Kaufmann, *Die Dogmatik der Unterlassungsdelikte*, p. 295; Welzel, *Das Deutsche Strafrecht*, p. 207.

casos, infringe o dever de impedir o resultado, mas não pode ser autor, razão pela qual deveria ser condenado como cúmplice.[908] A isso deveria agregar-se, segundo essa opinião, a hipótese do garante que deixa de impedir uma ação de cumplicidade de um terceiro: o pai que deixa de impedir que seu filho menor ofereça uma arma de fogo aos autores do homicídio.[909] Essa forma de resolver o problema supre, indubitavelmente, as lacunas de punibilidade geradas pela solução que nega a possibilidade de cumplicidade omissiva do crime comissivo. Não obstante, trata-se de uma solução que estende os limites da cumplicidade acima daqueles permitidos pelo princípio da legalidade.

2. A participação ativa em um crime omissivo

1.163. A instigação ou indução não é uma forma admissível de participação em um crime omissivo. Na verdade, dadas as particularidades que foram vistas a seu respeito, aquilo que deveria ser considerado como indução é a dissuasão de agir em cumprimento do dever; em outras palavras, a neutralização de uma ação positiva que impediria a produção do resultado. Esse fato é equivalente à ação típica de um crime comissivo.[910]

Por sua vez, uma cumplicidade ativa em um crime omissivo não seria concebível a não ser como uma "ajuda psíquica" para a omissão de agir que teria evitado o resultado. Vale aqui, portanto, as mesmas conclusões a respeito da indução.[911]

b) A tentativa de um crime omissivo

1.164. O que se chama tentativa nos crimes omissivos é a "omissão de tentar cumprir o mandamento da ação".[912] A punibilidade da omissão da tentativa de cumprir o dever somente é possível quando

---

908. Roxin, *Täterschaft und Tatherrschaft*, pp. 477 e ss.; Rudolphi, *Systematischer Kommentar zum Strafgesetzbuch*, § 13, 41.
909. Rudolphi, *Systematischer Kommentar zum Strafgesetzbuch*, § 13, 42.
910. Cf. Kaufmann, *Die Dogmatik der Unterlassungsdelikte*, pp. 193 e ss.; Welzel, *Das Deutsche Strafrecht*, p. 297.
911. Outro ponto de vista, Roxin, *Täterschaft und Tatherrschaft*, pp. 510 e ss.; Rudolphi, in *Systematischer Kommentar zum Strafgesetzbuch*, § 13, 44 e ss.
912. Kaufmann, *Die Dogmatik der Unterlassungsdelikte*, pp. 221 e ss.; Welzel, *Das Deutsche Strafrecht*, p. 221.

se leva em conta o ponto de vista subjetivo, de acordo com o qual "a tentativa omissiva começa (e acaba) no último momento em que o obrigado teria que realizar eficazmente a ação segundo sua representação".[913] Nesse sentido, seria punida como tentativa acabada (crime frustrado).[914]

§ 90. A chamada "omissão por comissão"

1.165. A categoria da omissão por comissão adquiriu nos últimos tempos certa relevância, depois de ter sido praticamente esquecida assim que entrou em discussão.[915]

A teoria distingue diversos grupos de casos, nos quais uma característica em comum consiste em que o obrigado a agir ativamente intervenha no evento para impedir que a ação alcance o objetivo de salvação do bem jurídico.

1.166. Nesse sentido, apresentam-se três grupos de hipóteses que exemplificam o conceito de omissão por comissão:

a) Os casos em que o obrigado a agir se coloca voluntariamente em condições que impeçam realizar a ação devida – casos que Rudolphi[916] denomina de *ommissio libera in causa*. Por exemplo: o caixa de um banco coloca-se em estado de embriaguez para não impedir que outro companheiro se apodere do dinheiro que tinha sob seu cuidado.

b) Os casos em que o obrigado a realizar uma ação dá início à ação devida, mas em um determinado momento a abandona ou a interrompe. Por exemplo: aquele que arremessa o salva-vidas a outro, mas, logo em seguida, arrepende-se e o retira antes que a vítima dele tenha se servido e logrado salvar-se.[917]

---

913. Welzel, *Das Deutsche Strafrecht*, p. 221.
914. Bacigalupo, *Delitos impropios de omisión*, pp. 187 e ss.
915. Overbeck, in *GS* 88 (1992), pp. 319 e ss.; Kaufmann, *Die Dogmatik der Unterlassungsdelikte*, pp. 195 e ss.; Roxin, in *Festschrift für Engisch*, 1969, pp. 380 e ss.; Rudolphi, *Systematischer Kommentar zum Strafgesetzbuch*, § 13, 46 e ss.; Sansom, *Festschrift für Welzel*, pp. 579 e ss.
916. Rudolphi, *Systematischer Kommentar zum Strafgesetzbuch*, § 13, 46 e ss.
917. Kaufmann, *Die Dogmatik der Unterlassungsdelikte*, p. 195; Roxin, *Festschrift für Engisch*, p. 382; Rudolphi, *Systematischer Kommentar zum Strafgesetzbuch*, § 13, 47.

c) Os casos em que alguém – não obrigado a agir – impeça que aquele que esteja obrigado a tanto o faça.[918]

1.167. Por um lado, nega-se à categoria da comissão por omissão qualquer autonomia conceitual e se afirma categoricamente que ela "não existe",[919] pois, nesses casos, trata-se de verdadeiros crimes comissivos realizados em autoria mediata (quando se impede que um terceiro obrigado haja). A autoria mediata ativa, não obstante, não está adequada quando o próprio obrigado se coloca em condições que impeçam cumprir o dever imposto. Nessas hipóteses, no entanto, tampouco poderá falar-se de uma categoria específica. Isso se faz claro no caso da desistência: se o autor estava obrigado a cumprir uma ação e não o fez, o início do cumprimento é irrelevante para a valoração jurídica do fato, portanto deverá se ter pura e simplesmente uma omissão. O mesmo pode se afirmar a respeito daquele que se coloque em condições de não poder realizar a ação; aqui o obrigado age com relação a si mesmo como se fosse um terceiro e, portanto, daí deve ser apreciado um ato positivo sem mais.

O ponto de vista de Roxin[920] é diferente, pois ele considera que, nos casos em que ocorre desistência ativa da ação devida já iniciada, deverá se considerar a comissão de um fato ativo quando a ação já tenha chegado às mãos da vítima, mas não nas demais hipóteses.

---

918. Cf., em geral, Rudolphi, *Systematischer Kommentar zum Strafgesetzbuch*, § 13, 47.
919. Kaufmann, *Die Dogmatik der Unterlassungsdelikte*, p. 203.
920. Roxin, *Festschrift für Engisch*, pp. 385 e ss.

Capítulo XIII
CONFLITO APARENTE DE NORMAS E CONCURSO DE CRIMES

§ 91. Introdução

1.168. A questão da aplicação da lei penal ao fato delitivo demanda com freqüência que se resolva, em primeiro lugar, o problema da relação existente entre os possíveis tipos penais aplicáveis (conflito aparente de normas) e, em segundo lugar, a determinação da unidade ou pluralidade de condutas executadas pelo autor (concurso de crimes). Trata-se, evidentemente, de problemas essencialmente distintos.

1.169. A questão do conflito aparente de normas (isto é, de tipos penais aplicáveis) desenvolve-se em um plano no qual somente se leva em consideração uma relação de tipos penais entre si; por exemplo: trata se o uso de documento falso (art. 393 do CP espanhol) e o estelionato (art. 248 do CP espanhol) devem ser entendidos apenas como estelionato, porque este tipo exclui o outro ou se, pelo contrário, é possível aplicar ambos ao mesmo fato; se o roubo exclui a aplicação do furto ou se ambos podem ser aplicados ao mesmo fato, já que a conduta daquele que rouba apresenta a realização de todos elementos do furto.

1.170. O tema do concurso de crimes pressupõe, por sua vez, que já esteja resolvida a questão da relação de tipos entre si, que se procure saber se a conduta se subsume a um ou a vários tipos penais (concurso formal ou ideal) e, além disso, se o autor realizou várias condutas e várias lesões previstas pela lei penal (concurso material ou real). Em outras palavras: qual deve ser a pena aplicada quando a conduta se adapta a mais de um tipo penal? Por exemplo, a conduta do roubo, quando praticado mediante violência à pessoa, pressupõe lesões corporais. Diante disso, surge a questão de se saber se o agente deve receber somente a pena do roubo ou também a das lesões corporais; e se o autor realizou várias condutas que, independentemente umas das outras, se adaptam a mais de um tipo penal. Por exemplo, o autor mata um guarda e, em seguida, pratica um roubo: a questão consiste em saber de qual maneira se deve aplicar as penas (simples soma aritmética, acumulação limitada etc.).

Enquanto nos casos de conflito aparente de normas, portanto, discute-se acerca da relação de tipos entre si, nas hipóteses de concurso de crimes (formal ou material), trata-se de uma relação entre vários tipos penais e uma ou várias condutas.

1.171. A questão do concurso de crimes tem uma incidência direta na determinação dos limites de pena aplicáveis, isto é, para a determinação do máximo e mínimo da pena, a solução de um conflito aparente de normas importa exclusão daquelas que seriam conseqüência dos tipos penais excluídos. Por sua vez, a determinação de uma conduta como adequada a um ou mais tipos penais ou a de que várias condutas realizam diversos tipos – ou mais de uma vez o mesmo tipo – faz com que se indague se é suficiente a sanção da pena de apenas um crime para uma conduta de múltipla adequação ou se a pluralidade de condutas típicas deve ser punida mediante a soma das penas previstas para cada delito e, nesse caso, até onde pode alcançar tal acumulação (ela seria indefinida ou teria um limite?).

§ 92. *O conflito aparente de normas*

1.172. Como vimos, haverá um conflito aparente de normas penais quando o conteúdo do ilícito de um fato punível estiver contido em outro e, portanto, o autor apenas tiver cometido uma única lesão da lei penal. Tal situação dá-se quando entre os tipos penais que seriam aplicáveis ao caso concreto existir uma relação de especialidade, de subsidiariedade ou de consunção. A caracterização das diferentes formas que podem alcançar as relações entre os tipos penais no caso do conflito de normas é considerada como "discutida, mas sem esperança alguma".[921] A conseqüência prática do conflito de normas reside em que somente seja aplicável a pena do crime que substitui os

---

921. Stratenwerth, *Strafrecht, Allgemeiner Teil*, n. 1.117.

outros e, ademais, na determinação dessa pena não se deve computar outras violações da lei, porque apenas se infringiu uma das normas aparentemente conflitantes. Esse último dado representa uma diferença fundamental em relação à conseqüência jurídica do concurso formal, no qual, como veremos, de acordo com o princípio da absorção, deve se aplicar a pena do crime mais grave, levando-se em conta que o autor também cometeu outras violações.[922]

1.173. O texto legal que regula essas questões foi introduzido pela nova redação do Código Penal espanhol (LO 10/1995). Anteriormente, os problemas do conflito aparente de normas careciam de regulamentação expressa. O art. 8 do CP espanhol é, nesse sentido, uma disposição não habitual nas legislações européias, ainda que venha a codificar soluções dogmáticas já admitidas pela prática.

1.174. A aplicação das regras do art. 8 do CP espanhol dependem, conforme o texto legal, de duas circunstâncias:

a) que o fato seja subsumível (ainda que parcialmente) a mais de um tipo penal ("suscetível de ser enquadrado em dois ou mais preceitos desse Código");

b) que o fato não esteja compreendido nas hipóteses de concurso de crimes ("não compreendidos nos arts. 73 a 77").

1.175. Aparentemente as regras do artigo suprareferido seriam aplicáveis quando, sendo o fato subsumível a mais de um tipo penal, não o seja às regras de concurso de crimes. O legislador, no entanto, expressou tais condições ao revés. Com efeito, são as regras do concurso de crimes (arts. 73 a 77 do CP espanhol) que são aplicáveis quando não sejam as do art. 8 do CP espanhol. Isso significa que as regras de concurso de crimes devem ser aplicadas quando não intervenha nenhum dos *critérios de exclusão* expostos no art. 8 do CP espanhol *(especialidade, subsidiariedade e consunção)*. Na prática, as regras do mencionado artigo devem ser aplicadas quando ficar comprovado que o fato se subsume a mais de um tipo penal.

922. Samson, in *Systematischer Kommentar zum Strafgesetzbuch,* § 52, 28; outro ponto de vista: Jescheck, *Lehrbuch des Strafrechts, Allgemeiner Teil,* p. 604; provavelmente de outra opinião: Gimbernat Ordeig, *Introducción a la parte general del derecho penal español,* p. 153; Rodríguez Devesa, *Derecho penal español. Parte general,* p. 191; Córdoba Roda, in Córdoba Roda – Rodríguez Mourullo, *Comentarios al Código Penal,* t. II, p. 327.

a) Especialidade: "lex specialis derogat legi generali" (art. 8.1 do CP espanhol)

1.176. A opinião generalizada considera que a relação de especialidade é aquela que oferece menores dificuldades teóricas. Ela se dá quando o tipo penal contenha todos elementos de outro, mas, além deles, algum elemento que demonstre um fundamento especial da punibilidade (elemento especializante). Na verdade, a realização do tipo especial não é senão uma forma específica de lesão do tipo mais genérico. Por exemplo: o assassinato (art. 139 do CP espanhol) é especial em relação ao homicídio (art. 138 do CP espanhol). Conseqüentemente, a aplicação do tipo do art. 139 exclui o art. 138. A relação de especialidade dá-se em todos os casos em que os tipos guardem uma relação de crime qualificado ou privilegiado com relação ao tipo básico. A determinação de um delito como uma hipótese especial de tipo básico ou, pelo contrário, como gerador de um tipo autônomo, é dizer, de outro tipo básico, admite discussão.

b) Subsidiariedade: "lex primaria derogat legi subsidiariae" (art. 8.2 do CP espanhol)

1.177. Com referência à fundamentação da subsidiariedade já não é possível estabelecer um único ponto de vista.[923] Esta ocorrerá se um tipo penal somente for aplicável quando outro não o for. A subsidiariedade pode ser expressa ou tácita, conforme esteja ordenada na lei ou deva ser deduzida dessa por meio de interpretação.

1.178. Os casos de subsidiariedade expressa dão-se quando o texto legal indica que o preceito será aplicável sempre que não o for outro mais grave.

As hipóteses de subsidiariedade tácita devem ser deduzidas via interpretação. Para isso, é preciso levar em conta que uma única conduta dará ensejo à aparente incidência de mais de um tipo penal, mas em uma situação que não possa ser considerada como de concurso formal. Tal situação deve ser apreciada quando um dos tipos penais importe uma ampliação da proteção penal ao bem jurídico, ou seja, quando se verifiquem estágios variados de lesão. Isso fica claro, por exemplo, en-

---

923. Samson, in *Systematischer Kommentar zum Strafgesetzbuch*, § 52, 62 e ss.; Stratenwerth, *Strafrecht, Allgemeiner Teil*, n. 1.191.

tre a conduta de portar instrumentos para a falsificação (art. 400 e ss. do CP espanhol) e o crime de falsificação, ou entre crimes de perigo e de dano ao mesmo bem jurídico (por exemplo: lesões corporais menos graves são subsidiárias em relação às mais graves). Esse ponto de vista a respeito da subsidiariedade pode ser considerado como um critério estreito em comparação com outros mais amplos.[924] "a subsidiariedade pode derivar do fim e da conexão entre preceitos. Significa, portanto, que de acordo com a vontade da lei um tipo contém de forma exclusiva a qualificação do fato". A maior ou menor amplitude com que se considere a subsidiariedade tem sua contrapartida, de modo geral, dando margem à aplicação da relação de consunção.[925]

c) *Consunção: "lex consumens derogat legi consumptae"*
(art. 8.3 CP espanhol)

1.179. A relação de consunção dá-se quando o conteúdo do ilícito e da culpabilidade de um delito estejam contidos em outro,[926] ou seja, quando "a realização de um tipo (mais grave), pelo menos como regra geral, abrange a realização de outro (menos grave)".[927] De ver-se que a relação não é de natureza apenas lógica.

1.180. Ainda que se possa considerar que na definição da consunção existe, em princípio, unanimidade, o mesmo não ocorre com relação às hipóteses que dão ensejo a essa categoria. Enquanto os autores incluem dentro dela os fatos posteriores impuníveis,[928] outros os tratam de forma independente.[929]

É possível constatar unanimidade com relação aos casos em que ocorrem "fatos acompanhantes característicos".[930] Exemplos deles são

---

924. Stree, in Schönke – Schönke, *Strafgesetzbuch, Kommentar*, prévio ao § 52 e ss., 107.
925. Schmidhäuser, *Strafrecht, Allgemeiner Teil*, p. 733.
926. Samson, *Systematischer Kommentar zum Strafgesetzbuch*, § 52, 71; Jescheck, *Lehrbuch des Strafrechts, Allgemeiner Teil*, p. 602.
927. Stratenwerth, *Strafrecht, Allgemeiner Teil*, n. 1.187.
928. Jescheck, *Lehrbuch des Strafrechts, Allgemeiner Teil*, p. 602; Samson, *Systematischer Kommentar zum Strafgesetzbuch*, § 52, 72 e ss.
929. Stratenwerth, *Strafrecht, Allgemeiner Teil*, n. 1.195.
930. Jescheck, *Lehrbuch des Strafrechts, Allgemeiner Teil*, p. 603; Schmidhäuser, *Strafrecht, Allgemeiner Teil*, pp. 734 e ss.; Samson, *Systematischer Kommentar zum Strafgesetzbuch*, § 52, 76.

o uso não-autorizado de veículos automotores (art. 244 do CP espanhol) e o furto do combustível que se consome na realização da conduta de uso ilegítimo; o aborto e as lesões que com eles são produzidas.[931] Na jurisprudência mais recente, o Plenário da Sala Segunda do Tribunal Supremo recorreu ao conceito de "fatos acompanhantes característicos" na STS 1.088/97, de 1.12.1997; a Sala Penal considerou que a introdução de droga na Espanha deveria ficar absorvida pela pena prevista para o tráfico de drogas (art. 368 do CP espanhol) e excluiria a aplicação do contrabando (LO 12/1995).

1.181. A consunção alcança também os atos posteriores impuníveis, que são aqueles que constituem a realização de um novo tipo penal cujo conteúdo seja a asseguração ou a utilização da coisa adquirida criminosamente.[932] Genericamente pode se sintetizar a idéia fundamental dessa hipótese da seguinte maneira: são casos nos quais a interpretação permite afirmar que a relação existente entre a realização do crime principal e do posterior constitui uma unidade tal que a lei a considera abrangida pela pena do primeiro.[933]

1.182. O tratamento desses fatos como hipóteses de consunção baseia-se em que "os crimes de asseguração e utilização retrocedem diante do delito cometido para a aquisição da coisa, que é o próprio centro de gravidade do ataque criminal, conquanto não ocasional ao afetado um novo dano ou não se dirijam contra um novo bem jurídico".[934]

1.183. Exemplo de fato posterior impunível seria o uso do documento por quem o falsificou.[935] Não se enquadram nessa categoria, pelo contrário, a destruição (crime de dano) ou a venda posterior da coisa furtada, induzindo um terceiro em erro acerca da sua propriedade, pois ambos ocasionam um novo dano ou se dirigem contra um novo bem jurídico.

---

931. Stratenwerth, *Strafrecht, Allgemeiner Teil*, n. 1.188.
932. Jescheck, *Lehrbuch des Strafrechts, Allgemeiner Teil*, p. 602; Samson, *Systematischer Kommentar zum Strafgesetzbuch*, § 52, 74; Stratenwerth, *Strafrecht, Allgemeiner Teil*, n. 1195 e ss.
933. Stree, in Schönke – Schönke, *Strafgesetzbuch, Kommentar*, prévio ao § 52 e ss., 112.
934. Stratenwerth, *Strafrecht, Allgemeiner Teil*, n. 1.195.
935. Rodríguez Devesa, *Derecho penal español. Parte general*, p. 190.

A partir do ponto de vista terminológico, há quem designe essas hipóteses como *post factum* impunível.[936]

§ 93. O concurso de crimes

1.184. A legislação e a doutrina distinguem as hipóteses em que uma conduta realiza mais de um tipo penal daquelas em que várias condutas realizam vários ou mais de uma vez o mesmo tipo penal. A unidade de conduta com pluralidade de crimes denomina-se concurso formal ou ideal. A pluralidade de condutas com pluralidade de crimes (várias condutas e vários crimes) recebe o nome de concurso real ou material.

1.185. As conseqüências jurídicas de ambas as formas de concurso de crimes são determinadas por princípios distintos. Nos casos de unidade de conduta com pluralidade de crimes (concurso formal), as leis costumam aplicar o princípio da absorção, segundo o qual deve se impor a pena em sua metade superior, "sem que se possa exceder aquela que represente a soma das penas que seriam aplicadas por cada uma das infrações" (art. 77 do CP espanhol). A pluralidade de condutas com pluralidade de crimes (concurso material) segue, em geral, o princípio da acumulação, que estabelece a aplicação de penas independentes para cada crime e a sua soma (art. 73 do CP espanhol, com o limite previsto no art. 76).

1.186. O tratamento do tema das formas de concurso exige previamente a definição dos critérios acerca da unidade e da pluralidade de condutas.

Na doutrina e em parte da jurisprudência têm-se confundido a unidade de conduta com a unidade ou pluralidade de resultados. Esse ponto já foi outrora criticado, com razão, porque não há dúvida de que as normas apenas podem proibir ou ordenar condutas, não resultados.[937] A jurisprudência havia levado em conta o princípio da

---

936. Rodríguez Devesa, *Derecho penal español. Parte general*, p. 190; Stratenwerth, *Strafrecht, Allgemeiner Teil*, n. 1.195, que utiliza por sua vez a terminologia que temos empregado aqui.

937. Cf. *STS* 1.335 *bis*/92, de 23.4.1992 (caso de síndrome tóxica) com referência à jurisprudência anterior do Tribunal Supremo. Ver também *STS* 861/97, de

unidade de condutas na hipótese do crime culposo, com relação ao qual resolveu a questão da unidade de conduta *sem* levar em conta os resultados produzidos por aquela. Ultimamente, esse critério – que, em princípio, apenas parecia aplicável ao crime culposo – foi estendido também aos casos de dolo nas *SSTS* 1.335 *bis*/92 e 861/97, expressamente com relação ao dolo eventual. Dessa forma, procura se afirmar que ao número de resultados não corresponde ao número de condutas, nem no crime culposo nem no doloso, pois o que vale para o dolo eventual não tem por que não valer para outras formas de dolo.

1.187. Na *STS* 1335 *bis*/92, de 23.4.1992, o Tribunal Supremo dedicou um extenso fundamento jurídico a essa questão:

A segunda questão apresentada pela tese defendida nesta sentença pelo representante do Ministério Público refere-se, na verdade, à pena aplicável, é dizer, está mais vinculada com relação ao concurso existente entre os distintos fatos imputados a Juan Miguel Bengoechea Calvo que com o dolo em si mesmo, pois tem a ver com o número de fatos e, portanto, com o de penas aplicáveis ao processado Juan Miguel Bengoechea. O acórdão considerou em sua breve motivação (cf. fundamento jurídico 3.1) que "as mortes e as lesões devem ser atribuídas à culpa temerária e profissional" e entendeu que o réu "não aparenta ter pretendido direta ou indiretamente matar ou lesionar". Daí, deduziu que seu comportamento devia se subsumir ao art. 348 do CP espanhol (em relação ao art. 346 do CP espanhol). Mas, dado que para isso apenas é preciso o resultado morte, os demais óbitos (329, que foram denominados de "mortes restantes") deviam ser punidos como um único crime culposo conforme os arts. 407, 420, 422 e 528. Esses fatos, segundo o Tribunal *a quo*, não dão lugar a uma pluralidade de condutas, ou seja, ao concurso material, "tendo-se em conta que a relação fática não permite definir, na ordem que agora nos ocupa, outras condutas nitidamente inseparáveis que constituam unidades delitivas autônomas".

Precisamente contra essa afirmação dirige-se a argumentação do Ministério Público, pois entende que caso se afirme a existência de dolo com relação aos resultados de morte, dever-se-ia estimar a pluralidade de fatos, o que foi

11.6.1997; cf. sobre esta problemática, Choclán Montalvo, *El delito continuado*, Madri, 1997, pp. 84 e ss.

rejeitado no julgamento. Implicitamente, o Mistério Público apóia-se em uma doutrina para a qual a realização de uma conduta dolosa com vários resultados acarreta tantos fatos quantos forem os resultados, enquanto, se a conduta for culposa, apenas haverá um fato.

Os efeitos práticos da tese do Ministério Público dependem, em primeiro lugar, do fato de se saber se é correto que a pluralidade de resultados deva ser considerada como critério determinante de uma pluralidade de condutas dolosas, ainda que não merecesse igual consideração no crime culposo, a respeito do qual o *desideratum* seria a unidade de conduta. Nesse caso, a questão, de qualquer forma, apenas tem transcendência teórica, uma vez que, admitida a existência de dolo, incidem os limites do art. 70.2 do CP espanhol.

As *SSTS* de 8.11.1955 e 21.2.1966 estabeleceram (entre outras coisas) que todos os resultados decorrentes de culpa dão lugar a apenas um crime culposo. Esse ponto de vista tem uma larga tradição na jurisprudência desta Casa, na qual se sustenta de forma reiterada que, sendo única a conduta, devem ser aplicadas as regras do concurso formal, ainda que sejam vários os resultados produzidos (cf. as *SSTS* de 18.10.1927, n. 54, lesões e danos; 12.12.1931 [A. 1751], homicídio, lesões e danos; 14.12.1931 [A. 1753], homicídio e danos; 2.4.1932, n. 126, homicídio e danos; 11.5.1940 [A. 487], lesões e danos; 11.6.1949 [A. 854], danos; 8.11.1955 [A. 1989], lesões e danos). Também as *SSTS* de 14.12.1931 e 11.4.1972 afirmaram que "um só fato imprudente, ainda que origine diversos males, constitui um só crime". Por sua vez, a *STS* de 18.1.1972 sublinhou que ainda que existam tantos delitos quantos forem os resultados típicos, para efeitos de punição devem ser considerados aglutinados em um só crime, levando em conta o resultado mais grave.

A solução dada a essa questão, no entanto, não é aparentemente tão uniforme na jurisprudência com relação aos crimes dolosos.

Nos precedentes mais antigos daquela Corte considerou-se que para determinar a diferença entre o concurso formal e o material o fundamental era a unidade ou pluralidade de condutas, sem levar em conta o número de resultados. Assim, o Tribunal entendeu no caso de uma mesma conduta dolosa que produziu duas mortes que "quando um só fato constitui dois ou mais delitos, como ocorre no presente caso, não devem ser apenados separadamente" (*STS* de 18.6.1972). Do mesmo modo, a *STS* de 7.7.1909 estabeleceu que os crimes de assassinato e aborto, pelos quais a ré havia sido condenada, não deveriam ser apenados separadamente, "por terem sido realizado em um só ato". Com outras palavras: a jurisprudência antiga dessa Corte atendeu a idênticos critérios nos crimes dolosos e culposos.

Pelo contrário, na jurisprudência mais moderna, deve-se reconhecer, a situação não é tão clara, ainda que na verdade os precedentes não tenham se apartado nunca categoricamente do critério da unidade ou pluralidade de condutas. Por um lado, em alguns desses precedentes (por exemplo, *STS* de 17.6.1988), faz-se referência a condutas perfeitamente diferenciadas, sobretudo quando se trata daquelas correspondentes a crimes dos quais praticamente não existe uma distinção entre o comportamento e seus efeitos (violação de decisão judicial, roubo, depósito de armas e furto de veículo na mencionada decisão). Em outros precedentes, referentes a crimes com resultado material claramente diferenciados na conduta, a Corte parecia adotar outro critério, pois sustentou que o determinante era a variedade do sujeito passivo sobre os quais recaíam os efeitos da conduta (por exemplo, *STS* de 20.12.1988). "Por isso" – afirma a *STS* de 20.12.1988 – "matar várias pessoas ou violentar várias mulheres ou lesar dolosamente dois ou mais sujeitos não constitui uma modalidade de concurso formal, nem sequer quando as mortes (...) correspondem a uma identidade de conduta". Conseqüentemente, a *STS* de 29.4.1981 considerou que a unidade do sujeito passivo de várias lesões deve ser considerada como um só fato (no mesmo sentido da antiga *STS* de 16.11.1889). Esse critério, no entanto, não contradiz em princípio a tese da unidade ou pluralidade de condutas como fundamento do concurso de crimes, já que, aplicado – sobretudo – ao crime de violação, não faz outra coisa senão levar em conta a reiteração do ataque a uma diversidade de sujeitos atingidos, para daí deduzir a existência de outras tantas decisões independentes do autor no sentido de realizar um tipo penal. Dito de outra forma: a renovação do ataque a sujeitos diferentes demonstra uma pluralidade de condutas naturais. É evidente que com uma única conduta natural (com a mesma decisão e o mesmo movimento corporal) não é possível ofender duas pessoas e – como regra geral – tampouco lesar dolosamente dois sujeitos passivos. Essas considerações são também aplicáveis ao homicídio de vários sujeitos, evidentemente, quando o ataque a cada um deles exija a renovação da decisão de matar.

Em outras ocasiões, a jurisprudência fez referência aos bens jurídicos protegidos. Assim, por exemplo, sugere a STS de 14.3.1988, na qual se sustenta, sem mencionar a independência de condutas executadas pelo autor, que apresentar para cobrança dois talões dos quais previamente tenha falsificado a firma do titular "incide no crime de falsificação de documentos mercantis, por um lado, e no de estelionato, por outro, porquanto cada um ofende bens jurídicos distintos". Esse critério tem sido freqüentemente utilizado pela Corte, mas para excluir o conflito aparente de normas entre o art. 344 do CP espanhol e os crimes de contrabando.

O critério da unidade ou pluralidade de condutas, ademais, foi confirmado recentemente na STS de 15.3.1988, na qual a Corte expressamente se valeu do critério da unidade de condutas afirmando que "a base estrutural do concurso formal se encontra na unidade de conduta, em que pese à sua projeção plural na área da tipicidade penal. Quando se está diante de duas ou mais condutas, cada uma constitutiva de um crime (...), trata-se de uma modalidade ou subforma de concurso material (...)".

A idéia da unidade de conduta nas hipóteses de crimes dolosos com pluralidade de resultado, por outro lado, percebe-se de forma clara nos casos de unidade de conduta em continuidade delitiva – crime continuado. Aqui a pluralidade de resultados não impede a unidade do fato, como se observa em copiosa jurisprudência que existe em matéria de crime continuado, figura que, como é claro, apenas se configura na presença de dolo. Nesse sentido, as SSTS de 16.1.1981, 16.2.1982 e 26.10.1982 – entre outras – assinalam categoricamente que ocorrerá unidade delitiva quando ocorrer um único ato de vontade encaminhado à realização do delito, ainda que haja pluralidade de resultados. Pode-se concluir daí que a jurisprudência tratou a questão da unidade ou pluralidade de crimes com base em critérios cuja diversidade é apenas aparente, no que tange aos elementos que determinam a unidade de conduta, mas sem ter refutado essa tese de forma expressa e categórica em momento algum. Na realidade, somente cabe afirmar que a discrepância entre o tratamento dado à pluralidade de resultados no crime culposo e no crime doloso é mais aparente que real, pois é normal que nos crimes culposos, de forma geral, fique claro que seja única a conduta que infringe o dever de cuidado objetivo, apesar da pluralidade de resultados, enquanto nos dolosos, como regra, exige-se uma comprovação mais complexa.

A diversidade de soluções segundo o caráter doloso ou culposo da conduta, por outra parte, não parece ser a mais adequada. Partindo-se do caráter pessoal do ilícito penal fica evidente que a pena se dirige contra a conduta e não contra o resultado. A norma somente pode ser violada pela conduta e, conseqüentemente, não se justifica de forma alguma que nos crimes dolosos entenda-se que a unidade ou pluralidade de fatos depende dos resultados produzidos, pois "o delito" – dizia já nos primeiros anos do século passado aquele que pode ser considerado um dos pais da dogmática moderna – "é conduta, isto é, uma modificação no mundo exterior dirigida por um querer humano". Não há dúvida que se somente as condutas podem infringir uma norma, o número de condutas dependerá da norma. O ponto de vista contrário, defendido ocasionalmente no século XIX, antes de 1880, sob influência acentuada do princípio da causalidade, fundamentava-se na concepção de crime como causalidade: a conduta, dizia-se de forma isolada, é causalidade; vários resultados requerem várias causalidades; e, portanto, existem várias condutas quando se dão vários resultados. Tal critério não mereceu a aprovação por parte da doutrina. Mais ainda, inclusive os representantes das teorias causais da conduta o rejeitaram, considerando-o errôneo por identificar conduta e resultado. Sem prejuízo do aspecto questionável decorrente da afirmação de que cada resultado pressupõe uma causalidade independente, quando uma única causa é uma única conduta (por exemplo, o disparo que mata mais de uma pessoa), o certo é que, caso se admitisse tal critério, o distinto tratamento da pluralidade de resultados no crime doloso e no culposo seria uma inconseqüência difícil de se explicar. Partindo-se do chamado *crimen culpae*, para o qual a letra do art. 565 do CP espanhol poderia ser um fundamento, não resultaria adequado considerar que no crime doloso ou culposo a diversidade de resultados deva ser tratada de forma distinta. Isso porque se o fundamento da pluralidade de condutas é a suposta pluralidade de causalidade, isso obrigaria a admitir tantos fatos puníveis quantas fossem as relações de causalidade também no crime culposo.

De qualquer forma, deve se enfatizar que a extensão do critério do resultado ao crime culposo – como alguns autores propuseram – tampouco parece ser a solução mais adequada para atingir o desenvolvimento adequado. Não se pode olvidar, nesse sentido, que o critério do resultado em relação ao concurso de crimes foi considerado, por um lado, como uma forma de responsabilidade que corresponde "ao período cultural da responsabilidade pelo resultado". Trata-se de um critério, por outro lado, que conduz a intoleráveis conclusões se aplicado de forma estrita, pois resultaria, por exemplo, no fato de que o agente que dá vários socos e produz várias lesões deveria ser considerado autor de tantas lesões dolosas quantas fossem os golpes recebidos pela vítima, o que a jurisprudência não parece ter aceitado em hipótese alguma. Precisamente para não chegar a essa solução, teve que recorrer ao critério da unidade do sujeito passivo; mas isso não é mais que uma demonstração da inépcia do critério do resultado para possibilitar soluções adequadas, já que no caso do crime continuado o critério da unidade do sujeito não é utilizado, pois fica excluída pelo próprio texto legal, segundo o qual é indiferente que se ofenda "um ou vários sujeitos". Sem prejuízo, o resultado não poderia servir de critério geral, pois nem todos os crimes têm resultado material nem têm um resultado claramente diferenciado da conduta, isso sem falar na tentativa e no crime frustrado, nos quais não ocorre resultado algum. O critério que exige tantas exceções em relação a situações específicas, como conseqüência, não se torna plausível para explicar de maneira razoável a aplicação da lei.

O critério do resultado, além disso, não se encontra estabelecido pelo legislador, não sendo correto afirmar ser ele uma conseqüência do fato de os textos legais fazerem referência ao "fato" (art. 68), como alguns crêem. Na realidade, os outros textos referee-se também a "dois ou mais crimes ou contravenções" (arts. 69 e 69 *bis* do CP espanhol). Uma razão que explica a preferência da palavra "fato" com relação a outras expressões utilizadas pelo legislador não surge do texto nem do conteúdo da lei. Mas, ainda que se entenda que a lei se referiu expressamente a "fatos" em oposição a "condutas", não há dúvida de que, sob o ponto de vista de uma interpretação gramatical, tal entendimento não aparece adequado para apontar o critério do resultado, dado que o "fato" que é objeto de uma norma se compõe necessariamente como uma conduta, enquanto o resultado material é meramente contingente e, como conseqüência, pode formar parte ou não do mesmo. De outro lado, se o critério do resultado fosse imposto pelo texto da lei, teria que ser aplicado também no caso do crime culposo, pois os art. 68 e ss. do CP espanhol não distinguem entre crimes dolosos ou não.

De acordo com o que foi afirmado, deve-se levar em conta que a interpretação do Ministério Público não pode ser acolhida em toda sua extensão, já que, ainda que se admita a existência de dolo com relação ao resultado morte, as penas aplicáveis dependerão do número de condutas realizadas e não dos resultados produzidos, de qualquer forma, com os limites do art. 79.2 do CP espanhol.

1.188. Na *STS* 861/97 o Tribunal Supremo reiterou o fundamento jurídico 17, *b*, da decisão anterior, acrescentando que "a base do concurso ideal é a identidade do fato e, em definitivo a unidade de conduta", e que, "se essa unidade de conduta for determinada, em última análise, pelo ato de vontade e não pelos resultados, deverá se determinar em cada caso qual é o conteúdo do ato de vontade do sujeito" (fundamento jurídico 3º).

a) Unidade de conduta

1. Unidade de conduta em sentido natural

1.189. A questão acerca da unidade de conduta não é problemática quando o autor, mediante uma única decisão, realiza um único movimento corporal que resulta típico. Por exemplo: ele decide matar alguém e o faz disparando uma arma de fogo (unidade de conduta em sentido natural, que não deve se confundir com a "unidade natural de conduta").

2. A unidade de conduta na pluralidade de atos

1.190. Haverá dificuldades, pelo contrário, em estabelecer quando uma pluralidade de atos que podem responder a várias decisões de conduta constituir uma unidade, ou seja, um objeto único de valoração jurídico-penal.

Parte da doutrina sustentou o conceito de unidade natural de conduta.[938] De acordo com este, haverá uma única conduta quando o fato se apresentar objetivamente como plural, mas, sob o ponto de vista valorativo, resultar ser uma única conduta aos olhos do autor.[939] Em sentido semelhante – mas objetivamente orientado – estima-se

---

938. Otto, *Grundkurs Strafrecht, Allgemeiner Strafrechslehere*, t. I, p. 274; Schmidhäuser, *Strafrecht, Allgemeiner Teil*, p. 724.
939. Cfr. Schmidhäuser, *Strafrecht, Allgemeiner Teil*.

que haverá unidade natural de conduta "quando se dê uma conexão temporal e espacial estrita entre uma série de ações ou omissões que fundamentem uma vinculação de significado de tal natureza que também para a valoração jurídica apenas se possa aceitar um único fato punível, e isto ainda que cada ato individualmente considerado realize por si só o tipo de ilicitude e fundamente dessa forma o fato punível".[940] A aplicação desse ponto de vista permite sustentar que aquele que produz em outro lesões, dando-lhe uma sova, comete apenas um crime de lesões corporais, assim como o agente que subtrai diversos frutos da mesma árvore somente incorre uma vez no crime de furto.

1.191. O critério da "unidade de conduta" é considerado pouco preciso por grande parte da doutrina[941] e, portanto, inadequado para os fins que deveria alcançar. Seus defensores consideram que não é possível atingir um maior grau de precisão.[942] A jurisprudência do Tribunal Supremo, no entanto, aplica esse critério repetidamente (cf. *STS* de 22.4.1992).

1.192. O ponto de vista alternativo não oferece maior grau de segurança. Segundo ele, a unidade de conduta será produto do tipo penal: "unidade típica de conduta" ou "unidade jurídica de conduta". Uma unidade dessa classe dá-se quando vários atos são unificados como objeto único da valoração jurídica pelo tipo penal.[943] A unidade típica de conduta percebe-se em diversas hipóteses:

a) em crimes compostos de vários atos ou nos que reúnem mais de um delito autônomo; por exemplo, a violação e a ameaça (art. 179 e 172 do CP espanhol);

b) também se terá unidade típica de conduta nas hipóteses em que o sentido do tipo penal alcance de forma global uma pluralidade de atos

---

940. Cfr. Schmidhäuser, *Strafrecht, Allgemeiner Teil.*
941. Jescheck, *Lehrbuch des Strafrechts, Allgemeiner Teil*, p. 579; Samson, *Systematischer Kommentar zum Strafgesetzbuch*, § 52, 18 e ss.; Stratenwerth, *Strafrecht, Allgemeiner Teil*, n. 1.217; Stree, in Schönke – Schönke, *Strafgesetzbuch, Kommentar*, prévio ao § 52 e ss., 22.
942. Schmidhäuser, *Strafrecht, Allgemeiner Teil*, p. 725.
943. Stratenwerth, *Strafrecht, Allgemeiner Teil*, n. 1.210; Samson, *Systematischer Kommentar zum Strafgesetzbuch*, § 52, 22 e ss.; Stree, in Schönke – Schönke, *Strafgesetzbuch, Kommentar*, prévio ao § 52, 12 e ss.; Jescheck, *Lehrbuch des Strafrechts, Allgemeiner Teil*, p. 580.

(por exemplo, art. 493 do CP espanhol). Essa unidade típica de conduta pode surgir diretamente do texto legal ou da sua interpretação.[944]

De qualquer forma, exige-se "uma certa continuidade e uma vinculação interna dos distintos atos entre si; se os atos corresponderem a uma nova decisão e carecerem de vinculação interna com relação às condutas típicas anteriores, não haverá unidade de conduta".[945] Essa vinculação interna, no entanto, não deve ser entendida como exigência de um "dolo geral", mediante o qual o autor deva ter pretendido, desde o início, a pluralidade de atos.[946]

c) A unidade típica de conduta fica clara nos crimes permanentes (por exemplo, seqüestro), nos quais se mantém os efeitos da conduta executada.

3. A unidade de conduta no "crime continuado"

1.193. Fundamentalmente, razões práticas deram lugar à construção do crime continuado, que o CódigoPenal espanhol disciplina no art. 74.1. Com ele se busca evitar a investigação do momento e da extensão dos fatos individuais.

A conexão de continuidade determina a existência de uma única conduta, ainda que não exista entre as condutas individualmente consideradas uma unidade em sentido natural ou jurídico.[947]

1.194. O crime continuado tem o efeito de impedir a aplicação das conseqüências previstas para o concurso material disciplinadas no art. 73 do CP espanhol.

1.195. A admissibilidade político-criminal dessa figura foi colocada seriamente em dúvida.[948] O problema fundamental, sob tal ótica,

---

944. Stree, in Schönke – Schönke, *Strafgesetzbuch, Kommentar*, § 52, 16 e ss.
945. Stree, in Schönke – Schönke, *Strafgesetzbuch, Kommentar*, § 52, 19.
946. Samson, in *Systematischer Kommentar zum Strafgesetzbuch*, prévio ao § 52, 30, quem considera suficiente a "unidade da situação de motivação".
947. Samson, in *Systematischer Kommentar zum Strafgesetzbuch*, prévio ao § 52, 33; Otto, *Grundkurs Strafrecht, Allgemeiner Strafrechslehere*, t. I; Stree, in Schönke – Schönke, *Strafgesetzbuch, Kommentar*, § 52, 31, estima-se ser um caso de unidade jurídica. No mesmo sentido, Choclán Montalvo, *El delito continuado*, Madri, 1997, pp. 131 e ss.
948. Córdoba Roda, in Córdoba Roda – Rodríguez Mourullo, *Comentarios al Código Penal*, t. II, p. 325; Samson, in *Systematischer Kommentar zum Strafgesetz-*

consiste em que dogmaticamente se "unificam" uma série de fatos que cumprem com todos os pressupostos de fatos individuais, os quais deveriam ser punidos conforme as regras do concurso material.

I – Requisitos objetivos da unidade de conduta em continuidade delitiva

1.196. Os requisitos objetivos e subjetivos do crime continuado são produto de uma elaboração dogmática que carece de apoio legal. Isso determina uma grande insegurança na sua determinação. Parte da doutrina limita-se a estabelecer requisitos subjetivos,[949] não obstante, predominam os critérios objetivo-subjetivos.

1.197. Os fatos individuais devem ter realizado o mesmo tipo básico ou tipos semelhantes e devem ter lesado o mesmo bem jurídico. Ao se exigir uma identidade de tipo básico, permite-se que as regras do crime continuado sejam aplicadas ainda que os fatos individuais possam se diferenciar entre si pela concorrência de alguma circunstância agravante ou atenuante (destacando que não há importância alguma no fato de se tratar de atenuantes ou agravantes genéricas ou não, isto é, previstas na Parte Geral ou na Especial). Esse ponto de vista encontra, contudo, um limite: a realização do tipo deve atentar em todos os casos contra o mesmo bem jurídico. Ficará excluída a continuidade delitiva, portanto, entre furto e roubo com violência à pessoa ou mediante grave ameaça (arts. 234 e 237 do CP espanhol), já que, apesar de se tratarem de tipos semelhantes, no crime de roubo não se viola apenas a propriedade. Pelo contrário, não interfere na continuidade delitiva o fato de que um ou mais crimes individualmente considerados não tenham superado a fase da tentativa.

1.198. A questão da unidade ou semelhança de tipo básico não deixará de oferecer problemas em algumas situações, como, por exemplo, quando se tratar do crime de furto (art. 234 do CP espanhol) e de apropriação indébita (art. 252 do CP espanhol). Aqui se torna necessária uma definição dos tipos penais em questão e da determinação de

---

buch, § 52, 33; Schmidhäuser, *Strafrecht, Allgemeiner Teil*, pp. 728 e ss.; Stratenwerth, *Strafrecht, Allgemeiner Teil*, n. 1.236. Recentemente: Choclán Montalvo, *El delito continuado*, Madri, 1997, pp. 423 e ss.

949. Por exemplo, Rodríguez Devesa, *Derecho penal español. Parte general*, p. 809.

sua igualdade ou não. Cabe recordar que, com relação ao crime de lesões corporais, admite-se continuidade delitiva, mesmo que as lesões sejam de diferente gravidade.[950]

1.199. No que se refere à igualdade de bem jurídico, distinguem-se bens personalíssimos e não-personalíssimos. Quando se trata dos primeiros, apenas poderá se admitir a continuidade delitiva quando a lesão se referir ao mesmo titular, isto é, quando se der uma igualdade de sujeito passivo. O Tribunal Supremo, antes da reforma introduzida pela LO 8/1983, havia exigido, em algumas ocasiões, a igualdade de sujeito passivo como requisito geral.[951] No entanto, também de forma geral, tem se aceito que a teoria do crime continuado pode ser aplicada, ainda que lhe falte algum requisito, por razões de justiça ou defesa social.[952] Dessa maneira, deveria se excluir a continuidade nos casos de lesões a várias pessoas, de roubo com violência a distintas vítimas etc. Esse critério não deixou de suscitar opiniões contrárias,[953] que não encontram fundamento algum para a exclusão da continuidade delitiva em razão da qualidade especial do bem jurídico. A posição restritiva, no entanto, mostra-se preferível, porque limita os efeitos de um instituto que, como vimos, é dificilmente legitimado.

1.200. Ademais, é preciso que os diversos fatos tenham uma certa similitude exterior. É possível, portanto, que entre eles haja diferentes modalidades, enquanto existir, ao menos, uma certa proximidade temporal e espacial.[954] Muito mais restrito é o critério do Tribunal Supremo, que exige "identidade de objeto material e de meios delitivos",[955] ainda que logo depois admita a continuidade, apesar de não

---

950. Stree, in Schönke – Schönke, *Strafgesetzbuch, Kommentar*, § 52, 38; Samson, in *Systematischer Kommentar zum Strafgesetzbuch*, § 52, 36.
951. Cf. SSTS 19.1.1940; 10.2.1960; 15.2.1961; 22.5.1962; 24.4.1963; 24.11.1969; 14.12.1972; 18.10.1974; 12.11.1975; 3.12.1975.
952. Cf. SSTS 22.3.1966; 5.4.1967; 16.4.1970; 11.11.1971; 17.3.1972; 1.2.1973.
953. Samson, *Systematischer Kommentar zum Strafgesetzbuch*, § 52, 36; Stratenwerth, *Strafrecht, Allgemeiner Teil*, n. 1.223; Stree, in Schönke – Schönke, *Strafgesetzbuch, Kommentar*, § 44. No mesmo sentido, Choclán Montalvo, *El delito continuado*, Madri, 1997, pp. 266 e ss., para quem há justificação material para colocar em tratamento distinto a unidade natural da ação e a unidade de ação por continuação.
954. Cf. Stree, in Schönke – Schönke, *Strafgesetzbuch, Kommentar*, § 41; Samson, *Systematischer Kommentar zum Strafgesetzbuch*, § 52, 39.
955. STS 19.1.1940.

se dar no caso concreto a unidade de lugar e tempo,[956] ou que possa faltar a unidade do sujeito passivo.[957] A relativização das exigências objetivas que com freqüência se percebe na jurisprudência do Tribunal Supremo tem sua origem na ênfase que dispensa ao elemento subjetivo, com o que, na prática, o crime continuado dependerá essencialmente daquilo que havia pensado o autor.

1.201. Apesar da importância que o Tribunal Supremo confere ao dolo do crime continuado, em diversas oportunidades exige um elemento objetivo de duvidosa fundamentação: a circunstância de que as condutas cometidas não estejam perfeitamente individualizadas.[958] Se as condutas não estão perfeitamente individualizadas é porque não se terá logrado prová-las e, portanto, não podem ser objeto de subsunção.[959]

II – Requisitos subjetivos da unidade de conduta
em continuidade delitiva

1.202. Discute-se qual o grau de representação que deve o autor ter tido a respeito da continuidade, isto é, qual a intensidade adicional deve ter tido o dolo de cada fato particular.

Por um lado, exige-se um dolo total ou geral que abarque todos os fatos, é dizer, "o resultado total do fato em seus aspectos essenciais, no que se refere ao lugar, ao tempo, à pessoa lesada e à forma de cometê-lo, de tal maneira que os atos individuais se expliquem somente como uma realização sucessiva do todo querido unitariamente".[960]

1.203. De outra parte, somente se exige um dolo de continuação, segundo o qual cada ato parcial seja uma continuação da "mesma linha psíquica" do dolo anterior.[961] A opinião dominante se inclina por esse último critério.

---

956. *STS* 20.2.1973.
957. *STS* 12.2.1969; 5.4.1974; 10.6.1975.
958. *STS* 23.2.1946; 23.5.1955; 15.11.1961; 15.1.1962; 9.10.1963; 16.11.1968; 29.5.1971. Incluído recentemente: 24.2.1984; 28.1.1993; 28.10.1993; em sentido contrário, 28.10.1988; 20.9.1993.
959. Cf. Rodríguez Devesa, *Derecho penal español. Parte general*, t. I, pp. 813 e ss.; Córdoba Roda, in Córdoba Roda – Rodríguez Mourullo, *Comentarios al Código Penal*, t. II, p. 325.
960. Jescheck, *Lehrbuch des Strafrechts, Allgemeiner Teil*, pp. 583 e ss.
961. Cfr. Samson, *Systematischer Kommentar zum Strafgesetzbuch*, § 52, 43; Stree, in Schönke – Schönke, *Strafgesetzbuch, Kommentar*, § 52; Otto, *Grundkurs*

1.204. De modo geral, rejeita-se a possibilidade de um crime culposo em continuidade delitiva, já que um "dolo de continuação" não poderia se fundamentar em um fato dessa natureza.[962] Também se recusa a continuação entre fatos dolosos e culposos.

III – As conseqüências jurídicas do crime continuado

1.205. A teoria e a prática distinguem entre as conseqüências jurídicas de caráter material e de caráter processual.

Com respeito às primeiras, o crime continuado é punido com uma pena relativa a somente um fato. A questão será problemática quando alguns fatos forem punidos de forma mais grave que outros. Em tais casos, discutir-se-á quais os limites de pena aplicáveis. A opinião dominante reconhece aqui uma das maiores dificuldades acerca do tema.[963] A solução mais adequada é aquela que toma como limite para a pena aquele previsto para o fato mais grave.

4. A unidade de conduta do chamado "crime de massa"

1.206. O Tribunal Supremo considerou que existe uma única conduta de estelionato ou de defraudação quando a conduta do autor se dirige a sujeitos indeterminados. Dessa maneira, renunciando a unidade de sujeito passivo, que em algumas ocasiões era exigida para o concurso formal, evita-se aplicar a segunda regra do art. 70 do CP espanhol, que limita a soma aritmética das penas correspondentes a cada crime (em concurso material) ao triplo do tempo correspondente à mais grave. Essa construção denominou-se "crime de massa".

1.207. A questão tinha especial interesse prático nos crimes em que o Código Penal espanhol determinava penas dependentes da quantia obtida pelo agente (substancialmente o estelionato e a apropriação

Strafrecht, Allgemeiner Strafrechslehere, t. I, p. 275; Stratenwerth, *Strafrecht, Allgemeiner Teil*, n. 1.231.

962. Em sentido contrário, Stratenwerth, *Strafrecht, Allgemeiner Teil*, n. 1.230; Choclán Montalvo, *El delito continuado*, Madri, 1997, p. 259.

963. Samson, *Systematischer Kommentar zum Strafgesetzbuch*, § 52, 43; Stree, in Schönke – Schönke, *Strafgesetzbuch, Kommentar*, § 52; Stratenwerth, *Strafrecht, Allgemeiner Teil*, n. 1.234. Uma análise dos supostos problemas da ação continuada, pode ver-se in Choclán Montalvo, *El delito continuado*, Madri, 1997, pp. 385 e ss.; em particular, sobre os problemas de direito processual, pp. 411 e ss.

indébita até a reforma da LO 8/1983, de 25.6.1983). Considerando que a identidade de sujeito passivo era uma condição essencial do crime continuado, o Tribunal Supremo viu-se obrigado a aplicar aqui as regras do concurso material ficando limitado, portanto, à segunda a regra do art. 70. Dessa forma, a prática de múltiplos estelionatos dirigidos a sujeitos indeterminados apenas seria punível com a pena correspondente ao triplo e não com a pena correspondente ao dano total, isto é, à soma dos danos causados a todos lesados.

1.208. A LO 8/1983, de 25.6.83, resolveu a questão da falta de amparo legal, da qual padecia a construção do Tribunal Supremo, com a incorporação do art. 69 *bis*, que o Código Penal espanhol vigente reitera quase que literalmente no art. 74.2, o qual diz: "Caso se trate de infrações contra o patrimônio se imporá a pena levando em conta o prejuízo total causado. Nessas infrações, o Juiz ou Tribunal imporá, motivadamente, a pena superior em um ou dois graus, na extensão que estime conveniente, se o fato se revestiu de notória gravidade e tiver prejudicado uma generalidade de pessoas".

1.209. O Código Penal espanhol vigente em seu art. 74 reiterou, como se disse, a regulamentação do antigo art. 69 *bis*. Segundo esse dispositivo, a unidade por continuidade delitiva depende de que se trate da "execução de um plano preconcebido" ou do aproveitamento de "idêntica ocasião", da realização de "várias a ações ou omissões" que ofendam a um ou vários sujeitos e infrinjam "o mesmo ou semelhantes preceitos penais".

O § 3 do art. 74 do CP espanhol exclui o disposto em sua primeira parte aos fatos que ofendam bens jurídicos eminentemente pessoais, salvo quando se tratar de crimes contra a honra e a liberdade sexual.

1.210. A regulamentação não pode ser considerada feliz. Antes de tudo, porque o legislador não reparou que a execução de um plano preconcebido, sem maiores considerações, não tem por que eliminar a pluralidade de condutas. Pense-se, por exemplo, naquele que planeja dois roubos distintos a diferentes bancos. De outra parte, é duvidoso saber o que pretendeu expressar o legislador quando dispôs que, caso se trate de fatos que constituam infrações contra a honra e a liberdade sexual, deverá se atender à "natureza do fato e do preceito infringido (?) para aplicar ou não a continuidade delitiva". Com essa regra, a única coisa que se consegue fazer é rebaixar a importância de bens jurídicos como a honra e a liberdade sexual, abrindo possibilidade de que eles sejam tratados como se não fossem eminentemente pessoais. Em que momento a honra e a liberdade sexual mereceram essa degradação é uma questão que não foi esclarecida pelo legislador e, portanto, a única conseqüência previsível desse preceito é uma considerável insegurança jurídica.[964]

b) O concurso formal

1. Unidade de conduta e pluralidade de enquadramentos típicos

1.211. O concurso formal exige dois elementos: unidade de conduta e a pluralidade de crimes (realização simultânea de vários tipos penais). A unidade de conduta é um pressuposto do concurso formal, mas não é o único. A conduta deve ter realizado dois ou mais tipos penais, isto é, ficará afastado o concurso ideal quando se tiver realizado um tipo que exclua outros por uma relação de especialidade, consunção etc. (casos de conflito aparente de normas). A realização de dois ou mais tipos penais pressupõe que estes não se excluam. Pode haver concurso formal no caso de vários crimes omissivos. De outra parte, a opinião dominante exclui o concurso formal entre crimes comissivos e omissivos.

2. A conseqüência jurídica do concurso formal

1.212. A comprovação do concurso formal determina que somente seja aplicável uma pena, que deve ser extraída da ameaça penal mais grave. O Código Penal espanhol (art. 77) segue esse critério; no entanto, deixa sem resposta o problema que se dá quando o crime tem pena máxima maior e, por sua vez, pena mínima menor do que a de outro crime. Nessa situação, deve-se levar em conta que a pluralidade de lesões não pode acarretar um efeito benéfico ao autor e, portanto, deve-se observar o mínimo mais alto, segundo o qual o autor não pode ser punido por uma pena menor do que aquela que seria correspondente caso tivesse apenas violado uma lei (a do mínimo mais alto).

---

964. *SSTS* 2.10.1954; 17.12.1956; 3.2.1958; 21.6.1965; 22.3.1966; 12.2.1969; 6.2.1970; 31.5.1974, entre outras.

1.213. Sob o ponto de vista processual, a sentença que aplica as regras do concurso formal tem efeitos de coisa julgada para todas as violações da lei penal que concorram idealmente.

A unidade de conduta não se satisfaz com a identidade do tipo subjetivo; exige-se coincidência do tipo objetivo.[965]

c) O concurso material

1.214. A existência de um concurso material pressupõe, em primeiro lugar, a existência de uma pluralidade de condutas. A comprovação desta se dá de forma negativa: haverá pluralidade de condutas quando ficar descartada a sua unidade.[966] Em segundo lugar, exige-se uma pluralidade de crimes, o que (como no concurso formal) pressupõe que os crimes realizados sejam também independentes.

1.215. O principal problema que oferece o concurso material é a determinação da pena aplicável.

O Código Penal espanhol estabelece no art. 73 o princípio da cumulação, e o seu art. 76 regula o limite que a acumulação das diversas penas pode alcançar. Este limite é o triplo da pena mais grave a que se tenha incorrido.[967]

---

965. Cf. sobre essa crítica Choclán Montalvo, *El delito continuado*, pp. 217 e ss., para quem a fórmula empregada pelo legislador é uma fórmula vazia de conteúdo, propondo estar no sentido do tipo penal.
966. Samson, *Systematischer Kommentar zum Strafgesetzbuch*, § 52, 7; Stree, in Schönke – Schönke, *Strafgesetzbuch, Kommentar*, § 52, 6.
967. Stratenwerth, *Strafrecht, Allgemeiner Teil*, n. 1.257.

TERCEIRA PARTE
A QUALIFICAÇÃO DO CRIME

Capítulo XIV
TEORIA DAS AGRAVANTES E ATENUANTES

§ 94. Circunstâncias modificativas da responsabilidade penal – Considerações gerais

1.216. O crime é uma *entidade jurídica quantificável*: nem todos os crimes de homicídio têm a mesma gravidade, dado que ela depende das circunstâncias de cada fato e de cada autor. O Código Penal espanhol levou em conta essa comprovação e estabeleceu, dando continuidade a uma tradição que deriva do Código Penal de 1848, um sistema de regras que regulam a graduação e a gravidade relativas aos delitos. Trata-se de normas que:

1. reconhecem os *fatores acidentais* do crime determinantes da maior ou menor gravidade (arts. 21, 22 e 23 do CP espanhol);

2. estabelecem a maneira pela qual essas regras incidem na determinação dos limites penais (art. 66 do CP espanhol);

3. especificam sua repercussão na responsabilidade dos partícipes (art. 65).

1.217. O rol das agravantes e atenuantes, portanto, pertence sistematicamente antes ao âmbito da *individualização da pena* que ao da teoria do crime, como já o haviam feito notar Cobo del Rosal e Vives Antón. Mas, de qualquer forma, trata-se de circunstâncias que exigem, como regra, a concorrência de *elementos objetivos e subjetivos* que, por estarem especificados na lei, *completam, quando for o caso, a descrição típica do fato,* seja incorporando-se ao tipo objetivo (por exemplo, a situação de inferioridade da vítima do abuso de autoridade, art. 22.2 do CP espanhol), seja descrevendo uma particularidade subjetiva (cometer o crime por motivos racistas etc.). Dessa forma, é possível dizer que as circunstâncias agravantes e atenuantes completam *acidentalmente* a descrição típica e, conseqüentemente, são regidas pelas regras da tipicidade no que se refere à subsunção e à conexão que deve existir entre o tipo objetivo e o subjetivo. Dito por meio de um exemplo: na hipótese da agravante do emprego de disfarce, ao tipo *objetivo* do roubo (art. 247 do CP espanhol), deve-se completar a conduta de apoderamento mediante violência da coisa móvel com uso de uma máscara por parte do autor. Assim também, o tipo *subjetivo* desse crime deve se incrementar com o conhecimento do autor a respeito do uso de tal máscara. Daí se deduz que um *erro* sobre os elementos objetivos de uma circunstância agravante deve ser considerado como um *erro de tipo,* tal como o estabelece o art. 14.2 do CP espanhol quando diz que "o erro sobre o fato que qualifica a infração ou sobre uma circunstância agravante impedirá sua apreciação".

1.218. No caso das circunstâncias atenuantes, a questão do erro não foi expressamente regulamentada, pois para elas o problema do erro praticamente não existe, já que aquelas contidas no art. 21 do CP espanhol são puramente subjetivas. O erro seria imaginável, por exemplo, no caso do art. 21.3 do CP espanhol, se o autor houvesse acreditado que existiam causas ou estímulos poderosos que, na realidade, não ocorreram e, como conseqüência dessa suposição, sofresse um arroubo ou uma verdadeira "cegueira intelectual". Não obstante, o certo é que o efeito atenuante decorre como conseqüência do arroubo, da "obcecação" ou estado passional, e estes se dão tanto quando as causas ou estímulos externos são reais, assim como quando são meramente suposições. Alguns autores sustentam com relação ao erro sobre elementos objetivos de uma circunstância atenuante que, embora deva se aplicar a pena do crime cometido em estado passional, deve-se considerar também o crime culposo em concurso formal. Assim, por exemplo, segundo essa opinião, no caso da mulher que acredita *equivocadamente* que seu marido tem uma amante e o agride impulsionada por um ataque de ciúmes, a ela é aplicável a pena atenuada pela concorrência da circunstância do art. 21.3 do CP espanhol, no tocante às lesões corporais dolosas, mas em concurso formal com lesões culposas.

1.219. De qualquer forma, a problemática do erro nas circunstâncias atenuantes demanda algumas distinções, uma vez que, como o dissemos, um erro pressupõe que o conhecimento dos elementos objetivos seja relevante: caso careça de importância o fato de a situação exterior ter existido, não ocorrerá problema algum em matéria de erro.

Com efeito, devem-se distinguir três hipóteses diferentes. Em primeiro lugar, o caso das excludentes incompletas (art. 21.1). Em segundo lugar, o das circunstâncias preexistentes ou concomitantes com a realização do delito (art. 21.2 e 3). Em terceiro lugar, a hipótese de atenuantes posteriores à realização do crime (art. 21.4 e 5).

a) As *excludentes incompletas* são, na verdade, casos especiais de erro sobre as circunstâncias objetivas de uma causa de justificação ou de exclusão da culpabilidade, pois apenas podem ser aplicadas quando o autor *supôs erroneamente* a concorrência de um requisito necessário para a excludente. Por exemplo: o autor acredita que age dentro dos limites da necessidade racional; se ele, obviamente, sabe que excede tais limites, a atenuação não terá sentido. Dessa forma, a aplicação do art. 21.1 do CP espanhol a esses casos é substituída pela do art. 14.3 do CP espanhol, que tem caráter especial. Conseqüência disso, é que o art. 21.1 do CP espanhol – como sustenta um setor da doutrina – somente é aplicável aos casos de *imputabilidade diminuída*, que, como é óbvio, não podem gerar nenhum problema em matéria de erro, pois a atenuação, nesses casos, depende de causas ou estados puramente subjetivos do autor.

b) As *circunstâncias atenuantes preexistentes ou concomitantes*, referidas nas regras 2 e 3 do art. 21 do CP espanhol, também são puramente subjetivas e não geram problemas em matéria de erro.

c) As *circunstâncias atenuantes posteriores* (art. 21.4 e 5) poderiam dar lugar a problemas de erro, mas isso depende de como elas sejam interpretadas: se forem consideradas dependentes dos elementos objetivos (por exemplo, exigindo-se que o dano tenha sido *efetivamente* reparado), o erro sobre elas deverá ser considerado *irrelevante*; se, pelo contrário, o importante for o propósito de reparar, não se suscitará problema algum em matéria de erro, pois bastaria que houvesse ocorrido a intenção, e o fato de o autor reparar realmente o dano seria uma questão praticamente irrelevante.

§ 95. Circunstâncias atenuantes

a) Fundamento

1.220. O *fundamento comum* das circunstâncias atenuantes contempladas no direito vigente (art. 21 do CP espanhol) é *a menor cul-*

pabilidade do autor. Quando concorre uma dessas circunstâncias, o autor do crime merece uma menor reprovação por sua culpabilidade e, como conseqüência, uma pena menor. As atenuantes operam, portanto, como uma decorrência do princípio da culpabilidade.

1.221. No pensamento penal moderno, a concepção da culpabilidade como uma entidade mensurável reconhece um ponto de partida básico em Kant, que definiu a culpabilidade como *demeritum* e assinalou que este poderia ter diversos graus: "subjetivamente o grau de capacidade de imputação (*imputabilitas*) das condutas deve ser apreciado conforme a magnitude dos obstáculos que tiveram que ser superados em sua realização (...) quanto menor for o obstáculo natural e quanto maior for o obstáculo fundado no dever, maior será a imputação da infração (como culpabilidade)".

1.222. A doutrina posterior chegou a considerar que o cancelamento da culpabilidade merece um capítulo especial dentro da teoria do crime. Na doutrina moderna da individualização da pena, a possível compensação da culpabilidade (ao menos em parte) é o fundamento da relevância de certos aspectos da conduta do autor *posteriores* ao fato, sobretudo a reparação, na determinação da pena.

Em particular, afirma Jescheck nesse sentido que "também a conduta posterior do autor pode permitir sacar conseqüências com relação à sua culpabilidade (...)" e que "a reparação do dano e os esforços para com o lesado podem operar como atenuante". O Código Penal espanhol reconheceu esta idéia nas atenuantes do art. 21.4 e 5.

A partir desse ponto de vista, as circunstâncias atenuantes contidas no Código Penal espanhol vigente podem ser classificadas em duas categorias:

1. circunstâncias que *reduzem* a reprovabilidade do fato (imputabilidade diminuída, art. 21.1, como excludente incompleta de inimputabilidade; o vício agudo ao álcool, drogas, tóxicos etc., art. 21.2; o arroubo (*arrebato*) e os estados passionais, art. 21.3);

2. circunstâncias que *compensam* a culpabilidade pelo fato (confissão, art. 21.4; reparação total ou parcial do dano, art. 21.5).

1.223. O rol do art. 21 do CP espanhol completa-se com as atenuantes analógicas (art. 21.6 do CP espanhol) com as excludentes incompletas (art. 21.1 do CP espanhol) que exigem um tratamento particularizado.

b) Circunstâncias que reduzem a reprovabilidade do fato

1. A imputabilidade diminuída

1.224. O art. 21.1 (excludentes incompletas) pode ser aplicado em primeiro lugar com relação ao art. 20.1 do CP espanhol, isto é, com relação às causas de imputabilidade. Este dispositivo – como se verá – deve ser considerado independentemente da possível referência à legítima defesa, ao estado de necessidade ou ao exercício regular de um direito ou estrito cumprimento de um dever legal. Em tais casos, trata-se de hipóteses conhecidas como de *imputabilidade ou capacidade diminuída* e têm uma notável importância numérica na prática. A doutrina assinalou que não se trata de uma categoria intermediária entre a imputabilidade e a inimputabilidade, mas de uma *causa de atenuação da culpabilidade*. Aquele que age, portanto, com uma diminuição da imputabilidade, *é imputável*. De ver-se que, contudo, pelo fato de as anomalias ou alterações psíquicas poderem aparecer em uma forma mais débil, sua culpabilidade é menor, pois não se terá podido motivar de acordo com a norma de forma plena.

As anomalias e alterações psíquicas não devem alcançar a gravidade exigida para a exclusão da imputabilidade. De sua parte, a capacidade de compreender a ilicitude e de conduzir-se de acordo com ela não deve ter desaparecido completamente, mas terá de estar apenas *seriamente reduzida*.

1.225. A imputabilidade diminuída tem sido reconhecida na jurisprudência nos casos de *oligofrenia* quando o coeficiente de inteligência vai de 51% a 70% e corresponde a uma idade de 8 a 11 anos. Também nos casos de *dependência a entorpecentes* expressamente previstos no novo Código Penal espanhol no art. 20.2, a jurisprudência tem aplicado a atenuante quando se trata de um vício verificado há certo tempo a drogas "pesadas" e não se tenha excluído completamente a capacidade de culpabilidade.

Em todo caso, repetidamente, o Tribunal Supremo tem afirmado que a dependência a entorpecentes não constitui, por si só, um fator de atenuação nem determinante da imputabilidade diminuída. Em certas hipóteses de *neurose* e *psicopatias* também foi aplicada a imputabilidade diminuída pela jurisprudência, quando a alteração não afaste a imputabilidade, mas a reduza consideravelmente.

1.226. O art. 104 do CP espanhol prevê que nos casos de excludente incompleta, relativos aos números 1, 2 e 3 do art. 20 (= imputabilidade diminuída), o juiz ou tribunal poderá impor, além da pena correspondente, as medidas de internação previstas nos arts. 101, 102 e 103. Essa medida "somente será aplicável quando a pena imposta for privativa de liberdade e sua duração não poderá exceder a da pena prevista no Código para delito". De acordo com o art. 99, para esses casos aplica-se o chamado *princípio vicariante*, de acordo com o qual (1º) as medidas devem ser cumpridas antes da pena, (2º) o tempo de cumprimento será computado no da pena e (3º) é possível suspender a execução do resto da pena, caso se ponham em risco os efeitos conseguidos através da medida.

2. "Arrebato", "obcecación" ou outro estado passional

1.227. São casos de reações emocionais violentas nas quais, como regra, não se deve excluir a imputabilidade. Alguns autores, como Mir Puig, consideram que seu fundamento é "uma diminuição da imputabilidade" e admitem que, em seu caso, podem dar lugar a uma o excludente incompleta em relação ao art. 20.1 do CP espanhol. Trata-se de casos em que o autor agiu como reação a uma "justa dor" e nos quais a jurisprudência repetidamente tem exigido certa proporcionalidade entre a causa do estado passional e a reação emocional do autor, assim como que esta proceda de um comportamento precedente da vítima. Há decisões (*STS* 554/94) que exigem que os estímulos e as causas às quais obedece o estado passional sejam *socialmente aprovados*. Não obstante, a *STS* de 27.3.1990 apreciou essa atenuante no caso de uma testemunha de Jeová que produziu a morte de outro desconectando o aparelho de transfusão de sangue.

3. A menoridade

1.228. A disposição derrogatória da LO 10/1995 (o novo Código Penal espanhol) manteve em vigor a atenuante prevista no antigo art. 9.3 do CP de 1973, para os menores de 16 ou que não tenham alcançado os 18 anos. Trata-se de uma atenuante baseada na diminuição da culpabilidade pela *imaturidade* do autor. Os efeitos são semelhantes aos das excludentes incompletas, com as quais guarda certa analogia, uma vez que o autor tem uma idade que permite responsabilizá-lo, mas reconhece-se que sua maturidade ainda não é completa e que, conseqüentemente, deve-se considerar como fator de atenuação da reprovabilidade na qual se baseia a culpabilidade.

c) Circunstâncias que compensam a reprovabilidade do fato

1.229. As regras 4 e 5 do art. 21 prevêem circunstâncias atenuantes que dão relevância à *conduta do autor posterior ao fato*. Trata-se de atos que demonstram *ex post* o reconhecimento pelo autor da vigência da norma infringida por meio do crime e que, como tais, constituem um *actus contrarius*, é dizer, de *negação* ao delito. Esse reconhecimento tem um significado positivo, que, perante o negativo proveniente do delito, geram um efeito compensador da culpabilidade do fato. Essa compensação manifesta-se na individualização da pena, uma vez que a compensação da culpabilidade deve se traduzir em uma redução da pena. Tudo isso é conseqüência do princípio da culpabilidade, porquanto este exige que a pena seja proporcional à gravidade da culpabilidade.

1.230. A fundamentação dessas circunstâncias atenuantes da compensação da culpabilidade foi postulada por Antón Oneca. De qualquer forma, também há outros autores que sustentam que o fundamento da atenuação por uma conduta posterior ao fato apenas teria fundamento político-criminal. Mas o certo é que em um direito penal de culpabilidade, a compensação desta com relação ao fato é também uma questão de política criminal. Precisamente, o Tribunal Constitucional sustentou na *STC* 150/91, que o princípio da culpabilidade tem hierarquia constitucional e opera, portanto, como um limite e um imperativo diante dos fins da política criminal.

1.231. Na moderna doutrina penal, a compensação da culpabilidade pode ter lugar em dois sentidos diversos: é possível falar-se antes de tudo em uma *compensação socialmente construtiva da culpabilidade*, que tem lugar quando o autor do delito, mediante um *actus contrarius*, reconhece a vigência da norma violada, como no caso do art. 21.4 e 5 do CP espanhol, já citado. Mas também é possível falar-se de uma *compensação destrutiva*, que tem lugar quando o autor recebe, como conseqüência do crime, um mal que compensa total ou parcialmente sua culpabilidade: *o protótipo* da compensação destrutiva da culpabilidade *é a pena*, cujo cumprimento *extingue* a culpabilidade por meio de uma compensação total. A idéia de compensação da culpabilidade no sentido destrutivo tem sido levada em conta pelo legislador ao ordenar, nos arts. 58 e 59, o abono para o cumprimento da pena de todas as privações de direitos que tenha sofrido o acusado durante o processo (privação da liberdade, art. 58.1; privação de direitos, art. 58.2). O legislador referiu-se expressamente à *compensação* (em sentido parcial) no art. 59 do CP espanhol, nos casos em que se der uma distinta natureza entre as medidas cautelares sofridas e a pena imposta.

1.232. A compensação socialmente construtiva, por sua vez, da culpabilidade, se manifesta especialmente nos casos da conduta posterior do autor prevista nas regras 4 e 5 do art. 21 do CP espanhol. A STS de 23/393 estabeleceu nesse sentido que tais atenuantes têm seu fundamento no arrependimento e na reparação. A jurisprudência havia eliminado as exigências relativas à constrição do autor (cf. SSTS de 22.4.1994 e 8.11.1995, entre outras), mas manteve o ponto de vista da compensação da culpabilidade (STS de 3.11.1988). Nesses casos, o autor reconhece a vigência da norma violada reparando o dano causado ou favorecendo sua própria persecução e isso determina uma ratificação da mesma, que permite compensar uma parte de sua culpabilidade. Dito em terminologia kantiana: o autor realizou mais do que o direito lhe exige, pois a reparação espontânea do mal não constitui um dever anterior à pena e, portanto, sua conduta constitui um *meritum*, que reduz, por compensação, o *demeritum* da culpabilidade.

1.233. A compensação destrutiva da culpabilidade tem lugar quando o autor recebe como conseqüência da prática do crime um mal grave que deve ser abonado no cumprimento da pena. Tais males podem ser *jurídicos ou naturais.* Os últimos dão lugar à figura da *poena naturalis* (o ladrão que ao fugir cai do telhado e fica tetraplégico e o condutor ébrio que produz um acidente no qual morre seu próprio filho). "Nesses casos", dizem Jescheck – Waigend, "se prescinde da pena, por um lado, porque a culpabilidade do autor foi compensada pelas graves conseqüências do fato, que para ele têm efeitos similares ao da pena (*poena naturalis*) e porque, por outro lado, por tal razão não se reconhece nenhuma necessidade preventiva". Em tais hipóteses, a sanção seria uma "tortura sem sentido que inclusive violaria o art. 2.I da Lei Fundamental".

1.234. A idéia de uma distinção entre *poena forensis* e *poena naturalis* provém de Kant, ainda que já apareça em Hobbes, quem a denomina "pena divina": "Dado que certas condutas", dizia Hobbes, "estão conectadas por sua natureza com diversas conseqüências prejudiciais, como quando, por exemplo, uma pessoa ao atacar outra se golpeia ou fere a si mesma, ou quando alguém contrai uma enfermidade ao executar uma conduta contrária à lei, tais prejuízos em relação à pessoa não integram o conceito de 'pena', já que não é infligida por uma autoridade humana, ainda que, em relação a Deus, o Senhor da natureza, é possível se falar da aplicação e portanto de uma pena divina". Kant, por sua vez, esclarece que nem a *poena forensis* nem a *poena naturalis* "podem ser impostas simplesmente como meio para favorecer outros bens, em favor do próprio delinqüente ou em favor da sociedade civil, mas sim que são impostas porque o crime foi cometido; já que a pessoa não pode nunca ser manipulada como mero meio para os propósitos de outros e mesclada com os objetos dos direitos reais".

1. A confissão

1.235. O art. 21.4 estabelece como atenuante "ter procedido o agente, antes de saber que o procedimento judicial se dirige contra ele, a confessar a infração perante as autoridades". A partir do ponto de vista do reconhecimento da norma, não há dúvida de que a confissão representa um acatamento das conseqüências jurídico-penais do fato, que contribuiu com a reparação da lesão jurídica.

1.236. A confissão deve ser prestada antes do conhecimento da instauração do procedimento contra o autor. Não obstante, nos casos em que a confissão ocorre depois de ter tido tal conhecimento, não deixa de ter relevância. Com efeito, sempre caberá a possibilidade de uma atenuação fundada no art. 21.1 do CP espanhol, quando as circunstâncias do caso demonstrarem uma atitude do autor tendente a colaborar na reparação da lesão produzida por seu comportamento anterior.

2. Reparação do dano causado à vítima ou redução de seus efeitos

1.237. O art. 21.5 considera também atenuante a conduta do agente que tenha procedido a "reparar o dano ocasionado à vítima ou a diminuir seus efeitos, em qualquer momento do procedimento antes da celebração do juízo oral". Dessa forma, deu-se lugar a uma circunstância atenuante na qual se toma especialmente em consideração a situação da *vítima*. Precisamente para favorecer o interesse da vítima na redução dos efeitos negativos do crime, o legislador pretendeu estimular o agente a reparar o dano, considerando tal conduta como um *actus contrarius* que demonstra um reconhecimento da vigência da norma e, como conseqüência, reduz a reprovabilidade da culpabilidade, pela compensação que figura como conseqüência dessa conduta posterior ao crime.

1.238. O limite temporal fixado pelo texto do art. 21.5 do CP espanhol ("anteriormente à celebração do juízo oral") não impede que, por intermédio do art. 21.1 do CP espanhol, se confira relevância à reparação feita posteriormente, mas anterior à sentença. Com efeito, a razão político-criminal desse dispositivo segue tendo validade inclusive depois da abertura do juízo oral, pois o interesse da vítima na reparação persiste. De qualquer forma, não há dúvida de que quanto mais tempo demorar o acusado para reparar o dano, menor será seu efeito atenuante e, nesse sentido, uma reparação posterior ao começo do juízo oral deve diminuir tal efeito.

1.239. Uma questão importante é a que concerne à maneira como deve se dar a reparação. O recente Projeto Alternativo sobre Reparação para a República Federativa Alemã de 1992 propõe que não apenas se dê valor à reparação material efetiva, mas, também, à *reparação simbólica*, naqueles casos em que a reparação material não é possível e o delito não se mostra grave. Por exemplo: no caso em que o acusado queima um retrato de família de um amigo, que somente tem valor afetivo, é evidente que não existe uma reparação possível sob o ponto de vista material. Em tais casos, caberia perguntar se nosso direito vigente admitiria uma reparação simbólica: a doação de uma importante quantidade de dinheiro a uma instituição de caridade, o oferecimento de trabalhos sociais não remunerados etc. A jurisprudência ainda não teve oportunidade de se pronunciar sobre a possibilidade de uma reparação simbólica que, ao menos, possa ser considerada como uma diminuição dos efeitos penais. Mas a exigência moderna de dar valor aos interesses da vítima no conflito penal deve ser levada em conta para se pensar em uma resposta positiva. Em todo caso, a *reparação simbólica* pode ser considerada por meio do art. 21.6 como *atenuante de análoga significação*.[i]

1.240. A doutrina sustenta, ademais, que nos crimes de pouca gravidade (em que a pena privativa de liberdade não supera um ano de duração) e, sobretudo em contravenções penais, uma reparação total possa compensar totalmente a culpabilidade e determinar não apenas a atenuação da pena, mas a *não punibilidade*. A questão ainda não foi objeto de discussão na jurisprudência espanhola, mas em breve poderá sê-lo se se continuar o desenvolvimento do direito penal da culpabilidade, uma vez que uma culpabilidade inteiramente compensada pela reparação não necessita ser compensada adicionalmente pelo sofrimento de uma pena.

d) As atenuantes de análoga significação

1.241. O art. 21.6, ao qual fizemos diversas referências anteriormente, confere caráter atenuante a "qualquer outra causa de análoga significação às anteriores". Como destaca Cerezo Mir "a apreciação de atenuantes por analogia não gera problemas sob o ponto de vista do princípio da legalidade dos crimes e das penas, pois se trata de uma analogia favorável ao réu (analogia *in bonam partem*), que não induz a um menoscabo da segurança jurídica".

1.242. A analogia deve referir-se à razão de ser das atenuantes contidas nas alíneas anteriores do art. 21. Conseqüentemente, na doutrina, Antón Oneca sustentou que era possível admitir como atenuante qualquer circunstância que diminuísse a gravidade da culpabilidade ou da ilicitude. Nesse sentido, afirma-se que a analogia não deve se referir ao substrato fático da circunstância, mas à idéia que elas expressam, dado que a própria lei assinala que se trata de uma *analogia da significação*. Não obstante, é possível afirmar que na jurisprudência existem também, juntamente aos que sustentam esse ponto de vista, decisões do Tribunal Supremo que tendem a acentuar como decisivo a semelhança com o substrato fático das circunstâncias enu-

---

i. No Brasil é admissível a reparação do que nós chamamos de *dano moral* por meio da responsabilização civil do agente que corre paralelamente ao juízo penal e que tenta não devolver o bem prejudicado, mas minorar a dor sofrida por esse prejuízo.

meradas no art. 21 do CP espanhol (por exemplo, as SSTS de 9.2.1993 e 21.7.1993).

De qualquer forma, pode-se sustentar, como ocorreu nas SSTS de 22.2.1988 e de 15.9.1993, que o art. 21.6 do CP espanhol é uma cláusula geral que permite adequar a gravidade da pena à maior ou menor gravidade da culpabilidade.

Caso se admitisse esse ponto de vista, as circunstâncias atenuantes de análoga significação seriam todas as que determinassem uma redução da gravidade da culpabilidade ou uma compensação da culpabilidade por um *actus contrarius*, porque o autor já sofreu, como conseqüência do crime, um mal que se deve descontar da pena aplicável no império do princípio da culpabilidade.

1.243. A jurisprudência não tem feito uso extensivo das atenuantes analógicas. Não obstante, há duas questões que deram lugar à sua aplicação pela jurisprudência, que, por sua vez, geraram certa polêmica doutrinária.

(a)

1.244. Em primeiro lugar, nos casos de diminuição da imputabilidade por dependência a substâncias entorpecentes, a jurisprudência costuma aplicar a atenuação por analogia quando o autor não estiver afetado no momento do fato, até o ponto que seja aplicável a atenuante da excludente incompleta em relação ao art. 20.1 do CP espanhol. Dessa maneira, é possível uma atenuação da pena como a prevista no art. 66.2 do CP espanhol, excluindo a extraordinária prevista pelo art. 68 do mesmo Código para as excludentes incompletas. A jurisprudência admitiu nas SSTS de 8.2.1990, 5.12.1991, 15.9.1993 e 25.10.1994 que, em tais casos, quando se aplicar uma atenuante de análoga significação, se admitisse a aplicação, ao lado da pena, das medidas de segurança previstas no art. 104 do CP espanhol. Esse ponto de vista sofreu objeções sob diversos ângulos. Antes de tudo assinalou-se que se existe a analogia no pressuposto, por sua significação análoga, não se entende por que não deveria existir analogia com relação à conseqüência jurídica.

1.245. A isso se pode acrescentar que não é convincente que se exclua a atenuação da pena em um ou dois graus prevista no art. 68

do CP espanhol sem fazer o mesmo com relação à possibilidade de aplicar as medidas de segurança previstas no art. 104 do mesmo Código. Na verdade, se é possível a aplicação de medidas de internação, deveria ser possível reduzir a pena, porque, de qualquer forma, poderiam ser cumpridos os fins preventivos. Com efeito, a medida de internação pode durar, conforme estabelece o art. 104, *in fine*, o tempo da pena prevista no Código Penal espanhol para o crime.

1.246. Por essa razão, é possível que, conseqüentemente à nova redação do Código Pena espanhol, que amplia consideravelmente a duração da medida de internação nos casos de excludentes incompletas, relativas aos números e 1, 2 e 3 do art. 20 do CP espanhol, seja desnecessária a interpretação restritiva dos efeitos de seu art. 68 no caso das excludentes de análoga significação nas hipóteses de dependência a drogas. Na atualidade, o legislador eliminou as razões pragmáticas que são o único fundamento que a jurisprudência utilizava para excluir a atenuação extraordinária do citado art. 68, uma vez que a duração da medida já não se encontra limitada, como no art. 9.1 do CP espanhol de 1973, à duração da pena privativa de liberdade *imposta*. O novo texto do art. 104 do CP espanhol permite que a medida de segurança dure mais tempo do que a pena privativa de liberdade aplicada, já que pode se estender a toda duração da pena *abstratamente* prevista, sem sujeição à pena concretamente imposta. Dito com outras palavras: já não existe o perigo de que a atenuação da pena impeça uma medida de segurança de duração suficiente para cobrir as necessidades preventivo-especiais.

(b)

1.247. A possibilidade de se aplicar a atenuante analógica nos casos de *violação do direito fundamental de ser julgado sem dilações indevidas* (art. 24.2 da *CE*) tem sido objeto de ampla discussão na doutrina e na jurisprudência. A tese foi desenvolvida na doutrina especialmente por Jescheck, o qual recentemente dedicou um capítulo especial às violações a direitos fundamentais no processo, que teriam um efeito compensador da culpabilidade. O Tribunal Supremo Federal alemão (*BGH*) mantém esse ponto de vista e atenua a pena aplicada nos casos em que a duração do processo superou tempo razoável para sua conclusão.

1.248. O Tribunal Supremo espanhol admitiu esta tese nas *SSTS* de 14.12.1991 e de 2.4.1993, mas em geral a jurisprudência tem se inclinado por considerar que não cabe ao Poder Judiciário, mas ao Executivo, por meio do indulto, reparar a lesão a direitos fundamentais. O ponto de vista da maioria do Tribunal Supremo tem sido em parte aceito pelo Tribunal Constitucional, ainda que somente em um *obiter dictum* da *STC* 35/94, de 31.1.1994. Pelo contrário, o critério da atenuação da pena como compensação da culpabilidade pelo fato foi considerado pelo *Tribunal Europeu de Direitos Humanos (TEDH)* como apropriado para a reparação da infração ao direito de ser julgado sem dilações indevidas no caso Eckle, de 15 de julho de 1982, que nosso Tribunal Constitucional não levou em consideração. A jurisprudência majoritária do Tribunal Supremo considera, de qualquer forma, que a solução da *STS* de 14.2.1991 é correta *de lege ferenda*, mas não é possível *de lege lata* (cf. *STS* de 1.10.1992).

1.249. Algumas audiências providenciais inclinam-se por estabelecer a *não execução* da sentença condenatória quando o processo tiver dilações indevidas. Mas essa solução, que se baseou no direito à tutela judicial efetiva (art. 24.1 da *CE*), foi expressamente desautorizada pela citada *STC* 35/94, na qual se sustentou que "a dilação indevida do processo não pode se traduzir na não execução da sentença" (fundamento jurídico 5º).

1.250. O art. 4.4 do CP espanhol parece ter feito eco do critério da suspensão da sentença que o Tribunal Constitucional censurou, pois estabelece que "se se intentara petição de indulto e o juiz ou tribunal houvesse apreciado em resolução fundada que pelo cumprimento da pena pode resultar vulnerado o direito a um processo sem dilações indevidas, suspenderá a execução da mesma até que se resolva sobre a petição formulada". A doutrina criticou com razão esse artigo porque é evidente que o que determina a violação ao direito de ser julgado sem dilações indevidas é a duração não razoável do processo, mas não a execução da pena. O art. 4.4 do CP espanhol, portanto, não alterou as bases da discussão sobre o fato de a atenuante analógica poder ou não fornecer um caminho dogmaticamente adequado para decidir sobre a reparação *judicial* da violação do direito de ser julgado sem dilações indevidas.

1.251. O fundamento da aplicação da atenuante analógica nestes casos consiste em que a violação do direito fundamental do acusado deve ser levada em conta como uma compensação, ao menos parcial, de sua culpabilidade, que é conseqüência de um fato posterior do delito. A lesão do direito fundamental é uma circunstância posterior análoga a outras circunstâncias *posteriores* ao fato, como as das regras 4 e 5 do art. 21, que têm um significado similar a estas, pois implica uma compensação parcial da culpabilidade, porquanto a violação do direito fundamental de ser julgado sem dilações indevidas já é um mal recebido pelo autor como conseqüência da prática do crime e deve ser descontado da pena da mesma forma que se faz com o tempo relativo a quaisquer privações de direitos provisórias na forma prevista nos arts. 58 e 59 do CP espanhol.

e) As eximentes excludentes incompletas

1.252. O art. 21.1 do CP espanhol estabelece: "São circunstâncias atenuantes as causas expressas no capítulo anterior, quando não concorram todos os seus requisitos necessários para eximir a responsabilidade em seus respectivos casos".

1.253. A jurisprudência considerou inicialmente que somente é possível aplicar esse dispositivo nos casos de excludentes que contiveram vários requisitos e alguns deles não ocorreram (por exemplos: legítima defesa e estado de necessidade). Mas, evidentemente, nem todo requisito que falte deve ter o mesmo efeito atenuante. Pelo contrário, tanto na legítima defesa como no estado de necessidade dão-se elementos que necessariamente devem ocorrer e que têm, por isso, caráter essencial. Nesse sentido, por exemplo, não pode haver legítima defesa incompleta sem que tenha sido comprovado, ao menos, uma agressão injusta, nem um estado de necessidade incompleto se, ao menos, não concorram uma colisão de bens ou de deveres jurídicos. A conseqüência que daí deriva é clara: na realidade os casos de legítima defesa e estado de necessidade, exercício regular de um direito ou estrito cumprimento de um dever legal incompletos constituem casos de excesso do autor e, nesse sentido, como se viu, devem ser tratados como *hipóteses de erro*, dado que a atenuação somente se justifica se o autor ignorava que agia sem o amparo objetivo da excludente. Esse ponto de vista é conseqüência, na verdade, da exigência nas causas de justificação de um *ânimo de defesa* (própria ou de terceiros na legítima defesa, e um dos bens jurídicos que colidem no caso do estado de necessidade). Por isso se explica que na mais antiga concepção, que considera as excludentes e, sobretudo, as causas de justificação, como puramente objetivas, a questão do erro nem sequer era suscitada. Na atualidade, conquanto se tenha reconhecido que a ilicitude se configura não apenas pelo desvalor do resultado, mas também pelo desvalor da conduta, na justificação se exige ademais a do resultado, também a da ação, que depende do propósito perseguido pelo autor.

1.254. Na doutrina e na jurisprudência discute-se sobre o alcance do texto quando se diz "*as casas expressas no capítulo anterior*". De um lado, sustenta-se que somente podem ser aplicadas como incompletas, com a correspondente atenuação, as causas expressas no art. 20 do CP espanhol. Pelo contrário, outras, como o consentimento, por não estarem expressas no referido artigo, não seriam suscetíveis de ser aplicadas como incompletas. De outra parte, afirma-se que as causas que não possuem várias condições (como a menoridade) também não seriam suscetíveis de apreciação como incompletas. A jurisprudência atual, no entanto, não exclui nenhum dos casos expressamente tipificados no catálogo do art. 20 do CP espanhol.

1.255. As excludentes incompletas têm especial relevância, como vimos, em relação a causas que excluem a imputabilidade (art. 20.1, 2 e 3 do CP espanhol), é dizer, nos casos de "imputabilidade diminuída".

1.256. No caso do *medo insuperável* (art. 20.6 do CP espanhol) também cabe a aplicação da excludente incompleta. Como vimos, trata-se de casos especiais de estado de necessidade excludente da culpabilidade e, portanto, se aplicam a respeito as mesmas considerações relativas ao estado de necessidade.

§ 96. Circunstâncias agravantes

1.257. A variedade de razões que fundamentam as circunstâncias agravantes tem dificultado uma sistematização que as reconduza a um ou mais princípios aceitos pela doutrina e jurisprudência. Assim, enquanto alguns autores como Cerezo Mir consideram que as circunstâncias agravantes não têm relação com a culpabilidade, mas com o injusto (o desvalor da conduta e do resultado), Mir Puig as classifica em objetivas (quando denotam maior periculosidade do fato ou um ataque mais extenso ao bem jurídico) e subjetivas (referentes aos motivos ou à reincidência).

1.258. A questão tem especial importância nos casos de participação de várias pessoas no crime, pois as circunstâncias estendem-se em alguns casos a todos os partícipes e em outros não (art. 65 do CP espanhol). Impõe-se uma classificação de circunstâncias que permita definir quando sua ocorrência com relação a um dos agentes possa ser estendida àqueles que a conheciam e quando ela somente deve operar seus efeitos com relação a quem a praticou, sem possibilidade de extensão a outros, ainda que esses a tenham conhecido.

*a) Circunstâncias que se fundamentam no aproveitamento
ou na criação de situações que facilitam a prática do crime*

1. A aleivosia (art. 22.1 do CP espanhol)

1.259. Foi tradicionalmente definida como o agir com "traição e de modo a se acautelar de possíveis riscos" (art. 10.2 do CP espanhol de 1848). O Código Penal de 1870 em seu art. 10.2 introduziu uma definição segundo a qual "ocorre aleivosia quando o agente comete qualquer dos crimes contra as pessoas empregando meios, modos ou formas na execução que tendam direta e especialmente a assegurá-la, sem riscos para sua pessoa que poderiam decorrer da defesa que poderia ser realizada pelo ofendido". Essa definição manteve-se nas sucessivas redações do Código Penal e chegou até o vigente art. 22.1 praticamente inalterada.

Sobre a base dessa definição a jurisprudência do Tribunal Supremo entendeu que é possível admitir a aleivosia nos seguintes casos:

a) Hipóteses em que o autor *age mediante traição*, ou seja, aproveitando-se da confiança que a vítima nele depositava (*proditorio*).

b) Hipóteses em que um ataque que produz o resultado seja realizado de forma *súbita e inopinada*.

c) Hipóteses em que o autor se aproveita de uma situação de especial *invalidez da vítima* (anciãos, débeis, crianças, pessoas impedidas ou adormecidas etc.). A jurisprudência, contudo, considerou em certos casos (*STC* 756/93, de 2.4.1993) que a aleivosia não deve ser apreciada com relação aos recém-nascidos que são vítimas de homicídio, por entender que em tais casos a impossibilidade de defesa é inerente à criança e não ocorre do aproveitamento próprio da agravante.

d) Hipóteses em que o ataque seja produzido "pelas costas".

1.260. A jurisprudência admite também que a aleivosia possa ser apreciada quando seja superveniente, isto é, depois de ter começado a execução de forma não aleivosa. De qualquer maneira, segundo a jurisprudência, a aleivosia deve ser excluída quando a vítima for advertida do ataque ou tiver suficientes razões para supô-lo (por exemplo, nos casos de rixa).

1.261. Na doutrina, a interpretação literal do art. 22.1 do CP espanhol feita pela jurisprudência foi considerada inadequada para justificar o efeito agravante que tem no crime de homicídio (art. 139 do CP espanhol). Como se sabe, enquanto nos crimes de lesões corporais (arts. 147 e ss. do CP espanhol) a aleivosia opera como uma agravante genérica a mais, com efeito previsto no art. 66.3 do mencionado texto legal, ou seja, determinando que a pena seja imposta na metade superior dos limites penais; no caso de homicídio, a concorrência da aleivosia determina um aumento de cinco anos tanto no mínimo como no máximo da pena (art. 140 do CP espanhol).

1.262. Para justificar esse efeito de "superagravante" da aleivosia no homicídio é preciso contar com elementos extraordinários que permitam uma clara diferenciação entre a aleivosia e o abuso da condição de superioridade, que a jurisprudência considera como uma "aleivosia de segundo grau" (cf., por todas, *STS* 619/94, de 18.3.1994). Do contrário, violar-se-ia o *princípio da proporcionalidade*, dado que o abuso da condição de superioridade sempre significa que a vítima tem seriamente reduzida sua capacidade de defesa. Portanto, não se justificaria – sustenta-se – que uma forma de abuso desta condição tenha a capacidade agravante que se constata no art. 139 do CP espanhol. Dito através de um exemplo: não se considera compatível com o princípio da proporcionalidade que quando se aprecia um abuso desta natureza a pena a ser imposta não possa superar os 15 anos, enquanto, se se concorre uma forma do mesmo abuso da condição de superioridade, só que por meio da aleivosia, a pena mínima será a de 15 anos.

1.263. Os critérios que foram propostos para extinguir a aleivosia do abuso da condição de superioridade, de outro lado, não resultaram satisfatórios para aqueles que criticam a interpretação jurisprudencial. Assim, por exemplo, há quem sustente que, no emprego de meios que reduzem a defesa, deve-se apreciar tal abuso da condição de superioridade porque, ainda que isso assegure a execução, não importaria o "propósito de evitar riscos pessoais" (Rodríguez Devesa). Parece claro, contudo, que quando o autor elege conscientemente um meio que lhe proporcione superioridade diante da vítima, é porque tem intenção de evitar riscos pessoais, pois todo meio que gera a superioridade assegura a execução e elimina o risco da defesa.

1.264. Melhor sorte não assiste a diferenciação que se funda numa distinção das origens da superioridade. Na aleivosia, esta seria proveniente dos meios empregados, enquanto no abuso de situação de superioridade, a inferioridade da vítima decorreria da origem da vantagem (Antón Oneca). Está claro que essa solução é somente aparente. A situação de superioridade sempre dependerá de uma relação entre o agressor e o agredido. Quando o agressor dispuser de meios contundentes e o agredido não, sempre se dará, juntamente com a superioridade do agressor, a inferioridade da vítima. Por sua vez, toda a vítima em estado de inferioridade converterá os meios de que disponha para se proteger do agressor que possua meios mais vantajosos.

1.265. Por derradeiro, cabe alertar que tampouco é convincente o critério "quantitativo" proposto por Quintano Ripollés: "enquanto a agressão aleivosa busca a incapacidade de defesa total e plena da vítima, o abuso da situação de superioridade se contenta em debilitá-la, sem a anular". Esse ponto de vista tem sido adotado freqüentemente pela jurisprudência. É um critério que na prática é de duvidosa utilidade e, portanto, sua aplicação traz grande insegurança. Basta recordar que o Tribunal Supremo estabeleceu que um ataque com arma de fogo contra uma pessoa desarmada não constitui aleivosia, mas abuso da condição de superioridade (*SSTS* de 12.2.1965 de 17.1.1977), quando é impensável, nesse caso, que ao desarmado reste ainda alguma possibilidade de defesa.

1.266. Outras decisões do Tribunal Supremo, ao aplicar esse critério, têm sido criticadas pelo altíssimo grau de insegurança que existe a respeito dos limites entre a diminuição da capacidade de defesa e sua total anulação. Assim, por exemplo, entende-se haver abuso da condição de superioridade no caso em que "o agressor estava em posição privilegiada ao estar em um plano muito superior, protegido por uma janela, a partir de onde realizou o disparo" e matou a vítima (*STS* de

14.2.1960); e outro caso em que o autor levou a vítima, por 20 metros, sobre o capô de seu carro "até que ela caiu, passando por cima dela", porque se considerou que em tais comportamentos somente se reduziu a capacidade de defesa da vítima sem excluí-la totalmente (*STS* de 4.11.1971, similar à *STS* de 8.7.1992). Reiteradamente tem-se sustentado, ainda, que a morte produzida por meio de arma de fogo não dá lugar a um homicídio simples quando a vítima está desarmada, mas a um homicídio com abuso da condição de superioridade (por exemplo, *SSTS* de 10.13.1969; 6.3.1985; 21.5.1990). Tais soluções contradizem tanto a definição de aleivosia sobre exclusiva base da falta de defesa, como o critério de delimitação que se funda na exclusão ou redução da capacidade de defesa da vítima. Isto porque se faz claro que aquele que é agredido por outro que dispõe de uma arma de fogo carece de toda a capacidade de defesa. Por último, cabe assinalar que uma pessoa estará incapacitada para a defesa a partir do momento em que tenha uma considerável redução de sua capacidade de repelir a agressão.

1.267. De tudo isso se deduz que a falta de defesa (art. 20.1 do CP espanhol) da vítima não proporciona um conceito de aleivosia com suficiente força explicativa a ponto de corresponder à especial reprovabilidade da mesma diante do abuso da condição de superioridade. O conceito do texto deveria ser completado, em conseqüência, com outros elementos diferenciadores. A questão transcende a pura interpretação do direito penal e tem, inclusive, relevância constitucional.

1.268. Nesse sentido, sustenta-se que a gravidade da aleivosia deriva do fato de que a falta de capacidade de defesa da vítima é produto da *confiança* que ela depositou no autor. Dessa maneira, na aleivosia concorreria um abuso da condição de superioridade juntamente com o abuso da relação de confiança. Aquele que age com aleivosia não apenas se aproveita da falta de capacidade de defesa da vítima, mas também quebra a confiança especial que esta lhe proporcionou, colocando-se "praticamente em suas mãos". Dessa dupla concorrência de agravantes do art. 20.2 e 6 do CP espanhol surgirá a especial reprovabilidade que o legislador assinalou para a aleivosia.

Ao admitir-se tal ponto de vista produzem-se modificações importantes a respeito da jurisprudência do Tribunal Supremo. Com efeito, a especial relação de confiança exige que a vítima tenha tido razões específicas para depositar tal confiança no agente. Essa possibilidade é alheia a uma criança e isso exclui nesse caso a aleivosia tanto como na hipótese de pessoas desvalidas não vinculadas ao autor uma especial relação de confiança. Por isso mesmo, o ataque pelas costas ou súbito e inopinado não daria lugar necessariamente à aleivosia.

No caso da criança pequena, alguns autores, como Quintano Ripollés e Muñoz Conde, também excluem a aleivosia, mas baseando-se no fato de que em tais hipóteses a falta de capacidade de defesa da vítima não foi "perseguida propositadamente".

1.269. Além da quebra de uma relação de confiança, a aleivosia deveria exigir que o autor tivesse atuado como uma *vontade hostil em relação à vítima*. Aquele que por estar desesperado diante do sofrimento de seu amigo, em razão de uma doença incurável, espera que esse durma para matá-lo e liberá-lo definitivamente de suas dores, cometerá sem dúvida um homicídio simples e não qualificado, porque apesar da falta de capacidade de defesa da vítima e da quebra da relação de confiança que essa depositava no autor, esse perseguia com sua conduta uma finalidade que não pode ser considerado hostil com relação à vítima. Esse elemento exige uma comprovação expressa, em todos os casos, mas especialmente naqueles em que a morte seja produzida mediante surpresa, já que o autor nem sempre agiu dessa maneira por hostilidade em relação à vítima, mas também é possível que o tenha feito para diminuir-lhe parte de seus sofrimentos. Em geral, não haverá como apreciar a aleivosia quando a forma de execução do fato tenha sido, de alguma maneira, expressão de que o autor levou a vítima "em consideração". Dessa forma, não se pode alegar, como Eser, que "a vontade hostil" careceria de todo significado no contexto da aleivosia, porque toda morte dolosa importa sempre a existência de hostilidade. Com efeito, a vontade hostil deverá ser apreciada se ocorrer a atitude hostil *especialmente elevada* que exige o homicídio qualificado.

Resumindo, a comprovação da aleivosia exige a verificação de três elementos:

a) falta de capacidade de defesa da vítima;

b) abuso da relação de confiança;

c) expressão de uma atitude elevada de hostilidade em relação à vítima.

Isoladamente, nenhum desses elementos tem força agravante suficiente para converter o homicídio simples em qualificado. Fica claro, dessa forma, que, dada a aleivosia, não podem operar como agravantes genéricas nem o abuso da condição de superioridade, nem o abuso da relação de confiança.

1.270. Um caso especial da aleivosia é o veneno, a que se referia o art. 406 do CP espanhol de 1973. A jurisprudência do Tribunal Supremo assinalava com freqüência as relações entre a utilização de veneno e a aleivosia. Assim, foi dito, por exemplo, na instrutiva decisão de 5.11.1977, que o uso de veneno é "a mais covarde das aleivosias" (nas palavras de Pacheco) e se afastou a existência de homicídio qualificado quando esse meio não fosse utilizado de maneira "insidiosa e covarde contra aquele a quem não cabe normalmente reação defensiva alguma". Por essa razão, tem-se sustentado que não opera como agravante "se sua administração for violenta e não sub-reptícia" (*STS* de 17.6.1953). Na teoria, esse ponto de vista é representado com toda clareza por Quintano Ripollés, que estima que "a tese da absorção da circunstância do emprego de veneno pela aleivosia é, em si, absolutamente correta".

A constituição do veneno como elemento do homicídio qualificado não teria na atualidade justificativa alguma fosse ele entendido fora do contexto da aleivosia e simplesmente como uma agravação proveniente do uso de um determinado meio. Que razão haveria para que o arsênico fosse uma maneira mais reprovável de matar que um disparo de arma de fogo efetuado na cabeça ou no coração?

Sobretudo careceria de força explicativa para outorgar uma posição autônoma ao veneno o antigo argumento da dificuldade de descobrimento do fato cometido dessa maneira. Em princípio, porque já não é mais tão difícil sua descoberta; mas, além disso, porque resultaria injustificado atribuir a tais dificuldades o efeito agravante de ilicitude ou da culpabilidade.

A questão dos elementos objetivos da aleivosia

1.271. O problema referente à caracterização do homicídio qualificado exige saber se o autor conheceu as circunstâncias objetivas dadas ou se simplesmente as representou, ainda que não tenham efetivamente ocorrido. Tal problemática merece um tratamento particular, pois se trata de casos como aqueles em que o agente supõe que a vítima não tinha nenhuma confiança ou simplesmente acreditava que ela dormia, mas ela estava pronta para se defender.

1.272. A jurisprudência tem se orientado no sentido de exigir a concorrência de elementos objetivos e subjetivos. Nos exemplos propostos, isso deveria conduzir a negar a aleivosia, pois a falta de capacidade de defesa somente se daria subjetivamente, na crença do autor, e não objetivamente (cf. *SSTS* de 15.6.1950 e 15.11.1956, acentuando o caráter "objetivo"; 30.10.1975; 11.7.1981; 24.1.1983; 5.5.1983).

1.273. Na doutrina, Quintano Ripollés entende que se trata de uma agravante que opera objetivamente, o que significa que "o ato é que é aleivoso, não a pessoa". Pelo contrário, Cobo del Rosal e Rodríguez Mourullo sustentam que aleivosia "exige não apenas uma específica forma de comissão externa, mas também a consagração de um elemento típico subjetivo".

1.274. Na dogmática moderna exige-se, por parte da teoria, confluência entre os elementos objetivos e o conhecimento a seu respeito: "o aproveitamento consiste em que um autor conheça a situação e tenha que dirigir sua conduta nesse sentido. Não é preciso que haja uma intenção reprovável". Sob outro ponto de vista, sustenta-se que "a suposição errônea das circunstâncias objetivas da aleivosia não exclui a pena pela sua consumação", porque "os elementos objetivos e subjetivos que compõem o conceito de aleivosia estão entrelaçados de tal maneira que uma separação em um evento objetivo e o dolo dirigido a ele carece de sentido". Para esse ponto de vista, "o importante é a representação do autor correspondentemente orientada; se ela coincide ou não com a realidade, isso não tem importância alguma".

1.275. O primeiro ponto de vista mereceu maiores adesões. Fundamentalmente, sustenta-se que a aleivosia é um elemento anímico específico que dá lugar a um "elemento complexo da culpabilidade do crime" ou que "contém um ilícito (uma censurabilidade) de conduta especial que pertence ao tipo do ilícito (ao tipo do crime) e que somente descreve um ânimo de forma mediata". A teoria dominante é também preferível: a pena agravada do homicídio qualificado por aleivosia exige que esse elemento tenha uma base real e não apenas que o autor o tenha representado. Isso é conseqüência de uma concepção que reduz ao mínimo os componentes do direito penal do autor ou, com outras palavras, uma concepção que entende ser a posição que se dá por satisfeita com a representação do autor dos elementos da aleivosia como uma acentuação não plausível dos componentes do autor.

2. A utilização de disfarce, o abuso da condição de superioridade, o aproveitamento das circunstâncias e a participação de outras pessoas (art. 22.2 do CP espanhol)

1.276. Nessa agravante, que pode ser considerada múltipla, o legislador reuniu diversas formas de aproveitamento de uma posição diante da vítima que se vê consideravelmente subjugada, quando não praticamente impedida de se defender. Como se estudou ao tratar das diferentes formas de aleivosia, a jurisprudência considera que se a superioridade elimina a possibilidade de defesa da vítima, deveria ser aplicada aleivosia (art. 22.1 do CP espanhol). Mas o certo é que o abuso da condição de superioridade tem sido aplicado em muitos casos em que a possibilidade de defesa da vítima é, na verdade, inexistente, dado que é quase impossível fixar um limite preciso entre a diminuição e a anulação da capacidade de defesa. Nas decisões do Tribunal Supremo destacam-se os casos de *pluralidade de agressores a vítimas de avançada idade* ou de pluralidade de agressores armados com armas brancas ou, como dissemos, de agressor individual com arma de fogo diante de uma pessoa desarmada (cf. *SSTS* de 18.6.1987, 22.11.1985, 25.10.1988, 21.5.1990, 8.7.1992, entre muitas outras).

1.277. A agravante descrita no art. 22.2 do CP espanhol é na verdade repetitiva, uma vez que a situação de sua superioridade, o aproveitamento de circunstâncias que debilitem a defesa do ofendido e o auxílio de outras pessoas que tenha idêntica conseqüência não são outra coisa, senão formas de abuso da condição de superioridade que a jurisprudência havia estabelecido ao interpretar o antigo art. 10.8 do CP espanhol de 1973.

Em todo caso, o Tribunal Supremo considerou que eram necessárias duas condições:

1. no *plano objetivo*, que exista um desequilíbrio de poder físico ou anímico do agressor com relação à vítima;

2. no *plano subjetivo*, exige-se que exista um aproveitamento abusivo de tal desequilíbrio, de tal forma que se a superioridade

não foi perseguida propositadamente ou "intencionalmente" (*SSTS* de 23.11.1991 e 26.2.1994), ela não deve ser apreciada (*STS* de 4.2.1991). Como regra, a jurisprudência rejeitou a aplicação dessa agravante em crimes nos quais a violência é fator inerente, em especial na violação e no roubo.

1.278. No contexto do abuso da condição de superioridade é difícil explicar a presença do disfarce que o legislador incluiu no art. 20.2 do CP espanhol. O Código anterior previa o disfarce no art. 10.7, com caráter autônomo. O emprego de máscaras, de forma geral nos casos de roubo, mais do que facilitar a execução do crime, dificulta a identificação do autor e, portanto, sua persecução e punibilidade. Ainda que Cerezo Mir considere que o disfarce determina uma "gravidade do injusto (crime)" não resta dúvida de que é difícil saber por que se deveria aumentar a ilicitude (gravidade/reprovabilidade), uma vez que o emprego de máscara não contribui em nada no aumento da lesão ao bem jurídico. Por sua vez, Mir Puig estima que se trata de uma circunstância que "eleva a intensidade da proibição (do injusto penal) porquanto facilita a impunidade". Entretanto, como regra, no direito penal os atos praticados para o "auto-encobrimento" não são considerados puníveis. As razões que mantêm essa circunstância como agravante são, portanto, obscuras, ainda que de forma provisória possa se considerar que se trate de uma circunstância que agrava o crime porque favorece sua prática.

1.279. A distinção entre violência ou intimidação e abuso da condição de superioridade será particularmente difícil no caso de crimes de agressões e abusos sexuais dos arts. 179 e 182 do CP espanhol.

3. Agir com abuso da relação de confiança (art. 22.6 do CP espanhol)

1.280. O autor que aproveita o acesso aos bens jurídicos que a confiança dispensada pela vítima o proporciona, também o faz de uma situação que facilita a prática do crime (cf. *STS* de 20.10.1988). Trata-se de uma agravante que tem especial campo de aplicação nos crimes contra a propriedade ou que podem ser cometidos no âmbito de relações profissionais, trabalhistas, de comunidade etc.

4. Prevalecer-se o agente de sua função pública (art. 22.7 do CP espanhol)

1.281. Quando o cargo público ocupado pelo agente facilita a prática do crime, deve-se ter presente essa circunstância agravante. De modo geral, a jurisprudência a entende com certa tendência subjetiva, isto é, baseando-se na maior reprovabilidade que se dá quando alguém abusa do exercício de um cargo para cometer um crime. Por tais motivos, considera-se que essa circunstância é inaplicável nos crimes funcionais próprios (por exemplo: a prevaricação do art. 404 do CP espanhol).

b) *Circunstâncias que se fundamentam na especial reprovabilidade dos motivos*

(a)

1.282. Os casos previstos nas regras 3 e 4 do art. 22 do CP espanhol são casos particulares de motivações especialmente reprováveis por parte do autor. Nesse sentido, teria sido preferível que o legislador houvesse seguido o exemplo do § 211 do CP alemão e tivesse feito referência de uma só vez aos *motivos torpes ou abjetos*. O Tribunal Supremo considerou em suas *SSTS* de 24.6.1991 e 28.10.1991 que o desvalor da motivação do autor é uma circunstância que agrava sua culpabilidade pelo fato e, conseqüentemente, a pena que deve ser aplicada; e o legislador levou em conta esse ponto de vista.

(b)

1.283. No caso do agente que se motivou mediante paga ou promessa de recompensa (art. 22.3 do CP espanhol), a motivação é sem dúvida abjeta, pois revela um especial desprezo pelos bens jurídicos afetados. A jurisprudência havia rejeitado a aplicação dessa agravante nos casos de aborto nos quais havia considerado existir um abuso profissional. No entanto, há quem sustente que, por ter desaparecido do Código vigente um dispositivo similar àquele que serviu de apoio a essa decisão, na hipótese do art. 145 do CP espanhol, não se deveria aplicar essa agravante. De qualquer forma, contudo, entende-se na doutrina que não existem razões para que a agravante não seja aplicada ao médico que praticar o aborto motivado pelo recebimento de dinheiro, dado que seu caráter profissional não exclui a especial reprovabilidade de sua motivação.

1.284. O texto legal permite abordar a questão para se saber se a "paga" ou a "promessa" de recompensa que, literalmente consideradas, não têm razão para possuir exclusivamente conteúdo econômico, devem ser entendidas dessa maneira. A resposta na teoria dominante dá-se em favor de considerar que essa circunstância somente se refere à motivação análoga ao preço, razão pela qual paga ou promessa de recompensa devem ser apreciadas somente em caráter pecuniário. Portanto, no caso do agente que comete um crime de lesões corporais motivado pela promessa de uma recompensa meritória, não será aplicável o agravante do art. 22.3 do CP espanhol.

(c)

1.285. O art. 22.4 considera agravantes os "motivos racistas, anti-semitas ou outra classe de discriminação referente à ideologia, à religião ou a crenças da vítima, à etnia, raça ou nação a que pertença, seu sexo ou orientação sexual ou alguma minusvalia de que a padeça". A lei penal pretendeu corresponder dessa maneira a um fenômeno criminológico que causou comoção durante o último século não apenas na Europa. O holocausto anti-semita ocorrido na Segunda Grande Guerra (1939-1945) teve forte influência no desenvolvimento do direito penal pós-guerra e essa agravante é uma de suas conseqüências.

(d)

1.286. O meio cruel encontra-se previsto no art. 22.5 do CP espanhol, que diz: "aumentar deliberada ou desumanamente o sofrimento da vítima causando-lhe padecimentos desnecessários na execução do crime". Na realidade, trata-se de uma hipótese em que o autor provocou à vítima danos *desmotivados*. A circunstância põe em evidência que os motivos especialmente reprováveis têm um valor agravante semelhante à *carência de motivos* para produzir um padecimento injustificado na vítima. Como é cediço, trata-se de uma hipótese especialmente relevante no crime de homicídio qualificado e no de lesões corporais, mas também em outros nos quais a conduta do autor possa produzir na vítima um sofrimento pessoal (por exemplo, a violação).

1.287. Na problemática jurisprudencial esse elemento tem sido estudado principalmente com relação aos seus limites: "não pode ocorrer *post mortem*". Dessa forma, fica claro que não deve ser aplicada essa agravante nos casos em que, uma vez atingida a morte, o autor, por exemplo, esquarteja o cadáver para facilitar sua ocultação.

1.288. A agravante deve ser apreciada quando houver dor física, mas também quando ocorrer uma dor psicológica. Mas não deve ser apreciada quando a vítima, por seu estado de inconsciência, por exemplo, não possa sofrer a dor. O homicídio praticado por meio cruel também pode ocorrer de forma omissiva, já que o deixar morrer de fome ou de sede importa um aumento deliberado e desumano da dor.

O que se deve entender por "desumano" depende das representações culturais médias que o tribunal deve interpretar em cada caso. Em geral, pode-se dizer que, toda vez que o autor tenha procurado produzir na vítima uma dor que não é necessária para lograr sua morte, dar-se-á ao menos, um indício de existência de meio cruel.

c) *Circunstâncias baseadas nas necessidades de prevenção especial (a reincidência)*

1.289. O princípio da culpabilidade exige que a pena seja proporcional à culpabilidade do autor em relação ao fato concretamente cometido. Com a culpabilidade pelo fato não é compatível a chamada "culpabilidade de caráter" ou "culpabilidade pela conduta de vida", que tratam de responsabilizar o autor de um crime, não apenas em relação ao fato cometido, mas também por sua conduta anterior, isto é, por sua forma de ser perigosa para a sociedade.

1.290. Como é claro, o direito penal moderno, quando afirma o princípio da culpabilidade pelo fato, não quer afastar-se do problema da *periculosidade do autor por sua tendência à violação delitiva de bens jurídicos*. Precisamente para isso se edificou o chamado *sistema do duplo binário*, que procura responder com a pena aos fatos culpáveis e cobrir com medidas de segurança, de forte acento pedagógico e ressocializador, as necessidades de prevenção especial que a pena, proporcional à culpabilidade, não possa cumprir por suas limitações diante do reincidente.

1.291. O Código Penal vigente, continuando com o critério do Código de 1848 e dos que o seguiram, manteve entre as agravantes da pena a reincidência, no art. 20.8, que diz: "ocorre reincidência quando, ao praticar o crime, o agente tenha sido condenado definitivamente por um crime compreendido no mesmo Título desse Código, sempre que seja da mesma natureza. Aos efeitos desse número não se consideraram os antecedentes penais cancelados ou que deveriam ter sido cancelados". A nova redação dada ao dispositivo que regulamenta essa agravante reduz o âmbito de aplicação da reincidência em comparação aos Códigos anteriores, dado que na atualidade somente dar-se-á como agravante quando ocorrer a chamada *reincidência específica*, isto é:

1. quando autor que tenha sido condenado definitivamente cometa um novo delito;

2. que o novo delito esteja previsto no mesmo Título do Código;

3. que o novo delito seja "da mesma natureza" que o anterior;

4. que o antecedente não deva ser cancelado conforme estabelece o art. 136 e ss. do CP espanhol.

Dos quatro requisitos apenas um é de caráter material: "a mesma natureza" do novo delito. A respeito, deve-se entender que o delito é da mesma natureza que outro:

1. quando viola bens jurídicos semelhantes;

2. quando o autor o faz com meios que expressam uma mesma tendência criminológica.

1.292. É conveniente não confundir esse elemento da reincidência com a questão da homogeneidade de crimes tal como se concebe no contexto do princípio acusatório, dado que ambos os conceitos têm sentido teleológico diverso. Por exemplo: o furto (art. 234 do CP espanhol) e o roubo (art. 237 do CP espanhol) não são da mesma natureza, uma vez que o roubo expressa uma tendência criminológica violenta que é alheia ao furto; pelo contrário, o estelionato (art. 248 do CP espanhol) e a apropriação indébita (art. 252 do CP espanhol), que não são delitos homogêneos com relação aos efeitos do princípio acusatório, são da mesma natureza porque violam bens jurídicos semelhantes (patrimônio e propriedade respectivamente) e revelam uma mesma tendência criminológica do autor: sua atitude defraudadora.

1.293. A agravante da reincidência deu lugar recentemente a um debate jurisprudencial acerca de sua constitucionalidade. Basicamente aqueles que objetaram a incompatibilidade da agravante da reincidência com o princípio da culpabilidade sustentaram que, na medida em que dito princípio teria hierarquia constitucional, a agravante, cujo fundamento sintomático-caracterológico era alheio à culpabilidade pelo fato, deveria ser eliminada do ordenamento jurídico-penal.

Nesse sentido, partir-se-ia do fato de que o Tribunal Constitucional em seu *STC* 65/86 havia afirmado que: "as questões relacionadas com a medida da pena e da culpabilidade somente poderiam ser abordadas quando a gravidade da pena atribuída ao condenado fosse superior àquela legalmente imponível em relação à gravidade da culpabilidade".

Sustentava-se, portanto, que quando a pena pelo fato anterior já havia sido cumprida, a culpabilidade estaria cancelada e, ao ser tomado em conta novamente esse fato para incrementar a pena pelo novo crime, restaria evidente que esse aumento punitivo violaria o princípio *ne bis in idem*. Sobre esses e outros argumentos de menor importância, alguns juízes suscitaram ao Tribunal Constitucional a questão da inconstitucionalidade (art. 35 da LOTC) da agravante da reincidência.

1.294. Paralelamente, a questão foi abordada pelo Tribunal Supremo em diversas decisões (cf. *SSTS* de 6.4.1990; 5.10.1990; 26.12.1990; 22.4.1991; 6.5.1991). O Tribunal Supremo não manteve uma argumentação unitária. Em algumas decisões deu por diretamente compatível com o princípio da culpabilidade pelo fato a agravante fundada na periculosidade do autor, o que mais tarde não aceitou o Tribunal Constitucional. Em outras, estabeleceu que a agravante da reincidência era compatível com o princípio da culpabilidade, mas somente se não se entendesse como de aplicação automática. Nesse sentido, sustentou-se que o efeito agravante previsto na regra 3 do art. 66 do CP espanhol somente deveria operar no caso em que a pena resultante não excedesse àquela correspondente à gravidade da culpabilidade pelo fato. De acordo com isso, caberia aplicar a pena em sua metade inferior, não obstante a concorrência da reincidência, se a gravidade da culpabilidade fosse reduzida no caso concreto. É o que ocorreria, por exemplo, se o autor anteriormente condenado por crime de apropriação indébita (art. 252 do CP espanhol) cometesse novamente o mesmo crime, mas em uma situação na qual resultasse extremamente difícil, mas não impossível, obter o dinheiro necessário para pagar os honorários médicos exigidos para uma intervenção cirúrgica grave e urgente de um filho. Em um caso como esse, a reprovabilidade é consideravelmente reduzida e, portanto, a pena também deve sê-la.

1.295. Na *STC* 150/91 o Tribunal Constitucional estabeleceu como premissa que "não é constitucionalmente legítimo um direito penal de autor que determina as penas em atenção à personalidade do réu e não segundo a culpabilidade desse em relação à comissão dos fatos". Não obstante, concluiu que não se viola o princípio *ne bis in idem*, pois "com a apreciação da agravante da reincidência (...) não se volta a punir o fato anterior, ou os fatos anteriores (...), mas única e exclusivamente o fato posterior".

1.296. A *STC* 150/91 tem sido aplaudida na doutrina por sua premissa básica, que exclui a determinação da pena em atenção à personalidade, pois considera que ninguém pode ser considerado culpado juridicamente por sua forma de ser. Contudo, tem merecido críticas por sua conclusão referente ao *ne bis in idem*, já que, ao incrementar a pena do novo fato pelos anteriormente castigados, o que se faz, na realidade, é "punir novamente uma culpabilidade já extinta pela pena sofrida".

Para se saber se o efeito agravante deve operar-se automaticamente, ou não, no sentido da jurisprudência do Tribunal Supremo anteriormente citada, restou aberta, uma vez que não foi a *ratio decisionis* da *STC* 150/91, nem tampouco objeto de que nenhum *obter dictum* da mesma.

1.297. A afirmação tão categórica do Tribunal Constitucional no sentido de excluir a legitimidade constitucional da pena fixada em atenção à personalidade (perigosa) do autor, entende-se na doutrina, retira, pelo contrário, todo apoio às decisões do Tribunal Supremo que falam da "personalidade do delinqüente" (*SSTS* de 5.11.1990 e 5.12.1990) ou de uma "maior periculosidade social" (*STS* de 13.11.1990) como fundamento da agravante da reincidência.

§ 97. Circunstância mista de parentesco

1.298. O art. 23 do CP espanhol estabelece que: "É circunstância que pode atenuar ou agravar a responsabilidade segundo a natureza, os motivos e os efeitos do crime, ser o agravado o cônjuge ou pessoa a quem se ache ligado de forma estável por análoga relação de afetividade, ascendente, descendente ou irmão por natureza, por adoção ou afinidade nos mesmos graus do ofensor".

1.299. O parentesco é um fator ambíguo de gravidade do delito. Tanto pode ser considerado agravante como atenuante. No caso de lesões provocadas em uma pessoa com a qual o agente convive, o parentesco pode ser agravante se elas forem produzidas em uma disputa normal, pois a proximidade afetiva determina que o fato seja mais reprovável do que se não existisse com a vítima a especial relação pessoal, que é própria da relação de convivência afetiva. Pelo contrário, caso se trate de lesões que são produto de uma reação de dor provocada pela conduta do cônjuge, a mesma relação pessoal será fundamento de atenuação.

1.300. Alguns autores, como Cerezo Mir ou Mir Puig pensam que, ao se ter ampliado o texto legal do art. 11 do CP espanhol de 1973 pela LO 8/1983, incluindo as relações afetivas análogas ao matrimônio, infingir-se-á o princípio da legalidade caso se aplique esse artigo como agravante, pois se tratará de uma analogia *in malam partem*. Esse ponto de vista, contudo, se mostra equivocado, porque quando o caso está contemplado expressamente no texto não cabe falar em analogia. O princípio da legalidade exclui a extensão da lei penal nesses casos.

1.301. A jurisprudência tem exigido, como regra, para a aplicação dessa circunstância, não apenas "o vínculo de parentesco, mas também de afetividade" (*STS* 1433/94, de 12.7.1994).

Nos crimes de tráfico ilícito de entorpecentes, a jurisprudência negou a aplicação da atenuante do parentesco sustentando na *STS* de 6.7.1992, que não concorre no caso de uma mulher que entregou a seu filho preso certa quantidade de haxixe, dado que seu filho não podia ser responsabilizado pelo delito do art. 368 do CP espanhol. Na *STS* 887/93, de 20.4.1993, no entanto, a atenuante foi aplicada ao agente que havia entregue uma dose de heroína à sua companheira, trancada na casa de seus pais, sem levar em conta que a relação não se dava com o responsável pelo crime.

Em todo caso, na jurisprudência, sustenta-se que a circunstância mista de parentesco "se funda no incremento ou diminuição do desvalor da conduta do acusado".

§ 98. *O problema da comunicabilidade das circunstâncias. Estudo especial do art. 65 do CP espanhol*

1.302. Quando em um fato concorrem várias pessoas (como autores, cooperadores, partícipes cúmplices ou indutores) e dão-se circunstâncias modificativas da responsabilidade, somente em algumas delas se apresenta o problema de se saber se as circunstâncias presentes com relação a um podem se estender aos outros, o que não ocorreria em princípio. Essa questão é resolvida no art. 65 do CP espanhol, que estabelece: "1. As circunstâncias agravantes ou atenuantes que consistam na disposição moral do delinqüente, em suas relações particulares com a vítima ou em outra causa pessoal, servirão para agravar ou atenuar a responsabilidade somente daqueles para os quais ocorram. 2. As que consistam na execução material do fato ou nos meios empregados para realizá-la servirão unicamente para agravar ou atenuar a responsabilidade dos que as tenham conhecido no momento da conduta ou quando de sua cooperação no crime".

1.303. A jurisprudência operou, nesse sentido, com a distinção entre as *circunstâncias objetivas e subjetivas*, que em matéria de resultados veio a representar o mesmo que a distinção entre circunstâncias vinculadas ao autor e as vinculadas ao fato. Com efeito, as circunstâncias objetivas devem obedecer à regra do art. 65.2 e, portanto, comunicam seus efeitos ao partícipe que as conhece, enquanto as subjetivas somente se aplicam àquele que a pratica (não se comunicam ao partícipe, *ainda que este as tenha conhecido*). Não obstante, o certo é que a distinção entre circunstâncias objetivas e subjetivas é conceitualmente confusa, uma vez que a maioria das circunstâncias tem, em princípio, elementos objetivos e subjetivos. A decisão, por exemplo, de se saber se a circunstância agravante do art. 22.3 ("executar o fato mediante paga ou promessa de recompensa") é objetiva ou subjetiva (apoiada na motivação que ditos elementos revelam) é praticamente irrealizável. O exemplo dessas dificuldades percebe-se no caso da *traição* (art. 22.1 do CP espanhol) na qual a jurisprudência acabou por afirmar (depois de se inclinar alternativamente pelo caráter objetivo e subjetivo) sua "natureza mista", mas destacando um predomínio do aspecto objetivo.

1.304. No que se refere às relações pessoais com o ofendido que agravam ou atenuam a penalidade, sua aplicação oferece menores dificuldades; na verdade, "o ofendido" é sempre titular do bem jurídico e isso determina que, nos crimes especiais impróprios (*delitos especiales improprios*), nos quais o fundamento da agravação é a relação pessoal com aquele, a conseqüência prática seja que o partícipe não qualificado deva ser punido pelo delito comum (por exemplo: o autor das lesões no art. 153 receberá a pena prevista para esse artigo, enquanto aquele que não é cônjuge ou pai – no caso, mãe – que tenha interferido no fato será punido pelo crime ou contravenção comum), o que é uma solução correta.

1.305. Pouco claro é o significado da expressão "outra causa pessoal", que em realidade não quer dizer mais do que toda a gravação ou a atenuação com fundamento pessoal (como nas hipóteses anteriores) deve ser considerada como de efeito exclusivamente pessoal.

1.306. As opiniões dividem-se a respeito do que se deve entender por "culpáveis naqueles em que concorram". A questão tem importância, sobretudo, nos delitos "especiais impróprios" nos quais o agente qualificado (*intraneus*) vale-se de um não qualificado (*extraneus*) que realiza o fato de própria mão. O Tribunal Supremo considera que "culpável" não se deve entender como "autor" no sentido estrito, mas como "partícipe" de modo geral. Provavelmente, partindo-se daí chegar-se-ia ao mesmo ponto de vista de Córdoba Roda. Há, pelo contrário, aqueles que sustentam que essa solução não é adequada e se pronunciam em sentido oposto.

1.307. Ambos os critérios giram em torno do art. 65 e, na verdade, o seu alcance dependerá do que se deve entender pela expressão "culpáveis". Aqueles que refutam o ponto de vista do Tribunal Supremo, entendem que "culpáveis" deve significar *autores em sentido estrito*. Em nosso modo de ver, o critério do Tribunal Supremo é preferível, pois permite uma aplicação sem atrito com o art. 65, na medida em que deixa em aberto a discussão sobre se a circunstância concorrente no partícipe é ou não pessoal; e isto só poderá ser decidido à luz do caso concreto.

GRÁFICA PAYM
Tel. (011) 4392-3344
paym@terra.com.br